통번역의 이해와 수행

개정판

통번역의 이해와 수행

1판1쇄 발행 2006년 6월 10일
2판1쇄 발행 2016년 9월 30일
2판2쇄 발행 2020년 9월 15일

지 은 이   남 성 우
펴 낸 이   김 진 수
펴 낸 곳   **한국문화사**
등   록   제1994-9호
주   소   서울특별시 성동구 광나루로 130 서울숲 IT캐슬 1310호
전   화   02-464-7708
전   송   02-499-0846
이 메 일   hkm7708@hanmail.net
홈페이지   http://hph.co.kr

ISBN 978-89-6817-403-2 93700

이 도서의 국립중앙도서관 출판예정도서목록(CIP)은 서지정보유통지원시스템
홈페이지(http://seoji.nl.go.kr)와 국가자료공동목록시스템(http://www.nl.go.kr/kolisnet)에서
이용하실 수 있습니다.(CIP제어번호: CIP2016023045)

통번역학 지침서

통번역의 이해와 수행

COMPREHENDING AND BUILDING
ORAL AND WRITTEN LANGUAGE

남 성 우 저

한국문화사

우리는 오늘날 흔히 국제화(國際化) 시대로 불려지고 있는 21세기에 살고 있다. 이 획기적인 세계화의 시점에서 통역과 번역의 수요(需要)는 사람들의 여행, 기업활동과 취미생활 등의 각종 사회활동에 의하여 무궁무진하다고 할 수 있다. 또한, 대량의 정보(情報)가 방송매체와 인터넷을 통하여 한 언어에서 다른 언어로 전달되고 있으며, 인터넷의 광활한 공간 확장과 더불어 번역의 잠재력(潛在力)을 실감하고 있는 것이다. 한때는 그다지 중요하게 인식되지 않았던 통역과 번역이 이제 인간관계의 기본활동으로 여겨지고 그 어느 때 보다 초미의 관심사(關心事)로 떠오르면서, 번역(통역을 포함하는 개념)[1]에 대한 연구가 전 세계에 걸쳐 나날이 증가세를 거듭하고 있다. 주목할 것은 전자 미디어의 팽창(膨脹)과 더불어 세계화 과정에서 문화 상호간의 소통 문제가 강조되고 정보 혁명을 통해 더 넓은 세계에 접근하는 일이 절실해지면서 번역은 점점 더 다변화(多邊化)되고 있는 세계를 이해하는 데 필수 불가결 한 도구가 되고 있다. 한때 번역은 '창조적인 과정이기보다는 '기계적(機械的)'인 과정으로서, 누구나 할 수 있는 부차적 행위로 인식 되어 왔고, 따라서 낮은 위상(位相)의 업무로 여겨지기도 하였다. 번역이 종속적(從屬的) 위치에서 탈피하고 독자적인 학문으로 성립하게 된 것은 20세기 중반 이후에 언어학자들의 시선(視線)을 끌면서 언어학의 한 분야로 인식되기 시작한 데서부터이다. 이때부터 개별과학으로서의 언어학에 대한 관심이 다각도로 이루어졌고 또 기계번역이 실험적으로 이루어지면서 번역학은 빠른 속도로 발전하였다.

한편, 번역은 외국어 교육의 필수과정이기에 그 동안 번역에 대한 독자적(獨自的)인 연구가 이루어지지 않은 점도 있었으나, 지난세기의 후반부터 번역학이 독립된 학문으로서 새로이 부각(浮刻)되고, 또 대학가의 당해 분야 교수진과 번역 실무 종사자들로부터 있어 온 적극적인 연구 활동에 힘입어, 오늘날 그 학문적 연구와 연구방법론에 관한

---

1) 이 책에서의 번역이란 통역과 번역 양쪽 모두를 지칭하는 용어로 사용된다.

논의(論議)가 탄력을 받고 있는 현실이다. 일반적으로 번역이란 원천(源泉)언어 혹은 일차 언어(SL) 텍스트를 목표언어 혹은 이차 언어(TL)[2] 텍스트로 바꾸는 과정(過程)에서 두 가지 사항을 제대로 이행하면 되는 것으로 인식되었다. 첫째는 두 언어 사이의 표면적 의미가 대체로 유사(類似)해야 한다는 점이고, 둘째는 원천언어의 구조를 가능한 한 유지하되 목표언어의 구조를 심하게 왜곡(歪曲)시켜서는 안 된다는 점이다. 그러나, 번역에 대한 언어학자들의 생각은 매우 다양하다. 누구나 번역을 할 수 있다. 그러나 누구도 제대로 된 번역을 할 수는 없다는 것이다. 이처럼 번역이 갖는 양면성(兩面性)은 번역에 대한 오랜 논쟁의 불씨를 제공하였다. 번역은 다양한 특성이 결합되어 있는 다면적 실체(實體)를 대상으로 하기 때문에 그 어려움은 여기에서 생겨난다. 번역활동은 실무적인 면에서 가장 활발한 지적활동이지만 이론적인 면에서는 아직은 빈약한 것으로 보는 견해가 지배적(支配的)이다.

일부의 편집자들은 훌륭한 번역을 부각시키려고 노력도 하지만 이보다 훨씬 자주 서툰 번역을 비난한다. 이들이 바로 번역가들이다. 우리들 번역가들은 폐쇄(閉鎖)된 공간에서 살고 있으면서 언젠가는 우리보다 더 빠르고 정확하게 번역할 수 있는 번역기계가 우리의 생활터전을 차지할 수도 있을 것이라는 우려 속에서 살고 있기도 하다. 불행을 예언하는 사람들은 자동번역의 시대가 닥쳐올 것을 말하기도 한다. 따라서 어쩌면, 우리들 번역가들은 그러한 상황의 도래(到來)에 대비하면서 살아가야 할지도 모른다. 흔히 번역가들이 고민하는 것은 번역과 관련한 오역의 문제와 또 하나의 어려움은 원천 텍스트의 이국적인 요소를 번역 텍스트의 독자에게 어떻게 전달하는가 하는 점이다. 원저자와 최종 독자 간에 공유(共有)된 정보나 지식이 없는 텍스트 상에 나타난 간극(gap)을 어떻게 좁히면서 이국적인 요소를 옮기는 가하는 것이

---

2) SL과 TL은 각각 Source Text와 Target Text의 약어로서 이 책에서 전반적으로 사용되고 있다. SL과 TL 외에도 경우에 따라서는 원천언어와 목표언어, 출발언어와 도착언어로도 표현하고 있다.

문제가 된다. 이에 대한 다양한 번역방법을 알고 있는 번역가는 번역의 전략을 선택하고 구사하는 일에서 그만큼 선택의 폭이 커질 수 있다. 번역의 어려움에 자주 접하는 번역가나 번역을 처음 시도하는 번역 지망생들에게 있어 처해진 상황에 적절한 번역의 방법을 선택하고 번역의 전략을 구사하는 일은 결코 용이한 일이 아닐 수도 있다. 그러나 유능한 번역가의 방식은, 언어가 어떤 것이든 번역하는 텍스트가 어떤 것이든, 근본적으로 동일한 것이라는 점이다. 의미의 탐색과 그 의미의 재현이 모든 번역의 공통 분모(分母)가 되기 때문이다.

끝으로 이 책의 구성은, 통역과 번역의 이론을 포괄적으로 이해하고 실용적인 응용을 가능하게 하기 위하여 전체 4부 11장으로 하고 있으며, 3개의 부록을 덧붙이고 있다. 주요 내용으로는 언어·문화와 통번역, 번역의 준칙과 번역기법, 통역의 이론, 한국 통번역의 문제점 분석과 위상의 제고방안 등을 내용으로 담고 있다. 이 한 권의 책자가 통번역을 연구하는 학자와 번역 실무자들 모두에게 유용하고, 또 통역과 번역의 교육을 위해서도 좋은 참고가 될 수 있기를 희망하는 마음으로 집필하였음을 일러두는 바입니다. 끝으로 이 책의 초판(2006년)에 이어 재판을 내게 되는 한국문화사의 사장님과 정성을 기울어 주신 직원 여러분들에게도 감사의 말씀을 드리는 바입니다.

2016년 9월 11일
남 성 우 박사

차례
Contents

제4부 현황분석과 제안사항

언어, 문화와 번역

1. 언어, 문화와 번역의 고찰

1.1 언어, 문화와 번역

1.1.1 언어

문화적 존재로서의 공동체를 구성하는 중심에는 항상 언어가 있으며, 그 언어는 고정된 내용과 형식을 유지한다기보다는 다양(多樣)한 요인에 의해 변화되고 새롭게 구축되는 유동적(流動的)인 성격을 지니는 것이다. 언어가 발생하기 위해서는 그 언어가 지향하는 본래적인 것이 전제(前提)가 되며, 그것을 개념화 시킨 것이 언어라고 할 수 있다. 이처럼 무엇인가를 지칭하면서 생성된 언어이지만 그 언어 또한 고정 불변의 것은 아니다. 언어의 변화는 항상 이루어지고 있으며, 이문화(異文化)와 접촉 과정을 통해서 급격한 변화를 초래하는 경우가 많다. 이문화 수용(受容)이라고 하는 것은 인간이 언어를 통해서 사고(思考)한다는 사실을 놓고 본다면, 의미의 중층화 과정이며, 이문화의 자기 언어화 과정이라고도 정의(定義) 할 수 있다(황소연, 2003: 51). 언어는 문화를 초월(超越)한 연구의 최고 운반수단 (vehicle)이며 또 그 사물(object)의 일부분이다. 문화는 언어를 포함한다. 언어는 문화의 가장 분명하게 인식할 수 있는 부분이며, 또 그 자체를 가장 쉽게 체계적인 연구와 이론 구축에 제공하여 온 그 일부분(the part)이기도 하다(Geert Hofstede, 2001: 21). 언어란 유일한 사회적 관습이라고 이야기한다. 역으로 말하면 문화적 의미들은 언어의 조직과 복잡하게 얽혀 있다는 말이 된다. 그러므로 번역을 통해서 문화적 요소들을 전이(轉移)하는 과정은 복잡하고도 난해한 작업일 수밖에 없다. 한 언어를 다른 언어로 번역할 때에는 많은 이질적(異質的)인 언어 문화적 요소에 부딪치기 때문이다(이일범, 2003: 151). 이는 순전히 언어자체의 차이에서 오는 문제와 언어 외적인 차이에서 오는 문제 즉 사회적, 역사적, 환경적 배경 등의 차이에서 오는 문제로 대별할 수 있을 것이다.

  언어의 일차적인 목적은 대화 참여자들의 원활(圓滑)한 의사소통에 있다. 그러한 의사소통에는 언제나 쌍방향 또는 다(多) 방향으로의 정보 흐름이 있으며, 정보처리가 얼마만큼 효율적(效率的)으로 이루어지느냐 하는 문제는 대화 참여자들 간에 얼마만큼 의사소통이 원할 하게 이루어지느냐 하는 문제와 직결된다. 대화 참여자들 간에 원활한 의사소통이 이루어지기 위해서는 의식적이든 무의식적이든 해결되어야 할 여러 가지 외적(外的)인 과제가 있으며, 주제(theme)나 화제(topic)와 관련하여 공유(共有)된 정보가 필요하다. 언어가 다르고 사회, 문화, 역사의 배경이 다른 의사소통의 참여자들에게는 문제가 다른데, 여기에는 정보의 공유(共有)라는 점에서 한계가 있기 때문이다(Gutt E.A., 1991; 이근희, 2004 가을: 114). 인간 사회 속에서의 의사소통을 목적으로 하는 언어행위는 근본적으로 청중, 물리적 주변 상황, 문맥 등의 주어진 언어내외적 환경과 유기적(有機的)인 연관성을 갖고 역동적으로 이루어지며 이들 유기적인 상황을 도외시한 발화(發話)는 더 이상 언어로서의 존재 의미를 유지하지 않는 행위다(허명수, 2003 가을: 137).

1.1.2 문화

  지구상 5000여 다민족과 3000여 개 이상의 이질적 언어가 뒤섞여 쓰이는 세계에서 문화는 다양(多樣)할 수밖에 없다. 언어를 배운다는 것은 그 언어가 속한 문화를 배우는 것이라고 할 수 있다. 우리와 상이한 외국인의 생활과 태도, 특정 어구가 내포(內包)하는 문화적 의미, 그들의 가치관, 규범(規範), 업적 등에 대한 바른 이해는 듣기 - 말하기 - 읽기 - 쓰기 등의 주요 4기능(機能) 못지않게 중요하며 여기에 필수적으로 강조되어야 하는 것이 구어체(SL)의 문화에 대한 이해라고 할 수 있다. 의사소통 능력을 갖춘다는 것은 문화적 배경에 대한 지식도 포함하기 때문이다(조흥섭, 2000 봄: 205-206). 문화(文化)는 특정 언어를 표현 수단으로 하는 하나의 공동체가 서로 공유하는 독특한 생활양식이며, 언어 또한 그 문화를 공유하는 구성원들의 사고(思考)와 표현의 틀로서 문화와는 서로 불가분(不可分)의 관계이다. 따라서 언어의 이해는 발화가 이루어지는 상황 뿐 아니라 문화라는 두 가지 맥락(脈絡)이 발화자간 또는 발화자와 청자간에 암시적으로든 명시적으로든 명백할 때만이 온전히 이루어지게 된다(Katan D., 1999; 이근희, 2003 가을: 5).

　문화(文化)는 여러 가지 방법으로 정의된다. 인류학의 의견이 일치된 정의(定義) 가운데 유명한 것은 "문화는 패턴을 따라 형성된 사고(思考), 감정과 반응으로 구성되며, 주로 부호(symbols)에 의하여 습득 전달되고, 인간 단체의 독특한 업적(業績)을 구성하며, 인공물의 구현을 포함한다. 또 문화의 필수적인 핵심은 전통적(예를 들어, 역사적으로 기원하고 선택된 것)인 개념과 특히 그 결부(結付)된 가치들로 구성된다"고 정의하고 있다(Kuckhohn, 1951). 문화는 인간의 집단성에 대한 것이며, 마치 개성(個性 personality)이 개인에 대하여 무엇인가와 같은 것이다. 개성이란 "환경에 대한 개인의 반응에 영향을 미치는 개인적인 특성의 상호 작용하는 집합체(集合體)"로 정의된다(Guilford, 1959). 반면에, 문화는 인간 집단의 환경에 대한 반응에 영향을 미치는 공통적인 특성의 상호 작용하는 집합체로 정의할 수 있다. 문화는 개성이 개인의 유일함을 결정하는 것과 동일한 방법으로 인간 집단의 유일무이(唯一無二)함을 결정한다. 문화(culture)란 단어는 통상적으로 공동체(societies)에 사용된다[여러 국가들의 혹은 여러 국민들(nations)의 내부에서 또는 국경을 초월한 국가들 간에 민족(ethnic)이나 또는 지방 집단으로 사용된다]. 기본적으로, 이 단어는 어느 인간의 집단성(集團性) 또는 범주에 적용되며, 조직, 직업, 연령 집단, 전체 성별 또는 가족 등이 여기에 해당된다(Geert Hofstede, 2001: 10).

　문화의 학제적인 정의는 "인간 행위와 행위를 통하여 생산된 인공물의 형체(形體)를 구성하는 요인들로써 가치, 개념과 기타 상징적 의미심장한 체계들이 전달 생성된 내용과 패턴"으로 규정하고 있으며(Kroeber and Parsons, 1958), 또 "주관적인" 문화를 "객관적인" 인공물의 표현과 구분하고, 전자를 그 환경의 인공 부분을 인지하는 "문화집단"의 특징적 방법으로 정의한다(Triandis, 1972)." 이러한 의미의 문화는 가치를 포함하고, 가치체계는 문화의 핵심적인 요소가 된다. **가치**(*values*)는 행위로 명백해질 때까지 눈에 보이지 않지만, 문화는 가시적(可視的)인 요소로 그 자체를 분명하게 보여준다. 눈에 보이는 문화를 기술하기 위하여 사용되는 많은 용어들로부터, 가치(*values*)와 함께 부호(*symbols*), 영웅(*heroes*)과 의식(rituals)의 세 가지는 보다 간결하게 총체적인 개념을 망라한다. **부호**

(*symbols*)는 그 문화를 공유하는 사람들에 의해서 만이 인지(認知)되는 단어, 몸짓, 사진과 물체들이다.1) **영웅**(*heroes*)은 생존하든가 혹은 사망한 사람들이며, 문화 속에서 높이 존중 받는 인격(人格)을 소유하고 행위의 모범이 된다. **의식**(*rituals*)은 요망되는 목적성취에 기술적으로는 불필요하지만, 그러나 한 문화 내에서 사회적으로 필수적인 것으로 고려되고, 개인을 집단의 표준이내에 묶어놓는 집단적인 활동들이다. 따라서 의식(儀式)은 그들 자체의 이익을 위하여 수행된다. 그 실례로 인사하는 방법과 다른 사람에 존경을 표하는 방법들이 있으며, 마치 사회적, 종교적 식전(*ceremonies*)과 같은 것들이다.2) **문화를 분류**할 때 보다 구체적으로 의식주 생활을 포함하는 물질문화, 상호간 또는 공동생활에서 중요시되는 예절 규범 등을 포함하는 행동문화, 가치관이나 인생관 등을 포함하는 정신문화 등으로 구분한다(이영옥, 2000 가을: 48-49). 환경과 생활여건에 따라 다양한 문화가 생성(生成)되어 왔으며 각각의 문화는 그 나름대로 가치 있는 것으로 인정받아 왔다. 그러나 이러한 문화적 상대주의(相對主義)는 초고속 통신을 이용한 인터넷의 확산, 각종 방송미디어와 교통수단의 발달, 자유무역의 증대 등 여러 복합변인 들이 한데 어우러져 지구촌의 동질(同質) 체제를 가속화 시키고 있다.

　문화란 하나의 공동체가 그들만의 오랜 역사를 거치며 나름대로 축적(蓄積)된 고유한 것으로, 언어를 달리 사용하는 공동체의 문화가 서로 상이(相異)할 수밖에 없고, 특히 두 언어권의 지리적인 위치가 멀면 멀수록, 언어적인 차원이 상이하면 상이할수록 서로의 문화는 이질적인 것이며 낯선 것이다(Munday J., 2001; Shuttleworth M., 1999; 이근희, ib.). 의사소통이 예나 지금이나 인간의 삶에서 중요한 의미를 가지는 한, 번역(통역 포함)의 역사는 인간이 말과 문자를 사용해 온 역사만큼이나 오래다고 할 수 있다. 만일 인간에게 번역할 능력과 활동이 없었다고 한다면, 인간

---

1) "부호(symbols)는 의미의 다양성에 모호한 태도를 취하고, 감정을 불러내고 또 사람들로 하여금 행동하도록 강요하는 물체, 행위, 관계 또는 언어적인 조립물이다."(Cohen, 1974, p.23) "단순한 지시대상을 상징하기보다, 부호(symbols)는 여러 가지의 의미들을 불러내며, 그 중의 어떤 것들은 모호한 것일 수도 있다. 부호는 표시하지 않는다. 그들은 암시하고, 제의하며, 함축한다."(Griswold, 1994, p.19)

2) "집단적인 의식(rituals)은 순환하는 마음의 상태로부터 결과되는 순환하는 자연발생 적인 개인의 창조성의 생산물이 아니다. 그와는 반대로, 대부분의 사람들에게 있어서, 그것은 참가자들의 마음 속에 일정한 마음의 상태를 재창조하는 의식(ritual)이며, 그 반대는 아니다… [의식 rituals]은 그들의 마음 밖에 존재하는 사물로써의 집단의 구성원들과 마주 보고 또 그들을 그들의 행위로 속박한다는 의미에서 객관적이 된다. 그들은 또한 공공연한 것이 되며, 한 집단의 집단적인 표현이 되기도 한다."(Cohen, 1974, p.4; Geert Hofstede, 2001: 4-2)

사회에 어떠한 상황이 벌어졌을 것인가를 상상해 보면 쉽게 이해가 간다. 번역 활동은 인간의 삶과 관련된 모든 분야에서 중요한 기능을 수행한다. 인류의 역사에서, 번역 활동은 서로 다른 시대와 지역에서 형성된 이질적인 문화들 사이의 관계를 이어주는 문화사적 의미를 가진다(쓰지 유미, 2001: 15; 이선관, 2003: 17-18). 다른 문화의 영향을 받지 않는 순수(純粹) 문화는 지구촌의 어느 구석에도 존재하지 않는다는 사실과 다른 문화를 흡수하는 능력은 역동성의 증거라는 사실을 부인할 수 없으며 바로 이 창조적 역동성에서 번역의 적극적인 의미를 엿볼 수 있다.

1.1.3 언어와 문화 간의 관계

언어와 문화, 이 두 가지는 어떤 행동을 이해하고 지칭(指稱)하는 수단으로 사용될 수 있다. 언어와 문화는 아주 어릴 적에 습득된다. 언어와 마찬가지로 행동 양식 또한 유년기(幼年期)에 습득된다. 다수의 아이들은 두 살 정도가 되면 부모를 경쟁시켜 본인이 원하는 것을 얻는 방식(方式)을 터득한다. 언어와 문화는 지속적으로 사용하지 않을 경우 사라질 수도 있다. 일부 언어학자들은 토착어가 한 달에 하나씩 죽어가고 있다고 주장한다. 사라져가는 언어와는 반대로 동시에 새로운 언어가 만들어지고 있다는 사실도 살펴볼 필요가 있다. 또, 언어와 문화는 지속적인 변화를 겪는다, 모든 언어, 심지어 문명 단계로 보기 어려운 일부 언어들조차도 매우 복잡하여 완전히 통제(統制)되기란 불가능하다. 문화도 마찬가지다. 어느 누구도 문화의 모든 측면을 통제하지 못한다. 어떤 언어-문화에서든 언어를 특별한 방식으로 사용하는 사람들이 존재한다. 이러한 사람들 중 상당수가 특정 분야의 전문가들이다. 예를 들어 의사, 변호사, 마피아, 종교 지도자 등의 특수한 공동체(共同體)가 그러하다. 물론 한 사회 내에서도 수백 개의 지리적 방언(方言)과 언어, 그리고 서로 다른 문화 수준을 반영하는 사회언어적 방언이 존재한다. 하지만 그러한 수평적 방언의 규모와 성격은 수와 사용에 있어 빠르게 변한다. 문화에 있어서도 경계의 애매함이 존재한다.

언어와 문화의 가장 놀라운 점이라면 둘 다 증명(證明)할 수 없는 존재를 지칭하는 기호를 창조할 수 있다는 것이다. 인어, 유니콘, 천궁도, 용 등을 예로 들 수 있다. 둘째로 **상이성**이다. 문화는 언어보다 더 빨리 변한다. 이것은 자기 보존(保存)에 있어 상당한 장점이다. 왜냐하면 사람은 기대하지 않은 위험한 상황에서의 의사소통을 위해 상대적으로 안정된 체계(體系)가 필요하기 때문이다. 문화는 언어보다 심지어는 더 복잡하다. 특히 절을 하는 단순한 제스처나 사회로부터 버림받은 사람들을 도와주는 행위의 다양한 의미가 결정될 때 그렇다. 문화는 행위뿐이 아닌 행위와 관련된 독특한 가치(價値)로 구성되어 있다. 문화와 언어의 가장 큰 차이는 문화가 다수의 일차적인 기능을 달성하기 위해 언어를 지속적으로 사용한다는 데 있다. 문화가 다음 세대에 삶의 방식의 내용과 가치를 물려주려면 언어는 필수다.

언어는 또한 문화가 반드시 필요로 하는 요구를 제공하기 위해 사용된다. 언어와 문화는 상당히 다른 구조(構造)를 가지고 있다. 언어는 구조적으로 적어도 네 가지 측면, 즉 음성, 단어, 문법, 담화로 구성된다. 그러나, 이 모든 구조의 복잡한 것을 조율(調律)하는 단일 통제장치가 있지는 않다. 문화 또한 네 개의 기본적인 행위 즉 생리(먹고 자고 생식하는 행위), 일하기(옷, 집, 안전을 위한 환경의 효율적인 사용), 대인관계(힘과 소유의 다양한 등급 및 유형을 포함), 그리고 미학적인 표현(시, 음식, 그래픽 예술, 무용, 종교 의식)을 포함하지만, 이것들은 꽤 다른 중복적(重複的)인 특징 및 절차로 구성되어 있다. 셋째 그들 간의 상호 관계에 있어서, 대체로 문화와 행동의 언어적 측면이 서로 조화를 이루거나 보강해준다고 생각된다. 언어와 문화가 서로 보완(補完) 역할을 해주지 않는 경우가 있는데, 이 경우 우리는 무엇이 잘못되었음을 즉각적으로 느낀다. 말과 행동은 행동의 일부 측면을 강조하는 긍정적이거나 부정적인 수단이다(Nida E.A., 2004: 3-11).

1.1.4 문화와 번역

문화 간 번역의 문제는 문화에 속박(束縛)된 개념에 의하여 야기되고 있으며, 이것들은 우리가 생각하는 것보다 훨씬 더 심각하고 다방면에 걸쳐서 산재해 있다. 그러한 문제들은 관련된 2개의 문화가 그리 멀지 않은 곳에 있다 할지라도 야기(惹起)되며, 또 한 텍스트의 의미론과 구문론의 어려움보다도 더 큰 문제를 번역가에게 안기게 된다. '문화의 충돌(culture bump)'은 한 개인이 상이한 문화를 가진 사람들과 이야기할 때 서로 다르고, 낯설거나 혹은 불편한 상황에 자신이 처(處)해 있을 때 일어나게 된다. 문화의 원거리는 이해의 어려움에 필적(匹敵)하는 것이다(Archer C.M., 1986; Lee Seung Jae, 2004 봄 proc: 32). 문화를 의식하지 않는 언어행위로 의사소통에 있어서 뜻하지 않은 오해나 실수를 넘어서, 극단적인 경우, 문화충격(culture shock)도 얻게 되어 그 문화와 언어에 대한 극심한 경멸감

(輕蔑感)이나 저항감을 갖게 되고 결국에는 외국어 학습을 포기하는 수도 있다. 언어가 서로 다른 것은 그것이 배태(胚胎) 되어 나온 문화가 다르기 때문이다. 그러므로 새로운 문화의 언어를 사용하는 그 원어민들과의 성공적인 의사소통을 위해서는 언어 학습시 언어가 배태되어 나온 사회문화의 가치와 사고유형 그리고 관습 등을 존중하고 또한 그것을 통합적으로 함께 이해하고 학습해야 한다(박의재 외, 2005: 17-18).

언어는 한 문화의 역사적, 문화적, 그리고 텍스트에 관한 경험의 축적(蓄積)을 통하여 형성된다. 두 개 언어 공동체 간의 상당한 역사적, 문화적, 그리고 텍스트적으로 차이가 있을 때, 이들 차이들을 중재(仲裁)하기 위하여 어휘-문법적 변화에 대한 추가적인 조정이 필요할 수도 있다. 번역은 일반적으로 원문 텍스트에 포함되는 정보 또는 메시지에 대한 목표 공동체로부터의 필요나 혹은 수요(需要)로부터 시작한다. 번역가는 원문 텍스트의 정보 또는 메시지에 대한 수요가 있기 때문에 그의 작업을 착수한다(Kirk S.H., 2001: 9-10). 번역은 인간의 언어 장벽(障壁)을 극복하고 상호간 의사소통을 할 수 있는 최선의 방법이며 또한 인간은 번역을 통해서 다른 언어권의 문화, 사상, 경험 등을 공유하고 현재와 같이 발전할 수 있었다. **문화 번역**과 관련하여, 저자와 독자 모두에 봉사하는 언어 및 커뮤니케이션 전문가인 번역가는 적극적인 문화의 중재자 역할을 하며 의사 결정자이다. 번역가는 목표 텍스트의 독자의 필요에 정통(精通)하고 또 잠재적인 목표 청중의 독자들의 기대와 배경지식을 고려할 필요가 있다. 따라서, 번역가의 의사소통 능력은 문화간 인식과 전략적 또는 문제 해결의 능력 모두를 포함한다(Wilss W., 1990: 10-36; Lee S. J., ib.: 31). 한 문화체계에서 다른 문화체계로 텍스트를 번역하는 것은 중립적이거나 순수(純粹)한 행위는 아니다. 번역이 번역가의 관점에서 이루어진다고는 하지만 그의 관점이란 것이 반드시 자기만의 것이라고는 볼 수는 없다(김지원, 2000 봄: 25-26). 번역가 역시 자신이 살고 있는 시대의 제약(制約)을 받고, 이질적인 두 문화와 두 언어가 갖는 특성들로부터 영향을 받기 때문이다.

1.2 번역과 세계화

1.2.1 번역의 이해

번역(통역 포함)이란 무엇인가 하는 질문에 대하여, 사실상 자국(自國)의 문화적 상황이나 문화정책에 따라 달리 이해되고 규정될 수 있다. 예를 들어 고대 로마인들(문인 호라티우스, 시인 플리니우스 제2세, 수사학자이며 웅변가인 퀸틸리아누스 등)은 번역을 "자국 문화를 풍요롭게 하기 위한 수단으로, 자국민의 활동을 자극하기 위한 원본과의 경쟁으로, 승리자의 권리로 낯선 문화적 의미내용을 자국어 안에 포로로 만드는 것으로" 생각했다. 번역은 자국의 문화형태에 새로운 문화적 공간(空間)을 열어 줄 뿐만 아니라, 또 국가들 간의 문화적 교류(交流)의 창구역할도 하는 것으로 이해되었다. 그러나, 번역의 부정적인 면도 없지는 않다. 즉, 번역은 자국의 고유한 문화적 전통을 파괴하는 역기능(逆機能)을 하기도 한다는 것이다(Kloepfer Rolf, 1982: 586-588; 이선관, 2003: 18-19). 번역이란 남을 이해하기 위해 자신이 이해하는 것을 말하며, 하나의 의사소통(communication) 행위(行爲)이다(최정화, 1997: 16). 다른 모든 의사소통 행위에서와 같이 발신자와 수신자가 있으며, 발신자가 수신자에게 메시지를 전달할 때에는 수신자의 지식수준과 텍스트가 쓰일 곳, 즉 텍스트의 용도(用途)를 고려한다.

원천 문화의 텍스트를 목표 문화의 텍스트로 번역하는 일은 바로 언어와 기타 여러 가지 배경이 다른 의사소통의 참여자들을 서로 연계(連繫)시켜 주는 일이다. 따라서 번역가가 원문에 충실하다는 미명아래 어떠한 개입이나 중재(仲裁) 없이 문자 그대로 번역하여 독자로 하여금 원문 텍스트를 접(接)하도록 한다면, 목표 문화권의 독자와 원저자간의 원활한 의사소통에는 상당한 어려움이 야기(惹起)될 것이다(Gutt E.A., 1991; 이근희, 2004 가을: 114). **번역 행위**는 문화라는 울타리 안에서 이루어진다. 문화를 구조화된 의미에 대한 집단지식 또는 상징체계로 보는 시각에서 보면, 문화란 인간이 그들의 경험을 조직화하고 해석하기 위해 정신적으로 부려 쓰는 개념들과 모델들로 구성된다. 문화는 어떤 선택을 실현할 것인가를 통제하고, 그 통제의 유형을 제어하며, 사회적으로 수용 가능한 것은 규정하고 그렇지 않은 것은 억제한다(박여성, 2000 봄: 77). 이를 통해 개인과 사회의 정체성을 안정시키며, 커뮤니케이션 행위를 규정하는 이중(二重)의 우발성 사이의 균형을 잡아준다.

"문법적으로, 또 사전적 의미로 정확하다 할지라도 번역으로 만들어진 문장은 아직도 독자들의 신념(信念)체계 또는 문화적 견해와 충돌할 수 있다"고 지적한다 (John Callow, 1974: 160-61; 김귀순, 2003 가을: 51). 문화 매개자로서의 번역가로써 야기되는 문제가 두 가지가 있다는 것을 주목(注目)해야 한다. 첫째는 의미는 짜 맞추어 넣어진 것이 아니고 개인과 문화에 묶인 신념에 따라 해석된다. 두 번째로 는 외연적(外延的)인 의미의 번역이 자동적으로 좋은 번역을 보장한다는 것이다. 번역은 원문이 독자적으로 존재하는 것만큼 독자적인 존재이다. "번역은 단순한 의사소통이 아니라 외국어를 흡수(吸收)하는 모국어의 의미화이다." 번역가는 외 국의 언어와 문화를 자국에 맞게 변형(變形)시킨다. 적절한 대응어가 없기 때문이 고 대응어가 여럿인 경우엔 선택에 따르기 때문이고 잘 읽히도록 덧붙이고 빼기 때문이다(권택영, 2000 가을: 115-18). 번역은 언제나 다스릴 수 없는 여분 (remainder)때문에 오역을 피할 수 없다. 그런데 바로 이 여분, 우수리가 번역의 가능성과 윤리성(倫理性)을 낳는다.

1.2.2 세계화의 의미와 성과

세계화(globalization)는 그 어원이 globe(지구)인데, 공이라는 뜻의 라틴어 'globus' 에서 유래한다. 세계화 개념과 용어를 처음 정의(定義) 내린 선구자들은 앤서니 기덴스(Anthony Giddens)와 롤랜드 로버트슨(Roland Robertson)이다. 영국의 기덴 스는 세계화 과정을 근대사회의 발달과 연관(聯關)시켜 설명하였고, 미국의 로버 트슨은 1985년부터 세계화란 용어를 처음 사용하였다. 이후로 여러 학자들이 세 계화에 대한 논의를 계속하여왔다. 세계화의 시작을 언제로 보느냐는 점도 의견 이 다양하다. 로버트슨은 근대화 이전인 중세 시대에 세계화가 시작되었다고 보 는 반면에, 기덴스는 근대화와 자본주의 시작을 세계화의 출발로 보았다. 올리비 에르 돌프스(Olivier Dolfus: 17, 35; 허명수, 2003 가을: 132-34)는 넓은 의미의 세 계화인 'mondialisation'는 콜럼버스의 신대륙 발견을 위시한 15세기부터 시작되 었다고 보고, 마지막 단계의 세계화인 'globalisation'은 19세기말부터 시작되어, '정보의 즉각성(卽刻性)', '대기업들의 다국적화', '신자유주의'의 세 가지 특징이 있다고 주장하였다.

전반적으로 볼 때 중세(中世) 말에서 르네상스로 이어지는 초기 근대화 시대를 맞으며 새로운 대륙이 발견되고 대륙 간 교류가 활발하게 이루어지던 시대를 진정한 의미의 세계화 시작으로 볼 수가 있다. 세계 2차 대전 이후 정치와 경제를 포함한 각종 분야에서 국제교류가 활발해지면서 세계화의 물결은 급물살을 타게 되었고, 이 과정에서 통역과 번역은 각 개인 간의, 그리고 각국 간의 주요 의사소통 방식으로 등장하게 되었다. 근대화 이후 세계화와 번역은 불가분(不可分)의 관계를 갖고 발전하는 양상을 보여주고 있다. 다양한 번역 작품과 번역에 관한 책을 읽는 것은 단순히 다른 시대와 언어, 문화의 교류를 넘어 지구촌이 서로 이해하고 하나가 되는 진정한 의미의 세계화도 가능하게 해주고 있다

세계화란 지구 사회(global society)의 출현에 대한 포괄적인 용어이며, 지구 한쪽에서 발생하는 경제적, 정치적, 환경 관련, 그리고 문화적인 행사들이 재빨리 지구의 다른 쪽에 있는 이들에게 중요성을 갖게 하는 사회를 말한다. 세계화란 통신, 수송과 정보 기술(技術)에 있어서의 진보의 결과에서 오는 것으로 전세계의 개인, 지역사회, 기업들과 정부들을 연결하는 경제적, 정치적, 기술적 및 문화적 연계(連繫)가 증대하는 것으로 설명할 수 있다. 비록 대부분의 사람들이 계속하여 일 개 국가의 시민(市民)으로 살아가고 있다 할지라도, 그들은 이전과는 달리 다른 나라 사람들의 생활과 문화적으로, 물질적으로, 그리고 심리적으로 관련되어 있다. 머나먼 곳에서의 사건은 종종 즉각적으로 중요한 영향을 미치게 되어, 우리 개인 세계의 경계를 흐리게 하기도 한다. 우리가 입는 의복, 먹는 음식과 운전하는 자동차와 같은 일상적(日常的)인 생활에 공통적인 품목들은 세계화의 생산물들이다(Tabb W.K., 2004 Encarte Online Encycl.). 한편, 세계화는 부정적인 면과 긍정적인 면의 두 가지 측면을 갖는데, 부정적인 측면에는 질병의 만연, 불법적인 마약, 범죄, 테러행위와 불법 이민자(移民者)의 급속한 증가와 같은 측면이 있지만, 세계화의 유익한 점 가운데는 기초 지식, 기술, 투자(投資), 자원과 윤리적인 가치의 공유 등의 측면이 있다.

세계화 과정의 일부인 전 세계에 걸친 기술의 확장(擴張)은 흔히 집합 가설(convergence hypothesis)과 연관된다. 국가와 주민들은 그들의 체계와 행위에 있어서 유사해지는 것으로 판단된다. 선진 국가들은 수입(收入)과 인구통계와 관련하여 진정으로 한 점으로 집합하고 있으나, 세계적으로는 그렇지 않다(Marieke de Mooij, 2003 Barfield C.E. & et al. eds.: 109). "여러 방법으로, 소비자들은 더욱 더 상호간에 닮아가고 있으며, 그 이유를 매스컴과 여행, 다국적 회사들 그리고, 지구촌의 온갖 장치들에 의한 것으로 이해한다"(BULLMORE, 2000: 48). 그러나

현실 세계에서 문제는 극소수의 사람들만이 국제적인 텔레비전 프로그램(영어)을 규칙적으로 시청한다(EMS, 1996/1997). 소수의 학자들은 세계화는 주로 신념으로 남고 있다고 지적하고 있는데, 이는 풍미의 균질화(均質化) 혹은 우주적인 가격에 관심을 가지는 소비자층의 출현을 가져오지 못했기 때문이라는 것이다(USUNIER, 1997). 관습과 전통은 지속하는 경향이 있으며, 따라서 "구라파의 소비자"와 같은 개념들은 잘못된 명칭이다(SAVITT, 1998; USUNIER, 1996). 전세계적으로 사람들이 더 잘 교육 받고 또 더욱 풍요하게 됨에 따라, 실제적으로 그들의 기호(tastes)는 갈라진다. 부(富)의 증가와 함께, 사람들은 점차적으로 그들 문명의 독자성에 보다 큰 관련성을 갖는다.

세계화 시대에 있어서 문화의 교류와 전파(傳播)는 한층 더 중요한 의미를 갖게 되었다. 통신과 운송 기술의 급속한 발달에 힘입어 세계가 빠르게 하나의 마을로 변화하고 있으며 국가간의 경계는 점점 더 무의미한 것으로 변하고 있다. 경제적으로는 다국적 기업(Multi National Corporation)이나 초국가적 기업(Transnational Corporation)의 역할이 점점 더 중요해지고 있다(Masao M., 1998: 248; 박진임, 2004 봄). "특정 국적을 가진 상품이나 기술 또는 기업은 더 이상 존재하지 않게 되었으며 국경(國境) 안에 남는 것은 국가를 이루는 구성원, 즉 국민들뿐이다."라는 지적을 하고 있기도 하다(Robert Reich, 1991: 3; ib.). 정치적으로도 이데올로기 대립은 약화되고 국가간의 공조(共助)와 협력이 점점 더 중요해지고 있다. 따라서 국가간의 문화교류도 그 중요성이 날로 증가하고 있다. 그러나 한편으로는, 문화의 영역에 있어서 어떤 규정이 적절한 지에 대한 광범위한 의견의 불일치(不一致)가 존재한다. 어떤 사람들은 미국의 미디어 회사들이 지배력을 갖게 됨에 따라 문화의 다양성(多樣性)의 상실을 두려워하기도 한다(Tabb W.K., ib.). 오늘날의 정보와 번역의 시대에 있어, 새로운 학문, 문화, 사상, 기술, 문학 등은 대부분 타 언어권에서 번역을 통해서 유입(流入)된다. 번역은 사실상 문화 유입의 가장 자연스러운 방법일 뿐만 아니라 경제적 방법이며 세계를 향한 문화의 창(窓)이라 할 수 있다(김효중, 2000 봄: 34).

2. 번역가는 누구인가

2.1 번역가의 자격과 조건

바람직한 번역가가 갖추어야 할 요건(要件)으로 ①도착어 구사력 ②출발어 구사력 ③백과사전적 지식 ④번역 방법론 지식의 4가지를 지칭하는가 하면(Lederer, 1999), Snell-Hornby([1987]/1995), Nord(1991/1996/1997)나 Kussmaul(1995) 등은 이상의 4대 요소 이외에 번역 관련 양 개 언어-문화에 대한 중개(仲介) 능력(intercultural competence)을 추가하였다(Snell Hornby Mary, [1987]/1995; Kussmaul P., 1995; 정호정, 2003b 가을: 53). 그러나, 두 언어와 문화에 대해 뛰어난 지식을 갖고 있다고 해서 전문적(專門的)인 번역가가 되는 것은 아니다. 언어와 문화에 대한 지식을 갖추고 있다는 것이 번역을 하기 위한 필요조건이 될 수는 있으나 충분(充分) 조건일 수는 없다. 왜냐하면 번역가가 되기 위해서는 언어와 문화적 지식뿐만 아니라 상황에 따라 텍스트의 유형(類型) 및 커뮤니케이션 전략을 결정하며 이를 상황에 맞게 표현하는 능력을 갖추어야 하기 때문이다. 따라서 번역가가 되기 위해서는 광범위하고 일반적인 지식 뿐 아니라 번역물 내용에 대한 관련 지식 역시 필요하다(로즈마리 맥켄지, 1998: 15; 이승재 외, 2001 가을: 99-100). 번역가는 독자이면서 텍스트의 생산자이다. 번역은 효율적인 기술을 연마(硏磨)하고 다양한 방법론을 터득한 전문인을 필요로 하며, 그가 곧 이상적인 비평가이자 작가로서의 자질을 갖춘 창조적(創造的)인 번역가이다. 번역가의 기능은 주어진 텍스트 읽기나 평가에 그치는 것이 아니라 새로운 텍스트를 생산해 내는 것이다. 환언하면, 번역가는 단순히 언어를 치환(置換)하는 기술자가 아니라 언어학자와 문학비평가와 작가를 결합한 이른바 종합적인 인문 학자이다(김지원, 2000 봄: 25). 번역가는 문화의 중재자라는 말은 Bochner(1981)와 Steiner(1975)를 포함하는 많은 학자들에 의하여 문화와 관련 있는 번역을 정의하면서 종종 언급이 되고 있다(이, ib.). 알 타프트(Taft R., 1981: 53)는 아래와 같이 그 역할을 정의하고 있다.

> 문화의 중재자(仲裁者)는 언어와 문화가 다른 개인 간 혹은 집단간의 의사소통의 이해와 행위를 촉진시키는 사람이다. …즉 중재자는 어느 정도까지 양 개 문화에 참여할 수 있어야 하며, 따라서 어느 정도 양 개 문화에 익숙해 있어야 한다.

따라서, 번역가는 원문 텍스트를 충분히 이해하고 그 내용을 목표 청중(聽衆)에게 전달할 수 있기 위하여 단지 양 개 언어만을 할 줄 아는 것이 아니라 양 개 문화에도 익숙해 있어야 한다. 성공적인 번역가 즉, **연금술사(鍊金術士)**가 될 수 있는 조건은 다음과 같다. 첫째, 번역가는 목표언어의 원어민이어야 한다. 버지니아 울프가 말하는 문학 작품의 황금인 언어의 리듬은 문법적인 오류를 범하지 않으려고 노력할 때 잘해도 상실(喪失)되는 것이며, 또 잘못하면 운율(韻律)이 흐트러진 모조의 영어가 되는 것이다. 더구나, 한 언어로의 번역은 단지 *무엇인가*의 지식 이상으로, 그것은 무엇이 *아닌가*의 지식도 요구한다. 번역가는 어떤 개념이 이(異) 문화에서는 불가사의한가에 대한 감각을 갖기 위하여, 또 어느 정도까지 그들은 불가사의(不可思議)한가, 또는 만약 그들이 그 문화 안에 과연 존재하는지 어떤지의 감각을 갖기 위하여 목표 문화에 대하여 명쾌한 지식을 가져야 한다. 이 직관(直觀)은 어떻게 이 불가사의함을 다룰 것인가에 관한 번역가의 의사결정을 돕는다. 번역가의 두 번째 기준은 언어와 원문 텍스트의 문화에 아주 잘 숙련(熟練)되어 있지 않으면 안 된다는 것이다. 만약 번역가가 목표언어의 원어민이라면 아주 중요하다. 세 번째 척도는 번역가의 작문 기술이다. 위대한 번역가가 되기 위하여 필요한 기술은 위대한 작가의 자질(資質)과 크게 다르지 않다(Cynthia Childs, 2001 봄: 190-91).

최근 유럽의 많은 학자들은 번역가의 모국어, 곧 A언어를 도착어로 하는 번역만이 바람직하며, 모국어가 아닌 언어, 곧 B언어로의 번역은 바람직하지 않다는 입장을 견지한다(셀레스코비치 & 레데러, 1989: 113-14). 또 이들은 통역번역교육과 관련하여 모국어, 곧 A언어로의 번역을 장려하여야 하는 근거로 세 가지를 제시하고 있는데, 모국어로 번역을 하게 하면 ①메시지의 외양, 즉 언어적 표현 자체에 얽매이지 않고 그 포장(包裝) 아래 숨겨져 있는 메시지의 내용, 곧 의미에 집중할 수 있게 되어 정확한 의미 파악이 가능하고, ②학생들이 직관적(直觀的) 판단이 가능한 모국어를 도착어로 번역할 때 자연스러운 언어표현을 구사(驅使)할 수 있어 부자연스러운 번역조의 느낌을 미연에 방지할 수 있으며, ③이렇게 번역된 텍스트는 번역대상 독자가 이해하기 쉽다는 것이 장점이라고 이야기하기도 한다.

한편, 통역번역학계에서 A언어로의 번역을 '일반적인'(unmarked) 번역으로, 또 B언어로의 번역을 '특수한'(marked) 번역형태로 구분하고, A언어와 B언어로의 번역의 질적(質的) 차이를 당연히 전제하는 태도가 지배적임을 지적하였다(Steward, D., 2000: 73-92; 정호정, 2003b 가을: 53). 단지 번역물밖에는 접촉할 수 없는 일반 독자들은 잘못된 번역인지 제대로 된 번역인지 원문과 비교해 보기 전에는 불가능하므로 번역가는 독자가 오류를 갖지 않도록 폭 넓은 시야(視野)를 갖고 지식을 넓히는 데 힘써야 하며, 구어체(SL)와 텍스트 언어(TL)에도 능통하고 컴퓨터를 이용한 인터넷을 제대로 활용하고 인간심리와 문화적 상이점을 규명하는 일과 그 관용적 표현의 활용에도 관심을 기지고 노력해야 한다(조흥섭, 2000 봄: 224-25).

2.2 번역가의 임무와 역할

번역가의 임무는 역어의 수단을 통해서 등가(等價)의 체계의미(Bedeutung)가 아니라 등가의 지시와 등가의 의의를 재생(再生)하는 데 있다. 번역의 연구대상은 텍스트가 의미하는 모든 것이 아니라 그 텍스트에서 언어적으로 형식화(形式化)된 것(말로 표현된 것)이며 또한 이러한 언어적 표현만이 번역될 수 있다. 번역은 단순히 기호(記號)의 전환이 아니고 변화된 인식 체계 내에서의 재구성 또는 새로운 구성(構成)이다(김효중, 2000 봄: 36-38). 의사소통이 제대로 이루어지기 위해서는 첫째, 독자가 번역문을 읽기 전에 가지고 있을 지식을 고려해서, 그것에 메시지를 맞추어야 하며 둘째, 독자가 책을 읽은 후 알아야 될 사항을 고려해서 작가의 의도에 맞게 번역해야 한다. 번역가는 의사소통과정의 중개자로서, 메시지를 상황에 맞게 조정하는 역할을 한다(최정화, 1997: 17). 즉, 단순히 한 언어를 대체(代替)시키는 일만을 하는 것이 아니라, 서로 다른 언어와 문화교류에서 실제로 중요한 역할을 담당한다.

일상적 언어에서 언어적 기호는 그것이 그 이상의 선택 가능한 기호로, 특히 보다 더 발전된 기호로 번역될 때에 비로소 의미(意味)를 가진다. 달리 표현하면, 언어적 기호를 정의하고, 기술하고, 설명하는 것 그 자체가 이미 번역이다(야콥슨; Kisiel, Th., 1983: 218; 이선관, 2003: 20). 그에게 있어서, 번역이란 언어적 기호를 해석(解釋)하는 행위이다. 이와 관련된 또 다른 주장은, "모든 번역, 심지어 이른바 축어적(逐語的) 번역조차도, 일종의 해석(eine Art Interpretation)이다."고 말한다 (Gadamer, 1986: 342). 이에 의하면, 번역가는 곧 해석자이다. '해석자'에 해당하는 라틴어 'interpres'는 'inter'와 'pres'의 복합어이며, '중간에서 말하는 사람', 곧 설명자·번역가·중개인·매개자를 뜻한다. 따라서 그의 과제(課題)는 원천어 텍스트 즉, 원본에서 불명료하게 진술된 것조차 독자가 이해할 수 있도록 그에게 적합한 언어로 옮기는 데에 있다. 원천어의 텍스트를 목표어의 독자에게 '이해할 수 있게 해 주는 것(zum Verstehen bringen)'이 그의 참된 과제이다(이선관, ib.: 21). 번역문을 통해 원문의 구조를 온전히 보여줄 수는 없지만, 그러나 번역은 언제나 투명한 유리의 역할을 해야 한다.

번역 행위에서 중심 개념은 부호와 부호의 교체(交替)이다. 부호의 발신자와 수신자 사이에는 부호(符號)의 교체 작업을 수행하는 번역가가 반드시 개입해야 한다. 왜냐하면 도착언어 텍스트의 수신자는 출발언어 정보의 수신자가 사용하는 것과 동일한 부호를 사용하지 않기 때문이다. 어떤 의미에서 번역가는 "출발어(SL) 텍스트의 '특권 받은 독자'"(Hatim and Mason, 1990:224; 김지원, 2004 봄: 56-57)이다. 그는 원천언어나 목표언어의 일반 독자들과는 달리 생산(生産)하기 위해 읽고, 다시 기호화하기 위해 기호(記號)를 해독하기 때문이다. 저자는 자신의 의도, 여부에 따라 문장 이면(裏面)에 감추어진 또 다른 의미를 독자가 언어 내적인 지식 및 언어 외적인 지식과 독자 자신만의 경험 그리고 일반 지식을 이용하여 추론(推論)하도록 유도할 수 있으며, 독자는 문장 이면에 전제되어 있는 배경 지식에 대한 정보를 공유하고 있어야만 저자가 의미하는 내용에 대한 완전한 이해의 접근이 가능하다.

그러나, 상이한 언어를 사용하고 상이(相異)한 문화권에서 생활하는 목표 텍스트의 독자는 저자의 지식과 경험, 기타 일반 상식에 대한 정보를 서로 공유하는 데 있어서 한계가 있기 마련이다. 특히 해당 텍스트의 목적이 정보 전달이라면 문제가 더욱 심각해 질 수도 있을 것이다. 이러한 연유로 **번역가의 중재(仲裁) 역**할이 반드시 필요하다. 번역가는 원천언어에 대한 전문적인 지식뿐만 아니라 원천 문화권과 목표 문화권의 사회 문화 체제에 대한 인지적 틀(frame)을 이해하고 또 이를 생성(生成)할 수 있는 **능력을 갖춘 자(者)**라야 하며, 이러한 전제 하에 효과적인 번역을 위해서는 원저자의 숨겨진 또는 암시된 의도를 반드시 이해해야 하고 이를 재생산해야 할 뿐 아니라, 필요하다면 다양(多樣)한 방법으로 적절히 개입해서 원저자와 목표언어권의 독자 간의 원활하고 효율적인 의사소통을 위해 중재해야 한다(이근희, 2004 가을: 119-20). 두 언어가 만나는 번역의 현장은 결코 허공이나 진공 상태가 아니다. 두 문화 체계 속의 전통이란 맥락(脈絡)이다. 그렇지만 한 문화에서 가치있는 것이 다른 문화에서는 중요하지 않을 수도 있다. 이러한 불일치를 화해시키기 위해 번역가는 스스로 능동적인 글쓰기 역할을 떠맡아야 한다. 복잡한 번역 현장에서 가장 필요한 것은 번역가가 두 언어의 상용(常用) 능력

뿐만 아니라 양국 문화에 대해 통찰력 있는 비전을 갖는 것이다. 번역가들은 의미의 전환 과정에 나타나는 부조화(不調和)들을 극복하려고 시도하면서 이데올로기와 도덕 체계, 사회-정치 구조 등을 포함하는 문화들 사이에서 창조적인 중재 역할을 수행한다(김, ib.: 69-70).

번역에서 독자참여의 중개(仲介)는 목표문화의 규범, 목표 독자의 기대와 목표 언어의 특성과 같은 변수에 의하여 영향과 제약을 받는다. 커뮤니케이션 참가자 간에 참여의 관리에 미치는 번역가의 영향은 원문 텍스트 정보의 전달자뿐만 아니라 독자-작가의 관계의 조정자(調整者)로써 번역가의 역할을 강조한다(강지혜, 2003 봄: 135). Delisle과 Woodworth가 편찬한『역사에 기억될 번역가들』(*Translators through History*)에 기고(寄稿)한 번역가/번역 이론가들은 번역가에 의한 다양한 활약상들을 기록하고 있는데, 그 중에서도 주목할 것은 번역이 모방(模倣)이나 열등한 복사본에 머무는 것이 아니라, 이제 다양한 역할을 수행하는 막강한 힘을 가진 재창조물 혹은 창작물이라는 점도 제기하고 있다. 번역은 특정한 원천어(SL)의 문화적·지적 유산(遺産)을 다른 특정한 목표어(TL)로 옮김으로써 이질적인 '새로운' 문화양식과 지식형태를 매개·전달해준다. 뿐만 아니라 **번역의 중개(또는 매개)역할**은 목표어의 문화양식에 새로운 문화적 공간을 창출할 수 있는 창조적 구성력을 불러일으키는 데에도 적지 않게 기여한다. 이러한 점을 고려할 때 "번역은 언어에 국한되지 않고 문화와 문화의 만남"(이상섭, 1996: 7-9; 이선관, 2003: 18)을 가능하게 함으로써 문화의 정체성(停滯性)을 벗어나게 하는 역할도 수행하고 있는 것이다.

2.3 번역가의 직업윤리

2.3.1 책임과 의무

번역가가 원천(源泉) 텍스트와 목표 텍스트 양쪽 모두가 하나의 목적을 위하여 쓰여졌고 또 관심사항에 도움이 된다는 것을 자각(自覺)하고 나면, 그들의 역할이 텍스트를 위한 것이 아니고, 목적과 관심사항과 연관되며, 또한 서비스 제공자로서, 의뢰자에게 책임(責任)을 지게 되며, 공허한 텍스트에서 일하고 있지 않는다는 생각을 보다 용이하게 하게 될 것이다. 번역가의 책임은 그 텍스트가 저자(著者)에 의하여 또는 연설자에 의하여 아무리 서투르게 혹은 부정확하게 쓰여졌거나 혹은 이야기되었다 하더라도, 그 원문 텍스트를 이해하기 위하여 최선의 노력을 다할 의무를 포함한다. 이것은 처음 읽었을 때의 번역 단위에 대한 스스로의 해석(解釋)에 대한 의심과 이 최초 해석의 그럴 싸 함에 대한 체계적인 시험을 포함한다. 이 단순한 체계적인 의사결정 과정은 저자가 서투르게 작성한 텍스트뿐만 아니라, 그들 자신의 독서과정에서의 취약점(脆弱點)으로 인한 많은 오류를 범하지 않도록 해준다(Gile D., 2002.5.23: 28).

번역은 지적인 활동으로써 그 목적은 한 언어로부터 다른 언어로 문학적, 과학적 그리고 기술적 텍스트의 전환(轉換)이며, 번역을 행하고 있는 사람들에게 본질적으로 고유의 특수한 의무를 강요한다. 번역가를 사용자에게 속박하는 관계나 또는 계약의 특성이 어떠하든 간에 번역은 항상 번역가의 유일한 책임으로 이루어진다. 그는 그가 승인하지 않거나 또는 그의 직업상 의무에 반대되는 통역을 텍스트에 부여하기를 거부한다. 번역가는 번역하고 있는 언어에 대한 건전한 지식을 소유해야 하며, 또 특히 그가 옮길 언어에 대한 지식에 정통(精通)한 사람이어야 한다. 마찬가지로 그는 번역의 주제 사항에 대하여 폭 넓은 일반적인 지식을 가져야 하고 또 충분히 잘 알아야 하며 그의 능력을 초과(超過)하는 분야의 번역을 맡는 것은 삼가 하여야 한다. 그는 그의 직업을 수행함에 있어서 어떠한 불공평한 경쟁(競爭)을 삼가 하여야 하며, 특히 법률, 규정 관습, 또는 그의 직업적 조직체에 의하여 정해진 가격이하의 어떠한 수수료(手數料)도 받아들이지 않는다. 대체로, 번역가는 그 자신에게 또는 그의 직업에 자존심(自尊心)을 상하게 하는 조건이하로 작업을 추구하지도 수락하지도 않을 것이다. 또한, 그에게 맡겨지는 번역의 결과로 그가 소유하게 되는 임의의 정보를 **직업적인 비밀**로 취급함으로써 사용자의 합법적인 관심을 존중한다. "이차적(二次的)인" 저자로써, 번역가는 원래 작품의 저자와 관련되는 **특수한 의무**를 받아들일 것이 요구된다. 그는 작품을 번역하기 위한 승인을 원작품의 저자 또는 사용자로부터 획득(獲得)해야 하며, 또 더욱이 저자에게 부여된 기타의 모든 권리를 존중해야 한다(<부록 1> FIT번역가 헌장 제1절 참조).

외국어의 형태와 소리를 단순히 흉내 내기 하여 모국어에 전이(transference)하는 행위는 넓은 의미에서 '번역가이기를 포기(抛棄)하는 행위이다 또한 열강의 언어가 모국어에 식민하여 모국어 본래의 정체성(正體性)을 잃게 하는 행위이며, 종국에는 지정학적 힘의 논리에 의해 한 언어의 아름다움을 파괴하는 행위가 된다(Newmark Peter A., 1998: 82; 원영희, 2002 봄: 117). 따라서, 번역가는 원문의 형태보다는 내용을 독지에게 효과적으로 전달할 책임이 더 크다. 그는 독자/창작자/번역가의 위치에 서서, 언어학적인 관점에서만 원문텍스트에만 시선을 집중하지 말고 좀 더 멀리서 텍스트를 보고, 여러 가지 관점과 방향을 갖고 번역에 임(臨)해야 한다(허명수, 2003 가을: 149). 만일 독자들이 내가 번역한 텍스트를 읽고 어떤 의미로든 그로 인해 의식의 상태가 바뀌게 되어, 사고방식이나 인지(認知)방식이 달라졌다고 하면, 독자들의 행동하는 방식도 달라질 것이다. 만일 번역문을 읽은 다음 많은 독자들의 행동양식이 모두 똑같이 변화(變化)한다면, 사회전체가 달라지게 되는 것이다. 이것이 바로 번역가의 파워(power)이자 책임인 것이다(Andrew CHESTERMAN, Fortuna ISRAËL 편집, 2004 번역판: 41-42). 번역가는 원문 텍스트의 '환생(還生)'을 가져오고자 시도하며, 원저자와 독자 모두에게 의무와 책임을 지닌 능숙한 대등자로서 기교적이고 형이상학적인 수준에서 원문 텍스트에 접근해 가야 한다(Bassnett, 2004: 95).

2.3.2 권리

번역가는 그가 행한 번역과 관련하여 그가 활동하고 있는 국가가 다른 지적 근로자들에게 수여하는 일체의 권리를 갖는다. 지성의 창조물(創造物)인 번역은 그러한 근로에게 주어지는 적법한 보호를 받으며, 따라서 그의 번역에 대한 저작권(著作權)의 소유자이며, 또 원래 작품의 저자와 동일한 특혜(特惠)를 갖는다. 그는 그의 번역과 관련하여, 그의 저술에 의하여 주어지는 일체의 상속에 관한 도덕적 권리를 갖는다. 결과적으로 평생 동안 그의 번역의 저술 인정에 대한 권리를 가지며, 그로부터 하기 사항들이 후속(後續)한다. 즉,

> (1) 그의 번역이 공개적(公開的)으로 사용될 때마다 그의 이름이 분명하게 그리고 애매하지 않게 언급된다.
> (2) 그의 번역에 대한 어떠한 왜곡(歪曲)이나, 훼손 또는 기타 수정에 반대할 권리를 갖는다.
> (3) 그의 번역 작품의 출판업자와 기타의 사용자들은 번역가의 사전 동의 없이 번역물에 수정(修正)을 가할 수 없다.
> (4) 번역가는 그의 번역에 대한 어떠한 부적절한 사용을 금지할 자격을 가지며,

또 일반적으로 그의 명예 또는 명성에 대하여 편견(偏見)을 갖게 하는 번역에 대한 어떠한 공격에도 저항(抵抗)할 권리를 갖는다. 번역가는 그의 번역의 출판, 발표, 방송, 재번역, 개작 수정 또는 다른 번역문을 승인할 독점적인 권리와 또 어떠한 형태로의 그의 번역물을 사용할 권리는 당해 번역가에게 있다. 그의 번역물을 대중들이 사용하는 경우에 있어서 번역가는 계약 혹은 법률에 의하여 정해진 요금으로 보수(報酬)를 받을 권리를 갖는다.

번역가는 능률(能率)과 권위를 가지고 사회적 직무를 수행할 수 있도록 생활조건이 보장되어야 하며, 그의 작업에서의 성공 몫을 받아야 하고, 더욱이 그의 번역작품으로부터의 상업적 수입에 비례한 보수를 받을 권리가 있다. 번역은 또한 위탁(委託)의 작업 형태로 일어날 수 있으며, 또 번역한 작업으로부터 발생하는 상업적인 수입과는 독립적인 보수에 대한 권리 등을 취득할 수 있다. 번역의 직업도 해당 국가에서의 다른 직업에 대하여 주어지는 것과 동일한 보호를 받는다. 번역가들은 지적 근로자들에게 보장된 일체의 편의(便宜)를 누리며, 또 특히 노령 연금, 건강 보험, 실업 보조금과 가족 수당과 같은 일체의 사회적 보험 시책의 이점(利點)을 갖는다(<부록 1> FIT번역가 헌장 제4절 참조).

2.3.3 위상

번역 과정에서 두 언어 간에 표면적 의미를 간직하고, 원천언어의 구조를 가능한 한 유지하되 목표언어 구조를 심하게 왜곡(歪曲)시키지 않으면 된다는 생각은 오랫동안 우리의 인식 속에 고착화(固着化)된 오류로 남아왔다. 오랜 번역의 역사에서 번역가의 지위가 대체로 낮게 평가되어 온 것도 이렇게 번역의 개념이 좁은 범위로 한정된 때문이다. 이러한 번역관에 따르면 번역은 종속적(從屬的)이고 파생적인 기술일 따름이다. 그 때문에 번역작은 원작에 비해 현저히 경시되기 마련이다. 이처럼 번역의 가치에 대한 평가 절하는 번역가에 요구되는 기대치(期待値)가 낮아지는 결과를 초래했다. 즉, 번역이란 초라한 것, 즉 재능도 창의력도 별로 필요 없는 행위이자 훈련 받은 문필가에 의해 기계적으로 수행되고 약간의 재정적 보답을 받는 것으로 여겨지는 경향이었다. 19세기 초에는 지난 수세기 동안 그러했듯이 작가가 여전히 번역을 자신의 타고난 문체를 개발하고 형성하는 데 도움을 주기 위한 진지(眞摯)하고 유익한 방법으로 인식하고 있었으나, 번역가는 창의적인 예술가가 아니라 원전과 관련하여 주인-하인이라는 관계 속의 한 요소로 간주되기도 하였다(김지원, 2004 봄: 57-63). 앞에서 이미 언급하였던 바와 같이 번역은 20세기 중반에서부터 그 학문적 가치를 인정받게 되고 번역의 기나긴 역사 속에서 새로운 출발을 하게 된 것이다.

세계의 주도권(主導權)을 잡은 국가들의 번역작업은 매우 활발한 반면, 세계화의 흐름에서 처진 국가들은 상대적으로 번역에서도 자주적이고 독립적이지 못하였다. 이처럼, 대개의 경우 원문언어는 목표언어보다 우월성(優越性)을 가졌고, 원문은 번역문보다 귀하게 여겨졌고, 원 작가는 번역가보다 높은 대우를 받았다. 이런 상황에서, 번역가의 역할은 거의 알려지지 않거나 알려지더라도 원 작가의 그늘에 가려져 왔고, 번역 작품은 원 작품보다 평가절하(平價切下)되기 일쑤였고 번역의 행위가 창작으로 인정되지 않고 부수적이고 종속적인 역할로만 간주되곤 하였다(허명수, 2003 가을: 142). 그러나 문화적 격차(gap)를 줄이는 번역가에 의한 역할의 중요성에 대한 인식과 그의 처지에 걸 맞는 선구적 위상 등을 재평가(再評價)하면서 번역가와 번역의 의미를 재인식하게 된 것이다.

오늘날 세계가 좁아지고 국가간의 벽(壁)이 허물어지고 있는 가운데 이질문화를 접하고 이해하면서 더불어 사는 생활패턴이 중요한 삶의 방식이 되었으나, 대부분의 나라 사람들은 여전히 자기 나라, 자신의 문화 속에 살고 있기 때문에 모두가 다 직접 경험을 통해 다문화를 접할 수 없으며, 또 스스로의 능력으로 그것을 소화할 수도 없다. 그들은 결국 어떤 형태로든 다문화를 소개해 주는 번역가에게 의존할 수밖에 없다. 따라서 다른 나라의 언어를 자국의 언어로 번역하여 소개(紹介)하는 일 또는 자국의 언어를 다른 나라의 언어로 번역하여 소개하는 일은 그 어느 때보다 중요한 산업으로 성장하고 있다. 번역은 어렵고 위험한 작업이라고 말 할 수 있다. 이탈리아 속담에 "번역가는 반역자(反逆者)다"라는 말이 있는데 이는 번역의 어려움을 단적으로 말해 주고 있다(이일범, 2003: 149-50). 대개의 경우 통역사나 번역가는 전문가로 인정받지 못하고 있다. 물론 오랜 시간 노력하여 뛰어난 번역 실력을 보여준다면 주위의 전문가들로부터 존경(尊敬)을 받을 수도 있다. 보통 사람이라면 통번역이 무엇인지 대충은 알고 있다. 그러나 다른 한편으로 자신이 통역이나 번역을 할 수 있을 만큼 제대로 훈련되어 있지 못하다는 사실을 분명하게 깨닫지 못한다. 다른 분야의 전문가로서 외국어를 아무리 잘 구사한다 할지라도 전문적인 번역 교육을 받지 않고 번역을 꾸준히 해

온 경험이 없다면 훌륭한 통역사나 번역가가 되기는 어려울 것이다 전문 통역사나 번역가는 직업의 특성상 사람들 눈에 띄지 않는다. 있는 듯 없는 듯, 무채색(無彩色)을 띠는 것은 훌륭한 통역사나 번역가가 갖추어야 할 필수 지식이다. 훌륭한 통역이나 번역은 청자(聽者)나 독자로 하여금 마치 모국어로 된 원문을 대하는 느낌을 갖게 한다. 훌륭한 번역가들 덕분에 어린이들은 안데르센의 동화(童話)를 읽고, 영국의 전래동요 Humpty-Dumpty를 땅딸보[3]로 바꿔 부른다(Miram G.E., 1999의 2004: 11-18). 그럼에도 불구하고 외국의 문학을 전파함에 있어 크게 기여한 국내의 번역가들은 잘 알려져 있지 않는 실정이다.

2.4 번역가 헌장 소개

국제번역가 연맹(The International Federation of Translators)은 번역가 헌장(The Translator's Charter)을 발표하였는데, 그 주요 내용은 전장 5개 절(Sections) 40개 조항으로 구성된다. 주요 내용을 대별하면, I. 번역가의 일반적인 의무 II. 번역가의 권리 III. 번역가의 경제적 사회적 위치 IV. 번역가 협회(協會)와 노동조합 V. 국가 기구와 국제번역가연맹 등으로 구성된다. 또한 서문(序文)에서 번역의 사회적 기능을 강조하고, 번역가의 권리와 의무를 규정하며, 번역가에 해당되는 윤리 규약의 기준을 설정하고, 번역가가 그의 활동을 수행하는 경제적인 조건과 사회적 기풍(氣風)을 개선하며, 번역가들과 전문기구를 위한 일정한 행동노선을 제안(提案)할 목적으로 번역가의 직업 행위를 위한 안내 원칙으로 활용할 수 있도록 헌장의 텍스트를 발표한다고 기술하고 있다.[4](<부록 1> 번역가 헌장 The Translator's Charter 참고.)

---

3) 동요집 *Mother Goos*에 나오는 달걀꼴 사람.
4) 『번역가 TRANSLATORS NO.19』, 한국번역가협회(The Korean Society of Translators) 발행, 2003.12: 50-53.

3. 통번역 약사(略史)

　번역(통번역)은 고대(古代)로부터 이루어져 왔으나 전문적 기술과 지식을 요구하는 작업으로 인식되기보다는 외국어 기본 능력만 갖추면 누구나 할 수 있는 작업으로 여겨져 왔다. 번역은 그 자체가 언어적인 국면을 바탕으로 이루어지기 때문에 20세기 중반인 60년대 이후에 들어서면서 언어학, 문화학, 기호학, 심리학 등 다양한 분야와 연결되고, 이후 번역의 방법론(方法論)에 관한 논의가 활발히 전개되면서 서구에서는 번역학이 하나의 독립된 학문으로 자리를 굳혀가고 있다. 번역학에서 행해진 연구 가운데 두드러진 한 가지 특징은 언어학, 문학 연구, 문화사, 철학, 인류학에서 달성한 성과들과의 결합을 모색해 왔다는 점이다. 번역학은 현재의 발전상태에서 충분히 그 기반을 확립하고 있고, 여러 가지 방법들을 포용할 만큼 광대한 범주에 걸쳐 있다. 아주 최근에 주목 받게 된 한 연구 분야는 여러 시대와 장소에서 번역가들이나 언어학자들이 번역에 관해 쓴 문헌(文獻)들을 체계적으로 연구하는 것이다. 이러한 번역학은 인도, 중국과 아랍 국가들, 그리고 라틴 아메리카와 아프리카에서 급속도로 발전해 왔다.

　또한 번역학은 1970년대 후반 세계 무대에 등장해 점차 주목 받기 시작하였고, 이제는 더 이상 부수적(附隨的)이거나 비과학적인 학문 분야라고 간주하지 않게 되었다. 그간 번역학에서 이루어진 주요 성과는 특이하게도 번역사(飜譯史)에 관한 연구였다. 왜냐하면 과거 세계에 대한 우리의 지식 구현(具現)에 번역이 어떻게 도움이 되었는지를 잘 검토하면 우리 자신의 미래를 구상하는 데 보다 잘 대처할 수 있기 때문이다. 1980년대는 번역학으로 알려진 신생 학문이 그 터전을 마련한 시기였고 (수잔 바스넷, 2004 번역판: 11-12), 번역의 이론과 실제에 대한 관심이 꾸준히 증가하였으며 1990년대에는 번역학이 드디어 독자적인 학문으로 자리를 차지하고 전 세계적으로 팽창한 시기로 나타났다. 한때는 별로 중요하지 않은 활동으로 인식되던 번역이 이제 인간관계에서 기본이 되는 활동으로 여겨지기 시작하였으며, 부차적인 번역자의 존재가 가시적으로 솜씨 있게 조작을 가하는 번역자, 즉 문화와 문화, 언어와 언어간을 중재(仲裁)하는 창의적인 예술가로 대체되었다. 이 무렵에 이루어진 번역학의 발전은 "번역의 역사와 관행과 철학에 관한 탐구를 다른 지적인 학문 분야들과 결합한 일련의 새로운 제휴를 수립한 것이었다"라고 할 수 있다.

과거 20여년에 걸쳐 번역을 연구해 온 다양한 많은 방법들을 상호 연결시켜주는 공통적 요소들은, 다양성(多樣性)의 강조, 번역가의 조작 능력을 강조하며, 또 번역을 원천 언어와 목표 언어간의 공간을 잇는 교량 건설로 보는 관점 등이다. 이러한 중간자에 대한 찬양은 우리가 살고 있는 세계의 변화하는 속성(屬性)을 그대로 반영한다. 따라서, 오늘날 번역에 대한 관심도는 그 어느 때보다 높아졌고, 번역에 대한 연구는 번역의 양적 팽창과 함께 전 세계에 걸쳐 증가 일로(一路)에 있다. 이제 번역학은 여러 기술과 방법들을 여타 다른 학문에 빌려주기도 하고 또 그 학문들로부터 빌리기도 하면서 보다 확고하게 자리를 잡고 있다 (유명우 2002 봄: 18). 번역사에서 다룰 수 있다고 예상되는 일은 '역사 속에 들어있는 번역의 역할과 기능을 찾아내어 이를 분석하고 기술(記述)하는 일과 시대별 또는 국가별로 번역정책이 문화발전에 끼친 공과를 분석 기술하고 번역이 역사의 흐름과 변천에 어떤 영향을 주었는가를 조명하고 기술하는 작업 등이라고 할 수 있다. 시대의 산물이라고 할 수 있는 번역은 역사적 정황과 깊은 관련을 갖는다 (Lefevere, André 1992; 김지원 2000 봄: 11-12). 언어정책과 함께 번역은 국가나 종교 그리고 문화 정책의 주요한 수단으로 사용되기도 하고 종교와 이념과 사상을 이동시키고 전파하며 많은 교육의 내용과 방법과도 밀접한 관련을 맺고 있다. 이러한 다양한 시각에서 번역을 보고 번역이 끼친 영향과 과정을 추적하는 일은 번역사 연구의 중요한 과제가 될 것이다.

3.1 서양의 번역사

앞에서도 언급한 바와 같이, 본격적으로 번역이론이 학문으로서 자리 잡은 것은 20세기에 이르러서이며, 1940년대 말 유진 나이다(E.A. Nida) 이후 현대 번역사(飜譯史)가 시작되었고, 이후에 로만 야콥슨, 수잔 바스넷, 안드레 르페브르(Andre Lefevere) 자크 데리다(Jacque Derrida), 로저 T. 벨(Roger T. Bell), 모나 베이커(Mona Baker) 등 수많은 학자들이 번역을 학문의 영역으로 만드는데 기여해왔다. 1991년 벨기에의 번역가인 앙리 반 오프(Henri Van Hoff)에 따르면, 이집트 고왕국 시대인 기원전 3천년 경에 이미 번역이 행해진 기록을 찾을 수 있다(Hoff Henri Van, 1986: 26; 허명수, 2003 가을: 134-35). 서구에서의 번역의 역사는 고대, 중세, 문예 부흥기(復興期), 근대, 현대 등 5기로 나누는데, 고대는 로마의 최초의 번역가인 안드로니쿠스(Livies Andronicus 기원전 284?~204), 호머의 『오디세이』 등을 번역한 로마의 연설자이자 정치가인 키케로(Marcus Tullius Cicero, 기원전 106~43), 그리고 이른 시기 『성경』을 번역한 세인트 제롬(St. Jerome, 347?~420)과 세인트 아우구스틴(St. Augustine 354~430) 등이 이 시기를 대표하는 번역가들이다(손지봉, 2003 가을: 98-99).

중세는 집단 번역의 필요성이 증대된 시기로 스페인에는 번역원이 만들어지기도 하였고, 이 번역원은 스페인의 학술과 모슬람 학술(學術)의 중심지에 위치하였으며 교회의 지원(支援)을 받아 민족어인 스페인어로의 번역을 담당하였다. 문예 부흥기에는 독일, 프랑스, 영국 등에 의해 번역이 주도되었다. 독일의 루터(Martin Luther 1483~1546)는 성경(聖經)을 독일어로 번역하여 민족어 발달에 결정적 영향을 끼쳤다. 문예부흥기 번역은 국가별로 민족어(民族語) 번역이 나란히 진행되어 민족어 번역을 정착시키게 되었다는 점이다. 근대는 독일, 프랑스, 영국 외에 러시아의 참여가 두드러진 시대였다. 이 시대 고전주의 사조(思潮)는 번역의 대상을 고전 명저(名著)로 한정하고 품격 있게 번역하는 것을 높이 평가하였다. 러시아 번역가들은 독자를 위한 번역을 주장하면서 번역에 있어서 내용과 형식의 통일을 주장하였다. 한편, 영국에서의 번역에 대한 이론은 18세기 존 드라이든(John Dryden, 1992: 102-105; 김지원, 2000 봄: 12)을 시작으로 하여 본격적으로 대두(擡頭)되기 시작했다. 영어번역의 최초 입법자라 할 수 있는 그는 「오비디우스 서한집 서문」("Preface to Ovid's Eistle")에서 번역의 유형(類型)을 "직역"(metaphrase), "의역"(paraphrase), "모방"(imitation) 등 세 가지로 제시하고 가장 바람직하고 균형(均衡) 잡힌 형태는 "피해야 할 양극단인 직역과 모방(模倣) 사이의 중간", 즉 의역(意譯)이라고 역설했다.

1791년에는 최초의 영어 번역 이론서(理論書)인 알렉산더 타이틀러(Alexander Tytler)의 『번역의 원리』(*Essay on the Principles of Translation*)가 출간(出刊)되었다. 이는 번역 과정에 대해 영어로 쓰인 최초의 체계적인 연구서 이다.[5] 타이틀러는 원문의 일부를 삭제(削除)하고 다른 내용을 첨가해서라도 원문의 모호한 부분을 규명(糾明)하는 것이 번역가의 의무 중 하나라는 점에 있어서는 드라이든과 견해를

---

5) Tytler의 이 책은 1789년 George Cambell의 『4복음서』(*The Four Gospel*)가 나온 직후 간행되었는데, 그 중 제 1부에 성서 번역의 이론과 역사에 대한 연구가 실려 있음. 타이틀러의 『번역의 원리』는 J.F. Huntsman의 유익한 서론과 함께 *Amsterdam Classics in Linguistics*, vol.13(Amsterdam: John Benjamins B.V., 1978)으로 재간행됨.

같이 하지만, '의역(意譯)'의 개념이 지나치게 부정확한 번역을 초래할 수도 있다고 주장하였다(Susan Bassnett, 1991; 김지원, 2004 봄: 58-64). 서구의 번역은 전통적으로 다양한 번역 방식 즉 대역(對譯), 원문에 충실한 번역, 원문을 대신하는 번역, 개작(改作) 번역 등이 다양하게 시도되었다(조동일, 1999; 손지봉, 2003 가을: 99). 그러나 1866년 베른 조약에서 원문에 충실한 번역을 법적으로 규정하면서 번역은 원문 전달의 기술 능력으로 전락(轉落)하고 말았다.

조지 스타이너(George Steiner, 1975: 236)는 그의 저서 『바벨탑 이후』(*After Babel*)에서 번역의 이론과 실제(實際), 그리고 번역가에 관한 문헌을 **네 시기**로 구분하고 있다. **첫 번째 시기**는 Cicero와 Horace의 번역에 관한 진술(陳述)에서부터 1791년 번역의 원리(原理)에 관한 Alexander Fraser Tytler의 시론이 출간된 때까지 계속된다. 이 시기의 중요한 특징(特徵)은 "직접적인 경험에 초점을 맞추는 것"으로, 번역에 대한 주장과 이론들이 실제의 번역 작업으로부터 직접 도출되었다는 것이다. 그의 **두 번째 시기**는 1946년 라르보(Larbaud)가 『성 제롬의 기도에 대하여』(*Sous l'nvocation de Saint Jérome*)를 발간한 시점(時點)까지를 말하는데, 이 시기에는 번역에 접근하는 어휘와 방법론의 개발과 더불어 이론 및 해석적 탐구가 주로 이루어졌다. **세 번째 시기**는 1940년대 기계 번역에 관한 첫 논문집의 출판(出版)과 함께 시작하며, 구조적 언어학과 의사소통 이론을 번역 연구에 도입한 것이 특징이다 스타이너의 **네 번째 시기**는 세 번째 시기와 같이 공존(共存)하며 1960년대 초에 시작한다. 이 시기는 번역과 통역에 대한 해석학적이고 거의 형이상학적인 탐구로 전환한 것이 특징이다(Susan Bassnett, 2004: 76). 그러나 이러한 시대분류는 그 분류 의도를 다만 참고할 수 있을 뿐이다. 왜냐하면, 번역과 문화는 밀접(密接)하게 관련되어 있고 번역학에 통시적(通時的)인 연구를 한다는 것은 어려운 일이기 때문이다(G. Steiner, 1975; 유명우, 2000 봄: 231). 스타이너의 네 시기 구분은 적어도 매우 특이(特異)한 것이며, 주목할 점은 과거의 번역사나 번역은 번역물을 생산해 내는 과정(過程)이나 그 생산이면의 이론에 초점을 맞추기보다는 어떤 주어진 문화적 맥락 속에서 그 번역이 **미칠 영향**에 더 관심을 보였다는 점이다.

그 외에도, 영미와 독일권의 언어 사상가(思想家)들에 의해 텍스트 및 담화(談話)의 구조를 규명하려는 화용론이 태동(胎動)하였는데, 여기에서 그들의 일부를 거명하면, Van Dijk(텍스트학), Harweg(텍스트문법), Dressler(텍스트이론/조어론),

De Beaugrande(텍스트과학), Hess-Lüttich(미디어 언어학)를 위시한 독일권의 화용론 연구와 연계(連繫)하여 Lambert(루뱅-문학번역이론), Holz-Mänttäri(헬싱키-번역행위론), Toury(텔아비브-번역학), Hermans(괴팅엔-번역의 역사/문화론), Frank(괴팅엔-문학번역 이론), Koller(베르겐-번역학), Wilss(자르브뤼켄-번역학/기계번역), Reiß(튀빙엔-번역학), Kußmaul(화행번역이론), Nord(일반번역 학/텍스트이론), Vermeer(하이텔베르크-목적이론), Schmitt(전문어-번역), Snell-Hornby(빈-번역학/인지이론), Salevsky(드레스덴/번역 교육론) 등의 학자들에 의하여 활발한 연구가 수행되어 왔다(박여성, 2000 봄: 61-62).

구술(orality) 또한 과학번역의 시대와 관련된 문화적인 변형에 있어 가변적인 역할을 하였다. 초기 회교와 같은 특정한 경우에 있어서, 구술(口述)의 전통은 오랫동안에 걸쳐 시(詩)와 점성학의 장르로 구체화되었고, 코란의 암기를 둘러싼 종교적인 영역으로 확대되었으며, 지배적으로 텍스트와 외국의 지식의 침입을 반대하는데 영향을 미쳤다. 그러나, 동시에, 구술의 차원은 그 자체로서, 이러한 침입의 규모와 자질(資質) 양쪽을 보증하는 중심을 형성하였다. 아라비아어로 그리고 이후에는 라틴어로의 번역의 에피소드를 위하여 많은 텍스트들은 각각의 목표언어로 옮겨지면서 두 번 번역이 되었다(Montgomerry S.L., 2000: 278-93). 첫 번의 단계는 "원문(original)"을 중간언어(시리아어로, 다른 한편으로는 카탈로니아어, 스페인어와 이태리어 포함)로 소리 높여 번역하는 것을 포함하였으며, 그 다음에 최종 목표언어의 서면(書面) 형식으로 번역되었다.

고대에는 필사본(筆寫本)이 귀하고 이를 읽을 수 있는 학자들이 드물었기 때문에 구두(口頭)로 읽는 것을 선호했다. 그렇기 때문에 책을 펴 놓은 채로 이를 번역하거나 읽는 '중개자' 혹은 '통역사'가 필요했던 것이다. 이 때 '이방인(異邦人)', '다른' 손님은 물리적으로 도착어 속에서 존재하게 된다. 구두로 하는 통역의 경우, 성서시대(BC 444년경, 느헤미야서 8장 7-8절 참조)부터 오늘날까지 예멘 유태교인들은 유태교회의 의식(儀式)에 따라 동음으로 끝나고 구두점이나 단락이 없이 하나로 연결된 성경 텍스트를 큰소리('구어화'되었기 때문에 '생동감 있고' '현장감 있는' 텍스트가 된다)로 읽곤 한다. 여기에서 빼놓을 수 없는 사람이 한 절(節) 한절 구두로 번역하는 metourguemane(탈무드에 등장하는 통역사, translator의 의미)라는 통역사이다. 이들에게는 글로 번역해서 읽는 것이 금지되어 있었다. 그러나, 언제든지 자기 앞에 있는 청중에게 맞춰 통역(通譯)할 수 있었다.[6] 글로 쓰여진 고정된 고대(古代) 텍스트는 즉흥적인 번역을 통해서 생생하고 역동적인 모습으로 '현재'에 다시 태어나게 된다. 유대교의 전통에 따르면 시내 산에서 받은 계시(啓示)는 글로 적은 신성한 율법이자 구두로 계승되는 기회를 제공하는 것이다.

3.2 동양의 번역사

중국의 경우, 기원전 1100년경 주나라에서도 주로 사상(思想)을 전하기 위해 궁중 관료들에 의해 번역이 행해진 기록이 남아있다(허명수, 2003 가을: 135). 서양에서 성서 번역만큼 동양에서의 번역사에 괄목할만한 발전을 이루게 한 것은 불교경전(經典)의 번역이다. 산스크리트 어로 된 불교경전의 중국어 번역이 그 대표적인 예(例)라고 볼 수 있다. 2세기 후한 시대에서 시작되어 송나라까지 약 1000년 가까이 학승 도안(4세기경), 현장(7세기) 법사 등 중국 내의 스님들도 두각을 나타냈지만, 후한 초기에 파르티마 왕국에서 온 안세고(安世高)와 중앙아시아에서 온 지루가참(支婁迦讖), 그리고 5세기경에 인도에서 온 구마라습(鳩摩羅什) 등이 불경의 중국어 번역에 중요한 역할을 담당했다. 이런 번역의 오랜 역사 가운데 번역에 관한 연구도 간헐적(間歇的)으로 나타났다. 4세기경의 중국의 도안은 문체와 어휘 선택을 중심으로 비교 연구하는 번역론을 전개하였다. 중국의 번역 양상은 1919년 5·4운동 이전까지 세 번의 분수령이 있었는데, 제1기는 동한(東漢)에서 송나라까지로 불경번역이 주류를 이루었다. 제2기는 명 말에서부터 청초(清初)로 과학기술에 대한 번역이 이루어졌으며, 제3기는 아편전쟁 이후로 서양학문에 대한 번역이 활발하게 이루어졌다(馬祖毅, 1984; 손지봉, 2003 가을: 99). 이러한 양상은 우리나라도 마찬가지인데, 특히 고대·중세의 불경(佛經)번역과 근대 서구학문의 번역은 동아시아의 일반적인 경향으로 볼 수 있다. 여기에 우리나라를 포함한 중국의 주변국들은 중국고전 번역이 중요한 과제를 이루었는데, 이는 대체적인 양상일 뿐 서구나 중국의 번역 연구처럼 시기별로 대표적인 번역가를 발굴(發掘)하고

---

6) *TJ Cheqalim* 6, 1과 *ahoun*의 첫 페이지. 탈무드에 의하면 구비 모세율법을 '글'로 옮기거나 글로 쓰여진(책으로 읽어야 하는 것이다) 모세율법을 암기(구두 텍스트로 옮기기)해서는 안 된다. *Metourgueman*에 관하여는 F. Kaufmann, 《Eléments pour une histoire de interprétation simultanée en Israël》, *Meta*, vol.43, n°1, 1998, pp.99-100, Interpreters in Early Judais, *The Jerome Quarterly*, Vol. 9, n°3, 1994, p.2.; Francine Kaufmann, 「원문과 번역문의 공존」, 『통번역과 등가』, Fortunato ISRAËL 편집, 2004: 356.

이들의 번역경향을 밝히는 연구는 이루어지지 않았다.

한편, 1896년에 진(秦) 왕조의 유명한 학자였던 얀 후씨는 그의 유명한 번역 작품 *Tian Yan Lun*에서 번역의 3가지 원칙으로, 충실성, 표현성과 우아함을 제시한 바 있다(Wang Shufeng, 2002.5: 53-59). 그 이후에 얀의 원칙은 문하생들에 의하여 중국 번역에 있어서의 확실한 법률로써 지켜져 왔다. 최근 년에 와서 법률 번역에 있어서 철자(綴字), 문법적 오류, 어휘를 글자 그대로 추가, 삭제, 또는 글자 그대로 받아들이는 것 등과, 용어의 오역(誤譯), 부적절한 형식, 최초 텍스트의 부정확한 이해, 언어의 서투른 구사, 그리고 법률 문화의 차이에 의하여 야기되는 문제들과 같은 많은 문제점들이 지적되어 오기도 했다.

일본의 경우, 1868년 메이지 유신(維新) 이후 서양문물을 받아들이면서 번역의 필요성을 일찍이 깨닫고 발전시켜 오늘날 번역대국 임과 동시에 세계화에 앞장서는 나라들 중의 하나가 되었다(허명수, 2004 가을: 148). 1868년 '메이지(明治) 유신'이라고 하는 일본 근대사의 새로운 장이 열리면서 일본에 대한 세계인들의 시각(視角)은 달라졌다. 중국의 아류, 혹은 네덜란드의 설익은 친구 정도로 인식되었던 일본이, 크게 변하는 계기를 맞은 것이다. 메이지 시대 일본이 새로운 서양식 자본주의 문명을 수용하는 과정에서 일본의 언어문화도 급속하게 변하였다. 1870년대 서구자본주의 문명을 적극적으로 수용해야 한다고 주장하였던 일본의 문명개화론자들은 서구식 문명인 과학 지식을 수용하는 과정으로서, 번역이 가지는 의미에 많은 관심을 가지고 있었다. 그들은 '번역'이 타자로서의 서양문명을 수용하는 과정에서 일본 고유의 문화를 새롭게 변화시키는 종합 인격체(人格體)로서, 자본주의 문명의 일본식 근대화룰 완성한다고 생각했다.

즉, 번역 그 자체는 단지 서구 자본주의 문명의 개념과 사상을 수용하는 지적(知的)인 행위에 그치는 것이 아니라, 그 과정에서 이루어지는 타자와의 대화를 통해 자기 정체성(正體性)을 자각하는 문화적 실천으로 이해하고자 했다. '메이지 초기의 번역'이라는 화제를 당시 시대상황에서 보면 일본의 근대화 과정과 분리시켜 생각할 수 없다(최경옥, 2005 가을: 189-203). 서양사회를 모범으로 한 전제 중의 하나가 광범위한 서양문헌의 번역이었기 때문이다. 또한 이를 역사적인 측면에서 비춰보면 이전 시대인 도쿠가와 시대의 문화를 고려하지 않을 수 없다. 왜냐하면, 그토록 짧은 기간에 문화의 거의 전 영역에 걸쳐 고도로 세련(洗鍊)된 번역을 달성하는 놀라운 일이 가능했기 때문이다.

1870년대까지 서구화(西歐化)를 주장하던 일본인들 사이에서는 두 가지의 중요한 과정이 진행되고 있었다. 우선, 많은 학자들이 서구의 텍스트를 일본어로 번역하는 일에 참여하고 있었는데, 그 일은 새로운 용어를 창조하고 전파하는 일을 반드시 포함하는 것이었다. 이 작업은 도쿠가와(Tokugawa)7) 쇼군(將軍)의 정부가 1858년에 미국, 네덜란드와 기타 서방 국가들과의 조약(條約)에 서명하고 나서 국제법에 관한 정보의 필요성을 공식적으로 촉구한 것이었다. 이들 두 과정, 즉 번역과 변형(變形 transformation)의 상황 속에서 일본의 언어가 현재의 서식형식을 따르기 시작하는 주요 결정이 이루어졌음을 알 수 있다. 1870년대와 1880년대의 일본의 번역전략을 보면, 그 첫째는 대체적으로 (음성)외래어(外來語)와 번역단어의 2개 형식으로 번역 기술을 단순화하고, 두 번째로는 구라파 언어로부터 빌려 온 새로운 외래어(차용어)를 표시하기 위한 인쇄기술의 발달과, 세 번째로 1880년대에 시작된 표준화(標準化) 용어의 점차적인 처리과정 등이 관련된다. 이어서, 작가들과 교육자들은 1880년대에 표준화된 번역기술 즉, 번역단어와 외래어를 재빨리 정착(定着)시키는 데 기여한 점을 들 수 있다.

메이지 일본에서는 서구사상을 번역·수용하는 과정에서 끊임없이 민권론과 국권론이 대립(對立)하는 과정을 거쳐왔다. 민권론적 입장은 서구사상을 직역·소개하는 방식에서 일본적인 전통과 갈등(葛藤)할 수도 있는 다소 무모한 개념을 도입하는 경향이 강하게 나타나는데 반해, 국권론적 입장은 서구사상과 일본의 전통 유학 및 국학 사상 등과 타협(妥協)하는 방식으로 번역작업을 강조하고 있다. 일본의 번역사상은, 휴머니즘적인 요소를 자본주의적 근대화(近代化) 과정에서 가장 최소화하는 사회진화론으로 바뀌면서, 국가가 책임을 지는 방식의 절대주의 정치체제와, 서양문명을 이식(移植)하는 방식의 '전근대적 자본주의 발전과정'이 결합하여 새롭게 서구문명을 수용하고자 했다. 번역은 간단히 말해서, 두(혹은 그 이상의) 언어간의 적절한 통신 수단을 생산하기 위한 노력이다. 의미는 한번으로 영원히 고정되는 것이 아니라, 단어의 의미는 변(變)할 수 있고 또 논쟁이 되기도 하는 두 가지 모두의 대상이 될 수 있다.

따라서 일본인들이 서구의 개념을 번역 착수하였을 때, 그들은 일 개 혹은 수개의 구라파 언어로서의 가능한 의미를 평가하여야만 했고, 또 그 의미를 일본어

---

7) 도쿠가와 시대[德川時代, Tokugawa period]:에도 시대[江戸時代]라고도 함. 도쿠가와 이에야[德川家康]가 세운바쿠[幕府] 체제 아래 국내적으로 평화를 구가하고 정치적 안정과 경제적 성장을 이룩한 일본 봉건시대의 마지막 시대(1603~1867) 출처: 인터넷 Daum백과사전.

로 전달하는 방법을 생각해 내지 않으면 안 되었다(Douglas R. Howland, 2002: 61-85). 한편, 번역은 외국에 의한 영향의 이동을 고취하고 관리하며, 심지어 부분적으로 통제하기 위한 강력한 수단이 되었다. 이것은 명백하게 네덜란드로부터의 번역물의 지원을 받던 도쿠가와(Tokugawa) 정권의 의도였으며, 그 당시 일본에서의 현대 과학의 기초를 형성하게 되었다(Scott L. Montgomery, 2000: 292). 한국의 서구문명 수용은 사실상 일본에 의해 번역된 제2의 서구문명을 이식(移植) 받은 것이라고 이해할 수 있다(최경옥, ib.: 202-204). 이러한 맥락에서 일본의 근대화와 그 번역의 문제는 단순히 타자(打字)의 문제점으로 무시할 수 있는 것이 아니며, 오히려 그것은 한국과 일본을 중심으로 한, 근대 이후 동아시아 국가 간의 사상의 연계(連繫)를 풀어갈 수 있는 열쇠가 될 수 있다.

한국 번역사의 효시(嚆矢)는 한국어의 한문으로의 번역서인 「삼국사기」와 「삼국유사」로부터 시작된다(유명우, 2002 봄: 13-20). 오래 전부터 한국인들은 구전(口傳)해오던 국어 시가(詩歌)와 전설 등을 한문으로 번역하였으며 구어체의 야담(野談)이나 민담(民譚)을 한자로 번역하였다. 이들 자료는 귀중한 두 권의 사서(史書)에 수록되어 있는데 그것은 김부식의 「삼국사기(三國史記)」(1145)와 승(僧) 일연(1206~1289)이 남긴 「삼국유사(三國遺事)」이다. 이들 문헌들에는 한국의 고대사와 삼국시대의 역사와 인물과 문물, 전설, 설화, 시가(詩歌) 등을 싣고 있는데, 이들 자료들은 처음에는 구어로 전해오다가 나중에 한문으로 번역된 것으로 보이며, 비록 부분적이기는 하지만 한국 최초의 한한(韓漢)번역(Translation of Spoken Korean into Chinese Characters)을 수록하고 있는 번역서라고 볼 수 있다.

근대 한국의 번역사는 1446년 훈민정음이 반포(頒布)된 이후 중국의 경서와 불경을 번역하면서 시작되었다. 그러나 한문에 비해 언문(諺文)으로 불리면서 언어의 주종 관계가 이루어지며, 사대사상(事大思想)의 일면을 보였다. 서양문학 번역은 1895년에 이동 번역의 『유옥련전』인데, 『천일야화』의 일본 번역 작품인 『아라비안 나이트』(1884년)를 한글로 옮긴 것이다. 이처럼 초기 번역에서부터 100여 년간 우리나라에서 이루어진 서양 작품들의 번역은 원본에 의한 것보다는 일본어를 거친 중역(重譯)이 많아 독립적인 번역의 노하우를 갖지 못했다. 이런 가운데 우리의 번역사에 결정적인 역할을 한 것은 미국이다. 캐나다 출신으로 1888년에 미국 북장로 교회에서 한국으로 파송된 선교사 게일(J. S. Gale)이 번역한 존 버니언의 『천로역정(天路歷程)』(1895년)을 필두로 주로 미국 교회에서 파송한 선교사들에 의해 번역사(飜譯史)가 시작되었다. 게일은 이름부터 번역하여 한국명을 기일(奇一)로 정하고, 한글성서 번역은 물론 1897년에 『한영대자전(韓英大字典)』(Korean-English Dictionary)이라는 한국 최초의 영어사전을 발간(發刊)하고, 『한국풍속지』, 『구운몽』, 『춘향전』, 『심청전』, 『흥부전』 등 한국의 고전을 영역하여 세계에 소개하였다. 한편, 그 보다 3년 일찍 한국에 파송된 언더우드와 아펜젤러 같은 미국 선교사들은 기독교를 전하면서, 영-한 성서 번역이 시작되었으며 번역사의 새로운 장을 열게 되었다(허명수, 2003 가을: 146-47).

　그러나, 이러한 주장에도 불구하고 일부에서는 근대 한국번역의 역사를 이조시대(李朝時代) 초기로부터 시작한 것으로 보는 시각도 존재한다. 이에 따르면, 한국에서의 번역은 중국어나 한문을 통한 중국문화와의 접촉에서 시작되었고 현존하는 최초의 번역서는 1395년(태조 4) 이두(吏讀)로 번역된 《대명률직해(大明律直解)》이며, 한글에 의한 최초(最初)의 번역은 《훈민정음언해(訓民正音諺解)》《능엄경언해(楞嚴經諺解)》이며, 최초의 번역시집은 1482년(성종 13) 유윤겸(柳允謙) 등이 언해한 《분류두공부시(分類杜工部詩)》라는 주장도 존재한다.[8] 훈민정음(訓民正音)의 반포(1446)는 한국의 번역사에서 가장 획기적인 일로써, 글의 창제 이후로는 대부분의 한문의 번역은 한글로 된 언문으로 이루어졌는데, 이는 곧 언문의 번역과 함께 원문인 한문을 문단으로 나누어 대조시켜 놓는 언해(諺解)로 통하였다(유명우, ib.: 22-30). 조선시대에는 이 언해를 통해서 중국으로부터 많은 문화적 컨텐츠(contents)를 수입하고 이를 민간차원으로 보급하기도 하였다.

　조정에서 한글을 공식문자로 채택한 1894년 갑오경장(甲午更張)이전을 **언해의 시대**로 그 이후를 **한글 번역의 시대**로 구분하는 것이다. 한글 번역은 언문(諺文) 번역과는 달리 중국의 고전번역에서 서구의 문학과 과학을 번역의 대상(對象)으로 하며 한자와의 관계에서 점차 고유의 독립적인 위치를 확보하기 시작하였다. 한글에 의한 번역이 제대로 이루어지게 되는 시기는 1945년 태평양전쟁의 종결로 인한 국권 회복 이후라고 할 수 있다(유명우, 2000 봄: 243-44). 따라서 근대 한국의 번역사는 크게 [이두(吏讀)의 시대] [언해(諺解)의 시대] [한글의 시대]의 3시기로 나누어 볼 수 있으며, 그 기술(記述)은 지역 번역사, 시대별 번역사, 장르별 번역사 등으로 나누어 기술되고 있으나 종합적인 시각에서 번역사를 기술할 필요가 있다.

---

8) 인터넷 『Daum 사전』.

15세기의 언해(諺解) 문헌은 후대의 종교 경전 번역 작업에서 참고할 수 있는 한 전범(a manual)을 제시하고 있는데, [법화경 언해]와 [석보상절]처럼 한 가지 원문 원전(原典)을 두 번 이상 번역한 사례를 통해 당시 번역가들이 직역(=원천언어 중심 번역, 축자 번역)과 의역(=목표언어 중심 번역, 의미번역)의 개념을 완벽하게 소화(消化)하고 있었음을 보여주고 있으며, 또 본문에서는 원문과 주해문의 필요한 곳에 구결(口訣)을 달아놓고 있는데, 이는 행간(行間) 번역의 한 전형이라고 할 수 있다. 그 외에도 원문의 난해 어구 등에는 주해(註解)를 달아놓고 있는 점으로 보아, 벤츠키(Venzky)가 말하는 '주석이 첨가된 완벽한 번역'의 한 전형(典型)이라고 할 수 있다(김효중, 2000 봄: 46). 다음으로, 석의류(釋義類)의 존재이다. 이는 한문 원전의 난해 어구에 대한 여러 번역가의 이설(異說)을 종합해놓은 필사본 자료인데, 번역의 첫 단계인 원문 이해에 관한 실전 기법(技法)이 집대성되어 있는 자료인 셈이다. 이러한 번역 기술의 축적이 표기 수단인 한글의 창제를 기폭제(起爆劑)로 하여 수많은 언해 문헌의 번역 간행을 가능하게 한 중요한 바탕이 되었을 것이다(김정우, 2003 가을: 17-21). 이러한 점들로 미루어, 근대 한국의 번역 전통은 100년 동안의 한글 번역 역사로 한정될 수 없다. 15세기부터 시작된 경전 번역의 전통은 방법론과 체재 등 여러 가지 측면에서 현대 번역학의 관점으로 재해석할 여지가 풍부하다고 할 수 있겠다.

그러나 지금까지의 번역사 연구는 근대(近代) 서양학문의 번역, 그 중에서도 문학번역(文學飜譯)에 그치고 있는 것이 현실이다. 또한 이제까지의 문학번역 연구는 번역학의 독자적인 연구라기보다 비교문학의 한 부류로서 다루어져왔다. 즉 이들 연구는 번역의 원리를 밝히기보다 문학의 본질을 밝히는데 주목적을 두었던 셈이다(손지봉, 2003 가을: 99). 한국 문학의 영어권에 번역 소개된 역사는 대략 일백십 여년을 상회(上廻)한다. 영어권에 최초로 번역·소개된 작품집은 문헌상으로 보아 민담(民譚) 집인 The Korean Tales이며, 이는 1889년 알렌(Horace A. Allen)에 의해 미국에서 출간되었다. 그러나, 이는 구비문학(口碑文學)으로서 이야기 모음집에 불과할 뿐 사실상의 번역·소개는 훨씬 이후의 일이다. 1922년에 제임스 S. 게일(James S. Gale)에 의해 김만중의 『구운몽』이 The Cloud Dream of Nine이란 제목으로 번역·소개 된 것을 영어권 번역작품의 효시(嚆矢)로 보는 학자들의 견해가 있으며(권영민, 1995; 김종길, 1997; 이유식, 2000 봄: 169), 따라서 본격적인 번역·소개의 시기를 영어권에서 보면 2006년 현재로 약 84년여에 이른다. 그러나 한국 문학의 영어권 번역·소개는 타 언어권에의 소개(紹介)와 더불어 '80년대부터 본격화되기 시작했고, 관련기관이나 단체[9] 등의 직접, 간접의 지원에 의해 획기적인 활기를 띠기 시작했다.

또한 영어권에서 번역·출판된 연대별·장르별 출판현황을 감안(勘案)하여 1889년에서 1959년에 이르는 70년간에 번역된 총 수가 11종에 불과하여 일단 '발아기(發芽期)'라고 보고 있으며, 그 다음 '60년대와 '70년대의 20년간에 19종이 출간되어 '출발기'로 보고 있고, 그것에 비해 상대적 비교에서 '80년대를 '제1 발전기'로, '90년대에는 '제2 발전기'에 접어들었다고 보는 견해가 존재한다(이유식, ib.: 169-73). 또, 장르적으로 시대별 특징을 1889년에서 1969년까지는 한국 민담(民譚) 집의 '고전문학 번역시기', '70년대 이후는 '한국 현대시와 소설의 본격적인 번역시기'로 정의하고 있다.

한편, 국내 통역(通譯)의 역사를 살펴보면, 전통적으로 쇄국(鎖國) 정책을 주로 채택한 것으로 인식되어 왔으나 실상 신라와 고려조에 이미 외국어 교육을 담당하는 기관이 있었고 통역을 담당하는 조정(朝廷)의 기구가 있었으며, 후삼국시대 태봉국의 궁예도 사대(史臺)라는 기구를 두어 언어학습을 시키고 통역을 담당케 했다는 기록이 삼국사기(군50 열전 제10궁예 조)에 기록되어 있으며, 고려(高麗)시대에는 조정에 외국어 교육과 통역을 담당한 것으로 보이는 통문관(通文館)이 충렬왕2년(1276)에 설치되어 특히 한어(漢語)교육을 전담한 것으로 나타나 있다. 조선시대에는 1392(태조 1)에 역과(譯科)가 정해지고 다음해 1393에 사역원(司譯院)이 설치되었다. 세종 때 사역원에서는 한학(漢學), 몽학(蒙學), 여진학, 왜학(倭學) 등을 교육하고 실지 통역에 임하는 훈련을 시작하였다. 역관의 지위는 초기에는 다소 인정을 받지 못했으나 후기에 가면서 그 중요성이 인식되어지고 양가(良家)의 자식들이 서로 입학하려 했다.

조선의 역학(譯學)은 사역원을 중심으로 교육되고 실지 현지에서 외국인들의 구난이나 출입국에 관여했다. 그리고 역관(譯官) 또는 설인(舌人) 통사(通事) 등으로 불리어진 통역사는 평소에 전담 외국어를 공부하고 시험을 치러 합격해야 소임을 맡길 수 있었다. 부산포나 제물포와 같은 항구에 지방 분소 같은 것이 설치되어 현지의 통역을 전담하는 기능을 했다. 이들이 공부한 한학이나 왜학(倭學)은 사대

---

9) 한국문예진흥원: 한국문학 해외선양사업; 유네스코 한국위원회, 한국문학진흥재단, 한국문학 번역금고, 대산 문화재단: 한국문학 번역지원사업 등이 있음.

부(士大夫)들의 유학 공부와는 달리 대부분 언어공부였다(유명우, 2002 봄: 31). 조선시대에 '사역원'외에도 별도로 '우어청'이라는 곳이 있었는데 여기서는 모두 외국어로만 대화를 주고받게 했다. 이곳에서는 하루 종일 조선말은 쓰지 못하고 그나라 말로만 대화를 주고받도록 한 순수 회화(會話) 교실인 셈이었다. 조선시대 제1외국어는 바로 중국어였고, 역관들 중에서도 가장 많은 수를 뽑았던 것도 바로 중국어 역관(譯官)이었다.[10]

3.3 성경 번역사

율법학자 Simlai는 일찍이 번역이란 불가능한 과업이라고 신랄하게 비판하면서, "번역을 하는 사람은 이단자(異端者)이지만, 번역을 거부하는 사람은 신성을 모독하는 것이다"라고까지 말하였다(Alan Segal, 2003: 213-41). 어떤 책도 성경보다 더 중요하거나 더 자의식(self-consciously)으로 번역된 것은 없다. 일체의 다양한 발행판과 번역서의 분야에 있어서, 성경은 아직도 다른 모든 책들보다 많이 팔리고 있다. 그러나 성경을 이해하는 문제는 성경이 도처에 존재하는 것으로부터 온다고 할 수 있다. 막강한 현대 사회의 공공기관 들이 부단히 성경의 관련성을 확신(確信)시키고 있기 때문에 모든 사람들은 성경을 이해한다고 생각한다. 교회와 유대교회당에서 있게 되는 설법(說法)들은 대부분 성경이 행하고 있으며, 또 우리의 생활에 직접적으로 적용해야 한다고 논쟁(論爭)하기도 한다. 아직까지 성경은 우리가 생각하고 있는 바와 같은 그러한 책이 아니고, 그것은 기원전 1300년(BC)에서부터 기원 제1세기까지를 망라(網羅)하는 작은 책들[11]의 작품집이다.

만약 창세기 12가 성경에서의 역사의 시작으로 간주된다면, 그 책은 기원전(BCE) 약 18세기로부터의 역사를 포함하는 것으로 설명될 수 있다. 석학들은 성경 내용의 일부분에 대한 시기(the time)와 사유(事由)를 분리시킬 수 있었는데, 밝혀지기로는 비록 역사적인 계산으로 오랜 시간일지라도 성경이 주장하기보다 훨씬 더 짧은 기간에 걸쳐서 쓰여졌음을 보여주고 있다. 성경은 작품집으로, 편집자들이 있으며, 그 편집자들은 수집물(蒐集物)이 무엇을 포함해야 하는 지를 선정하고, 또 때때로 다양하고 때로는 모순된 작품의 원칙과 목적에 관한 힌트를 제공(提供)

---

10) 출처: 온라인 야후검색.
11) *Ta Bibli*라고 칭하는 그리스어의 이름은 문자 그대로 "작은 책들"을 의미한다.

하였다. 따라서, 성경이 우리에게 적용되고 또 교훈(message)을 갖는다는 생각은 성서해석학(hermeneutics)의 부단한 과정의 결과이며, 「해석 *interpretation*」 혹은 비유적으로, 해설적인 "재번역(再飜譯)"을 의미한다. 시간 자체의 경과와 마찬가지로, 지배세력의 언어가 바뀌게 됨에 따라, 성경 텍스트의 새로운 번역은 성서공동사회의 접근을 허용하기 위하여 필요하게 되었다. 성경번역 자체의 역사는 우리에게 한결 같은 번역의 필요성(必要性)을 보여준다.

역사(歷史)가 진행됨에 따라, 이스라엘은 바빌로니아, 페르시아, 그리스, 그리고 로마 사람들의 지배하에 들어갔다. 이들 제국들은 아람어와 그 다음에는 대부분 그리스어로 팔레스타인을 지배하였으며, 후에는 공식적인 통신을 위하여 라틴어만을 사용하였다. 타굼(*Targums*: 아람말로 번역된 구약 성서)이라고 불리 우는 아람어(셈어족의 하나)로의 성경의 번역과 70인역(譯) 성서[12]로 칭해지는 그리스 어(語)로의 가장 권위 있는 번역은 기원전(BCE) 3세기까지 유대인 사회에서 사용되었다. 비록 현대의 성경 박학(博學)들이 고대 성경의 다루기 힘든 텍스트를 이해하였다는 중요한 증거로 타굼과 70인역 성서(LXXs)의 번역 기술과 일관성을 평가한다 할지라도, 고대의 번역은 잘해야 교묘한 도구에 불과하였다. 아람어는 문법적으로 그리고 어휘적으로 헤브라이어에 가까웠기 때문에, 70인역 성서나 타굼 중 그 어느 것도 아주 축어적(逐語的)인 것은 아니었으며, 종종 간단한 단어-대-단어의 번역을 가능하게 하였다. 70인역 성서(the Septuagint)는 어느 면에서는 더욱 통제된 번역물이었으나, 그것은 동일한 해설서였으며, 또한 헤브라이어 텍스트의 의미에 대한 심오한 재통역이기도 하다는 데는 의심의 여지가 없다. 난해하거나 또는 원시적인 개념들, 특히 의인론(anthropomorphisms)과 식인의 풍습(anthro-popathisms)은 종종 더욱 더 추상적인 형식으로 번역되어, 70인역 성서의 번역이론에 관한 용이한 보편화를 방해하였다. 현대의 대부분의 성서번역은 두 개의 언어가 허용하는 만큼 독창성(獨創性) 없이 축어적이다.

70인역의 라틴어 번역판인 불가타역(譯) 성서[13]는 종교개혁 시까지 서구라파 기독교의 성서가 되었다. 이들 번역의 목적은 비록 이스라엘에서는 교육 받은 사

---

12) *the Septuagin* 70인 역(譯) 그리스어 구약 성서: 라틴어의 단어 "70"에서 온 것이며 따라서 LXX로 생략되고, 또 일련의 상이한 텍스트이기도 함.
13) the Vulgate: 4세기 St. Jerome의 라틴어 번역판 성서.

람들이 세 가지 말을 모두 사용하였다는 증거가 있다 할지라도, 그 말이 처음에는 새로운 방언(方言)으로, 그 다음에는 새로운 언어로 그리고 최종적으로는 새로운 언어족(言語族)으로 발달하여, 지역사회에 잘 알려지지 않은 통행(passage)을 제공하는 것이었다. 혁신 또한 흔히 번역에서 숨겨졌으며 그 혁신은 때로는 정당화를 위한 새로운 신의 계시(啓示)를 끌어내기에 충분했다. 일개의 개념적 활동권으로부터 다른 활동권으로의 번역은 유대인의 단어 젊은 여성(young woman)을 그리스어의 처녀(virgin)로 번역하는 간단한 행위보다도 그 용어를 훨씬 더 은유적(隱喩的)으로 사용하는 것이며, 또 심하게는 모독으로 가득 찬 것이기도 하다. 번역가들은 종교적으로 개조된 양심의 상태(RASC: Religiously Altered States of Consciousness)로 계시(啓示)를 재경험 함으로써 번역을 수행하였다. 우리는 번역된 성경을 읽고 평가를 함으로써 상이한 사람들과 상이한 시대를 위한 상이한 논리적 해석법(hermeneutics)으로 번역을 수행하는 것이다(Segul A., 2003).

이스라엘 학자들은 아람어(Aramaic)로 번역된 구약성서 타굼(Targums)으로부터 권위적인 마소라 텍스트(Masoretic text 6~10세기)를 만들어 냈다. 신약성서는 최초에 그리스어와 또는 아람어로 되어 있었다. 기독교인들이 양 개의 성서를 콥트 말과 에티오피아, 고트어와 라틴어로 번역하였다. 성 제롬의 라틴어 불가타역 성서(St. Jerome's Latin Vulgate 405)는 1,000년 동안 기독교인들의 표준(標準) 번역본이 되어왔다. 제15~16세기의 학자들이 신 번역본을 만들어냈으며, 마틴 루터는 또한 온전한 성서를 독일어로 번역해 냈다(1522-34). 존 위클리프가 최초로 영어로 완역한 번역본이 1382년에 출현(出現)을 보았으며, 이 성경은 영어 성경 번역의 위대한 개화(開化) 시점으로 기록되었고, 또한 종교개혁의 발전에서도 한몫을 차지하였다. 위클리프(John Wycliffe; 약 1330~84)의 이론은 성서가 모든 인간 생활에 적용될 수 있다는 것을 의미했기 때문에, 각 개인은 스스로 이해할 수 있는 언어인 자국어로 중요한 경전에 접근할 수 있어야 한다는 논리가 따라 나왔다. 그러나, 3세기 이상에 걸쳐서 표준이 되어 온 것은 제임스 왕 번역본이었다(1611).[14] 기독교처럼 경전(經典)에 기반을 둔 종교는 심미적 표준과 복음주의적 표준을 다 포함하는 하나의 소명(召命)을 번역가에게 부여해 주었다. 따라서 성서 번역의 역사는 서구 문화사의 축소판이라 할 수 있다.

---

14) 인터넷 『Daum 사전』.

신약성서의 번역은 아주 일찍부터 이루어졌다. 많은 논란을 불러일으켰던 성제롬(St. Jerome)의 유명한 번역본은 서기 384년에 다마서스(Damasus) 교황이 의뢰한 것으로서 후대의 번역가들에게 지대한 영향을 끼쳤다(S. 바스넷, 2004: 83-88). 시대와 환경에 따라 변화하는 모국어 속에서 결국 원본의 헤브루 원전과 그리스어 원전으로 집약(集約) 될 수 있는 성경도 그 원본에 대한 번역과 해석이, 특히 영어 성경에서는 다양했다. 1382년 최초의 완역(完譯) 영어성경『위클리프 역』(*Wyclif's Version*) 이후, 16세기 틴들(William Tyndale 1494~1536) 번역을 기초로 흠정역(AV 성경: Authorized Version)이라 불리우는『제임스왕 역』(*The King James Version*, 1611)으로부터 최근 1995년 미국성서공회(American Bible Society)에 이르기까지, 시대의 흐름과 독자의 요구에 따라, 성경 번역 전문가들이 헤브라이어 또는 그리스어로 쓰인 원본의미와 원본형식의 등가(等價)를 끝없이 변형하며 번역해왔다 (원영희, 2000 가을: 90-91). 한글성경(특히 개신교 성경)의 경우도 마찬가지이다.

원문을 보존하기 위해 성서 번역은 반드시 직역해야 한다는 선입관이 많지만 직역만이 원문에 충실할 수 있는 최선의 방도는 아니다. 실제로 다양한 번역이 있었다. 오리게네스와 헥사플라에 대해서 설명하면, 헥사플라는 바로 성서의 다양한 번역본에 대한 개요표(概要表)이기도 하다. 이미 2세기 혹은 3세기 때 의미를 도출해내기 위해 다양한 버전을 비교하곤 했다. 한 예로 성서를 직역해서 그리스어로 번역한 아퀼라 번역본이 있었는가 하면 동시대, 동집단, 같은 랍비(rabbi, 유태교의 '율법사律法師')들 사이에는 도착어 중심적이며 가능한 한 우아(優雅)하게 성서를 번역하는 쉼마쿠스도 있었다(Francine Kaufmann, 2004: 365). 이 두 번역 모두 오리게네스의 헥사플라에 나오는 데, 이 두 번역이 서로 보완하는 것이라 생각한다.

16세기에 성서 번역의 역사는 인쇄술(印刷術)의 출현으로 새로운 국면을 맞았다. 위클리프 번역서 이후에 등장한 훌륭한 영어 성경 번역은 윌리엄 틴들 (William Tyndale 1494~1536)의 신약성서로 1525년에 인쇄되었다. 틴들이 번역을 하면서 공언한 취지는 역시 평신도들에게 가능한 한 명료한 번역서를 제공하자는 것이었다. 1536년 처형장에서 화형 당할 때까지 틴들은 그리스어로 된 신약성경과 히브리어로 된 구약성경의 일부를 번역하였다. 16세기에 있어서 성경 번역의 역사는 유럽의 개신교(改新敎) 운동이 일어난 것과 밀접한 관계가 있다. 1526년에 틴들의 신약성경이 공개적으로 불태워진 후 1535년에 마일즈 커버데일(Miles Coverdale)의 성경, 1539년 대성경(Great Bible), 1560년 제네바 성경(Geneva Bible)

이 잇따라 나왔다. 커버데일 의 성경 또한 금지 당했으나 성경 번역의 흐름을 저지할 수는 없었다. 뒤이어 나온 번역 성경들은 이미 나온 번역서 들을 바탕으로 했거나 이를 차용(借用)·수정·개정 또는 개작한 것들이었다. 성경 번역은 17세기로 접어든 후까지도 하나의 중요한 사안으로 남아 있었으며, 민족 문화에 대한 개념이 고취(鼓吹)되고 종교개혁이 도래함으로써 한층 더 격화되었다. 민족국가가 태동(胎動)하기 시작하고 교회 중심화가 약화일로를 걸으면서 번역은 교리적 갈등(葛藤)과 정치적 투쟁 모두에서 무기로 쓰이게 되었다(바스넷, ib.: 84-89). 르네상스 시대의 성경 번역가들은 목표언어로 만들어진 번역문의 가변성과 그 명료함을 중요한 표준으로 인식함과 동시에 문자상으로 정확한 내용을 전달하는 데에도 관심을 가졌다.

우리나라에 성경이 처음 전해진 시기는 기록에 의하면[15] 1816년 조선 순조 16년 9월 1일, 영국 배 한 척이 서해안에 정박(碇泊)하여 말이 안 통하는 관할 참사와 현감 등과 몸짓으로 의사를 교환하고 선장으로부터 책을 한 권씩 선물을 받았다. 이 책이 바로 우리나라에 최초로 전해진 영어 성경이다. 1611년 흠정역(AV:Authorized Version)성경이 발간된 이후 약 250년 간 새로운 개혁성경이 나오지 못할 정도로 '흠정(欽定)역본' AV의 위치는 확고했던 사실로 미루어 AV성경이었을 확률(確率)이 높다. 1881년에 이르러서『영어개역』(The English Revised Version)이 나오니까 그 사이에 영국 배에 싣고 다니던 포교(布敎)용 영어성경은 AV성경이었을 것이다. 하지만 이 영어성경은 지금까지 전해지지 않고 있다. 한자로 인쇄되어 현재까지 전해지는 한역성경은 1882년 스코틀랜드 연합장로회의 선교사 로스(John Ross) 목사가 만주(滿洲)에서 가져 온 최초의 한글 누가복음서인『예수셩교누가복음젼셔』와 최초의 한글 요한복음서인『예수셩교요안닉복음젼셔』가 된다. 한국에 영어성경이 처음 전해진 지 66년만의 일이다(원영희, 2000 가을: 92-93). 개신교(改新敎) 한글역 성경 번역사는, 1911년 성서공회가 신구약 성경을 처음으로 완역(完譯)했고, 그 이후로 독자와 교단 환경의 변화에 부응하기 위해 크게 5차례(1925/1938/1952/1961/1994/1998) 총 6번의 주요 번역과 개정, 개역(改譯) 작업을 거쳐 오늘의『개역개정판』에 이르게 된 셈이다. 그 중에서, 요한복음의 경우는 1882년 첫 번역 이래로 족히 10여 차례 이상 수정개역(修正改譯)이 실행되어 오늘

---

15)「문화와 지성: 성서 영(英)선장이 국내 첫 전래」,『동아일보』1996년 5월 27일자 19면.

의 요한복음이 된 것이다. 한편 한글성경 번역도 영어성경 번역의 경우처럼, 신약 (新約)이 먼저 번역되고 구약이 번역되며, 신구약 합본이 나오면서 사(私) 번역이 등장하는 식으로 번역되었다(원영희, 2002 봄: 110). 동서고금(東西古今)을 통해 번역가들은 독자들의 요구에 따라 의미의 핵심만 변질되지 않는다면 오역을 고치고, 좀 더 자연스럽고, 좀 더 쉽게, 때로는 다양한 독자층을 위해 더 심오한 혹은 쉬운 어휘로 변형해 왔다. 한 자료에 의하면, 20세기 말경해서 전체의 성서가 250개의 언어로 번역되었으며, 부분적으로는 1,300개 이상으로 번역된 것으로 전(傳)하고 있다.[16]

대부분의 한역성경 번역가들은 독자층을 고려한 번역에 특히 신경을 써왔다(류대영 외, 1994: 46-173; 원영희, 2000 가을: 92-100). 예를 들어, 1900년 판『신약젼셔』는 대개 한학에 조예(造詣)가 깊은 사람들이 번역에 임해 번역어를 "서울의 중상류말"로 채택했는데, 이는 1887년『예수셩교젼셔』를 번역한 이들이 "한문과 중국어에 능한 상인(商人) 층 중심의 중 상류층으로 거의 서북지방 출신들"인 점과 대조적이었다. 공인 본『신약젼셔』가 1906년에 나온 지 30여 년 만인 1937년 봄, 신약본문 전부의 개역(改譯)이 완료되었다. 이러한 성경번역사업은 1933년 조선어학회가 제정한 '한글맞춤법통일안'의 기반을 제공하므로, 한글정리 상에 공헌한 바가 크다고 하겠다.[17]

---

16) 인터넷『Daum 사전』.
17) 그 공헌 바로는 1. 서양 인명, 지명을 조선 글로 적는 법칙 정립, 2. 낱말 규정과 맞춤법에 따라 철자 적기 체계 확립, 3. '띄어쓰기' 규칙 세움. 류대영 외,『대한성서공회사 II: 번역·반포와 권서사업』, 대한성서공회, 1994: 46-47, 173.

1. 번역작업의 핵심

번역주체의 사회적인 입장, 두 나라 사이의 정치적이고 문화적인 문맥이 개입 (介入)되면서 번역은 언어가 그렇듯이 문화연구의 한 갈래가 되는 것이다. 물론 이런 연구의 방향이 번역이 근본적으로 지켜야 하는 **정확성, 충실함,** 그리고 **내용의 일치**(一致)함을 전혀 무시하는 것은 아니다(Benjamin Walter, 1969: 69-82; 권택영, 2000 가을: 113-14). 원천언어(SL)와 목표언어(TL)의 문화적인 차이 및 어휘적 차이가 큰 어휘를 번역할 때 적절한 등가어(等價語)를 모색하는 것은 실제 번역현장에서 핵심이 되는 문제이다(Dagut M., 1978; 윤희주, 2004 가을: 94). 이와 같이 등가어를 찾기 어려운 경우 많은 번역가들은 대부분 단순한 언어학적 직관력(直觀力)에 의하여 목표언어를 결정하게 된다.

1.1 번역의 목적

번역의 **궁극적인 목적**은 번역가의 길을 비추어 주는 등대와도 같은 역할을 하며 번역과정 중 야기되는 모든 의문점에 답을 제시해 준다(크리스틴 듀리에, 최정화 역, 1997: 56-57). 원문은 일반적으로 번역자가 포함되지 않은 독자층을 겨냥하며 쓰여진다. **번역자**는 원문 저자가 아니라 일을 제공한 사람, 즉 번역을 의뢰한 사람이 요구하는 목적으로 원문의 궁극적 목적을 우회(迂回) 시키려 끼어 든 사람으로 볼 수 있다. 번역자는 이처럼 커뮤니케이션 과정에서의 중개자(仲介者)이다. 그러나 원문을 읽는 독자와 번역문을 읽는 독자가 같지 않으므로 중개 과정상 **방향 전환(轉換)**이 있을 수 있다. 이 두 경우 모두 저자는 표현하고 싶은 내용을 머릿속에 구상하고 있는 것은 사실이지만, 두 저자 간에 존재하는 근본적인 차이점은 첫 번째 저자는 전달할 메시지를 생각해서 이를 표현하되, **두 번째 저자**—번역자—는 표현된 메시지를 동화하여 이를 상황이 다른 맥락에서 **재표현** 한다. 번역자는 번역을 의뢰한 사람의 요구에 부응(副應)하며 그의 이익을 위해 작업에 임하므로 그와 한 짝이라고 할 수 있다. 한편, 원문은 번역자가 완전 동화하여 이해한 후 번역 **의뢰인이 추구하는 목적**에 따라 재구성되는 대상인 것이다.

번역의 목적은 언어 단위의 순서(順序)와 위치를 바꾸어 놓는 것이 아니고 오히려 메시지를 전달하기 위한 개념의 등가(等價)를 찾는 일이라는 것이 널리 받아들여지고 있다(이승재, 2004 proc.: 35). 번역의 목적은 번역자 자신이 특수한 훈련을 쌓아서 습득한 자신의 모국어가 지닌 고유한 수단을 통해서 외국어를 수용하는데 있다. 그래서 번역의 '충실함(Treue)'이란 외국어 텍스트에 담겨있는 모든 것을 보존(保存)하려는 지속적인 노력이며 만일 이러한 작업이 불가능하다면 적어도 의의(意義)전체(Sinnganze)는 보존되어야 한다는 것이다(Kloepfer R., 1967: 34f; 김효중, 2000 봄: 40). 이러한 최하위 단계는 어구나 문장이 보존되어야 할 그 다음 단계의 전제(前提)이고 이것은 다시 어순, 아름다운 어조, 어원 등을 보존해야 할 다른 모든 단계의 전제 조건이다. 이렇게 해야만 전면적-축어적인 것으로부터 접근할 수 없는 깊고 신비스러운 의의내용의 모든 의미가 보존된다.[1] 전문번역의 목적은 텍스트의 경제적 역할을 완벽하게 충족시킬 수 있는 번역을 하는 것이고, 번역 의뢰인의 요구를 최대한도로 만족시키는 것이다(듀리에, ib.: 41, 65). 우선 전문 번역가는 번역할 텍스트를 읽으면서 자신이 모르는 단어를 찾는 것이 아니라 원문 이해에 필요한 개념 또는 사실이 무엇인가를 찾는다. 의사 전달자로서, 상황에 맞게 조정(調整)하는 이로서 번역자는 그 번역 작업의 궁극적인 목적이 무엇인가를 파악하여 끊임없이 자신을 맞추어 나가야 한다.

원문 텍스트에서 신호가 되었거나 혹은 추론(推論)할 수 있는 것은 무엇이든

---

1) '충실한 것'과 '축어적'이란 용어를 정확히 정의할 수 없다. 실제 번역과정에서 사용되는 것과는 반대로 '충실이'란 말을 '축어적'의 동의어로 간주해서는 안된다. 번역의 원칙에서 '충실한'은 각운과 연관되며 '축어적'은 의도된 사태관계와 한층 더 밀접하게 관계된다(김효중, 2002년 5월 23일 프로시딩: 113).

목표 텍스트에서 재생(再生)되어지지 않으면 안 된다는 오랜 가정에 도전하면서, 그 이전의 대부분의 연구에서 원문텍스트가 제1위라는 데 대하여 질문과 비평(批評)을 하였고, 목표 텍스트에 방향을 맞춘 번역에 접근하였다. **번역자의 목적 혹은** *skopos*는 행동 프레임(the action frame) 내에서 여러 요인들에 의하여 결정되는데, 번역을 시작하는 사람, 번역 텍스트의 사용 의도 또는 목적지 등을 포함한다. 목표 문화 내에서 **목표 텍스트의 기능(機能)은 번역의 최우선 요인**이며, 그 원문 텍스트는 아직까지도 모든 것의 판단기준으로 주장되고 있지만, "*informationsangebot*" 또는 "정보 제공"의 부차적인 위치로 격하(格下)되며, 번역자는 무작위(無作爲)가 아닌 선택을 한다. **번역의 목적**은 원문 텍스트(ST)가 그 텍스트의 독자에게 갖는 효과와 목표 텍스트(TT)가 목표언어의 독자에게 갖는 **효과를 동일**하게 하는 것이다(김순영, 2003 가을: 170-71). 그러나, 이 목표(goal)는 두 언어들의 언어 수준의 등가를 달성함으로써 성취될 수는 없다. 언어 수준의 등가(等價)는 상이한 언어 체계간의 상호작용 속에서는 항상 존재하지는 않는다. 왜냐하면 텍스트의 수용성(이해가능성)은 그 텍스트 수신자의 인지적 환경에 따라 달라질 수 있기 때문이다.

1.2 번역물의 내용

번역은 언어기호의 단순한 전환이 아니고 언어기호라는 형식(표현수단) 속에 그 언어를 사용하는 민족의 정신, 세계관, 넓은 의미에서 문화의 역동적이고 고유한 내용이 농축(濃縮)되어 있는데, 이것을 다른 사회-문화적 배경을 지닌 민족이 사용하는 언어의 표현형식으로 바꾸어 **재생하는 창조적이고 예술적 행위**이다. 따라서 텍스트는 단순한 언어현상(言語現狀)이 아니고 사회-문화적으로 주어진 환경에 상응하는 커뮤니케이션의 기능을 지닌 복합적, 다차원적 구조이기 때문에 결국 번역은 번역자의 **주관적 선택의 문제**이고 이 주관적 선택의 기준은 번역자의 세계관 즉 사회-문화적 배경이다. 번역은 목적이나 전체적 조건 아래에서 유효한 역동적 행위이므로 그 **최적성(最適性)**은 커뮤니케이션 관련자, 커뮤니케이션 상황, 텍스트 종류, 역사적 시기와 번역목적에 따라 결정되어야 한다(김효중, 2004 봄: 77-78). **번역의 핵심적 문제**는 결국 텍스트를 정확히 이해하고 그 의미내용을 역어의 문체론에 적합하게 재구성하는 것이다.

성서(聖書)번역을 통해 일련의 번역 원칙들을 확인한 나이다(Nida, 1969)는 성서 번역의 대전제(大前提)를 "**대중성**"에 두었고 그가 제시한 일련의 번역 원칙들 역시 대부분 성서의 대중화를 직접 염두에 둔 것이었다(Nida E.A. & Charles Taber, 1982; 장민호, 2004 가을: 21-38). 이는 한편으로, 새로운 신자를 흡수(吸收)하기 위한 선교 목적이라고 볼 수도 있지만, 번역의 **이해 가능성**이 중요하다는 것을 의미한다. 그는 어휘, 통사적인 면에 치중하던 언어적 등가가 아니라 출발어 독자에게 주는 감흥과 도착어 독자가 갖는 감흥(感興)이 동일할 때 번역은 그 정당성을 갖게 된다고 주장했다. 이는 거시적으로 볼 때, 번역에 있어서 과정을 중시하던 과거에서 벗어나 이젠, 과정보다는 독자의 눈높이라는 "**결과**"를 중시하는 시각으로의 대이동을 의미하는 것으로 볼 수 있다.

1.2.1 번역 등가

등가(等價/equivalence)라는 용어는 본래 수학과 형식논리학에서 유래하였으며 서로 뒤바꿀 수 있는 방정식의 요소들의 배열(配列)을 의미한다. 번역에서의 등가 개념은 기계번역에서 처음 사용되었고 번역학에서는 야콥슨(Jacobson, 1966: 233f; 김효중, 2000 가을: 27-43)에 의하여 도입되었다. 모든 언어학적 번역연구 방법의 공통적 과제는 번역 등가(Äquivalenz, equivalence)의 개념설정에 있는데, 이러한 등가개념은 번역학의 중심과제를 충실한(직역)/자유로운(의역) 번역의 전통적인 이분법적(二分法的) 방법에서 가정된 언어상호간의 유사점(비교의 기준)으로 전환(轉換)시키는 결과를 초래했다. 따라서 언어상호간 비교의 유사점과 직접적 관련이 있는 등가개념은 번역을 정의하는 데 본질적 개념으로 등장했다(Wilss W., 1980: 10f; 김효중, 2000 봄: 53).

1) 개념의 정의

번역등가에 관한 정의는 두 방향으로 발전되어 왔는데, 그 하나는 내용을 원어로부터 역어(譯語)로 옮기는 것을 강조하고 다른 하나는 문학텍스트에서 창조적, 예술적, 문화적 특성을 강조하는 것이다. 등가의 기준(基準)은 형식적인 유사함보다는 언어의 표현 관계나 그 외적(外的) 요인에 기초를 둔다(김, 2000 가을: 28, 31). 주어진 상황 안에서 원문과 번역문을 포함하는 두 개의 문장이 서로 교환 가능성을 가지고 있다면 그 두 문장의 단위는 등가(等價)이다. 이러한 문맥적 교환 가능성은 거의 일정하게 절(節)과 문(文)의 차원에서 결정된다. 왜냐하면 절과 문은 언어사용의 기본적 문법단위이기 때문이다. **번역의 등가성**과 관련되는 논의는 ST(원문 텍스트)와 TT(목표 텍스트)와의 관계와 밀접한 연관이 있기 때문에 번역을 어떻게 정의할 것인가와 직결되어 있으며, 이를 달리 표현하면, 해당 TT가 ST에 대한 번역문이라고 규정(規定)될 수 있는 정도의 관계를 말한다(Baker & Malmkaer, 1998: 77; 이혜승, 2004 봄: 23).

번역등가를 설정하려면 내용면에서 일 대 일의 일치(一致)가 필수적이다(황세정, 2004 봄: 181-84). 의미론적 불변(不變)을 유지한다는 것은 번역등가 설정의 가장 중요한 과제이다. 모든 언어는 각기 독특한 방법으로 구조화되어 있고 모든 언어에 통용될 수 있는 공통적인 구조(構造)는 실제로 존재하지 않는다. 그러므로 어휘론적, 통사론적, 의미론적 관계를 갖는 어구적 측면에서 일 대 일의 일치가 성립되지만 경우에 따라서는 일 대 다수 혹은 영 대 일 등의 복잡성(複雜性)을 띤다. 단순히 객관적으로 확고한 정보를 전달하는 텍스트는 거의 완벽하게 번역될 수 있다. 왜냐하면 과학적 텍스트의 정보내용은 객관적인 정확한 방법으로 파악되므로 그 정확한 등가설정이 가능하기 때문이다. 물론 이 경우에도 원어와 역어 사이에 존재하는 구조적 차이를 극복(克服)하기 위한 번역가의 노력은 필수적이다. 그러나 이와는 본질적으로 다른 텍스트 예컨대 **문학텍스트** 특히 서정시(敍情詩)의 경우 객관적이고 정확한 방법으로 텍스트를 주제어로 옮기거나 번역등가의 등급을 결정하기는 매우 어려운 문제이다. 번역문이 '등가'를 이루어야 함은 필수적(必須的)인 요소이지만, 서로 다른 문화에 존재하는 언어를 번역함에 있어 과연 '번역의 등가'를 어떻게 이룰지에 대한 방법 설정이 필요하다.

번역의 핵심인 **번역 등가 개념**은 등가(等價) 자체가 번역, 텍스트, 독자의 특수성에 관련되어 있고 등가 성립의 객관적 기준이 없는데다가 등가의 선정은 번역가의 선택에 달려 있어서 그 개념을 정의 내리기가 매우 어렵다. 결국 등가관계 란 역어(譯語)의 내용, 형태, 문체, 기능 등이 원어의 것들과 일치할 때 성립되는 것이다. 이 때 완전한 일치를 본다는 것은 쉽지 않다. **번역학의 목적**은 사실상 이 등가관계를 규명(糾明)하고 그 효용범위를 기술하는 데 있다. **번역등가의 정도**를 결정 짓는 요인은 의미론적, 문체론적 번역등가 설정에 목표를 둔 번역 과정이다. 그리고 이러한 번역과정은 한편으로는 분석적, 다른 한편으로는 해석학적 혹은 번역가의 조합(組合) 능력 안에서 고려되어야 한다. 이렇게 되었을 때 결과적으로 번역등가 설정 원칙이 획일적인 것이 되지 않을 수 있고 또한 번역가에게 주제(主題)와 관련된 등가기준 설정을 더욱 풍부히 마련 가능하도록 해 준다.

번역 등가는 언어체계에 확정된 규정적 개념이 아니라, 언어를 둘러싼 제반 메커니즘과 커뮤니케이션 과정에서 구성되는 역동적 개념으로서, 언어체계를 준수하면서도 번역가라는 주체의 인지과정과 그를 둘러싼 문화층위의 매개변수에 좌우된다. 그 결과 다수(多數)의 번역등가가 존재할 수 있다. 이것은 번역이론에서 무시되었던 행위자들(독자, 번역자, 의뢰자)이 고려됨으로써 정당화될 수 있다. 번역이란 첫째는 의미상으로, 둘째는 문체상으로 원천언어의 메시지와 가장 가깝고 자연스러운 등가를 수용 언어로 재생산(再生産)해 냄으로써 이루어진다. '가장 가깝고 자연스러운 등가를 재생산'하는 일은 자칫하면 이태리 속담처럼 번역이 반역(叛逆)일 수 있다. 출발언어와 도착언어를 좀 알고 두 나라의 문화를 다소 안다고 될 일이 아니고 양 문화나 양 언어에 정통하지 않으면 안 된다. 자칫하면 원문의 훼손(毀損)이나 실수를 범하기 십상이다(Nida E.A. & Taber R., 1969: 12; 이유식, 2000 봄: 194). 번역학자 부스마만(Hadumod Bussmamann, 1996; 원영희, 2000 가을: 89-109)은 등가(equivalence)의 사전적 의미는 "상투적(常套的)인 사실과 기능적으로 의미상 연관이 있는 동의어"(151)라고 말하면서, 동시에 등가는 "양면성의 함축(bilateral implication)"이라고 정의한다. 표면적으로 '등가'(等價)란 말과 모순되는 이런 현상은 언어 사용자의 기본 환경인 사회와 문화 그리고 사용자 즉 수용독자층(readership) 요구의 끝없는 변화에 기인한다. 사이버 언어, 인터넷 언어라는 새로운 언어군(群)의 출현으로 구어와 문어로 나뉘던 기존의 구분이 무색할 정도이며 이젠 통신언어(net language)가 언어의 기본환경을 변화시키고 있는 현상도 번역어 등가 변화의 좋은 예가 된다.

2) 대응과 등가

번역의 목적이 같은 대상을 지칭하는 것이 아니라, 같은 사고(思考)를 지칭하는 것이 되는 순간부터 등가어의 중요성은 커지게 된다. 텍스트는 동일한 사고만을 반복해서 담지 않으므로, 텍스트에 담긴 사고를 지칭하는 등가어 또한 반복될 수 없으며 번역의 매 순간 새로이 만들어져야 한다. *대응(correspondence)*과 *등가(equivalence)*는 매우 다양한 의미로 사용되고 있다. 이 두 개념은 해석이론을 지지하는 학자들의 연구에 지대한 영향을 미치는 중요한 개념이다. 번역이론가들 중 *대응*과 *등가*를 특별히 구분하지 않는 학자들도 많으며, 대부분이 *등가* 개념만 사용한다. 그러나 Werner Koller(1992)가 '번역학 입문'에서 지적하기를 **대응(對應)**이 비교언어학에서 사용되는 개념인 반면, **등가(等價)**는 번역학 고유의 개념이라고 설명하였다. 만약 원문과 번역문을 읽으면서 눈앞에 떠오르는 장면이 같다면, 동일한 사건을 기술하여 동일한 효과를 만들어 낸 것이다.

3) 빌스의 등가개념

번역학에서의 **등가개념은** ①기능적 등가, ②내용적 불변성(不變性), ③동일한 효과, ④기능적 불변성, ⑤의도의 충족성 등의 다섯 가지 측면으로 나누어 설명이 가능하다(Wilss, 1977: 181). 즉, 번역이 불변의 요소를 간직한다는 것은 내용뿐만 아니라 형식, 효과, 기능, 의도 등의 다른 요인들도 포함(包含)해야 한다는 것이다(Wilss W., 1981). 그는 **문학텍스트**에서 번역등가를 설정하기 위하여 ①언어학적(배열 문맥적) 접근방법, ②의사소통적(문맥적) 접근방법, ③번역학적 접근방법의 세 가지 방법을 적용한다(Wilss, 1982: 146). 이 가운데 언어학적 접근방법은 야콥슨(Jakobson)과 캣포드(John Catford)가 번역등가를 설정하기 위해서 사용한 전형적인 방법이다. 사실상 언어학에 바탕을 둔 번역적 사고의 최초 단계에서 주도적인 개념은 **등가성**이었다. 그렇지만 로저 벨(Roger T. Bell, 1991; 김지원, 2000 봄: 14)에 따르면 "총체적인 등가성의 이상(理想)은 한낱 망상"(6)에 불과한 것이다. 왜냐하면 어떤 두 언어도 설령 아무리 가까운 사이라 하더라도 구문(構文)이나 문법, 표현 등에 있어서 근본적으로 서로 다르기 때문이다 라고 하였다.

4) 탈언어화

텍스트를 번역하는 작업은 맥락으로부터 단절된 단어나 문장을 번역하는 작업과 같을 수 없다(M, LEDERER, F. ISRAËL 편집, 2004: 15-22). 텍스트 안에 담겨 있는 단어나 문장들은 맥락(脈絡)과 독자의 인지적 정의적 요소 등에 의해서 그 의미가 완성되고 결국 단어나 의미들은 탈언어화(脫言語化)된 심적 표상으로 대체된다. 번역가는 원천언어(SL)의 언어구조를 그대로 옮기는 대신, 해당 장면을 머리 속으로 떠 올려 본다. "장관의 정원에 손님들이 몰려든다. 장관은 한 사람 한 사람에게 감사의 말로 답례한다." 이 장면을 머리 속으로 그리다 보면 원문의 구조에서 탈피(脫皮)한 자연스런 목표어가 떠오르는 것이다. 번역할 텍스트의 심적 표상을 만들기 위해서는 텍스트에 담겨져 있는 함축적인(implicit) 요소를 감안해야 한다. 함축적인 요소란 원문의 독자들이 텍스트를 읽으면서 느끼게 되는 어떤 것이다.

1.2.2 등가 개념의 분류

Eugene Nida(1982)는 등가를 **형식적** 대응(formal correspondence)과 **역동적** 등가(dynamic equivalence)라는 두 가지 유형으로 구분하며, 전자는 "형식과 내용 면에서 똑같이 메시지 자체에 중점을 둔다"고 말한다. 또한 그는 "이러한 번역에서 우리는 시(詩) 대(對) 시, 문장 대 문장, 개념 대 개념과 같은 대응에 주의를 기울여야 한다"고 덧붙인다. 그는 이런 유형의 번역을 가리켜 "주해(註解) 번역"이라고 부르는데, 이는 독자로 하여금 원문의 많은 정황을 이해하도록 하는 데 목적을 둔 번역이지만, 원문 텍스트(ST)의 형식적인 측면만을 고려해서 번역한 경우로, 결과적으로 목표 텍스트(TT)독자들로 하여금 ST를 제대로 이해할 수 없게 만드는 오류(誤謬)를 낳는다.

한편, **역동적 등가**는 **등가 효과**, 즉 도착언어 독자와 번역문간의 관계가 출발언어 독자와 원문간의 관계와 같아지도록 해야 한다는 원칙에 근거하고 있다. 이런 유형의 등가의 예로서 나이다는 J.B. Phillips가 번역한 『로마서』(Romans) 16장 16절을 들고 있다. 이 구절의 본래 의미는 "greeting with a holy kiss"(성스러운 입맞춤으로 영접하다)인데, Phillips의 번역은 "give one another a hearty handshake all round" 로 바뀌었다(수잔 바스넷, 2004: 58).[2] Nida는 이후 반응을 기능과 효과로 재규정하고(*Language, Culture & Translation*, 1993), 기존의 역동적 등가 개념을 기능적 등가 개념으로 확장(擴張) 시켰다. 기능적 등가 개념에서 중요시되는 것은 번역에 참여하는 주체들이다. 즉, ST가 출발어 문화 내에서 혹은 출발어 독자들에게 의도하고 있는 의사소통의 효과와 기능이 TT를 통해서 TT독자들에게 전달(傳達)되어야 한다는 점이다. Nida 이후 많은 학자들에 의해서 다른 용어들로 다양하게 재생산되었다. 한편 Baker(1992)는 번역에 있어서 문화의 차이로 인해 발생하는 대응어(對應語) 부재와 문화적 표현방식의 차이를 극복하는 것의 중요성을 강조하면서 **번역의 등가**를 단일 어휘, 어휘이상, 문법, 텍스트 및 화용적 차원 등 크게 5가지로 분류하였다(Baker M., 1998; 이혜승, ib.). 이러한 각각의 등가는 서로 배치(背馳)되는 개념이 아니라 특정 부분에서 상호간에 연관을 갖는다(Nida, 1964: ib.).

---

2) "서로 돌아가며 따뜻한 악수를 나누다."로 번역됨(수잔 바스넷 지음, 김지원·이근희 옮김, 『번역학 이론과 실제』, 한신문화사, 2004: 58).

1) 번역등가의 범주화

라이프치히(Leipzig)학파의 Kade(1968: 149)는 번역등가를 다음과 같이 4종류로 범주화(範疇化)하고 있다.

(1) 전체적 번역등가(total translation equivalence)
(2) 최적의 번역등가(optimum translation equivalence)
(3) 근사치 번역등가(approximate translation equivalence)
(4) 영 번역등가(zero translation equivalence)

이 가운데 전체적 번역등가는 언어체계나 언어사용에 있어서 형식적, 의미론적으로 **일 대 일**로 일치할 경우이다. 예컨대 "시장조사(market research(영)), (Marktforschung(독))"를 들 수 있다. **최적의 번역등가**는 일 대 다수의 일치가 있어 각각의 문맥에 관련 지어 일 대 일의 일치로 감소시킬 수 있을 때를 말한다. 예컨대 "긴장(Spannung(독), tension, voltage, suspense, stress, pressure)" 같은 낱말의 경우를 들 수 있다. **근사치 번역등가**는 원어와 역어 항목에서 의미상으로 매우 유사한 항목이 있을 경우, 이 두 항목이 의미 범주로 보아 일 대 일의 일치는 성립(成立)될 수 없으나 일 대 일의 부분적 일치를 이룬다고 볼 수 있을 경우이다(Kade O. Zufall, 1968; 김효중, 2000 가을: 40-42). 예컨대 "하늘[Himmel(독), heaven/sky(영)]"이 그에 속한다. **영(零) 번역등가**는 원어에서 역어로 전이(轉移)되는 과정에서 원어의 어휘론상 필요한 항목을 적용시켜 역어의 공백을 메워야 하는 경우이다. 예컨대 "부동 투표자[floating voter, Wechselwähler(독)]"가 그 경우이다.

Koller(1989)는 등가성을 외연적(denotative), 내포적(connotative), 텍스트 규범적(text-normative), 화용적(pragmatic), 형식-미학적(formal-aesthetic)으로 나누고 있으며(Koller W., 1978; 이혜승, ib.), 어휘 차원에서의 5가지 대응유형을 보면, 서로 상이한 언어간에 일 대 일 대응은 거의 발생할 수 없으며, 일 대 다수(多數) 대응은 텍스트 차원에서 가능한 상응어가 존재하는지를 텍스트 연관 관계에서 분명하게 알 수 있다. 다수 대 일 대응에서는 외연상(外延上) 등가를 산출하기가 쉬우며, 일 대 부분 대응의 경우는 번역이 불가능한 단어들에게 적용되는데 이러한 문제가 텍스트 연관관계측면에서 번역이 가능하게 된다. 그래서 주석(註釋), 각주달기 등의 설명적인 조작 방법을 쓴다.

마지막으로 일 대 영 대응 유형은 대응어가 없는 경우이므로 번역자는 이를 적절히 추론(推論)해내야 하는데 이를 위해 **번역조작의 방법**을 이용한다(김세정, 2003 가을: 64-65). 원천언어의 표현을 목표언어에서 그대로 받아들이는 **인용**(引用), 원천언어의 표현이 글자 그대로 목표언어로 표현되는 **차용**(借用) **번역**, 유사하거나 동일한 의미로 쓰이는 표현으로 번역하는 경우 표현을 통해 나타난 사건을 목표언어의 의사소통 상의 연관관계 속에서 비교되는 사건으로 대체시키는 **적응**(adaptation)의 번역방법이 있다. 이 중 원천언어의 표현을 목표언어에서 그대로 쓰는 인용이 문학 텍스트들의 이질화를 위해 종종 사용된다.

2) 단어 차원의 등가

번역가는 언어의 의미를 전달하는 단위와 구조를 분석하게 되는데, 개별 의미를 전달할 것이라 예상되는 가장 작은 단위를 **단어**(word)라고 한다. 단어란 '그 자체로 사용할 수 있는 언어의 최소 단위'(Bolinger & Sears, 1968: 43; Mona Baker, 2005: 14)라고 볼 수 있다.[3] 따라서, 현재의 목적에 부합하기 위해, **문어**(written word)의 경우 단어란 양쪽이 정자법의 띄어쓰기로 표시된 글자의 연속체(連續體)로 정의할 수 있다. 의미는 단어보다 더 작은 단위에 의해 전달될 수 있다. 하지만 대부분 의미는 개별 단어보다도 훨씬 더 복잡(複雜)한 단위와 다양한 구조와 언어적 장치에 의해 전달된다. 영어에서 여러 개의 정자법(正字法) 단어로 표현할 수 있는 의미 요소가 다른 언어에서는 하나의 정자법 단어로 표현될 수 있고, 반대의 경우도 발생한다. 영어의 'tennis player'를 예를 들어보면 터키어에서는 'tenisçk'라는 한 단어로 표현되며, 영어의 'if it is cheap'라는 문장은 일본어에서는 'やすかったら'라는 한 단어로 나타낸다. 그러나 영어의 동사 'type'은 스페인어로는 세 단어인 'pasar a maquina'로 옮겨진다. 이는 언어 내에서 혹은 언어 간의 정자법 단어와 의미 요소 간의 일대일 대응 관계가 없다는 점을 의미한다. 단어나 발화에 담긴 다양한 종류의 의미들을 따로 분리해낸다는 것은 사실상 불가능하다. 이는 언어의 본질상 대부분의 경우 단어들의 의미 경계가 모호하기 때문이다. 즉 단어의 의미는 대부분 협의될 수 있으며 구체적인 문맥 내에서야 비로소 실현될 수 있다(ib.).

---

3) Bolinger & Sears는 실제로는 이 정의를 채택하지 않는다. 그들은 단어를 '다른 요소들 사이에 상대적으로 자유롭게 삽입될 수 있는 가장 작은 요소'로 정의하는 것을 선호한다.

3) 단어 차원의 비등가 해결

단어 차원의 비등가(非等價)란 원문텍스트에서 사용된 어떤 단어가 목표언어에는 직접적인 등가어(等價語)가 없는 경우를 말한다. 비등가의 종류와 난이도의 정도는 비등가의 본질에 따라 크게 달라질 수 있다. 일부 비등가 종류는 명확하기도 하지만, 다른 여타의 종류는 더 복잡하여 다루기 어려운 경우도 있기 때문에 비등가의 종류에 따라 다른 전략이 요구된다. 아래에서 제시한 각 전략의 예문에는 번역 문제를 나타내는 원천언어의 단어와 번역가가 사용한 원래 번역과 역번역(逆翻譯)에 밑줄을 그어 표시하였다.

보다 일반적 단어(상위어)로의 번역 ▌ 이 전략은 많은 유형의 비등가 문제를 다루는데 가장 보편적으로 사용된다.

> **예문**

원문 텍스트(영어: *Kolestral Super*)

모발을 순한 웰라 샴푸로 <u>감은(shampoo)</u> 후, 수건으로 가볍게 말리십시오.

목표 텍스트1(스페인어) - 역번역

순한 웰라 샴푸로 모발을 <u>씻어낸(wash)</u> 후, 가볍게 수건으로 말리십시오.

목표 텍스트2(아랍어) - 역번역

순한 샴푸를 원하신다면 모발은 웰라 샴푸로 <u>씻겨집니다(wash)</u>.

(M. Baker 2005: 37)

표현이 보다 평범한 단어로의 번역 ▌

> **예문**

원문텍스트(영어: *A Study of Shamanistic Practices in Japan*, Blacker, C. 1975; ib.: 40).

우리가 조사한 샤머니즘 풍습은 <u>낡은(archaic)</u> 미신이라고 보는 게 타당하다.

목표텍스트(일본어) - 역번역

우리가 조사 중인 샤머니즘 행위는 <u>오래된(ancient)</u> 미신으로 여기는 게 타당하다.

번역에서 'archaic(낡은)'을 번역하기 위해 '시대에 뒤떨어진'을 의미하는 일본어 표현을 사용할 수도 있었으나, 번역에서는 'archaic'의 표현적 의미가 사라지고 <u>오래된</u>이라는 표현으로 대치되었다.

문화대체어로의 번역 ▮ 문화상 특수한 항목이나 표현을 명제적(命題的) 의미는 동일하지는 않지만 목표독자에게 유사한 영향을 줄 수 있는 목표언어 항목으로 대체하는 것이다.

> **예문**

원문텍스트(영어: *The Patrick Collection* ─개인 소유 고전 자동차 박물관 발행 책자)

……식견 있는 미식가로부터 <u>크림 티(Cream Tea)</u> 전문가에 이르기까지 모두의 입맛을 충족시킬 수 있는 식당 설비를 갖추고 있다.

목표텍스트(이탈리아어) ─ 역번역

……까다로운 미식가부터 <u>패스트리(pastry)</u> 전문가까지 모든 사람의 입맛을 만족시키고자……. (ib.: 46)

이탈리아의 번역가는 자국에서는 접할 수 없는 영국의 크림 티를 '패스트리'로 대체하였지만, 동일한 의미는 아니며 '패스트리'가 이탈리아 독자에게 친숙하기 때문에 적절한 문화대체어가 된다.

차용어(借用語)를 사용한 번역 ▮ 문화상 특수한 항목, 현대적인 개념, 전문어를 다룰 때 일반적으로 사용한다. 설명을 겸한 차용어는 문제의 단어가 텍스트에서 반복(反復) 사용되는 경우에 더욱 유용하다.

> **예문**

원문텍스트(영어: *A Study of Shamanistic Practice in Japan*)

우리가 조사한 <u>샤머니즘(shamanic)</u> 풍습은 낡은 미신이라고 보는 게 타당하다.

목표텍스트(일본어) ─ 역번역

우리가 연구 중인 <u>샤머니즘(shamanic)</u> 행위는 오래된 미신으로 여기는 게 타당하다. (ib.: 49)

'shaman'은 북아시아 종족간의 사제나 신학 박사를 언급하기 위해서 종교학에서 사용하는 단어인데, 일본어에는 이해 해당하는 직접적인 등가어가 없기 때문에 번역에서 사용한 등가어는 외국 단어를 일본어로 옮길 때 흔히 사용하는 가타가나 문자로 'shaman'을 차용하고, '~같은'을 의미하는 영어의 '-ic'를 대체하여 일본어 접미사 간지 문자를 덧붙였다.

관련어를 사용한 풀어쓰기 번역 ▌ 원천 항목에 표현된 개념(槪念)이 목표언어에도 어휘화 되어 있지만 형태가 다른 경우에 사용하거나, 원문텍스트의 특정 형태가 목표언어의 자연스러운 용법보다 훨씬 빈번하게 쓰일 때 사용하는 경향이 있다.

〈 예문 〉

원문텍스트(영어: *China's Panda Reserves*)

그러나 거대한 팬더와 그 곰들이 <u>관련되어 있다는(related)</u> 명백한 증거가 있다.

목표텍스트(중국어) – 역번역

그러나 큰 팬더가 그 곰들과 <u>친족 관계임(have a kinship relation)</u>을 보여 주는 다소 분명한 증거가 있다. (ib.: 53)

비관련어를 사용한 풀어쓰기 번역 ▌ 원천 항목에 표현된 개념이 목표언어에 어휘화 된 표현이 전혀 없는 경우에도 일부 맥락에서는 풀어쓰기 전략을 사용할 수 있다.

〈 예문 〉

원문텍스트(영어: *A Study of Shamanistic Practice in Japan*)

우리의 행성과 <u>상호 작용할 수 있는(interact)</u> 또 다른 놀라운 행성이 있다는 시각에…

목표텍스트(일본어) – 역번역

일상의 세계와 <u>상호간에 영향을 끼칠 수 있는(influence each other mutually)</u> 또 다른 놀라운 차원의 영상으로… (ib.: 56)

생략하여 번역 ▌ 어떤 맥락의 단어나 표현은 번역에서 생략하더라도 문장의 전후 의미에 훼손을 가하지 않고 번역이 가능한 경우가 있다. 이런 경우, 독자들에게 장황(張皇)한 설명에 의한 혼란을 피하기 위하여 문제의 단어나 표현을 간단히 생략하여 번역하기도 한다.

삽화에 의한 번역 ▌ 어떤 단어가 목표언어에 해당 등가어는 없지만 그림으로 나타낼 수 있는 물리적 실재물(實在物)을 지시하는 경우, 유용한 선택이 된다.

1.2.3 충실성

독자의 이해를 돕기 위해 번역자의 "개인적 해석"을 가미하고 윤문(潤文) 한다든가, 각주를 본문에 삽입시킨다든가, 긴 단락을 짧게 구획한다든가, 그리고 무엇보다도 번역자와의 협의 없이 출판사 편집부에서 제대로 된 번역을 자의적으로 수정하거나 원본에 없는 사항을 임의적으로 첨부한다든가 하는 일들은 모두 출전(出典) 텍스트에 대한 충실/성실을 제1의 임무로 하는 번역행위로부터 벗어나는 파행(跛行)들이고 텍스트를 손상시키는 행위들이다. 또 의미 전달이라는 실용적 목적을 위해서 또는 미문(美文)을 위해서, 번역이 출전 텍스트로부터 이탈(離脫)할 수 있다는 일부 학자들의 견해는 출전 텍스트의 엄격한 사실들(hard facts)을 최대한 충실하게 보존한다는 번역 본연의 한계를 벗어나는 것이다(박경일, 2003 봄: 17-18). 모든 번역은 충실하고 또 원문의 개념과 형식을 **정확**하게 전달해야 하며, 이 충실성은 번역가의 도덕적 법률적 의무의 양면(兩面)을 구성한다. 그러나, 충실한 번역은 축어적인 번역과 혼돈해서는 안되며, 다른 언어와 국가에서 느껴지는 작품의 형식, 분위기와 보다 깊은 의미를 만들어내기 위하여 번안(飜案)을 배제하지 않는다(번역가 헌장 제1절 4와 5항 참조).

번역은 두 주인을 섬기는 하인과 같다는 말이 있다. 번역자는 역어의 독자와 원어의 저자를 섬겨야 하는데 이 경우에 중용(中庸)을 지키기는 매우 어려운 일이며 어느 한 쪽을 소홀히 하지 않을 수 없다(김효중, 2002.5. Proc.: 115). 번역물의 역자(transcreator)는 번역물의 생성(transcreation)이 그 자체 이외의 다른 어떤 것에도 관련된다는 사실을 인지(認知)할 필요가 있다. 번역은 이 기본적인 도전에 직면해야 하기 때문에 심지어 원래의 텍스트보다도 더 창조적이고 복잡하다. 동시에 번역자는 그 자신 진퇴양난에 처해 있음을 알게 되고, 그의 충성심(忠誠心)이 원래의 텍스트와 그의 창조적 작품간에 영원히 분할되는 이중 대리인의 역할을 맡게 된다. 따라서, 그의 활동과 힘든 작업은 항상 의심을 받게 된다(Choi Byong-hyon, 2000 가을: 171).

버지니아 울프의 산문작품의 리듬은 영어로 되어 가장 강력하며 신비(神秘)스러운 것이라고 일컬어지고 있다. 친구에게 보낸 서한에서, 울프는 "스타일은 매우 단순한 요소이지만, 그것은 모두 리듬이다. 일단 리듬을 얻고 나면, 틀린 단어를 사용할 수 없다…이제 이것은 매우 심원(深遠)하고, 또 리듬이 말보다도 훨씬 더 깊은 곳으로 향한다. 언뜻 보아 감정은 말로 표현하기 훨씬 전에 마음 속에 이 파도(波濤)를 창조한다." 번역자가 추구해야 하는 것은 원 작품 속에서 맨 먼저 이 리듬을, 그리고 다음으로 제2 언어 속에서 그것을 재창조하는 것이다 (Cyndia Childs, 2001 봄: 179-81). 안드레 레페비어(Andre Lefevere)는 그의 "프라우스트(Proust) 할머니와 1001일 밤"에서 번역자는 "어휘와 텍스트간의 등가(equivalence)를 가장한 번역에 충실할 수는 없지만, 그러나 목표 문화 내에서의 목표 텍스트가 구실을 하도록 하기 위한 시도를 가장(假裝)한 번역에는 충실할 수 있다고 주장하고 있다(Oh Sung-hyun, 2001 봄: 161-62). 레페비어가 의미하는 것은 목표텍스트가 목표문화 안에서 구실(口實)을 하는 동안, 원문텍스트는 원천문화 내에서 구실을 해야 하며, 그렇게 함으로써 번역이 원문텍스트에 적응할 수 있다는 것을 의미한다.

흔히 번역의 충실성과 자유는 서로 상반되는 것으로 여겨져 왔다. 그렇지만 어느 시대 어느 사회에서든지 번역자에게 있어서 얼마만큼의 자유(自由)는 언제나 허용되었다. 따라서 번역의 언어는 정도의 차이는 있을지라도 그 본래의 모습에다 자유가 합쳐지기 마련이다. 근본적으로 의미의 재현을 번역의 주요 목적으로 간주하지 않은 벤야민(Benjamin, 1968)에게 있어서 번역은 창작(創作)에 못지 않게 자유로운 활동이었다(Benjamin Walter, 1968; 김지원, 2004 봄: 80). 목표언어를 사용하는 나라가 식민지 국가이거나 약소국일 경우에는 다른 대국의 언어를 거쳐 중역(重譯)이 이루어져왔기 때문에 원문언어의 텍스트와 최종 목표언어 텍스트 사이에는 많은 거리감을 보일 뿐 아니라, 최종 목표언어로 된 번역물은 충실하지 못한 결과로 나타나며, 그 번역물에 대한 가치는 훨씬 낮을 수밖에 없다 (허명수, 2003 가을: 142).

1.2.4 내용의 일치

기독교 문화에서 번역의 필요성은 하느님이 인간들의 오만(傲慢)의 상징인 바벨탑을 내려다보며 그들의 말을 뒤섞어 놓아 서로 알아듣지 못하게 한 순간부터 생겨났다. 그러니까 번역의 궁극적 이상은 바벨탑 이전(以前)에 있었다고 여겨지는 인간 언어의 통일성 회복이라 할 수 있다. 그렇지만 언어와 대상의 관계가 자의적(恣意的)이라고 선언된 이래 실재와 언어 사이에는 괴리(乖離)가 있을 수밖에 없기에 언어간의 완전한 동일성을 지향하는 번역은 어쩔 수 없이 한계를 갖기 마련이다(김지원, 2000 봄: 9-28). 번역이란 출발언어(Source Language)의 메시지를 도착언어(Target or Receptor Language)로 변환(變換)시키는 작업이라고 정의할 수 있으며, 따라서 이때 출발언어의 메시지는 그 구조나 의미에서 가장 근접한 형태의 도착언어로 변환되어야 한다(이영옥, 2000 가을: 47).

번역이 어렵다는 것은 번역 자체가 기계적이거나 객관적인 것이 될 수 없고 주관적인 면을 내포하고 있기 때문이며, 두 언어간의 완전한 일치란 생각할 수 없다. 번역의 어려움을 단적으로 말해 주는 것은 번역의 척도(尺度)로 간주되는 의미가 보편성이 있는 것이 아니고 개별어에 따라 다른 특수성을 지니고 있음으로 하여 기인되는 것으로 "최적의 번역은 축적된 경험과 체계화된 번역이론이 전제되었을 때 가능하다"는 주장은 설득력을 갖는다. 번역은 설명하는 것이고 원문으로부터 받은 의미적 특성을 가능한 한 유사(類似)하게 표현하려고 노력하는 것이며 번역자는 원문에 이미 주어져 있는 것을 전시하기 위해 최대한 노력하여야 한다(Steiner, 1975: 277; 김효중, 2000 가을: 37). 번역자는 번역문의 독자가 수용할 수 있는 의미론적(意味論的) 해석을 해 봐야 한다. 번역문의 독자는 원문을 모르므로 번역자가 해놓은 의미론적 해석이 과연 옳은지 점검할 수가 없다. 따라서 원문에 대하여 의미론적으로 혹은 표현 면에서 서로 다른 다수의 역어(譯語) 번역물이 있을 수 있다는 사실을 인정해야 한다. 텍스트 고유의 등가문제는 의미론적 모순이 있는 경우에도 야기된다(ib.: 38).

원문과 번역문은 의미적, 통사적, 화용적 차원에서 대부분의 경우 '완전히 일치(一致)할 수 없다'(Nida, 1996/2002: 106). 이는 원천언어와 목표언어의 문화적 사회적 차이를 완전히 벗어날 수가 없기 때문이다(Nida E.A., 1996; 원영희, 2002 봄: 107). 우리의 일차적인 언어는 자연적 언어이며, 모국어이다. 모든 언어적 기호의 토대는 자연적 언어로서의 모국어이며, 이 점에서 언어행위는 자연적 언어의 개별적 특성(特性)을 전제한다. 슐라이어마허에 따르면, "모든 사람은 제일 먼저 자신의 모국어로만 창작(創作)을 한다(Schleiermacher, Friedrich 1963)." 즉, 창작활동의 언어는 궁극적으로 "모국어의 역사적 구조(構造)에" 그 뿌리를 두고 있다(Kloepfer, 심재기, 1993: 72; 이선관, 2003: 24). 따라서, 모국어로서의 자연적 언어는 다른 언어권의 등가적 의미소를 가질 수 없다.

번역에 관한 문제는 우선적으로 개별어의 의미와 그 대비적 비교에서 시작된다. 어장이론과 구조의미론의 연구결과에 의하면 여러 개별어들의 의미는 대체로 상호간 정확히 일치하지 않고 부분적으로 일치할 뿐만 아니라 또한 매우 복잡한 관계에 있다는 사실이 확인되었다. 번역은 적어도 원어 텍스트가 의미한 모든 것을 역어(譯語)의 표현수단을 통해서 재현해야 하지만 이것은 이상일 뿐이며 실제로는 불가능하다(김효중, 2002.5.23. Proc.: 108). 20세기 전반기의 스페인의 저명한 철학자 오르테가 위 가세트는, 서로 다른 언어권에 속하는 두 개의 낱말이 정확하게 동일한 것을 의미한다고 하면, 그것은 몽상(夢想)에 지나지 않는다고 이미 오래 전에 지적한 바 있다. 그에 따르면, 모든 언어는 Humboldt가 말한 '언어의 내적 형식(Innere Form)'과 같은, 어떤 독특한 언어적 양식을 가지고 있다. 즉, 자연적 언어들은 서로 다른 지역에서 서로 다른 삶의 환경(環境)과 경험의 영향을 받으며 형성되기 때문에 **언어들 간의 불일치**란 당연하다(Ortega y Gasset, José, 1963; 이, ib.: 23).

대체적으로, 타당한 이유를 내세워 번역 이론가들은 번역 언어는 원문 언어와 시종일관 상이(相異)하다고 추정한다. 예를 들어, 여러 방면의 사람들(이론가들과 전문가들)은 종종 주장하기를, 번역자들은 독자가 스스로 해결하도록 번역의 글을 함축적(含蓄的)으로 놓아두기보다는, 오히려 완전히 번역해내고자 하는 경향(傾向)을 갖는다고 이야기한다. 간단히 말해서, 이 주장은 번역자들이 원문 텍스트 내에서 단지 함축적인 것을 목표 텍스트의 정보로 상세히 설명한다는 것을 뜻한다. 이러한 경향은 흔히 번역의 특징으로 고려되어 왔으며, 또 번역의 방향과는 상관없이 원문 텍스트보다 목표 텍스트가 더 길어지는 경향에 대한 이유로 알려져 왔다(Mona Baker, 2001 봄: 102-103). 발터 벤야민의 지적처럼 "번역은 두 언어 사이의 상호 주고받는 관계를 표현하지만 이때 숨겨진 관계자체는 드러나지 않는다. 오직 강렬한 형식 속에서 그것을 깨달을 때 재현(再現)된다"고 지적한다. 그래서 "언어 사이의 유사성은 원문과 번역 사이의 외양적(外樣的)인 닮음과 상관이 없다"(73)는 맥락의 실패를 말한다.

1.3 번역의 불가능성

1.3.1 번역의 문제

Peter Newmark(1988:94)는 번역의 문제와 관련하여 언어를 보편(普遍)언어, 개인언어, 문화언어의 세 가지로 구분하고 'die', 'live', 'swim', 'mirror', 'table' 등 어떤 문화권에서도 그 개념(概念)이나 기능의 정의가 이해될 수 있는 보편언어만을 제외하고는 각 언어는 개인에 따라 언어문화권에 따라 타 언어에서는 찾아보기 힘든 독특한 개념이나 기능(機能)이 발달하게 되므로 필연적으로 번역의 문제가 등장하게 된다고 주장하였다(이영옥, 2000 가을: 47-51). 상이(相異)한 언어와 문화에서 비롯되는 번역의 어려움을 두고 J.C. Catford(1965)와 Anton Popoič(1970)는 "번역의 불가능성"을 역설(Bassnet 37-41)하였고, 그렇기 때문에 목표 텍스트 상에서의 표현의 변화는 불가피하다고 했다(Munday Jeremy, 2001; Shuttleworth Mark, 1999; 이근희, 2003 가을: 5-6). 번역의 궁극적인 목적은 등가의 효과(equivalent effect)를 극대화 시키는데 있으나, 번역의 불가능성을 초래할 수 있는 경우로, 문화적 등가를 찾기 어려운 경우(차용어를 포함), 원천언어(ST)의 맥락에 따라 가장 근접한 등가 어를 선택해야 하는 경우, 유사어가 많은 경우들로 지적된다(윤희주, 2004 가을: 94, 98).

언어에서 가장 중요한 것은 다른 언어로 번역하기 불가능한 단어나 또는 개념(概念)인데, 그 이유는 그것이 원래의 언어와 문화에 있어 가장 독특한 자질(資質)이나, 혹은 요소를 나타내기 때문이다. 한국어의 "한(恨)"은 그 한 가지 실례이다. 이 단어는 유감 또는 원한 또는 이루지 못한 욕망으로 번역될 수 있지만, 그러나 이들 각각의 번역은 원래의 한국어에 숨어있는 완전한 의미에는 도달하지 못하는 것으로 보인다. 그 이유 중의 하나는 이 단어가 한국 역사의 본질(本質)과 한국인들에게 특유한 문화와 아주 깊이 관련되어 있기 때문이다(Choi Byong-hyon, 2000 가을: 169-70). 우주에 관한 생각에 대한 범주의 차이는 많은 분야에서 발견되고 있으며, 또 구조적(構造的)으로 훨씬 동떨어져 있는 언어들에 대해서는 그 차이가 보다 더 크다. 실례를 들면, 색체 스펙트럼이 나뉘어져 있는[몇 개의 언어들은 *blue*(파랑)와 *green*(녹색)에 대한 별도의 단어들이 없다] 방법, "시간 (time)"의 여러 양상들이 구별되고 있는 방법(행동을 위한 결과와 함께), 그리고 친척들이 분류되어 있는 방법들을 들을 수 있다.4) 미국 문학의 번역가들은 프랑스 말과 많은 다른 현대의 언어들은 영어의 단어 *achievement*(업적)에 대한 적절한 동의어(同義語)가 없으며, 또 일본어는 *decision making*(의사 결정)에 대한 동의어가 없다고 지적하여 왔다.5)

1.3.2 발생 원인

번역의 문제는 개별어(個別語) 사이의 의미 차이 즉, 개별어 사이의 현실성의 상이한 구성에서 비롯된다. 번역은 적어도 원어텍스트가 의미한 모든 것을 역어의 표현수단을 통해서 재현해야 하지만 이것은 이상(理想)일 뿐이며 실제로는 불가능하다. 번역의 관심분야는 개별어 체계 내에서의 의미차원(랑그)이 아니라 텍스트의의(빠롤)이어야 한다. 다시 말해서 텍스트만이 번역될 수 있다. 그러나 텍스트는 텍스트 내적인 언어적 수단뿐만 아니라 텍스트 외적인 언어 외적 수단의 도움으로 생성된다. 이러한 원칙의 토대 위에서 번역의 모든 문제가 야기(惹起)되고 또한 해결되어야 한다(김효중, 2004 봄: 77). 번역자가 번역의 난관에 봉착하게 될 때, 과연 텍스트가 번역 가능한가에 대한 전반적인 문제가 제기된다. Catford는 **번역 불가능성**의 두 가지 형태를 구분하면서, 이를 각각 **언어적**인 것과 **문화적**인 것이라고 부르고 있다. 언어학적 측면에서 번역 불가능성은 원천언어의 한 항목에 대해 사전적 또는 통사적인 대체어(代替語)가 목표언어에 존재하지 않을 때 발생한다. 그가 주장하는 언어적 번역 불가능성은 원천언어와 목표언어의 차이에서 기인한다. 이에 반하여 문화적 번역 불가능성은 원문에 해당하는 상관적인 상황의 특색(特色)이 목표언어의 문화 속에 존재하지 않는 데서 기인한다. Catford는 영어·핀란드어·일본어의 문맥에서 *bathroom*이란 용어가 서로 다른 개념들의 예를 인용하고 있는데, 이는 영어에서는 '화장실'을, 핀란드어에서 '욕실'을, 그리고 일

---

4) 예를 들어, 개인들이 확대 가족 안에서 거주하는 일부의 부족들에게 있어서, "어머니"와 "아주머니"를 위하여 동일한 단어가 사용된다. 네덜란드 언어는 "사촌"과 "조카"를 위해서 단지 일개 단어(*neef*)만이 존재한다. 스칸디나비아 언어는 어머니 쪽의 조부모와 아버지 쪽의 조부모에 대해서는 상이한 단어들을 사용한다(Geert Hofstede, 2001).

5) Lewis(1966)는 문화 간 오해에 있어서의 언어의 역할에 대한 많은 실례들을 보여준다. 심지어 영국과 미국과 같은 문화적 이웃 간에도 언어에 의한 오해의 경우가 많이 발생한다(ib.)

어에서는 '수세소(水洗所)'를 각각 의미한다.

창의적인 주제와 그 언어적 표현간의 관계는 번역물에서 적절한 목표언어로 대체(代替)될 수가 없다. 번역은 언제나 가장 명확한 상황, 가장 구체적인 메시지, 그리고 가장 기본적인 보편성을 지니고 시작할 수 있다. 그렇지만 공통의 상황을 검토하고, 명백히 규명할 필요가 있는 접촉을 증대시킴으로써 언어가 갖는 가장 주관적인 메시지와 함께 언어의 총체적(總體的)인 면도 고려해야 하기 때문에, 번역을 통한 의사소통이 결코 완벽하게 마무리될 수 없다는 데는 의심(疑心)의 여지가 없다. 이 말은 또한 번역을 통한 소통(疏通)이 완전히 불가능한 것도 아니라는 점을 시사한다(Georges Mounin, 279; Bassnet, 2004: 66-72). 그러나 1960년대 언어학적 입장에서 번역이론을 확립하는 데에 크게 공헌한 Kade는 원천어의 문화적 특성이 목표어의 문화적 형식에 상응하지 않을 경우, 패러프레이즈(paraphrase 바꾸어 쓰기), 신조어(新造語), 차용 외래어를 통해 원천어의 표현내용을 전달할 수 있음을 지적하였다(심재기, 1993; 이선관, 2003: 19).

1.3.3 등가어 부재시의 번역

만약 다른 언어로 한 개념(槪念)의 동의어가 없다면, 일반적으로 완곡어법(circumlocution)을 통하여 요망되는 의미를 전이(轉移)시킬 수 있다. 예를 들어, 해당 언어에 의하여 blue와 green 간을 구별하지 않는 사람들은 두 가지의 색의 농도(shade)를 구별할 수 있지만, 이 차이를 나타내기 위해서는 추가적인 단어를 필요로 한다(Hoijer, 1962: 263-64; Geert Hofsted, 2001). 현대 언어들은 하나의 주어진 언어가 동의어를 갖지 않는 유용한 개념을 표현하기 위한 완곡(婉曲) 어법의 필요성을 줄이기 위하여 서로간에 광범위하게 차용(借用)한다. 구체적인 사물에 대한 단어들이 차용(핀란드 말에서의 *sauna*, 영어에서의 *computer*)되지만, 또한 원산지의 문화적 상황에 관련된 풍미(風味)를 가진 개념을 표현하기위해서도 차용되는 데, 그러한 말들로서는 프랑스어로부터 *laissez-faire*(무간섭 주의)와 *savoir vivre*(예의 범절)과 독일어로부터 *verboten*(법률로 금지된)과 *Weltanschauung*(세계관), 영어로부터 *business*(영업)과 *manager*(경영자) 등의 단어들을 예로 들 수 있다. 정확한 등가어(equivalents)가 존재하지 않는다면, "문맥상의 전환(transposition)"(Gasse, 1973)이 이뤄져야 하지만, 명백한 등가어가 때로는 연구자가 의도한 의미를 표현하지 않는다. 따라서, 번역자는 양 개 언어뿐만 아니라 번역될 자료의 문맥과도 친숙해야 한다(Brislin, 1970/1993; Hofstede, ib.).

문학 작품은 단어, 어결합, 그 외 각각의 소리와 글자까지를 포함하여, 모든 것이 언어 사용자의 인식 속에서 특정한 의미를 지니고 연상(聯想) 작용을 일으키면서 번역 작업이 더욱 복잡해진다. 이 정도가 되면 정확히 번역하는 것이 불가능할 수도 있을 것이다. 한국인과 영국, 미국인 사이에는 성장과정, 생활방식, 그리고 요즘 흔히 말하는 정신세계에 차이가 있기 때문에, 감정이나 연상이 서로 다른 언어 자극에 반응하는 경우가 많다. 그러므로 설사 매우 뛰어나고 훌륭한 번역이라 하더라도 이 부분을 완벽하게 전할 수는 없을 것이다(Miram, 2004: 89-93). 예를 들어, 감탄문 '너, 이 더러운 새끼!'를 'You, bastard!'로 번역했다 치자. 표현에 있어 공통점(共通點)이 많음에도 불구하고 '더러운 새끼'와 영어 단어 'bastard 사생아, 쓸모없는 인간'이 불러일으키는 연상물은 엄연히 다르다. 엄격히 말해 의미를 완벽히 전달했다고 하기 힘들다.

1.4 번역에서의 손실과 이득

1.4.1 믿음과 표상적인 언어 간의 차이

번역의 어려움에 대한 근원적인 원인은 의미, 신념, 욕구가 관련되는 발화(發話)와 행위를 기술(記述)함에 따른 본질적인 문제와 관련된다.[6] 어떤 사람이 외국인이 특정한 시간에 무엇을 믿고 있는 가를 정확하게 생각해 낸다고 할지라도 번역자의 모국어의 표상적(表象的)인 용어를 사용하여 그들 신념들을 재구성한다는 것은 종종 사물을 왜곡(歪曲)하는 방법으로 자기 자신의 지시(self-reference)를 포함하게 된다. 만약 **번역**이 다른 사람들이 특정한 말을 이야기하거나 또는 쓸 때, 그들이 믿고 있는 바를 생각해 내는 것으로 해석된다면, 외국인의 신념 귀속(歸屬 alien belief ascription)에서의 근본적인 어려움은 작가들이 빈번히 이야기하여 온 「번역」의 근본적인 어려움을 더욱 어렵게 할 것이다. 번역의 지배적인 철학적 이론이며 또 많은 전문가들이 생각하는 함축적인 이론은 발화(發話) 또는

---

6) 학자들은 의미, 신념과 욕구가 관련되는 발화와 행위의 기술을 지시하기 위하여 "의도적(intentional)"이라는 용어를 사용한다. 이 "의도적"의 사용은 "고의로(on purpose)"의 공통적인 사용과는 다르다.

문장(inscription)을 번역하는 행위를 연사가 생각하는 믿음을 털어 놓으면, 이를 전달하는데 집중하는 것으로 보는 것이다. 이것들을 행하는 통상적인 방법들 즉, 우리 자신의 모형을 사용하여 특정한 정신적 상태가 존재한다고 추론하고 또 그 것들은 어떤 것들인 가를 말하기 위하여 표상적인 언어로 설명하는 것 등은 인식 론적이고 또 형이상학적인 어려움을 본래부터 내포(內包)한 것이다. **믿음의 본질** 은 우리가 다른 사람들이 무엇을 생각하고 있으며 또 말하고 있는 가를 알고 있 다고는 결코 자신할 수 없다는 것이다(Todd Jones, 2003: 45-69).

1.4.2 두 언어 간의 차이

두 언어 간에 동일성이 존재하지 않는다는 원칙을 받아들이면, 번역과정에서 일어나는 손실과 이득 문제에 접근하는 길이 열리게 된다. 종종 출발언어의 문맥 (文脈)으로부터 '잃어버린' 듯한 것이 도착언어 문맥에서 대체된 사례를 볼 수 있 다. Nida는 번역에서의 상실 문제에 대해, 특히 도착언어에는 존재하지 않는 출발언어의 용어나 개념들에 직면했을 때 번역자가 처하게 될 어려움에 관하여 풍부한 정보를 제공해 준다. 그는 남부 베네수엘라의 한 언어인 구와이카(Guaica) 의 경우를 들어 설명한다. 이 언어에서 영어의 murder, stealing, lying 등에 해당하 는 만족할 만한 어휘들을 찾는 데는 별 어려움이 없지만 *good, bad, ugly, beautiful* 에 해당하는 어휘들은 매우 다른 의미 영역을 포함하고 있다. 예를 들어, 구와이카 어는 *good*이나 *bad*처럼 이분법적 분류가 아니라 **삼분법적 분류**를 따른다고 그는 지적한다. 이러한 차이를 보여 주는 다른 사례로써 핀란드어에는 눈(雪)을 가리키 는 말, 아랍어에는 낙타의 행동을 묘사하는 말, 영어에는 빛과 물을 나타내는 말, 불어에는 빵의 종류를 나타내는 말이 각기 대단히 많다. 이로 인해 번역자는 어느 수준에 이르면 도저히 해결할 수 없는 어려움에 봉착하기도 한다. 사전적 의미의 문제점 외에도 어느 모로 보나 인도-유럽어 체계에 상응하는 시제나 시간 개념을 지니지 않은 언어들이 있다(바스넷, 2004: 63-64).

시소러스(thesaurus)의 불일치 ▌ 한편, G.E. Miram(2004: 84-86)은 시소러스(thesaurus) 의 불일치로부터 정보 손실이 발생할 수 있다고 지적한다. Kade는 그의 저서 <통 번역의 커뮤니케이션 이론>에서 통번역을 특별한 커뮤니케이션 행위로 본다.[7] 그의 이론에 따르면 출발어로 된 메시지를 보내는 사람은 대상에 대한 지식 시

스템과 메시지 작성 언어에 대한 지식 시스템을 동원하여 메시지에 의미를 부여
한다. 이 지식 시스템을 보통 **시소러스**8)라 부른다. 즉 발신자는 자신의 대상, 언
어 시소러스를 이용하여 메시지를 보낸다. 이 메시지를 통번역사가 받아서 해독
(解讀)하고 난 뒤, 자신 만의 대상, 언어 시소러스를 참고하여 도착어로 메시지를
만든다. 이 때 통번역사의 언어 시소러스는 두 부분 즉, 출발어와 도착어로 이루
어진다. 그리고 나서 메시지는 통번역사로부터 미리 정해져 있던 수신자에게 전
해진다. 수신자도 자신의 대상, 언어 시소러스의 도움을 받아 메시지를 해석한다
([그림 1] 참조).

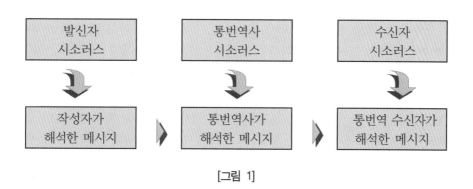

[그림 1]

통번역 과정을 이해하기 위해서는 메시지 발신자, 통번역사, 수신자의 시소러
스가 결코 완전히 일치(一致)하지 않는다는 점을 염두에 두어야 한다. 커뮤니케
이션 연결 고리 중 메시지의 통번역, 즉 재코드화 과정에서 정보 손실(損失)이 가
장 심하게 발생한다. 어느 정도는 두 개의 언어를 완벽히 소화하지 못하는 통번
역사의 책임이지만, 그 외의 요인도 있다. 언어마다 메시지의 문자화 방법과 수신
자의 이해가 다르기 때문에 **의미 손실이나 불일치**가 발생하는 것이다. 대부분의
맥락에서 독자나 청자는 출발어의 직역을 이해하지 못하고 추가(追加) 설명을 필
요로 한다. 익숙하지 않은 말을 들었을 때 제대로 이해 못하는 사람은 비단 도착
어 참석자만이 아닐 것이다. 이와 같이 통번역에서 일어나는 실수(失手)는 시소러
스의 불일치 탓인 경우가 많으며, **원문 의미의 뉘앙스를 100% 전달하는 통번역이**

---

7) 참조 "외국 언어학의 통번역 이론에 대하여"(모스크바, 1978) 중 카데(Каде О), "커뮤니케
이션의 견지에서 본 통번역의 문제", 독어 원문 번역; G.E. Miram, 2004 번역판: 84.
8) ['보배'·'보고'의 뜻에서] 단어를 의미에 따라 분류·배열한, 유의어나 동의어의 사전(辭
典).

불가능하다는 사실도 이 때문이다.

1.4.3 전이와 변환

번역가는 목표 텍스트의 독자는 그의 세계적인 가정으로부터 목표 텍스트를 해석(解釋)할 것이라는 사실 즉, 원문 텍스트가 근거하고 있는 원문 텍스트 독자의 세계 견해와 경험의 결과로서가 아니라, 번역가가 그의 문화적 경험의 결과로서 형성되는 목표 텍스트를 번역하게 될 것이라는 사실을 잘 알고 있을 것이기 때문에, 프레임-기반의 지식 **전이(轉移, transfer)**나 프레임 **변환(變換, shifting)**은 번역가의 과제(課題) 중에서 중요한 부분이 된다. 번역에 있어서 왜 추가(addition)가 자주 일어나고 있는가를 이해하는 것은 가능하다. 목표 독자들의 가독성(可讀性)을 강화시키기 위하여 번역가들은 원문의 프레임과 목표 독자층을 비교하고 대조하며 또 텍스트를 통역하기에 필요한 프레임-기반의 지식을 자세히 기술하고 덧붙여 설명한다. 텍스트의 일부에 사용된 단어들은 흔히 저자가 기술하고자 의도하였든 사건을 완벽하게 기술하지는 못한다. 사태의 정확한 이해를 도모하기 위하여 종종 정보를 추리(推理)할 수 있도록 제공하고 그 해석은 독자에게 맡겨지는 경우가 있다. 즉, 전체의 의미는 흔히 그 부분들의 의미보다도 더 많은 것을 의미하며, 또 언어 사용자들이 환경, 입력된 언어와 사전적 지식으로부터 그 의미를 구성하도록 요구하기도 한다(Coulson S., 1997: 145).

번역물에서 전통적으로 "배경 정보의 추가(追加)" 혹은 "문화 정보를 추가적으로 제공"하는 것으로 기술된 것은 사실상 담화(談話)에서 활성화된 개념적 프레임을 표면화시키기 위하여 번역가가 **변환(shift)**하는 것이다. 번역가가 제공한 프레임에 관한 추가적인 정보는 언어를 통역하는 과정에서 연상된 사전적 지식이다. 그러나 목표 텍스트에서 명시된 정보에 관한 번역가의 선택은 목표 독자층의 프레임-기반 지식에 대한 번역가의 평가이며 추론을 반영한다. 번역물이 원문 텍스트보다도 덜 명시적인 경우들이 많은데, 예를 들면, 원문 텍스트(ST)가 원천 독자들에게 아마도 잘 알려져 있지 않은 프레임을 환기(喚起)시키고자 하지만, 목표 텍스트의 독자들이 이미 그것에 관하여 잘 알고 있을 경우에, 번역가는 종종 중계(relay)에 있어서 그 정보의 일부를 생략하기로 한다. 또한 원문 텍스트의 일부가 번역가에 의하여 목표 텍스트 내에서 축소(縮小)되었거나 또는 완전히 삭제(削除)되는 경우를 보기도 하는데, 이는 프레임의 정보를 명시화하는 것은 번역의 목적에 적합하지 않다는 판단에서도 올 수 있다(Kang Ji-Hae, 2003 봄: 124-38).

번역과정에서의 텍스트 변경은 필요하며, 때에 따라서는 심지어 원문 텍스트와 목표 텍스트 간의 기능적인 등가(Nida, 1969; ib.)를 달성하기 위한 방법으로 목표 텍스트를 만들어 내기 위하여 긴요하기도 하다. 그러한 변환(shifts)은 종종 원문 텍스트와 목표 텍스트 간의 언어적, 문화적 차이에서의 불일치를 극복하기 위한 번역가의 응답으로서 번역과 동시에 일어난다. 이러한 변환은 일부 사람들에 의하여, 언어 간의 체계적 차이(Catford, 1965)의 결과로써, 그리고 다른 사람들에 의하여, 텍스트, 문학, 그리고 문화적인 고려사항의 결과(Popovic A., 1970)로 간주되어 왔다.9) 번역가들이 그러한 차이를 극복하기 위한 수단으로, 일 대 일의 언어적 대응 기준에서의 똑바른 직접 이전(移轉 transfer)을 할 수 없을 때 변환(shifts)이 사용된다(Kang ib.: 120-23).

1.4.4 번역가의 개입

원문 텍스트에 대한 저자와 최종 독자의 원활한 의사소통을 위하여 번역가는 상이한 언어 구조적인 층위(層位)에서든, 독자의 정보 처리에 도움을 주고 그 효율성을 높이려는 시도에서든 간에 매우 다양한 변환을 통하여 **개입**(intervention)한다. 원문 텍스트가 정보 전달이 주목적인 방송매체를 위한 것이라면, 시간과 효율이라는 측면을 고려함으로써 원문 텍스트의 정보는 직시(deixis)의 표현은 물론, 전제(presupposition)된10) 의미를 바탕으로 더욱 함축적이고 압축적이며, 저자와 원문 텍스트의 독자 간에 공유(共有)된 정보가 많을 것이라는 가정(假定)이 존재할 수 있다. 그러한 원문 텍스트가 목표 문화권으로 이동해 목표언어권의 독자와 의사소통해야 한다면, 언어는 물론이고 문화, 역사, 경제, 정치 등의 상이한 배경(背景)으로 인해 원저자와 최종 독자 간의 공유 정보는 매우 한정적일 수밖에

---

9) 캣포드가 논하고 있는 상이한 변환의 유형들은 원천언어와 목표언어 간에 존재하는 구조적 상반됨에 의하여 초래되고, 이들은 목표 텍스트의 말 바꾸기로 나타난다. 캣포드의 변환은 범주 변환, 등급(class) 변환, 시스템 내의 변환, 수준 변환과 단위 변환으로 세분된다.

10) **직시**(deixis)란 '가리키다', '보여주다'라는 의미의 그리스어 deiknynai에서 비롯된 것으로, 발화의 맥락을 이루는 요소 가운데 어느 것을 직접적인 언어 표현으로 가리키는 것이다. 직시에는 인칭직시, 시간 직시, 장소직시, 담화직시, 사회적 관계를 나타내는 사회적 직시가 있다.

전제(presupposition)란 화자가 단언한 발화의 내용이 기존의 맥락에서 적절히 성립하기 위해서는 반드시 충족되어야 할 배경적 내용을 말한다(이근희, 2004 가을: 116-18).

없다. 따라서 원활한 의사소통은 한계에 직면하기 마련이다.

저자와 번역 텍스트의 독자 간의 이러한 상이한 배경의 격차(隔差)를 줄이고 보다 많은 정보를 공유토록 해 새로운 정보의 효율적인 처리를 유도하고, 의사소통을 원활하도록 하기 위해서는 번역가의 **개입(介入 또는 중재)**이 불가피한데, 이러한 번역가의 개입은 변환(變換 shift)을 통해서 이루어진다. 그 밖에 목표언어권의 독자의 용이한 이해를 도모하기 위해 쉽게 풀어 설명하는 **의역(意譯)**의 방법을 이용할 수도 있고, 목표언어권의 관용어구나 상징적 표현을 빌어서 표현하는 방법도 있다. 번역가의 개입은 반드시 필요한 경우가 아니면 가급적 경계해야 할 것이다(이근희, ib.: 139-40).

원문 작가의 이데올로기적 입장이 별다른 변화 없이 번역문으로 전이되는 경우, 그것이 가능한 이유는 원문의 이데올로기가 번역문을 읽게 될 독자들의 일반적인 믿음체계와 일치한다는 번역가의 판단이 있기 때문이다. ①이런 경우 번역가의 중재(또는 개입)는 무의식적으로 일어나며 원문의 이데올로기에 대한 저항 없이 원문의 입장을 전이(轉移)하게 된다. ②그러나 원문에 나타난 이데올로기적 입장이 번역문 독자의 일반적인 지식이나 믿음체계와 심각할 정도로 상충(相衝)된다고 번역가가 판단할 경우, 번역가의 중재는 의도적 차원에서 발생한다. 이를 뒷받침하는 증거로서, 번역가는 원문의 일부를 삭제하거나 원문에 나타난 이데올로기의 수위를 낮추는 전략을 쓴다.

번역가가 원문의 이데올로기를 수용하느냐 배척하느냐 하는 문제는 과연 번역문의 독자가 어떤 믿음체계를 가지고 있으며 이 믿음체계와 원문의 이데올로기가 어느 정도 일치하는가에 영향을 받는다(김영신, 2003 가을: 179-190). Dryden[11]은 원문 텍스트의 결함(缺陷)을 보충하는 것은 번역가의 일 중에 중요한 일부가 된다고 주장한다. 번역가는 그가 선택하는 가장 좋은 방법으로 이 문제를 해결할 수 있어야 하며, 또 그 텍스트를 독자들이 더 잘 이해할 수 있고 접근(接近)할 수 있는 텍스트로 만들어야 한다고 말한다(안병현, 2000 가을: 174-77). 그에 의하면, 번역 과정에서 발생하는 이 손실(損失)은 불가피하지만, 그러나 그 손실은 원문 속에 결여(缺如)되어 있는 이익이나 이점을 보충할 수 있다. 이러한 의미에서, 번역은 거래로 비교될 수 있다는 것이다.

---

11) John Dryden, 1631-1700, 영국.

2. 번역 과정

하나의 언어에서 다른 언어로의 텍스트 전이(轉移)를 시도하는 번역 과정 역시 언어의 기저(基底)에 깔린 심층적 의미의 전이라는 점을 고려한다면, 단순히 언어에서 언어로의 기호변환만을 고려할 것이 아니라 원문 텍스트의 언어를 둘러싼 사회 문화적 맥락에 대한 이해 역시 고려해야 좋은 번역물을 생산할 수 있을 것이다(Bassnet S., 2002; 이근희, 2003 가을: 5-6).

2.1 고려사항

2.1.1 상황의 구상화

번역연구의 특성 중의 하나는 번역 사고(思考)의 통합력이다. 번역의 수행은 사고의 연합적인 방식 위에서 구축된다. 번역가는 항상 일개의 단어를 다른 단어와 연결하고, 또 단어는 그들 자체에 대한 것이 아니라 단어의 배후에 놓여져 있는 상황에 대한 도표(圖表)라는 것을 잊어서는 안 된다. 번역가는 단어와 상황 사이를 끊임없이 항행한다. 그 상황의 기본적인 경계선을 침범하지 않기 위한 번역가의 의사결정 과정뿐만 아니라 단어와 상황 간에 있어서의 부단한 흐름에 대한 감수성은 번역연구 고유의 학제적인 연구방법과 관련된다. 더구나, 번역은 단어를 고립된 현상으로서가 아니라 항상 다른 어떤 것, 즉 상황의 구상화(構想化)와 관련하고 있는 것으로 고려하는 문제해결의 활동이다. 학제적인 사고(思考)는 사고(단어를 통하여 표현되는 것)를 상황의 정제된 필요성으로 조정하기 위한 힘든 노력이다. 상황의 필요성에 민감하게 대응(對應)함으로써, 문제의 해결을 시작할 수 있다. 번역과 학제적인 활동은 *상황에 따른* 사고 속에 고정된다. 번역가는 텍스트의 역학 안에서 결정을 하게 되며, 사고(思考)는 텍스트의 필요에서 발전하되 외부의 고려사항에 의하여 텍스트에 강요되는 것은 아니다.

번역가가 외국의 텍스트 내의 상황을 충분히 구상화 하게 되면, 그것을 다른 언어의 새로운 환경으로 이식(移植)하는 과정이 시작된다. 번역가는 텍스트 내에서의 주어진 상황과 새로운 언어로 그 상황을 재현하고자 하는 단어들 간에 제휴

(짜맞추기)를 실시한다. 그러한 의미에서, 번역가는 끊임없이 단어를 상황과 비교한다. 단어의 해석을 위한 해결책을 찾아내기 전에, 그는 단어와 상황 간에 가장 확신이 가는 연결이 행해질 수 있는 구상화의 행위에 종사하게 된다. 독자는 번역가와 유사한 방식으로 먼저, 그 텍스트를 해석하기 전에 주어진 시기의 상황 속에서 각 단어를 조사한다. 진지한 번역이 수행되기 전에 단어 뒤에 숨겨진 상황은 오늘날의 독자의 감각력으로 재구성 된다. 번역은 진정으로 상황의 이전(transferal)이며, 단어의 이전(移轉)이 아니라는 생각을 재확인한다(Rainer Schulte, 1998: 42-43).

2.1.2 맥락과 시대적 요인

다른 두 개의 언어를 사용하는 문화 사이에서의 텍스트의 의미와 정보 전달에는 매우 복잡한 과정이 전개된다. 원작가는 텍스트를 쓸 때 당시의 독자와 맥락만을 생각하며 쓰지만, 번역가는 원작가 시대는 물론 자신의 동시대(同時代) 독자와 맥락을 염두에 두고 번역을 하게 된다. 따라서 한 언어권에서 다른 언어권으로 번역이 이루어질 경우에는 다음과 같이 복잡한 요소들이 개입된다(허명수, 2003 가을: 137-38).

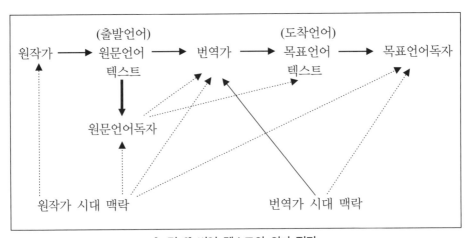

[그림 2] 번역 텍스트의 의미 전달

위의 도표에서 **실선**은 시각적(視覺的)이고 언어적인 요소들로 텍스트가 전달되는 방향이라면, **점선**은 다양한 영향력을 행사하여 창작, 번역, 읽기 과정에 개입하는 방향이다. 원작가와 번역가가 동시대의 사람이라면, 맥락에 있어 시간적인 차이보다는 공간적인 차이만 드러나겠지만, 시대가 서로 다르다면 더 복잡해진다.

번역가는 이런 분야에서 일반 독자들 보다는 더 깊이 있고 다양한 연구를 거친 뒤 하는 것이 전문번역가로서의 임무라고 할 수 있으며, 또 이런 점에서 그는 **독자**이면서 **저자**이고 또 **재생산자**이며 동시에 **창조자(創造者)**이다.

2.1.3 기본 목적의 충족

기술(記述) 번역의 **세 가지 기본 목적**으로 명확성(明確性), 효율성, 기능성을 들고 있는데, 여기서 **명확성**이란 번역가가 제공하는 도착어 텍스트가 읽기 쉽도록 명확하게 쓰여져서 독자는 그에게 주어진 텍스트를 즉각적으로 이해할 수 있어야 함을 말한다. **효율성**이란 번역가가 제공한 텍스트가 효율적이어서 출발어 텍스트에 있는 모든 정보가 도착어 텍스트에도 포함되어 있어야 함을 말하고, **기능성(機能性)**이란 텍스트를 이용할 사람이 그에게 주어진 정보를 신뢰(信賴)할 수 있어야 함을 말한다. 여기에서도 바로 **번역의 목적**이 무엇인가에 따라 번역가는 독자에게 추가로 설명해야 할 부분이 어느 곳인가를 정확히 파악하게 된다. 누구를 위해, 무엇을 목적으로 번역하는가? 바로 이 두 질문에 대한 해답이 **번역가의 작업 과정** 중 야기되는 모든 의문점들을 해결 해 준다. 누구를 위해, 어떤 범주의 독자를 위해 번역하는가? 번역가가 제공하는 새로운 정보, 개념 등을 독자들이 이해하기 위해 독자는 주제(主題)와 연관된 어떠한 사실을 알고 있는가? 즉, 번역가는 독자가 사전에 이미 알고 있는 지식을 바탕으로 하여 어떤 내용을 더 설명해 주어야 하는가를 결정하는 것이다. 무엇을 위해 번역하는가? 번역물이 어디에 사용될 것인가? 번역물을 읽은 후 독자에게 기대되는 반응(反應)을 유도하기 위해서 알아야 할 내용은 무엇인가? 이처럼 번역가가 독자에게 추가로 덧붙여 설명할 부분의 내용과 또 그 길이를 결정한 후라도 번역가는 이 설명을 어떠한 방식으로 해나갈 것인가를 생각해 보아야 한다(최정화, 1997: 61-62).

2.2 배경지식과 문화 중심적인 번역

2.2.1 재창조 과정

번역의 과정은 단순히 하나의 텍스트를 다른 텍스트로 정보 전환(轉換)하는 것만이 아니라, 번역가와 텍스트 간의 일종의 재창조(再創造) 과정이다. 환언하면, 독자가 텍스트로 가져 오는 정보인 독자의 배경 지식과 텍스트의 정보를 결합(結合)시키는 상호작용의 과정이며, 또 그것을 목표 독자가 이해할 수 있는 형식으로 **다시 쓰는 과정을 포함**한다. 독자의 배경지식이 개념형성능력 및 처리전략과 서로 영향을 미쳐서 이해에 도달하게 되는데, 번역과정은 독서의 심리언어학적 과정과 동일한 심리과정을 따른다(Coady, 1979: 12; Lee Seung Jae, 2004: 30-33).

2.2.2 문화적 차이의 이해

원천언어와 목표언어 및 문화를 아는 것만으로는 번역을 하기에 충분(充分)하지 않으며, 번역자는 문화의 분석을 통하여 그들 간의 대응(對應)과 등가를 밝혀내야 한다. 유교, 불교, 선(禪) 철학과 같은 **종교적 배경의 번역**은, 특히 한국어에서 영어로의 번역과 같이 거리가 먼 번역에 있어서 문화적 차이를 이해하기 위하여 중요한 역할을 한다. 추가하여, 문화의 해석은 많은 사회지식, 의사소통기술, 기술적이고 사회적인 숙련을 필요로 한다. 문화적으로 적절한 통역을 용이하게 하기 위한 방법으로, 번역자의 의사소통 능력은 자연적인 것으로부터 인공적인 사회제도, 건물, 상표(商標) 등의 언어 외의 현상뿐만 아니라 언어학 내의 문제까지도 포함해야 할 것이다(Taft R., 1981: 53-88; ib., 36). 기존에 습득한 **스키마(schema)** 지식은 2가지의 기본적인 처리방식을 가정한다. 즉, 하의 상달식과 상의 하달식의 처리 방식이 있으며, 이들은 상단부에 가장 일반적인 것으로부터 하단부에 가장 명확(明確)한 것에 이르기까지 계급조직으로 구성되어 있다. 상의 하달식과 하의 상달식의 처리과정은 모든 수준에서 동시에 일어난다(Rumelhart D.E., 1977: 265-303).

예를 들어, 경찰관이 손을 들어 차를 세웠을 때, 몇 가지의 개념들이 머리 속에 떠오르게 된다. 첫째 차 안에는 운전자가 있다. 경찰관이 운전자에게 신호하여 차를 세웠다. 운전자는 브레이크를 밟았고, 브레이크는 차(車)를 세웠다는 등의 개념들이 떠오를 것이다. 추가하여, 문화와 관련된 지식으로 판단할 때, 경찰관이 손을 들었다는 것은 운전자에게 차를 세우라는 신호이다. 이 해석으로, 차가 정지하게 된 직접적인 원인은 차 브레이크의 조작이다. 만약 경찰이 슈퍼맨으로 대치되고 또 차가 운전자가 없는 것으로 알려졌다면, 이 텍스트를 이해하기 위해서는 완전히 다른 **스키마(개요)**를 필요로 할 것이다. 적절한 스키마의 활성화에 추가하여, 가치와 태도는 적절한 스키마를 활성화(活性化)시키기 위하여 중요한 요인들이다. 특히 텍스트에 의하여 표현된 문화–특유의 가치가 독자의 가치와 다를 때, 그것은 이해를 곤란하게 하는 의미심장한 요인(要因)이 될 수 있다(Lee Seung Jae, ib.).

2.2.3 번역가의 지식과 기술

번역가는 의사(意思) 소통자로서 모든 의사 소통자들이 공통적으로 구비하고 있는 지식과 기술을 갖추고 있어야 한다. 다른 의사 소통자와 다른 점이 있다면 적어도 두 언어가 개입(介入)된다는 점이다. 번역가의 지식 기반은 무엇을 포함하고 있는가 하는 점이다. 직업적인 번역가는 **다섯 가지 별개의 지식**을 갖추고 있어야 한다. 즉, 목표언어(TL)지식, 텍스트 유형에 관한 지식, 원문 언어(SL) 지식, 실제 세계인 대상 분야 지식, 대조적(對照的) 지식 등이 그것들이다(Johnson and Whitelock, 1987: 137; Bell R.T., 2000: 48). 여기에 추가하여야 할 것은 읽기에서의 해독(解讀) 기술과 글쓰기에서의 기호화 기술이다. 이들 다섯 가지 지식은 별개로서 서로 구별된다고 보기 보다는 경우에 따라서는 상당한 정도로 서로 겹쳐진다. 특히 목표언어, 원문 언어, 텍스트 유형에 대한 지식들이 그러하다. 이들 지식을 연결(連結)함으로써 번역의 객관적 논의에서 중요성을 띠는 것은 나머지 지식들의 기반이 되는 언어학적 지식이다. 이 외에도, 번역가는 **세 가지 지식을 겸비**하고 있어야 한다. 명제(命題)가 어떻게 구조화되는가 하는 의미적 지식, 절(節)은 어떻게 통합되어 명제적 의미 내용을 전달하고 또 포함된 의미를 이끌어 내도록 분석되는가 하는 통사적 지식, 절은 어떻게 정보를 가진 텍스트로 구현되고 또 텍스트는 절로 해체되는가 하는 화용적 지식을 갖추고 있어야 한다. 이들 세 분야에 대한 지식이나 조절(調節) 능력이 없다는 것은 번역가가 번역을 수행할 수 없다는 것을 의미한다. 특히 의미적 지식과 통사적 지식이 없다면 번역가는 문자 의미조차도 놓치게 될 것이다. 화용적 지식이 없다면 의미는 발화체(發話體)가 내포하고 있는 문자적, 의미론적 의미로 제한되고, 비록 발화체가 절의 형태로 구체화됨으로써 형태상의 응집성을 갖추고 있다 하더라도 기능적 응집성(凝集性)이나 소통적 가치를 포착하지는 못하게 될 것이다(ib.: 47-49).

2.2.4 전문성(專門性)

첫째, 이상적인 번역가나 이중언어 화자로서의 능력이란 무엇인가 하는 문제에 대해, 이상적인 번역가 혹은 이중언어 화자(話者)는 번역이라는 과업을 불완전하게 수행하는 실제 이중언어 화자들과는 다른 추상적인 존재로서, 이들과는 달리 실제 번역의 불완전성을 야기하는 수행상의 한계(限界)를 전혀 겪지 않는다고 할 수 있다(Katz J.J., 1978: 228; Bell, ib.: 51). **번역 이론**은 일차적으로 이상적인 독자와 작가를 다룬다. 이들은 양쪽 언어를 완벽하게 알고 있을 뿐 아니라 이러한 지식을 실제 수행(遂行)에 적용할 때 기억의 한계, 주의 산만(散漫), 관심의 변화, 일시적이거나 만성적인 실수 등과 같은 이론과는 상관없는 조건의 영향을 받지 않는다. 말하자면 번역가 자신이 번역물을 생산하는 수단(手段)이 되는 지식과 과정을 자신의 마음 속에서 찾아내는 것이다. **두 번째**로, 전문성의 문제로, 번역가를 위한 전문 시스템은 지식과 기술을 포함해야 하고 최소한 다음과 같은 조건을 갖추어야 할 것이다.

    (1) 지식 기반이 갖추어야 할 요소들
- 원문 언어 지식, 기호의 통사 규칙 체계, 어휘, 의미, 텍스트 창출 체계 등
- 목표언어 지식, 위와 동일
- 텍스트 유형 지식
- 텍스트 범위 지식
- 위 각 항목에 대한 두 언어의 대조적 지식

    (2) 추론 메커니즘의 조건
- 텍스트의 해독, 즉 원문 언어 텍스트를 읽고 이해하는 것을 가능하게 해야 한다.
- 텍스트의 기호화, 즉 목표언어 텍스트를 쓸 수 있게 해야 한다(Sharples M. and O'Malley C., 1988: 276-90; Bell, ib.: 54)

세 번째로는 의사 소통 능력이다. 여기서는 하임스(Hymes)의 의사 소통 능력에 대한 정의에 따라 다음과 같이 번역가의 의사소통 능력을 규정한다. 즉 번역가가 소유한 지식과 능력은 그로 하여금 의사소통 행위 즉 담화(談話)를 창출하게 해주는데, 이 때 의사소통 행위는 문법적으로나 사회적으로 모두 적절한 것이어야 한다(Hymes, 1972: 269-93). 번역에 대한 이러한 입장을 견지한다면, 번역가가 양쪽

언어에 대한 언어학적 능력과 양쪽 문화에 대한 의사소통 능력을 갖추어야 한다고 주장하게 된다(Bell, 2000: 51-56).

2.3 의사 결정(Decision-making)

2.3.1 번역의 직업적인 상황

각 번역가-연금술사(鍊金術師)는 어떻게 번역을 할 것인가에 관하여 의사결정 하는 방법으로 스스로 하나의 과정을 개발한다. 언어 자체는 번역물이며, 작품을 읽는 것도 또 다른 번역이며, 또 하나의 텍스트를 제2 언어로 번역하는 행위도 연속물(連續物)로서의 또 하나의 추가적인 번역 행위이다. 번역가-연금술사가 목표언어의 독자들에게 익숙하지 않은 개념에 직면할 때, 그들은 이 개념을 어떻게 처리할 것인 지의 의사결정에 부닥치게 된다(Cyndia Childs, 2001 봄: 179-81). 번역 과 통역은 흔히 그 이상적인 기능으로 내용과 형식에 있어 어떠한 손실이나, 추가 또는 변경 없이, 원문-언어로부터 목표-언어로 텍스트를 투명하게 전환(轉換)하는 것으로 고려되며, 의무적인 언어 변경은 예외로 한다. 이 전제(前提) 위에서, 번역가의 과업은 제한적으로 정의되고, 또 번역과정에 있어서 의사결정을 위한 여지가 거의 없는 것으로 생각된다.

그러나, 직업적인 상황에 있어서, 번역은 특정한 목적을 위한 텍스트를 처리하는 직업적인 서비스이다. 관련된 행위자들을 위한 최상의 부가가치를 갖는 이 서비스를 수행함에 있어서는 많은 의사결정이 요구되며, 번역가 역량의 중추적(中樞的)인 부분이 된다. 때로는, 저자는 특정 선택안이 옳다고 독자들에게 「확신시키기 위하여」 텍스트를 생산하지만, 그러나 번역가는 저자를 대신하여 원문 텍스트의 언어를 읽지 못하는 독자들을 확신시키기 위한 목적에서 가 아니라, 그들에게 저자의 의견을 「알려주기 위한」 유일한 목적으로 목표 텍스트를 생산하도록 요구받는다.

만약 번역가가 "고객"으로부터 특정한 목적을 위하여 목표 텍스트를 생산하도록 하는 작업-계약서(契約書) 없이 번역을 의뢰 받는다면, 직업인으로서 목표 텍스트가 목적을 달성하도록 하기 위하여 최선을 다하는 것이 그의 법률적이고 도의적인 의무이다. 이것은 다소의 강제적(强制的)인 결정을 수반하지만, 목표 텍스트에 고객이 정의한 목적의 방향(또는 고객이 명확하게 밝히지 않을 때는 번역가에 의하여 고객의 목적을 대변(代辯)한다고 추측되는 방향)으로 더 많은 가치를 부여하는 추가적인 결정이 요구된다고 말할 수 있다. 통상, 번역가는 저자/화자와 그 의도를 대표하고 있는 것으로 고객과 독자/청자들에게 받아들여지고 있다. 이것은 문학작품의 텍스트에 반하여 정보-중심의 원문 텍스트의 경우에 있어서, 번역가가 저자/화자가 의도하는 방향으로 독자/청자에게 최대한의 정보 전달과 영향을 추구할 것이라는 것을 의미한다(Daniel Gile, 2002.5.23: 17-18).

2.3.2 의사결정의 경우

강제적인 의사결정의 경우는 언어 간 차이(差異)와 관련되며, 특히 원천언어에서의 특수한 용어로 표현된 개념과 정확하게 일치하는 목표언어에서의 용어가 없을 때가 이 경우에 해당된다. 번역가들은 목표언어 내에서 새로운 단어를 만들어낼 것인가, 목표언어에 가장 가까운 "동의어구"를 사용할 것인가, 그 정보를 생략할 것인가, 그러한 원천언어-단어를 사용할 것인가, 그 개념을 알기 쉽게 바꾸어쓸 것인가, 각주(脚註)를 쓸 것인가 등등의 의사결정(意思決定)을 해야 한다. **또다른 강제적인 의사결정**의 경우는 목표언어 내에서 몇 가지의 "동의어구" 용어가 가용 할 때 발생하며, 번역가는 선택을 하지 않으면 안 된다. 번역가는 용어의 선택에 있어서 어디에 근거를 둘 것인가? 개인적인 선호는 한 가지의 요인이지만, 그러나 그가 독자의 선호라고 인지(認知)하는 것에 대하여, 또는 고객의 선호라고 인지하는 것에 대하여, 또는 언어상으로 가장 수용할 수 있는 선택, 또는 가장 오해의 가능성이 적고 이해가 잘 될 수 있는 선택에 우선을 둘 것이다. 모든 선택에 있어서, 정보, 영향, 미술적 가치 등의 측면에서 예상되는 이득과 잠재력 또는 손실(損失)이 존재한다. 이것은 이러한 상황 하에서의 용어 "의사-결정"에 충분한 의미를 준다.

부가 가치를 위한 의사 결정의 경우는 원문 텍스트 내에서의 오류(誤謬)의 경우이다. 예를 들어, 한국어로 번역될 영어의 텍스트 내에서 한국 사람들 중에 많은 사람들이 "곰"이라는 성을 가지고 있다고 하는 문장을 발견했다고 가정하자. 저자가 사실상 "김"이라는 이름을 의미한다고 추측할 만하고, 또 텍스트 내에서의 "곰"은 단지 오타(誤打)에 의한 오류일 뿐이라는 상당한 이유를 가지고 있다고 가정한다. 만약 "곰"을 발음 그대로 한국어로 전사(轉寫)함으로써 오는 하나의 가능성은 독자들의 생각에 목표 텍스트 안에 오류가 있다고 생각하는 것이다. 또 다른 가능성은 독자들의 생각에 저자는 한국어에 관하여 아는 것이 별로 없다고 생각할 것이다. 양측 모두의 경우에 있어서, 원문 텍스트 내에서의 간단한 오식(誤植)이었던 것이 텍스트의 영향과 또는 그 저자의 진실성에 그리고 또 번역가로서의 자신의 진실성에 부정적인 효과를 갖게 될 것이다. 이것을 그대로 쓸 것인가, 혹은 번역가가 목표 텍스트 내에서 "김"으로 수정하는 것이 더 좋은가, 그렇게 함으로써 저자의 의도된 정보와 메시지에 충실하고 또 그에게 잘못된 오식의 부정적인 결과를 초래하지 않음으로써 그의 텍스트에 가치를 추가하는 것이 더 좋은 것인가? 이러한 것들은 직업적인 번역가들이 결정을 내려야 할 때 고려 할 사항들이다.

예방적 의사 결정은 동시통역에서 존재한다. 일부 손실(損失)을 필연적으로 포함하는 예방적인 전략은 경험 있는 통역사에 의하여 추천되기도 하는데, 처리 능력이 부족하고 도래하는 중요 정보의 손실 위험에 직면하여, 통역사는 때로는 더 중요하다고 생각되는 정보의 처리 능력을 위하여 보다 덜 중요한 정보를 고의적으로 희생(犧牲)함으로써 예방적인 조치를 취한다. 이 경우에 있어서의 문제는 「어떤」 정보를 유지하고 또 어떤 것을 희생시킬 것인가에 관한 의사결정을 하게 된다(Gile D., 1999: 153-72; 2002.5: 19-21).

2.3.3 의사 결정과 표준

직업인으로서 직업적인 구속과 강제적인 표준에 따라야 하는 경우인데, 이 경우, 의사결정이 이루어질 때마다, 일련의 과정은 득실(得失)의 판단에 의하게 된다. 전문 번역에 있어서, 득과 실은 번역가에게 직접적으로 연관되는 것들과 의사전달의 범위 내에 있는 다른 행위자들에게 관련되는 것들로 구분할 수 있다(근본적으로 저자 또는 화자, 독자 또는 청중과 고객). 고용주와 종업원 간의 직업적인 관계 내에서의 법률적이고 도덕적인 사유(事由)는 저자/화자, 독자/청자, 또는 사회 전체적인 표준에 비교하여 고객의 표준(標準)에 많은 무게를 둔다. 근무 계약에 의하여 구속을 받는 전문가로서의 번역가들은 역시 지침(指針)에 따라야 하며, 또 "직업적인 체제의 표준"을 따르게 된다. 의사 결정을 위한 일부의 표준은 번역가 교육 프로그램에서 교육된다. 일부는 교육되지 않지만, 번역가에 대한 고용주(雇用主)의 지침 속에서 명시되며, 기타 사항들은 문서 또는 구두 지시에 명시되지는 않지만, 번역가들이 그들의 직업생활의 과정에서 여러 근원으로부터 습득하게 되거나, 직장 경험과 직장 외부의 생활 경험의 토대 위에서, 또는 번역하면서 무의식 중에 마음 속에서 구체화된다.

연사/작가가 구두(口頭)로 한편의 정보를 청자/독자에게 이야기하고자 할 때, 그 결과로 오는 표현은 종종 다른 정보를 포함(包含)하고 있을 때가 있는데, 그 정보의 일부는 그들이 통제하고, 또 어느 부분은 그들의 통제 밖에 있을 수 있다. 이 "이차적인 정보"는 그들 메시지의 일부가 아니지만, 청자와 독자로 하여금 문장의 나머지 부분을 이해하도록 하는 데 도움을 줄 수도 있다. 그러나 특정한 목적에 도움이 되지 않고 언어의 규칙("언어학적으로 유발된 정보")에 의하여 유발(誘發) 될 수도 있으나, 때로는 전적으로 불필요한 것일 수도 있다("개인적인 정보" 등). 번역가는 목표 텍스트 내에서 그러한 이차적인 정보를 추가 혹은 삭제할 것인가의 결정을 하게 된다(ib.: 23-29).

2.4 상황 문맥의 처리

2.4.1 번역과 문맥

번역작업은 문맥(文脈)과의 씨름이라고 할 수 있으며, 따라서 번역 과정이 작업 현장에서 원문의 문맥에 절대적으로 의존한다고도 말할 수 있다. 문맥은 '특정 언어 단위의 전후에 위치하여 해당 언어 단위의 용법에 제약(制約)을 가하거나 의미를 분명하게 드러나게 해 주는 발화(發話)의 한 부분으로 정의되며, 그 개념은 크게는 '(언어) 문맥'(=문맥 의미)과 '상황 문맥'의 두 가지로 구분이 가능하게 된다. 상황적 문맥이란 '발화가 이루어지는 실제적인 상황'을 말하며, 그 구체적인 **상황 인자**는 화자와 청자, 발화의 시간적·공간적 배경이라고 객관화 시킬 수 있다. 언어 문맥이란 단어와 단어의 연결(連結)로부터 시작하여, 그보다 큰 단위들로 나아가면서 계속해서 의미 해석 기능을 수행하는 단계적인 성격을 갖는다. 즉, ① 연어(連語)-구-절-문장-단락-글의 단계로 이어지고, 실제 번역 작업에서 최소한 문장과 단락과 글 전체의 3단계 확인 과정을 거쳐야 원문 저자의 의도에 근접하는 번역이 나올 수 있다. 언어 문맥 외에도 **상황 문맥**이 존재함으로 전술한 바 ①의 구조에다 상황(狀況) 문맥까지 덧붙여야 좋은 번역을 기대할 수 있다. 그러므로 번역 과정에서 고려해야 할 문맥의 단계는 ②연어-구-절-문장-단락-글-

상황의 구조로 정리할 수 있다. 여기 ②의 구조는 각 항목이 서로 대등(對等)한 관계에 있는 것이 아니라, '연어'는 '구'에 포함되고 '구'는 다시 '절'에 포함되는 식으로 왼쪽 항목이 오른쪽 항목에 완전하게 포함되는 논리(論理) 관계를 이루고 있다. 전술한 바의 상황 문맥(또는 비언어 문맥)의 3개 주요 인자(因子)에 관하여 추가설명을 하기로 한다.

2.4.2 상황 문맥의 주요 인자

첫 번째의 화자(speaker) 인자인 경우는, 원문의 장르, 화자의 시점, 작 중 화자, 작자의 의도 등을 포함하게 되는데, 원문의 장르는 번역가에게 최초의 판단을 요구하는 중요한 인자이다. 최초의 판단이란 원문의 장르적 특성을 우리말 번역에서 어떻게 정리할 것인가를 결정하는 과정을 가리킨다. 이와 같은 번역가의 결정에 따라서 번역 전체의 분위기(雰圍氣)가 달라질 것이다. 화자의 시점도 물론 번역 작업에서 고려해야 할 비언어적 문맥에 속한다. 또한 작 중 화자의 성별이나 연령 등의 특성도 번역 작업에 반영되어야 하며, 작가가 말하고자 하는 의도(意圖) 역시 번역에 영향을 미치는 요소의 하나이다.

두 번째의 청자(listener) 인자인 경우는 독자층의 상정(上程)과 전문 지식을 포함한다. 즉, 독자층이 어떤 부류의 사람들이 되느냐에 따라, 번역가가 번역의 태도를 결정하는 초기 판단에서 중요한 상황 인자로 작용한다. 전문 서적인 경우, 설명의 깊이가 달라질 수 있고, 어휘 사용의 수준도 달라질 수 있기 때문이다. 표기(表記) 문자에서 한글을 전용으로 할 것인가, 아니면 한글과 한자를 섞어 쓸 것인가 하는 문제도, 번역가가 어떤 독자층을 염두에 두고 작업을 하느냐에 따라 그 해답(解答)이 달라진다. 전문 서적일 경우는 원문의 용어를 그대로 옮겨주어도 별다른 문제가 없겠지만, 일반 서적에서 가끔씩 등장하는 전문 용어나 전문적인 개념은 번역가의 적절한 손질을 거쳐야 독자에게 제대로 전달될 수 있다. **세 번째 발화(發話)의 시간·공간적 배경 인자**는 발화가 이루어지는 구체적 배경을 말한다. 번역가는 텍스트를 읽어가면서 다층적(多層的)인 언어 문맥을 파악해가는 동시에 이 텍스트를 둘러싼 상황 문맥까지 염두에 두어야 좋은 번역을 해 낼 수 있다(김정우, 2001 가을: 109-128).

2.5 번역 과정의 구분

2.5.1 번역 과정 개관

S.H. Kirk(2001:10-11)은 번역 과정(translation process)을 3단계로 구분하고 있는데, 그 **제1 단계**는 목표 텍스트의 기능분석(도착언어권에서 수행하고자 하는 기능)으로 부터 시작한다. 목표 텍스트의 기능은 번역가에 의한 번역전략을 결정함에 있어서, 중요한 요인(要因)이며, 또 번역의 특유한 기능에 따라 동일한 원문 텍스트의 별도 번역의 최종 제품(製品)은 상호 간에 아주 상이할 수도 있다. 만약 해당 번역물이 학생들을 교육시키기 위한 외국문화를 반영하는 광고물이라면, 원본과 흡사하게 만들어 지는 경향이 있겠지만, 그 동일한 사본이 목표 문화 내에서 광고용으로 사용될 것이라면, 폭 넓게 조정을 가할 수도 있을 것이다. **제2 단계**는 원문 텍스트의 정확한 이해와 분석이다. 이 때, 번역가는 원문 텍스트의 진정한 의미를 파악하기 위하여 노력한다. 그는 원문을 자신의 번역상황에 맞추어 출발언어권 독자의 수준에서 이해하고, 원문의 저자가 의도한 독자와 실제 독자의 입장에서 이해하며, 이와 더불어 번역가가 의도하는 독자의 눈을 통해 독자의 입장에 서서 도착언어(到着言語) 독자로서 이해하여야 한다(Nord Christian, 1991: 16; 곽성희, 2000 봄: 94-95).

번역가는 그의 언어 능력에 추가하여, 원문의 텍스트가 의도(意圖)하고 있는 원천 청중의 문화적, 텍스트적인 능력에 못지않은 능력을 가져야 한다. 만약 그가 원문 텍스트의 모든 미묘한 뉘앙스, 인유(allusion)와 특징을 완전히 이해할 수 있는 유창(流暢)한 독자라면, 이상적이라고 할 수 있을 것이다. 원문을 분석할 때 번역가는 원문에서 주어진 정보가 발주자(發注者)가 제시한 번역물의 기능을 수행하기에 충분한지도 고려하여야 한다. **번역물의 기능**은 일반적으로 번역 의뢰인, 출판사, 때로는 번역가 자신이기도한 발주자(initiator)에 의해 결정된다. 예를 들면, 만약 번역가가 수입된 의료제품의 라벨을 번역한다면, 그는 국내에서 판매되고 있는 의약 제품을 위한 라벨링(labeling) 소요를 충족시킬 여분의 정보를 획득해야 할 것이다. 추가하여, 그는 원문 텍스트를 주의 깊게 분석하고 또 원문과 목표 텍스트 간의 텍스트적이고 기능적인 차이를 조정(調整)하기 위한 전략을 생각하게 된다(Kirk, ib.). 번역의 **제3 단계**는 적절한 전환을 거쳐 가장 자연스럽고 이해하기 쉬운 도착언어로 번역물을 재구성하는 것이다. 번역물이 도착언어권에서 필요로 하는 정보를 보유하고 있고 번역물에 부여된 기능에 적합하며 자연스럽고 이해하기 쉽다면, 도착언어권에서 독립된 텍스트로서 뿌리내릴 수 있을 것이다.

2.5.2 선형적 하위단위 구분

한편, R.T. Bell(2000)이 설명하는 번역과정의 세 가지 선형적(線形的) 하위 단위의 구분은 아래와 같다.

(1) 원문 언어 텍스트의 분석
(2) 해당 원문의 각 문제에 대한 의미 표상을 독자가 텍스트를 읽는 과정에서 축적하는 정보 전체를 포함하는 통합된 스키마(schema)로 조직
(3) 새로운 목표언어 텍스트의 통합

번역가는 **첫 번째**로, 주어진 텍스트의 절 하나씩을 다루면서, 구성 문장이 제기하는 문제, 주어와 서술어 등의 문장 구조분석을 실시하고, 직설법 또는 긍정문, 비시제절, 혹은 종속절 등인지를 식별하는 유형(類型)의 검토를 포함하는 통사 분석(syntactic analysis)을 실시한다.[12] **다음으로**, 해당 문장과 내부 구절들은 의미 분석으로 보내져서, 명제적(命題的) 내용이나 논리 형태, 가능성, 문제, 존재 등의 내용 검토를 포함하는 의미 분석을 실시하고, **세 번째** 문장의 주제(theme)와, 경향, 방식, 영역을 포함하는 언어 사용역(register), 화행(speech acts) 목적(정보적 혹은 소통적 기능) 등을 포함하는 화용 분석(implicature analysis 함의 분석)을 실시하여, 의미 표상(semantic representation)을 도출하게 된다.

의미 표상의 전체 구조는 발화행위, 문체 정보, 텍스트 유형을 포함하고 있고, 그 전체 내용은 기억 장치 속에 저장할 수 있고 번역할 수도 있다. 이어서, 나머지 문장에 대한 분석을 계속하게 되며, 분석의 결과 얻게 되는 정보를 앞에서 밝혀낸 정보와 결합(結合)한 다음의 의미 표상이 그려진다. 번역가는 이런 식으로 하여, 나머지 절의 분석을 계속하고 마지막 의미 표상을 얻게 되는데, 이 의미 표상은 지금까지 확보한 모든 정보들을 하나의 추상적(抽象的)이고 보편적인 스키마(schema)를 연상시키게 된다. 이는 독자로서 텍스트에 대한 이해의 기초가 될 뿐

---

12) 통사론[統辭論] 〈명사〉《언어학》 문장의 짜임새를 연구하는 문법의 한 분야.
　　〈동의어〉 구문론. 문장론. 월갈.

아니라 번역가로서 텍스트를 전환(轉換)시키는 기초가 된다. 지금까지의 과정을 바탕으로 하여 **읽기와 분석에서 방향을 바꾸어 통합, 즉 쓰기와 번역**으로 옮겨간다(ib.: 83-90).

2.6 번역의 단계

번역은 의사소통의 행위로서 원문의 형태(form)를 그대로 옮기는 것이 아니라 메시지 또는 의미를 재생산하는 것으로, 번역가는 원문 텍스트의 독자에게 끼쳤던 영향이나 결과와 동등한 영향과 결과를 목표 텍스트의 독자에게 유도하는 역동적 등가(dynamic equivalence)를 추구해야 한다(Nida & Taber 12; Gutt E.A., 1991; 이근 희, 2004 가을: 114). 번역은 다음의 **4가지 기본 요건들을 충족**(充足)해야 한다. 첫째, 의미를 지녀야 하고, 둘째, 번역은 원문의 정신과 형식(manner)을 전달해야 하며, 셋째, 번역은 자연스럽고 용이한 표현 형식을 가져야 하고, 넷째, 번역은 목표 청중들로부터 유사한 반응(反應)을 끌어내야 한다(Nida, 1964: 164).

한편, G.E. Miram(2004: 78)은 번역의 단계와 관련하여 다음과 같이 설명하고 있다. 통번역에 있어서, 직역과 의역에 해당하는 **변환법**과 **구상법**의 두 가지 번역 방법을 이용할 수 있는데, 이들은 모두가 어느 정도 옳은 것이며 통번역을 하면서 양쪽을 다 이용한다. 변환(變換)에서부터 도착어를 이용한 해석에 이르기까지의 통번역에서 구현되는 등가성(等價性) 5개 단계(카미사로프 V.N., 1973) 중에서 앞에 2개의 단계는 단어 및 어결합 단계, 문장 단계로 언어간에 이루어지는 변환과 관련되었고 나머지는 맥락, 상황, 배경지식에 기초하여 원문의 의미를 매우 자유롭게 해석(解釋)하는 단계가 된다. 그러나 실전에서 이런 식으로 단계를 정확히 구분하는 일은 흔치 않다.

다음은 크리스틴 듀리에(최정화, 1997: 46-51)가 설명하는 번역작업의 6단계이다. 번역할 텍스트는 하나의 정보의 원천이라 할 수 있으며, 번역가는 이 정보를 이용하고 여기에 몰입(沒入)하여 완전한 자신의 정보로 만든다. 이는 곧 같은 내용을 담고 있는 도착어 텍스트를 쓰기 위함이며, 다음과 같은 6단계로 작업을 이행해 나간다.

첫째, 번역물이 얻고자 하는 독자들의 반응(反應).

둘째, 번역 의뢰인에게 도착어로 미칠 영향이 출발어 텍스트와 같은 것인지를 확인.

셋째, 전달할 정보를 골라냄.

넷째, 예상 독자가 기대하는 바에 의거, 모든 정보요소를 총괄하여 도착어로 텍스트를 재구성.

다섯째, 글로 표현하는 단계로 진입.

여섯째, 번역가는 자신이 번역한 텍스트를 다시 읽으면서, 원문이 의도했던 효과가 확실히 나타나 있는가를 확인한다.

번역물은 궁극적으로 출간된 완성본에 이르기까지 수차례에 걸친 교정과 문체 조정을 거치는데, 그 과정이야말로 번역가가 번역과정에서 적용한 복잡한 번역전략과 언어학적-문예학적-기호학적 처리의 원칙 및 취향(趣向)을 가늠할 수 있는 가장 신뢰할만한 자료이다. 통상적으로 번역가가 완성원고를 출판사에 넘기기 전까지 초역, 재교, 3교를 보는 것이 관행적으로 요구되며, 출판사(出版社)로 넘긴 후 다시 번역가와 출판사의 여러 지침을 통하여 또다시 서너 번의 교정(校訂)을 거치는 것이 일반적이다. 그리고 동일한 작품이라도 상이한 번역가가 동시에 또는 순차적으로 번역하는 경우도 있고, 번역본의 추가적인 개정 및 증보도 후속(後續)한다(박여성, 2002.5.23: 138-39).

2.6.1 이해의 단계와 읽기

번역과정을 대별하여 **읽기**와 **쓰기**로 나눌 때, '의미의 틈'은 당연히 읽기 과정에서 해결해야 하는 문제이며, 번역가의 원어 실력과 독해능력에 의존해야 하는 문제이다. **쓰기 과정**에서는 읽기 과정을 통해 분석된 정보를 종합(綜合)해 정확한 표현으로 옮겨야 하는데, 읽기 과정의 성실성 혹은 실력 부족으로 의미의 틈이 큰 상태에서 쓰기를 실행하면 의도적인 첨가와 생략이 발생할 수밖에 없다.

1) 텍스트의 이해

번역의 핵심(核心)은 텍스트 읽기이다. 번역의 과정엔 인지적, 심리적 정보습득과 이해의 지적인 과정도 포함되기에 비가시적일 수밖에 없다. 번역에서 읽기는 해체(解體)의 자세이며 그만큼 본문에 전념해야 문제가 해결된다(원영희, 2004

봄: 115-27). 번역의 생명은 원문 텍스트(Source Text)의 형식과 내용을 최대한 정확하게 읽어 그 의미를 충실하게 목표언어로 옮기는 것이다. 단 한 줄의 글이라도 최소한 일반적으로 전달되고 이해되는 의미가 있다. 그 의미에 가장 가깝게 텍스트를 읽어내고 이를 목표언어로 최대한 충실(充實)하게 옮기는 것이 번역가의 소임이다. 따라서 어떻게 텍스트를 정확히 읽느냐의 문제는 번역 그 자체보다 선행(先行)하는 중요성을 갖는다(박경일, 2003 봄: 16-17). 읽기는 "작가에 의하여 도식적인 진열로 암호화된 메시지를 독자가 그의 능력으로 가장 훌륭하게 재구축(再構築) 하는" "심리 언어학적 추측 게임이다"라고 까지 주장하는 이도 있다. 텍스트의 읽기는 독자의 배경 지식과 텍스트 간에 대화하는 과정이다. 단어와 문장과 전체 텍스트를 이해하는 것은 단지 독자의 언어 지식에만 의존하는 것 이상을 포함한다. 읽기는 일부 기존의 스키마(schema)를 배경으로 하여 모든 입력이 지도로 그려지는 통역의 과정이다(Goodman, 1971: 135-42; Lee, S. J. 2004, Proc.: 32).

번역가의 읽기는 개인적인 행위(行爲)가 아니라 번역이라는 2차적 과정을 위한 **선결조건**으로 이루어지는 행위이다. Séguinot(1989: 21-53)를 비롯한 대부분의 학자들은 "번역 과정(過程)에 대한 모델은 번역에 직접 관련 있는 작업뿐만 아니라 번역가가 번역을 위해 수행하는 모든 과정을 포괄해야 한다"고 주장하면서, 번역가의 텍스트 읽기를 번역과정에 포함(包含)시켜야 한다고 이야기한다(정호정, 2004 봄: 124). 텍스트를 읽는 사람은 텍스트에 관해 텍스트가 무엇에 관한(about) 것인가, 텍스트를 산출함에 있어서 저자의 의도(purpose)는 무엇인가, 텍스트의 맥락(context)은 무엇인가 하는 세 가지 문제에 직면하게 된다. 이런 질문에 대한 대답을 구하고, 또 텍스트를 이해하기 위하여 독자는 그것을 구성하는 화행(speech acts)들의 명제적(命題的) 내용, 화행 능력, 특정 텍스트가 예가 되는 텍스트 유형을 나타내는 적절한 언어학적, 사회적 지식인 통사론(syntax), 의미론(semantics), 화용론(implicature)에 의존해야 한다(Bell, 2000: 273). [(위 2.5.2)세항 선형적 하위단위 구분의 설명부분을 참조.]

2) 전략의 선택적 구사

번역가의 텍스트 읽기는 일반 텍스트 읽기와 구별되는 동기(動機)에 의해 이루어지고, 일반 텍스트 읽기와 다른 전략이 다양하게 사용되며, 이때 적용되는 전략은 이후 과정인 실제 번역과정과 밀접한 연관을 갖는다. 번역가는 여러 가지의 전략을 잘 알고 적절한 읽기 전략을 선택적으로 구사하게 된다. 커뮤니케이션 중심 번역 과정 모델에 있어서 원문 텍스트(ST)의 수용자이자 번역 텍스트(TT)의 생산자(生產者)인 번역가의 ST 읽기는 번역의 출발점으로서 매우 중요한 의미를 가지며, 또 원문 독자(Source Text Readership, SR)의 일반적인 ST 읽기와 는 구분된다. SR의 ST 읽기가 자신의 다양한 필요와 동기를 충족(充足)시키는 자족적 행위로 끝나는 데 비해, 번역가의 ST 읽기는 이런 자족적인 과정을 넘어 번역행위의 출발점(出發點)이 된다. 읽기 과정을 통해 번역가가 도달하는 텍스트 이해의 정도, 곧 번역가가 텍스트를 적절하고 효과적이고 충분하게 이해하는 정도는 이후 번역가가 수행할 번역 과정 전체의 성패(成敗)를 가르는 요인중의 하나이다(Rosenblatt L., 1978/1988/1996; 정호정, 2004 봄: 121-36).

번역을 위한 읽기는 번역가가 구사(驅使)하는 읽기 전략에 따라 달라진다. 번역가의 읽기는 '텍스트 정보 처리를 위한 연속적 읽기 전략'의 일환으로서의 행위, 그리고 '정보처리 부담을 덜기 위한 번역 전(前) 읽기 전략'에 따른 행위로 나뉜다. 전자의 전략을 구사하는 번역가는 텍스트의 전반적/거시적 의미를 파악하기 위해 텍스트를 우선(于先) 읽은 다음, 실제 번역 과정을 시작한다. 이때 부딪히게 되는 번역의 문제는 텍스트를 연속적/순차적으로 읽어 나가면서 해결하고, 이 해결 결과가 번역 텍스트로 재구성(再構成)된다. 반면 후자를 구사하는 번역가는 실제 번역에 임하기 이전, 즉 번역의 1차 단계에서 텍스트를 읽으면서 번역시 문제가 될 수 있는 번역의 문제들을 사전(事前)에 파악하고 해결하며, 텍스트에 나타나 있는 정보를 완벽히 이해한 다음에야 실제 번역 단계를 시작한다. 즉 이 경우 번역은 1차 단계의 읽기 및 문제 해결 과정이 모두 끝난 다음에 비로소 시작되는 것이다(Krings, 1986; Shreve, Schäffner & Danks, 1993; ib.).

3) 가독성(可讀性)과 읽기

문학 번역에서 종종 나타나는 가독성(可讀性)의 결여는 번역가로 하여금 단어 대 단어, 추론 대 추론, 이미지 대 이미지의 번역을 방해(妨害)해서는 안 된다. 왜냐하면 그것은 원래의 의미를 가장 잘 보존할 수 있는 유일한 방법이기 때문이다. 만약 번역가의 이상적인 목적이 번역의 목적에 따라 "가장 자연스러운 목표 언어로 원천 정보와 메시지를 정확하게 전달하는 것"이라면, 그것은 텍스트의 충실한 "완전한 읽기(transreading)"에 근거해야 한다(Kirk S.H., 2001; Kyongjoo H. Ryou, 2002.5.23: 49). 실제 번역가가 번역을 하는 과정에서 단 한 번의 읽기를 끝내고 본 단계인 번역에 들어가는 것이 아니라, 경우에 따라 그는 반복적(反復的)

으로 읽기를 실시하고, 이를 통해 얻어진 문맥지식(contextual knowledge)을 텍스트의 다른 부분에 대한 번역에 활용한다는 것은 번역가의 텍스트 읽기가 반드시 번역 과정의 구성요소로 포함되어야 함을 시사한다(정호정, ib.). 19세기의 번역이론 정립에 지대한 영향을 미친 독일학자 Schleichermacher가 번역원칙의 핵심(核心)으로 주장한 "번역은 본질적으로 이해의, 이해하게 하는 과정 즉 해석학적 과정이다"라고 주장하였던 바는 정확한 텍스트 읽기와도 맥(脈)을 같이 한다(김효중, 2002.5.23: 116).

4) 의미선정 요인

통번역이란 그 장르와 종류에 관계없이 끝없이 가설(假說)을 세우고 이를 맥락, 상황, 배경지식을 통해 확인해가는 과정이다. 1차 가설로서 제시된 통번역 안(案)을 확인할 때면 텍스트가 아래의 항목들에 부합(符合)하는지 여부를 점검해야 한다.

- 공통 및 개별 맥락(脈絡)
- 연설, 토론, 책, 논문 등 통번역 원문의 주제(主題)
- 삶, 주변 세계, 세계와의 어울림에 관한 상식(常識)
- 상황(狀況)
- 문체(文體)
- 언어 단위의 결합 규칙(規則)

위의 요소 중 어느 것이 선택에 영향을 미쳤는지 단언하기 어려울 때가 많다. 그럴 때면 보통 직관(直觀), 언어 감각, 통번역 센스 등을 거론하기도 한다. 물론 등가어 선택에 영향을 미친 요인이 무엇인지 어느 정도 확실히 알 수 있는 경우도 있다. 그 중 몇 가지 예를 살펴보면, 연설 중 **공통 맥락**에서 영어 단어 'interpretation'은 '해석'도 될 수 있고 '설명'도 될 수 있다. 그러나 **개별 맥락** 'interpretation into official languages'은 또 다른 의미 '번역'임을 암시한다. 반대의 경우도 있다. 주제(主題)는 모든 전문 어휘의 의미를 결정짓는 요인이다. 통번역 센스의 도움을 기대하기 힘들 정도로 어휘의 뜻이 달라진다. 예를 들어, 'withdrawal'은 '군대 철수'(군사), '금단 신드롬'(의학)을 뜻한다. 일반 의미가 주제 의미와 함께 같은 텍스트에 등장할 수도 있다. 예를 들어, 'interest'가 '관심', '금리(금융) 두 가지로 쓰인다.

이 때 각각의 의미가 무엇인지는 개별 맥락에 의해 정해진다. 이처럼 번역에 있어서, 그 소설의 **전체 상황**을 고려하여 번역하는 경우도 많이 볼 수 있다(Miram, 2004: 112-15).

2.6.2 표현의 단계와 쓰기

1) 이상적인 번역

이상적인 번역은 아직도 최초의 텍스트에 가능한 한 가깝게 접근하는 것이며 또, 단어 대 단어의 번역을 위한 기초가 놓여 질 때만이 달성될 수 있는 것이어야 한다. 이 주요한 과업에 비교하여 다른 과업은 단지 마무리 손질을 하는 것이며 세련되게 하는 과정이고, 또 그래야만 한다. 균열(龜裂)과 간격을 지닌 거칠고 불규칙한 텍스트가 목표 문화의 독자들을 때로는 어렵고 힘들게 하는 한편, 지나치게 다듬어진 텍스트는 전적으로 그들을 오도(誤導)함으로써 결국에 텍스트의 본질을 결코 알지 못하게 한다(유경주, 2002: 50). 세 가지 과정을 거치게 되는 **번역 과정** 중에서의 <u>텍스트의 읽기</u> 다음으로, 그 두 번째는 <u>이해시키는</u> 단계로서, 도착언어에 대한 지식ㆍ수신자ㆍ텍스트의 용도(用途) 등 세 가지 요소가 있다. 그러나 이 모든 단계는 번역가나 통역사의 머리 속에서 거의 순간적으로 이루어진다. <u>표현(表現)의 단계</u>에서도, 역시 첫 번째 요소는 언어적인 것이다. 번역가는 도착어 지식을 총동원하여 가장 이상적인 표현을 써서 메시지를 전달하는 것이다. 가장 좋은 표현이란 출발어에서 사용된 표현을 기준으로 평가되는 것도 아니며, 또 출발어 표현을 그대로 옮겨놓은 것도 아니다. 그것은 출발 텍스트와 똑 같은 상황에서 똑 같은 생각을 도착어로 가장 자연스럽게 표현한 것이다(최정화, 1997: 16-17).

번역을 하는 동안 번역가는 자신이 원하건 원하지 않건 **일차적으로 세 가지 기능을** 동시에 수행한다(최현무, 1995 겨울: 35-45; 김지원, 2000 봄: 24). 즉, 번역가는 언어학자적인 시선(視線)으로 출발어와 도착어의 언어적 수준이나, 문체를 포착하며, 번역 대상작품을 문학비평가가 보듯이 세밀히 분석하게 되며, 일단 작품의 독창성(獨創性)과 특징이 되는 다양한 요소들을 최대한 고려하고 그 모든 것을 종합적으로 도착어의 체계 속에 재구성하는 작가적인 기능으로 도착어의 문학작품을 쓰게 된다. 이 중 어느 한 기능이 결여될 때 번역의 불균형은 독자에게 즉각 결여로서 감지된다.

2) 다섯 가지의 선택 대안

텍스트를 번역하기로 결심하게 되면, 이를 위해 수많은 대안이 있고 문학 번역가가 사용할 수 있는 책략적(策略的) 선택은 상당히 많으며, 다음의 다섯 가지 연속적 선택이 가능하다(Savory T., 1957; Bell R.T., 2000).

(1) 원문의 통사나 어휘 등 형식을 재현하거나 의미적 내용인 개념을 재현한다.
(2) 원문의 문체를 유지하던가, 아니면 새로운 문체를 창출한다. 또 원문의 텍스트 유형을 유지하든가 포기해야 한다. 가령 시(詩)를 시로 번역할 것인지 아니면 산문으로 바꾸어 번역할 것인지를 결정해야 한다.
(3) 원문의 전통적인 문체 스타일을 유지할 것인지, 아니면 그것을 현대적인 것으로 바꿀 것인지를 결정해야 한다.
(4) 원문처럼 읽히는 번역을 할 것인지 아니면 번역문처럼 읽히는 번역을 할 것인지 선택해야 한다.
(5) 원문의 모든 것을 유지하기 위해 목표언어에서 단어, 구절, 문장 등을 생략해야 할지 아니면 덧붙여야 할지를 선택해야 한다.

이들 다섯 가지 목록은 원문을 번역하는 초기 단계에서부터 내려야 할 결정(決定)의 종류들을 제시한다. 이때 명심해야 할 점은 가능한 한 원문의 개념들에 가깝게 해야 한다는 것이다. 원문의 형식과 의미, 문체와 시점 등을 번역문에서도 가능한 한 유지해야 되고 내용을 덧붙이거나 삭제해서는 안 된다.

3) 번역 방법론적 선택의 유형

번역을 하기로 결정하고 나면 사용 가능한 방법론적 선택을 숙지하고 있어야 하는데, 다음과 같은 선택의 유형들을 생각해 볼 수 있다.

(1) 근사치 의역/직역
(2) 의역/풀어쓰기 번역/의사 소통적 번역 등.

어떤 사람들은 실제로 어떻게 쓰는가에 대한 방법보다는 오히려 무엇을 쓸 것인가 하는 내용에 관한 일반적 계획, 사고(思考), 논의, 배경 읽기에 헌신해야 한다고 주장한다(Ellis, 1984: 61f.). 이렇게 쓰기 이전 단계가 선행(先行)되고 다시 쓰기 단계 또는 여러 단계들이 후속되는데, 이러한 다시 쓰기 단계에서 교정과 조정을 거쳐서 완성본(完成本)이 나오게 되는 것이다. 이제, 텍스트성 기준(3장 3.3세항 참조), 즉 텍스트가 존재하게 되는 구성 규칙들을 정의하기 시작한 반면에, 두 번째 유형의 규칙인 조정규칙, 즉 효율성, 효과성, 적절성 등에 의하여 텍스트를 조정하게 되고, 텍스트의 질(質)이 판단되는 것이다(Bell, 2000: 83-95, 301-304).

3. 번역의 이론

3.1 개요

번역의 궁극적인 목적은 '원문(原文) 보이기' 혹은 '원문을 다른 언어로 살려내기'이며, 모든 번역이론은 사실에 근거해 진리와 현상을 탐구해 정리하여 더 나은 번역을 하기 위한 방법론(方法論)을 제공하기 위한 목적이 있다(원영희, 2004 봄: 128). 1540년 E. Dolet는『한 언어를 다른 언어로 번역하는 좋은 방법』에서 번역의 기본 원리를 제시하였고, 이어 17-18세기의 John Dryden, Goethe, A. F. Tytler, 19세기의 Friedrich von Schlegel, Matthew Arnold, E. Fitzerald 등이 번역에 관한 이론들을 내놓았다. 그러나, 본격적으로 번역이론이 학문으로 자리 잡은 것은 20세기에 이르러서이다(허명수, 2003 가을: 135). 키케로(Cicero) 이래, 이천 여년동안 번역작업은 비과학적이라 할 수 있는 전통적 방법 즉, 직역과 의역이라는 단어와 내용의 양극화 된 이분법적 방법론에 의해서 이루어졌다. 그러나, 자연과학적 방법론이 팽배했던 1950년대부터 번역학은 언어학적 번역이론의 객관적 등가 중심으로 발전되었고 전통적 번역방법과는 전혀 다른 기술적, 기능적 번역이론이 등장하였다(김효중, 2002.5.23: 132-33).

3.2 번역과 번역학 연구

언어학과 의사소통학을 통합한 현상으로서 새롭게 등장한 **번역학**은 20세기 중반 이후 특히 영어권에서 빛을 보게 되었다. 번역이 언어적인 국면 외에도 비언어적인 국면을 내포하고 있다는 전제 아래 해석학적으로 또는 형이상학적으로 접근하는 연구 형태로의 전환(轉換)이 일어난 것은 1960년대 들어서 이다. 해석학적 접근을 시도한 학자들은 번역과 번역가를 완전히 다른 각도에서 바라보았다. 그들에게 있어서 번역은 해석(解釋)을 의미했다. 그러니까 번역가는 두 개 텍스트의 중개자(仲介者)일 뿐 더 이상 등가의 발견자는 아니었다. 1965년 이래 번역학은 눈에 띄게 발전을 이룩했다. 네덜란드, 이스라엘, 체코, 동독 등의 인문학자들과 이탈리아와 소련의 기호학자(記號學者)들이 이루어놓은 업적은 특히 문법학과 서술학(敍述學)의 발달을 가져왔다.

　Itamar Even-Zohar와 Gideon Toury가 핵심 주창자인 텔아비브(Tel Aviv) 학파는 이미 1970년대에 윤곽을 드러낸, 문학의 다체계적(多體系的) 접근법이라는 개념을 발전시켰고, 특정 시기에 특정 문화로 번역된 텍스트가 흡수(吸收)되는 전 과정을 고찰할 수 있는 방법을 제공하였으며, 번역학이 새롭게 학제간 연구를 수행할 수 있도록 그 발판을 마련하였다. **번역학은 1970년대 후반** 세계무대에 처음으로 등장(登場)해 점차 주목을 받기 시작하였고, 1980년대는 번역학이라고 알려진 신생(新生) 학문이 그 터전을 다진 시기이다(김지원, 2004 봄: 68). 1990년대 이후 번역학이 드디어 독자적인 학문으로 자리 매김을 하면서 전 세계에 걸쳐 번역 현상에 대한 탐구가 더 이상 동질적인 방향이 아니라 심도 있고 다양(多樣)하게 전개되었다. 이로써, 번역학은 문체론, 문학사, 언어학, 기호학, 미학 등 방대한 영역과의 사이에 가교(架橋)를 형성하게 되었다.

3.2.1 번역이란 무엇인가?

1) 번역의 정의

　일반적인 번역에 대한 정의(定義)는 브리태니카 사전에 아주 간단, 명료하게 되어있다. 즉 "번역은 하나의 언어, 또는 기호의 세트(set)로 표현되어 있는 것을 다른 언어, 또는 다른 심벌의 세트로 옮기는 것이다."라고 하였다(안임수, 2002 가을: 51). 야곱슨(Roman Jakobson)은　번역은 두 개의 다른 언어 간에 일어나는 번역만이 아니라, 의미의 전달이라는 관점에서 보면 다른 기호(記號) 사이에 일어나는 기호 간 번역이 있고 같은 언어 안에서도 보다 쉽게 또는 멋있게 표현하는 언어 내적 번역도 번역의 범주에 넣고 있다(유명우, 2000 봄: 232). 1973년 듀보이스(J. Dubois)의 정의에 의하면, "번역이란 한 언어 혹은 원문 언어로 표현된 것을 의미와 문체상의 등가(等價)를 유지하면서 다른 언어, 즉 목표언어로 표현하는 것이다"라고 하였다(Bell, R.T., 1993: 7; 허명수, 2003 가을: 134). Hartman과 Stork는 "번역이란 특정 언어로 표현된 텍스트 표상(表象)을 다른 언어의 등가적인 텍스트 표상으로 대체하는 것이다."라고 하였다(Hartman and Stork, 713). Bell은 번역을 '번역하기(translating)'와 번역 과정의 산물로 번역된 텍스트인 '번역물(a translation)' 두 가지를 다 포함하는 추상적인 개념(槪念)인 '번역(translation)'도 포함한다고 주장했다.

번역이란 원문 텍스트 저자가 의도하는 의미를 이해하고 이 의미를 원문 텍스트 저자가 도착어를 모국어로 하는 사람이었을 경우 표현(表現)했을 방식으로 재표현하는 것을 가리킨다. 이러한 번역의 정의가 번역과 관련하여 실질적으로 갖는 의미는 지적인 읽기 다음에 번역이 아닌 **쓰기**가 뒤따른다는 것이다. 이 두 가지야말로 번역의 전제(前提) 조건이다(Déjean Le Féal, 1998: 237-240; 정호정, 2004 봄: 124). 번역은 단순한 언어기호(문자)의 전환(轉換)이 아니고 문자라는 형식(표현수단) 속에 그 언어를 사용하는 민족적 의식, 세계관 곧 넓은 의미에서 문화의 역동적이고 고유한 내용이 농축(濃縮)되어 있는데 이 모든 것을 다른 형식으로 바꾸어 표현하는 것이 번역 작업이다. 따라서 번역의 문제점은 말해진 것이 아니라 의미된 것을 어떤 형식으로 표현하느냐 하는 데 있다.

번역의 본질적 문제는 '의미 된 것'이 갖는 기능(機能)이 문화권에 따라 다르다는데 있다. 그 이유는 인간은 세계와의 대결과정에서 실세계를 보는 방법 즉 실세계에 대응하고 적응하는 과정에서 그들에게 고유한 특정의 문화를 형성하기 때문이다(김효중, 2002.5: 133). 번역은 목표언어 텍스트(시니피앙)를 도구(道具)로 해서 해당 공동체의 독자에게 공감을 줄 것으로 기대되는 시니피에로 추인하려는 노력 이상도 이하도 아니다. 따라서 시니피에 자체는 운반 대상이 아니다. 번역가는 다만 '다른 사람도 나와 유사한 시니피에를 추론(推論)하겠지'라고 재차 추정할 뿐이다. 결국 그가 할 수 있는 일이라고는 코무니카트의 생성에 관여한 인지체계의 특성을 재구성하는 것뿐이다(박여성, 2000 봄: 62-73).

번역은 의사소통, 즉 커뮤니케이션의 한 행위(行爲)라고 볼 수 있다. 여기서 '번역'이라고 지칭하는 것은 해석(번역)하는 작업을 가리킨다. 번역작업이란 출발어로 쓰여진 텍스트를 해당하는 도착어로 표현하는 것이다. 번역작업은 빈 껍질이라고 할 수 있는 언어 자체가 아니라 텍스트, 즉 의미를 대상으로 한다. 흔히들 언어란 생각을 표현하는 수단이라고 한다. 이런 측면에서 보면 번역의 대상은 전달하고자 하는 생각이나 사실이지, 출발어 텍스트에서 사용된 이 같은 생각이나 사실의 표현 방식인 언어 그 자체는 아니라고 할 수 있다. 그러므로, 번역가는 의미나 사실을 정확히 파악(把握)한 후, 이를 도착어 텍스트에 표현할 수 있어야 한다. 결국, 번역가는 남을 이해시키기 위해서 먼저 자신이 텍스트가 전달하고자 하는 메시지를 이해해야 한다. 그러므로 번역작업은 번역가가 먼저 텍스트를 이해하고, 이를 표현하는 2단계(段階)로 구성되어 있다고 말할 수 있으며, 아래의 도식이 나타내는 것처럼 정보를 처리(處理)하는 행위이다(듀리에, 최정화, 1997: 8-9, 57).

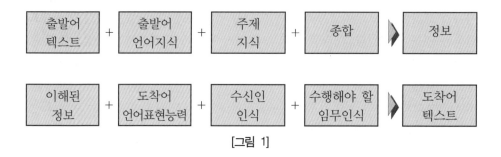

[그림 1]

오늘 날 번역에 대한 기본 개념은 '어떤 한 언어로 쓰여진 텍스트(ST)를 필요에 따라 다른 언어(TT)로 옮기는 일'이라는 한정(限定)된 생각에서 벗어나 아날로그 정보와 디지털 정보를 호환시켜 주는 컴퓨터의 중앙처리장치(CPU)의 기능을 번역이라는 개념으로 이해하고 문학작품의 영화화(映畫化)와 같이 서로 다른 기호로의 변환(transfer)까지를 번역의 영역으로 파악하고자 한다. 그렇다면 번역 활동은 말과 문자를 가지고 하는 작업에서 기호변환의 작업으로 확대되고 나아가 정보교환과 정보배분의 과정에서도 번역활동이 일어나는 것으로 파악하는 것이다(유명우, 2002 봄: 12-13). 아래에서 번역의 정의에 대한 다른 견해들을 살펴보기로 한다.

　　Catford는 번역을 "1개 언어의 텍스트 자료를 다른 언어(TL)의 같은 뜻의 자료로 대치하는 것"이라고 정의한다(1965: 20). Nida와 Taber의 정의는 "번역하는 것은 출발어 메시지에 가장 근접한 같은 뜻으로 수화자의 언어로 재생산하는 데 있다. 첫째는 의미의 용어로 두 번째는 스타일의 용어로 재생산하는 것이다"(1969/1982: 12). Toury의 정의는 "번역은 어떤 근거가 되었든 간에 목표문화 내에서 제시 또는 고려되는 임의의 목표-언어의 발화로 정의된다(1985: 20). Nord는 "번역은 목표 텍스트의 의도된 또는 요구된 기능에 따라 명시된 주어진 텍스트와의 관계를 유지하는 기능적인 목표 텍스트의 생산"이라고 말한다(번역 skopos)." (Nord, 1991 1a: 28).

2) 번역의 정치성

인류는 수천 년간 언어의 교류 속에서 세계화를 이루어 오면서, 초기에는 많은 경우에 두 언어 사이는 주종(主從)관계가 성립되었다. 군사, 정치적으론, 고대 바벨론, 페르시아, 이집트, 로마, 영국, 미국, 중국, 일본 등 강국들이 속국(屬國)이나 식민지들을 통치하기 위한 수단으로 **통역과 번역**의 행위가 이루어졌고, 곧 자신들의 언어를 속국의 모국어로 대체(代替)하려고 하였다. 종교적으로는 기독교, 불교, 이슬람교 등의 경전을 알리고 교리를 선포하거나 가르치기 위한 수단으로 통역과 번역이 필요했다. 문학이나 예술, 사상, 과학 등에서 앞선 나라의 위대한 작품들이 다른 후발(後發) 나라에 번역으로 대중에 전해졌다. 이렇듯 번역을 통해 문화적인 주종관계도 이어졌다(허명수, 2003 가을: 141-42). **번역의 정치성**은 번역의 과정과 결과에 나타나는 원천언어(출발언어)와 목표언어(도착언어) 사이의 불균형한 관계(asymmetry)로 드러난다(원영희, 2002 봄: 99). 원천언어가 정치적 경제적 지배국가의 언어인 경우, 원문의 의미와 언어구조를 최대한 살리는 번역을 하며, 지배를 합리화(合理化)하는 사상이나 요소를 번역문에서 의도적으로 강화하거나 첨가하기도 한다. 원천언어가 피지배국 언어인 경우, 원래의 의미는 축소되고 원문의 구조도 무시한 번역을 하며 지배국 언어와 문화의 우월성(優越性)을 강조하기 위한 피지배국의 섬세한 특성이 생략되기도 한다.

한역(韓譯)『성경』의 예를 들면, 한국어 독자의 이해 수준을 감안하기보다는 원문을 살리기 위한 방향으로 번역하였고, 영어권 문학작품은 셰익스피어를 비롯한 스위프트의『걸리버 여행기』, 콘라드의 해양소설 등 거의 모두 영어 원문에 충실(充實)한 번역을 하였다. 번역에 나타나는 불균형은 원천언어권과 목표언어권의 경제적 현실, 그리고 정치적 관계와 무관(無關)하지 않다. 제국의 언어와 문화는 시작엔 강제성을 띄지만 차츰 지역의 패권(覇權)을 장악한 지배국 기득권의 문화, 혹은 세계어(lingua franca)로 위치를 잡아가며 안착하고, 피지배국의 토착언어는 공통어와의 갈등 → 공용 → 전용의 단계를 거치며 자연 소멸의 길을 걷게 된다. 6천여 종에 이르던 전 세계의 언어가 나날이 줄어드는 현상(現狀)도 특정 언어의 지정학적 경제논리에 의거한 득세(得勢)의 결과라고 말할 수 있다(허명수, ib.).

정치적 불균형하의 번역은 지배를 목적으로 수행될 경우 강제성을 띤다. 강대국이나 제국은 종속관계에 있는 나라에 정치・경제적 목적으로 자국민(自國民)을 이주시켜 식민정책을 펴며, 제국의 언어와 문서(文書)는 식민들에 의해 피지배 국 언어로 번역되고, 번역물들은 패권(覇權)을 장악한 제국의 사상과 이념을 미화하는 정치적 도구로 사용된다. 특정 문화의 권위와 번역의 영향력도 지정학적 경제(geopolitical economy)상의 위치에 따라 인정(認定)을 받거나 강화된다. 제국의 언어는 강요와 필요에 의해 식민지 고유 언어를 밀어내고 새로운 의사소통의 도구가 된다. **번역학** 관점에서 볼 때 1930-50년대 한국어와 일본어는 목표언어와 원천언어라는 균형적(均衡的) 관계를 유지하지 못하며, 이미 설정된 피지배자의 언어와 지배자의 언어라는 불균형의 관계, 철저히 불공평한 정치적인 관계를 맺고 있었다. 따라서 식민주의 정책적 번역에서는 정당한 상호 본문성을 기대하기 힘들다(Venuti Lawrence, 1998; 원, ib.: 99-106). 포스트 식민주의자들은 무엇보다도 번역 관계의 불평등(不平等)을 우선 중시하였다. Gayatri, Chakravorty, Spivak, Tejaswini, Niranjana, Eric Cheyfitz 같은 저술가들은 한결같이 번역이 과거 식민지 지배를 위한 효과적인 도구로, 즉 식민지에서 피지배 민족들의 목소리를 박탈하는 수단으로 사용되었다고 주장하였다(김지원, 2004: 66-67). 실제로 식민지 모형에서는 하나의 문화가 지배하고 다른 문화들은 종속되기 때문에, 번역은 그러한 권력의 계층(階層) 구조를 한층 더 강화시켰다.

그러나, 번역은 20세기 전반기를 지나면서 새로운 상황 전개(展開)를 맞이하게 되는데, 그 하나는 번역에 대한 학문적인 연구가 시작되었다는 것이고, 다른 하나는 번역에 대한 정치적 관심이 고조되었다는 것이다. 현재 전자에 대해서는 언어학과 의사소통 및 문화론 등 다양한 관점에서 접근(接近)이 이루어지고 있으며, 후자에 대해서는 원천언어(출발언어)와 목표언어(도착언어) 사이에 존재하는 수직적(垂直的) 힘의 논리를 부정하는 역학적 관점에서 접근이 이루어지고 있다. 이 문제를 언어학적 관점에서 본다면, 강대국의 언어를 약소국의 언어로 번역하는 과정에서 **과잉번역**(over-translation) 현상과, 반대로 약소국의 언어를 강대국의 언어로 번역하는 과정에서 일어나는 **축소번역**(under-translation) 현상이라는 두 단어로 요약할 수 있다(김정우, 2003 가을: 6-7). **한국어의 경우**, 영어의 영향을 받기 이전엔 중국의 한자와 일본어의 영향을 받아왔다. 개화(開化) 이전에는 중국어, 개화기 이후 번역에는 일본어, 그리고 6.25 한국전쟁을 겪으며 영어 수입이 급격히 증가했다. 중국어와 일본어는 자발적인 교류의 차원이 아니라, 한 국을 속국(屬國) 혹은 식민지로 지배하기 위한 정책의 차원에서 수입됐고, 번역되 었으며, 그 중 일부는 한국어화 혹은 외래어로 정착되었다(원, ib.: 106-107).

3) 번역의 이중성

번역은 듣기－말하기－읽기－쓰기 등 **4기능의 종합적 산물**이며, 번역활동은 서 로 다른 문화권의 이질적(異質的)인 특징을 이해시키는 아교(glue)의 역할에 비유 (比喩)할 수 있는 데 상이한 문화권의 장벽을 상호간의 이해로 극복함으로써 세계 평화에 기여할 수 있는 가장 적절한 수단의 하나이기 때문이다(Gonie Bang, 1998: 9; 조홍섭, 2000 봄: 203-205). 번역행위에서 중심개념은 부호(符號)와 부호의 교체 이다. 언어적인 의사소통에서 부호란 발신자가 내용적으로 전달하려는 것을 기호 로 옮기기(기호화하기), 그리고 그 기호목록을 수신자가 다시 풀어내기(탈기호화 하기) 할 때 사용하는 수단이다. 발신자와 수신자 사이에는 부호 교체를 수행하는 번역가가 개입(介入)해야 한다. 왜냐하면 도착언어 텍스트의 수신자는 출발언어 정보의 수신자가 사용하는 것과 동일한 부호를 사용하지 않기 때문이다. 번역은 "**이중적 글쓰기**"로서 "외국 텍스트를 자국 문화가치에 따라 다시 쓰는 것" 이다 (Lawrence Venuti, 312). 번역가, 비평가, 역사가는 모두 역사의 같은 시간대 속에서 제약(制約)을 받으며 텍스트를 다시 쓰는 사람들이다(김지원, 2000 봄: 9-28). 즉, 번역가는 단순한 중개인이나 중매자가 아니라 능동적으로 다시 쓰는 사람이라는 이야기다.

전통적으로 이분법적인 번역관은 원문과 번역 텍스트를 양극(兩極)으로 보았 다. 그리고 그 두 극은 남성과 여성으로 오랫동안 해석되어 왔는데, 긍정적이건 부정적이건 간에 번역의 여성성(女性性)은 아주 오래된 역사적 비유이다. 쉐리 사이먼(Sherry Simon)의 설명에 의하면, 일찍이 1603년에 존 플로리오(John Floria)는 "모든 번역은 필히 결함이 있으므로 여성으로 간주된다"(1)고 주장함으 로써 번역과 여성의 이중적(二重的) 열등성의 유산을 간단명료하게 요약했다. 번 역과 여성은 그들 각자의 계급 조직에서 역사적으로 보다 연약한 존재였다. 원전 의 번역에 대한 계급적 권위(權威)는 남성 대 여성 이미지하고 연결되었다. 1861 년 단테 가브리엘 로제티(Dante Gabriel Rossetti, 1968: 175-79; Susan Bassnett, 2004: 30-31)는, 번역자란 작업 과정에서 자기를 자제(自制)하고 창조적 충동을 억제해야 한다고 공언하였으며, 이와는 반대로 에드워드 피츠제럴드(Edward Fitgerald, 1957)는 1851년 페르시아의 시(詩)를 번역하면서, "이 페르시아 시인들의 시를 번역함에 있어서 내가 마음대로 자유를 누릴 수 있다는 것은 즐거운 일이다"고 하였다. 이러한 두 가지 입장, 즉 원저자가 봉건주의적 군주로 행세하며 번역자에게 충성을 강요하는 계층적 관계를 형성해온 입장과, 번역자에게 원문의 열등(劣等)한 문화에 대한 모든 책임으로부터 벗어나도록 하는 또 다른 계층적 관계를 형성해온 입장은 모두 19세기 식민(植民) 제국주의의 성장과 잘 부합한다.

번역은 제국주의의 **착취의 수단**으로 사용되기도 했지만, 세계가 교류하고 정보를 교환하며 한 지구촌이 되게 하는 **긍정적인 면**도 있어 왔다(허명수, 2003 가을). 우리는 지구촌 곳곳에서 일어나는 크고 작은 일들을 실시간으로 텔레비전이나 인터넷을 통해 상세하게 알고 있으며, 이러한 총체적이고 복합적인 세계적 정보와 의사소통의 네트워크 근저(根底)에는 번역이 자리잡고 있는 것이다. 우리 모두는 번역된 세계 속에서 살고 있는 것이며, 또 번역이 세계문화의 발전에서 긍정적으로, 중요한 형성적 힘으로 대두되고 있음을 부정할 수는 없다.

3.2.2 번역과 번역학의 관계

번역학의 본질은 언어에 의해서 창조된 세계이다. 언어를 통해서 주관적 표상(表象)에 의해 각인된 사실 이외에 어떤 다른 사실도 존재할 수 없다(김효중, 2002.5: 134). 번역작업에서는 문화의 산물인 원어의 정신세계가 역어(譯語)의 언어기호로 재생되기 위해서 분해되어 비언어화 되어야 한다. 원어 문화의 기능과 동일한 역어 문화의 기능을 찾아서 이것을 다시 역어의 언어 기호로 표현해야 한다. 유진 나이다(E. Nida)에 의하면, "번역은 첫째 내용의 관점에서, 둘째로 스타일의 관점에서 원문언어 메시지의 가장 자연스러운 자연 등가(等價)의 대상 언어인 수용 언어로의 재생이다." 따라서 번역학 연구의 중심적인 논쟁의 하나는 등가의 문제이다(유명우, 2000 봄: 248). 어느 의미에서 **번역**은 원문 텍스트와 대상 텍스트 간의 가장 달성 가능한 등가를 설정하는 미지의 학습과정 연구이며, 번역학과 번역의 관계는 문학비평과 문학의 관계와 유사하다.

1) 연구의 필요성

우리가 다른 사람과 비교하여 어디에 서 있는지의 비교적 초연(超然)하고 광범위한 시각을 스스로에게 알려주기 위하여 사회학이나 역사와 같은 학과를 배운다. 다양한 시각으로부터 하나의 현상(a phenomenon)으로써의 번역에 대한 정보에 근거하고 통합된 견해를 제공하기 위하여 학과(學科)로써의 번역학을 필요로 하고 있으며, 또 사회현상, 사회활동, 인지적 활동, 언어적 활동, 문학적 활동 등등으로써 번역을 필요로 한다. 그리고 이러한 기술(記述)들은 각양각색의 사회적 및 문화적 환경에 처해 있는 수많은 번역가들의 행위를 연구하는 데에 근거를 두어야 한다(Mona Baker, 2001 봄: 99-100). 번역은 원문텍스트와 도착어 텍스트간의 관계뿐 아니라, 기타 여러 종류의 관계, 예를 들어 서로 이해하고자 하는 사람들 간의 관계, 문화간의 관계, 번역가와 독자와의 관계, 번역가와 동료들의 관계 등이 개입되어 이루어진다.

번역학에서 이루어지는 모든 연구는 관계적 성격, 상대주의적 성격을 가진다. 이는 고무적(鼓舞的)인 동시에 절망적인 사실이다. 고무적인 이유는 번역학을 경험적(empirical) 연구의 각도에서 바라볼 수 있게 하기 때문이다. 그렇다면 모든 경험적 학문에서 그렇듯 다양한 변수간의 관계를 발견하는 것이 번역학의 임무(任務)가 된다. 따라서 인문과학이 오랜 학문적 전통을 통해 축적해 온 방법론과 개념들을 도구로 활용할 수 있게 되는 것이다. 그러나 다른 한편으로 이는 절망적인 사실이기도 한데, 그 이유는 모든 인문과학이 그렇듯 변수(變數)가 무한히 많기 때문에 소수의 변수만을 선별적으로 채택하여 연구할 수 있을 뿐이기 때문이다(Andrew Chesterman, 2004: 35-36). 그 동안 번역학의 이론 연구가 성서와 명작의 번역을 중심으로 전통적으로 전개되었든 반면, 번역은 학문적 성격을 상실(喪失)하고 실용적인 면에만 치중하였다. 그러나 이차대전 이후 1950년대부터 학문, 경제, 정치, 사상, 문화 등 모든 면에서 세계적으로 활발한 교류가 이루어짐에 따라 신속하고 정확한 정보의 필요성을 느끼게 되었다. 그 결과 선진국에서 학문적 욕구는 물론이고 실용적(實用的) 필요에서 번역이론에 관한 연구가 활성화되었다.

2) 연구 방향

번역학은 20세기 후반에 들어와서 자체(自體)의 학문적인 정체성(Identity)을 확립하기 시작했다. 처음 문학의 번역으로 시작한 번역은 언어학의 도움으로 학문으로 발전하기 시작했으나 문학 비평, 의미론, 사회언어학, 언어학, 문화학 등 광범위한 학문영역과 직접 간접으로 관련을 맺고 있다. 번역학의 주된 관심은 "무엇을 번역하는가(What to translate?)"와 "어떻게 번역하는가(How to translate?)"를 이해하고 설명하는 데에 그 연구의 초점(焦點)을 맞추고 있으며, 번역학에서 다루어야 할 주요한 이슈는 ①등가성(Equivalence) ②언어와 문화와의 관련성 ③번역의 불가능성 ④번역학의 정체성 ⑤번역의 유형 ⑥번역에서 잃고 얻는 것 ⑦번역의 역사 등이다(Susan Bassnett-McGuire, 1980). 번역학의 주요과제의 하나는 평가될 만한 번역등가 기준을 설정하는 일이다. 이 경우 적어도 번역될 수 있는 텍스트의 모든 객관적 요인을 번역등가 양상(樣相)에 따라 기재할 수 있어야 하고 비교개념에 관계되는 객관적인 틀을 만들어야 할 것이다(김효중, 2000 가을: 42). [한 나라 말을 다른 나라 말로 옮기는 것]을 번역이라 한다면 번역학은 이러한 [번역을 하는 과정(過程)과 결과에 관련된 문화적 사회적 그리고 언어학적인 요인을 연구하고 기술하여 보다 완전한 번역을 수행하는 방법이나 원리를 찾는 것]을 목적으로 한다(유명우, 2002 봄: 12-13). 오늘날의 번역학은 언제나 '번역이란 무엇인가?'라는 물음과 무관할 수 없으며 따라서 번역의 정체성과 기본개념은 모든 번역이론 전개의 전제(前提)가 된다.

번역 연구는 크게 번역사(飜譯史)에 대한 연구와 번역 이론에 대한 연구로 대별된다. 번역사 연구가 번역의 본질에 대한 연구와 연관학문에 대한 연구로 나뉠 수 있듯이, 번역 연구 역시 번역 본질에 대한 연구와 연계 학문 연구로 대별될 수가 있다. **전자**에는 번역의 기본이론, 번역의 실질·원리·표준, 번역의 사유방식, 가역성(可譯性) 문제, 직역·의역·음역 등 번역의 방법론, 번역 과정론, 번역미학, 번역의 예술·풍격·기교 등이 속하며, **후자**에는 번역과 철학·사회학·문화학·언어학·심리학 등의 관계, 번역교육학, 번역비평, 번역사 협회, 번역공구서와 교재 편찬 등등이 포함된다(陳福康, 2000: 4; 손지봉, 2003 가을: 100). 또 다른 주장은 번역학을 연계학문의 총화(總和)로 봐야 한다는 주장으로 여기에는 일반언어학, 의미론, 화용론, 사회언어학, 심리언어학, 소통이론 등의 언어학 모형과, 철학, 중서(中西) 비교철학, 인류학, 논리학, 미학, 과학 등의 철학 모형, 그리고 문화학 원리, 어문학, 문화언어학, 문예학, 민속학, 종교, 다문화 교류 등의 문화학 모형 등을 바탕으로 번역 학이 이루어진다고 하였다(蕭立明, 2001, 19: ib.).

3) 원문과 번역문의 관계

번역학에서는 일반적으로 단어 치환식 번역(transcoding)과 개작(adaptation)을 대비(對比)시키고, 혹은 원문 중시자와 번역문 중시자를 대비시키기도 한다. 이러한 분류는 물론 그 나름대로의 가치(價値)가 있겠으나, 한편으로는 원문과 번역문 간에 존재하는 다양한 관계들 중에서 극단적인 일면만을 강조하여 양극화(兩極化)시키는 결과를 초래하고 있다. 그러나 현실은 그보다 훨씬 복잡다단하고 덜 규칙적이다. 사실, 동일한 번역업무를 수행하는 과정(過程)에서도 번역가는 때로는 원문 중시자가 되기도 하고 때로는 번역문 중시자가 되기도 하며, 어떤 경우에는 원문을 그대로 옮기고, 어떤 경우에는 많은 부분을 개작(改作)하기도 하기 때문에, 원문과 번역문의 관계를 명확히 규정하기는 어려운 경우도 있다. 이는 아마도, 번역작업이라는 것이 서로 상반된 두 개의 힘 사이에서 끝없이 균형을 찾아나가는 작업이기 때문일 것이다(Fortuna ISRAËL, 2004: 89).

번역은 제2의 창작이라 할 수 있는데, 일반 창작과는 달리 번역에서 창작이란 이미 주어진 범위 내에서의 제약된 창작이다. 번역은 규범적이 아니고 창조적 선택의 주관적 문제이기 때문에 번역자 자신의 번역능력에 따라서 그 결과가 의미나 표현상으로 다르게 나타난다. 번역문과 원문의 차이는 작가는 대상을 보고 인식한 것을 집필하는 데 반하여 번역자는 작가가 사용한 언어를 상대하는 것이지 작가가 취급한 대상과는 무관하다(R. Barthes). 즉, 번역자는 작가의 언어만을 취급함으로 실제 세상과는 무관하며, 따라서 번역의 언어는 2차 언어, 즉 **메타**언어이다(Holmes, J. 1970: 91: 김효중 2004: 131-33). 번역된 텍스트는 관용어의 이질성, 문화의 이질성, 수용조건의 이질성에도 불구하고, 원문과 정확히 일치하지는 않으나, 원문을 대체할 수 있으며 원문을 상당부분 표상(表象)하는 혼합(hybrid) 텍스트이다. 원문은 '자신이 생산한' 번역문보다 '이전(以前)에' 존재하는 것이고, 번역문의 기본이자 원천이며 우선적인 참고문이다. 하지만 실제에서는 마치 번역문이 원문처럼 기능하고 원문을 대신하는 대체문이 된다. 도착어 문화에 맞추어 **번역된 텍스트**는 원문을 굳이 참고하지 않더라도 원문이 갖는 특성인 첨삭, 축약, 변형, 각색 등을 겪으며 독립적으로 다른 시공간에서 기능한다(D. Robinson 1996: 181; Francine Kaufmann, Fortuna ISRAEL, ed., 2004:354).

원문과 번역문의 관계는 테리토리(territory)와 맵(map)의 관계가 아니다. 「원문」과 「번역문」과의 관계는 , 전자가 후자에 선행(先行)한다든가, 후자는 전자의 2차적인 카피라든가, 그런 것이 아니다. 이상적으로는, 양쪽 모두 공통의 생각의 근원에서 생겨난 언어가 다른 형제인 것이다(佐藤良 明, 川 本 浩 嗣。井上 健 編. 이현기 옮김 2001: 182). 원문은 일반적으로 번역자가 포함되지 않은 독자층을 겨냥하여 쓰여진다. 번역자는 원문 저자가 아니라 일을 제공한 사람, 즉 번역을 의뢰한 사람이 요구하는 목적으로 원문의 궁극적 목적을 우회(迂回) 시키려 끼여 든 사람으로 볼 수 있다. 번역자는 이처럼 커뮤니케이션 과정에서 중재자이다. 그러나 원문을 읽는 독자와 번역문을 읽는 독자가 같지 않으므로 중개 과정상 **방향 전환**이 있을 수 있다. 이 두 경우 모두 저자는 표현하고 싶은 내용을 머리 속에 구상하고 있는 것은 사실이지만, 두 저자간에 존재하는 근본적인 차이점은 **첫 번째** 저자는 전달할 메시지를 생각해서 이를 표현하되, **두 번째** 저자 ―번역자― 는 표현된 메시지를 동화하여 이를 상황이 다른 맥락에서 **재표현**한다. 번역자는 번역을 의뢰한 사람의 요구에 부응하여 그의 이익을 위해 작업에 임함으로 그와 한짝이라고 할 수 있다. 한편, **원문**은 번역자가 완전 동화하여 이해한 후 번역 의뢰인이 추구하는 목적에 따라 재구성되는 대상인 것이다(크리스틴 듀리에, 최정화 1997: 56-57). 때로는, 저자는 특정 선택안이 옳다고 독자들에게 「확신 시키기 위하여」 텍스트를 생산하지만, 그러나 번역자는 저자를 대신하여 원문 텍스트의 언어를 읽지 못하는 독자들을 확신시키기 위한 목적에서 가 아니라, 그들에게 저자의 의견을 「알려주기 위한」 유일한 목적으로 목표 텍스트를 생산하도록 요구 받는다(Daniel Gile 2002: 5.23: 17)

4) 번역의 제이론

번역의 제이론들은 학문으로서의 번역학 성립을 위한 전제(前提) 조건일 뿐만 아니라 번역학이 실제에의 적용이라는 측면을 지니고 있다는 사실을 입증해 준다. 실제의 적용을 위해 번역학은 일차언어를 이차언어로 옮기는 과정으로서의 번역 행위와 그 과정의 결과로서 나온 번역물을 구체적 대상(對象)으로 삼는다 (김지원, 2000 봄: 10). 번역의 행위가 이루어지는 번역의 과정과 거기에 부과되는 조건 및 요인들을 통찰(洞察)할 수 있게 해 주는 것이 바로 **번역 이론**이다. 그 이론은 번역과 관련된 실제적이고 구체적인 제반 문제들의 해명에 기여하며 이른 바 번역학이라는 학문의 기반을 형성한다. 결국에 번역학의 목적은 "번역본을 생산해내기 위해 지침(指針)으로 사용할 포괄적 이론을 만들어 내는 것"(앙드레

르페브르, 1978: 234)이다. 이런 의미에서 **번역학**이란 텍스트가 한 문화에서 다른 문화로 전이(轉移)되는 과정을 탐구하는 것이다(Lefevere Andé, 1978; 김지원, 2004 봄: 57). 의사소통을 중시하는 번역행위는 순수(純粹)한 언어적 현상으로서만 고찰될 수 없었으며, 그에 따라 번역언어학으로서의 번역학과 의사소통학으로서의 번역학이 구분되었다. 전자가 협의의 의미에서 과학, 기술 텍스트의 등가 관계들을 찾아내는 소극적(消極的)인 기술에 국한시키는 데 반해 후자는 광의의 의사소통 학으로서 원칙적으로 한 언어로 소통이 안되는 여러 언어들 사이의 적극적(積極的)인 **의사소통행위**로서 파악된다.

언어학과 의사소통학을 통합한 현상으로서 새롭게 등장한 **번역학**은 20세기 중반이후 특히 영어권에서 빛을 보게 되었다. 번역이 언어적인 국면 외에도 비언어적인 국면을 내포하고 있다는 전제아래 해석학적으로 또는 형이상학적으로 접근하는 연구형태로의 전환(轉換)이 일어난 것은 1960년대 들어서 이다. 당시까지도 번역은 해석을 의미했다. 1965년 이래 번역학은 특히 문법학과 서술학(敍述學)의 발달을 가져왔다. 번역학의 형성과 관련된 보다 구체적인 움직임은 1970년대에 일어났다. 이때 일단의 학자들이 번역학에 대해 종전과는 분명히 다른 견해를 갖고 등장하기 시작했다. 1970년대 말부터 다른 명칭으로 비교 행위가 아직 성행(盛行)하고 있었음에도 불구하고 비교문학은 약화되고 번역학이 독자적인 학문으로 서서히 부각(浮刻)되기 시작했다. 1980년대 이래 번역 연구에서 가장 눈에 띄는 것은 "문화적 경향"이었다(Simon Sherry, 1996: 7; 김지원, 2000 봄: 13-28). 번역이론은 1983년 현대언어학회의 국제 서지학(書誌學)(*Modern Language Association International Bibliography*)에 등재된 이래 독립된 학문으로 정립(定立)되었을 뿐만 아니라 번역문학은 비교문학의 한 장르로 설정되었다(김효중, 2000 봄: 33). 언어학 중심 접근법이 근간을 이루어온 **전통적 번역학**은 커뮤니케이션 이론, 정보처리 이론, 인지심리학 및 텍스트 언어학 이론 등 인접학문의 성과에서 성장 탄력을 받아 획기적 발전을 이룩하고 있다(정호정, 2003a 가을: 71). 이러한 발전을 반영하여 번역학이 더 이상 단일학문분야의 접근법으로는 포괄적(包括的) 연구가 불가능하며, 학제간 접근이 불가피한 종합학문분야라는 인식이 널리 받아들여지고 있다.

3.2.3 번역학의 분류

레페비어(Lefevere)가 1978년에 처음으로 사용하기 시작한 용어 '번역학'(Translation

Studies)은 그 하위개념으로 번역사(飜譯史), 번역이론, 번역 실기론, 원문과 번역문의 비교연구(比較硏究), 번역의 서지적 연구, 번역물의 자료연구로 분류하고 있다(Lefevere R., 1997; 이유식, 2000 봄: 171). 오늘날의 번역학 연구에서 대체적으로 받아들여지고 있는 견해는 문학번역과 기술전문번역, 규범적 번역연구(normative approach) 대 기술(記述) 중심 번역연구(descriptive approach)로 양분하던 기존의 이분법적 연구방식을 지양(止揚)하고 보다 **통합적인 접근법**(integrated approach)을 추구하여야 한다는 것이다. 이런 맥락에서 벨 스넬-호른비(Bell Snell-Hornby)를 비롯한 많은 번역 학자들이 결과물로써의 번역 텍스트뿐만 아니라 번역과정(飜譯過程) 역시 번역학의 정당한 연구 대상이 되어야 한다고 지적하고 있다(Snell-Hornby, 1995; 정호정, 2003a: 80). 번역학이 언어학뿐만 아니라 해석학, 서술학, 미학 등 여러 다른 분야의 도움을 받아왔고 그것들의 방법론에 의존해 왔기 때문에 번역학은 학제간 현장이 되었다.

1) 번역학의 관심 분야 구분

번역학은 대강 네 가지 일반적인 관심 분야로 구분될 수 있는데, 각 분야는 상호간에 어느 정도 겹쳐 있다. 그 가운데 둘은 **결과** 중심으로 원문에 대한 번역문의 기능적인 면을 강조하는 반면, 나머지 둘은 **과정** 중심으로 번역 과정에서 실제로 발생하는 현상을 분석하는데 초점(焦點)을 맞추고 있다. **첫 번째 범주**는 번역사(飜譯史)를 포함하며, 이는 또한 문학사의 구성 요소이기도 하다. 이 부분의 연구 형태로는 여러 시대의 번역 이론, 번역 비평, 번역 의뢰와 번역 출판의 실제적 과정, 특정 시대에 있어서의 번역의 역할과 기능, 번역의 방법론적 발전, 그리고 개별 번역가들의 작품 분석 등을 포함한다. **두 번째 범주**는 목표(도착) 언어문화로의 번역으로, 개별 텍스트나 작가에 대한 연구까지 확장(擴張)되며, 텍스트, 작가, 혹은 장르가 미치는 영향력, 원문의 규범을 목표언어 체계 속으로 주입(注入)하는 일, 그 체계 안에서 작동하는 선택의 원칙 등에 관한 연구를 포함한다. **세 번째 범주**는 번역과 언어학으로서의 음소적, 형태소적, 어휘적, 구문적, 통어적인 수준과 관련되는 것으로, 원문과 번역문 사이의 언어학적 요소에 대한 비교 배치에 주안을 두는 연구를 포함한다.

또한 이 범주 속에는 언어학적 등가성(等價性)의 문제와 순수한 언어적 의미, 언어적 번역 불가능성, 기계(機械) 번역 등에 관한 연구와 비문학적 텍스트의 번역 문제에 관한 연구도 포함한다. **네 번째 범주**는 번역과 시학이라고 부를 수 있는 것으로, 이론과 실제를 망라하여 문학 번역의 전체 영역을 포함한다. 이 연구는 전반적인 형태일 수도 있고, 장르의 특성에 따른 형태일 수도 있다. 즉, 시나 연극 대본(臺本)이나 오페라 대본을 번역하는 과정에서 생기는 특정 문제와 더빙이든 자막이든 영화 대본의 번역시 발생하는 문제에 대한 연구가 이에 해당한다. 또한 이 범주 속에는 개별 번역가들의 시학과 그들 간의 비교연구, 시학의 형성 문제, 원문과 번역작 그리고 작가와 번역가와 독자 사이의 상호(相互) 관계에 대한 연구 등이 포함된다. 무엇보다도 이 부문에는 문학 번역의 이론을 확립하고자 하는 연구가 속한다. 위에서 언급한 연구 중에서 첫 번째와 세 번째 범주에 대한 연구가 두 번째와 네 번째 범주에 대한 연구보다 더 널리 이루어지고 있다(Bassnett, 2004: 35-37).

2) 홈즈의 번역학

현재 사용하고 있는 가장 대표적인 번역학(Translation Studies)이란 명칭은 1972년에 행한 홈즈(James S. Holmes)의 '번역학 연구의 명칭과 성격[13]'이라는 제목의 강연에 바탕을 두고 있다. 이를 바탕으로 아래와 같은 홈즈의 번역학 도표('Holmes' Map)가 만들어졌다(유명우, 2002 봄: 16).

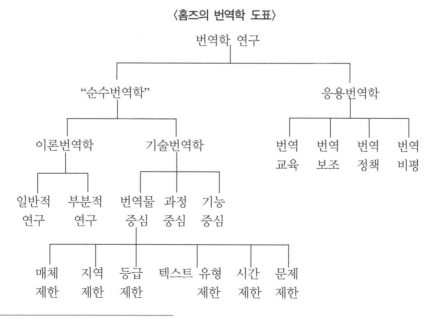

〈홈즈의 번역학 도표〉

---

13) 영어의 제목은 "The Name and Nature of Translation Studies."이다

위 도표에서 제시된 바와 같이, 홈즈(Holmes, 1994: 71)는 번역학이 실제 번역물에 근간을 둔 경험적 학문이라는 점을 강조하며 번역학을 **순수(純粹)**번역학과 **응용(應用)**번역학으로 분류한다. 순수번역학의 목적은 "첫째 번역과정과 번역현상을 있는 그대로 기술(記述)하는 것이며, 둘째 번역 현상을 설명하고 예측할 수 있는 일반 원리를 정립(定立)하는 것이라고 정의한다. 또한, 첫 번째 목적을 위한 번역학을 **기술번역학**으로 분류하고, 두 번째 목적을 위한 번역학을 **이론번역학**으로 분류한다. 이론번역학은 일반적인 연구와 부분적인 연구로 대별되고, 기술번역학은 번역물 중심의 연구, 과정 중심의 연구, 기능 중심의 연구로 다시 분류된다. 여기서 **번역물** 중심의 연구는 현존(現存)하는 번역물을 기술하는 연구분야에 관한 연구이며, **과정** 중심의 연구는 번역의 과정 중에서 번역가의 머리 속의 "작은 블랙박스" 안에서 정확히 무엇이 일어나는 가에 관심을 가지며, **기능** 중심의 연구는 번역물을 받아들이는 사회-문화 상황 속에서의 번역된 자료의 기능에 관한 연구를 한다.

기술번역학 중 위 3개 분야가 각각 그 자체로 합법적인 연구 분야이기는 하지마는, 그들은 밀접하게 관련되어 있고 또 상호 의존적이다. 원문텍스트가 번역될 것으로 선택되면, 목표문화 내에서 그 제의된 기능이 최종결과의 형태를 결정하고 또 이것은 차례로 번역과정을 결정한다(Holms J.S., 1994; Kirk S.H., 2002: 167). 기술번역학에 의한 번역자료의 축적물(蓄積物)은 번역교육, 번역비평, 번역정책 수립과 번역보조물의 필수적인 도구로 사용될 수 있는 이론적인 체제와 일반론을 **수립하는 기초**가 된다. 응용번역학은 번역교육, 번역보조, 번역정책, 번역비평 분야로 구분된다. 이들 여러 분야의 번역학은 각각 독립된 것이 아니라 상호 의존적이다. 기술(記述)번역학을 통해 충분한 자료가 축적되면, 일반론을 도출할 수 있고, 다시 도출된 일반론은 이론번역학의 기초가 된다. 또한 단순한 기술번역학 연구라 할지라도 이론번역학의 이론을 그 가설(假說)로 사용하게 되는데, 기술번역학의 결과에 따라 그 가설은 입증되거나 수정된다. 이러한 방법에 의해 정립(定立)된 순수번역학은 응용번역학에 영향을 주게 되어 그 결과 번역물이 변화하게 되며, 기술번역학의 자료로 사용되는 번역물의 변화는 기술번역학 연구 결과와 아울러 순수번역학 이론의 변화를 의미하여, 순환(循環)고리가 계속되게 된다(ib.: 125-82).

3) 핌의 번역사 하위 분류

홈즈의 번역학 분류표는 매우 자세하면서도 번역사(飜譯史)를 별도의 항목으로 제시하지 않고 있다. 핌(Anthony Pym, 1998: 3)에 따르면 홈즈가 작성한 도표에는 번역사 연구가 기능 중심연구와 시대별 연구(Time Restricted Theory)로 갈라져 있음을 지적하면서 번역사는 **순수 이론 연구**의 일환으로 다시 제 자리를 찾아야 한다고 주장하고 있다. **핌**의 이러한 주장은 번역사를 번역가들이 번역을 통해서 역사에 끼친 공과를 중심으로 인문학이라는 통합적인 시각에서 다루어야 할 필요가 있음을 지적한 것이다. 그는 이어 번역사를 세 가지 영역으로 하위분류하고 있다 (Pym A., 1998; 유명우, ib.).

번역고증학(Translation Archaeology) ▌ 일반 고증학과 마찬가지로 소실되어 가는 자료를 감정 복원하고 이를 고증(考證)하는 역할을 담당한다. 이는 누가 무엇을 어떻게 어디서 언제 누구를 위해서 그리고 그 결과는?('who translated what, how, where, when, for whom and with what effect?')이라고 묻는 질문에 대한 해답을 제공하기 위해서 존재해야 하는 연구이며 번역사 연구의 기초를 마련해주는 필수적인 연구이다.

역사비평(Historical Criticism) ▌ 역사적으로 수행된 번역이 문화발전에 얼마나 기여했는지를 가름해보는 작업을 말한다. 예를 들어 니체(F. W. Nietzsche)의 한국어 번역이 한국에 니체 사상(思想)을 제대로 소개했는지 또는 셰익스피어(W. Shakespeare) 한국어 역이 그의 문학정신과 문학적인 즐거움을 한국의 독자들에게 제대로 전달하고 있는지를 검토하는 작업이다.

해석(Explanation) ▌ 앞의 두 가지가 모두 구체적인 사실과 텍스트와 관련되어 있다면 해석 작업은 번역이 끼친 상호 영향과 관련성을 검토하는 것이며 원인을 찾아 그 공과(功過)를 들어내 보이는 것이다. 이러한 해석의 결과로 어떤 번역가가 가장 문화발전에 공헌한 주인공으로 부각(浮刻)될 수도 있고, 어떤 번역이 어떤 사상을 어디에서 어디로 이동시켰는지를 밝혀낼 수도 있다.

3.3 제 이론의 고찰

최근 번역이론의 특성은 문화와 언어가 서로 의존한다는 가설에 기초하며 언어 내적 요인보다 언어 외적(外的) 요인에 더 관심을 갖는다. 번역은 상이한 문화간의 커뮤니케이션으로 간주되며 여기에서 **역어 텍스트의 기능**이 가장 중요시된다. 이러한 기능적 번역이론에서는 훼르메르(Vermeer)가 '원어 텍스트의 폐위(廢位)'라고 언급한 바와 같이 전통적으로 번역의 기준이 되었던 '신성한 원문'이 중요시되지 않을 뿐더러 원문의 존재를 부정하는 학자도 있다(김효중, 2002.5.: 109-129). 번역의 자연과학적 방법론이 팽배했던 1950년대부터 번역학은 **객관적 등가(等價)** 중심으로 발전되었다. 이 시기에는 문학작품은 언어사용의 규범(規範)에서 벗어난 언어를 사용하기 때문에 번역의 연구대상에서 제외되었고 주로 실용텍스트 중심의 번역이론이 성행하였다.

1970년대까지 원어텍스트 중심의 언어학적 번역이론은 역어(譯語)텍스트 기능 중심의 기능번역이론으로 발전하게 되었다. **1970년대 이후** 언어학의 화용론적 전환기(轉換期)에는 텍스트언어학이 번역학의 연구대상으로 부상되었고, **1980년대 후반부터** 번역학에 문화의 개념이 도입되기 시작했다. 그 이후 번역학은 원형이론에 바탕을 둔 전체적-형태적 원칙에 의거해서 역동적으로 발전했다. 최근 20여 년 동안 번역학자들은 문화에 대한 관심을 가지고 언어학적 번역학의 테두리를 벗어나 문화 상호간에 관한 연구를 해야 한다는 사실을 인식하게 되었다. **문화라는 개념**이 번역학에 도입되면서, 전통적 번역방법과는 전혀 다른 **해석학적 번역이론**이 등장하였다(김효중, 2004 봄: 91-92). 모든 언어는 서로 다른 개념체계와 가치체계를 가지고 있기 때문에 번역은 언어간의 단순 비교의 문제가 아니고 **문화의 문제**라는 사실이 입증되었고 그 결과 해석학적 번역이론이 타당성(妥當性)을 가지게 되었다.

3.3.1 역어 텍스트의 기능을 고려한 구분

역어 텍스트의 기능을 고려한 구분으로, 아래에서 등가(等價) 중심의 번역이론, 해석학적 번역이론, 구조주의적 번역방법, 기술적(記述的) 번역이론과 기능적(機能的) 번역이론 등 5개의 이론을 설명하기로 한다.

1) 등가(等價) 중심의 번역이론

언어학을 중심으로 해서 번역의 이상적 규범으로 요구되는, 잘 알려져 있는 번역 이론은 '등가성(等價性) 이론'이다. '원천어 텍스트(원문)와 목표어 텍스트(번역문) 사이에 등가관계가 성립한다'는 것은 등가적 번역이론의 잘 알려진 원칙이다. 이 원칙은 '등가성' 개념의 옹호자들의 기본적인 전제(前提) 즉, '텍스트의 내용은 불변적이고, 다만 그 표현형식이 가변적이다'라는 것에 의거한다(심재기, 1993: 68-69; 김이섭, 2000; 이선관, 2003: 19). 따라서 이들에게 있어서 번역의 주된 과제는 '원천어 텍스트의 의미를 불변적으로 보존(保存)하는 일이다. 이 이론은 야콥슨이 그의 논문(1959)에서 처음으로 도입한 "차이성에서의 등가성(equivalence in difference)"이라는 개념에 근거하고 있다. 이 개념은 "서로 다른 언어 안에서의 등가적 메시지(Kiesel Th, 1983; ib.: 22)"를 뜻한다. 독일에서의 등가개념에 관한 논쟁은 1970년대 절정을 이루었으며 이 때 Koller(1979)는 외연적(外延的) 등가, 내포적(內包的) 등가, 텍스트 규범적(規範的) 등가, 화용론적 등가, 형식적 등가 등 **5개의 등가개념**을 설정했다(Snell-Hornby, 1988; 김효중, 2002: 117-18). 1980년대는 새로운 관점에서 등가개념이 연구되었으며, S. Ross(1981)는 등가라는 용어를 좀 더 모호한 유사(similarity)라는 용어로 대체할 것을 제안했다.

2) 해석학적 번역이론

해석학적 번역이론은 번역 혹은 번역가에게 필수적인 요건으로 원문의 언어에 대한 완벽한 이해의 능력을 갖추어야 함은 물론, 그에게 더 중요한 것은 원천어로 '진술·표현된 것에 대한 본래의 의미를 이해하는 일'이다(Gadamer · Hans-Georg, 1986b; 이선관, ib.: 24). 원천어로 표현된 텍스트를 번역가의 모국어 독자가 이해하도록 하기 위해서는 그 자신이 먼저 원문에 표현된 내용의 의미를 정확하게 이해하지 않으면 안 된다. 원문의 저자와 목표어의 독자 사이의 관계를 맺어 주는 매개자(媒介者)로서의 번역가는 '중간에서 말하는 사람(inter-pre)'으로서의 해석자(interpret)의 역할은 물론 동시에 말 혹은 텍스트에 함축되어 있는 어떤 특정한 의미를 '밖으로 끌어내는(aus-legen) 사람'으로서의 해석자(Ausleger)가 되지 않으면 안 된다. 이렇게, 번역과 관련하여 한편으로는 텍스트를 독자에게 '이해시킴(Verständlichmachung)'과 또 한편으로는 원천어 텍스트 자체를 '이해함(Verstehen)'이라는 두 가지 층을 구별한다면, 주된 물음은 후자(後者)의 문제에 관계된다. 전자의 층은 후자의 층을 이미 전제하고 있다. 왜냐하면 번역에 있어서 무엇보다 중요한 것은 원천어 텍스트의 이해와 해석(解釋)이기 때문이다.

이점에서 일차적으로 "모든 이해는 끌어냄(=해석)이다(Alles Verstehen ist Auslegen)" (Gadamer H.G. 1986a: 이선관 ib.: 25)라고 말할 수 있다. '끌어냄'으로 서의 '이해'는 사실상 패러프레이즈(paraphrase 바꾸어 말하기) 그 이상의 것에 관련되는 물음, 말하자면 패러프레이즈를 가능하게 하는 조건에 관한 물음이다. 따라서, '텍스트의 이해'의 문제가 모든 번역의 전제가 됨을 알 수 있다. 이 번역이론은 번역가 자신의 관점에서 번역작업을 수행하는 번역이론의 한 방법으로서 새로운 모델로 등장했다. Gadamer는 해석학적 현상을 담화(談話) 모델에 의거하여 고찰할 것을 제안했다. 모든 텍스트는 독자에게 생소(生疎)하므로 이 사실을 먼저 인정하고 예비지식과 예견을 바탕으로 하여 대화를 통해서 점차 그 텍스트를 이해해야 한다. 여기서는 텍스트의 구조, 기능, 번역과정 등 언어학적 요인은 문제시되지 않고 번역가가 텍스트를 취급하는 과정에서 나타나는 현상, 즉 번역가의 텍스트에 관한 **이해와 해석**만이 중요시된다. 해석학적 번역이론에서는 번역가의 언어적 창조성(創造性)이 가장 중시되고 또한 텍스트에 대한 그 자신의 올바른 이해와 성찰이 요구된다. 이 경우 역어(譯語)텍스트가 중시되고 **번역과정**이란 텍스트의 목적과 기능에 맞추어 원어텍스트에 좀 더 접근하도록 초안을 수정, 보완하는 과정을 일컫는다(Stolze R., 1994: 192; 김효중, ib.).

3) 구조주의적 번역방법

1960년대에 슬라브어권을 중심으로 하여 러시아 형식주의에 근간을 둔 문학작품 번역이론이 대두(擡頭)되었다. 기존의 전통적 이론이나 독일학파의 과학적 이론은 규범적인 성격이 농후(濃厚)했고 '충실한/자유스런' 등의 전통적인 이분법(二分法)에 의존하는 경향이 컸는데 구조주의자들이 처음으로 이런 방법을 지양하였다. 특히 Levý, Popovič, Miko 등을 중심으로 한 체코학파의 번역학자들은 구조주의적 번역이론의 선구자적인 역할에 큰 영향을 미쳤다. 이들의 번역이론은 텍스트의 표층(表層) 구조 분석을 토대로 전개되었다. Levý는 번역모델에서 작품의 '문학성'을 보전하기 위해 작품의 문학적 특성을 부여하는 원문의 고유한 문체의 형식적 특성 즉 특별한 커뮤니케이션적 양상(樣相)을 중시하였으며 이 때 기호학이 중요한 역할을 한다. Popovič(1970, 78)는 '표현된 전이(轉移)'의 개념(The

Concept 'Shift of Expression' in Translation)에서 번역과정을 이론화하기 위하여 새로운 개념인 '표현의 전이(shift of expression)'를 도입했으며 모든 개인적 번역방법은 번역의 여러 계층(階層)에서 나타나는 전이의 유무에 의해서 결정된다고 주장하였다(Gentzler, 1993: 78-79; 김, ib.: 123-24).

4) 기술적(記述的) 번역이론

1970년대 비독일어권 번역학자들을 중심으로 언어학적 번역이론을 지양하고 번역학을 하나의 독자적 학문으로 정립하려는 시도(試圖)가 활발히 전개되었다. 이 이론의 선구자인 홈즈(Holmes)는 번역은 실세계에서 원어 텍스트가 지시하는 것과 동일한 대상을 지시하지 않고 언어적 형식을 지시한다고 생각한다. 홈즈는 *Translated! Papers on Literary and Translation Studies*(1985, 95)에서 메타언어적(meta-language)으로 번역학의 연구 영역(領域)을 본질적으로 ①번역과정 이론 ②번역물 이론 ③번역기능 이론 ④번역교육 이론의 네 개의 부분으로 구성된 장이론(Feldtheorie)으로 규정했다. 이와 같은 유기적 이론은 그 당시 상호 배타적(排他的) 언어이론 때문에 포괄적 번역 이론 정립이 불가능하다는 확신에 기초하는데 기술적 번역학(Descriptive Translation Studies) 정립의 효시(嚆矢)가 되었다. 동유럽의 체코 번역학파에 이어 서유럽에 네덜란드 중심의 번역학파가 형성되었는데 이 학파의 대표적 구성원으로는 Holmes, R. Broeck, A. Lefevere, Even-Zohar, S. Basnett-McGuire, Lambert, Hermans, Toury 등이 있다. Hermans는 이 분야의 대표적 연구논문을 모아 *The Manipulation of Literature Studies in Literature Translation* (1985)이라는 책을 출판했다. Hermans는 서문(序文)에서 역어 문학의 관점에서 모든 번역은 어떤 특정의 목적을 위해서 어느 정도 원어 텍스트의 조작을 포함한다고 언급했는데, 이러한 주장은 그들 이론의 출발점인 동시에 언어학적 이론 중심의 번역학파와는 정반대의 이론이다(Gentzler, 1993: 7-15; 김, ib.: 124-27).

5) 기능적(機能的) 번역이론

1970년대 후반부터 체계 중심의 언어학에서 화용론적 언어학으로 전환(轉換)이 이루어진 후 번역학 역시 언어 외적 요인 즉 텍스트의 기능을 중시(重視)하는 방향으로 발전했다. 텍스트에 기초를 둔 기능번역이론의 대표적인 학자로서 회니히(Höing)/쿠스마울(Kussmaul, 1982), 라이스(Reiss)/훼르메르(Vermeer, 1984), 홀쯔-

맨테리(Holz-Mänttäri, 1984), 노르트(Nord, 1988) 등이 있고,14) 이들의 접근방법의
특성도 역시 해석학적 번역이론과 같이 역어텍스트 중심의 번역이라는 점이다.
훼르메르(Vermeer, 1996: 106)는 텍스트에 대한 자유스러운 해석은 번역의 자유를
의미하기 때문에 번역은 원어 텍스트(해석)의 의미(내용과 의의)를 변경할 수 있을
뿐만 아니라 원래의 의미의 반대로도 전환시킬 수 있다고 보았는데 이것은 목적은
수단을 정당화한다는 말과 같다(Vermeer, 1996; 김, ib.). 이 이론에서는 통·번역학
은 문화와 관련된 텍스트학의 특수분야로 취급된다. 역어 텍스트의 기능과 번역의
일방향성은 물론이고 수신인의 역할을 강조한다는 점에서 또 한편 기능적 번역이
론과 기술적 번역이론의 연관성을 찾아볼 수 있다(김효중, 2002.5.: 129).

3.3.2 해석적 이론과 대응식 이론

해석적 번역은 단어와 문장을 번역하는 언어적 번역과 개념적으로 크게 다르다.
Nida(1996)는 "원문의 의미를 확실히 이해한 번역가는 깊이 생각하지 않아도 저절
로 번역문을 생각해내게 된다고 설명한다. 단어의 품사(品詞)나 어순, 문장의 길이
에 대해 고심할 필요를 느끼지 않는다"고 이야기 한다(Marianne Lederer, 2004: 22).
그는 여기서 물론 "탈언어화(脫言語化)"라고 까지 말하지는 않았으나, 그가 말하
고자 하는 것은 분명 탈언어화와 일맥상통한다. 원문을 이해하고 원문의 언어적
구속(拘束)에서 벗어나 의미를 이해하여 이를 등가를 통하여 재표현 하는 번역가
는 결국 의미라는 것이 언어적인 것이 아닌 탈언어화된 상태로 존재한다는 증거를
보여주는 것이다.

1) 슐라이어마허의 해석학

해석학(解釋學)이란 '말'(소리로 표현된 '말' 또는 문자로 쓰여진 '말')을 올바
르게 이해하고 해석하는 기술이다. 모든 '말'은 이중적(二重的)인 관계를 내포하
고 있다. 하나는 언어의 전체성과의 관계이고, 다른 하나는 말하는 화자의 사유

---

14) Hönig, H.G./Kussmaul, P. 1982. *Straegie derbersetzung. Ein Lehr- und Arbeitsbuch* Tü
    bingen; Reiss, K./Vermeer, H. 1984. *Grundlegung einer allgemeinen Translationstheorie.*
    Tubingen; Holz-ntri, 1984. *Translatorisches Handeln Theorie und Methode.* Helsinki; Nord,
    Ch. 1988. *Textanalyse undbersetzen. Theoretische Grundlagen. Methode und didaktische
    Anwendung einerbersetzungsrelevanten Textanalyse.* Heidelberg.

(思惟)의 전체성과의 관계이다. '말'이란 화자(혹은 작가)가 자신의 사유내용을 표현하기 위해 사용하는 기호로 이해될 뿐만 아니라, 또 그의 '생각함'과 '말함' 자체를 규정하고 지배하는 언어 체계로도 이해되기 때문이다. 따라서 '말'의 이해와 해석은 '말'의 이중적인 계기들로 이루어진다. 개개인의 개별적인 '말'은 '화자의 사유하는 삶의 전체성'과 '언어의 총체성(總體性)'으로부터 이해되고 해석될 수 있다. '말'은 그 배후에 '생각된 어떤 무엇', 곧 사유의 내용(=사상)을 함축(含蓄)하고 있으며, 이 사유의 내용은 언어의 형식과 체계를 통해서 나타난다. 따라서 '말'의 의미를 이해·해석하기 위해서는 결국 언어로부터 출발하지 않을 수 없다. 이제 **해석학의 과제는 '말'의 의미를 언어로부터 이해하고 해석하는 것**이다(Grondin Jean, 1991; 이선관, 2003: 35).

해석학은 인간의 언어에 대한 이중적인 관계에 입각해서, 해석의 두 축(軸)이 되는 **문법적 측면**과 **기술적 측면**(technische seite)으로 구성된다. 일상적 대화에서 비록 같은 낱말이라도 그것이 언제나 동일한 것으로 생각할 수 없다. **문법적 해석**은 바로 이 애매(曖昧) 모호한 '말'을 '언어의 총체성'과 관련해서 고찰하는 기술(技術)이다. 해석의 문법적 측면은 '말'을 특정한 공동체 내의 언어적 관용(慣用)의 총체성으로부터 고찰한다. 이것은 그의 문법적 해석에서 중요한 두 개의 규준(Kanon)에서 잘 나타나는데, 제1 규준에 의하면 '말'의 한 부분이 가지는 의미와 가치는 화자(혹은 저자)와 청자(혹은 원독자)에 공통된 언어영역 안에서 발견될 수 있다. '말'이란 이미 어떤 "공동의 언어"에 참여하고 있다는 것을 뜻한다. 따라서 여기에서 중요한 것은 저자와 원독자 사이의 초개인적인 언어체계이다. 그리고 제2 규준에 의하면, 화자의 '말' 중에 주어진 개개의 낱말의 의미는 그 낱말의 문맥(文脈)으로부터 찾아질 수 있다. 이 규준은 화자가 진술한 문장 그 자체가 나타내 주는 체계를 말한다. 현대 언어학, 이를테면 소쉬르(Sausssure)의 언어학의 용어로 말하자면, 제1 규준은 랑그(langue, 언어)의 차원에, 제2 규준은 파롤(parole, 말)의 차원에 속한다고 하겠다(Schleiermacher F., 1977; Szondi, 1993: 174).

기술적 해석은 결국 언어를 화자 혹은 작가 자신의 자유로운 사유(思惟)정신 내지 영혼으로부터 파악하려는 시도와 관계된다고 말할 수 있다. 그래서 후에 '기술적 해석'을 '심리학적 해석'이라고도 부른다. 기술적 내지 심리학적 해석이란 곧 언어를 화자 혹은 저자 자신의 내면적(內面的)인 것 즉, 그의 사유하는 삶의 전체성의 표현으로 파악하는 방법적 절차이다. 문법적 해석에서는 초개인적인 언어의 총체성이 중요하다면, 기술적 내지 심리학적 해석에서는 화자 자신과 그의 삶의 전체성(全體性)의 탐구가 중요한 문제로 부각된다. 문법적 해석과 기술적-심리학적 해석의 두 방식들은 '말'의 이중적(二重的) 이해방식에 근거하고 있으며, '말'과 저작 내지 문학작품의 이해에 있어서 두 해석 방식들은 서로 분리될 수 없는 필연적인 상관관계에 있다. '말'이나 작품(혹은 저작물)을 이해하기 위해서는 대화를 통해, 화자(話者)에 의해 말해진 언어와 작가(혹은 저자)에 의해 쓰여진 언어가 과연 무엇을 직접적으로 진술하고자 하는가를 파악하지 않으면 안 된다. '해석학'은 대화의 지반(地盤) 위에서 이루어진다. 한 작품을 해석한다는 것은 곧 그 작품과의 대화를 감행하는 것, 말하자면 그 작품에게 물음을 제기하고 또 그 작품으로부터 물음을 묻게 하는 것을 뜻한다(Schleiermacher, 1977; 이, ib.: 37-38).

2) 대응 번역과 등가 번역

번역가는 **두 가지 방법**으로 번역을 수행할 수 있다. 하나는 한 언어를 단순히 다른 언어로 대체하는 작업으로, 두 언어 간에 이미 설정되어 있는 기존의 어휘적, 구문적 대응어(對應語)를 그대로 사용하는 방법이다. 또 다른 한 가지 방법은 주어진 상황을 머리 속으로 그려보고 텍스트의 '의미'를 찾아낸 다음, 이를 도착어의 관용적(慣用的) 표현을 사용하여 등가어로 표현하는 것이다. 그런데 번역가가 실제로 번역을 할 때는 위의 두 가지 방법을 모두 동원하게 된다. 한 편으로는 원문의 내용과 동일한 것을 지시하는 언어들을 도착어에서 찾게 되고, 다른 한편으로는 원문과 동일한 의미를 나타내는 등가어(等價語)를 스스로 창출해간다(마리안 레더러, 2004: 15-23). Eugene NIDA(1977)는 이미 오래 전 번역을 두 가지 유형, 즉 **형식적 대응 번역**(formal correspondence translation)과 **역동적 등가 번역**(dynamic-equivalence translation)으로 분류한 바 있다. 그가 설명한 바와 같이 "형식적 대응 번역은(…) 역동적 등가 번역이 될 수 없다. *형식상의 대응어를 찾아 번역한 것은 절대로 원문과 자연스러운 등가를 이룰 수 없기 때문이다!*" 해석이론의 옹호자들은 형식적 대응번역이 바로 해석이론에서 *단어 치환*(transcoding)이라 부르는 것과 동일한 것이라고 주장한다.

여기서 해석은 텍스트의 *해석*(interpretation)과는 다른 것임을 확인할 수 있다. **해석이론에서의 해석**(解釋)이란 원문의 문법적 어휘적 의미 요소들을 있는 그대로 되살리는 것이 아니라 완전히 **재표현** 하는 것을 말한다. Nida가 형식적 대응과 역동적 등가로 번역을 구분한 것은 해석이론가들이 *대응(對應)* 개념과 *등가(等價)* 개념을 구분한 것과 맞아떨어진다. 대응과 등가를 구분하는 것은 해석이론의 핵심

(核心)이다. 해석이론에서 언어의 사용(use) 차원과 담화(discourse) 차원을 구분한다. 전자는 체계로서의 언어차원으로 언어의 구성요소를 부호로서 해독하는 차원이다. 후자는 창의적인 등가표현을 찾아내는 차원으로, 이는 특정한 상황에서만 특정 표현의 대응어로 기능 하는 등가어(等價語)들을 찾아내는 것이다. 따라서 **해석이론**에서는 대응과 등가를 구분하여 사용할 수밖에 없다. *등가*와 *대응*은 해석이론의 전제조건인 것이다. 대응어(對應語)는 언어차원에서 존재한다. 언어사전에 나와 있는 단어들, 또 기술 용어사전, 어휘사전, 전문용어사전 등에 수록된 단어들은 모두 대응어이다. 담화(談話)가 배제된 상황에서 제시된 어휘들은 하나의 혹은 여러 개의 대응어로서 기능하게 된다. 그러나 번역은 언어 차원의 작업이 아닌 텍스트 차원의 작업이며, 담화 차원에서의 언어가 가지게 되는 특성은 미리 규정할 수 없으므로, 대응어를 사용한 번역은 극히 한정된 경우에만 사용된다.

3) 해석적 이론과 대응식 이론의 비교

해석적 이론은 통번역 과정에 대한 언어적 접근이 아닌 텍스트적 접근이며, 번역이라는 작업을 이해, 의사소통, 그리고 글쓰기 행위로 이해하는 이론이다. 해석이론의 중심에는 이해단계를 가리키는 **탈언어화(脫言語化) 개념**이 있다. 탈언어화란 원문의 내용을 일단 파악하고 나면 원문에 있던 단어들을 잊어버리고 관용어도 해체(解體)시켜 그 이해한 바를 도착어의 틀에서 재표현 하는 것을 일컫는다. 해석이론은 또한 메시지의 수용자였다가 곧 이어 발신자가 되는 번역가와 메시지의 2차 수신자인 독자에게 핵심적 역할을 부여하고 있다(포루투나토 이스라엘, 2005.6: 13). 한편 **대응식(對應式) 이론**은 가장 보편적인 번역의 방식이지만, 전문번역의 필요에는 잘 부응하지 못한다. 대응식 이론을 도식화하면 다음과 같다(최정화, 1997: 12-14).

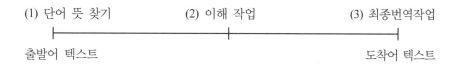

(1) 출발어 텍스트를 읽으면서 모르는 단어의 상응어를 사전에서 찾아내고,
(2) 해석될 언어 요소들이 어떤 식으로 배합(配合)되었는지 이해한 후,
(3) 도착어로 출발어 텍스트에 가장 잘 맞도록 번역을 한다.

고대언어, 즉 라틴어와 그리스어의 숙달과정에서 이 방식을 적용해왔으며, 현재 쓰이는 언어에서도 적용되고 있기도 하지만, 그러나 이 방법은 연사가 말하고자 하는 바를 완전히 파악(把握)하기도 전에 도착어의 상응하는 단어를 찾게 되므로, 통역사는 자신이 말할 수 있는 범위를 넘게 되는 단점이 있으며, 그 다음 단계인 이해단계에서 문제를 일으킬 수 있다. 또 다른 대응 표현의 한계로써 영어와 한국 어를 번역하는 경우, 한국어는 의미단위별로 여러 단어의 의미분화가 서로 달리 이루어져 각 단어의 문장 내 기능이 일치하는 대응 표현을 찾는 데 한계가 있다. 양 언어에 공통된 품사(品詞)를 크게 명사, 동사, 형용사, 부사 정도는 구분할 수 있지만 이들 기본 품사를 조합하여 문장을 이루는 과정은 서로 현격(懸隔)한 차이 를 보이므로 대응되는 표현을 찾아 번역하는 것이 쉽지 않다. 아래에서 그 한 예를 보기로 한다.

> **예 문**

• **원문(ST)**

  So I say to you: Ask and it will be given to you; seek and you will find, knock and the door will be opened to you. For everyone who asks receives; he who seeks finds; and to him who knocks, the door will be opened. (Luke 11: 11-12)

• **번역문(TT)**

  내가 또 너희에게 이르노니 구하라 그러면 너희에게 주실 것이요 찾으라 그러 면 찾을 것이요 문을 두드리라 그러면 너희에게 열릴 것이니 구하는 이마다 다 받을 것이요 찾는 이가 찾을 것이요 두드리는 이에게 열릴 것이니라.

  (신 국제역성경 누가복음 11장 11-12절)

먼저 영어에서는 seek과 find라는 별개(別個)의 동사로 표현된 것이 국문번역에서 는 '찾다'라는 동일한 동사로 번역되어 양 언어간 의미분화(意味分化)에서의 차이를 보여준다. 영어에서 seek과 find로 구분되는 명확한 구분이 한국어에서는 어렵다는 사실을 반영하고 있다(이영옥, 2004 봄: 146). 이러한 이유들을 감안하여, **번역의 해석 적 이론**을 제안(提案)하며, 다음과 같이 도표로 표시할 수 있다.

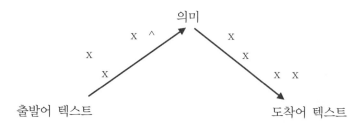

위의 도표는 두 개의 축(軸)으로 되어 있으며, 첫번째 축은 이해하기 위해 출발어 텍스트에서 의미파악을 향해 올라가는 것이며, 다른 축은 자신이 이해한 의미에서 독자를 이해시키기 위해 도착어 텍스트로 내려가는 것이다. 두 개의 축 사이에 공간(空間)을 남겨놓음으로써, 출발어 텍스트의 언어와 도착어 텍스트의 언어간에 직접적인 접촉이 없다는 것을 나타낸다. 이 공백을 남김으로써, 이해의 첫 번째 상향축(上向軸)이 언어 지식 없이 머리 속에서 하나의 이미지 형성에 도달하게 되는 것을 나타낸다. 이 이미지는 이미 출발언어에서는 도출되어 나왔지만, 아직 도착어로 표현되지 않은 상태이다. 이해의 표현단계(양 축에 작은 xxx표 표시)에서는 여러 가지 요소가 작용하며, 이 해석적 이론 방식의 우위성(優位性)은 도착어로 넘어가기 전에 이해과정이 완벽하게 이루어진다는 사실에 있다. 도착어 텍스트는 출발어 텍스트의 단순한 투사(投射)가 아니라 완전히 이해된 의미의 표현인 것이다. 문자의 의미는 그 문자를 구성하는 단어 개개의 뜻의 총합(總合)이 아니고, 단어의 뜻을 전부 알아도 언어외적 인 지식, 즉 관련분야에 관한 주제 지식이 없이는 문장의 의미를 제대로 파악할 수 없는 경우가 많은 것을 생각할 수 있다(최, ib.).

3.3.3 변환법(變換法)과 구상법(具象法)의 이해

G.E. Miram(2004: 67)은 직역과 의역에 해당하는 표현을 대신하여 변환법과 구상법을 논하고 있으며, 모든 통번역의 이론은 바로 이 변환법과 구상법으로 귀착된다고 설명하고 있다.[15] 아래의 [그림 2]를 통하여 두 가지 번역 방법에 의한 번역과정체계와 그 내용 및 차이를 살펴보기로 한다.

---

15) 카미사로프 V.N.(Комиссаров В.Н.), "통번역 언어학"(모스크바, 1981), 레츠케르(Рецкер Я.И.), "통번역 이론 및 실습"(모스크바, 1974), "외국 언어학의 통번역 이론에 대하여"(모스크바, 1978) 등 참조.

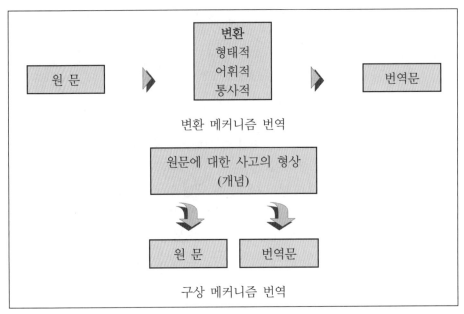

[그림 2]

1) 변환법(transformational)

통번역은 한 언어의 대상(對象) 및 구조를 일정한 규칙에 의거하여 다른 언어의 대상 및 구조로 바꾸는 작업이다. 이 때, 언어의 여러 차원에서 대상과 구조가 전환된다(형태적, 어휘적, 통사적 syntactic 차원). 어휘적인 면에서 출발어의 단어, 어결합(語結合)을 도착어에 맞게 바꾼다. 일정한 규칙에 의거하여, 대응하는 단어를 모아놓은 목록에 따라 한 단어를 다른 단어로 교체한다. 목록의 일부는 기억 속에, 나머지 일부분은 사전(辭典)이나 문법책에 적혀 있다. 그러나 단어가 어결합의 한 부분일 경우, 단독으로 쓰일 때와 다르게 전환될 수 있다. 어결합은 그 자체로 작은 맥락(脈絡)이며, 맥락은 단어의 의미를 변화시키고 다른 언어의 동의어 선정에 영향을 미친다. 이와 같이 맥락의 지배하에 변환이 행해지는데. 그것이 어휘적 차원에서만 일어나는 것은 아니다.

어휘적 변환의 예를 들어 보면, 'book'이란 영어단어 하나를 변환시킨다고 할 때, 명사 '책'과 동사 '예약하다', '확보하다', '예비로 두다' 등이 선택될 것이다. 이를 이용하여 'interesting book 재미있는 책', 'book tickets 표를 예약하다' 등으로 말을 만들 수가 있다. 그러나 'book value'와 같은 어결합을 전환(轉換)할 경우 'book'의 우리말 동의어와는 전혀 관계없는 새로운 동의어 '장부(帳簿) 가격'이 만들어진다. 바로 이것이 변환법의 문제점 중의 하나이다. 전환을 통한 번역 시, 고정 어결합과 단지 문법적으로 결합된 표현을 구분하고, 이를 고려하여 변환을 해야 한다. 변환법은 암호책을 가지고 암호문을 해독하는 것과 비슷하다 할 수 있다. 여기서 암호책의 역할은 문법책에 담긴 해독 규칙 모음이나 사전이 맡게 된다.

2) 구상법(denotative)

이는 널리 알려진 통번역 과정의 이론적 해석법(解釋法)이며, 다음의 3단계 과정에 의해 통번역이 이루어진다.

- 출발어의 메시지를 파악
- 메시지에 대한 사고(思考)의 형상(개념)을 떠올림
- 도착어를 이용하여 형상(形狀)을 설명

변환법과는 달리, 구상법(具象法)은 두 가지 언어의 단어, 어결합을 직접 연결하지 않고, 출발어 메시지를 전달하기 위한 도착어의 선택이 자유롭다. 구상법이라는 명칭은, 우리에게 무엇이라고 불리는 대상(對象) 그 자체 즉, 그 대상의 실제적 모습을 가리킨다는 의미에서 붙여졌으며, 그 대상은 출발어와 도착어 모두와 상관관계를 갖는다. 아래의 관용구 번역을 보면 원문과 번역문 사이에 직접적인 관계가 전혀 없다. 단지 공통의 의미로만 묶여 있다.

- 'A stitch in time saves nine'
  'Хорша дожка к обеду'.
  '호미로 막을 것을 가래로 막는다.'

- 'Out of sight, out of mind'
  'С глаз долой , из сердца вон'.
  '눈에서 멀어지면 마음도 멀어진다.' (Miram, 2004: 76)

한 언어의 형태에서 다른 언어의 형태로 전환하는 변환법에 의한 통번역과 구별하여, **구상법**을 적용한 경우를 **해석(解釋)**이라 일컫기도 한다. 독자나 청자에게 해당 내용을 반드시 설명해 주어야 한다는 필요성에 의해 통번역사는 구상법에 자주 의존한다. 서로 다른 언어를 사용하는 사람들의 생활 및 사고방식이 다르기 때문에 통번역사는 구상법에 매달려 개념을 해석하고 설명해야만 한다.

3) 차이점

변환법과 구상법 두 가지 번역 방법 간에는 두 가지 결정적인 차이점을 들 수 있다. 첫째, 횟수상의 문제이다.

- 변환은 반복해서 일어난다. 반면에 보편성을 띤다.
- **구상법적 해석에 기초한** 번역상 **대응은** 특정 경우에만 이루어지며, 특수성을 띤다.

원문과 번역문 사이의 대응(對應)은 특수한 것으로서 오로지 해당 경우에만 가능하다. 반면 'Good morning – 좋은 아침', 'come in – 들어와요', 'open the window – 창문 열어요' 등은 **보편성**을 띠고 있어 거의 모든 상황에 사용할 수 있다. 그런데 실제로 반복(反復)해서 이용되는 관용구나 생활 표현의 번역도 구상법으로 분류한다. **왜냐하면 하나의, 분리될 수 없는 사고의 형상(개념)을 표현하기** 때문이다. 이것이 두 번째 차이점이다. 대상의 변환적 대응물은 구성요소로 나눌 수 있으나 (예를 들어, 'good moring' = 'good 좋은' + 'morning 아침': 'open the window' = 'open 열어요' + 'window 창문'), 구상법(具象法)에 기초한 경우 분리가 불가능하다. 아래의 [그림 3]을 보면 두 번째 차이점을 이해하는데 도움이 된다. 변환법은 절차(계산)상 명료하므로 번역을 다시 원문의 언어로 옮기기 쉽다. 반면 구상 메커니즘을 이용한 번역 'The Arabian Nights'를 되돌릴 경우 '아랍의 밤' 혹은 '아라비아의 밤'이라고 하게 되지 '천일야화(千一夜話)'로 풀어가지는 않는다(ib.: 68-83).

〈변환법을 이용한 통번역〉

The book describes the experimental methods that are most feasible for studying the properties of these products.
이 책은 실험 방법을 기술한다. 그것은 이 제품의 특성 연구에 가장 적합하다.

〈구상법을 이용한 통번역〉

The Arabian Nights 천일야화

통합적 대응	통합적 개념
The Arabian Nights - 천일야화	믿기지 않는, 환상적인 이야기

[그림 3]

1. 번역의 종류

세분화되어 있는 학문 분야들과 과학기술 발달에 따라 번역의 대상(對象)도 여러 가지가 있다. 그 중에서 우리가 실생활에서 흔히 부딪치는 번역의 대상들은 다음과 같이 분류된다.

1.1 번역의 대상에 의한 분류

(1) 책 번역: 소설, 시, 수필, 전문서적 등의 번역
(2) 무대예술 번역: 오페라의 대본, 연극의 희곡(戲曲)과 각본 등의 번역
(3) 영상 번역: 영화, 드라마, 다큐멘터리 등의 번역
(4) 전시회 번역: 작품들의 제목, 작가 소개 등의 번역

1.2 번역 기법에 의한 분류

1.2.1 책 번역

1) 문학번역(Literary Translation)

문학번역은 가장 대표적인 번역작업 이라 할 수 있고, 또한 가장 어려운 번역으

로서 개인과 사회의 질적(質的)인 활동을 설명하는 일이며, 작품에 따라 각기 다른 특수성(特殊性)과 발전 법을 지닌 작품의 미학적 본질과 풍부한 표현을 설명하는 작업이다. 해당 국가의 문화와 작가의 특수성과 문체(文體) 등을 잘 알아야 좋은 번역이 가능하다. 문학번역시 시(詩), 소설, 연극, 산문 등 장르마다 그 특수성에 따른 번역기법에 유의해야 한다(지정숙 1997: 133-34).

2) 학술번역과 기술번역(Translation of Science and Technology)

학술번역과 기술(技術)번역은 전문서적의 번역을 뜻한다. 이 경우에 번역가는 특히 해당분야의 전문용어를 주의해서 번역해야 한다. 전문서적을 번역할 경우 가급적 그 분야를 전공한 사람이 번역을 하는 것이 좋다. 전문용어에 관한 지식도 되도록 세계공용(世界共用)의 전문용어를 사용하도록 해야 한다. 전문용어의 경우도 새로운 것이 잇달아서 생겨나는 현실이므로 번역가는 꾸준히 새로운 정보를 얻도록 힘써야 한다(ib.).

1.2.2 예술 번역

예술 번역(Translation of Arts)은 그림, 음악 등의 예술활동에 따르는 번역을 말한다. 그림은 전시회의 그림제목이나 팸플릿 등을 번역하는 일로써 작가의 의도를 충분히 반영하도록 작가연구를 해야 한다. 번역가는 충분한 작가 연구와 작품(作品) 이해를 한 후에 제목을 정확하게 뜻을 전달하는 번역을 하여 올바른 작품 소개가 될 수 있도록 해야 그 전시회의 성공을 도와줄 수 있는 번역이 될 것이다. 음악 예술 활동의 번역은 노래나 오페라의 가사(歌辭)를 번역하는 일로 정의할 수 있다. 이 경우에는 작사(作詞)의 연구를 해야 함은 물론이고 또한 관중을 위한 무대의 번역이기 때문에 시대성이라든가 시간성을 고려한 번역을 함으로써 관중이 쉽게 알아듣고 이해해야 하는 데에 중점을 두어야 한다(지 ib.: 148-49).

1.2.3 영상 번역

영화나 T.V로 오늘날 빈번히 행해지고 있는 이 영상번역(Screen Translation)에는 영화와 드라마, 다큐멘터리 등의 번역이 있다. 영상번역에 있어 가장 큰 문제는 서적의 번역과 달리 시간의 제약과 주인공의 행동, 표정에 따른 공간의 제약에 맞춰주어야 하는 문제이다. 번역 작업에서 번역가가 해야 할 일은 자막넣기(subtitling), 번역대사 녹음하기(dubbing), 독백(獨白 narration)과 주(註)의 달기(commentating) 등이다. 자막넣기와 번역대사 녹음하기는 번역가가 영상(映像)을 보면서 그림에 맞도록 시간과 공간에 따라 적절히 번역을 해 주어야 하는 기술(技術)이 필요하다(지, 1997, ib.).

1.2.4 기계 번역

컴퓨터를 사용하여 한 언어로 된 문장을 다른 언어로 번역하는 것을 기계번역(자동번역)이라고 한다. 컴퓨터에 의한 언어간의 번역은 이미 1950년대부터 미국과 소련에서 군사적인 목적을 위하여 연구되었지만, 본격적으로 연구 개발되어 상용화(商用化) 된 것은 유럽과 일본의 경우에는 1980년대부터이며, 국내의 경우에도 이미 1980년대 중반부터 정부 출연(出捐) 연구소 및 대학, 기업 등에서 연구가 이루어져, 1990년대 중반부터는 상용화 단계에 이르게 되었다. 기계번역 시스템을 사용하게 되면 첫째, 신속한 초벌 번역을 할 수 있고, 둘째, 비용이 적게 들고, 셋째, 용어의 선택이 통일(統一)된다는 장점이 있다. 그러나 이러한 장점에도 불구하고 기계번역 시스템을 번역가들이 사용하는 것을 주저(躊躇)하게 하는 기술적인 어려움은 번역의 품질을 좌우하는 자연스러운 대역어(對譯語) 선택(target word selection)의 어려움이다. 또 하나는 문장 단위를 뛰어 넘어야만 분석이 가능한 언어 현상들, 예를 들어 대명사의 해석 문제나 생략현상 같은 문제들이다. 이것은 아직 기술적으로 극복해야 할 큰 과제라고 할 수 있다. 현재의 기술 수준으로 기계번역 시스템이 효과적으로 적용될 수 있는 분야는 문서와 기술 문서의 초벌 번역, 저 품질 대용량 번역 등의 한정된 분야들이며, 컴퓨터가 인간을 완전히 대체하는 도구가 되지는 못할 것이다(홍문표, 2002.12.: 8-12).

2. 번역 방법의 고찰

2.1 개요

번역방법은 전적으로 텍스트유형에 적응해야 한다. 물론 텍스트의 규정은 개별적인 텍스트에서 출발해야 하고, 그 텍스트를 상응하는 번역방법에 해당하는 한 일정한 텍스트유형에 귀속(歸屬)시켜야 하는데, 이때 번역방법의 최우선적인 목표는 가장 본질적인 사항, 즉 텍스트유형의 결정요인을 번역물에서도 유지하는 것이어야 한다(Reiß K. & Hueber, 1971: 39; 박여성, 2000 봄: 81). 번역가의 번역 전략 선택에 영향을 미치는 요인으로는 번역 작업의 목적, 번역된 결과를 읽을 독자층과 또 하나의 중요한 요인은 번역하고자 하는 텍스트 자체가 된다(김정우, 2003 봄: 27).

독일에서의 번역 전통에 의하면, 텍스트의 종류에 따른 번역의 유형(類型)을 ①행간 번역 ②직역 ③의역 ④완전 번역의 4가지 번역방법을 제시하고 있는데, 그 중 ①행간 번역과 ④의 완전 번역은 특수한 경우에 제한적으로 적용되는 번역 방법론이며, 특히 **완전 번역**은 원문내용의 완벽한 이해를 목적으로 하는 학술적(學術的)인 번역에 주로 사용되었고, ②와 ③은 일반적으로 적용되는 번역 방법론으로 텍스트의 종류에 따라 배타적(排他的)으로 적용될 수도 있고, 동일한 텍스트이더라도 내용 전개에 따라 상호보완적으로 적용될 수도 있다. 한편, 벤츠키(Venzky)는 번역의 장르를 ①가장 자유스러운 번역, ②자유스러운 번역, ③첨가된 번역, ④생략된 번역, ⑤주석(註釋)이 첨가된 가장 완벽한 번역의 다섯 가지로 분류하고 있다(김효중, 2000 봄: 38-46; ib.: 27-28).

오랫동안 번역가들 사이에 벌어졌던 직역과 의역에 대한 논쟁(論爭) 또한 번역학 이론의 가장 기본적인 토대라고 주장한다. 직역이나 축자역이 원문 텍스트를 더 중요하게 여기는 번역이라면, 의역이나 번안(adaptation)은 목표언어 독자를 중요시한 번역이라고 할 수 있다(House Julian, 1977; 허명수, 2003: 139). 세이거(Juan C. Sager)는 목표언어 독자가 번역물이라는 사실을 인식하지 못하도록 하려고 시도하는 번안과 원문언어 텍스트의 언어와 문화의 차이를 지키려는 문화보존 번역 간의 갈등(葛藤)이 항상 존재한다고 지적한 바 있다(1998: 79; ib.). 이러한 갈등에 민감하면서 번역가는 자신의 번역방침을 결정해야 한다. 한편, Darbelnet와 Vinay는 번역가가 선택할 수 있는 방법으로 차용(borrowing), 모사(loan translation), 대어역(literal translation), 전위(transposition), 변조(modulation), 등가(equivalence), 번안(adaptation)의 7가지를 제시하였다(최정화, 1997: 47-55; 지정숙, 1997). 이런 방법도 사실은 앞의 3가지는 직역, 뒤의 3가지는 의역에 가까운 번역 방법이다. 상기의 제반 번역 방법은 번역과정에서 한가지로 통일되는 것은 아니고, 문장마다 서로 다른 방법으로 사용될 수도 있고 동시에 복수(複數)의 방법이 사용될 수도 있다.

2.2 번역 방법

기원전 1세기에 키케로(Cicero)는 그 당시까지 가장 권위가 있었던 행간번역 방법에서 벗어나 단어 의미에 '충실한 번역(직역)'과 '자유스러운 번역(의역)'의 이분법적 번역방법을 도입했다. 그 결과 원문의 중요성은 등한시되고 번역가 자신의 고유한 자주적 예술성이 강조되었고 역어(譯語)의 어법을 풍부하게 하기 위하여 번역가들은 원어의 어법을 차용(借用)하기도 하였다(Kloepfer, 1967, 23f; 김효중, 2000 봄: 39-40.).

2.2.1 행간번역(Interlinear Translation)

최초의 번역 방법인 행간번역(行間飜譯: Interlinear version)은 원문의 단어에 상응하는 역문의 단어를 써넣는 번역방법으로 문학작품이나 성서번역에 적용되었는데 어느 시대나 가능하지만 원문과 비교해서 질적(質的)으로 낮은 수준의 번역이기 때문에 원시적 번역방법이라고 불려진다. 이 방법은 원어의 단어나 단어의 일부분을 역어(譯語)로 대치시킴으로써 번역자의 원어와 역어에 관한 불충분한 지식을 은폐(隱蔽)하게 했으며, 단순한 언어관이나 원문을 절대적으로 존중하는 풍토에서 유래되었다. 예컨대 성서번역에서는 신성모독이라는 이유로 단어의 위치를 바꾸는 것조차도 금기시(禁忌視) 되었다. 이렇게 번역된 텍스트는 이해하기가 힘들었고 또한 원어에 충실하기 위해서 역어의 어법(語法)을 무시했기 때문에 두 언어가 혼합되어 불명료한 텍스트가 생성되었다. 그 이유는 모든 번역이론에 관한 논쟁이 바로 여기에서부터 전개되기 때문이다. 이 번역방법은 가장 자유스러운 번역방법이 성행했던 17세기말과 18세기에도 적용되었고 현재에도 초보자를 위해서 사용된다(Kloepfer R., 1967: 19-20f; 김, ib.). 이 번역 방법은 번역의 한 이론으로 정립되었고 번역사상 중요한 의의(意義)를 지니게 되었는데, 여기에는 성서(聖書)의 프랑스어, 독일의 최초의 번역본, 셰익스피어(Shakespeare), 아리스토텔레스(Aristotle) 등의 첫 번역은 행간번역에 속한다. 행간번역이 축어역과 다른 점은 축어역에서는 어느 정도 역어의 통사규칙이 준수(遵守)되기 때문에 대략 문장의 이해가 가능하다는 것이다.

단어 대 단어 번역은 목표언어의 구조를 무시한 채 특별한 목적으로, 원문의 각 단어 혹은 어구 바로 아래에 번역어 혹은 번역 어구(語句)를 적어 놓는 '행간번역'(interlinear translation)에 적합한 번역 방법이다. 이는 원문(原文)을 연구하기 위한 특수한 경우를 위한 번역이다(원영희, 2002 봄: 115). '모든 위대한 문헌들, 그리고 그 정점에 있는 성서는 줄 간에 가상의 번역문을 지닌다고 말할 수 있을 정도이다. 성서의 줄간 번역은 모든 번역의 전형 혹은 이상형이라 할 수 있다'(Brian Harris, 1988: 8; Francine Kaufman, 2004: 357). 글로 하는 번역의 경우, Champollion이 상형문자(象形文字)를 해독한 바로 그 로제타석(BC. 2세기)에 생명이 없는 원문과, 잘 끊어 구어화(口語化)된 전사문, 그리고 번역문이 공존하는 것을 볼 수 있다. 국왕 프톨레마이오스의 독실한 신앙을 칭송하는 신관의 송덕문(頌德文)이 비석 맨 위에는 원문(고대이집트의 상형문자), 가운데에는 '생동감 있는 구어'인 디모틱(고대이집트의 민중문자), 그리고 아래에는 그리스어로 번역문이 순서대로 실려 있다. 메시지는 동일하나 세 개의 텍스트가 공존(共存)하는 이와 같은 형태를 통해 번역문이 단순히 대체문만 되는 것이 아님을 알 수 있다. 이중언어 혹은 다언어(多言語) 기관이 존재하는 국가에서 발행하는 외교문서나 공식 문서도 마찬가지다.

2.2.2 직역(直譯)/축자역(Literal Translation)

1) 직역(Word-for-word Translation/Metaphrase)

원문의 뜻과 뉘앙스뿐만이 아니라 원문의 길이와 원문내의 구절(句節), 단어의 위치까지 그대로 도착어 문장으로 옮겨 놓은 것을 직역이라고 한다. Jean Delisle(1984)는 직역에 관하여 논하기를, "번역을 해놓고 보니, 단순히 발화를 단어 치환식(置換式)으로 번역한 결과와 동일할 때가 있다. 사람들은 이것을 직역(直譯)이라고 부른다."고 하였다(Marianne Lederer, 2004: 21). 아래의 <예문>에서 (1)의 번역은 형용사(形容

詞)를 형용사로 명사를 명사로 대응번역해서 겉으로는 잘된 번역처럼 보이지만, 'student'는 'study'의 명사형이기 때문에 'good student'는 '공부 잘 한다'는 의미이지 꼭 신분(身分)이 학생일 필요는 없다. 따라서 정확한 번역은 (2)이다.

> **예문**
>
> He is a good student.
> (1) 그는 착한 학생이다.
> (2) 그는 공부를 잘 한다.

그런데, 보통의 경우 (1)처럼 번역하는 것을 직역(直譯)이라고 하고, (2)처럼 번역하는 것을 의역(意譯)이라고 한다. 그러나 직역과 의역의 구분이 아니라, 옳은 번역과 옳지 않은 번역인 것이다(성백환, 2003 가을: 118-19). 직역을 번역방법으로 택한 경우라 해도 문장 전체의 조화나 어색한 부분을 최대한 매끄럽게 만들기 위해 부분적으로 의역을 감행하는 경우가 있다(호사카 유지, 2003 봄: 100-101). 문장의 직역만으로는 뜻하는 바가 전달되지 못하고 그 문장이 내포하는 바를 부연 설명해 주어야 제대로 된 번역이 될 때가 많은데 이는 주로 문화에 대한 주석(註釋)의 형태를 띠게 된다.

2) 축자역(逐字譯: Literal Translation)

뉴마크(1998: 70)는 '축자역 혹은 문자역(literal translation)을 번역의 기본 과정'으로 보고, 번역의 전제(前提)는 원문에 대한 온전한 이해이며, 원천언어와 목표언어에 모두 성실한 번역이 기본이라고 하였으며, "자연스런 원문을 축자역(逐字譯) 한 문장이 어색하다면 그 번역은 잘못된 것이다(75)"라고 하였다. 노드(Nord, 1997)는 축자역을 "만약 문서번역이 구문론(構文論)의 구조와 어휘의 관용적인 사용을 목표언어의 표준에 적응시킴으로써 원문의 낱말을 재생하기 위한 의도라면, 그것을 축어적인 또는 문법적인 번역으로 부를 수 있다(Nord, 1997; Nam Wonjun, 2005 Spring Conf.: 20)"라고 정의한다. **축자역**이란 단어 대 단어 번역(word-to-word translation)과는 다르다. 일반에게 적합한 번역은 최소 문장 대 문장 번역(sentence-to-sentence translation)이며, 초보 번역가들의 초벌(初伐) 번역은 대부분이 단어 대 단어번역에 가까운 직역(直譯)이라고 할 수 있다. 문제된 표현의 축어적인 의미가 언뜻 보아 그 뜻을 알기 위한 것이라면(Yonsei K. Dic., 1999),

그것이 의미하는 것은 어떤 사물의 개관(槪觀)을 보게 되는 것이다. 문학 번역은 축자역이 좋다. 그러나 축자역의 과정에 발생하는 원천언어 과잉 번역은 최종 결과물로 출판되기 전에 수정되어야 한다(원영희, 2002 봄: 99-116).

이는 결국 번역가는 원문의 형태보다는 내용을 독자에게 효과적으로 전달(傳達)할 책임이 더 크다는 것을 의미한다. 축자역(逐字譯)을 반대하는 사람들은 통번역이 언표된 어문의 축자적인 전달이 아니라 언표된 어문에 담겨있는 문화적 격차(gap)를 최소화하는 것으로 본다. 즉 번역 원문도 중요하지만 그 원문을 쓴 작가와 작가가 향유하는 문화에 대한 이해가 있어야 하며, 그 원문을 번역한 역문의 독자와 독자를 둘러싼 문화에 대한 이해를 아울러 갖추고 있어야 올바른 번역이 이루어진다는 것이다. 그러므로 이들의 번역은 단순히 A언어를 B언어로 전달하는 것이 아니라 재창조하는 예술이라는 것이다. 여기서 번역이 과학인가 예술인가에 대한 논쟁(論爭)이 파생되며, 아울러 통번역 문화학의 필요성이 대두된다(손지봉, 2003 가을: 100).

3) 직역의 세분

한편, 윌스는 아래와 같이 직역을 세분하고 있다(Wilss W., 1982: 97-99; Bell, 1991/2000: 94-95).

> (1) 차용(借用 Loan): 원문 언어에서 목표언어로 어휘를 그대로 차용(loan)하는 것으로 형태상이나 의미적 수정(修正)을 가하지 않는다. 예를 들면 영어의 *academy*를 한국어에서 그대로 「아카데미」로 사용하거나, 불어의 *salon*을 국어에서 그대로 「살롱」으로 사용하는 경우이다.[1]
>
> (2) 차용어 번역(Calque 또는 Loan Translation): 한 언어의 어휘들을 다른 언어의 유사 어휘로 선형적으로 대치하는 것이다. 예를 들면, 프랑스어의 raison d'état를 reason of state("국가적 이유")로 번역하는 경우를 말한다.
>
> (3) 직역(直譯 Literal Translation): 보통 문장의 단위에서 원문 언어의 통사 구조를 목표언어의 구조로 대치하는 것으로 어휘 항목으로 보자면 거의 일 대 일 대응(對應)을 이루고 의미적으로는 동의어적이다. 예를 들면 불어의 *ça va sans dire*를 영어에서 *it/that goes without saying*으로 번역하는 경우이다.

---

1) 『외래어 표기 용례』, 세창출판사, 1999: 12와 367면.

2.2.3 의역(意譯: Free Translation/Paraphrase)

1) 의역의 정의

번역을 구분하여 '충실한 번역'(직역)과 '자연스러움을 살린 번역'으로 나누고, '충실한 번역'이라는 것은 전통적인 번역학에서는 원문을 가장 중요시하여 원문의 형태와 단어를 그대로 옮기는 방법인 '직역'을 '충실한 번역'이라고 하고 이를 번역방법의 한가지로 하고 있는 반면, '자연스러움을 살린 번역'이란 원문보다도 번역문(飜譯文)을 중시하여 마치 원래 목표언어로 쓰인 것처럼 자연스럽게 읽히도록 번역하는 방법으로써의 의역을 일컫는다(최정아, 2003 가을: 98). 오늘날에는 번역문 독자를 고려하는 이러한 번역 방법이 많이 사용되는 경향이 있다.

예를 들어, 한국어의 인칭대명사는 보통 선택 범주로 간주되어 상황과 문맥에 따라 생략되기도 하며, 화자와 청자의 관계에 따라 그에 합당한 호칭 및 지칭을 사용하게 됨으로 번역가는 한국어의 3인칭 대명사 번역 전략에 있어 두 가지 접근법(接近法)을 생각하게 된다. 아래와 같이 주어진 영어의 짧은 문장에서 3인칭 대명사가 두 번 사용되었다면, 번역가는 '충실한 번역'과 '자연스러움을 살린 번역' 중 어느 한 쪽을 택할지를 결정해야 한다. 번역 B는 '자연스러움을 살린 번역'으로 번역 A보다는 의역에 가깝다고 하겠다.

> 원문: 'She had not had the money to attend college, although she later took college courses for credit'
>
> 번역 A: '<u>그녀</u>는 나중에 대학 교육 과정을 이수하긴 하셨지만, 젊었을 때는 돈이 없어 <u>그녀</u>는 대학에 못 가셨지요.' ('충실한 번역')
>
> 번역 B: '<u>그녀</u>는 나중에 대학 교육 과정을 이수하긴 하셨지만, 젊었을 때는 돈이 없어 대학에 못 가셨지요.' ('자연스러움을 살린 번역') (Kirk, 2001: 98-99).

2) 의역과 오역의 발생

번역작업에서 일어와 한국어의 언어적 차이나 문화적 차이로 인해 의역을 하지 않을 수 없는 경우가 적지 않다. 그러나 의역(意譯)이라고 할 때 두 가지 유형을 생각할 수 있는데, 하나는 직역을 기본적 번역방법으로 정(定)하지만 독자의 이해를 돕기 위해 어쩔 수 없이 의역을 해야 하는 경우이다. 또 하나는 역자가 번역의 방법으로서 직역이 아니라 의역을 선택하는 경우이다. 그러나, **의역을 번역의 기본스타일로 택하면** 결과적으로 의역인지 오역(誤譯)인지 구별할 수 없는 역문(譯文)이 많이 나오기 때문에 문제점이 많다고 할 수 있으며, 다음과 같은 문제가 발생할 수 있다.

(1) 독자의 이해를 돕기 위해서라는 이유(理由)로 원문에 없는 말을 임의로 추가 번역.
(2) 원문에 나오는 단어(單語)를 임의로 다른 단어로 바꿔서 번역.
(3) 원문에 나오는 어떤 구절은 생략해도 별 문제가 없다고 생각하면 임의로 생략.

상기 (1)~(3)의 특징을 갖는 번역문은 사실상 오역(誤譯)과 구별하기 어렵다. 의역을 한다고 해도 원문의 뜻과 뉘앙스를 그대로 살려야 한다. 원문에 없는 말을 추가하여 원래 없었던 뉘앙스까지 추가시킨 부분이 있다면, 그런 경우 번역은 의역(意譯)의 범위를 벗어나 역자의 창작이나 개작(改作)이라고 하지 않을 수 없다(호사카 유지, 2003 봄: 101-102). 번역하는 과정에서 원문에 나타난 표면구조의 형태까지 같게 번역하여 그 의미가 정확하게 전달된다면 원문과 다른 품사(品詞)를 사용하여 의역할 필요가 없다. 그러나 같은 표면구조로는 의미전달이 안 되는 경우 번역문의 질서를 따라 원문의 의미를 충실하게 전달하면서도 모국어(母國語)다운 문장으로 표현된 번역이 옳은 번역이라고 할 수 있다(성백환, 2003 가을: 119). 기원전 살았던 로마의 정치가이며 사상가였던 키케로(Cicero)는 그 당시까지 가장 권위가 있었던 행간번역 방법의 독단적 견해에서 벗어나 단어 의미에 '충실한 번역(직역)'과 '자유스러운 번역(의역)'의 이분법적 번역방법을 도입했다. 키케로는 "번역자는 해설자(解說者)로서 원문의 표현에 충실하든지 또는 연설자와 같이 그의 청중을 고려하든지 해야 한다"는 견해를 피력한 바 있으며, 수사적-문체론적 기능의 관점에서 사고와 형식 혹은 소위 예술적 형상을 당대의 습관에 꼭 맞는 언어로 번역하는 방법을 택하기도 하였다(Stolze, 1994: 14f; 김효중, 2002.5: 111).

3) 의역의 세분

한편, 윌스(Wilss W., 1982: 97-99; Bell, 2000: 94-95)는 아래의 예와 같이 의역(意譯)을 세분하고 있다.

(1) **변위/전환(transposition)**: 원문 언어의 요소들을 목표언어에서 의미적으로는 일 치하지만, 형식적으로는 품사의 불일치(不一致) 등으로 인하여 동일하지 않은 방식으로 번역하는 것. 예를 들면 영어의 *no smoking*을 불어로 *defense de fumer* 로 번역하는 경우이다.

(2) **시점 변환**: 화자의 시점(時點)을 바꾸는 것으로, 예를 들면 불어의 *complet*와 영어의 *no vacancies* 따위이다.

(3) **의역(equivalence)**: 원문 언어의 숙어, 상투어, 속담 등의 표현들을 기능적 상당 어구로 바꾸는 것. 예를 들면 영어의 *hi*를 이탈리아어의 *ciao*로, 전화에서 사용 하는 영어의 *hello*를 이탈리아어에서는 문자적으로는 '준비된'을 뜻하는 *pronto*로 번역하는 경우이다.

(4) **완전 의역/번안(adaptation)**: 두 언어 사이의 문화적 차이까지도 보충(補充)하여 의역하는 것. 예를 들면 불어의 *santé*는 영어의 *cheers*와 기능적 등가성을 가지 지만, *bon appétit*는 그렇지 않다. 이 단어에 대한 영어의 상당어구는 말하자면 침묵에 가깝다. (다음의 2.2.4항을 참조.)

2.2.4 번안 또는 개작(Adaptation)

극단적으로 원문을 많이 변형(變形)시킨 개작의 경우에는 원문과의 연결 관계 가 상당히 느슨해지고 일종의 변화가 발생한다. 내용과 형식에서 독립적인 새로운 텍스트가 생겨나고, 원문으로부터 남아있는 흔적이 극도로 미미(微微)하여 번역문 이라고 칭하기에는 어려운 상태까지 이르게 된다. 이러한 상황은 모든 유형의 텍 스트에서 다 발생할 수 있으나 미학적, 문학적 기준이 다르다는 이유로 많은 수정 이 이루어지는 문학 텍스트에서 주로 이런 왜곡이 자주 발생한다. 픽션(fiction)의 경우, 원문의 아이디어만을 차용(借用)하여 마음대로 활용하려는 유혹이 그만큼 더 강렬할 수도 있다(Fortuna ISRAËL, 2004: 90).

1) 번안과 개작

번역과는 달리, 외국 문학작품의 줄거리나 사건은 그대로 두고, 인물·장소·풍 속·인정 등을 자기 나라의 것으로 바꾸어 쓰는 일을 **번안(飜案)**이라고 한다.[2]

---

2) 인터넷 네이버 백과사전.

"수락할 수 있는(acceptable)" 번역과 번안(adaptation) 간의 경계는 종종 불명확하고 또 시간 기능, 텍스트와 문맥의 유형과 사회적 거리 등의 지배적인 표준에 따라 변경된다(Daniel Gile, 2002: 22). 의역(意譯)의 범위를 벗어나 원문을 토대로 새 작품을 쓰듯이 역자 마음대로 번역과 창작(創作)을 되풀이하는 경우가 있는데, 이런 경우를 개작(recomposition)으로 지칭할 수 있겠으며 번역의 방법으로 개작(改作)은 특별한 경우를 제외하고 허락되어서는 안 되는 방법이다. 그 이유는 원문의 언어나 문화를 잘 모르는 역자가 모르는 부분을 마음대로 개작하여 문장의 앞뒤를 적당하게 맞추는 식으로 번역을 감행하는 것도 허락되는 결과를 초래하기 때문이다. 만약 번역가가 개작의 방법을 사용하기를 원한다면, 그는 독자에게 그가 왜, 어떻게, 그리고 어디서 그 원문(original)을 개작의 방법을 사용하여 썼는지를 설명하여야 한다(호사카 유지, 2003 봄: 109-116). 과잉(過剩) 번역이나 생략번역으로 인해 원문은 언어구조적, 의미적 차원에서 불확실한 모습으로 번역문에서 다시 태어나고, 왜곡된 채 독자에게 전달됨으로 인해, 번역문을 통해 원문은 늘 평가절하된다(원영희, 2004 봄: 117).

2) 번안과 전이(轉移 Transferal)

경험적 기술(Technik)을 바탕으로 언어상호간 상응관계를 생성하는 직역에 가까운 **전이**(Übertragung)는 예술행위로서 언어와 문화 상호간의 재구성이고 전이행위 외에도 경우에 따라 적절한 예술적 구성, 인용, 적응, 모사(模寫), 패러디, 분석적 설명, 주석 및 해석 등의 방법을 포함하는 번역(Übersetzung)과는 명확히 구별되어야 한다(김효중, 2000 봄: 37). 번역가가 원문을 대할 때 두 언어 사이에서 싸움이 일어난다. 두 나라 사이의 싸움이다. 번역가는 이미 의미로 가득 찬 모국어로 적국의 언어를 바라본다. 여기에서 어떤 것은 도망가고 어떤 것은 이긴다. 마치 라캉(Lacan, Jacques, 1978: 96-98; 권택영, 2000 가을: 116)이 물 위에 멀리 뜬 깡통을 보면서 우리가 그 대상(對象)을 볼 때 그 것도 우리를 보기에 시선과 응시(gaze)가 교차하여 이미지는 그 중간 어딘가에 생긴다고 말한 것과 같다. 라캉은 그림을 현실의 재현이 아니라고 말했다. 원초적 장면을 복원(復元)하려는 정신분석이 번역이라면 원문을 충실히 복원하려는 번안(飜案)도 번역이다.

전이(轉移)란 우리의 의식(意識) 속에 무의식이 억압되어 있어 실체를 이미지로 보는 데서 생겨나는 필연적 오류(誤謬)이다. 그리고 그 오류의 폭은 개인에 따라 상황에 따라 다르다. 삶의 경험이 많은 사람은 그렇지 못한 사람보다 전이 (轉移)의 폭이 적다. 전이의 오차는 자기중심적일수록 커지고, 같은 경험을 반복(反復)할수록 적어진다. 『롤리타』를 누군가 다시 만들고 또 다시 만들 때 어느 땐가 그의 작품을 가장 잘 이해하고 번안의 기술이 뛰어난 사람에 의해 원문과 가장 가까운 감동적 영화가 나올 수 있을 것이다. 이것이 전이(transferal)의 윤리다.

2.2.5 변환/전환(變換/轉換: Shifts/Transpositions)

출발언어와 도착언어의 결속구조, 용인성, 정보성, 상호텍스트성의 차이를 조절하기 위하여 전환(轉換 또는 변환 shifts)이 있게 된다. 전환이란 "원문에 비교해서 새로운 사실이나, 또는 원문에는 있으나, 번역문에는 없는 모든 것"을 지칭한다. 전환의 원인을 두 개 이상의 텍스트성의 기준의 차이로 분석할 수 있는 경우, 더 구체적인 텍스트성의 기준으로 분류한다. **번역자가 필요에 따라** 원문 텍스트의 정보에 개입(介入)하여 가하게 되는 원문의 변환(shifts)에 대해, 캣포드(Catford)는 최초로 '원천언어에서 목표언어로 가는 과정에서의 형식적인 일치로부터의 일탈(逸脫)'이라고 정의하고, '번역가가 원문 텍스트의 구조를 극단적으로 고집하지 않는한 피할 수 없는 현상으로서 원천언어와 목표언어 사이의 구조적 비호환성에서 비롯된다(Catford, 73)'고 언급한 바 있다.

1) 변환의 정의

변환(變換)은 모두 언어적인 것이고 문법적인 것이며 어휘적인 것으로 범주(範疇)의 변환, 층위의 변환, 구조적 변환, 단위의 변환 등이 있다. 이에 비해 Popovici는 번역에 있어서 의미의 상실, 획득, 변화는 번역의 과정에서 요구되는 부분으로 '변환'은 "원문과 대비하여 새로이 나타나거나 당연히 나타날 거라는 기대와 달리 나타나지 않은 모든 것(1970: 79)"이라 정의(定義)하였다. 그는 언어현상뿐 아니라 텍스트적이고 문학적이며 문화적인 고려에서 야기되는 대체(代替)까지로 변환의 현상을 확대하였다(Catford J.C., 1965; 이근희, 2004 가을: 120-21). 번역가가 번역문에 가하는 다양한 개입에 대해 '변환'이라는 용어대신 스넬 혼비(Snell-Hornby, Mary)는 '공인(公認)된 조작(admitted manipulation)'이라는 용어를 사용했다.

2) 변환의 형태

크게 대체(substitution), 삽입(addition), 삭제(deletion) 또는 생략(ellipsis), 왜곡 (distortion)으로 분류해 볼 수 있다. **대체**(代替)는 대응어로 번역하기보다는 다른 어휘로 대체해서 번역하는 방법으로 **일반화**(generalization)가 대표적인 방법이다. 일반화는 특정 어휘의 번역에 있어서 좀 더 넓은 범주에 속하는 상위(上位) 범주의 개념어로 번역하는 방법으로, 두 문화권의 개념범주가 다르거나 원천 문하내의 특정문화가 두드러지게 발달한 관계로 그 문화와 관련된 어휘가 세분화(細分化) 되어 다양하게 표현할 수 있는 반면, 목표문화권 내에서는 등가(等價)의 어휘를 찾기가 쉽지 않을 경우에 번역자가 사용할 수 있다. **삽입**(揷入)은 해당 어휘나 해 당 문맥의 번역에 있어서 번역자가 추가의 정보를 덧붙이는 방법으로, 등가를 이 루는 어휘가 일 대 일로 대응(對應)하지 않거나, 특정 어휘가 목표언어권의 독자에 게 매우 생소(生疎)한 경우, 문맥의 정황상 원문 텍스트의 특정 정보에 대해서 원 저자와 원천 문화권의 독자 간에 공유된 정도가 매우 커 생략이나 함축적으로 표 현된 경우에 적용할 수 있는 방법이다. 원문의 표층 구조에서 생략된 함축적 의미 는 대체적으로 중요하기 때문에 추가로 삽입하여 명시적(明示的) 표현으로 나타 낸다.

왜곡(歪曲)은 목표 문화권의 독자로 하여금 화자나 저자가 중요하게 여기는 부 분으로 주의를 기울이게 하는 방법으로 이용할 수도 있어 특정부분에 주의를 집중 (集中)하게 함으로써 그 이외의 내용은 배경적인 지식에 머물도록 하는 기능을 갖기도 한다. 왜곡은 주제나 강조부분을 왜곡하거나 원문에는 없는 맥락효과를 새로이 추가(追加)할 수도 있으며, 원문에는 없던 생생한 표현으로 달리 바꾸어 놓는 긍정적인 면도 있으나 원문과는 전혀 다른 내용으로 바뀌어 의미가 정반대 (正反對)일 수도 있다. 문화와 밀접한 관계가 있는 맥락은 해당 문화권의 인식의 틀(frame)에 대한 접근 가능성에 따라 정보가 추가로 삽입되거나 삭제되는 것이 관행(慣行)이며, 문화 간 격차를 중재하기 위해 부가로 설명하거나, 명시화 하거나, 주석을 다는 변환(變換)이 이루어질 수 있고, 원문 텍스트에 명시적인 표현이 목표 문화의 맥락 내로 번역되었을 때 예기치 않거나 바람직하지 않은 맥락을 연상시킬 경우에는 생략이나 삭제를 통해 **중재**할 수 있다(Katan D., 1999; 이, ib.).

3) 변환과 의미의 선명화

최근의 번역연구에서 많은 주목을 받아 온 **변환(shift)** 형태 중의 하나로 **의미의 선명화**(explicitation)를 들 수 있다. 그것은 원문 텍스트의 정보를 원문에서 보다도 더 명시적인 형태로 목표 텍스트로 재구성하는 현상을 지칭한다. 그러한 과정은 텍스트의 논리적인 흐름을 돕기 위하여, "번역가가 설명 구(句)를 추가하거나, 함의(含意)를 풀어 쓰거나 또는 연결어를 추가하여 원문 텍스트에 기입함으로써 이루어진다(Shuttleworth and Cowie, 1997: 55; Kang Ji-hae, 2003 봄: 123). 의미 선명화의 결과는 종종 목표 텍스트의 **확장(擴張)**을 가져오며, 목표 텍스트를 "원문에 없는 의미의 과잉상태로 만든다"(Blum-Kulka, 1986: 21; ib.). 원문의 뜻을 잘 전달하기 위해 원문의 뜻을 살리면서 번역어로 다르게 표현하는 '변환(飜換)' 행위는 많이 쓸 경우, 역자는 반드시 '역자의 말' 등에서 그것을 밝힐 것이 요구된다. '변환'이 많아지면 많아질수록 원문과 거리가 멀어지는 경우가 있기 때문에 반드시 바람직한 것은 아니다(호사카 유우지, 2002 봄: 158-59).

한편, **의미 선명화**의 전략은 일반적으로 **추가**(addition) 전략과 더불어 토의된다(Vinay and Darbelnet, 1958/1995). 번역학 관련 일부의 학자들은 **추가**를 더 속성적인 것으로, 그리고 **의미 선명화**를 더 특수한 개념으로 고려하는 반면(Nida, 1964), 또 다른 학자들은 의미 선명화(explicitation)를 추가의 더욱 특수한 개념을 포함하는 보다 광범위한 개념으로 해석하기도 한다(Seguinot, 1988; Schjoldager, 1995). 한편, 이 둘을 동의어(同義語)로 취급하는 사람이 있는가 하면(Dimitrova, 1993), 의미 선명화는 "가장 간단한 형식으로 배경 정보를 추가하는 관습을 포함하여, 어떤 것을 풀어 쓰고자 하는 경향(傾向)"으로 보는 견해도 존재한다(Baker M., 1996: 175-86; Kang, ib.).

2.2.6 완전 번역(Complete Translation)

"번역"은 원전 텍스트의 가능한 한 모든 것을 그대로 목표 언어로 바꾸어주는 것이 원칙이다. 어디까지나 본문은 본문, 각주는 각주(脚註) 등으로 원전의 체제가 유지되어야 한다. 불가피하게 원문이 변형되었을 경우에는 "번역"이라는 표현을 쓰지 말고, "번안(飜案)"이라든가 다른 표현을 써야 한다(박경일, 2002 봄: 41-52). 다음의 한 은유(隱喩)는 번역과정을 이해하는 데 작은 도움이 될 수도 있을 것이다

(Sayers Peden, M. 1989; 원영희, 2004: 126-27). 전기냉장고 얼음 틀에서 만드는 각 빙(角氷) 혹은 각(角) 얼음이나 얼음 조각(ice-cube)은 '원문'(original text)를 가리키고, 녹는 과정은 '읽기'(to read), 그리고 다시 어는 상태가 '번역'(to re-write, to translate), 다시 얼린 얼음은 '번역문'(translated text)을 가리킨다. 비록 각(角) 얼음의 모든 요소가 완전히 녹았다 다시 형태를 잡아가더라도 모든 요소는 틀 안에 여전히 존재한다. 녹았다가 다시 언 새로운 얼음조각 내의 분자 위치는 사방으로 바뀌었으나 모습은 여전히 같은 얼음 조각이다. 특히 속이 훤히 들여 다 보이는 투명한 얼음조각이기도 하다. 번역가는 제1언어의 언어적, 지시적, 의미적, 문화적, 전문적 특성을 제2의 언어인 번역어로 모두 살려내어 정리하여 외견상 똑 같은 얼음조각을 만들어 내야 한다. 그 과정에 불순물이 섞이면 얼음조각은 투명한 얼음 결 속에 그 불순물을 드러내며 뿌연 결정체(結晶體)로 남게 된다. 바로 불필요한 첨가로 인한 원문의 왜곡으로 번역에서 원문의 의미가 불투명하고 혼란스러워지는 현상과 같다. 녹인 얼음물의 일부를 제거함으로 얼음조각의 모양이 일그러지듯이, 불필요한 생략으로 원문의 모습이 일 그러지는 변형이 일어난다. 우리는 얼음조각 재형성 은유(隱喩)를 통해 원문의 왜곡은 번역문의 장황성이나 혹은 함축화 번역에 의한 생략으로도 일어날 수 있다는 가설을 확인할 수 있다. 완전번역은 원문 내용의 완벽한 이해를 목적으로 하는 학술적인 번역에 주로 사용되어 왔다.

2.2.7 삭제(Deletion) 또는 생략(Ellipsis)

삭제 또는 생략은 원문에 표현된 특정 표현을 삭제하거나 생략해서 번역하는 방법이다. 이는 가급적 피(避)해야 하는 번역 방법이지만 원문 텍스트 상에 목표 문화권에서 금기시(禁忌視)하는 내용이나 표현, 또는 왜곡되거나 음란(淫亂)하고 외설(猥褻)스러운 부분이 있어 목표 문화권의 독자에게 바람직하지 않은 반응을 유발한다면 이에 대한 번역을 생략할 수 있다. 18세기 영국의 토마스 보우들러(Thomas Bowdler)라는 편집자가 세익스피어의 작품을 출판하면서 독자에게 불쾌감을 줄 수 있는 외설스러운 표현을 삭제하고 출판하였다는 데서 유래했다는 이유로 삭제 또는 대체 번역의 방법을 'to bowlderize' 또는 'Bowlderizing'이라고도 한다. 이러한 번역 방법은 '편견(偏見)이 없는 언어(bias-free language)' 또는 '정치적으로 옳은 언어'라는 명분으로 영국과 미국에서 최근까지도 빈번하게 행해졌다. 이는 성(性), 인종, 신체적 조건이나 사회 경제적 배경, 무능력, 종교적 신념이나 정치적 신념 등에 대한 부당한 차별을 나타내는 언어표현으로부터 인간이 받을 수 있는 상처를 미연에 방지하기 위한 번역 방법으로, 구문론적 수준과 의미론적 수준에서 이루어질 수 있다(이근희, 2004 가을: 122).

대부분 첨가(添加)는 확대번역을 부르고, 생략은 부분번역을 부르기 때문에, 이런 첨가와 생략 현상을 '변형'의 일종으로 보는 이도 있으며 (Barkhudarvo 1975, 223; 원영희 ibid.: 114), 그에게 있어 변형의 4 유형은 전치(轉置 transposition), 대용(substitution), 첨가(addition), 생략(omission)을 포함한다.[3] 번역에서 변형 불가피성이 두 언어 문장 구조상, 혹은 문화적 이질성으로 인하여 예견되고 불가피하기는 하지만, 그러나 대부분 문제가 되는 첨가나 생략으로 인한 변형(變形)은 각각 모든 담화의 표층구조와 심층구조 사이에 상존하는 '의미의 틈'을 이해하지 못한 채 대충 편(便)하게 번역한 결과이다. 한편, '번역의 누락(漏落)과 생략'이 일어나는 원인을 다음과 같이 제시한다(호사카 유우지, 2001 가을: 162/ 2002 봄: 141-61).

> (1) 역자가 의도적으로 빠뜨리는 경우,
> (2) 역자가 고의적으로 누락시키는 경우,
> (3) 역자의 부주의로 인한 누락(漏落),
> (4) 역자가 변환(원문의 뜻을 살리면서 다르게 표현하는 행위)으로 생각했을 경우

전체적으로 볼 때 빠뜨리지 않고 제대로 번역하면 번역문이 훨씬 선명해지고 구체성을 갖게 됨을 알 수 있으므로 이유 없는 생략은 원문의 문학성을 심하게 떨어뜨린다. 번역의 누락과 생략 현상은 번역가의 노력으로서 최소화가 가능한 일이다. 한국어 구조상 대명사는 문장 구성상 많은 경우 생략의 대상이 된다. 각 언어에는 규칙을 넘어서는 습관적 표현이 있다. 우선 언어 유형적으로 한국어는 영어와 달리 주어-목적어-동사(SOV)의 순서를 따른다. 영어의 경우 명령문에서 주어(主語)가 생략되는 현상을 문법적 생략이라고 한다면, 국어에서는 문법적 생략이외에 상황에 의해 당연하다고 생각되는 성분을 쉽게 생략하는 화용적 생략이 빈번하다(원영희, ib.: 118-19). 이러한 두 언어의 습관이나 고유한 각각의 특성은 양방향의 번역에서 모두 살려야 하는 층위이다.

국어 번역문에서 생략(ellipsis)하는 방법이 자주 이용되는데 이것은 국어가 영어에

---

3) 앞 2.2.5항의 2)변환의 형태 참조: 대용=대체, 첨가=삽입, omission=ellipsis (저자 주).

비하여 주제화 중심이라는 점과 일맥 상통한다. 아래 예문 (1)의 번역을 보기로 한다.

(1) ST: There's a boy climbing that tree. He is going to fall if he doesn't take care.
TT: 소년이 저 나무를 오르고 있다. (Ø) 조심하지 않으면 떨어질 텐데

예문 (1)과 같이, 영어 ST와 대비되는 한국어 TT에서는 대명사의 생략이 두드러진다고 할 수 있다(황세정, 2004 봄: 194). 일본 소설의 한국어 번역의 경우, 문화적인 차이로 인해 번역이 어려운 구절이라고 해도 생략하지 말고 번역을 하는 것이 원칙이라고 할 수 있으며, 쉽게 옮길 수 없는 말은 그 말의 본질적인 뜻이나 기능을 살리는 말을 선택하여 번역을 하는 것이 바람직하다(호사카 유우지, 2003 봄: 107-109). 또 매카이너(J. Macheiner; 김효중 2002: 112)에 따르면, 번역과정에서 생략할 수 있는 것도 단순히 생략해서는 안 되며, 생략할 수 있고 방해되는 것과 어떤 방법으로도 역어(譯語)의 알맞은 표현형식을 찾을 수 없는 것만을 생략해야 한다고 이야기 한다.

2.2.8 역번역(Back-translation)

독자에게 친숙하지 않을 거라고 추정되는 언어로 쓰인 원문 혹은 번역문의 텍스트를 선택하여 영어로 옮기되 형태론적, 통사적, 어휘적이든 가능한 축어적으로 번역(literal translation)하는 것을 의미한다(Mona Baker, 2005: 10). 역번역(逆飜譯)이라는 용어를 사용하는 이유는 원천언어가 영어인 경우가 많으므로 목표 텍스트를 기존의 번역된 상태에서 원천언어로 다시 번역하기 때문이다. 역번역은 비록 원문의 의미까지는 아니더라도 그 구조 측면에서는 얼마간 통찰력을 제공하긴 하나, 결코 원문과 동일하지는 않다. 역번역을 사용하는 것은 어쩔 수 없는 타협으로써 이론상 불합리한데다 이상(理想)과는 거리가 멀다. 하지만, 우리가 사는 세계는 이상적이지 않으며(우리들 중 여덟, 아홉 개의 언어를 구사하는 사람은 거의 없다), 이론적 기준이라는 것도 유익한 논의에 걸림돌이 될 때는 더 이상 의미를 갖지 못한다.

2.2.9 기계번역(자동번역 Machine Translation)

컴퓨터를 사용하여 한국어나 영어 등의 외국어를 다른 언어로 자동적으로 번역하는 것을 말하며, 번역은 단지 단어를 외국어로 바꿔놓는 것만으로는 쓸모가 없기 때문에, 글의 뜻을 문맥에서 이해하여 그 나라말의 독특한 표현으로 바꾸어야 뜻이 통하는 문장(文章)으로 번역될 수가 있다. **기계번역은 분석 – 변환 – 합성**과 같은 과정으로 이루어지는데, 여기서 번역되는 국어의 문장을 입력언어(入力言語), 번역할 상대국어의 문장을 목표언어(Target Language)라고 한다.

- **분석(分析)**: 입력언어의 구조(構造)를 분석하여, 중간적 구문표현을 만들어낸다. 분석은 ①형태해석, ②구문해석, ③의미해석, ④문맥해석 또는 어용론(語用論) 해석의 순서로 진행된다.

- **변환(變換)**: 중간표현에 번역을 할당하거나 의미론에서 추출된 표현을 목표언어의 해당표현으로 바꾸어 놓는다.

- **합성(合成)**: 변환된 중간표현을 목표언어의 구문(構文)에 맞게 정렬시키거나, 필요한 어미변화를 부여한다.

그러나, 기계번역에 문제점도 지적되고 있다. 일개 언어를 자동적으로 완벽하게 타국어로 번역하는 일은 컴퓨터에 글의 뜻을 완전히 이해 시키는 일이 불가능한 한, 불가능에 가깝다고 할 수 있다 (인터넷 다음 사전). 기계번역(능력)은 텍스트의 미묘한 미결정적/비결정적 의미망을 인식/해독해내는 인간의 오묘한 인식/판단 능력을 대치할 수 없다(박경일, 2003 봄: 6). 이런 점에서 **기계번역**은 정보 전달에는 어느 정도 기여한 바가 있지만, 문맥을 살리는 번역이나, 문학 번역 등의 창작활동에서는 한계점을 보일 수밖에 없다(허명수, 2003 가을: 140). 최초의 기계번역(자동번역)의 모델은 텍스트를 하나의 언어에서 다른 언어로 옮기는 재코드화 원칙을 기반으로 한다. 즉 당시에는 문법을 거의 고려하지 않았다. 그러나 이후 문법, 의미, 심지어 언어외적 정보 즉 배경지식을 분석하는 복잡한 모델의 개발이 시작되었다(Bruderer H.E., 1977; Slocum, J.A., 1985; Miram, 2004: 186).

1) 기계 번역작업의 원칙

어떤 언어의 A라는 단어가 C라는 개념을 표현하고, 다른 언어의 단어 B도 개념 C를 뜻할 경우, 수학의 이행성(移行性) 원칙을 적용시킬 수 있다. 즉 A=C이고 B=C 이면 A=B가 된다. 바로 이 원칙에 의거하여 번역기의 작업이 이루어진다. 서로 일치하는 단어를 컴퓨터 프로그램에 저장시켜 번역기가 이용할 수 있게 하는 것이다. 초기의 번역기가 수행하는 과제는 아주 단순하다. 한 언어의 단어가 입력되면 이에 일치하는 다른 언어 단어를 검색한다. 이렇게 단어별로 텍스트를 번역해 나간다. 그런데 공통 의미를 지니는 것은 개별 단어만이 아니라 어결합(語結合)이 될 수도 있다. 그러므로 단순한 번역기에 개별 단어 뿐 아니라 어결합에 맞는 대응어(對應語)를 찾는 임무가 주어진다. 그 대응어는 하나 이상이 될 수도 있다. 그렇기 때문에 번역기에 적합한 대응어를 선정하는 프로그램을 반드시 설치해야 하며, 이러한 프로그램의 원칙은,

(1) 원문(原文)의 통사 모델에 적합한 대응어를 선택한다. 주로 문장의 통사 모델을 분석한다. 예를 들어, 동사 'to book'과 명사 'book'의 대응어를 구별(區別)할 수 있어야 한다(각각, '예약하다'와 '책').

(2) 의미(意味) 모델에 적합한 대응어를 선택한다. 예를 들어, 다양한 의미 모델을 분석하여 'solution'의 대응어 '해결', '용해'를 구별할 수 있어야 한다.

일반적으로 위의 두 가지 모델을 종합하여 이용하지만, 좀 더 복잡한 번역시스템에서는 여기에 추가하여, 언어외적 정보, 즉 배경지식에 근거한 선정원칙을 적용한다. 이 세 번째 원칙에 등장하는 모델은 앞의 두 가지 모델보다 더 난해(難解)한데, 대체적으로 인공지능 모델의 일종으로 본다.

2) 번역기의 작업 단계

적합한 의미 더 나아가 적합한 대응어를 찾는 과정(過程)에 따라 기계 번역 모델 및 시스템을 아래와 같이 세 가지 단계로 나눌 수 있다.

첫째, 가장 낮은 단계로 단순한 단어·구 번역이다. 대응어의 선택이 이루어지지 않으며 번역 시스템은 사전(事前)에 제시된 대응어를 모두 출력하여 보여준다.

둘째, 중간 단계로 대부분의 번역기가 이에 속한다. 통사, 의미 모델을 결합하여 적합한 대응어를 선택하고 출발어 텍스트 구조를 도착어(到着語) 텍스트 구조로 바꾼다.

셋째, 가장 높은 단계에서는 문법, 의미, 그리고 배경지식을 이용하여 도착어 텍스트를 종합·완성하는 것으로, 그 모델 및 시스템은 아직 연구단계에 머물고 있다.

번역기가 할 일은 전자사전(電子辭典)의 역할이 될 것이다. 외국어로 된 텍스트에 나와 있는 단어의 대응어를 찾을 때 유용하게 쓸 수 있을 것이다. 그러나 대응어를 가지고 번역을 하는 것은 번역가가 해야 할 일이다. 또한, 관심분야의 외국어 텍스트를 읽고자 하는 전문가들에게 번역기가 도움이 될 수도 있다. 그 외에도 번역기는 단순 번역 작업에 큰 도움이 될 수 있는데, 예를 들어 목록, 표 등과 같이 문법적으로 연결되지 않은 텍스트를 번역해야 할 때 유용하게 사용할 수 있을 것이다. 그러나, 현재로서는 성능이 가장 뛰어난 번역기계도 번역가를 대체하지 못한다고 할 수 있는데, 이는 번역이 창의성(創意性)의 발현에 의한 일종의 창작 활동이기 때문이다(Miram, ib.: 187-200).

3. 번역 텍스트

3.1 개요

텍스트(text)란 단순히 일련의 문장 연쇄(連鎖)가 아닌 하나의 통합적, 언어 완전체로서의 역할을 하는 통화성 발화체(communicative occurrences)를 의미한다 (곽성희, 2002 봄: 127). 일부의 문학 텍스트를 예외(例外)로 하고 직업적인 번역가들이 활동하는 기술적, 과학적, 경제적 및 의사소통의 상황에서 텍스트는 저자 또는 수신자(독자 혹은 청자)에 의하여 자율적인 실체로 고려되지 않고, 오히려 일반적인 통보나 설명 또는 확신을 주기 위한 특정한 의도를 가진 정보, 제안과 기타 관념(觀念)을 「전달하는 것」이다(문학작품에서는 더 복잡한 분류와 특성의 기술 등이 제안되어 왔음)(Gile D., 2002.5.: 17-18). 사회 문화적으로 볼 때 텍스트는

커뮤니케이션 수단에 그치는 것이 아니라, 한 언어공동체 나아가서는 인류 지식
의 역사적 전승(傳承)과 인지-커뮤니케이션의 구조적 접속(Feilke/Schmidt, 1995;
박여성, 2000 봄: 66)의 수단으로 인정된다. 텍스트는 구조화된 언어행위의 배열
로서, "주제상(主題上) 일정한 것을 지향하고, 뚜렷이 인식할 수 있는 커뮤니케이
션 기능, 즉 뚜렷한 화행(話行) 잠재력을 실현하는 커뮤니케이션 행위놀이에서
발화로 표현된 언어적 부분"으로 정의한다(Schmidt, 1976: 150; ib.: 66-7). 한편, 보
그랑드(De Beaugrande, 1997: 8)는 텍스트는 맥락을 통하여 의미를 통합하는 기능
을 갖는다고 설명한다.[4)]

3.2 번역 단위로써의 텍스트

텍스트는 단순한 문법적 실체가 아니라 의미를 전달하기 위한 목적(目的)으로
창조되고, 문법적으로 가능한 단어의 선택은 작가의 특정한 의사소통 목적으로
인하여 더 한층 억제된다. 각 단어는 부분적으로 잠재적인 의미의 한계를 실현하
고, 또 모호성이 존재하는 곳에 그 모호성을 명확히 하기 위하여 단어들을 추가하
거나 또는 주위에 배열한다. 따라서 연어(連語 collocation)는 의미를 끌어내거나
할당하는 역할을 수행하기도 하는 좌(左)로부터 우(右)로의 평탄한 텍스트의 통합
적인 특징이다. 어휘의 결합은 텍스트 내의 메시지를 명확히 하는 텍스트의 특징
중의 하나이다. 텍스트 내의 문장간의 관계는 문법적, 어휘적, 기타 특징에 의하여
나타난다. 어휘의 반복은 어휘 결합의 한 형태이며, 어휘 체인(lexical chain)은 텍스
트 내의 관련 단어들의 연속(連續)이고, 단문(인접 단어 혹은 문장) 혹은 장문(전체
텍스트)을 구성한다(Sung, B. H. 2002 May 23: 85-91).

---

4) 그의 설명에 의한 각 기능은 다음과 같다.
   - 음소(Phomene)는 음성을 통하여 (언어)체계 속에서 의미를 변별하는 기능.
   - 형태소(Morpheme)는 낱말조각을 통하여 의미들을 문법화시키는 기능.
   - 어휘소(Lexeme)는 낱말을 통하여 의미를 어휘화하는 기능.
   - 문법소(Syntaxeme)는 구와 문장을 통하여 의미를 선형화 하는 기능.
   - 텍스트(Texe)는 맥락을 통하여 의미를 통합하는 기능(Integrieren)으로 설명된다.

3.2.1 텍스트와 번역 단위

목표 텍스트가 실용적인 텍스트로써 생존하고 기능하기위해서는 목표청중의 기대를 충족시켜야 하며, 그러기 위해서는 목표 텍스트에 대한 언어학적으로 적합한 조정(調整)이 추가로 요구될 수도 있다. 번역된 텍스트가 원문텍스트와 동일한 의사소통의 효과를 갖기 위하여 어휘와 문법적 변경만으로는 적절하지 않기 때문에, 번역단위는 문장 수준 이상의 것이 되어야 한다. 가장 적절한 것은 텍스트(TEXT)가 될 것이다. 할라데이와 하산(Halliday & Hasan, 1976; Kirk, 2001: 12-13)에 따르면, 텍스트란 단어는 그 길이와는 상관없이, 언어학에서 통일된 전체를 형성하는 구두 혹은 서식의 임의의 한 절(節)을 지칭하는 데 사용된다. 한 텍스트를 비텍스트로부터 구분하는 특징으로서, 언어 특유의 문법적 및 어휘의 차이와 같이, 텍스트적인 차이가 존재한다. 각 언어 공동체는 텍스트의 구성방법을 가지는 데, 이것으로 인하여 때로는 언어학적으로 적합한 번역이 부자연스럽거나 혹은 이질적(異質的)으로 들리기도 한다.

번역 단위는 어휘소(Lexeme)에 국한되는 것이 아니라, 언어의 실존 단위인 텍스트(Text)이다(박, ib.: 63). 텍스트는 전체 구조간 유기적 연쇄체(連鎖體) 일 뿐만 아니라 인간의 인지할 수 있는 통합적인 의미결합의 단일체로서 완결성(完結性)을 지니고 있는 단위이다. 이러한 통합적인 기능을 가진 텍스트 단위를 기준으로 번역에 접근할 때 텍스트 생산자와 수용자간의 인지적 교류가 가능하여 원활(圓滑)한 의사소통을 이룰 수 있다(김세정, 2003 가을: 50). 번역의 단위에 대하여 음소, 단어, 문장, 텍스트 등 학자마다 견해의 차이가 있으며(Neubert, 1992; 곽성희, 2002 봄: 127), 문화전체를 번역단위라고 주장하는 이들(Bassnet and Lefevere)도 있다(Nord Christine, 1997: 69; ib.). 그러나 번역의 단위가 텍스트(text)이고, 텍스트라는 큰 틀 안에서 특정 번역 상황에 따라 번역가가 고려해야 하는 단위가 변하는 것이라는 견해가 일반적이다. 전문분야 텍스트 번역에서 번역작업의 대상은 언어가 아닌 메시지, 즉 의미이다. 의미는 언어에 있지 않으며, 단어는 특정 현실을 연상(聯想)시켜 주는 역할만을 할 뿐이다. 바로 이 현실을 대상으로 번역하는 것이지 단어 자체(自體)를 번역하는 것이 아니다(듀리에, ib.: 34, 37).

현재 빠롤 중심의 언어학에서 텍스트는 언표(言表)의 기본 단위이며, 커뮤니케이션의 목적으로 생성(生成)되므로 번역의 기본 단위이다. 문장은 문법이라는 단순한 체계 내에서 정의되는 단위이지만 텍스트는 복합체계이며 그 체계의 상관관계에 의해서 정의(定義)되는 빠롤 차원의 구체적 언어 단위이다. 그러므로 텍스트는 인간 커뮤니케이션의 궁극적 단위이다(김효중, 2004 봄: 83). 문장과 마찬가지로 텍스트는 단일한 하나의 전체를 구성하는 일련의 구조화된 언어학적 표현이라는 점에서 문장과 같다(Edmonson, 1981; Bell R.T., 2000: 219). 그러나 이것은 담화(談話)와는 대조적인데, 담화는 보다 더 넓은 언어적 행동과 기타 다른 행동에 표현된 구조화된 사건을 지칭하기 때문이다. 텍스트와 담화를 상호 교환적으로 사용하는 언어학자들이 있는 반면에, 텍스트는 문자로 된 자료이고 담화는 말로 된 자료를 의미하는 것으로 생각하는 사람들도 있다.

3.2.2 텍스트의 구성

텍스트 구성(texture)의 가장 중요한 개념은 두 어휘단위의 고리(link) 관계를 나타내는 끈 개념이다. 텍스트의 끈은 의미 관계에 의하여 맺어지며, 텍스트 메시지의 결속구조의 근간이 된다. 끈의 관계는 공지시성(共指示性 co-referentiality), 공분류성(共分類性 co-classification), 공확장성(共擴張性 co-extension)으로 분류된다(Hasan R., 1989; 곽, ib.: 129). 개별 텍스트는 어떤 이상적인 유형의 상징(token)이다. 다시 말해서 유형으로서의 명제 하나 하나가 그 명제가 구현된 일련의 절 기저에 깔려 있듯이, 일련의 절로 무한한 수의 발화(發話)가 실현될 수 있는 것과 같다. 실제 의미에서 개별 텍스트는 어떤 다른 것이 실현된 발화이다. 또 어떤 다른 것이란 상호 연관된 일련의 절(예견 가능한 형태와 순서)로 어느 범위까지만 예측 가능한 일련의 상호 연관된 화행(명제 내용＋화행 능력)을 대표한다(Bell, 2000: 275).

3.2.3 텍스트의 임무와 의사소통 기능

텍스트는 단순히 언어의 표현이 아닌 인간 사고(思考)의 표현단위이며, 의사소통을 목적으로 한다(Baugrande R., & Dressler W., 1981; 김세정, 2003 가을: 50). 이러한 입장은 인지과학적 측면에서 본 것으로 텍스트 맥락을 중시(重視)하고 또한 인간은 텍스트 자체에서 이해하지 못한 사항들을 텍스트 외적인 경험 및 지식을 통해 추론(推論)하여 이해할 수 있는 능력을 가지고 있다는 것이다. 모든 텍스트는 잘 명시된 첫 번째 임무와 잘 명시(明示)되지는 않았지만 마찬가지로 중요한 두 번째 임무를 수행하고 있다. 즉, 암시된 임무는 최종적으로 추구한 목적이 무엇인가를 구체적으로 일깨워 주는 역할을 하고 있다. 텍스트의 본질적인 임무, 숨겨진 임무는 반드시 파악해야 할 중요대상이며, 따라서 번역가가 제대로 인식(認識)해야 되는 요소이다. 번역가는 번역에 임하기 전에 텍스트의 임무가 무엇인가를 파악하고 이를 완벽히 인지하여 그 임무를 수행하는 데 힘을 쏟아야 한다. 이러한 임무의 인식이 번역가의 작업 과정 중 바로 표현의 단계에 영향을 주게 되는 데, 이는 텍스트의 목적이 무엇이냐에 따라 번역 방식이 결정되기 때문이다(듀리에, 1997: 47-48).

번역은 번역단위와 이에 상응하는 역어의 잠재적 등가(等價)에서 최적의 등가를 선택하는 작업인데 여기에서 문제되는 것은 번역 단위이다. 1970년대 언어학에 토대를 둔 번역이론의 관점에서 보면, 텍스트는 번역단위의 선적(線的) 연속이고 번역은 원어 텍스트에 나타나는 등가단위를 역어의 등가단위로 전환(轉換)시키는 과정이다. 그러나 텍스트는 그 요소의 총화를 초과하는 복합적이고 다원적인 구조 즉, 요소의 분석으로는 전체의 내용을 파악할 수 없다. 왜냐하면 텍스트는 단순한 언어적 현상이 아니고 주어진 언어현상과 사회의 문화적 배경 즉, 세계관에 기초한 의사소통 기능으로 이해되어야 하기 때문이다(김효중, 2000 가을: 30). 최근 들어 인간 간 커뮤니케이션에 대한 능력이 점점 강조되면서 단순히 문장 단위 내에서의 분석이 아닌 맥락(脈絡)을 고려한 텍스트를 번역의 단위로 인식하고 있다. 역자가 문장이나 단어의 개별의미에만 편중하면 정작 그 텍스트 전체가 전달하려는 정보를 파악하기는 어렵다. 어떤 언어를 번역하려면 그 언어에 대한 이해가 필수적(必須的)인데 단순히 문법적인 언어지식이 위주가 아닌 언어외적 상황까지 고려한 텍스트 전체 맥락적인 이해를 통해 번역은 이루어진다(김세정, 2003 가을: 49-50). **텍스트번역**은 단순한 언어적 현상이 아니고 주어진 사회-문화적 상황에 상응하는 복합적이고 다차원적(多次元的)인 문제이다. 따라서 번역은 번역가의 주관적 선택 문제이고 그 기준은 그의 세계관(世界觀) 즉 그의 사회-문화적 배경이다(김효중, 2004 봄: 85). 텍스트 처리과정이란 다름 아닌 능숙한 문제 해결과정이라고 간주하며, 그 **처리과정**을 내용의 발견, 목적, 맥락(脈絡)에 관한 것 등의 세 가지로 유형화한다(Bell R.T., 2000: 273).

3.3 텍스트성 기준

어느 언어에나 자체적인 제한(制限)과 금지규정이 존재하며, 개별 규칙과 더불어 모든 언어의 문장 구조를 결정짓는 **공통규칙**도 존재한다. 발화를 둘러싼 상황과 문법, 음성 규칙, 문체, 장르적 특징 등 내부적 언어 표준 및 체계 등이 그것들이다(피오트로프스키 외, 1977; Miram G.E. 2004: 49).[5] 이와 연관하여 단어의 의미는 문장구성 규칙에 의거하여 기본적인 두 가지 종류의 의미를 갖는데, 하나는 단어와 주변 세계를 잇는 **어휘적 의미**와 다른 하나는 언어 체계 내에서 다른 언어와의 관계를 결정짓는 **문법적 의미**를 갖는다. 어휘적 의미는 보통 직접, 지시적(referential) 의미와 전의(轉義), 은유적(metaphorical) 의미를 가지며, 문법적 의미는 문법적 범주와 단어의 통사적 기능으로 나뉜다. 내용을 파악하는데 1차적으로 중요한 것은 단어의 어휘적 의미이고, 문법적 의미는 부차적, 보조적 성격을 가진다. 필수 어휘인 경우를 제외하면, 의미를 결정짓고 대응어 선택을 함에 있어서 7가지 변수(變數)가 매번 크게 좌우한다. 이들 요소들이 번역에서 항상 작용한다는 것이 통역과 다른 점인데, 사람들은 그 작용을 인식하지 못하고 그저 직관(直觀)으로 여긴다. 아래의 7가지 요소들은 번역가가 성실하게 번역을 할 경우에만 제대로 이용되는데, 번역 과정에서 번역가가 대응 도착어 선택 시에 이들 변수들을 모두 고려할 수 있으며, 또 반드시 고려해야만 한다(Miram, 2004: 49-51, 169-74).

(1) 일반 사전에 제시된 의미(意味)
(2) 원문의 주제를 확인한 상태에서, 해당 전문(專門) 용어사전에서의 단어의 의미
(3) 원문 전체에 흐르는 맥락으로, 소설이라면 끝까지 읽고 가지게 되는 일반적인 개념.
(4) 좁은 맥락으로, 단어, 어결합의 의미를 결정짓는 한두 문장에 들어 있으며, 공통 및 개별 맥락은 서로 모순(矛盾)될 수도 있다.
(5) 텍스트의 문체를 결정하는 상황으로, 대화에서는 화자가 누구인지, 성격, 교육 수준은 어떠한지를 염두에 두어야 한다. 행위의 묘사라면 묘사 주체, 저자, 등 장인물을 고려해야 하며 행위가 침착한지 신속한지 그 속도감을 판단해야 한다.
(6) 배경지식(背景知識)으로, 이는 번역에서 대단한 비중을 차지하며 내부적 심사 기능을 한다. 이를 통해 번역에 있어서 정도와 조화를 지켜나갈 수 있다.

---

5) 상세한 내용은 피오트로프스키(ПИОТРОВСКИЙ Р.Г.) 외, "수리언어학"(모스크바, 1977) 참조.

(7) 도착어 어휘의 결합규칙(結合規則)으로, 상황과 함께 결합규칙이 문체가 올바른지 아닌지를 결정짓는다.

각 언어 지역사회는 담화(談話)를 구성함에 있어 자체적으로 선호하는 여러 가지 형태의 방법을 갖는다. 이것은 목표 독자들이 흔히 번역물을 어휘적으로 그리고 문법적으로 '정상적인 것'과 '외국적(外國的)인 것'을 구별할 수 있는 이유이다(Baker Mona, 1992: 112; Kirk S.H., 2001: 19). 번역은 원문대로의 처리과정으로 정의(定義)된다. 텍스트는 비-텍스트로부터 구별되는 분명한 특징을 갖는데, 이들 분명한 특징들이 텍스트성(texuality)의 기준을 구성하게 되며, 이들 기준들이 위반될 때, 그 텍스트는 부자연스럽고 외국적인 것으로 나타나게 된다(Kirk, 2004: 161). 각 언어마다 고유의 문법과 어휘가 존재하듯이 고유의 텍스트성 기준이 존재한다. 그러므로 번역가가 두 언어의 텍스트성의 차이를 고려하여 번역목적과 상황에 적합한 조절(調節)을 하여주지 않으면 도착언어권의 텍스트성 기준을 갖추지 못한 번역물이 생산될 가능성이 높다. 이러한 조절을 하기 위하여 번역가는 두 언어간의 텍스트성 기준에 대한 명시적인 지식을 보유해야 하는데, 이러한 지식은 교육과 경험을 통하여 축적되게 된다(Beaugrande & Dressler, 1981; 곽성희, 2000 봄: 95-96).

텍스트 수준에서의 번역 현상을 설명할 수 있는 가장 포괄적(包括的)인 이론 중의 하나는 텍스트 언어학에 관한 연구결과이며, 특히 보그랑드와 드레슬러는 텍스트를 텍스트답게 만드는 텍스트성 실현 기준을 이루는 구성 요소 7가지로 결속구조(cohesion), 결속성(coherence), 의도성(intentionality), 용인성(acceptability), 상황성(situationality), 정보성(informativity), 상호텍스트성(intertextuality)을 제시하고 있다. 또한 텍스트의 효율성(efficiency), 유효성(effectiveness), 적절성(appropriateness)이라는 텍스트에 의한 의사소통을 제어(制御)하는 제어적 원리(regulative principles)에 의해 텍스트의 구성과 용법이 제어된다. 이처럼 텍스트성을 이루는 7가지 구성적 원리와 3가지의 제어적 원리를 모두 추구해야 텍스트적 통화(通話)가 가능하게 된다(김세정, 2003 가을: 50). 먼저, 텍스트에 대한 세 가지의 **제어적 원리**는 다음과 같이 설명된다.

(1) 효율성: 참가자들로부터 최소한의 노력을 요구한다.
(2) 효과성: 어떤 목표를 달성하기 위한 조건을 창출하는 데 있어서의 성공 여부
(3) 적절성: 효율성과 효과성 사이의 균형을 제공한다. 인습적이고 상투적인 것과 관습에 얽매이지 않고 자유로운 것 사이의 균형을 제공한다.

효율성과 효과성은 갈등과 충돌의 경향이 있다. 평범한 언어와 진부한 내용은 효율적이지만 효과적이지는 않다. 반대로 창조적인 언어와 기괴한 내용은 효과적이고 이러한 텍스트는 강력한 충격(衝擊)을 주고 인상적이지만, 처리하는 데 많은 것을 요하기 때문에 비효율적이다. 능숙한 독자가 의존하는 지식, 즉 언어 사용자의 의사소통 능력은 적절한 쓰기에 대처(對處)하기 위한 방법과 책략을 암시해 준다(Beaugrande & Dressler, 1981; Bell R.T., 2000: 301). 이어서, 텍스트성 기준 7가지에 관한 설명을 알아보기로 한다.

3.3.1 결속구조(結束構造 Cohesion)

결속구조(cohesion)와 결속성(coherence)은 텍스트를 비텍스트와 구분하는 근거와 구조를 제공하는데, 이는 텍스트의 정의적 성격과 특징들을 구성하는 텍스트성의 기준이 되는 7가지에 속한다. **결속구조**(結束構造)는 텍스트의 여러 부분을 연결시키는 어휘적·문법적 표층 네트워크이다. 결속구조는 표층구조(表層構造)의 관계를 나타내는 것으로, 다른 부분의 정보를 전제로 하기 때문에, 그 부분에 의존하지 않고는 효과적으로 의미를 해석할 수 없는 경우 결속구조가 발생했다고 한다. 결속구조에는 **문법적**(grammatical) 결속구조와 **어휘적**(lexical) 결속구조가 있으며, 문법적 결속구조에는 지시(指示: reference), 치환(置換: substitution), 생략(ellipsis)과 접속표현(conjunction)이 있다. 어휘적 결속구조에는 반복(反復: reiteration)과 연어(連語: collocation)가 있으며, 반복은 어휘 항목의 반복을 포함하는 어휘 결속구조의 한 형태이다. 이것은 단어의 단순한 반복을 포함하지만, 그러나 다시 동일어휘반복(repetition), 동의어반복(synonym), 상의어 반복(superordinate)과 일반어 반복(general word)으로 분류된다(Halliday & Hassan, 1976; 곽성희, 2000 봄: 97; 2002 봄: 127-29).

연어(連語, collocation)는 여러 가지 방법들에 의하여 전형적으로 상호간에 관련되어 있는 어휘 항목들이 함께 발화(發話)하는 데서 나타나는 결속구조를 포함하는데, 이것들은 유사한 환경에서 발생하는 경향이 있기 때문이다. 여기에 추가되는 것으로는 시제의 계속성, 스타일의 일관성과 결속구조 장치로서의 콜론과 세미콜론과 같은 구두점들을 포함한다(Baker M., 1992: 211; Kirk, 2001: 22). **지시**는 언급(言及)된 부분의 해석이 다른 부분에 의존하는 경우이며, 대표적인 예는 'he', 'she', 'this', 'that' 등의 대명사이다. **치환**(置換)은 앞에 언급된 것이 다른 것으로 대체(代替)된 것을 의미한다. **생략**은 텍스트의 다른 부분에서 정보를 가져와야 해석이 가능하지만 구조적 공란으로 남겨져 있는 경우이다. **접속표현**은 텍스트 작성자가 앞의 내용과 뒤의 내용을 명시적(明示的)으로 나타내고자 할 때 사용한다. 그 대표적인 예로 영어에는 접속사(接續辭)가 있으며, 한국어에는 접속사, 접속어미 등이 있다.

결속구조는 지시항목과 그것이 지시하는 항목(項目)에 의하여 초래된다. 예를 들어서, "*John ate the apple. He thought it was delicious.*"의 문장에서 두 번째 문장에서의 *it*는 최초 문장에서의 *apple*을 지칭하며, 또 단어 *he*는 *John*을 가리킨다. 결속구조의 요소들이 몇 개의 문장에 걸쳐서 발생하는 반면, 결속구조 연쇄(連鎖)가 형성된다. 어휘의 결속구조는 어떤 방법으로든지 이전에 발생하였던 것과 연관을 갖는 어휘 항목의 선택에 관련된다. 그것은 어휘 또는 용어의 구조를 통하여 수립된다(성백환, 2002: 89-90). 만약 원천언어의 결속구조 메커니즘이 목표언어의 것과 상이(相異)하고, 또 번역가가 자연스러운 목표 텍스트를 생성(生成)하기를 바란다면, 적절한 조정을 하는 것이 정상적이다. 만약 번역가가 적절한 조정을 하지 않고 원천언어의 결속구조 장치를 이월(移越)한다면, 결속구조의 방해가 야기되고, 또 목표 텍스트의 결속구조 장치가 적절히 구성되지 않는다면, 그것은 실용적인 텍스트로써의 통일성을 상실하게 될 것이다(Kirk, ib.).

3.3.2 결속성(結束性 Coherence)

텍스트의 표현에 의하여 활성화된 지식 가운데는 관념의 계속성이 있기 때문에 텍스트(text)는 "의미를 지닌다(make sense)". "무의미한(senseless)' 혹은 "비–감각적인(non-sensical)" 텍스트는 텍스트의 수신자가 계속성을 전연 인식(認識)하지 못하는 텍스트인데, 통상적으로 표현된 개념과 외형(configuration)과 수신자의 사전 지식 간에는 심각한 모순(矛盾)이 있기 때문이다. 이 관념의 계속성을 결속성(coherence)의 기초로 정의한다(Beaugrande & Dressler, 1981: 84; Kirk, 2001: 23-24). 따라서, **결속성**은 표면의 텍스트에 의하여서 뿐만 아니라, 지식과 경험을 이용하는 언어 사용자들 간의 인식의 처리과정에 의해서도 형성된다. 그런 까닭에, 한 텍스트의 결속성(coherence)은 텍스트 사용자의 해석(解釋) 능력에 의존한다. 만약 원천과 목표 청중 간에 근본적인 지식의 차이가 존재한다면, 목표언어의 결속성 체계에 따르는 결속성의 개조(改造)를 필요로 하게 된다.

가장 아름다운 문장으로 표현된, 세상에서 가장 설득력 있는 관념(觀念)들도 만약 적절히 연결되어 있지 않다면 아무도 감동시키지 못할 것이다. 그리고 또, 만약 독자들이 하나의 생각으로부터 다른 생각으로 쉽사리 이동(移動)할 수 없다면, 그들은 분명 다른 읽을거리를 찾든가, 혹은 텔레비전을 켜게 될 것이다. 일반적으로 관념(觀念)과 관념 간에 변화(transition)를 제공하는 것은 태도 문제이다. 관념간에 변화를 제공함에 있어서 4가지의 기계적인 고려사항이 있다. 즉, 변화의 표현을 사용하는 것, 주요 단어와 구(phrases)를 사용하는 것, 지시 대명사(pronoun reference)를 사용하는 것과 평행선의 형태(parallel form)를 사용하는 것 등이다.

(1) **변화의 꼬리표 사용(Using Transitional Tags)**: 변화의 꼬리표는 가장 간단한 것 즉, 작은 접속사들, and, but, nor, for, yet, or, (그리고 때로는) so로부터 여러 관념들이 연결되는 복잡한 신호(信號) 즉, 접속 부사와 however, moreover, nevertheless, on the other hand와 같은 변화의 표현들까지를 그 범위에 둔다.

(2) **중요한 단어와 구(句)의 반복**: 중요한 단어와 구를 반복함으로서 관념과 관념을 연결(連結)시키고자 하는 능력은 때로는 반복하기를 꺼려하는 저항에 직면할 수도 있다. 모든 사람들은 장황한 말을 싫어하기 때문이다. 그러나, 반복(反復)은 적절히 사용하면, 일관성(一貫性)의 유지에 도움이 된다.

(3) **지시 대명사(Pronoun Reference)**: 대명사는 독자들을 텍스트 내에서 이전에 있었던 무엇인 가를 참조시키기 때문에 아주 자연스럽게 관념(觀念)들을 연결시킨다. 만약 독자가 이것(this)이 무엇을 의미하는지를 즉시 알 수 없다면, 문장은 모호해지고 오해할 수 있도록 하는 것이다. 아울러, 책임을 회피하기 위하여 애매한 지시 대명사의 사용을 삼가해야 한다.

(4) **평행성(Parallelism)**: 2개의 작품 간에 평행성이 존재할 때, 유사성이 존재한다. 산문체의 음악은 때로는 평행성의 결과이며, 심지어 절(節)과 전체 문장까지도 포함하는 계획적인 구(句)의 보다 큰 구조 반복이다.

한편, 결속성(coherence)과 결속구조(cohesion)를 구분함에 있어서, 결속구조(cohesion)만으로는 문장의 모임이 텍스트가 되기 위해서는 충분하지 않다. 필요한 것은 결속성(結束性)이며, 이는 사전-문법적(lexico-grammartical)인 수준을 넘는 것이다. "이 책은 무엇에 관한 것이냐?"와 같은 질문에 초점(焦點)을 맞추는 것이다. "주제를 분명히 구별할 수 있는가 또는 거기에는 관련없는 주제가 많은가?" "논리적인 연결은 있는가" "거기에 모순(矛盾)은 있는가?" 결속성(coherence)은 독자 또는 청자의 판단에 따른다. 그가 텍스트로부터 의미를 파악하는 방법에 따른다. 궁극적으로, 문장의 연속(連續)을 텍스트로 인지하기 위하여 반드시 고려에 넣는 것은 결속성(coherence)이다. 결속구조의 구성요소는 도움이 되지만, 문제가 되는 것은 독자 또는 청자가 텍스트를 텍스트로써 인지(認知)하느냐 안 하느냐 하는 것이다. 결속구조(cohesion)는 자동적으로 결속성으로 이어지지 않는다. 결속구조는 텍스트의 표면에 관련되지만, 결속성(coherence)은 독자 또는 청자의 마음속에서 더 많이 관련된다.6)

3.3.3 의도성(意圖性 Intentionality)

의도성(intentionality)은 텍스트 생산자들이 그들의 의도(意圖)를 추구하고 또 이행하도록 하기 위하여 텍스트를 이용하는 모든 방법을 지시한다(Beaugrande & Dressler, 1981: 116; Kirk, S.H. 2001: 24). 사람들은 의도성(intentionality)의 개념(槪念)을 아주 확실하게 사용해왔으며 또 5개의 구성요소로 그 정의를 내리고 있다(Malle & Knob, 1997a). 만약 대리인이 ①결과를 위한 욕구(欲求), ②행위가 결과로 인도할 것이라는 확신, ③행위를 수행하기 위한 의도(意圖), ④행위를 수행할 기술(技術)과 ⑤행위를 수행하는 동안 인식(認識)을 갖는다면 하나의 행위는 의도적인 것으로 고려한다. 의도성(intentionality)은 무엇 무엇에 관한 것(*aboutness*)이다. 어떤 사물(事物)들은 다른 사물들에 관한 것이다. 즉, 확신은 빙산에 관한 것일 수 있지만, 그러나 빙산은 어떤 것에 관한 것은 아니며, 하나의 생각은 숫자 7에 관한 것일 수 있지만, 그러나 숫자 7은 어떤 것에 관(關)한 것은 아니며, 한 권의 책 또는 영화는 파리에 관한 것일 수 있지만, 그러나 파리는 어떤 것에 관한 것이 아니다. 철학자들은 오랫동안 의도성(intentionality)의 현상 분석에 관하여 관심을 가져왔으며, 이것은 여러 사람들에게 정신상태와 이벤트의 기초적인 특징으로 여겨져 왔다(Daniel C. Dennett & John Hauge land, 1987). 의도성(intentionality)을 갖는 현상은 사실상, 그 자체로 외부(外部)의 무엇인가 다른 것을 지칭한다. 즉, 그것들이 무엇에 속하는 또는 무엇에 관한 것이든 간에 외부의 다른 무엇을 지칭(指稱)한다.7)

---

6) 출처: Encarta® World English Dictionary.
7) 인터넷 Encarta Encyclopaedia(2005).

3.3.4 용인성(容認性 Acceptability)

용인성은 텍스트 수용자의 태도(態度)에 관한 것인데, 텍스트는 텍스트 유형과 해당 언어권의 기대에 부응하는 결속구조와 결속성을 구비해야 되는 것을 뜻한다. 문법성은 언어적 관점만을 고려하여 이분법적 구조로 정문과 비문을 결정하는 데 반해, 용인성(容認性)은 언어학, 사회학, 심리학적인 면을 고려하여 단계적으로 그 수용(受容) 여부를 결정한다(Lakeoff Robin, 1977: 73-86). 그러므로 용인성 기준에 의하면 수용 가능한 문장이라도 비문법적(非文法的)일 수 있으며, 문법적 문장이라도 용인성의 관점에서 보면 적합하지 않은 경우가 있다. 원문 텍스트와 목표 텍스트 간에 용인성 기준에 있어서의 차이가 존재한다면, 번역가는 적절한 조정을 하게 된다(KIRK, 2001: 25). 한국어의 용인성 기준에 부합하기 위한 전환(轉換)의 원인은 사회·문화적 차이와, 출발언어와 도착언어 사이에서 동일하지만 용법과 빈도가 상이한 문법범주로 대별(大別)할 수 있다.

동일 문법 범주의 용법과 빈도의 차이로 인한 전환은 복수, 시제, 피동표현에서 발견된다. 영어는 가산명사에서 **복수(複數)** 표시가 필수적이지만 한국어의 경우는 선택적이고, 때로는 복수라 할지라도 복수 표시를 하지 않는 것이 자연스러울 때가 많다. **시제(時制)**는 한 문장이 지시하는 상황의 시간적 위치를 다른 기준적 상황의 시간(주로 발화 시간)에 관계지우는 문법 범주이다(한동완, 1996). 기준 시점의 성격에 따라 절대 시제와 상대시제의 개념을 구분하고 있는데(Comrie Bernard, 1976), 절대시제는 현재를 중심점(deictic center)으로 하는 시제(時制)를 말하며, 상대시제는 기준시점이 상황에 의해 주어진 시제를 일컫는다. 한국어에서 동사가 상대(相對) 시제로 해석되는 경우는 문장 전체가 과거형이면 명시적(明示的) 과거형 어미가 없더라도 과거로 해석된다. 그러나 영어는 과거를 표시하려면 문장의 모든 동사를 명시적으로 과거 시제로 표현해 주어야 한다(곽성희, 2000 봄: 101-103).

3.3.5 정보성(情報性 Informativity)

정보성(informativity)은 수용자에게 제시된 자료가 새롭거나 예측 불가능한 정도를 의미하는 것으로 자료처리의 난이도(難易度)와 흥미의 정도를 결정한다(곽, 2002 봄). 어떤 텍스트를 접(接)할 때 어느 정도의 정보를 맥락(脈絡) 내외적 요소를 통해 내용을 추측하기도 하고 새로운 내용을 만나 전혀 예측할 수 없는 상황에 처할 수도 있다. 예를 들어 어떤 소설작품을 읽기 전에 대부분 그 대략적인 내용에 대해 어느 정도의 정보를 취(取)한 후 자신의 기준을 가지고 작품을 접한 경우, 처음부터 자신이 예상한대로 내용이 흘러가고 결말(結末) 또한 그렇다면 정보성이 아주 낮은 작품이라 할 수 있다. 정보는 필요한 양만을 제공하고 그 이상의 정보를 제공하는 것은 바람직하지 않다. 만약 텍스트에서 정보가 너무 많이 주어진다면 독자는 지루해 할 것이며 너무 적은 정보가 주어진다면 독자는 이해하는 데 어려움을 느끼게 될 것이다. 정보구조의 측면에서 담화는 정보단위(information unit)로 성립한다(Halliday). 정보단위란 화자가 일정한 전달내용을 자신이 전(傳)하고 싶은 대로 나눈 것인데, 그것이 선형적으로 이어져 통합된 담화가 된다(박근우, 1991; 성백환, 2003 가을: 120).

보그랑드 · 드레슬러(1981)는 정보성의 정도를 개연성(蓋然性)의 높고 낮음에 따라 **3단계로 나누어** 설명하고, 어떤 체계에나 배경에 잘 통합되어서 예측가능성 정도가 가장 높은 1차 정보성(first-order informativity)의 통화상 개념은 '기준치(基準値 default)'와 '선호'(preferences)이며 어떤 텍스트에도 항상 존재하기 때문에 독자의 주의를 끌지 못한다. '기준치'나 '선호'의 기준이 깨지면 2차 정보성(second-order informativity)을 얻게 된다. 중간 단계인 2차 정보성을 갖는 것이 통화상 가장 보편적(普遍的)인 기준이 된다고 할 수 있다. 수준이 기대하는 선택사항 밖에서 이루어지는 3차 정보성(third-order informativity)은 더 많은 흥미를 유발하지만, 불연속성(discontinuity)과 불일치성(discrepancy)의 특징을 가지고 있기 때문에 연속적으로 발화(發話)들을 통합해야 한다. 3차 정보성은 그 의미를 알아내기 위해 2차 정보성으로 격하(downgraded)되기도 하는데 그 해결방법으로 동기탐색(motivation research)을 수행한다. 이 방법은 수용자가 앞에 나타난 발화에서 동기를 찾으면 후향격하(backward downgrading), 뒤에 나타날 발화에서 동기를 고려하면 전향격하(forward downgrading)가 되고, 텍스트를 벗어나 동기를 탐색하면 외향격하(outward downgrading)이다. 이러한 중간조정 과정을 통해서 그 연속성(連續性)이 복원될 수 있다(김세정, 2003 가을: 51-52). 출발언어권과 도착언어 권의 역사, 문화, 관습(慣習), 공유정보(공통 경험을 통해 한 언어 공동체가 소유하게 되는 정보로 과정정보와 서술 정보를 말함) 등이 상이한 경우, 원문을 보완하지 않고 그대로 번역하면 원문과 번역문의 정보성이 변화할 수도 있다. 즉 출발언어권 독자가 보유하고 있는 외향탐색(外向探索)에 필요한 정보를 도착언어권 독자가 갖고 있지 않다면 정보성을 낮추기 어려울 것이며, 심한 경우 의사소통이 이루어지지 않을 수도 있다. 이와 더불어 출발언어권 독자가 갖고 있지 않은 정보를 도착언어권 독자는 이미 보유하고 있어 2차 정보성 텍스트가 1차 정보성 텍스트로 변할 수도 있다.

　정보성의 차이를 조절하기 위한 전환(轉換 shift)은 출발언어권과 도착언어권의 관계성(relevance), 공유정보(mutual knowledge), 숙어, 관용적 표현, 비유 표현, 다의어와 단어유희, 방언(方言)의 사용, 도량형과 화폐단위, 사회제도의 차이 등에서 기인한다(곽성희, 2001 봄: 78-92). 번역가는 원문에 있는 단어, 구문 등의 정보가 도착언어권의 독자에게 생소(生疎)한 경우 그 정보를 보존하고 설명을 추가하거나, 독자에게 잘 알려진 다른 단어나 구문으로 바꾸거나, 또는 정보를 축소하거나 생략한다. 만약 그 정보가 관계성이 높다면, 해당 정보를 보존하고 확대하는 반면, 효과가 적다고 판단되는 경우 이를 축소하거나 생략한다. 또한 출발언어권의 독자에게는 관계성이 낮지만 도착언어권의 독자에게는 관계성이 높은 정보라면 원문에 특정 정보가 없어도 번역문에는 이들 정보를 추가하기도 한다. 특정단어가 도착언어권 독자에게 친숙(親熟)하지 않고, 상위어로 표현하여도 글의 효과에 큰 변화가 없으면, 번역가는 하위어를 상위어(上位語)로 전환하기도 한다.

　출발언어의 독자가 공유하고 있는 정보를 도착언어의 독자가 공유하지 않을 때, 그 정보를 그대로 보존하기로 결정하면 적절한 정보성을 유지하기 위하여 번역가는 **정보를 확대**하여 주게 된다. 그 방법으로는 ①본문 내에서의 확대, ②본문 내에서 괄호 안에 설명 추가(追加), ③본문 내에서 괄호 안에 설명추가와 역주(譯註) 표시, ④각주, ⑤권말의 용어 해설 등이 사용된다. 또 각 언어권마다 메시지를 효과적으로 전달하는데 도움을 주는 숙어, 관용적 표현, 비유(比喩) 표현이 존재하는데, 만약 이들 표현을 직역한다면 도착언어권의 독자들은 그 뜻을 전혀 이해할 수 없는 경우가 있다. **숙어(熟語)**는 변화가 거의 불가능한 굳어진 표현으로 직역하게 되면 도착언어권 독자에게 동기탐색이 불가능한 3차 정보성 구문이 될 수 있는 것들이며, **관용적 표현**은 구성 단어를 바꿀 수 있고, 직역하게 되면 어색한 도착언어 문구(文句)로 변할 수 있다. **비유적 표현**의 경우 각 언어마다 차이가 있어 출발언어에서 효과 있는 비유적(比喩的) 표현이 도착언어에서는 무의미해 질 수 있는데, 이러한 경우 번역문에서 일반적 표현으로 바꾸거나 도착언어권 독자들에게 잘 알려진 표현으로 대치(代置)한다.

　원문에 **단어유희**(單語遊戲)나, 의미가 내포된 **고유명사**가 있는 경우, 번역시 적절한 보완을 해주지 않으면 정보성이 일부 상실될 수 있다. 원문의 단어유희의 정보성 변화 조절을 위하여 번역자는 ①정보를 확대해 주거나, ②비슷한 효과의 다른 단어로 대체하거나, ③비슷한 효과의 다른 단어로 대체하고 보완(補完)하여 준다. 원문의 고유명사에 의미가 내포되면 번역가는 ①한글로 전사(轉寫)하거나, ②한글로 전사하고 괄호 속에 의미를 설명하거나, ③한글로 전사하고 괄호 속에 원문과 의미 설명을 추가하거나, ④고유명사를 번역하거나, ⑤고유명사를 번역하고 괄호 속에 원문 고유명사를 전사한다. 이와 더불어 원문의 이름이 원문과 다른 언어에서 유래하지만 발음이 유사하여 출발언어권 독자에게 부연 설명이 필요하지 않더라도 도착언어와는 거리가 있어 추가 설명이 없으면 이해에 지장이 있을 경우 번역문에서는 괄호 속에 단어의 뜻을 추가(追加)하여 이해를 돕게 할 수 있다. 원문에서 두 단어 이상으로 구성된 용어(用語)를 구성 단어 각각의 의미를 이용하여 **언어 유희**(遊戲)할 때, 원문에서 대용어를 사용한 경우 번역문은 대용어 대신 동일 어휘로 반복하거나 생략하는 경우가 많다.

　방언(方言)은 지시적 의미 이외에 방언 사용자에 대한 추가 정보를 제공한다. 원문에서 방언이 사용될 때 번역문은 표준어를 쓰거나, 현존하는 도착언어권의 방언을 사용하거나, 새로운 방언을 창조(創造)하거나 한다. 만약 번역가가 방언을 창조하는 방법을 선택하면, 원저자가 전달하고자 하는 정보를 가장 효과적으로 전달하는 방언을 만들게 된다. 다음으로 **도량형**(度量衡)**과 화폐** 단위인데, 한국은 미터법을 단위로 사용하지만 영어권, 특히 영국이나 미국은 파운드나 마일을 단위로 사용하기 때문에 원문의 단위를 전환(轉換)하지 않으면 국내의 독자들에게 그 뜻이 쉽게 전달되지 않는다. 화폐의 단위도 언어권마다 상이한 경우가 대부분이지만, 환산율(換算率)이 일정한 도량형과는 달리 환산율은 수시로 변하기 때문에 비문학번역에서 전환이 이루어지는 경우를 볼 수 있다(곽, 2000 봄: 91-107). 도착언어권에 존재하지 않거나 상이한 출발언어권의 제도(制度)가 원문에 언급되면 번역가는 ①상위어로 전환하거나, ②상응하는 도착언어권 제도로 전환하거나, ③출발언어권 제도를 그대로 보존하고 설명을 추가한다. **번역방법**은 번역상황과 목적에 따라 변하게 된다. 정보전환시 선택방법은 번역물이 출발언어권에만 적용되는지, 출발언어권과 도착언어권에 모두 적용되는지에도 달려있다. 번역가가 정보성 차이를 적절히 조절할 수 있으려면 출발언어권 문화를 충분히 이해하고 있는 출발언어권 독자와 도착언어권 문화에 익숙한 도착언어권 독자의 입장에서 원문을 받아들이고 재구성하여야 한다(곽, 2001 봄: 92, 94).

3.3.6 상황성(狀況性 Situationality)

번역은 번역가인 행위자가 장소, 언어, 문화, 시간 그리고 공간적인 호감(好感)과 시각을 변경하는 다양한 상황과 환경 속에서 실시된다. 이들은 서로 작용하며 또 상호 의존적인 변수들(variables)이 의식적으로 무의식적으로 원천언어와 목표 언어 양측(兩側)에 대한 행위자의 인식 행위, 반응과 태도에 영향을 미친다. 이들 변수(變數)들은 원천언어와 생산물에 대한 행위자의 인식에 의한 반응(反應)과 감정적인 반응에도 영향을 미쳐서, 종국적으로는 지식 이전(transfer)의 본질과 초점, 품질과 속도에 영향을 준다. 상황에 따른 친근성(situational affinity)은 전체적인 번역전략을 정의함에 있어 긍정적 혹은 부정적 요인을 강화(强化)시키기도 한다 (Ali Darwish, 2004). 특정 번역 상황을 지정하지 않고 바람직한 번역 방법을 논의(論議)하는 것은 여행 목적이나 상황을 지정하지 않고 여행하는 가장 좋은 방법을 문의하는 것처럼 의미 없는 일이 될 것이다. 상황성은 텍스트를 발화(發話)의 상황과 관련시키는 요인들과 관계된다(Beaugrande & Dressler, 1981: 9). 상황성은 특유의 시간과 장소에서의 텍스트의 정확한 위치(位置)를 정의하며, 상황은 텍스트의 양식을 지시한다. 보그랑드와 드레슬러는 이 점을 도로 표지(標識)를 예로 들어 설명한다. 도로 표지의 경우에 있어서, 운전자가 이동하는 통과 통행 속에서의 기타 많은 다른 자극물 가운데서 단지 제한된 시간과 주의만을 도로 표지에 주목할 수 있기 때문에 그 텍스트는 최대의 절약형으로 만들어져야 한다.

원문 텍스트의 문자 그대로(textual)의 상황성을 인지(認知)하는 것은 번역가의 의무이며, 또 만약 목표 지역사회가 특정한 상황에 대하여 원천 지역사회의 것과 상이한 텍스트적인 기준을 갖는다면, 목표 지역사회의 기대를 만족시키기 위하여 조정(調整)을 필요로 한다. 추가하여, 만약 번역물의 상황성이 변화한다면, 변경된 상황의 목표 텍스트적인 기대에 충실함이 요망된다(KIRK, 2001: 23-29). 번역 상황에 따라 번역가는 상이한 전환(轉換)을 하게 된다. 번역은 상황, 번역가의 능력, 원문과 번역문의 교차점에 존재하는 것이다(Neubert and Shreve, 1992: 5; 곽성희, 2000 봄: 112-13). 상이한 상황은 상이한 유형의 언어를 필요로 한다. 언어가 구사

되고 있는 다양한 맥락(contexts) 속에서의 언어활동을 관찰할 때, 상이한 유형의
상황에 적합한 대로 언어의 유형(type)이 다르게 선택되는 것을 발견한다. 상황은
이야기가 되고 있는 사건(event)이나 또는 문제의 상태에 의해서가 아니라 특정한
종류의 언어가 특정한 사용에 적합한 '관례(慣例, convention)'에 의하여 결정된다"
고 하였다(Halliday, Mcintosch and Strevens, 1964; 곽, 2002 가을: 172).

따라서, 상황은 특정 텍스트 유형의 사용역 수준을 결정하며, 또 동일한 텍스트
유형에 대하여 상이한 언어 공동체 간에 달라질 수 있는 언어 공동체의 '관례
(convention)'이다. 번역 작업에서 '주어진 문맥에 맞아야 한다'는 일반론은 좀더
구체적으로 '주어진 언어 문맥과 상황(狀況) 문맥에 맞아야 한다'로 고쳐서 말할
수 있다. 전자(前者)를 흔히 말하는 일반적인 의미의 문맥(文脈)이라고 한다면, 후
자는 문장 차원을 넘어선 넓은 의미의 문맥이라고 할 수 있다(김정우, 2001 가을:
112). 번역 텍스트의 이해용이성(intelligibility)이 떨어져 의도(意圖)된 커뮤니케이
션이 아예 일어나지 못할 수도 있다(Nida & Taber 1969; 정호정, 2003b: 61).[8] 적절
한 수준에서 번역 텍스트 확장/축소 현상이 일어나는 것은 번역 텍스트를 대상독
자가 쉽게 읽고 이해하는 가운데 원문에서 전달하고 있는 것과 비슷한 정도의 정보
를 추론(推論)해 낼 수 있게 한다는 점에서 매우 중요하다. 이런 점에서 볼 때 구체적
인 번역 작업이나 상황별로 적절한 정보의 중개(仲介)가 필요해지고,[9] 이것이 적절
한 수준의 번역텍스트 확장율(擴張率)로 나타나야 한다는 결론을 내릴 수 있다.

3.3.7 상호(相互) 텍스트성(Intertextuality)

상호텍스트성은 독자로 하여금 그가 읽는 텍스트의 유형(類型)을 식별할 수 있
도록 한다. 예를 들어, 독자들은 문학서적과 법률서적을 쉽사리 구별할 수 있다.
이것은 각 텍스트 유형에 대한 전형적인 특징(特徵)이 오랜 기간에 걸쳐 진화되어
왔기 때문이며, 또 언어지역사회의 사람들이 상이한 텍스트 유형에 대하여 상이

---

8) Gutt가 번역텍스트의 이해가능성(accessibility)이라는 용어를 사용한 데 비해 Seleskovitch는
   이해용이성(intelligibilitity)이라는 용어를 사용하였다.
9) 각 번역상황에 작용하는 번역 텍스트 확장요인(들)의 영향에 대한 판단에 따라 번역자가
   중개하는 정도가 달라진다. 예를 들어 일상생활에 널리 사용될 수 있는 신소재 개발에
   대한 과학보고서를 일반 신문 독자를 위해 번역할 때와 소재과학 전문가들을 위해 번역할
   때 번역자가 언어로 구현하는 정도(verbalization)가 달라진다.

(相異)한 기대를 발전시켜왔기 때문이다. 만약에 번역가가 목표지역사회의 자연스러운 특징을 갖는 목표 텍스트를 생성(生成)하기 원한다면, 그는 그 텍스트 유형에 대한 원문(原文)과 목표 텍스트 양쪽의 상호텍스트성의 기준에 대한 명확한 지식을 갖는 것이 좋다. 상호텍스트성은 텍스트의 이용을 이전에 읽었던 텍스트의 지식에 따르게 하는 요인에 영향을 미친다(Beaugrande & Dressler 1981: 10; Kirk, 2002 가을: 165-87). 이 지식은 독자로 하여금 저자에 의하여 의도된 암시를 이해하는데 도움을 준다. 또한 텍스트 사용자들이 일정한 텍스트를 모방(模倣)하거나, 반응하거나, 또는 왜곡(歪曲)시킴으로써 발생하는 여분의 암시를 이해할 수 있도록 한다. 만약 원문의 텍스트가 이러한 지식을 필요로 한다면, 번역가는 종종 이러한 여분의 의미를 전달하기 위하여 어떤 조정이 필요한 가를 평가한다. 언어·문화권이 다르다면 같은 유형의 텍스트라 할지라도 상호텍스트성이 상이할 수 있다.

위의 일곱 가지 **텍스트성 기준**은 기본적인 것이어서 이 중 어떤 한 가지를 만족시키지 못하면 전체를 만족시키지 못하게 된다. 이 특징 중 어떤 하나라도 결여(缺如)된 텍스트는 텍스트가 아니라 단순한 어휘, 음(音) 또는 글자들의 집합체(集合體)에 불과하게 된다. 다음과 같이 7가지의 텍스트성 기준을 요약 할 수 있다(Bell R.T., 박경자·장영준 옮김 2000: 220-21).

(1) 절들이 어떻게 서로 연결되어 있는가? (cohesion: 결속구조)
(2) 명제들이 어떻게 서로 연결되어 있는가? (coherence: 결속성)
(3) 화자/저자가 이것을 산출하는 이유는 무엇인가? (intentionality: 의도성)
(4) 독자가 그것을 받아들이는가? (acceptability: 용인성 또는 수용성)
(5) 그것이 우리에게 무엇을 말해 주는가? (informativity: 정보성)
(6) 이 텍스트는 무엇 때문에 있는가? (situationality: 상황성)
(7) 이 텍스트가 다른 어떤 텍스트와 유사한가? (intertextuality: 상호 텍스트성)

이 기준들은 텍스트를 통한 의사 소통을 정의하는 구성 원리이며, 성격상 상관되고 있음을 알 수 있다. 결속구조(cohesion)는 일련의 절이나 문장의 표면 텍스트를 구성하는 상호관련 요소로 구성되어 있다. 그 과정은 어휘-통사적(syntactic) 방법에 의해 표시된다. 결속구조란 서법 체계에서 이용 가능한 선택 사항들, 즉 주어, 술어, 보어, 부가어로부터의 선택과 관련된다. 반면 결속성(코히어런스)이란 표면 텍스트에 의하여 실현되며 그 기저(基底)에 있는 텍스트세계의 개념과 관계의 순서와 배치로 구성되어 있다. 만일 결속구조(cohesion)와 결속성(coherence)이 있다 하더라도 의사소통 활동에 사용되기 위해 텍스트는 텍스트로 의도(意圖)되어야만 하고, 또 그런 것으로 받아들여져야만 한다. 텍스트를 만드는 사람과 받는 사람은 서로의 역(逆)이 된다. 즉 의도성이란 보내는 사람이 취하는 방향이고 수용성(受容性)은 받는 사람이 취하는 방향이다.

텍스트의 수용성은 실세계를 얼마나 정확하게 지시하는가 라는 지시(reference)의 정확성이 아니라 오히려 상황(situation)에 대한 참여자들의 태도에 연관된 텍스트의 신뢰도와 관계성 측면에서 자주 판단되고 비판되는 것으로 주장 되어 왔다(Beaugrande & Dressler, 1981: 179; Bell R.T., 2000). 텍스트는 정보를 포함하고 있으며 이에 대한 평가나 측정은 텍스트의 정보성(informativity)이다. 너무 많은 정보는 텍스트를 이해하지 못하게 하고, 반대로 너무 적은 정보는 읽기 쉬운 것이지만 읽을 가치(價値)가 없는 것으로 만든다. 전형적으로 텍스트는 상당한 예견 가능성이 있고, 있음직하거나 있음직하지 않은 것을 포함하게 된다. 텍스트를 읽기 쉽고 흥미롭게 하는 것은 바로 이러한 것들의 균형이다. 마지막 기준인 상호 텍스트성(intertextuaality)은 특정 텍스트와 그 텍스트와 특징을 공유하는 다른 텍스트간의 연관 관계를 말한다. 즉 텍스트 처리 장치로 하여금 새로운 텍스트에서 이제까지 접한 다른 텍스트의 특징과 자질을 인식하도록 하는 요인들을 말한다(ib.: 222-231).

3.4 번역 텍스트의 기타 고려사항

번역의 질적(質的) 문제는 텍스트 이해와 직접적으로 연관된다. 언어적, 문화적 상황, 텍스트 생성자의 의도 등 해결해야 할 어려운 문제에도 불구하고 번역은 결국 언어와 관련되며 텍스트 이해를 근간으로 역어 텍스트를 생성하는 작업이다. 텍스트는 커뮤니케이션 기능을 수행하는 언어기호의 한정된 연쇄체(連鎖體)이므로 언어학적 방법으로 기술되고 설명되며 또한 분류될 수 있는 내적, 외적 표지(標識)를 지니고 있다(김효중, 2004 봄: 83, 88). 목표 텍스트의 윤곽(profile)을 들어내는 많은 특징들은 목표 텍스트(TT)가 그 독자들에 의하여 어떻게 받아들여 질 것인가 하는 번역가의 인식(認識)이나 기대에 근거하여 이루어진 결정을 반영(反映)하는 것이다. 따라서, 번역물은 대부분이 목표 문화 안에서 작동하는 "기대 규범

(規範)"을 번역가가 어떻게 해석하고 이해하느냐 하는 것에 대한 결과물이다 (Chesterman, 1997; Kang Ji-Hae, 2002 가을: 135). 텍스트는 외적(外的) 지시(대상, 상황, 문제)에 대해 저자가 말하고자 하는 바를 특정 문화 내의 텍스트 유형을 감안하여 저자의 취향에 따라 쓰여진 결과물로서 존재한다. 텍스트 외적상황과 담화의 배경을 바탕으로 독자의 기대가 형성되며, 이를 바탕으로 텍스트에 담겨질 내용들이 정해지는 것이다. 그런데 저자가 현실세계 및 담화체계와 어떤 관계를 맺고 있으며 어떤 전략을 사용하였는지가 파생 텍스트인 번역문에서도 그대로 **반 영**되어야만 이를 번역문으로 간주(看做)할 수 있을 것이다. 그래서 계약서는 계약서 형태로, 시(詩)는 시의 형태로, 동일한 내용으로 동일한 변증법에 따라 번역되어야 하는 것이다.

어떻든 텍스트는 주제와 저자, 텍스트가 속한 문화권(文化圈) 등으로부터 영향을 받아 구성된 것이며 그 나름의 정체성(正體性)을 가지고 있으며, 이러한 개별적 특성은 번역문에서도 유지되어야만 한다. 그래야만 원문과 번역문간의 단절을 피하고 연속성을 확보할 수 있다. 원문과 번역문 사이에 존재하는 개념적이고 당위적인 연결고리에도 불구하고, 번역문이 원문의 정확한 복제(複製)가 아니라는 점을 인식하게 된다. 개작에 해당되는 사례를 제외한다고 해도 번역된 텍스트는 원문과는 어느 정도 이질적인 것이 되어 버리는데, 이는 다른 언어로의 전이(transfer) 과정에서 불가피하게 차이가 발생하게 되기 때문이다.

3.4.1 번역 텍스트의 관계와 특징

1) 원문과 번역문의 관계

원문과 번역문 간의 관계는 원문의 언어적 구조(texture)에 의해 규정되는 직접적이고 일방적인 관계가 아니라, 내연적이고 유연(柔軟)하고 복합적인 관계이다. 왜냐하면 비언어적 요소들이 번역문의 글쓰기 방식에 영향을 주기 때문이다. 번역이란 단순히 두 관용 표현간의 등가관계를 찾아내는 것이 아니라, 여러 가지 선택 가능한 해결책 중 주어진 언어맥락 및 발화상황에 적절한 대안(代案)을 찾아나가는 작업이므로 개인에 따라 달라질 수 밖에 없으며, 메시지의 언어적 구성성분도 매번 달라질 수밖에 없다. 이러한 담화적 언어적 조정 작업을 거쳐 원문과 완전히 같지도 다르지도 않은, 그러나 원문을 **대체할 가능성을 가진** 하나의 언어적 구성물이 탄생하게 된다. 번역된 텍스트는 관용어의 이질성(異質性), 문화의 이질성, 수용조건의 이질성에도 불구하고, 원문과 정확히 일치하지는 않으나, 원문을 대체할 수 있으며 원문을 상당 부분 표상(表象)하는 혼합(hybride) 텍스트이다.

첫째, 원문과 번역문간에는 위계적(位階的) 관계가 존재하지 않으며, 번역문은 원문의 종속적 텍스트가 아니다. 두 번째로, 번역문은 원문에 종속된 동의(同義) 관계가 아니라, 일종의 **창작행위**이며, 번역가는 텍스트를 소화하고 내면화하여 또 하나의 저자가 된다. 셋째, 원문과 번역문의 관계는 언어 대 언어간의 관계가 아니라 텍스트 간의 관계이며 텍스트의 수용상황에 영향을 받는다. 넷 째, 원문과 번역문의 관계는 글쓰기 방식에 따라 달라지지 않는다. 텍스트의 유형과 상관없이 텍스트의 개념적 정의적 의미를 파악하여 이를 관용표현의 차이와 개별 텍스트의 독립성을 감안하여 전달하는 것이 핵심(核心)이다(Fortuna ISRAËL, 2004: 90-97). 원문은 자신이 '생산한' 번역문보다 '이전(以前)에' 존재하는 것이고, 번역문의 기본이자 원천이며 우선적인 참고문이다. 하지만 실제에서는 마치 번역문이 원문처럼 기능하고 원문을 대신하는 *대체문*이 된다.

도착어 문화에 맞추어 번역된 텍스트는 원문을 굳이 참조하지 않더라도 원문이 갖는 특성인 첨삭, 축약, 변형, 각색(脚色) 등을 겪으며 독립적으로 다른 시공간에서 기능한다. 특히 문학작품의 경우 번역의 결과물은 외국어라는 장애물 앞에 놓인 독자에게 주어지는 타협(妥協)의 결과물, 즉 부득이한 수단처럼 인식되고 있다. 1830년 Alfred de Vigny의 말 속에 이 같은 가치관은 그대로 드러난다. "도착어를 아는 사람에게 세상에 잘 된 번역이란 없다. […]번역이란 해당언어를 이해하지 못하는 사람들, 오직 그 사람만을 위한 것이다"라며 '번역문과 원문은 초상화(肖像畵)의 실제 인물과의 관계와 같다.10) 번역이란 원문인 실체(實體)를 다르게 물리적으로 포장해서 다른 곳에서 다시 살도록 하는 것이다. 타인이나 동일인으로 보이게 하는 영혼, 귀신, 환영, 분신, '거의 동일인'을 만들어내는 '암흑의 마법'인 것이다(Douglas Robinson, 1996: 181; Kaufmann, F. ib.: 354). '진정한 의미의 번역문은 투명(透明)해서 원문을 숨기지도 않고 그 빛을 억누르거나 감추지 않는

---

10) Alfred de Vigny(1830), 세익스피어의 오셀로 번역에서 자신의 희곡이론을 설명하기 위해 영국 경에게 보낸 편지에서 *Le More de Venis*(1829), Lieven Hulst 재인용, *Cent ans de torieraaise de la traductiion-de Battreux Litt*(1748-1847)(Presses Universitaires de Lille, 1990), p.94: Francine Kaufmann, 「원문과 번역문의 공존」, Fortuna ISRAËL 편집, 번역판, 2004.: 353

다'(Walter Benjamin, 1991: 156). 또한 종종 드러내는 것이기도 하면서 동시에 대체(代替)하는 것인 파랭프세스트11) 비유를 들기도 한다.

정보통신 기술이 발달하면서 시공간 장벽이 제거되거나 줄어들기 때문에 지구촌이라는 개념이 가능하게 되었다. 따라서, 원문과 번역문은 점점 더 정신적으로 뿐만이 아니라 물리적으로, 그리고 동시에 서로를 풍요(豊饒)롭게 하며 끊임없는 상호 문화적, 상호 미디어적인 대화를 통해서 같은 시공간에서 공존(共存)할 수 있게 된다. 뿐만 아니라 번역가 혹은 작가는 다언어로 된 세상, 공용어가 여러 개(個)인 국가 혹은 보편화된 제트족(jetsetter)들의 세상, 네티즌 인류의 세상, 국제화된 공간에서 살고 있으며 그런 세상을 창조(創造)한다. 번역은 단순한 대체물(代替物)이 아니라 원문을 보완하고 동반(同伴)하는 것이라고 말할 수 있다. 민족간의 관계처럼 한 체제 내에 태생적으로 다언어인 텍스트가 점점 더 '공존(共存)'하며 이들 간에 누가 먼저 인지를 가려내기가 힘들고 도착어, 저자의 성격이나 서열(序列), 시대를 구분하기 어려운 경우가 점점 더 많아지고 있는 상황이다(Kaufmann, 2004: 353-60).

2) 번역 텍스트의 특징

모든 언어는 결속의 조화(調和)를 이루어내기 위한 자체의 결속 장치와 선호(選好)하는 수단을 갖는다(Hasan, 1985: 181-219; Kirk, 2004 가을: 163). 그 결과, 번역에서의 결속구조의 변환(shifts in cohesion)이 불가피하게 발생한다. 번역된 텍스트는 관련된 언어 쌍(pair)과 번역 방향에도 불구하고, 처음부터 목표 언어로 쓰여진 텍스트 일뿐만 아니라 그 원천 텍스트와 구별되는 일련의 특징(特徵)을 갖는 것으로 논의되어왔다. 다양한 언어 자료들을 통한 이러한 특징들의 식별은 번역행위의 '법칙(法則)'을 수립하는 데 도움이 되는 것으로 논의되고 있으며, 이것이 번역 이론(理論)의 궁극적인 목적이라고 설명한다(Toury, 1995).

두 개의 모범적인 법칙(法則) █ 논의되고 있는 법칙 중 그 하나는 ⓐ표준화의 성장(成長) 법칙이며, ⓑ다른 하나는 간섭(干涉)의 법칙이다. 표준화의 성장 법칙은

---

11) 사전적 의미는 "여러 번 지우고 기록한 양피지"를 의미하며, 반복하여 만들어지는 번역 문서를 뜻함-저자 주.

번역에 있어서, 원문에서 획득되는 텍스트적인 관계는 목표 레퍼토리(repertory)가 제공하는 보다 습관적인 대안(代案)을 선호하여, 때로는 전적으로 무시되거나, 자주 수정된다. 또, 간섭(干涉)의 법칙은 번역에 있어서, 원문 텍스트의 구성에 관련되는 현상은 목표 텍스트로 전이(transfer)되는 경향이 있다는 것이다(Toury, 1995: 259-279; Kirk, ib.: 164).

의미 선명화와 반복의 회피 경향 ▌ 한편, 다른 번역 학자들은 번역 텍스트에 전형적(典型的)인 일련의 특징 가운데 가장 주목할 만한 것은 ⓐ의미의 선명화(explicitation)와 ⓑ반복(反復)을 피하고 자 하는 경향이라고 설명한다. 불룸-쿨카(1986: 21; ib.: 165)는 번역을 포함하는 언어 중재(또는 중개 mediation)의 모든 처리 과정에 고유한 보편적인 전략으로써, 의미(意味) 선명화를 지적하면서 이것의 수준이 현저하게 증가하는 것은 번역 텍스트의 보편적 특징 중의 하나이며, 또 번역의 주요 일반개념 중의 하나라고 지적한다(Mona Baker, 1993: 243-4; ib.: 166). 번역 텍스트의 또 다른 보편적인 특징은 반복을 피(避)하려는 경향이다. 번역에서 반복의 회수를 줄이는 가장 일반적인 방법은 다른 항목, 특히 가장 뚜렷한 근접 동의어(同義語)로 대치하는 것이다(Toury, 1991: 188; ib.). 그러나, 번역된 텍스트는 원천 텍스트와 목표언어로 쓰여진 비교될만한 텍스트들과는 상이한 특징을 나타내는데(Blum-Kulka, 1986; Toury, 1995; Baker, 1993/2000), 번역 텍스트의 결합구조의 패턴(cohesive pattern)은 목표언어 또는 원천언어의 규범(規範) 지향적이기보다는 그 자체의 체계를 형성한다는 것이다(Blum-Kulka, 1986: 33; 곽성희, 2004 가을: 163-66).

동시통역의 경우 ▌ 통역사의 목소리가 연사의 목소리를 대체(代替)한다. 청자는 원문을 이해하지 못하고 확인할 방법은 없지만 연사가 자기 앞에서 발화(發話)하는 내용과 통역이 동일하다고 생각하기 때문에 헤드 셋을 착용한다. **릴레이 통역**의 경우, 청자는 출발어가 바뀐다는 점을 인식(認識)하지 못한다. 회의장에서 여러 명이 동시에 발언할 때 청자는 통역사가 통역하는 연사가 누구인지, 왜 그 사람을 통역하는지 알지 못한다. 청자에게 모든 연사(演士)는 같은 언어(다언어 토론의 경우도 포함)로 얘기하고 같은 목소리를 갖는다. 반대로 **순차(順次)통역**의 경우, 청중 전체가 원문과 통역을 들을 수 있다. 순차통역은 원문을 '차단하지'않기 때문에 청자는 원문을 들은 후 시간차(時間差)를 두고 통역의 문장이나 구(句)를 들으면서 원문을 기억하게 된다. 두 언어가 교대로 들리기 때문에 평등하게 두 문화간에 대화가 이루어지고 대응관계가 성립하게 되며, 환상이나 혼란의 여지가 없다.

시청각 번역의 경우▐ 이 경우에도 마찬가지인데, 더빙(dubbing)을 하면 동시통역처럼 번역/대체(代替)의 관계가 성립된다. 대사(臺詞) 트랙은 원어를 대신하는 다른 트랙/음으로 대체된다. 실제에서 대사가 립싱크(lip-synchs)로 전달되기 때문에 어휘적인 번역은 불가능하지만, 상황이나 인물들이 표현하는 감정에 더 충실하게 된다. 그러나, 원문이 '말소(抹消)'되었기 때문에 검증(檢證)하기는 곤란하다. **자막**의 경우 설령 영상 트랙의 일부를 삭제한다고 하더라도 원문 트랙이 그대로 보존된다. 대신에 '구어(口語)' 대화가 일부 잘려나가고 문자화된다. 원칙상 원문을 이해하지 못하는 관객만 자막에 의존하게 되기 때문에 언어를 이해하기 위한 '목발'이라고도 이야기할 수 있다. 그러나 실제로는 원문을 이해하는 청중 일부를 포함하여 전체가 자막(字幕)의 정확성을 평가하게 된다. 말이 글로 변화하면서 언어간에 긍정적인 상호작용이 나타난다. 그렇기에 '목소리가 보이고', 구두점은 어조(語調)를 강조해주고, 혼란을 야기할 수 있는 동음이의어는 철자법으로 구분이 되고, 알아듣기 힘든 억양을 '번역'해 주고, 발음했을 때 불명확한 고유명사를 시각화해주고 괄호 속에 해석도 달아준다. 이러한 예들은 평등하고 '대화하는' 관점에서 원문과 번역문의 공존(共存)으로 인한 효과를 보여주는 것이다.

위스퍼링(whispering) 통역과 *보이스오버*(voice-over) 시청각 번역[12](또는 synchro-dubbing)의 두 경우▐ 모두 원문(原文)이 존재하지만 거의 들리지 않는 '소리'의 형태로만 남는다. 청자의 입장에서는 정확성을 검증(檢證)하기는 힘들지만 싱크로(synchro) 기술로[13] 두 목소리가 겹쳐 들리기 때문에 원문과 통역문이 평등하거나 동일하다는

---

12)【TV · 영화】화면에 나타나지 않은 해설자의 목소리[말]에 의한 번역.
13) '미끼 단어'라고 명명되는 단어들을 중심으로 동시성이 구현된다. 예를 들어, 고유명사, 세계적인 공용어, 동음어와 같이 외국어 화자가 쉽게 식별할 수 있는 단어들이다. 이들 단어가 중첩되면 전체 내용이 정확하다는 착각을 낳는다. (활자화된 번역문이 사전에 배포되었을 때는 동시통역의 경우, 혹은 극장에서 번역문을 동시 낭독할 때 동일한 과정을 거친다.) 보이스 오버 통역의 경우, 발화의 처음과 끝에 원어를 들을 수 있게 하기 때문에 시간 제약이 클 수 밖에 없다.

착각(錯覺)을 하게 된다. 흔히, 다수의 문화에 속하는 사람들이 더빙(대체 담화)을 선호하고 이들이 원문이라고 생각하는 번역문이 사실은 메시지의 언어적인 부분만 (부분적으로) 전달할 뿐이며 이 메시지를 온전하게 이해하기 위해서는 원문과 번역문을 동시에 이해해야만 하는 것임을 인식하지 못한다(Francine Kaufmann, 2004: 359-64).

3.4.2 번역 텍스트와 언어 사용역

1) 번역가와 언어 사용역

언어 사용자의 시간적, 물리적, 사회적 내용을 나타내는 표시어(表示語)들을 언어의 방언 자질(dialects)이라고 부르는 반면, 언어 사용에 있어서 메시지의 내용을 밝히고 문맥상의 의도(意圖)를 변화시킬 수 있는 체계를 **언어 사용역**(使用域 register)이라고 부른다. 번역에서 언어 사용역 개념이 중요한 이유는 바로 그것이 광범위한 사회 문화, 상황이 접한 테두리 속에서 텍스트를 해석할 수 있는 기준점을 마련하여 주기 때문이다. 번역가들은 이러한 기준점을 고려하여 언어 변이(變移)들을 판단하고 선택하여 효율적으로 텍스트를 번역할 수 있다. 번역가는 수신자 입장에서 원문텍스트(ST)를 읽으면서 ST에 대한 언어의 다층적 구조를 파악한 후, 발신자 입장에서 도착어 텍스트(TT)의 언어 사용역을 제대로 범주화(範疇化)하여야 한다.

2) 언어 사용역의 분류

할라데이(Halliday)는 언어 사용을 언어 사용(use)과 사용자(user)로 분류하였고 (Hatim & Mason, 1990: 46; 황세정, 2004 봄: 184-85). 다시, 언어 사용역(使用域)을 아래의 설명과 같이, 담화 영역, 담화 방법, 담화 경향 등의 **3가지의 기본 측면으로** 분류하였다. 또, **사용자의 방언**(方言 dialect)은 ①지역적, ②시대적, ③사회적, ④ (비)표준화, ⑤사투리 등으로 분류하고 있다(배영경, 1984; ib.: 186).

담화 영역(field 또는 담화의 장) ▌ '무엇이 진행되고 있는가'에 대한 추상적인 용어이지만, 그러나 주제와 동일하지는 않다. 담화영역은 기호자질(feature of the code)

을 선택함으로 드러나며 기호자질은 텍스트가 하는 역할을 나타낸다(Bell 1995: 190; ib.). 즉, 독자는 이 기호자질을 통하여 '무엇을 말하고 있는가(What is going on)'를 인지(認知)할 수 있으며, '기도문', '관광 안내서' 등을 그 예로 들 수 있다. 담화 영역은 문맥 속에 나타난 어휘의 정확한 의미를 파악하도록 하며 화자 혹은 작가의 의도와 글의 목적을 결정해 줄 수 있는 자질이다.

　담화 방법(mode 또는 담화의 방식)▌ 언어활동의 매개체(媒介體)가 된다. 즉, 담화의 기호를 운반하고 전달하는 의사소통 수단 통로를 표시하는 자질을 나타낸다. 그 방법으로는 말하기, 쓰기로 크게 구분되며 텍스트로는 전화통화, 에세이, 비즈니스 문서로 나눌 수 있다. 문어 텍스트의 담화(談話) 방법을 다시 세분한 방법 중에는 '말하기 위한 글', '마치 엿듣는 듯한 글', '읽기 위한 글' 등이 있다(Gregory & Carroll, 1978: 49).

　담화 경향(tenor 또는 형식)▌ 발신인과 수신인과의 관계를 나타낸다. 메시지를 보내는 사람은 누구든지 그 메시지를 받는 사람과 관련을 갖게 되고, 이런 관계는 의도적이든 아니든 메시지가 전달되는 형식에 반영된다. 벨(Bell)은 담화 경향에 미치는 요소를 형식성, 공손성(恭遜性), 비인칭성, 접근 가능성으로 구분하였다. 화자와 청자의 관련성 정도가 높을수록 think, feel, suppose와 같은 사적 동사(private verb)와 더불어, that 생략, 축약(縮約) 사용을 자주하고 있는데, 텍스트로는 주로 개인편지, 대화체 문장, 인터뷰를 예로 들고 있다(Biber, 1988). 담화 경향에 따른 공손성(politeness) 면에서 한국어 특징은 존경어가 발달되어 있다(Biber Douglas, 1988; 황, ib.: 187-96). 형식(tenor)의 변화는 특히 문화적으로 서로간에 다른 언어를 번역할 때에 중요한 번역의 논쟁점이 될 수 있다.

　여기서 담화의 장, 담화의 방식(수단), 담화의 경향(tenor 또는 형식)은 독립적인 것이 아니라 상호 의존적이다. 텍스트 유형별에 따라 사용 역이 결정되며, 출발언어와 도착언어 사이에 특정 텍스트 유형(類型)의 사용역이 상이하다면, 번역가는 도착언어의 사용역에 맞게 조절하여야 한다(Hatim & Mason, 1990: 50; 곽성희, 2002 가을: 172-73).

3.4.3 텍스트 유형 분류

담화의 영역에 따른 번역 방향 설정과 담화의 방법에 따른 텍스트의 문체(文體) 결정, 그리고 담화의 경향을 파악하여 독자에게 주는 형식성과 공손성(恭遜性), 접근성들을 고려하는 정보의 양이 정해지는 등의 일련의 언어 사용역(使用域)의 자질들이 상호 복합적으로 작용하여 텍스트 유형이 결정된다. 텍스트는 이전에 있었던 유사한 텍스트와 상호 영향을 주고받을 뿐만 아니라, 장르 전체를 규정짓는 일반적이고 적절한 상황에 항상 영향을 받는다(황세정, 2004 봄: 199). 보그랑드 (Beaugrande, 1997: 315-6; Kirk, ib.: 166)는 **텍스트 유형을 구분**하기 위하여 아래의 항목들을 그 **기준(基準)**으로 제시하였다.

(1) 텍스트의 *도표로 표시된 양식*, 예로 전화번호부의 알파벳 순의 난
(2) 텍스트의 *문체*, 예로 영어 찬송가와 기도문의 구식의 사전적 문법
(3) 표현될 *화제*, 예로 장례식에서의 찬사를 위한 사망자의 과업과 미덕
(4) *현저한 과정이나 양상*, 예로 전쟁보고서에서의 강한 명령문(Intensive Dispositives)
(5) 텍스트를 생산하거나 또는 자격(資格)이 주어진 *참가자*, 예로 미 해병대에서 고함으로 명령하는 교관
(6) *계획과 목표*, 예로 항목별 광고를 통한 중고차의 구매자를 찾는 것
(7) 표본(標本)이 일어나는 상황, 실례로 이력서를 요구하는 일자리 면접
(8) 참가자에게 적합한 *정보성*, 실례로 전자공학 기술자가 새로운 기계를 운용하고 서비스를 할 수 있도록 하는 훈련(訓練) 강의
(9) 전형을 성문화(成文化)하고 참가자를 정의하는 *제도*, 예를 들어, 탄원(歎願)을 제기하는 형사법정문서
(10) 발표의 *매개물(媒介物)*, 예를 들어 녹음된 인사말을 이야기하고 삑 하고 울린 후에 메시지를 요구하기 위한 전화응답기계

벨의 텍스트 유형 분류 ▌ 개별 텍스트 각각은 어떤 이상적인 유형의 토큰(token)이다. 다시 말해서 유형으로서의 명제 각각이 그 명제가 구현된 일련의 절 기저에 깔려 있듯이, 일련의 절로 무한한 수의 발화(發話)가 실현될 수 있는 것과 같다. 실제 의미에서 텍스트 각각은 어떤 다른 것이 실현된 발화이다. 어떤 다른 것이란 서로 상호 연관된 일련의 절로 어느 정도 정해진 범위까지만 예견 가능한 일련의 상호 연관된 화행(명제 내용+화행능력)을 대표한다. 우리는 텍스트 주제인 의미론

적 의미에 중점을 둔 **형식적 접근법**과 이에 대신할 수 있는 의도에 중점을 둔 **기능적 접근법**을 시도할 수 있을 것이다(Bell, 2004: 275-78).

ⓐ형식적 유형들: 전통적으로 텍스트는 비공식 유형으로 조직된다. 특히 텍스트의 명제적 내용인 주제(主題)를 근거로 특정 어휘 항목이나 통사구조의 출현빈도가 같은 양적 측정 방법을 사용하여 조직된다. 이런 양적 평가 기준은 과학 언어의 상징이 될 수 있을 것이다. 언어 사용역(使用域)에서 이러한 작업이 발전하여 제도적·기술적·문학적인, 보다 임의적이고 직관적인 분류와 병행된다. 과학적·기술적·수학적이라는 것들이 어떻게 서로 구별되는가? 분명히 상당한 정도의 중복현상을 찾을 수 있는데, 이것은 내용 그 자체로 식별하는 것이 적절하지 않다는 것을 암시한다. 의미를 정하는 특징적인 것은 형식적 특징, 즉 언어학 구조들이 될 것이다. 이런 접근법은 매우 의례적인 어떤 장르, 예를 들어 시의 어떤 유형과 같은 것에는 잘 적용되고 이루어지지만 형식적 수준에서 중복현상이 나타나는 대부분의 텍스트에서는 그렇지 않을 것이다.

ⓑ기능적 유형들: 여러 가지 기능적 유형들 중의 몇 가지(Neubert, 1968)는 번역 가능성 정도라는 개념에 근거하고 있지만, 대다수(Reiss, 1981; Newmark, 1988)는 다음과 같은 구분에 기반을 두고 있다. 텍스트의 주요 초점(焦點)이 산출자(정서적), 주제(지시적), 수신자(능동적) 중 어디에 있는가 하는 구분에 근거를 두는데, 이러한 구분은 도구(道具)로서의 언어를 분석한 이론인 뷜러(Bühler, 1965; Hoermann, 1971)의 오르가논(organon)으로부터 파생되었다.

텍스트 유형별 고유의 특성은 장기간에 걸쳐 만들어진 것이므로 언어권이 다르다면 같은 유형의 텍스트라 할지라도 상호 텍스트성이 상이(相異)할 수 있다. 일반적으로 문학번역이 비문학 번역이나 뉴스위크 번역보다 더 직역(直譯)에 가까운데 문학번역의 주목적이 출발언어의 문화를 수입(輸入)하기 위한 것이고 비문학이나 뉴스위크 번역의 주목적이 정보전달이기 때문이다. 또 다른 텍스트 유형 분류로서 ①정보 텍스트 유형: 자연과학 텍스트 ②표현(表現) 텍스트 유형 ③기동적(機動的) 텍스트 유형 등의 3가지로 분류하고 있는 경우(김효중, 2000 봄: 51; 김정우, 2003a 봄: 28)가 있으며, 그와는 일부의 구분을 달리하여 라이스(Reiss, 1971: 33; 김효중, ib.)가 제시한 번역과 관련되는 언어의 **텍스트 유형(類型)**은 **내용**을 강조하는 정보 텍스트유형이 있는데, 여기에는 신문기사, 보고서, 논문, 해설서와 문서 사용설명서, 실용서 등이 포함된다. 또, **형식**을 강조하는 텍스트유형은 문학 작품과 자서전 등이 있으며, 끝으로 광고, 선전, 설교문, 논박서, 풍자 등과 같이 **호소**를 강조하는 텍스트유형 등의 3가지로 분류되기도 한다.

번역의 준칙과 번역기법

번역의 전략과 번역기법

1. 번역의 일반적 준칙

1.1 번역시 고려사항

　번역학에서의 **전략**(strategy)은[1] 원천언어(SL/출발언어)로부터 목표언어(TL/도착언어)로의 전이(轉移)를 위한 포괄적인 목적을 가진 상황 중심의 절차를 말하고, **전술**(tactics)은 번역 문제를 해결하기 위한 과업을 성취하기 위한 목적의 '세부적(細部的)인 사항의 결정' 또는 구체적인 행위를 지칭한다(Hervey S. & Higgins I., 2001; 정호정, 2001 가을: 187). 반면 번역 기법(technique)이라 함은 번역을 수행하기 위한 기술(技術)과 방법을 뜻하는데, Nida는 번역의 기법에 있어 우선순위가 있어야 한다고 주장하였다. 이 말은, 첫째, 단어의 대응보다 문맥의 대응이 우선하고, 둘째로, 형식적 대응보다는 역동적 등가가 중요하고, 셋째로, 문어체 언어보다 구어체 언어가 우선하며, 넷째, 고상한 표현보다는 독자가 실제로 사용하는 언어가 우선한다. 여기서, 셋째와 넷째는 같은 맥락의 내용이라고 볼 수 있으며, 또 글로 하는 번역에 있어서 조차 글보다 말이 우선함을 강조한 것이다(장민호, 2004 가을: 38). 어떤 텍스트는 다른 텍스트보다 비교적 더 많이 번역될 가능성이 있으며, 또 번역가능성(translatability)은 일반적으로 오늘의 세계화시대에 있어 원문텍

---

[1] 전략과 전술의 본래 뜻하는 의미는 전쟁을 지도함에 있어서 2가지 방책을 말하는데, 전략이란 대회전이나 전쟁에서 승리하기 위해 여러 전투를 계획·조직·수행하는 방책이고, 전술은 전략의 테두리 안에서 개개의 전투를 계획·수행하기 위한 방법과 기술을 말한다. 전략은 국가정책과 밀접히 결부되어 있으며, 일반적으로 정치목적의 제약을 받는다(Yahoo 웹사전).

스트(ST)의 주요 강점(强點)의 하나로 고려될 수 있다. 번역가능성이 탁월한 텍스트는 그 텍스트의 세계화로 이끌어 갈 번역작품을 촉진한다는 것을 의미한다. 번역가능성은 다른 말로 표현하면, 보편성(universality)이다(Choi Byong Hyon, 2000 가을: 171-78).

1.1.1 번역의 목적과 번역전략

Vermeer(1989)는 번역을 인간의 상호작용(相互作用)의 유형으로 정의하면서, 다른 인간의 상호작용과 같이 번역의 전반적인 과정과 문제해결의 전략은 *skopos*라고 하는 **번역의 목적**에 의하여 결정되어져야 한다고 주장하였다. 하나의 의사소통의 사건으로써 번역의 가장 중요한 **고려사항**은 목표청중의 의사소통의 필요성을 어떻게 조절(調節)하느냐 하는 것이다. 그는 '원문 텍스트의 폐위(廢位)'라는 구(句)로 번역에 대한 새로운 접근법을 설명하면서, **원문 텍스트**는 단지 정보를 제공하거나 또는 새로운 텍스트의 생성(生成)을 위한 **수단**을 기술하는 것이라고 주장한다(Kim Young-Shin, 2003S: 145-46). **번역자의 목적**(goal)은 원문 텍스트(ST)와 목표 텍스트(TT) 간의 형식과 의미에 있어 완전한 일치(一致)를 생성하는 것이 아니고, 오히려 그는 *vouloir dire*(Seleskovitch, 1978/1980; Cheong Ho-Jeong, 2001 가을: 198), '의사 소통적인 의도'(Schiffrin, 1994: 192; ib.), 또는 **동일한 의사소통적인 효과**(效果)를 끌어내기 위한 방법으로 목표 텍스트의 독자들에게 원문 텍스트 저자의 '화자(話者) 의미'를(Nida & Taber, 1969/1982; Seleskovitch, 1978/1980; ib.) 전달하기 위하여 노력해야 한다고 이야기한다(Nida & Taber 1969, 1982, Seleskovitch 1978; 1980; ib.). 따라서 번역자는 즉시 이용 가능한 대응(對應) 어휘가 없이 그대로 남아있는 어휘의 그 다음의 적절한 조(組) 묶음(pair-up)인 **다른 표현**을 사용하는 전술을 택해야 한다(Cheong, ib.).

번역의 전략으로서, 목표 독자를 위하여 해석하는 번역문은 텍스트 주위의 세계를 반영하는 가상적(假想的) 현실 속에서의 번역가와 독자간의 결합을 약속한다. 이 번역 형식의 외관상의 자연스러움은 확실히 더 호소력이 있으며 또 더욱 효과적인 것으로 보인다. 원문 텍스트, 목표 텍스트, 혹은 목표청중 중에서 어느 것이 우선인가? 진실성은 독자를 위하여 번역가들이 원문에 순수하게 일치하는 텍스트를 성공적으로 재생하고자 접근하였는가 하는 사실에 주목한다. 어떤 사람은 원문

텍스트를 중요시하여 정확하거나 또는 이상적인 등가(等價)의 텍스트를 생산하고
자 노력할 수 있으며, 그럼으로써 독자들에게 원문 텍스트에 대한 접근을 가능하
게 할 수 있다. 그와는 대조적(對照的)으로 어떤 번역가는 목표 청중을 중요시하여
일치하지 않는(variant) 또는 "해설적인(interpretive)" 텍스트를 생산할 수 있는데,
이것은 목표 독자들에게 더 적절한 것일 수 있다. 그러나, 이 방법은 원문을 목표
독자들에게 더 접근 가능하게 할 수는 있지만, 원문에 대한 번역의 정확성이 떨어
지게 할 수 있는 위험성을 가지고 있다.

원문 텍스트 혹은 목표 청중 중 어느 것이 주요 접근 점(point of access)인가?
번역가는 원문에 대한 충실성(充實性)을 나타내는 새로운 번역물을 내놓음으로써
원문 텍스트에 접근 가능하도록 시도(試圖)할 수도 있다. 어떤 번역가는 목표청중
의 편의를 생각하여 원문에 대한 충실성을 조정할 수도 있을 것이다. 번역은 양
개의 대안을 통합하기 때문에 단지 일 개의 대안 또는 다른 접근방법만을 주도적
으로 시도하지는 않는다. 그러나 목표청중을 더욱 생각하는 해설적(解說的)인 번
역은 원문을 단순화시키거나 또는 달리 해설하는 친숙한 또는 "독자-우호적인"
언어로 한층 더 쉽게 표현된다. 번역행위에 있어서, 진실성(authenticity)과 가독성
(accessibility)은 텍스트와 상상의 청중간에 있어서의 번역가의 절충(negotiations)을
전달하기 위하여 다양하게 결합하여 작용한다(Howland D.R., 2002: 75, 67-68).

1.1.2 해석과 번역

번역가들은 상이한 어휘를 사용하며, 텍스트를 조사하고, 텍스트와 대화를 한
다. 따라서 "한 텍스트가 무엇을 의미하는가"의 문제는 번역가가 주어진 텍스트
에 해설적인 시각을 가지게 될 때에 "하나의 텍스트가 어떻게 무엇을 의미하게
되는가"로 대치(代置)된다(Rainer Schultes, 1998: 36). 번역가는 텍스트를 분석하는
행위로부터 많은 것을 배운다. 그는 단어들을 해체하고, 또 한 단어의 의미
(magnetic field)가 무엇인지를 발견하는데 꾸준히 간여하지만, 그러나 항상 그 부
분들을 텍스트의 전체로 재통합하는 데 관심을 갖는다. 그에게 있어, 해체의 개념
은 단지 그 텍스트의 미적(美的) 전체성의 "재건축"을 향한 수단(방법)이 될 뿐이
다. **해석(interpretation)**행위는, 텍스트와 서로 작용하고, 대화하며, 또 의사소통 하
는 것이라고 이야기 할 수 있다. 따라서, 일체의 해석행위는 번역행위를 시작하는

것이라고 말할 수 있다(Octavio Paz & Honic Edwin, 1985; Schultes, ib.: 31-32).

텍스트의 견지에서 우리가 어떤 것에 조우(遭遇)할 지라도, 그것들이 서식이든, 시각적인 것이든, 또는 음악적인 텍스트가 되었든 간에, 또 서식의 텍스트가 현대의 작가로부터 온 것이든 또는 지난 세기 혹은 다른 언어들로부터 유래(由來)한 것이든 간에 이들 모든 텍스트들은 우리들에게 있어 외국적인 것이고, 또 우리는 그것들에게로 들어가는 입구(入口)를 찾고 해석하기 위하여 그 외국적인 것들을 해독(decipher)해야 한다. 어떠한 **해석(解釋) 행위**도 번역 행위가 없이는 가능하지 않다. 언어의 영역에 있어서, 번역가는 저자가 작품에서 생성(生成)하기를 원하였던 시각뿐만 아니라, 또한 각 언어가 그 자체로 관찰의 방법이라는 현실과도 잘 대처해야 한다. 따라서, 번역가는 주어진 텍스트에서 부단히 외국적인 것을 재구성하는 데, 그 첫째는 외국적인 것을 이해하고 다음에 그 외국적인 것을 도착언어로 전이(轉移)시키는 것이다. **번역**을 수행함은 동일한 텍스트 내에서 끊임없이 제휴(提携)를 끌어내는 관습을 조장하고 순화시키는 것이며, 그 다음에 텍스트를 전체적으로 일관성 있는 **해석**에 도달하게 한다. **번역**은 단순히 단어의 번역만이 아니라, 오히려 상황의 번역을 포함한다. 의미 깊은 **해석**(interpretations)은 단어와 상황들이 계획하고 있는 것들을 시각화(視覺化) 하는 것이다(ib.: 87).

번역은 결국 **동의어(同義語) 작업**이다. 번역에서의 등가는 두 가지 층위에서 존재할 수 있다. 첫 번째는 형태의 층위이다. 원문의 형태를 도착어에서 동일한 형태로 재현해내려 하는 것은 대부분 비현실적인 것이며, 실제로는 원문의 형태가 담고 있는 개념적 정서적 가치(음운적, 양적, 운율적 측면, 외연적 내연적 미학적 가치, 의미형성에의 기여도 등)를 해석해 내는 것이다. 해석이론에서 제시한 '탈언어화(脫言語化)'의 단계라는 것은 단순히 형태로부터 의미를 도출해 내는 것이 아니라, 원문의 형태를 분석하여 원문과 동일한 의미를 다른 형태의 도착어에 담아 **원문과 동일한 효과**를 유도해 내는 것을 말한다. 이를 위해서는 원문에 담겨있는 모든 요소들을 정확하게 파악하는 능력 뿐 아니라, 이를 새로운 그릇에 담아내는 창의력도 필요하다. 이런 측면에서 볼 때, **번역**이란 대조언어학에서 주장하는 것처럼, 직접적 혹은 간접적으로 원문의 형태를 재현해 내는 것이 아니라, 새롭고 독립적인 언어체(言語體)를 만들어 내는 작업이다. 형태가 가지는 특성에 따라 관용어가 달라짐에도 불구하고, 두 텍스트가 같은 내용을 담고 있고, 두 텍스트가 동일한 어역(語域)에 속하며, 동일한 발화효과를 가지고 있을 때, 그리고 텍스트의 유사성으로 인하여 동일한 기능(機能)을 수행하는 것으로 간주할 수 있을 때, 두 텍스트는 **동의적**

관계에 놓여 있다고 볼 수 있다(Fortuna ISRAËL, 2004: 95).

1.1.3 텍스트별 번역전략

1) 문학작품의 번역

원문의 의미 전달이 비교적 성공적으로 이루어졌다고 하더라도 이 단계에서 번역가의 소임(所任)이 끝나지 않는다. 문장의 장단, 문체, 언어의 리듬, 구두점, 작품에 스며있는 정서(情緒), 작품 전체의 분위기 등 작품을 총체적으로 충실하게 번역하지 않으면 안되기 때문이다. 특히 원천어의 민족적 정서나 문화적 유산을 손상(損傷)시키지 않고 그대로 목표어로 옮기는 것이 거의 불가능 하다고 할 수 있는 시(詩)의 번역은 처음부터 한계를 안고 출발하지 않을 수 없다. 영어의 어휘를 잘못 선택함으로써 원문의 뉘앙스를 그르치는 번역 역시 비일비재하다. 영어에는 1차적인 뜻(denotation)은 서로 유사하나 내포된 함의(connotation)가 제각기 다른 동의어들이 상당수 있다.[2] 우리말로는 같은 단어일지라도 영어로는 매우 다양(多樣)하게 표현되기 때문에 번역가가 원문의 문맥(文脈)과 뉘앙스에 가장 잘 부합되는 영어 어휘를 선택하지 못할 경우, 어색하거나 전혀 격(格)에 맞지 않는 번역이 되기도 한다(김승희, 2003: 91-93). 또한, 번역가는 두 언어 간의 7개 텍스트성의 매개변수(parameters) 차이에 대한 명확한 지식을 가지고 번역에 임할 필요가 있다. 만약 상이함이 존재한다면, 번역의 목적과 상황에 따라 적절한 조정을 하게 된다(KIRK, 2001: 31). 정보성의 관점에서 문학작품은 1차 정보성보다는 3차 정보성을 가진 텍스트가 많을 수 밖에 없으며 이를 주어진 맥락(脈絡) 내에서 어떤 방식으로 번역하느냐가 문제이다. 번역가는 충분히 원문과 목표독자를 고려해서 정보의 높낮이를 조절하여 정확한 메시지를 전달하는데 충실해야 하며, 목표독자는 정보를 낮추며 자신이 가진 기존 지식에 새로운 지식을 넣을 준비가 되어있어야 한다(김세정, 2003 가을: 55-69).

---

2) 일례로, "빛나다"는 우리말에 해당하는 영어에는 다음과 같은 여러 가지 표현들이 있다: beam, coruscate, dazzle, flash, glare, gleam, glimmer, glint, glisten, glitter, gloss, glow, luster, shine, sparkle, twinkle, be bright, be brilliant, be luminous, be radiant.

2) 비문학작품의 번역

비문학텍스트 내에는 상이한 하위 부문들(branches)이 있기 때문에 단일 번역전략은 존재하지 않는다. 다음의 경우에 상이(相異)한 텍스트 유형에 대하여 다른 전략을 구사한다. 제목의 번역, 구어체, 비공식적이고 노골적인 성적(性的) 표현, 텍스트 순서의 재구성, 길이 조정, 정보 확대 방법과 무게, 치수와 화폐 단위의 전환방법에서 조정(調整)이 발생한다. 추가하여, 원문과 목표 독자간에 이전에 텍스트의 지식에 대한 차이(差異)가 있었다면 번역가는 조정을 하게 된다. 텍스트의 저자(著者)들은 때로는 다른 잘 알려진 작품으로부터 **인유(引喩)** 또는 **인용(引用)**을 사용한다. 그 인유 또는 인용이 목표 독자들에게 친숙하지 않을 때, 번역가는 정보를 확대한다. 흔히 번역가는 그 인용절이 다른 텍스트로부터 왔다는 사실을 언급하고 그 것을 참조 시킨다. 그럼으로써, 독자들은 사전에 다른 텍스트에 대한 지식이 없이도 그 인유를 이해할 수 있다.

번역물은 그 텍스트 유형에 따라 중재(mediation)의 방법이 달라진다. 일반적으로, 문학텍스트의 번역물은 원문 중심인 반면에 비문학 텍스트는 더욱 목표 중심적인 경향을 갖는다. 이는 문학 텍스트는 종종 외국의 문화를 수입(輸入)하기 위하여 번역되며 또 문학번역은 원문의 풍미(風味)를 더 잘 전달할 수 있기 때문이다 (곽성희, 2002 가을: 170-82).

1.1.4 문학번역과 기술번역의 차이

1) 번역의 원칙

문학번역과 과학기술 번역의 원칙은 완벽히 동일하다. 대응어의 선택 방법이나 번역의 수준을 결정짓는 7가지 변수((3장 3항의 3)텍스트성 기준 참고))가 같은 것과 같다. 과학기술 번역을 할 때에는 특히 번역 대상(對象)을 상세히 연구하고 이 장르 특유의 문체(文體)를 명확히 파악해야 한다. 반면 문학번역에서는 형상화(形象化)를 통해 묘사하는 능력이 매우 중요시된다. 또한 도착어가 가지고 있는 풍부한 언어 수단 및 기술을 잘 활용하여 번역해야 한다. 이 때문에 기술번역은 배우면 할 수 있지만 문학번역은 선택된 사람만이 해낼 수 있다고 이야기되고 있는 것이다. 시(詩)를 번역하고 싶다면 시인이 되어야 하지만 화학분야 텍스트를 번역하기 위해서 반드시 화학자가 될 필요는 없다. 과학기술 번역을 제대로 하기 위해서는 7가지 변수를 모두 이용해야 한다.

2) 정보제공 번역과의 차이

문학작품과 과학기술 텍스트는 서로 다른 장르(genre)로서 보기에는 완전히 다른 체계와 방법에 의거해 번역을 해야 하는 것으로 생각되지만, 전반적으로 양 번역은 순수한 변환적(變換的) 성격을 띠고, 변환법을 위주로 한다. 기술 번역에는 비교적 부정확한 부분이 나타나지 않는데, 이는 문학 번역의 목표가 기술 번역과 다르기 때문이다. 내용도 전달해야 하지만 그보다는 형상(形象) 구현에 초점을 맞춘다. **문학 번역과 과학기술 번역의 차이**는 전자가 대상, 언어 시소러스(thesaurus)와 더불어 저자, 번역가, 독자가 가진 형상의 시소러스를 이용한다는 점이다. 기술 텍스트 번역가가 **사실 전달**을 목표로 삼는다면, 문학작품 번역가는 **형상**을 구현(具現)할 수 있어야 한다. 저자, 번역가, 독자에게 있는 형상의 시소러스가 어디까지 일치하느냐에 따라 문학 번역의 수준이 결정된다고도 말할 수 있다. 더욱이 문학텍스트 저자의 대상(對象) 시소러스는 번역가와 독자가 가지고 있는 대상 시소러스와 크게 상이하다. 시(詩) 번역에서 그 차이를 분명하게 느끼게 된다. 대부분의 경우 외국어로의 번역은 '정보제공 번역'이라고 말할 수 있다. 정보제공 번역은 '정보, 사실, 행위를 전달하지만 원문의 예술적 형상과 문체는 옮기지 못한다. 순차 혹은 동시통역에서는 정보제공 통역만으로도 목적을 달성할 수 있지만, 문학작품 번역의 경우에 있어서는 소위 '번역하기 어려운 말장난(언어 유희)'은 원문 단어의 다의성, 동음(同音) 이의성, 비슷한 발음에서 생기는 혼동이 주된 재료이다. 이와 같은 언어 현상을 번역함에 있어서의 확실한 규칙은 도착어로 유사한 주석(註釋)에서 상황을 자세히 설명해야 한다는 점이다.

3) 번역과 사전

자연과학 텍스트는 정보와 지식의 전달을 목적으로 한다. 텍스트의 내용이 증명 가능한 실험과 관찰에 기초하고 있으므로, 원문을 번역할 때도 번역가의 개성을 최대한 억제하고 객관적(客觀的)인 관점에서 정확하고 분명하게 번역해야 한다. 문학 작품의 번역 작업에 비해서 단어와 구문을 고르는 폭이 비교적 제한되어 있으나, 그러나 번역가가 세심하게 다루어야 할 것은 해당 분야에서 사용되는 특수

한 전문 용어에 대한 정확한 번역이다(김정우, 2003 봄: 28-29). 어떤 기술 텍스트이
든 간에 전문용어사전 없이는 번역하기가 힘들지만, 그러나 **전문적인 주제지식이**
없다면 전문용어사전이 있다 해도 개별 단어나 텍스트에 대한 좋은 번역을 기대하
기는 곤란하다. 문학 번역에서도 사전은 비슷한 역할을 수행한다. 기술 번역에서
는 사전(辭典)에서 제시된 대응어가 종종 번역의 출발점 역할을 하기도 한다. 내용
에 담긴 과정 및 구조의 핵심을 정확히 파악하고 도착어로 표현하는 바탕이 된다.
문학작품 번역을 하면서도 사전의 대응어(對應語)에 기초하여 텍스트의 의미 및
문체 모델을 그려내기는 하지만, 예술적 형상(形象)을 창조하는 단계에서는 대응
어에 집착할 수만은 없다. 전반적으로 문학 번역은 사전적 대응어를 형상 창조를
위한 일종의 발판으로 삼는다. 문학작품이나 과학기술 번역에서 사전은 보조적
역할을 하게 되는데, 그 이유로는 사전은 맥락(脈絡) 및 결합규칙에 상관없이 보통
두 단어 이하로 된 표현만을 대응어로 제한하며, 또 다양한 대응어를 모두 취급하
지 못하고, 상황 및 배경지식이 번역에 미치는 영향을 고려하지 않는다는 점을
들 수 있다(Miram, 2004: 173-80).

1.2 번역자를 위한 비망록

1.2.1 작품 번역과 번역가의 구비 조건

1) 문화적 배경지식

고도의 번역 능력이 요구되는 문학(文學) 언어는 번역가의 창조적 능력 없이는
전달하기 어렵고, 출발어와 도착어의 양 언어가 갖는 문화적 배경(背景)에 대한
깊은 이해와 지식이 요구되는 작업이다(오영은, 2005.5: 36). 문학작품 번역의 목적
이 다른 나라의 훌륭한 작품을 외국어에 능숙하지 않은 독자들에게 쉽게 접(接)할
수 있는 기회를 제공하는 데에 있다면, 당연히 원문의 내용과 문체(文體)를 원전에
충실히 번역하는 것이어야 한다. 그런데, 실제 이러한 목표는 언어의 구조적 차이,
문체론적 특성 등 언어 자체가 지니고 있는 어려움 때문에 사실상 이루어지기 어
려운 경우가 많다. 그리고 이러한 요인들을 극복할 수 있으려면 번역가가 양국의
문화와 언어에 통달(通達)해야 한다(김효중, 2002 가을: 7). 문학작품 안에서는 일
상생활에서 쓰이는 기본적인 어휘들보다는 작품의 내용과 작가의 문체(文體)를

드러낼 수 있는 문화적 어휘들이 많이 사용된다. 이런 상징적인 요인을 포함하는 어휘들이 텍스트에 쓰였을 때 상황이나 시간과 관련주제와의 연관성 있는 언어외적 기준이 필요하다.

문학 작품의 번역은 개별 작품에 사용된 언어가 내포(內包)하는 문화적, 이념적 특수성까지 번역되지 않으면 제대로 된 번역이 될 수 없다. 문학 작품 번역의 실제에 있어서 번역 대상 텍스트가 생산된 사회의 문화적 특수성과 번역된 텍스트가 수용(受容)될 사회의 문화적 특수성에 대한 이해가 중요한 역할을 하며, 또 그 문학을 탄생시킨 문화 자체의 번역으로 연장되어야만 한다(박진임, 2004 봄: 98-109). 작가는 자기의 언어와 문화에 침전(沈澱)된 주제 전달자이기도 하지만 문화적 측면도 전달한다. 언어와 문화는 나란히 나타나기 때문에 분리할 수 없다. 이러한 시각에서 문학텍스트를 다루는 데 있어서 어휘와 용어의 층위, 문법 지식 외에도 문학텍스트를 구조체와 기능체로 보는 견해가 부각(浮刻)되며, 언어 외적인 실상으로도 보고 있다. 문학텍스트의 이러한 문화적인 뿌리는 자소, 음운론적인 층위로부터 형태·통사론적인 층위와 의미론적인 층위를 거쳐 화용론적인 층위에 걸쳐 관계한다. 화용론적인 층위는 상황과 소통(疏通) 맥락, 그리고 문화적 지식과도 직접 연결되는 것이다(소만섭, 2003: 108).

2) 문학적 소양

문학 번역은 일반적인 언어능력 말고도 '문학적 소양(素養)'이 요구되는 작업이다. 단지 '해석'이 아니고 '번역'을 하기 위해서는 우선 쉼표 하나도 소홀히 하지 않는 자세와 정확한 장면의 분위기를 전달하기 위한 유연한 이해력이 요구된다. 대상 언어에 대한 정확한 이해와 그 언어로 표출(表出)되는 문화적 배경 영역에 대한 깊이 있는 이해와 넓은 지식, 그리고 모국어에 대한 감각과 문장력이 요구되는 작업이다(오영은, 2003 가을: 72). 문학작품 속에 쓰여진 어휘들은 그 나라나 민족의 역사와 함께 변천 발달해 온 고유의 언어가 많이 쓰이며 또 각 지방마다의 독특한 어휘적 특색이 드러난다. 문학작품 속에 쓰인 사람이름이나 지명, 명칭 같은 것들은 무언가를 상징(象徵)하기 위한 작가의 고유 표현일 경우가 많으며, 이 경우 그것으로 불리는 개체의 속성(屬性) 모두를 포함하여 함축적으로 기술하기 때문에 번역가는 해당 언어에 대한 유래, 배경 및 상징하는 의미 등의 외연적(外延的) 지식이 필요하다(김세정, 2003 가을: 55-69).

3) 창조적 능력

문학은 개인의 상상력(想像力)에 의해 창조된 글이다. 번역은 그런 독창적인 원본을 다른 나라 언어로 바꾼 것으로 얼마나 원본과 똑 같으냐에 가치를 둔다. 또한 번역은 창조적인 글에 종속(從屬)되거나 기생한다. 번역된 텍스트는 죽은 텍스트가 아니라, 또 다른 문화 속에서 살아 숨 쉬어야 하기에 우선 매끄럽고 잘 읽히는가. 자국의 문화에 좋은 영향을 주는가, 현재 자국의 관심사와 일치(一致)하는가, 그리고 무엇보다 많이 팔려 나가고 영향력도 얻는가, 등 단순한 대응관계를 벗어나 기능의 측면에 의해 영향을 받는다(권택영, 2000 가을: 112, 114). 고도의 번역능력을 필요로 하는 문학언어는 번역가의 창조적 능력이 없이는 전달이 불가능하다고 이야기할 수 있다. 각급 학교에서 번역을 전공한 번역가보다 오랫동안 양쪽 문학 작품을 즐겨 향유(享有)했던 문학가가 더 유리한 것은 문화적 차이와 작가의 개성, A문화를 B문화로 전환시킬 수 있는 역자의 창조적 역량(力量)이 중요하기 때문이다(손지봉, 2003: 101). 문학 텍스트를 다른 텍스트들로부터 분리하는 것은 관련되어 있는 언어의 자질이며, 그것의 진수(眞髓)는 주로 의미의 계층과 암시를 표면 텍스트로 포장(包裝)할 작가의 능력에서부터 유래한다(Ryou, 2002.5.23: 37).

1.2.2 번역의 경험적 제언

작가가 사용하는 언어는 그의 세계 해석, 심지어는 그 자신의 감성·인지 작용 전체를 구체화하는 매체라고 할 수 있다. 언어는 작가 자신의 고유한 체험의 저장실(貯藏室)이라고 할 수 있으며, 여기에는 특정한 시간과 공간을 넘어서는 사람들 사이의 다양한 언어적·역사적 지평들이 서로 교차하고 융합되어 있기도 하다. 만일 언어로 표현된 창작물이 특정한 의미를 지향함으로써 의미의 연관적 체제를 함축(含蓄)하고 있다면, 그것은 창작물의 출현이 작가의 고유한 언어 수행(그의 세계 해석)과 불가분의 관계에 있음을 뜻한다.[3]

1) 서양 문학

문학이라는 장르를 번역할 때는 원문의 독창성(獨創性)과 함께 목표독자의 이해를 고려해야 되지만 어떤 작품이 번역된다는 것은 원문독자들보다 해당 목표(目

---

3) 강원대 2003, 머리 글.

標) 독자에 대한 고려가 더 이루어져야 한다는 것을 의미한다. 번역가는 해당 공동체의 보편적(普遍的) 특성을 파악해내는 노력도 기울여야 하며 문학 텍스트에 쓰인 어휘들마다의 의미자질을 보편적 목록에서 선택한 후 텍스트와의 연관성을 고려해서 적절한 번역방법을 이용(利用)해야 한다(김세정, 2003 가을: 66). 단순한 정보의 전달을 위한 번역은 물론이고 다의성과 동음이의어를 포함하는 문학 작품의 번역은 원문(原文)의 시대와 번역가 시대의 텍스트들만 아니라 문맥(文脈)들도 파악하여야 보다 훌륭한 번역이 이루어질 수 있다. 번역은 결코 원문을 소멸시키거나 원문과 동일하다 기 보다는 또 다른 생명력을 가진 창조물이라고도 이야기할 수 있다(허명수, 2003 가을: 139-40).

조이스(Joyce)의 『율리시즈』(Ulysses)를 번역하면서 번역자가 경험했든 5가지의 문제점들을 다음과 같이 제시하고 있다(Oh Sung-hyun, 2001 봄: 178, 152). 첫째, 무의미한 낱말들을 포함한 조이스 특유(特有)의 용어들을 한국어로 옮기는데 따른 문제점, 둘째, 일상회화체, 특히 욕설과 외설(猥褻)에 관련된 속어들을 번역하는데 따른 문제점, 셋째, 의식의 흐름의 기법에 의한 독백(獨白)을 옮기는데 따른 문제점, 넷째, 『율리시즈』작품 속에 나타나는 다양한 인문과학 분야에 대한 배경지식을 구비하지 않고서는 제대로 번역하기 어렵다는 점들을 제기하고 있다. 원문과 번역물의 양측간에 존재하는 문화관습상의 차이점들을 고려해서 단순히 일대일식의 문자적인 번역보다는 한국인(도착어의 독자)들이 가장 잘 이해 할 수 있는 한국 문화와 유사(類似)한 내용을 찾아 번역하도록 하는 것이 중요하다고 쓰고 있다. 즐랏코 고르잔(Zlatko Gorjan)의 경우 "조이스 율리시즈를 번역함에 있어서"의 글에서 진정으로 적절한 번역은 불가능하다고 말한다. 번역은 잘해야 "원문의 거울 이미지"에 불과하다고 주장하고, 또 율리시즈를 번역하는 동안 번역이 불가능한 표현에 직면할 때마다 그는 직관(直觀)에 의존했다고 고백하고 있다.

2) 일본 문학

바람직한 대중소설(大衆小說) 번역이란 직역을 기본번역방법으로 하되 문화적이고 언어적인 차이 등을 감안하면서 독자의 이해를 돕기 위해 어쩔 수 없는 부분에서만 원문의 뜻과 뉘앙스를 제대로 살린 의역(意譯)을 허용하는 수준에서 이루어져야 한다. 문화적인 차이로 인해 번역하기가 어려운 경우에도 번역을 생략해 버리는 것보다, 원문의 본질적인 뜻을 이해하면서 적절한 의역을 하는 것이 바람직하다(호사카 유지, 2003 봄: 113). 한국어와 일본어는 같은 한자문화권에 속하며 일상생활(日常生活) 속에서도 한자를 사용하고 표현구조의 체계도 다른 어떤 언어와의 관계에서보다 비교적 단순하게 대응된다. 따라서 양 언어간의 번역을 비교적 용이한 일로 생각하는 경향이 적지 않지만, 주의하여 살펴보면 이와 같은 수월하고 유사한 성격(性格)때문에 오히려 상당한 문제점을 안고 있음을 알 수 있다.

어휘상의 문제에 있어서 사서적(辭書的) 의미에 너무 집착한 나머지 일본어 문형형식에다 어휘(단어)만을 한국어로 바꾸어 놓은 어색한 표현으로 번역되는 경향이 두드러지게 나타나고 있다. 또한, 일본어 원본을 보면 의미파악이 가능하지만, 번역본으로는 의미파악이 불가능한 직역 투의 표현이 자주 나타나는데, 이러한 문제들이 야기되는 가장 큰 이유는 번역가가 원 작가의 원문을 잘 이해하지 못한 상태에서 번역에 임하거나, 또는 번역가의 자국어에 대한 폭 넓은 지식과 이해가 선행(先行)되지 못했기 때문이다. 이 같은 문제점을 개선하기 위해서는 작품의 전후 문맥을 잘 파악한 다음에 번역가의 경험과 기술에 의하여 다듬어진 말로 표현하는 것이 바람직하며, 나아가 한·일(韓·日) 양국어의 표현구조상 각각의 언어만이 가지는 독특한 측면에 대한 체계적인 연구도 필요하다.

다음, **문체상**의 문제로 정서적(情緖的)·내포적(內包的) 의미에 있어서 동등한 표현을 찾아낼 수 있는가에 의해 번역의 질이 좌우된다고도 할 수 있다. 따라서 포괄적이며 내포적인 의미에서 원문의 표현에 상응(相應)하도록 번역을 해야 하고, 동시에 독자가 이해할 수 있는 표현으로 재현해야 한다. 다음 한자어의 사용과 관련하여, 유의할 바는 일본어는 한자 혼용(混用)인 국어 체계로 인해 일본 고유의 한자어를 많이 사용하고 있는데 비하여, 우리나라에서는 한글 전용정책으로 음(音)으로만 한자어를 나타내기 때문에 해당 어휘(語彙)가 한자어라는 사실을 잊은 채 사용하고 있는 현실이다. 그 결과 두 언어간의 한자어가 갖는 의미범위에는 상당한 차이가 생긴 것이며, 오역의 유형 중에서 제일 많은 것이 화제한어(和製漢語)로 불리어지는 일본 고유의 한자어에 대한 지식 부족에 기인된 것이라 할 수 있다(오영은, 2005.5: 36-39).

3) 언어 외적인 문제

원문과 번역문 사이의 간격(間隔)은 현대적·장소적 색채를 띤 표현에서 더욱 넓어지는데, 그 이유는 언어란 끊임없이 변화하는 유기체(有機體)이므로 쓰여진 시대에 따라서 형태론적, 통사론적인 특징이 다르게 나타나기 때문이다. 따라서 상황·시간·장소·화자·효과 등의 언어외적(言語外的)인 요인들은 번역과정에서 반드시 고려되어야 한다(황경자, 2000 가을: 77-87). 일반적으로 문학작품 등의 일·한(日·韓) 번역과 관련된 연구에서는 번역의 잘못된 부분을 【표기(문자), 문법, 어휘·의미, 문체상의 오역/오용】 등으로 나누고 있으나, 관광자원해설 전단(leaflet)에 나타나는 일본어 역의 오류 분석을 위해서는 기존의 「어학적인 오류」에 추가하여 「전통문화와 관련된 항목」을 하나 더 보태어 크게 둘로 나누어 고찰할 수 있으며, **좋은 관광안내문**을 만들기 위해서는 원어민의 철저한 감수(監修) 못지않게, 전통문화와 역사에 대한 식견(識見)이 풍부한 번역가의 양성과 전통문화 및 역사관련 어휘에 대한 일관성 있는 매뉴얼의 필요성이 강조된다(정일영, 2002 가을: 115).

1.2.3 이상적인 번역전략

번역가들과 번역학자들 간에는 이에 관한 매우 낡은 논쟁이 있어 왔는데, 어떤 사람들은 "축어적인(literal)" 번역을 주장하고 있는 반면에, 다른 사람들은 "자유로운 (free)" 번역을 찬성한다. 또 어떤 이들은 "형식적인 등가(Formal Equivalence)"를 지지하는 반면, 또 다른 이들은 "역동적 등가(Dynamic Equivalence)"를 지지한다. 어떤 사람들은 원문-중심적인 번역을 주장하는 반면, 다른 사람들은 목표어(도착어)-중심적인 번역을 보다 선호한다. 이처럼 다양한 의견(意見)에도 불구하고, 이상적인 번역전략은 존재하지 않는다고 말할 수 있으며, 가장 적절한 번역전략은 목표 텍스트의 **제안된 기능**(機能)과 **번역 상황**에 따라서 결정된다고 할 수 있다. 만약 원문이 문학적인 텍스트이며 또 목표 독자들이 원천 문화를 수입(輸入)함으로써 그들 문화적인 포용력을 풍요롭게 하기를 원하기 때문에 번역되고 있는 것이라면, 원문-중심적인 번역이 좋은 전략이 될 수 있을 것이다. 예를 들어, 만약 원문 텍스트가 전기 톱 조립의 안내서라면, 사용자의 안전을 위하여 목표 독자들에 의한 정보내용의 적절한 이해가 중요한 요소가 될 것이므로, 번역가는 목표 공동체의 텍스트에 대한 기대에 부합되도록 도착어-중심적인 접근으로 텍스트를 조정해야 할 것이다. 이런 점에서 번역가는 여러 가지의 번역전략들을 숙지하는 것이 효율적이고 효과적인 방법으로 번역을 수행할 수 있을 것이다(KIRK, 2001: 14-15).

원문 텍스트 내에서의 저자의 의도는 목표텍스트의 표현을 이해할 수 없는 독자들에게는 이해할 수 없는 것이다. 번역가는 그의 독자를 위하여 원천어(출발어)

표현의 의미를 어림할 수 있도록 의미를 갖는 표현을 써야 한다. Vermeer는 문제의 해결을 위한 전체적인 처리과정과 특정의 전략은 기타 인간의 상호작용의 경우와 같이 텍스트의 목적(skopos)에 의하여 결정되어져야 하는 인간 상호작용의 한 유형(類型)으로 번역을 정의한다. 따라서, 번역전략을 선정함에 있어서, 주요 고려사항은 원문 텍스트(ST)에 어떻게 맹목적으로 충실할 것인가가 아니라, 목표 텍스트(TT)를 받아보는 사람들의 기대를 어떻게 수용할 것인가가 되어야 한다. 그는 심지어 원문 텍스트(ST)는 한낱 정보 제안일 뿐이며, 또 단순히 새로운 텍스트의 생성(生成)을 위한 수단일 따름이라고 설명한다. 번역전략에 있어서의 현저한 변화의 하나는 번역의 목적으로서 원문 텍스트(ST)와 목표 텍스트(TT) 간의 엄격한 등가(等價)의 설정은 목표문화의 규범에 따르는 목표 텍스트의 생성에 점진적으로 양보하고 있는 것이다. 따라서, 번역가는 그 문화적 환경 내의 목표 텍스트의 의도된 기능에 대한 정확한 판단을 요구 받고 또 그에 맞게 번역을 요구 받는다(김영신, 2003 봄: 145; 2004 봄: 108).

2. 텍스트별 번역전략과 번역기법

2.1 전문서적의 번역

조약 문, 사용안내서, 상용문서, 자연과학 텍스트 등 특정의 텍스트는 통사 및 어휘차원에서 언어선택이나 사용 방법상 특별한 언어규범을 따르게 되어 있다. 이 경우 원어와 역어에 이미 고정적(固定的)으로 정해져 있는 언어표현이나 그에 따른 행동양식이 있기 때문에 번역할 때 세심한 주의를 요한다. 단순히 객관적으로 확고한 정보를 전달하는 텍스트는 거의 완벽하게 번역될 수 있다. 왜냐하면 과학적 텍스트의 정보내용은 객관적으로 정확하게 파악되므로 정확한 등가설정이 가능하기 때문이다(김효중, 2000 가을: 35, 39).

2.1.1 법률 텍스트의 번역

법률 번역은 법률 저작물의 관념 형태와 법률 텍스트의 최초 개념을 정확하게 전달해야 한다. 최초 텍스트에 충실함은 화자의 진정한 의도(意圖)에 충실한 것이며, 그의 별도의 담화에 충실한 것이 아니다. 번역가는 법률의 전문가이거나 또는 최초의 법률 텍스트의 개념을 잘 이해할 수 있는 법률 전문가이어야 한다. 법률 문서에는 법, 조약, 계약서, 규정, 법규, 보증서, 판결, 입찰 등을 포함한다. 대부분의 법률 문서는 두 가지 측면을 갖는데, 그 하나는 의무의 약정(約定)이고 또 하나는 권리의 확인이다. 다른 문학 형식의 번역과 비교하여, 법률 번역은 특별한 형식을 갖는다. 법률 번역가는 외국어를 정복하는 것만으로는 충분하지 않으며, 법률 소양(素養)과 문화에 관한 지식을 구비하여야 한다. 오늘날 번역작업의 핵심으로 거론되고 있는 **정확성, 충실성,** 그리고 **내용 일치**의 3가지 중(제1부 2장의 1, 2, 3 세항 참조)에서 충실성은 법률 번역의 목표이고, 둘째 번역가는 해당분야의 전문가이거나 또는 최초 법률 텍스트의 의미를 잘 이해할 수 있는 법률 직업인이어야 한다.

세 번째로, 번역가는 자신의 언어를 잘 정복(征服)해야 하며 또 외국어에 숙달되어 있어서 복잡한 법률 개념이 적합한 법률 용어로, 그리고 간결한 언어로 표현(表現)될 수 있도록 해야 한다. 네 번째로 번역가는 가능한 한 목표언어의 문화를 많이 알고, 문화의 차이에 의하여 발생하는 의견의 분열과 오해를 피할 수 있어야 한다. 법률 번역은 번역가의 광범위한 지식과 성취를 요구한다. 국제 경제와 국제 무역에 관한 지식, 심리학과 사회학의 지식 없이 형사사건을 처리하기 힘들다. 회계, 재정, 유가증권, 부동산에 관한 지식 또한 번역 일을 위하여 요구된다 (Wang Shufeng, 2002.5.23: 53-59).

2.1.2 과학 텍스트의 번역

1) 보편어로서의 영어의 사용

오늘날 과학에 관하여 견지(堅持)하고 있는 가장 일반적인 인식은 그것이 종국적으로 한 가지의 국제적인 언어를 찾았다는 것이며, 그 언어(speech)는 **영어**이고, 영어의 기술적인 주제의 범위 내에서의 세계적인 확장은 해를 거듭함에 따라 증가하고 있다. 예를 들어, 순수한 출판물의 수량에 있어서, 과학기술과 과학기술의 이전(移轉)에 있어서 **영어**가 주로 사용되고 있고, 또 과학서적의 번역을 위한 가장 빈번한 출처언어라는 점에서, 혹은 다른 수단에 의한 각종 수치(數値)에 의하여서도 그것이 확인되고 있다(Strevens P., 1992: 24-47; Mongtgomery, S.L., 2000: 255).

나아가, 전 세계적으로 영어를 사용하는 사람들이 이십억 또는 그 이상에 달하며, 이들 중 가까스로 5분의 1정도가 원어민이라는 점을 주목하지 않을 수 없다 (Crystal D., 1985: 1-8; ib.).

전세계 과학자들에 의한 인터넷의 사용 증가(增加)는 영어의 상대적인 지배에 중요한 효과를 갖는다. 1990년대의 후반에 많은 분야들이 온라인 저널, 견본 인쇄본의 파일 저장고(archives), 회의록, 모든 형태의 주요 데이터베이스, 교육적인 공급원과 그 이상의 다른 것들을 제공하기 시작하였다. 이 정보의 압도적인 대다수는 영어로 되어있다. 인터넷이 미국에서 처음으로 개발되었고 1980년대 중반에서 후반까지는 이미 상당히 진전되었으며 또 학계와 산업계의 과학자들에 의하여 사용되고 있었다는 사실을 반영한다. 1990년대에 들어서 월드 와이드 웹(www)의 확장과 함께, 많은 사이트들에서도 다른 언어를 사용하기도 하고 있는 것이 확인되고 있는데 특히, 독일어, 프랑스어와 스페인어의 사용이 나타나고 있으며, 일본어와 중국어의 숫자도 증가하고 있다. 그러나, 이들의 대부분은 그 내용들을 영어판으로 제공하고 있으며, 먼저 영어로 스크린에 제공된 다음에 다른 언어의 번역판으로 연결(連結)되는 것이 보편적으로 되고 있다(Montgomery 2000: 255-263).

2) 전문용어의 번역

자연과학 텍스트의 번역에서 가장 중요한 것은 전문 용어(술어)의 정확한 번역이라 할 수 있으며, 전문 용어의 번역에서 고려할 수 있는 사항은 대체로 다음의 내용들로 요약할 수 있다(김정우, 2003 봄: 31-39).

 (1) 전체의 체계(연합·통합 관계)를 고려하여 번역 한다.
 (2) 음성 번역의 일관성을 유지하여 최초의 원천언어에서 온 발음 형태를 기준으로 할 것인지, 아니면 변형된 발음 형태를 기준으로 할 것인지를 결정하고, 현행 국어 어문 규범의 하나인 <외래어 표기법>을 준용한다.[4)]
 (3) 국어의 조어(造語) 방식에 맞게 한다.
 (4) 일반 용어로 표현할 수 있는 전문 용어는 가급적 일반 용어로 표현한다.
 (5) 동음 충돌(衝突)의 가능성이 있는 단어는 다른 단어로 대치한다.
 (6) 두 가지 이상의 뜻으로 해석될 가능성이 있는 구문이나 어휘의 사용은 피한다.

---

4) 현행 [외래어 표기 용례집]은 '일반 용어편'과 '인명과 지명편'으로 나뉘어 1986년에 국어 연구소에서 간행되었으며, 계속해서 국립국어연구원에서 증보된 형태로 출간되고 있다.

(7) 전문용어는 읽기에 쉽도록 가급적 붙여 쓰도록 한다.

    <한글 맞춤법>의 띄어쓰기 조항(제50조) 참고.

(8) 다의성(多義性) 해소를 위한 한자의 병기(함께 적기) 활용

(9) 전문 용어 이외의 본문을 번역할 때는 일반 번역 과정에서 지켜야 할 각종 원칙(原則)을 따른다.

2.2 문학작품 번역

2.2.1 텍스트별 번역전략

1) 서술문학(Narrative Literature)

서술문학은 고유의 세계를 거대한 틀로 삼으며 그 틀 안에서 이야기가 진행된다. 이것을 '이야기의 세계' 혹은 '정제(精製)된 세계'라고 부른다(Gérard Genette, 1982: 11; Geneviéve Roux-Faucard, 2004: 305). 이야기의 세계는 완전히 독립된 세계로 실제 세계와 관련이 없다. 그럼에도 불구하고 이야기의 세계(텍스트 세계)와 실제 세계(초텍스트 세계)간에 어느 정도는 관련이 있기도 한데, 이는 작품의 세 단계, 즉 작가(作家)가 글을 쓰는 시점, 독자가 작품을 읽는 시점, 번역가가 마지막으로 번역하는 시점 등의 단계에서 나타난다. 일반적인 정의에 따르면 이야기의 세계를 번역한다는 것은 가능한 한 시니피에와 효과는 보존(保存)하면서 다른 언어로 표현한다는 것을 의미한다. 이야기 세계의 시니피에란 이야기 세계의 시공간 지표(指標), 고유명사, 묘사, 생생한 대화 등을 통해서 독자는 자신의 시공간, 기술 문명의 세계, 주변 인물, 자신의 문화, 언어 등과 일맥상통하는 세계를 만들어간다. 이 모든 것들은 번역 가능한 것이다. 이에 반하여, 이야기 세계의 효과는 이야기 세계가 만들어내는 효과(Wolfgang. Iser, 1976가 정의한 미학적 효과), 다시 말해서 정의적인 반응(反應)만이 있는 것이다. 소설을 읽는 사람은 누구나 이런 세상 '속에서' 살고 싶은지(혹은 살기 싫은지), 그런 세상을 두려워하는지, 혹은 걱정되는지, 궁금한지, 동경(憧憬)하는지 알고 있다. 이야기 세계가 끌어내는 효과들이 분명히 존재하고 이는 이야기 자체만큼 무수히 많다.

문학번역은 **시니피에/효과/화자**의 삼각형에 기초한다고 전제(前提)할 수 있다.

더 구체적으로 말하자면 원문에 나타나는 세 요소 간에 균형(均衡)이 번역문에서 구현되는 방법에 기초한다고 할 수 있다. 이 균형이 바로 해석이론에서 말하는 텍스트의 '의미' 혹은 텍스트의 '정체성'인 것이다(Israël). 번역문은 대략 세 종류로 나눠볼 수 있다.

> (1) 유형 1(차용, 모사, 직역과 같은 번역): 시니피에와 화자에 충실하나 효과가 변형된다.
> (2) 유형 2(외연화 방식의 번역): 시니피에와 효과는 유지하나 화자가 변형된다.
> (3) 유형 3(번안 형태의 번역): 동일한 독자와 효과는 유지하지만…시니피에가 변형된다.

위에서 기술한 변형(變形)은 미세한 문맥 차원에서 이루어지며 대개 미미하고 일회적이어서 충분히 보상 가능한 것이다. 그러나, 이는 문학 텍스트라는 틀 내에서 이야기 세계의 번역에 해당되는 것으로 글쓰기 층위에서 생각해 볼 수 있는 출발어 중심 혹은 도착어 중심의 양극화와는 무관하다(ib.: 305-17).

소설번역은 책 번역 중에서도 가장 많이 행해지는 번역으로 대표적인 문학번역이다. 번역가는 그 나라의 문화를 잘 파악하고 또, 작가 연구를 거친 다음 소설의 내용(內容)을 다 읽고 난 후에 작가 특유의 문체를 살펴보는 과정을 거치고, 번역에 들어가는 것이 좋다. 소설번역은 다른 어떤 번역작업보다도 함축적인 의미와 심리묘사가 많은 것이 특징이기 때문에 번역기법 중 특히 변조법(變調法)과 번안법을 많이 사용하여야 하며 풍부한 어휘를 구사하여 그 작품의 문체와 문학성을 살려야 한다. 따라서 소설번역가는 작가의 메시지를 정확하게 전달하여야 하며, 번역가의 모든 역량이 요구되는 재창조 작업이다(지정숙, 1997: 133-38).

2) 번역 시(Translation Poem)

시(詩)를 번역한다는 것은 또 한 편의 다른 시를 창작하는 작업이기도 하다. 한 텍스트의 통사론적, 의미론적 조화(調和)를 이뤄야 할 경우 번역가는 흔히 텍스트를 이루는 통사적 영역과 의미론적 차원 가운데 어느 한 쪽에 비중(比重)을 둘 것인가를 결정해야 한다(Enkvist, 1978: 169-188; 김효중, 2000 가을: 34-35). 주어진 텍스트에 대한 명확한 해석(解釋)이 존재하지 않으며, 또 비평가/번역가가 문학작품에 대한 해석적인 시각에 따라 다수의 해석이 존재하게 된다는 사실을 인정하게 되면, 번역작품, 특히 시(詩)의 해석에 접근하기 위한 중요한 방법 중의 하나로서, 다수의 번역물을 활용함으로서 가능해진다. 다시 말하면, 어떠한 단 한 번의 번역만으로는 원문의 완전한 효과에 결코 비교될 수가 없다. 원문에 대하여 박식한 전문가들은 텍스트의 원문이 단일상태로 존재한다는 생각에는 동의하지 않는다. 예술의 작품은 생산물이기 보다는 하나의 과정(過程)과 같은 것으로 고려한다. 다수의 해석(version)은 독자에게 하나의 주어진 텍스트의 창조적인 처리과정에 참가할 수 있는 기회를 제공하는 것이며, 미적(美的) 즐거움을 증가시키게 되는 것이다(Schulte R., 1998: 35-39).

문학 텍스트를 번역함에 있어서의 고유의 어려움은 **시를 번역할 때** 더욱 어려워지는데, 그 이유는 문학작품을 다른 종류의 저작(著作)으로부터 구분하는 자질이 시(詩)에 있어서 더 증대되기 때문이다. 또한, 특유하게 시적인 요소와 시의 음향(音響), 율동, 운, 중간 휴지 등이 해제되기를 요구하지만 동시에 보존되기를 바라면서, 번역가에게 커다란 부담(負擔)을 안겨준다. 시의 텍스트는 본래 일종의 생각, 실체, 또는 감각의 번역이거나 또는 통역이다(Ryou, Kyongjoo H., 2002: 38). 한 편의 시(詩)에는 작가의 내적인 감성(感性)과 심리가 가장 잘 함축되어 있고 글자체에 작가가 의도적으로 부여하는 형식(形式)이 있기 때문에 문학번역 중에서도 가장 힘든 번역이라고 할 수 있다. 즉, 시에는 내용과 운율(韻律)과 행이 있어서 번역에 임할 때 그 시의 내용을 잘 파악하는 동시에 시의 운율이 나타내는 음악성과 행의 형식을 잘 파악해야 한다. 시에는 산문시, 정형시, 서정시(抒情詩) 등여러 형태의 시들이 있으며, 각기 다른 시에 따라 특성을 살려 적절하게 번역을 해야한다. 시 번역은 총체적인 재창조의 작업이라고 할 수 있다(지, ib.).

3) 연극번역(Play Translation)

흔히 대본번역(Script Translation)의 일종으로도 분류되는데, 여기에서 대본(臺本)이란 연극·영화·방송 등의 무대장치나 출연자의 대사·동작 등을 적은 것을 말하며, 희곡과 비슷하지만, 희곡이 일반 독자를 대상으로 하는 문학작품 인 데 비하여 각본은 실연(實演)을 목적으로 기술한다.5) 연극번역은 시간성에 유의해야 하는 것이 특징이라고 할 수 있다. 그러므로 번역가는 연극을 번역할 때 우선 작품을 다 읽고 난 후에 대사(臺詞)의 번역을 어떻게 할 것인가를 생각해 보아야 한다.

---

5) 인터넷 『Daum 사전』.

작품 속의 대사를 되도록 연극시간에 맞게 번역을 해주어야 하며, 대개의 경우 적절한 표현으로 짧게 번역해 주어야 한다. 다음으로 고전(古典)을 번역할 경우, 그 시대에 맞게 대사(臺詞)를 현대말로 바꾸어 주어야 한다. 또한, 작품 속의 문화적인 언어는 가급적 구어(口語)로 바꾸어 주어, 관중들이 이해할 수 있도록 번역해야 한다. 끝으로 연극번역에서 지역적인 사투리의 특성을 살리기 위해서는 현대적인 관객어(觀客語)로 부드럽게 번역을 해주는 기법을 적용해야 한다.

4) 산문번역(Prose Translation)

산문번역은 저자의 주관적인 서정성(抒情性)을 살리는 것이 중요하다. 작품의 내용과 저자의 특성을 자세하고 깊게 이해하고 난 뒤에 작품을 번역해야 한다. 한마디로 작품성(作品性)을 살리는 것이 중요하다. 소설번역의 경우에서와 같이 작가의 연구가 선행(先行)되어야 한다.

2.2.2 번역 사례

1) 사례 1(영문 → 국문)

시(詩) 번역은 여러 번 독자의 입장에서 시(詩)를 읽어서 뜻을 완전히 익힌 후에 원문의 시의 형태를 해체, 분석하여, 그 운율(韻律)의 모음, 자음위치 등의 통계(統計)를 낸 후에 그 시에 알맞은 운율, 형태로 다시 모자이크를 짜듯이 우리말로 끼워 맞추는 작업이다. 그러므로 시(詩)의 번역작업을 하면서 항상 원문의 시(詩)의 뜻과 형태와 우리말 표현이 유사성과 상관성과 대응성이 있는지를 고려하여 그 뜻에 맞는 적절한 표현의 우리말을 선택하여 번역을 해주어야 한다(지정숙, ib.: 139-40).

> Lo! In you brilliant window-niche
> How statue-like I see thee stand,
> The agate lamp within thy hand!
> Ah, Psyche, from the regions which
> Are Holy Land!

> 보라! 저 훤히 빛나는 창문에
> 마치 조각처럼 그대가 서 있음을 나는 보노라.

손에 마노 램프를 들고서!
아, 성스러운 땅에서 온
프시케여!

2) 사례 2(영문 → 국문)

아래의 산문번역의 예문은 원문의 소리를 이용한 단어유희(單語遊戲)를 번역문에서 의미는 다르지만 비슷한 음성효과를 재현(再現)할 수 있는 단어로 바꾸어준 예이다(곽성희, 2001 봄: 91-92).

- **원문(ST)**

  She thought if she ever again heard voices that said **paams for palms** and **hoose for house** and **woont for won't** and **Maa and Paa for Ma and Pa,** she would scream. (CGWE, p. 136)

- **번역문 1(TT1)**

  야자를 야아자, 집(家)을 지입, 엄마·아빠를 어엄마·아아빠 발음하는 그 소리를 만일 두 번만 듣는다면 필경 비명을 지를 것이라고 생각했다(CGWK1, Vol, p.183).

- **번역문 2(TT2)**

  그녀는 팜(palms)을 파암이라고 발음하거나, 하우스를 후즈(hoose)라고 발음하거나, 워운트(wont)를 운트(woont)로 또는 마, 파(Ma, Pa.)를 마아, 파아(Maa, Paa)라고 발음하는 소리를 한 번이라도 더 들었다가는 비명이라도 지를 것만 같은 기분이었다.

(위의 번역방법은 원문의 소리를 이용한 단어유희를 번역문에서 의미는 다르지만 비슷한 음성효과(音聲效果)를 재현할 수 있는 단어로 바꾸어준 예이다(CGWK2, Vol.1, p.169).

> ※ CGWE: *Gone with the Wind*, M.Mitchell 저, Pan Books, 1974.
> CGWK1: 바람과 함께 사라지다, 윤종혁 역, 신원문화사, 1991.
> CGWK2: 바람과 함께 사라지다, 안정효 역, 학원사, 1992.

3) 사례 3(영문 → 국문)

다음은 미국의 소설가 어네스트 헤밍웨이(1899~1961)의 소설 "The Old Man and

the Sea" 중의 일부를 국문으로 번역한 것이다.

- **원문(ST)**

The sun rose thinly from the sea and the old man could see the other boats, low on the water and well in toward the shore, spread out across the current. Then the sun was brighter and the glare came on the water and then, as it rose clear, the flat sea sent it back at his eyes so that it hurt sharply and he rowed without looking into it. He looked down into the water and watched the fishing-lines that went straight down into the dark of the water. He kept them straighter than anyone did, so that at each level in the darkness of the stream there would be a bait waiting exactly where he wished it to be for any fish that swam there.

Ernest Hemingway, The Old Man and the Sea

<어휘의 해설>
current: 흐름, 유동; 흐르는 것(흐르는 물·조류·해류·기류 따위).
well in toward the shore: 해안에 아주 가까이 다가서.
clear: 완전히
fishing-lines: 낚싯줄(line).

- **번역문(TT)**

태양이 바다 위로 희미하게 떠올랐으므로 노인은 다른 어선들이 <u>물에 잠긴 듯이</u>[1] 낮게 해안에 아주 가까이 다가서, 조류를 가로질러 옆으로 퍼져 있는 것을 볼 수가 있었다. 그 후 태양은 더 밝아지고 눈부신 광선이 해면에 비쳤다가, 곧 이어 바다 위로 완전히 떠올랐을 때 평평한 해면에 반사되어 눈에 마주쳐 눈이 몹시 아팠기 때문에 노인은 그것을 보지 않고 노를 저었다. 노인은 물속을 들여다보고 어두운 물 속에 똑바로 뻗쳐 있는 낚싯줄을 지켜보았다. 그는 낚싯줄을 누구보다도 <u>똑바로 드리우고 있었는데,</u>[2] 그것은 깜깜한 해류의 어떤 수위(水位)에서도 그 곳을 헤엄치고 있는 고기를 잡기 위해서는 먹이가 꼭 자기가 원하는 곳에 기다리고 있도록 하기 위해서였다.

①여기서 어선들이 "<u>물에 잠긴 듯이</u>"는 독자의 이해를 위하여 번역자의 중개가 있은 것으로 사실상 이 부분이 없어도 이해가 가능한 추가 부분이다. ②그는 낚싯줄을 누구보다도 똑바로 드리우고 있었는데, ~ ~ ~ 먹이가 꼭 자기가 원하는 곳에 기다리고 있도록 <u>하기 위해서였다</u>. 여기서 so that ~ there would be를 먼저 번역하여 "먹이가 ~ 기다리고 있도록 <u>하기 위하여</u> 낚싯줄을 똑바로

드리웠다의 번역을 순차번역 기법으로 번역하였다.

4) 사례 4(영문 → 국문)

다음은 미국의 소설가 어네스트 스타인벡(1902~68)의 "The Pearl"을 국문 번역한 것이다.

- **원문(ST)**

It is wonderful the way a little town keeps track of itself and of all its units.[①] If every single man and woman, child and baby, acts and conducts itself in a known pattern and breaks no walls[②] and differs with no one and experiments in no way and is not sick and does not endanger the ease and peace of mind or steady unbroken flow of the town, then that unit can disappear and never be heard of.

John Ernest Steinbeck, The Pearl

<어휘의 해설>

It는 the way를 가리키는 가주어이며, a little town이하는 the way를 수식하는 형용사절

keep track of ~ …에 관한 정보를 끊임없이 받다.

unit: 구성원. conduct itself=behave. known pattern: 흔해 빠진 형(型).

In no way: 결코 …하지 않다. Step out of … 로부터 출발하다.

- **번역문(TT)**

어떤 작은 읍이 그 자체와 전 주민과의 행동에 관한[①] 정보를 끊임없이 끌어내는 방법은 놀랄만한 것이다. 만일 개개의 남녀, 아이들과 갓난아이가 누구나 재래의 형태에 따라 행동하고 거동하고 어떤 벽(정상이라는 벽)[②]을 뚫는다든가 하는 일을 하지 않고, 누구와도 다르지 않고 어떠한 새로운 실험을 한다든지 하는 일도 없고, 병을 앓지도 않고 마음의 평안과 읍의 끊임없는 안온한 흐름을 위태롭게 하지 않는다면, 그러한 주민은 사라져 없어지고 소문에도 오르지 않을 것이다.

①에서 번역자는 목표 텍스트를 읽을 독자들의 이해를 돕기 위하여 (행동에 관한)이라는 말을 추가하는 변환의 방법을 사용하여 의미 선명화를 기하고자 하였다. 또 ②에서도 어떤 벽으로 충분할 것을 (정상이라는 벽)을 추가함으로써 목표텍스트의 의미 선명화를 기하고자 하였고 결과적으로 텍스트의 확장을 가져왔다.

5) 사례 5(국문 → 영문)

번역자가 원문 텍스트(ST)의 의도를 잘 전달하려면 원문작자가 응시(凝視)하는 중심 이미지(image)를 함께 응시해 나가야 하는데, 아래의 시(詩)에서는 이 점에서 실패한 것으로 보인다. 이해인 시선집 On A Journey(김진섭 & Eugine W. Zeilfelder 역; 2000)을 보면 목표 텍스트(TT)에서 ST의 의도가 왜곡(歪曲) 번역되어 있음을 볼 수 있다.

- 원문(ST)

꽃 지고 난 뒤
바람 속에 홀로 서서
씨를 키우고
씨를 날리는 꽃나무의 빈집
　　　　　(「해질 무렵 어느 날」 p.38)

- 번역문(TT)

After the flowers fall
The wind blowing through the empty house
Winnows the seeds,
And blows them away.
　　　　　('At Sunset On A Certain Day,' p.40)

5)의 ST에서 시인이 응시(凝視)하고 있는 중심 이미지는 "꽃나무의 빈집"이다. 그런데 TT는 시인(詩人)이 "The wind…./Winnows the seeds,/And blows them away."를 응시하고 있음을 말한다. '씨를 키우고 날리는' 주체(主體)가 ST에서는 "꽃나무의 빈집"이며, TT에서는 "The wind"로 되어 있다. 또한 TT에는 ST에 있는 "홀로 서서"라는 의미 있는 정보가 누락되어 있어 ST의 의도가 TT에서 왜곡(歪曲) 번역되어 있다(박향선, 2002 가을: 65-66).

6) 사례 6(국문 → 영문)

둘 이상의 단어들이 한 텍스트 속에서 메시지 전달을 위해 함께 사용되는 '연어(collocation)는 텍스트의 결속력(結束力)을 다지는데 중요한 역할을 한다. 아래의 시에서 같은 어휘 계층의 연어(連語)를 사용한 한국 시의 영문 번역문을 살펴보면, '하위어(subordinate)'와 '상위어(super-ordinate)'의 개념에 있어, 'tulip, lily, daisy'는 flower의 '하위어'가 되고 'flower'는 'tulip, lily, daisy' 등의 '상위어'가 되며 'tulip, lily, daisy'는 서로 같은 계층(階層)의 어휘가 된다. 이러한 같은 계층의 어휘들이 텍스트에서 나열되어 나타날 때 텍스트는 서로 연관성을 맺게 되고 결속력(結束力)을 보이게 된다.

ST

덧없이 바래보든 벽에 지치어
불과 시계時計를 나란히 죽이고
<u>어제</u>도 <u>내일</u>도 <u>오늘</u>도 아닌
<u>여긔</u>도 <u>저긔</u>도 <u>거긔</u>도 아닌
　　　　(서정주의 「벽」 중에서)

TT

Weary of the wall I have been vacantly watching,
I kill light and clocks
Not <u>yesterday</u>, not <u>tomorrow</u>, not <u>today</u>,
Not <u>here</u>, not <u>there</u>, not <u>anywhere</u>,
　　　　(안선재 번역)

위의 텍스트에는 시간의 '하위어', 즉 시간을 '상위어'로 갖는 "어제", "내일", "오늘" 이 나타나 있으며 서로 같은 계층의 어휘이다. 또한 장소의 '하위어', 즉 "여긔", "저긔", "거긔"도 서로 같은 계층의 어휘이다. 이들 어휘는 위의 텍스트에 서로 밀접하게 나타나 '연어'가 된 것이며, 이로 인해 텍스트는 '같은 어휘 계층의 연어'로 인한 의미의 결속(結束)을 보여 주고 있다(우형숙, 2004 가을: 55-57).

7) 사례 7(국문 → 영문)

아래에서 한국의 서정시인, 김소월의 「진달래꽃」을 영역한 두 편의 시를 살펴보기로 한다.

「진달래꽃」

나 보기가 역겨워 가실 때에는
말없이 고이 보내 드리우리다.

寧邊에 藥山 / 진달래 꽃 /
아름 따다 가실 길에 뿌리우리다.

사뿐히 즈려밟고 가시옵소서

나 보기가 역겨워 가실 때에는
말없이 고이 보내 드리우리다.
죽어도 아니 눈물 흘리우리다.

<번역 예 1>
Azaleas

When you go,
Weary of me,
I'll fondly see you go.

I will gather
Armfuls of azaleas
From Yaksan to adorn your path.

Tread softly,
Step by step,
Upon the flowers as you go.

When you go,
Weary of me,
I'll bite my lips to stop my tears.

(김종길 역, Korean Poets 18)

<번역 예 2>
AZALEAS

If you go away
Through with me
I will gently let you go.

I will gather
An armful of azaleas
At Yaksan, Yongbyon,
And strew them on your path.

Tread softly
Step by step
Upon the flowers as you go.

If you go away
Through with me,
No tears I will show,
My painful tears.

(김재현 역, Jaihiun Kim 65)

소월의 시에 대한 위 두 개의 영역 본에서 지적할 수 있는 것은 대체로 축자적으로 번역하는 데 치중한 나머지 원문의 언어와 영어를 치환(置換)하는 단계에 머물렀다는 점이다. 또한 치환되어야 할 언어의 어휘 선택도 잘못된 부분들이 나타난다. 이들 영역본에서의 큰 오류는 독자가 이 영역 본만을 읽었을 때, 원문의 정서를 이해하기가 어렵고, 또 시적 감흥(感興)을 느낄 수 없다는 것이 문제점으로 지적된다(김숭희, 2003: 102-103).

2.3 미디어 번역(Media Translation)

미디어란 매체(媒體)·수단이란 뜻으로, 불특정 대중에게 공적·간접적·일방적으로 많은 사회정보와 사상(事象)을 전달하는 신문·TV·라디오·영화·잡지 등이 대표적이다. 매체와 수단에 따라 신문·잡지·도서 등의 인쇄매체와 TV·라디오·영화 등의 시청각매체(비인쇄 또는 전파매체)로 구분한다. 한편 대중매체(mass media)란 대량 정보 전달 매체의 뜻을 지니며, 어떤 내용을 담은 기호(記號)를 기계적인 매체(media)를 통해 무한정한 대중에게 전달하는 과정을 일컫는다. 신문 잡지 등의 미디어 번역은 외국의 정치, 경제, 사회, 교육, 문화 등의 제반 지식과 정보를 자국어 또는 대상국어로 이해하기 쉽게 전환(轉換)시킴으로써, 언어의 원활한 소통을 도모하여 양자 간의 이해의 폭을 넓히고 교류를 증진시켜, 무역의 확대, 안보협력, 국제분쟁의 해결, 문화유적과 스포츠의 교류 등 국제친선을 도모함으로서, 자국의 이익과 세계평화에 기여한다. 오늘날의 대중 매체는 번역의 적시적이고 적절한 도움 없이는 지구촌 구석구석의 다양한 인구에게 그들이 이해할 수 있는 언어로 쉽게 도달할 수 없을 것이므로 대중매체와 번역은 불가분의 관계이다. 미디어 번역은 투명의 환각(幻覺) 혹은 "교화(敎化)"가 특징이다"(Venuti, 1995; Kang JI-Hae, 2002 가을: 156). 목표 텍스트 내에서의 문체적(文體的)인 결정에 바탕을 두어, 번역판(예: 『Newsweek Korea』)의 독자들의 예상 규범에 대한 번역가의 설명은 독자들과의 친밀성, 결속과 제휴(提携)와 같은 요인들의 명백한 표현이 주어지지 않는 형식적이고 거리감을 두는 문체가 특징이다. 그 결과 "참여 관계의 초점"을 두는 특징들보다도 "정보 관계에 초점"을 두는 특징들이 나타나는 텍스트가 된다(Tannen, 1985: 125; ib.).

2.3.1 신문과 잡지의 번역전략

신문방송의 텍스트는 오랜 기간에 걸쳐 개발되어 온 특정한 규범(規範)을 갖는다. 번역가들이 텍스트성의 기준에 관하여 명백한 지식을 갖는 것은 목표사회의 기대를 충족시키는 도착어의 텍스트를 만들어 내는데 있어 필수적이다.

1) 뉴스 표제(headlines)의 번역

뉴스의 보도는 큰 표제(headline), 필자명의 행(byline), 전문(lead)과 뉴스 스토리로 구성된다. 무엇보다도, 큰 표제는 전체 뉴스 스토리의 요약을 싣고 있으며 또 신문에서 가장 눈에 띄는 위치를 차지한다는 점에서 신문 보도의 가장 중요한 요소가 된다(Bell, 1991; Kim Young-Shin, 2003S: 149). 영어 자료의 표제(headlines)는 두 가지 범주로 나누어지는데, 그 하나는 뉴스 스토리의 주요 개념을 직접적으로 요약하고 있는 표제(標題)와 동반한 텍스트에 간접적으로 연관되어 있는 표제 등의 두 가지로 나뉜다. 후자의 경우에 있어서 표제의 의미는 전체 스토리를 읽고 난 후에야 이해할 수 있다(Van Dijk T.A., 1988; Kim, ib.).

신문의 표제는 기사의 특질을 정확하게 뽑아내어 쉽고 명료(明瞭)하게 쓰여져야 하는 한편 생생하고 매력적이어야 한다. 따라서 기사를 압축하고 요약(要約)하는 기능 외에도 표제는 다양한 수사적(修辭的) 장치를 이용하고 있다. 번역텍스트의 형식화에 관한 규범은 원문 구성의 규범과는 상이하며(Toury, 1995: 71; ib.), 목표 텍스트는(TT)는 목표 문화 내에서의 텍스트에 적용되는 관행에 따라야 한다. 이 말은 한·영 뉴스작문 간의 구조적인 차이로 요구되는 번역에 있어서의 수정(修正)은 목표 텍스트를 원문 텍스트(ST)와 기능적으로 동등하게 만들기 위한 것이어야 한다는 뜻이다. 원문의 표제가 기사 내용을 요약하는 경우 번역상 큰 어려움은 따르지 않지만, 반면 내용 요약보다는 언어의 수사적인 효과를 통해 생생한 분위기를 전달하는 것에 치중할 경우, 번역가는 대체적으로 번역문에서 전체적인 내용을 전달하는 전략을 추구한다.

신문 표제의 번역 ▋ 신문표제의 한국어 번역은 대체로 다음 5개의 방법으로 수행된다.

(1) 변동 없음: 원문 텍스트의 의미가 수정, 추가 또는 삭제 없이 전환되는 형식.
(2) 추가와 열거의 방법: 해설을 포함하고, 정보의 양이 증가.
(3) 스타일을 변경하는 경우,
  • 원문 텍스트의 특정 단어가 주는 어감(語感)이 지나치게 강한 경우에

보다 부드러운 어감의 다른 단어로 대치하여 번역.
- 번역이 한국의 신문 표제에 맞추어 만들어 진 경우,
- 한국어의 번역이 성명과 직업과 같은 추가 정보를 제공하는 경우 등이다.

(4) 해당 텍스트에 흥미를 끌도록 하기 위하여 친숙한 표어나 유행어를 사용하기도 하는 영어 표제의 교화(教化) 전략을 사용.

(5) 관용어구와 은유(隱喩)의 해석에 있어서, 한국어의 동의어를 찾기 힘들다는데 문제가 있다(예-1). 또 다른 실례는 한국어 번역에 있어서의 두운법(頭韻法)에 의하여 보존되는 원문 텍스트의 운(韻)의 수사적인 효과와 영어의 관용어구를 한국어의 관용어구로 대치하는 경우에도 어려움을 제기한다(예-2).

(예-1) Pyeoung Chang loses Olympic bid by the skin of their teeth. (TKH, July 4, 2003)
평창 동계 올림픽 유치 3표차로 무산

(예-2) Reform or Deform? (TKH, June 16, 2003)
개혁인가 개악인가?

잡지 표제의 번역 ▌ 신문의 표제와 비교할 때, 잡지 표제에서는 창조성과 언어유희, 인유, 은유 등과 수사적(修辭的)인 장치를 훨씬 더 빈번히, 대량으로 사용한다는 점이 주목된다. 신문은 일반적으로 일개 특정한 이야기를 중심으로 편성되는 반면, 잡지 기사는 통상 연속적인 사건과 그 결과의 혼합물을 나타내며 종종, 가시적으로 외양(外樣)을 그럴듯한 시각으로 포장하기도 한다(Itule and Anderson, 1994; ib.: 158).

(1) 요약 중심의 번역으로 대치 (아래 실례 ⓐ-1 참조)

(2) 가정의 번역: 화자가 청자와 공유하는 것으로 추측되는 가정(假定)을 사용 (실례 ⓑ-1 참조)

(3) 의도 된 의미를 좀 더 명확하게 하기 위하여 가정이 다른 것과 대치된 경우 (실례 ⓒ-1 참조).

(4) 구어적 표현: 한국어 번역에서 국가의 이름이 그 나라의 지도자의 이름으로 대치되어 의인화(擬人化)되고 더 구어적으로 표현됨 (실례 ⓓ-1 참조).

실례:

(ⓐ-1) <u>Boom before the Bombs</u> (NW, January 13, 2003)
  <u>전쟁과 상관없이 집값은 마구 뛴다.</u>

(ⓑ-1) <u>Iraq or North Korea: Who is the biggest threat?</u> (NW, January 13, 2003)
  <u>김정일과 후세인 누가 더 위험한가</u>

(ⓒ-1) <u>Heirs to the Kingdom</u> (NW, January 13, 2003)
  <u>차세대 '위대한 지도자' 누가 될까</u>

(ⓓ-1) America <u>Alone</u> (NW, February 17, 2003)
  "왕따" 부시 (ib.: 149-64)

2) 뉴스 전문(Leads)의 번역

전문(Lead)이란 표제에 후속하는 첫 번째의 단락(段落)을 뜻한다. 전문(前文)에서 인용한 언어 자료를 사용함으로써, ①번역가의 번역전략, ②뉴스 번역을 규제하는 텍스트 상호간의 관습(rituals)을 확인한다. 정치, 전쟁, 경제와 범죄는 **경성(硬性)** 뉴스의 주요 구성 요소인 반면, 예술, 흥행과 생활양식은 **연성(軟性)** 뉴스로 고려된다. 이러한 것들이 보도하는 사건의 차이와는 달리, 연성 뉴스와 경성 뉴스는 구조적 체계에 있어서의 불일치를 나타낸다. 경성 뉴스는 전통적으로 가장 중요한 정보가 뉴스의 제일 단락으로 들어가는 반전(反轉)된 피라미드 형식의 특징을 가지며, 후속하는 단락들은 내림차순으로 정보의 중요성이 줄어드는 단락들이 뒤따른다(Itule & Anderson, 1994: 58; Kim Y.S., 2004 봄: 107-118). 경성 뉴스에 반하여, 연성 뉴스의 작가들은 비교적 기사의 기본 설계에 있어서 보다 큰 재량을 갖는다. 따라서 연성 뉴스의 전문(Leads)은 요약 전문이 단지 하나의 예문으로 구성되는 다양한 형식을 갖는다. 아래에서 전문의 **번역전략**을 알아보기로 한다.

(1) 무 변화: 번역문에는 원문의 기본적인 요소들이 그대로 전환됨으로써, 원문 텍스트(ST)의 거울 이미지를 나타낸다(예문 1).

(2) 추가: 원문 텍스트의 독자들과 목표 텍스트 독자들간에 존재하는 어의(語義)의 간극(gap)을 대치하거나 추가하여 원문을 보완한다(예문 2).

(3) 수사력(修辭力)의 희석: 원문에 비하여 번역문에서는 불요불급한 어휘들을 제거하고 간단하게 원문 텍스트의 메시지를 전달한다(예문 3).

(4) 정보 순서의 조정: 번역문에서 원문의 텍스트 순서를 재조정한다(예문 4).

예문 1

• 원문(ST)   (KH, May 21, 2003)

President Bush and Philippines President Gloria Macapagal Arroyo, **a staunch backer of the U.S. anti-terror effort**, agreed on Monday to a deployment of U.S. troops to ·······.

• 번역문(TT)

부시 대통령과 미국의 **반테러 노력의 든든한 협력자**인 필리핀의 글로리아 마카파 갈 아로요 대통령은 월요일 ······하기 위해 미군을 배치하는 것에 합의했다.

예문 2

• 원문(ST)   (KH, July 10, 2003)

The end is nearing for the old Volkswagen Beetle,······ which will shortly go the way of **the flower power-era icons like kaftans and the Doors**.

• 번역문(TT)

구 폭스바겐 자동차의 종말이 다가오고 있다.······ **중동의 긴 소매옷인 카프탄과 록밴드 도어스와 같은 히피족 시대의 다른 우상들**이 밟았던 전철을 곧 밟을 예정이다.

예문 3

• 원문(ST)   (THK, July 13, 2003)

As it **steams into** city after city **pouring** foamy lattes at premium prices, Starbucks Corp. has faced a steady **flow** of critics wondering when it will **have to put a lid on its expansion**. The apparent answer·······.

• 번역문(TT)

거품이 가득한 라테를 비싼 값에 **따르면서** 도시들에 하나씩 **들어서는** 동안, 스타벅스는 끊임없이 **언제 팽창을 그만 둘 것인가** 궁금해 하는 비평가들을 직면해 왔다. 분명한 답은······.

예문 4

• 원문(ST)   (KH, May 16, 2003)

It looks above the palm trees, gleaming like a tiara **the $12 million convention hall built for a Miss World pageant** that this picturesque but poor·······.

・번역문(TT)

<u>미스월드 선발 대회를 위해 **1,200 백만 달러 짜리 컨벤션 홀**</u>이 야자수 위로 우뚝 솟아올라 왕관처럼 빛나고 있다. 미스 월드 대회 개최를 계기로 이 그림 같지만 가난한…….

2.3.2 영화 번역전략

1) 역할과 제한

영화(映畵)가 대중문화에서 차지하는 비중을 감안하고, 또 영화를 통해 특정 사회문제가 여론화되며, 영화의 사회계도 역할이 갈수록 커지고 있다는 점을 감안할 때, 문화 중개자(仲介者)로서의 영화 그리고 영화번역의 역할은 소설 등의 다른 인쇄매체보다도 더욱 크다고 할 수 있으며, 그 역할은 앞으로 더 커질 것으로 전망된다(이일범, 2003: 150). 통번역의 특수 분야에 해당하는 영화번역은 번역 일반으로서 출발어의 길이에 제한을 받는 것 외에도 스크린 하단(극장영화는 좌측)이라는 일정한 공간에 일정한 크기의 활자와 자수(字數) 그리고 행수의 제한을 받고 또 장면(scene)이라는 시간적 제약까지 가해지므로 언어의 경제(經濟)는 강제적 규율로 작용한다(장민호, 2004 가을: 22, 46). 동시통역이든, 더빙이든, 대역어(對譯語) 번역이든, 한 페이지 혹은 한 화면에 담을 수 있는 내용의 길이가 정해져 있을 뿐 아니라 순서(종종 단어들의 순서), 시간상의 길이 등을 포함하여 '원문'으로 간주하는 도착어 텍스트의 시공간적 제약(制約)을 준수해야만 한다(Gideon Toury, 1995: 76-77).[6] 몸짓, 흉내, 시선, 침묵, 망설임, 반복, 말 더듬는 것, 속삭임, 눈물, 소리, 웃음, 비웃음, 한숨, 배경으로 읊조리는 기도문(祈禱文), 흥얼거리는 노랫소리를 비롯하여 발자국 소리, 여닫는 문소리, 치는 소리 등 여러 소리와 소음의 크기 등의 준(準) 언어적인 특성으로 하여 메시지의 상당부분을 번역할 필요가 없기 때문 번역가는 자유로워지는 부분도 있다. 또한 배경음악은 감정의 격정과 소강상태를 강조하며 중요한 역할을 하기도 한다. 자막(字幕)에서는 말이 글로 변화하면서 언어간에 긍정적인 상호작용이 나타난다 (Francine Kaufmann, 2004: 364).

---

6) '입증 텍스트'의 정체성이 명확히 제시되지 않거나 왜곡되거나 혼합양상을 띠는 예는 무수히 많다.

2) 영화번역의 특징과 전략

언어는 시대(時代)의 산물이기도 하기 때문에 새로운 어휘나 표현들이 수 없이 생기고 또 사라진다. 예를 들어, 연속물(soap opera)이 텔레비전에서 방영(放映)되고 나서 생긴 말은 그 프로그램이 사라지고 세월이 흐르면 잊혀질 단어들일 수도 있다. 또 과거에 흔히 볼 수 있었던 어휘나 표현들이 실생활에서 다른 어휘나 표현으로 바뀌는 경우가 적지 않다. 이런 것들은 사전(辭典)에서 찾을 수가 없는 것들이기 때문에 영상물의 번역가는 항상 이러한 요소들에 대해 박식해야 하고 시대감각에 뒤떨어져서는 안될 것이다(이일범, ib.: 151-55).

영화번역의 특징 ▮

(1) 첫째는 대중성(大衆性)이다. 영화번역은 대중문화의 중개자(mediator)로서 이해가능성이라는 측면이 크게 강조된다. 출발어와 함께 그 배경인 영상(映像)을 텍스트의 일부로 포함하기 때문에 출발어의 형식에서 가장 자유로운 번역 형태라고 할 수 있다. 대중성을 목적으로 한 영화의 경우 자막(字幕)의 가독성(accessibility)이 영화의 대중성에 결정적 영향을 미친다.

(2) 둘째는, 언어의 경제를 지적할 수 있다.[7] 영화번역만큼 확연하게 개 개의 문장이 시간과 공간의 제약을 받는 번역은 흔하지 않다. 영화의 대사(臺詞)가 의도적으로 문어체 대화를 하고 있지 않는 한, 대사는 구어체로 이루어지고, 그에 대한 번역 역시 구어체여야 한다. 구어체 문장은 의도적이든 그렇지 않든 간에 언어의 경제를 시현(示現)하는 수단이 된다.

(3) 셋째로, 언어외적 상황, 즉 도착어 문화를 적극적으로 반영한다. 번역의 대상이 일반 청중이고 또 흥미를 더하기 위한 창작의 재량(裁量)이 다분히 허용됨으로 서 다른 번역보다 도착어의 문화를 많이 반영한다고 할 수 있다. 영화자막은 상영시점에 있어서의 사회의 가치관과 언어의 사용을 그대로 반영하고 있어서 문화, 사회, 정치적 규범과 그 변이를 보여주는 정보의 보고라고 말 할 수 있다(Fong, Gilbert C.F., 2003: 151-167; 장민호, ib.). 문화번역으로서의 영화번역은 출발어가 담화(談話)라는 점에서 통역과 일부 속성(屬性)을 공유하고 있고, 도착어가 자막(텍스트)이라는

---

7) 언어의 경제란, 같은 정보와 감흥을 전달함에 있어 가장 적은 어휘, 음절수를 사용해 가급적 짧은 문장을 사용하려는 기계(mechanism)를 말한다.

점에서 번역과도 일부 속성을 공유(共有)한다. 또한, 불특정 다수인 일반 대중을 상대로 간결(簡潔)하고 명확한 메시지의 전달, 즉 언어의 경제를 추구(追求)해야 한다는 점에선, 방송동시통역의 중요한 속성을 공유하기도 한다(ib.: 21-46).

영상번역의 전략과 실제작업 ▌ 독백과 주달기는 시간과 공간(空間)의 제약을 크게 받지 않고 번역가가 나름대로 자유로이 삽입할 수 있다. 그러나 자막 넣기와 번역대사 녹음하기는 번역가가 영상(映像)을 보면서 그림에 맞도록 시간과 공간에 따라 적절히 번역을 해 주어야 하는 기술(技術)이 필요하다.

(1) 자막 넣기(Subtitling): 세계 여러 나라에서는 각기 자기 나라 실정에 맞게 제재사항(制裁事項)을 규정해 놓고 있기 때문에 영상 번역가들은 이러한 규정들을 미리 파악하고 난 다음에 번역작업에 들어가는 것이 좋으며, 또한 삭제법, 압축법, 부가법, 상위 개념어, 하위 개념어, 중화법(中和法) 등의 6가지 번역방법을 알아야 바람직한 영상번역이 가능하다.

(2) 번역대사 녹음하기(Dubbing): 이 작업은 실제로 번역가에게는 자막 넣기보다 더 섬세(纖細)하고 재치 있는 역량이 요구되는 작업으로, 주인공의 동작에 맞추어서 적절한 번역을 해야 하는데 두 가지 개념을 갖고 번역에 임해야 한다. 첫째 문법책이나 사전에 쓰여 있는 규정을 상당부분 벗어나서 번역을 하게 된다는 점이고, 둘째로 극도로 제한을 해서 번역을 해야 한다는 언어의 경제를 들 수 있다. 그러나, 실제의 번역에 있어서는 다음의 3가지 영상번역의 특징에 유의해야 한다.

• 주인공의 입술과 목구멍의 모양에 맞추어서 번역한다.
• 말의 억양(抑揚)이나 악센트나 목소리의 강도에 맞추어서 번역한다.
• 지나가는 짧은 대화(對話)는 자유로이 번역한다.

영상번역은 결국 원문과는 차이가 나게 마련이고 또 많은 경우에 있어 원문보다 짧게 번역된다. 다큐멘터리의 번역은 시간에 맞추어서 적절하게 번역을 해주면 되지만, 드라마의 경우는 위의 세 가지 원칙을 유의해서 매끄럽고 자연스러운 번역을 해주어야 한다(지정숙, 1997: 133-58).

3. 기타 번역 기법의 소개

3.1 창조적 번역과 초월적 번역

번역은 그 본질(本質)에 있어서 "창조적 번역(transcreation)"이거나 혹은 "초월적(超越的) 번역(transcendentalation)"이며 또 그래야 한다. 그 주요한 이유는 주로 의미, 중요성, 어조(tone)와 묘미(color)의 측면에서 언어간에 절대적 언어학적 등가가 없다는 사실에 기반을 두고 있으며, 이 등가(等價)의 결핍은 번역가들이 창조적이고 결정적인 재능을 보이고 또 원저자와 경쟁할 수 있는 여지를 만든다. Derrida 또는 Foucault에 의하면, 출처(origin)의 개념은 아주 문제가 있는 것이다. 궁극적인 의미로 원래의 텍스트는 존재하지 않는데, 왜냐하면 원문 텍스트는 항상 다른 텍스트에 의하여 선행(先行)되고 이미 존재하는 것을 반복(反復)하는 것이기 때문이다. 번역가들은 목표언어로 원문 텍스트를 재구성(再構成)하지 않으면 안되기 때문에 그들 스스로 저자들보다 더 창조적이 될 수 있다. 원문 텍스트를 번역하는 과업이 막다른 골목에 이르게 될 때, 번역가는 그 내용에 충실(充實)하기 위하여 원본 텍스트의 비전에 따라 텍스트를 창조하는 것 외에는 다른 선택이 없다. 초월적 번역(Transcendentalation)은 번역에 관한한 극단적인 전략임에는 틀림없으나, 그러나 그것은 대부분의 경우 피할 수 없는 사실이다. 내부의 요소대신에 형식요소에 대한 완고한 충실성은 원문 텍스트에서 발견되지 않는 불합리(不合理)함 만을 생산하기 쉽다. 가장 잘못된 번역은 원문에 없는 불합리함을 제시(提示)하는 것이며, 또 그 자체가 오역(誤譯)이 되는 것이다.

창조적 번역 또는 초월적 번역은 본질적으로 주요한 텍스트의 핵심(核心)을 표현하고자 시도하는 창조적 활동이다. 좋든 싫든 간에 이 창조적인 요소는 모든 번역활동에 있어서 필수적(必須的)일 뿐만 아니라 불가피한 것이다. 창조적 번역은 무엇인가 새로운 것, 즉 원문 텍스트로부터 기대하지 않았던 것을 생산할 수 있다는 의미에서 번역가능성만큼이나 중요한 것이지만, 그러나 그것은 번역가능성과 같이 고유의 자질로서 존재하는 것이 아니라, 언제나 텍스트 밖에 남는다. 만약 번역가능성이 텍스트 내에 존재한다면, 번역의 창조성은 번역가 자신과 함께 있게 되므로 결코 영구적(永久的)인 것이 아니라, 항상 일시적이고, 끝없는 수정(修正)을 요구한다. 텍스트의 번역이 불가능한 부분은 창조적 번역(transcreation)을 요

구하지만, 그러나 그 작업은 다소의 득실(得失)을 수반하면서 이루어진다. 창조
적 번역에서 흥미로운 것은 의미와 중요성의 관점에서 원문 텍스트의 손실이 아
니라 도움(gain)이 된다는 것이다. 창조적 번역에서의 불안정(不安定)한 상태는
원문 텍스트의 왜곡 위험성으로부터 원문 텍스트를 보호할 수 있다는 것이다. 그
럼에도 불구하고, 창조적 번역의 출현은 번역의 사회적 위상(位相)을 증진할 수 있
을 것이다.

　번역가는 번역을 시작하자마자 자신의 기호(嗜好)나 의지와는 별도로 일정한
어휘와 표현을 선택하게 됨으로 인하여 불가피하게 창조적 과정 속에 들어가게
된다. 선택을 할 수 밖에 없는 것은 서로 다른 언어와 문화(文化)가 모두 동일한
등가를 갖고 있지 않기 때문이다. 창조적 번역을 할 것인가 또는 하지 않을 것인
가를 결정하는 것은 번역가의 과업(課業)이며 책임이다. 번역은 원문의 오랜 언
어 또는 스타일 혹은 리듬을 잃기가 쉬우나, 그러나 그것은 감각을 상실할 수 없
으며, 또 대부분의 독자들이 이해할 수 있도록 취약점(脆弱點)을 보강할 수 있어
야 한다. 번역의 어려움은 특히 문학적인 텍스트에서 정확하게 등식(等式)이 성
립되지 않는 말과 표현들이 적지 않게 존재한다는 데서 가장 대표적인 예일 것이
다. 번역가는 가장 근사한 값어치의 어휘나 표현을 선택하게 되고, 바로 이 같은
비평적인 선택이 번역에 있어 창조를 의미한다고 말할 수 있다. 따라서 번역가는
엄밀히 말해 'translation'이 아닌 'transcreation'을 하게 되는 것이다(Choi Byong-hyon,
2000 가을: 168-78).

3.2 순차번역 기법

　번역속도에 영향을 미치는 요인으로 타이핑 속도, 텍스트의 난이도, 번역가의
기호와 스타일, 스트레스를 포함한 전체적인 정신상태가 지적되고 있다. 영어를
한국어로 번역하는데 있어 번역속도를 저해(沮害)하는 요인으로 크게 언어 구조
상의 문제와 표현 습관적인 문제를 이야기하는데, 언어 구조상의 문제로서 가장
큰 것이 어순(語順)의 문제이다. 만약 번역가가 영어의 순서를 따라 번역할 수 있
다면 두 번 읽는 수고를 하지 않아도 될 뿐만 아니라 그 만큼 시간도 절약되고
앞에 글을 기억해야 하는 스트레스도 받지 않을 수 있을 것이다. 만약 순차 번역을
규칙화하고 일반화할 수 있는 법칙을 발견해서 언제나 쉽게 적용할 수 있다면 번

역 속도(速度)의 획기적인 향상을 기할 수 있을 것이다. 순차번역은 표면구조가 아니라 심층구조(深層構造)에서 이루어지게 되므로 의미상으로 훨씬 정확한 번역이 가능할 것이고 번역의 속도가 빨라짐으로써 정보를 받아들이는 속도도 빨라지게 될 것이다(Douglas Robinson, 1997: 34; 성백환, 2000 봄: 119-41).

언어생활은 심층구조[8])에서 이루어진 생각이 표면구조(表面構造)로 실현된 것이다. 같은 생각이라도 상황과 대상 또는 기분에 따라 다른 표현으로 발현된다. 하나의 심층적인 생각이 말하는 환경이나 의도에 따라서 수많은 표층구조로 발현(發現)될 수 있다. 많은 표층구조 중에서 번역어의 문맥에 맞는 적당한 어구를 골라 선택하면 된다. 순차번역이란, 단어의 순서가 아니라 사고단위의 순서 즉, 명제(命題)순으로 번역을 하게 됨으로써 명제적 순차번역이라고 할 수도 있다. 전통적인 번역방법은 영어의 문장 요소간의 거리를 멀리 함으로써 의미의 왜곡(歪曲)을 가져온다. 그것은 표면구조에서 표면구조로 단순번역을 하는 것이 원인이다. 표면구조에서 순차적으로 번역이 되지 않는 구문은 심층구조로 들어가서 원문의 기저(基底)에 깔린 핵심구조를 확인하고 번역어의 표면구조로 다시 나옴으로써 자연스러운 순차번역을 할 수 있다. 표면구조에 나타난 표현을 직역(直譯)하는 것으로는 자연스런 순차번역이 불가능하다. 특히 영어는 특성상 한 가지 표현을 반복(反復) 사용하는 것을 회피하기 때문에 같은 의미로 해석될 수 있는 여러 가지 표현이 한 가지 글에 등장한다. 그러나 한국어에서는 습관상 한 가지 표현을 반복 사용하기 때문에 번역가는 한 가지 의미가 다른 표현으로 쓰였을 때 다른 별개(別個)의 의미로 받아들이고 오역을 하거나, 영어의 다양한 표현을 그대로 번역하게 되어 독자로 하여금 다른 뜻으로 받아들이게 할 가능성이 있다(ib. & 2003 가을: 122-136).

3.3 범주화 체계차이와 어휘 간극의 중개

범주화(範疇化)란 언어 지역사회의 구성원들이 그들 주위의 세계를 분류하는 과정으로 정의되며, 언어는 사용자들에게 하나의 범주 세트를 부과하는 것이다. 원천언어(ST)에서의 하나의 범주로 암호화(暗號化)된 정보는 완전히 해독되어야 하고, 또 가능하면, 동일한 혹은 같은 양의 정보가 목표언어(TL)로 전환되고 암호

---

8) 심층구조라는 말은 deep structure, underlying structure, base structure, remote structure, initial structure, core structure, prototype라는 용어로 언어학, 심리학에서 널리 쓰여지는 말이다.

화되어야 하며, 출생 언어가 목표언어인 지역사회에서 행해지고 있는 범주화의 약정(約定)을 포함하는 목표언어(TL)의 특성에 따라야 한다(Taylor J., 1989; Cheong H.J., 2001 가을: 188-90).

3.3.1 범주화 수준의 분류

언어집단이 자신들의 경험과 주위세계를 범주화(範疇化) 하는 방식이 이(異) 문화간 커뮤니케이션 수단으로서의 번역에 고유한 문제를 제기한다. 구체적인 경험에 기초하여 주변의 세계를 범주화 할 때, 수준이 다른 보편성(普遍性)으로 범주(categories)를 선택하게 된다(Ungerer & Schumid, 1996; ib.: 192-93). 범주화의 분류 체계는 통상 분류법에서의 상위의 수준, 기본/중위 수준과 하위의 수준으로 구성되며, 통상적인 생각과는 달리, 일반 사람들의 범주 안에서 특별한 지위를 갖는 것은 상위의 수준이 아니라 기본 수준이라고 보고한다. 다음의 <표 1>은 3개의 서로 다른 수준의 범주화를 제시한 것이다.

〈표 1〉 범주화 수준의 분류체계

상위 수준	기본 수준	하위 수준
식물	사과	대구 사과
가구	의자	바퀴달린 의자
동물	개	진돗개
차량	승용차	자가용 승용차

기본 범주화 수준의 주요원칙과 중심점은 포괄적(包括的) 혹은 한 항목에 대한 구별적인 특징이나 정보의 수가 최대인 것이며, 최소의 인식 노력으로 그 식별과 처리를 가능하게 한다. 서로 다른 범주화 체계로 인해 생기는 어휘적·개념적 간극을 중개(仲介)할 필요성을 충족시키기 위해 번역가는 어휘차원에서 *chunking-up*(일반 개념화 또는 상위어 수준으로의 전환)과 *chunking-down*(구체화 또는 하위어 수준으로의 전환)의 번역 전술을 사용한다. 추가하여, 텍스트 내의 삽입, 확대 설명,9) 괄호 안 정보 제공과 범주 전환의 4가지 대표적인 전술을 포함

---

9) 텍스트 내의 삽입과 확대 설명간의 주요 차이는 삽입은 목표 텍스트(TT) 내에 아직 보존되어 있는 문제의 단어 이전 또는 이후에 여분의 정보를 삽입하는 것이며, 확대 설명은 그

한다.

3.3.2 범주 전환(Category Shift)

문제된 단어의 범주가 원래 단어의 범주로부터 상이한 단어로 표현되는 경우를 지칭한다. 같은 의미의 단어가 없는 상황을 처리하기 위하여 어떤 전략을 사용해야 할 것인가에 대한 결정은 어휘적인 수준 혹은 국지적(局地的)으로 해결될 수 없으며, 그 결정은 전체적으로 텍스트 내의 대응하는 항목의 상대적인 중요성에 대한 **번역가의 판단**에 따라야 한다. 단어를 제공함에 있어 수없이 많은 대안(代案)들 가운데서 특별히 어떤 전략을 택해야 할 것인가는 커뮤니케이션 상황, 문제 텍스트의 목적과 유형과 같은 보다 높은 순서의 고려사항에 관한 결정과 연관하여 이루어져야 한다. 번역가는 그가 처리할 수 있는 다양한 전술을 가져야 하며, 또 각 대안의 전략에 대한 장점과 단점을 알고 있어야 한다(Tatan D., 1999; ib.: 192-211). 번역에 있어서 범주화(categorization)가 왜 문제가 되며, 또 전체 번역과정에 문제가 되는 가에 대한 분명한 대답은, 원문 텍스트(ST)를 목표 텍스트(TT)로 번역할 시에 원문 텍스트를 완전히 이해함이 없이는 적절한 번역을 해낼 수 없으며, 또 원문 텍스트를 완전히 이해하기 위해서는 원문 텍스트에 관련된 범주화와 그러한 정신적 인식 과정의 실증(實證)으로써의 어휘에 대한 적절한 이해가 우선해야 한다.

3.4 청중설계와 프레임 기반 접근법

프레임(frames)의 개념(Fillmore, 1982/1985)을 이용하여 번역 전환(translation shifts)을 시도하는 기법(技法)이다. 번역에서, 원문 텍스트와 목표 텍스트 간에 공유하고 있는 가정(假定)이 일치하지 않는 경우는 번역가에게 고유한 문제를 제기한다. 두 개의 언어와 문화 간에 존재하고 있는 가정의 간격(間隔)을 좁히거나 또는 제거하기 위하여 번역가는 종종 원문 텍스트에 대한 중재(intervention)가 필요하다. 다른 많은 커뮤니케이션의 행위에서와 같이, 번역가에게 있어 번역의 과정은

번역이 다만 단어와 그 주변의 표현이 의미하는 것만을 전달하는 반면, 문제의 단어는 목표 텍스트 내에 유지되지 않는 경우를 지칭한다.

해석과 체계적 논술(論述)이 관련된다. 그러나 번역가의 해석(解釋)과 체계적 논술은 원천 독자들의 경험과 세계의 경험이 다른 목표 독자들을 위하여 문화를 초월(超越)하여 새로 명확하게 표현(reformulating) 한다는 점에서 다른 커뮤니케이션의 상황에 처해 있는 경우들과 다르다. 목표 텍스트의 독자들은 새로운 정보, 사건과 경험의 해석에 있어서 원문 텍스트 독자들이 갖는 것과는 다른 지식구조를 갖고 기대하게 된다. 번역된 텍스트에 대한 목표 독자들의 필요와 기대 및 경험에 부응(副應)하기 위하여 문화와 언어를 초월한 번역가의 텍스트 쓰기는 청중설계(audience design)와 연관이 있다(Bell A., 1991; Hatim and Mason, 1997; Kang J.H., 2003 봄: 119).[10]

3.4.1 프레임(Frames)

프레임(frames)이란 일정한 언어형태에 관련되는 다수의 영역을 연결하는 지식망(知識網)을 지칭한다. 언어 사용자의 경험, 믿음, 또는 문화적인 관습에 의하여 만들어진 프레임은 발화(發話)의 의미를 이해하기 위하여 사용된다(Filmore C., 1975: 123-31/1982). 프레임으로 표현된 지식은 언어 공동체가 공유하거나 또는 공유하는 것으로 믿어지는 지식이다. 한 가지 배경 프레임의 실례는 관행적으로 "미혼의 성인 남자"로 정의되고 있는 단어 *bachelor*에 대한 이해에서 찾을 수 있다(Katz and Fodor, 1963). *Bachelor*를 이해하는 것은 일부일처주의 결혼, 전형적인 결혼 연령 등, 서구 사회에서의 정상적인 남자의 인생 과정에 관한 하나의 가정(假定)이 존재할 수 있음을 이해함에서부터 뒤따른다(Fillmore, 1982; Lakoff G., 1987). 하나의 텍스트는 하나의 프레임을 환기시키는데 전통적으로 특정한 프레임과 관련을 갖고 있는 단어들이 사용된다(Fillmore, 1985: 232). 프레임 개념의 필수적인 요소는 문화이다. 대부분의 프레임 기반 지식이 경험과 훈련을 통하여 습득되기 때문에, 문화, 세상일에 관한 확신, 상이한 문화의 구성원들간에 다른 경험을 가지고, 일의 처리 방법들에 관하여 갖는 다른 이해가 상이한 프레임을 사용하게 한다(Greetz, 1973).

---

10) 청중설계(Audience Design)라는 말은 Bell A.(1991)이 뉴스 미디어를 논의하면서 처음으로 사용되었다. Bell의 생각으로는 청중설계란 텍스트 소비자들의 필요에 대한 텍스트 작가의 인식이며 또 그 텍스트 작가가 이들 필요를 충족시키기 위하여 만들어내고 있는 응용의 결과이다.

두 가지의 중요한 방법으로 프레임의 개념을 번역에 적용할 수 있다. 먼저, 원문 텍스트(ST)에서 환기(喚起)된 문화 특유의 프레임은 목표 텍스트의 독자들이 이해를 하지 못하기 때문에 번역가로 하여금 번역전략을 구사하도록 한다. 둘째로, 상호작용의 프레임에 있어서, 원문 텍스트(ST) 내에서 참가자들(작가들과 독자들)이 기대하고 있는 상호작용의 표준이 비록 동일한 장르(genre)라 할지라도 목표 텍스트 내에서는 다른 형태를 취하게 되며, 또 그러한 비유사성(dissimilarity)은 번역가로 하여금 번역전략을 사용하도록 하는 동기(動機)를 부여한다. 번역된 텍스트는 원천 텍스트에 관련된 것들과는 상이한 텍스트의 표준에 따라 생산된다(Kim Y.S., 2005.5.: 1-3).

3.4.2 번역 사례(Case Study)

1) 프레임(frame)의 부연 설명

원문 텍스트의 독자가 텍스트상의 단어들을 읽음으로써 하나의 프레임을 즉석에서 생각해 낼 수 있는 반면에, 목표 독자는 만약 관련된 프레임이 생략되지 않고 전부 쓰여지지 않는다면 목표 텍스트를 이해하기에 요구되는 필수적인 프레임을 생각해낼 수 없을 것이다. 원문 텍스트 내의 메시지 수준의 암시적인 프레임은 목표 독자의 이해를 돕기 위하여 상세히 설명된다(예문 1).

2) 사건 연속의 부연 설명

프레임은 언어 사용자들에게 말을 하거나 또는 청취할 때 엄청난 양의 정보를 무의식중에 건네받도록 한다(Ungerer and Schmid, 1996: 216; Kang, ib.: 131). 프레임으로 제공되는 정보가 없이는 언어 사용자들은 심지어 텍스트의 간단한 부분도 이해할 수 없는 경우도 있게 된다(예문 2).

3) 프레임의 변환(Frame-Shifting)

번역의 프레임 변환(變換)은 원천언어 텍스트 내에서의 메시지 수준의 표현으로 되어 있는 기존의 프레임이 목표 텍스트 내의 새로운 프레임으로 재구성되는 것을 말한다. 이러한 프레임의 변환은 언어와 문화를 초월한 개념화(概念化)에 있

어서 와 또한 독자의 번역물 수용에 있어서의 차이에 관한 번역가의 판단이 동기
(動機)가 된다(예문 3).

예문 1

   a. ST (Newsweek, June 18, 2001)

       (Prince Philip, Duke of Edinburgh, speaking to British students in China)

       If you stay here much longer, you'll all be <u>slitty-eyed</u>.

   b. TT

       (중국에 체류 중인 영국인 유학생들에게)

       이곳에 너무 오래 머무르면 여러분도 <u>중국인들처럼 째진 눈</u>을 갖게 될 것이다.

예문 2

   a. ST (The Foreign Student)

       ……and he thought of the night he'd come up, able to grasp only motion, not a sense

       of the distance, and then standing still to feel space reexplode all around him.

   b. TT

       ……그는 처음 이 언덕길을 올라갔던 그날 밤을 떠 올렸다. 그때는 어디를
얼마나 가고 있는지 거리 감각이라고는 전혀 없이 오직 <u>버스의</u> 흔들리는 움
직임만 느껴질 뿐이었다. 그리고 <u>버스에서 내린 뒤에는</u> 온 사방이 끝없이 팽
창하는 듯한 기분에 사로잡혀 그저 가만히 있기만 했었다.

번역가는 목표 텍스트 독자들의 모호(模糊)한 해석과 애매함을 이해하고, 이를 해
소(解消) 시키기 위하여 "<u>버스에서 내린 뒤에는</u>"의 프레임을 목표 텍스트에 추가한다.

예문 3

   a. SS (Newsweek, June 25, 2001)

       Georgia Tech engineers, sponsored by the Navy, have developed a smart shirt

       that can monitor your vital signs and beam urgent messages to your doctor. In

       combat the shirt could be a <u>lifesaver</u>: it can detect……..

   b. TT

       조지아 공대 기술팀은 미 해군 후원아래 활력 징후를 모니터 해 긴급 이상신
호를 의사에게 전송할 수 있는 스마트 셔츠를 개발했다. 전투시에는 이 셔츠

가 '긴급 구조대' 역할을 한다. 그것은 또,….

번역가는 원문 텍스트 내에서의 특정한 프레임을 환기(喚起)시키는 표현을 목표 텍스트 내에서 확연히 다른 프레임의 표현 "긴급 구조대"로 대치하였다(Kang J.H., ib.: 126-34).

3.5 문화와 밀접한 상관어의 번역

3.5.1 정의 및 번역전략

문화와 밀접한 상관어(相關語)라 함은 '한 언어를 사용하는 사회 공동체의 고유한 사회·문화로부터 비롯되는 특정 어휘나 언어사용 관습(慣習)'으로 정의한다. 포함 범주로는 고유 명사, 특정 문화와 관련된 어휘, 특정 사건과 관련된 어휘, 관용어구, 도량형의 단위, 언어사용 관습에서 비롯되는 표현 등이다. 고유명사의 번역은 목표언어권에 이미 다른 표기법이 존재하는 경우와 다른 표기법이 없는 경우로 구분하여 생각할 수 있다. 특정문화와 관련된 어휘의 번역은 목표언어권에 등가(等價)의 어휘가 존재하지 않는 어휘의 경우, 그 어휘의 음을 그대로 빌려와 음차(音借)번역할 수 있다. 원천언어권에서 특히 발달된 어휘범주에 속하는 어휘의 경우, 번역가는 그 용어의 상위(上位) 범주의 개념어로 일반화하여 번역할 수 있다.[11]

특정 사건과 관련된 어휘의 번역 시에, 그 정보가 목표언어권의 독자에게도 공유(共有)되었다고 할 수 없는 경우, 자세한 정보를 문맥 속이나 주석을 통해서 추가로 제공하거나, 생략할 수 있다. 또, 목표 문화권의 독자에게 부정적인 영향을 미치거나 어떤 금기(禁忌)와 관련된다면 번역을 생략 또는 완곡한 표현으로 대체할 수 있다. **관용어구**의 번역 시에, 용이한 방법으로는, 단어 대 단어로 직역(直譯)하는 방법을 생각할 수 있으나, 이 번역 방법은 신중을 기해야 한다. 또한, 목표 문화권에서 유행하던 특정 표현으로 대체 번역할 수도 있다. 관용어구에 대한 또 다른 번역 방법으로는, 원문 텍스트의 관용어구와 유사한 의미를 지니는 목표언어의 관용어구로 번역하는 방법이다. **언어사용 관습**에서 비롯되는 표현의 번역 시

---

11) 예를 들어, chair, sofa, couch, armchair, bench 등을 그 상위어인 "의자"로 번역하는 식의 번역전략이다

에, 원천 언어권과 목표언어권에서 어순이 달리 적용된다면, 다른 대안 없이 목표 언어권의 언어 관습에 따라 번역한다(이근희, 2003 가을: 6-24).[12]

3.5.2 번역 사례(Case Study)

상이한 언어 구조(構造)와 문화로 인해 번역가는 번역의 어려움에 직면하게 되고 그 해결책을 다방면으로 모색한 후 의사결정을 하게 되는데, 이러한 번역 과정과 절차를 거치며 생산되는 목표 텍스트는 궁극적으로 원문 텍스트와는 다소 다른 변화를 피할 수 없게 된다.

> **예문 1** 고유 명사의 번역

• 원문

Wei Jianxing, who was stepping down as head of the party's powerful graft-busting discipline and inspection commission, warned party members "in high and low positions" that their posts were no protection against the long arm of the law—a rare acknowledgement of high-level wrongdoing. Jiang himself warned that ………
and the party find itself "heading toward self-destruction."(*Newsweek* 2002/11/27)

　　<어휘의 해설>
　　step down: 단을 내려가다[from]. (후임을 위해, …의 지위를) 퇴진하다.
　　graft: 《美구어》 부정 이득, 수뢰, 독직; 수뢰[독직] 사건.
　　bust: 《속어》 체포; 단속; 급습.

• 번역문

당내 사정 기관인 중앙기율검사위원회 서기 직에서 퇴임하는 웨이젠싱(尉健行)은 "앞으로 지위 고하를 막론하고 성역 없는 수사가 이뤄져야 한다"고 역설했다. 이는 고위 간부들의 부정을 기정사실화한 이례적인 발언이었다. 江도 "……것이며 당은 "자멸로 치달을 것"이라고 경고했다.
(*Newsweek* 한국판 "World Affairs" 2002/11/27)

두 사람의 인명(人名)을 번역함에 있어서 번역자는 목표 문화권에 잘 알려지지

---

12) 따라서 Prince Charles는 '찰스 황태자'로, September 2002는 '2002년 9월'로, My family는 '우리 가족'으로 번역하는 것이 적절한 번역이라고 하겠다.

않은 인물인 'Wei Jianxing'의 경우는 원천언어(SL)의 음을 그대로 옮겨와 음차 (音借) 번역하고 있지만, 장쩌민(江澤民)의 경우에는 음차 번역대신 이미 목표언 어(TL)권에 널리 알려진 강택민이라는 이름을 사용하고 있고, 또한 한글 '강'대신 한자어 '江'으로 번역하여 상징적 은유(隱喩)를 제공하고 있으며 독자들이 다 같 이 알고 있는 특정 인물의 추출에 필요한 맥락 효과(Sperber and Wilson, 1986: 108-117; 이, ib.: 7-9)를 제공하고 있다.

> **예문 2** 특정 문화와 관련된 어휘의 번역

- **원문**

  She was inflating like a monstrous balloon, her stomach bursting free of her tweed waistband, each of her fingers blowing up like a salami. (Rowling 29)

  > <어휘의 해설>
  > tweed: 트위드(스카치 나사(羅紗)의 일종), (~s) 트위드 천으로 만든 옷.
  > waistband: 스커트 · 바지 등의 말기, 허리끈.
  > blow up: …을 부풀게 하다, (불)을 불어서 일으키다[피우다].

- **번역문**

  그녀는 거대한 풍선처럼 부풀어 오르고 있었다. 배가 불룩해지면서 허리띠가 튀어나갔고, 손가락 하나하나가 커다란 살라미 소시지처럼 커져 가고 있었다. (Rowling 46)

번역자는 원문의 'salami'라는 차용어와 더불어 일반적 개념범주에 해당하는 상 위어 '소시지'를 삽입함으로써 'salami'가 소시지의 한 종류임을 밝히고 있다.

3.6 제유, 환유와 개념적 은유

화자(話者)가 청자와 함께 개략적으로 알고 있는 것으로 추정하는 지식으로 정의되고, 전제된 지식은 일반적으로 대화에서 문제되지 않고 통용된다. 은유(隱喩)와 환유(換喩)의 근거는 인간의 경험이라는 점에서 언어학적인 문제가 아니라 개념적인 문제라고 주장하기도 하지만(Lakeoff G. & Johnson M., 1980; 김영신, 2003

봄: 159-60) 그러나, 은유(metaphor)는 환유(metonymy)와 다른데, **은유**가 다른 것의 관점에서 한 가지를 이해하고 경험할 수 있도록 하는 반면에, **환유**는 그것에 연관된 어떤 것을 수단으로 언급한다는 점에서 서로 다르다. 가장 많이 활용되고 있는, 은유, 비유(比喻), 제유(提喻), 환유의 4개의 수사법은 전의(轉義 Tropes)에 속하며, "의미의 문채(文彩 figure de sens)"라고도 이야기된다. 문채의 특성상 정상적인 언어사용이 아닌 형태의 특별한 변형인 일탈(逸脫)이 발생하는 것이다. 그 일탈로 인해 문채가 사용된 표현은 단일 언어 내에서도 정확한 의미의 해석을 시도해야 하는 현상이 발생하며, 이런 현상은 바로 번역과정에서 발생하는 의미의 해석과 유사한 현상이 된다.

또 수사학(修辭學)이 사용되는 이유로서는 문체(style)에 변화를 주며, 더 효과적이거나 미적(美的)인 표현을 추구한다는 점 외에도, 어휘부족현상을 해소하는 것은 물론 어휘 확장에도 기여한다는 점을 들 수 있다. 책상다리의 경우, 책상의 지지대에 대한 적절한 다른 표현이 없어서 다리를 그대로 활용하고 있는 것이다. 사람의 다리에서 일탈된 표현이면서도 어휘 확장에 기여하는 표현이다. 제유법과 환유법은 대유법(代喻法)에 포함되며, 비유법에서는 사물의 명칭을 직접 쓰지 않고 사물의 일부분이나 특징으로 전체를 나타내는 방법을 일컬어 대유법이라 하고, 환유법과 제유법을 포함한다. **환유법**은 표현하고자 하는 사물의 특징으로 전체를 나타내는 방법이지만(금수강산–대한민국, 요람–탄생, 무덤–죽음), **제유법(提喻法)**은 같은 종류의 사물 중에서 어느 한 부분을 들어 전체를 나타내는 방법이다(최미경, 2004 봄: 36-44).

3.6.1 제유법의 설명

1) 제유와 외연화

흔히 제유는 문체론상의 수사학적 효과를 위한 것이라고만 알고 있으나, 실제로는 언어에서 매우 광범위하게 나타나는 현상이다. 실제적으로 각 언어들의 어휘들이 현실을 표현하는 방법이 다를 뿐 아니라, 언어로 표현되는 부분은 전체의 일부일 뿐이며, 단어를 통해 외연화(explicit)된 부분(기표/기의)은 그것이 지칭(指稱)하는 대상이나 개념의 전부를 표현하는 것이 아니다. 예를 들어, 사탕수수 재배업자를 영어로는 *grower*라고 하지만, 불어에서는 *planteur*라고 한다. 영어의 *grower*에서 외연화(外延化) 된 부분은 재배업자들이 사탕수수를 '자라게 하는 사람'이라는 측면인 반면, 불어의 *planteur*에서는 사탕수수를 '심는 사람'이라는 점을 부각시키고 있다.

2) 담화와 등가

단어나 문장이 가리키는 대상의 일부만을 외연화(外延化) 하여 표현하는 제유현상은 번역해야 할 대상이나 개념 전체를 머리 속으로 그려보고 다른 언어로 대응어(對應語)를 찾아야 하는 이유를 보여준다. 제유현상은 담화와 텍스트, 등가에 적용시킬 때 그 진정한 의미를 찾는다. 동일한 주제(主題)를 다루는 서로 다른 언어로 쓰여진 텍스트에서도, 각 언어의 관용적 표현에 따라, 혹은 각 저자의 개인적 취향(趣向)이나 특질에 따라, 동일한 담화도 다른 제유를 통해 표현된다. 텍스트에 담긴 내용을 다른 언어로 전달하기 위해서 번역가는 동일한 의미를 담고 있는 외연과 내연의 조합(組合)을 찾게 된다. 담화 차원에서의 제유인 등가야말로 번역가로 하여금 자신의 창의력을 발휘하게 해주며 번역학자로 하여금 번역의 과정을 명확히 이해하도록 한다. 번역을 하는 것은 등가(等價)를 통하여 동일한 의미를 구현해내는 것이다(Lederer M. 2004: 23-26).

3) 제유법과 환유법

제유법은 환유법까지도 포함하고 있다고 볼 수 있는 수사학(修辭學) 기법으로 일부를 가지고 전체를 표현하는 방식이다. 일부가 전체를 대신하는 방식(돛-배)의 관계가 제유법이라면 전체가 갖는 여러 가지 특징 중에서 하나를 가지고 전체를 일컫는 방식을 환유법(換喩法)이라 한다. 이런 면에서 환유법은 제유법에 포함이 되어있다고 볼 수 있다. 제유법이 생산되는 메커니즘은 다음과 같이 두 종류가 대표적인 것이다.

> 대상-물질관계(번철-후라이팬)
> 전체와 일부관계[두(頭)-사람, 일손-인력, 건각-마라토너]

번역시에는 도착어의 언어가 선택한 방식을 골라서 재표현을 시도하는 것이 바람직하며, 출발어의 방식을 고집(固執)하여 단어 대 단어의 번역을 하게 되면, 어색하게 될 수도 있다. 예를 들어서 진공청소기를 일컫기 위해서 불어는 aspiraeur라고 하는 반면, 영어는 vacuum cleaner라고 한다. 이때에 불어는 청소기가 먼지를 빨아들이는 기능(機能)을 가지고 청소기를 부르는데, 영어는 진공청소기라고 한다.

3.6.2 환유법의 방식

환유법(換喩法 métonymie)의 생산방식에는 여러 가지가 있으나, 그 중에서 대표적인 방식을 다음과 같이 기술할 수 있다.

   (1) 구체-추상의 관계에 관한 환유
     • 오렌지 족-일부 부유층 한량(閑良)을 지칭하는 환유

   (2) 시간과 장소에 관련된 환유(평양)
     • 사물이나 기관 등이 위치하고 있는 지명(地名)을 들어서 그 기관이나 사람을 대신한다. 평양은 북한 정권, 워싱턴은 미국행정부, 부시대통령 등의 표현 사용.

   (3) 신체(身體)의 일부와 관련된 환유
     • 예: 누구에게서 눈을 떼지 못하고 있다.

   (4) 용기(장소)와 용기(容器) 안의 사물, 사람에 관계된 환유
     • Tout le stade hurle son nom(운동장 전체가 그의 이름을 연호했다)

   (5) 원인(原因)과 결과에 관한 환유
     • 삯바느질로 먹고 살다.

근접성이 성립하는 경우 다른 형태의 환유법도 예상 할 수 있다. 국내에서도 장소와 관련된 환유법이 자주 사용되고 있는데, 그 대표적인 예로 청와대, 상도동, 동교동, 연희동, 남산, 여의도 등을 들 수 있다. 통번역 상황에서 제유와 환유의 수사법이 표현된 문장의 경우 출발어 상에서 정확한 이해가 필요하며, 의미를 파악한 후 재표현을 추구하는 것이 바람직하다(최미경, ib.).

3.7 색채어 번역

영어와 한국어는 벌린과 케이(Berlin B. & Kay P., 1969; 진실로, 2003 가을: 30)가 분류한 기본 색채 범주의 진화 단계 중 마지막 단계에 속하는 언어로 11가지 색채 (色彩) 범주를 지칭하기 위한 11개의 기본 색채어가 발달되어 있다. 그러나 영어는 green과 blue 범주를 지칭하는 어휘인 'green', 'blue'가 개별적으로 발달한데 반해, 한국어의 '푸르다'는 green과 blue 모두를 지칭하는데 사용된다. '푸른 숲, 푸른 들, 푸른 하늘, 푸른 바다'가 모두 가능하며, 이 경우 동일한 어휘 '푸른'이 사용되었지 만 그 지시 범주는 green과 blue로 나뉜다. 수정된 이론에 의하면 red 범주 출현 이후에 나타나는 범주는 grue나 yellow가 될 수 있는데, 이 때 grue가 함축하는 바는 이 단계에서 출현하는 범주가 green 뿐만 아니라 blue도 될 수 있다는 뜻이다. 즉 grue는 아직 green과 blue가 분화되지 않은 상태로서 이 둘을 모두 포괄하는 넓은 색범주인 것이다. 따라서 한국어의 '푸르다/파랗다/청색'은 모두 이 grue 범주 에 해당하는 색채어(色彩語)라고 볼 수 있다. 영어의 경우 green 범주와 blue 범주 를 가리키는 색채어가 각각 'green'과 'blue'로 발달한데 비해, 한국어의 경우에는 green 범주만을 가리키는 어휘는 발달했지만('녹색'), blue 범주만을 가리키는 어휘 는 없다는 점이다.

한국어 색채어의 특성 중 하나는 고유 색채어와 한자 색채어로 구성되어 있다는 점이다. 본래 한국어 색채어의 진화과정에서 먼저 나타난 것은 '검다, 희다, 붉다, 푸르다, 누르다'인데, 이들은 오방색(五房色)에 해당하는 고유 색채어이다(김기찬, 2000: 31; 진, ib.: 37). 우리나라는 고대로부터 음양오행설의 영향을 받아 이에 근거 한 색채문화를 지녀왔기에 동서남북 및 중앙의 오방(五方)을 지시하는 색채어가 먼저 발달했던 것이다. 후에 한자 색채어가 차용(借用)되면서 '흑(黑), 백(白), 적 (赤), 황(黃)색'이 도입되었고, 이 때 비로서 '녹색(綠色)'도 쓰이기 시작했다. 현대 한국인들이 사용하는 '청색'은 blue범주에 한하는 색채어로 볼 수 있을 것이며, 이러한 '청색'은 green과 blue 모두를 지시하는 '전통적 개념의 청색'과 대조하여 '현대적 개념의 청색'이라고 부를 수 있을 것이다.

3.8 의미 선명화와 번역문의 잉여성

대체적으로, 타당한 이유를 내세워 번역 이론가들은 번역 언어는 원문 언어와 시종일관 상이(相異)하다고 추정한다. 예를 들어, 여러 방면의 사람들(이론가들과 전문가들)은 종종 주장하기를, 번역자들은 독자가 스스로 해결하도록 번역의 글을 함축적으로 놓아두기보다는, 오히려 완전히 번역해내고자 하는 경향을 갖는다고 이야기한다. 간단히 말해서, 이 주장은 번역자들이 원문 텍스트 내에서 단지 함축적인 것을 목표 텍스트의 정보로 상세히 설명한다는 것을 뜻한다. 이러한 경향은 흔히 번역의 특징으로 고려되어 왔으며, 또 번역의 방향과는 상관없이 원문 텍스트보다 목표 텍스트가 더 길어지는 경향에 대한 이유로 알려져 왔다(Mona Baker 2001 Spring: 102-103). 번역문의 잉여성(剩餘性) 혹은 장황성의 요인은 바로 번역가의 능동적인 '첨가-선명화'의 노력으로 발생하며, 그 결과물은 원문에서 멀어지는 대신 독자에게 좀더 의미가 선명(鮮明)한 번역문을 제공할 수 있게 된다는 장단점이 공존한다(원영희, 2004 봄: 114-17).[13] 즉, 대부분 첨가는 확대번역을 부르고, 생략은 부분번역을 부른다는 것이다. 쇼샤나 블럼-쿨카(Shoshana Blum-Kulka, 300)는 논문 「번역의 결속성과 통일성 전환」에서 "목표언어본문에서 결속적 선명도를 상승(上昇)시키면 잉여현상이 나타날 수 있다"고 예측하며, 잉여성 혹은 장황성을 'redundancy'로 쓰고 있기도 하다. 즉, '선명화'란 번역가가 특별한 혹은 개인적인 의도에 따라 원문에 없는 언어 요소를 번역문에 첨가해서 원문의 의미를 선명하게 만들려는 시도를 가리킨다.

'선명화'로 완성한 번역 결과물의 수용자인 독자는 원문의 함축미(含蓄美)나 숨은 뜻이 모두 드러난 번역문으로 원문의 의미는 바로 수용하게 될 수도 있지만, 원문과는 다른 형태의 글을 읽게 되고, 원문을 사실 그대로 접할 수 있는 기회를 상실하게 된다. 따라서 첨가행위를 전제로 할 수 밖에 없는 '선명화'는 과잉번역(過剩飜譯)을 부르며 번안이나 개작과 같은 특별한 경우를 제외하고는 좋은 번역방법이 아니다. 중요한 것은 번역에서는 언제나 원문의 무게를 그대로 정확하게 살려야 한다는 것이다. 번역가나 편집자의 개인적 목적에 따라 미화(beautification)하거나 추화(uglification)하는 건 의미차원의 첨가 혹은 감축이 되며, 많은 경우 선명화를 가장한 자유번역, 과잉 혹은 생략번역이라는 질책(叱責)을 면하기 어렵다.

---

13) 따라서 Englund Dimitrova(1993)는 '첨가-선명화(addition-explicitation)', '생략-함축(omission-implicitation)'이라는 용어를 사용한다.

3.9 주석의 사용

문화권이 다른 번역 독자에게 원문에 대한 이해를 돕기 위한 수단이 바로 주석(註釋)이므로 주석을 다는 일은 번역 독자에 대한 친절한 예의에 속하며 현대 번역이론에서 허용(許容)하고 있는 사항이다(김효중, 2002 가을: 20). 그러나, 페이지 밑에 번역주를 다는 것은 독서의 리듬을 파괴함으로 읽어나가는데 맥을 끊는다는 단점이 있다. 만약 주를 많이 달아야 할 내용의 번역본이라면 각 페이지 마다 하단부에 주 처리하는 것보다는 책 뒷부분에 모두 묶어 두는 것이 더 바람직하다. 그렇게 함으로써 독자는 책을 읽어나가면서 매번 주를 참조할 수도 있으며 혹은 독자 자신이 정말로 필요하다고 느낄 경우에만 주(註)를 참조할 수도 있다. 번역 주를 이와 같이 책 뒤로 몰아서 달 경우의 장점은 책의 내용을 이해하기 위해서는 책을 계속 읽어 내려가는 것 밖에는 해결책이 없다고 판단하여 독자가 독서의 리듬을 파괴하지 않으면서 계속해서 책을 읽을 수 있다는 점이다. 보충설명 방식으로 번역가가 이처럼 주(註) 처리하는 것은 가장 흔한 방법이지만 그렇다고 반드시 가장 효과적인 방법이라고 할 수는 없다. 예를 들어, 번역가는 추가로 설명해야 되는 부분의 길이에 따라 한 문장을 덧붙이든가, 아니면 여러 문장을 덧붙여 주 처리 부분을 책의 내용에 함께 포함(包含)시킬 수도 있다. 그러나 간단하게 문장 중에 콤마를 찍어 그 콤마 사이에 동격(同格)으로 보충 설명하는 방식도 대부분의 경우 독자의 궁금증을 푸는 데는 충분하다. 사실, 독자가 자신이 그때까지는 알지 못했던 생소(生疏)한 개념을 책을 읽어가며 문맥의 앞뒤를 살펴보면서 이해하게 되는 경우도 그리 드문 것은 아니다(최정화, 1997: 62-63).

문학작품을 번역할 때, 각주(脚註)를 포함하지 않는 것이 좋으며 매큔-라이샤워(McCune-Reishauer) 로마자화 체계의 사용을 반대한다. 각주는 학술적인 관습(convention)이기 때문에 청중을 문화적인 엘리트층으로 좁힌다. 매큔-라이샤워 체계는 특수하게 학술 텍스트 안에서 사용하기 위하여 고안된 것이며 읽기 위해서는 훈련이 필요하다. 각주와 심원(深遠)한 로마자화 체계는 일반 대중 독자들이 번역 작품을 읽기를 요망하는 곳에 독자층을 학술적인 집단으로 제한한다. 일반 독자들은 책의 몇 페이지를 훑어보고, 각주와 모음 위 구별할 수 있는 단음(短音)들로 흩뿌려진 텍스트를 접하게 되면, 그 책을 서가(書架)에 곧바로 되돌려 놓을 것이다. 좋은 번역작품이 나오게 되면, 서점과 도서관 및 웹사이트들은 그것을 사들일 것이고, 비평가들은 매체에서 논의를 할 것이며, 교수들은 대학 교과과정을 위하여 선정할 것이고, 사람들은 서점의 서가에서 그 책들을 뽑아 몇 페이지를 읽고 흥미를 느껴서, 구매하고 읽게 될 것이다(Childs C., 2001 봄: 192-93).

1. 영어와 한국어간의 차이

1.1 일반 사항

언어는 구조나 형태적 특성에 따라 굴절어, 고립어, 첨가어, 포합어(抱合語)로 분류하는데 한국어는 첨가어(교착어)에, 영어는 굴절어(屈折語)에 속한다. 첨가어는 문법적 관계를 표시하는 특별한 요소들이 첨가되어야 단어를 생성한다.[1] 반면 굴절어는 조사처럼 문법적 관계를 표시하는 특별한 형태소(形態素)가 필요 없고, 단어 자체의 어형 변화나 명사의 단수, 복수 표시, 동사의 어형 변화 등을 통해 표현한다(최정아, 2003 가을: 91-92). 언어학적으로 볼 때 영어는 인도 유럽어족에 속하는 반면 한국어는 우랄 알타이어족에 속하며 문화적으로는 영어는 서양문화권을 대표하는 반면 한국어는 중국 일본과 함께 동양문화권을 대표하는 언어라고 할 수 있다. 영어와 한국어는 기본적인 어순(語順)의 차이 외에도 주어 및 주제어의 분포, 동사의 형태와 구성, 어간(base)의 기본의미소의 분포 등에서 상당한 차이를 보이고 있어서 단어를 일 대 일로 바꾸어 줄 수도 없을 뿐만 아니라 대응어(對應語) 및 대응구조를 찾기가 어려운 경우가 많다. 영어 대화에는 존

---

[1] 예를 들면, 말의 주체인 주어가 되기 위해서는 '은, 는, 이, 가'와 같은 요소를 체언(명사)에 첨가하고, 목적어를 표시하기 위해서는 체언에 '을, 를'을 붙여 문장의 문법적 관계를 드러내게 된다. 또한 서술어를 만들기 위해서는 용언의 '어미＋-다, 어미＋-었다'를 첨가하게 된다. 이때 체언에 첨가된 요소를 '조사'라고 하며, 용언에 첨가된 요소를 '활용어미'라고 일컫는다.

칭(尊稱)현상이 거의 일어나지 않지만, 한국어 대화에는 이 현상이 항상 관련된다. 존칭현상의 발생은 대화에 관련된 상황정보, 즉 대화에 관련된 사람들의 사회적 지위에 있어서의 상대적 순서, 화자와 청자사이의 대화에 있어서의 격식(格式) 등에 의해서 제약을 받는다. 따라서, 영어 대화를 한국어로 번역할 때 단순히 언어학적 정보만을 이용해서는 적절한 한국어 대화를 번역의 결과로 얻을 수가 없다(Lee Dong-young, 2001 봄: 123).

국어와 영어는 문화적 배경을 전혀 달리하므로 완전한 양 문화간의 의사소통이 이루어지려면 상대방의 사고 및 가치관의 차이를 최대한 이해하는 것이 필요하다. 미국에서는 인종, 언어, 습관 및 관습의 이질성(異質性)이 우세한 반면, 한국은 한 민족으로서의 독특한 동질성이 지배적이라는 점을 이해해야 한다. 한국어에는 상대방의 나이에 어울리는 언어표현의 단계가 존댓말부터 시작해서 하대 말에 이르기까지 아주 발달해 있다. 존칭어가 발달해 있는 우리말에 비해서 영어는 경어체(敬語體)가 발달해 있지 않다. 아울러 한국어는 연령에 따른 상대방 및 형제간의 서열의식이 강하여 호칭의 구별이 엄격하다(박의재 외, 2005: 19-24). 따라서, **한국어와 영어간의** 번역의 문제는 음운구조, 문법구조, 의미구조, 그리고 그 밑바탕이 되는 인지구조(認知構造) 등 언어의 각 영역에서 그 상이점이 다른 어느 두 언어보다도 현저하게 나타나는 양 개 언어의 특징을 상대적으로 비교분석하고 이를 바탕으로 각 언어의 대응표현을 찾아나가는 방식으로써만 해소될 수 있을 것이다(이영옥, 2001.4: 7).

1.2 상이한 어순과 격 표지

한국어에서는 먼저 주변(周邊) 정황을 길게 설명하고 이야기를 서서히 전개 시키다가 맨 마지막에 가서야 '따라서 무엇은 무엇이다'라는 식으로 핵심(核心)을 드러낸다. 이것이 일반적인 한국어의 문장 전개방식이다. 그러나 영어에서는 '무엇은 무엇이다.'라는 식으로 일단 분명하게 핵심을 드러내고 나서, 그 다음에 필요에 따라 '왜냐하면……'의 형태로 구체적이고 상세한 보충 설명을 덧붙인다. 그렇게 해서 먼저 꺼낸 핵심 주제(主題)에 살을 붙이고 옷을 입혀서 상대방에게 자신의 생각을 이해시킨다. 이것이 영어의 일반적인 문장 전개 방식이다 (김정우, 2002 가을: 40).

1.2.1 기본 어순의 차이

한 영간 구조적인 차이의 핵심은 기본 어순(語順)의 차이라고 할 수 있다. "영어는 Subject-Verb-Object의 어순이 지배하는 우변(右邊) 분기형이고 한국어와 같이 SOV 어순을 갖는 언어는 좌변(左邊) 분기형이다"라고 하였으며, 또 "수사구절(修辭句節)이 영어에 있어서는 오른쪽(피 수사 명사의 앞)에 나타나고 한국어에 있어서는 왼쪽(피 수사 명사의 뒤)에 나온다"고 지적하고 있다(조병태, 1973; 강수언, 1989; 성백환, 2003 가을: 118). 아래의 <예문 1>을 보기로 한다.

 <예문 1>

 (1) a house across the street: 길 건너편에 있는 집
　　 John은 개를 기르는 Mary를 사랑한다.
　　　 0　　　1　　　2　　　3　　　　4
　　 John loves Mary who keeps a dog
　　　 0　　　4　　　3　　　 2　　　　1

어순(語順)은 언어에 따라 다르며, 그 해당 규칙-도표 역시 마찬가지로 언어에 따라 다르다. 아래의 <예문 2>에서, 이태릭체로 쓰여진 동사, 형용사, 명사와 전치사는 전형적으로 괄호 안 영어의 보어(補語)에 선행한다.

 <예문 2>

 (1) *Close* [the door] (V+Complement) (동사+보어)

 (2) *fond* [of Mary] (A+Complement) (형용사+보어)

 (3) *desire* [for change] (N+Complement) (명사+보어)

 (4) *in* [London] (P+Complement) (전치사+보어)

한국어에서는 역(逆)의 순서가 지배하는데, 아래의 예문 3에서 명사, 전치사와 동사(한국어는 형용사와 동사간의 형태론적인 구별을 하지 않음) 모두가 그 표제(head)를 따르며, 따라서, 전치사는 후치사(後置詞)로 불린다.

 <예문 3>

 (1) [문을] 닫아라. (Complement+V) (보어+동사)

　　　Door-OM close-IM ('Close the door')

　　　(OM=Objective Marker, IM=Imperative Marker) (OM=목적격 표지, IM=명령문 표지)

　(2) [변화에 대한] 갈망을 (Complement+N) (보어+명사)

　　　change-for desire-NM ('desire for change')

　　　(NM=Nominative Marker) (NM=주격 표지)

　(3) [서울]에서(Complement+P) (보어+전치사)

　　　Seoul － in ('In Seoul)

　영어와 같은 언어는 표제-첫 머리(head-first) 언어인 반면에 한국어와 같은 언어는 표제-끝 머리(head-last) 언어라고 할 수 있다(Radford A., 1988: 250-73; Sung B.H., May 23, 2002: 82-83). 전치사의 경우에도 전치사가 목적어에 선행(先行)하는데 비하여 그에 상응하는 구조인 한국어의 조사(助詞)는 명사의 뒤에 부착되어야 한다. 이에 따라 영어에서는 명사형이 다양하게 발달되어 있고 한국어는 동사로 대표되는 서술어가 발달되어 있다. 또 명사는 형용사의 수식(修飾)을 받게 되므로 영어에서는 다양한 형용사형 수식어가 발달되어 있는 데 비하여 한국어에서는 그보다는 동사와 관련된 부사가 상대적으로 발달되어 있다(이영옥, 2001 봄: 53-54).

1.2.2 격-표지(case-marking)

　한국어는 풍부한 격 표지(격조사) 체계와 함께 상대적으로 자유스러운 어순을 허용하지만, 영어는 격 표지가 풍부하지 않은 어순으로 훨씬 더 제한적이다. 따라서, 영어에서보다 한국어에 있어서 뒤섞임(scrambling)이 더 많이 사용된다(Yom Haeng-il, 2002S: 166-67).

　(1) 한국어:　　주어(S)　　　　목적어(O)　　　　동사(V)

　　　　　　　　나는　　　　　　커피-를　　　　　마셨다

　　　　　　　　나화제 표지　　　커피-대격　　　　서술문 과거

　　　　영어:　　주어(S)　　　　동사(V)　　　　　목적어(O)

　　　　　　　　　I　　　　　　　drank　　　　　coffee

　(2) 한국어:　철수는　　　커피-를　　　아침-에 마셨-다

철수-화제 표지 커피-대격 표지 아침-에 마시다 서술문 과거

영어:　　　Cheolsu drank coffee in the morning.

　한국어의 격(格)은 명사구 다음에 나타나지만, 영어의 격은 명백히 표시되지는 않지만 구조적인 위치의 형태로 명시된다. 한국어에서의 명사구(NP)의 기능적 지위는 격 표지로 표시된다. 하기 사항은 상호간에 구별되는 표지의 일부이다 (Yom, 2001 가을: 169-70).

- 주격: 가, 이
- 대격(직접 목적격): 을, 를
- 후치: 에서 'in', 으로 '(in)to'
- 속격(소유격): 의

　흔히 한국어에서 주어와 서술어(敍述語)의 거리가 필요 이상으로 멀어지는 경우가 발생하는데, 이때 독자의 입장에서 문장의 기본 구조를 파악하는 일이 어려워지기도 한다. 이러한 현상은 특히 중간에 수식어구(修飾語句)가 길게 개입되거나 긴 문장이 안길 때 심각해진다(김정우, 2003 봄: 40-41).

1.3 양 언어간 구조의 차이에 따른 번역

　한국어와 영어는 겉으로 유사해 보이면서도 실제로는 구조상 차이가 드러나는 경우를 많이 보게 된다. 이는 문화적 특성이 그 언어사용자의 사고구조에 영향을 미치고 이러한 결과가 언어적 특성으로 반영되기 때문이라고 할 수 있다(조흥섭. 2000 봄: 208).

1.3.1 명사중심적 영어와 동사중심적 한국어

　언어유형의 관점에서 언어를 크게 동사가 주도적으로 사용되는 행동지배언어(action-dominant language)와 명사가 주도적으로 사용되는 객체지배언어(object-dominant language)로 구분하고, **한국어**는 동사 및 동사를 수식하는 부사어(副詞語)

표현이 발달한 동사중심언어 혹은 행동지배언어로 규정한다. 반면에 **영어**는 ①문장의 주어가 반드시 표출되어야 하고, ②목적어를 동반하는 타동사가 발달하였고, ③목적어를 동반하는 전치사가 다양하게 발달되었다는 점에서 명사중심언어 혹은 객체지배언어로 규정한다(Talmy Leonard, 2000; 이영옥, 2003 봄: 52-56).

1) 주격명사의 선호

한국어에서보다 영어에서는 주격명사(主格名詞)의 사용을 선호한다. 예를 들어 다음의 실례에서 "여보세요. 누구세요?" "저입니다"의 경우 영어에서는 "Hello, who's this?", "This is I (me)."라는 표현을 쓴다.

2) 주어 및 기타 지칭어의 생략

한국어에서 주어가 필요하지 않아 생략해도 무방한 경우가 있는가 하면 영어에서는 생략해서는 안 되는 주어(主語)가 있고 대응되는 어구를 찾아낼 수 없는 경우도 발견된다. 한국어에서 주어를 쓰는 것이 부자연(不自然)스러운 경우는 매우 많다.2) 다음 (2가), (2나)의 영어 예에서와 같이 같은 문장이나 이어지는 대화에서 동일한 보어나 목적어와 함께 주동사(主動詞)는 생략되고 시제나 상을 나타내는 조동사만으로 표현될 수 있다.

> (2) 가. I'm happy if you are_____.
>   네가 좋으면 나도 좋아
>   나. Paul denied the charge, but his friend didn't……
>   폴은 그 혐의를 부인했지만 그의 친구는 부인하지 않았다.

위와 같이, 한국어에서는 주어나 목적어는 문맥(文脈)이나 상황에 따라 자유로이 생략이 가능하므로 대명사는 다양하게 발달되어 있지 않지만 동사의 생략현상은 영어보다 더 많은 제약을 보인다. 이는 영어와는 달리 한국어에서는, 동사나 서술형용사와 같은 술어(述語)가 문장의 가장 마지막에 출현하고, 문장의 연결어

---

2) 예를 들어, "갔어?" "안 갔어!" "언제 간 데?" "모르겠어!", 이 경우에 있어 영어의 표현은 Did he/she go?, No, he/she didn't. When shall he/she go? I don't know. 등의 표현에서 발견된다.

미나 종결어미가 반드시 추가되어야 하는 특성 때문이다.

1.3.2 구문론(Syntax) 상의 차이와 번역

1) 문장구조의 차이

영어의 구조적인 특성은 화제 중심의 한국어의 구조적인 특성과 상이하다. 영어는 주어와 술부의 문장구조를 갖지마는, **한국어는 화제중심의 기본 구조**를 갖는다. 따라서, 한국어 구조의 언어학적 묘사(描寫)는 대응되는 영어와 일치하지 않는다. 이들 활자의 차이는 통역과 번역 양쪽의 과정에 영향을 미친다(Yom, H.I. 2001 가을: 169-70). 한국어는 기본적으로 주어+목적어+동사, 즉 S-O-V의 어순을 가지고, 영어는 주어+동사+목적어, 즉 S-V-O의 어순을 가진다. 영어와 같은 SVO의 언어는 어순을 통하여 격(格)이 결정되나, 한국어는 격표지(格表識)의 발달로 어형변화 혹은 굴절(inflection)을 하기 때문에 단어의 위치가 바뀌어도 대개의 경우 문장의 의미는 변화하지 않는다. SOV 어순의 언어는 발달된 격표지 때문에 상당한 어순의 자유를 누리는 자유어순(自由語順)의 특징을 갖는다. 영어의 경우, 어순이 바뀌게 되면 주어와 목적어가 바뀌어 의미가 달라진다(박의재 외, 2005: 31).

2) 용어 법 요소

영어는 날씨나 시간 혹은 명암을 나타내는 경우에도 주어가 필요해 3인칭 중성의 *it*라는 비인칭 주어(impersonal subjects)라도 사용한다.

    (1) 비인칭(非人稱)의 it

        가. 영어: *It* snowed last night.

           한국어: 간 밤 -에 눈-이   왔다

                    last night at   snow-주격 표지 오다 과거 시제

                    문어체: '어제 밤에 눈이 왔다.'

           영어: *It is* five years since he got married.

           한국어: 그는 결혼한 지 5년이 지났다.

        나. 허사(虛辭) it

           영어: He found *it* easy to learn English.

한국어: 그-는   영어   배우-기-가
he-TM(화제 표지) English   to learn - NM(주격 표지)
쉬운-것-을   알-았-다
쉬운-보문 표지, 것을-대격 표지 알다의 과거 시제
문어체: '그가, 영어를 배우는 것은 쉽다는 것을 알았다.'
※ TM: Topic Marker, NM: Nominative Marker

(2) 허사 there
영어: There are many books on the table.
한국어: 책상-에   책-이   많이   -있   -다
책상-장소(Loc) 책-주격 표지 많이 -있다 -서술문(Dec)
문어체: '많은 책들이 책상 위에 있다.'

한국어에 있어서 용어법 요소들이 발화(發話)되지 않는 것은 화제가 요구되지 않는다면, 간단히 처리될 수 있다는 사실에 기인하지만, 영어에서는 주어가 의미의 역할을 하던 하지 않던 간에 요구된다.

(3) 쉽게 탈락(pro-drop)되는 언어로써의 한국어: 무의미 주어(null-subject)의 존재(存在)와 관련하여, 영어와는 달리 한국어는 쉽게 탈락되는(pro-drop) 언어로 분류된다(Choi J., 1992; Yom H.l., 2002S: 168-69). 한국어에서는 영어에서처럼 첫머리 말을 반복(反復)하지 않는다(zero anaphora)는 제한이 없다. 즉, 대명사의 출현이 그다지 활발하지 못하며 언어가 더욱 더 화제-중심일수록 대명사는 쉽게 탈락한다. 이 점은 하나의 단락 안에서 대명사화(pronominalization)가 필수적인 영어와 뚜렷하게 대비(對比)되는 현상이다. 다음 용례 (3가)와 (3나)에서 보듯이, 재귀대명사도 영어와 국어의 용법이 다르다.

가. 커피 한 잔은 일반적으로 100-150mg의 카페인을 함유하며, 차는 <u>그 것의</u> 1/3 정도다.

나. 섬망 환자는 <u>그들이</u> 행동을 예견할 수 없기 때문에 자신이나 타인에게 해를 끼친다. … 마치 <u>그들이</u> 실제 위험 상황에 있는 것처럼…

위의 (3가)의 밑줄 친 대명사는 지시 대상이 명확하게 다가오지 않기 때문에, 그대로 앞에 나온 명사를 반복해서 '커피의'로 표현하는 것이 쉽게 이해된다. (3나)에서는 밑줄 친 두 대명사 '그들'의 용법이 자연스럽지 않은데, 앞에 나온 '그들'은 부사

'스스로' 정도로 표현하고, 뒤에 나온 '그들(이)'는 재귀(再歸) 대명사 '자기(가)'로 표현하는 것이 무난하다(김정우, 2003 봄: 39-40).

3) 관계사절 구문상의 차이

영어의 명사지향적 성격으로 한국어와 비교할 때 영어에는 명사를 수식(修飾)하는 관계절이 상대적으로 빈번하게 사용된다.

(1) 영어에서는 주절(主節)이 하나인 문장이라도 한국어에서는 시제(時制)를 갖춘 주동사들이 연이어 나열(羅列)된 형태를 취한다.

We traveled as far as Paris, at which place we parted.
우리는 파리까지 여행을 하였고, 그곳에서 서로 헤어졌다.

(2) 한국어에서는 관계사절이 머리 명사(名詞) 앞에 두어지지만, 영어에서는 관계사절이 선행사(先行詞)의 뒤에 온다.

(가) 영어: The apple [which Yongho has] is yellow.
(나) 한국어: [영호가 가지고 있는] 저 사과는 노랗다.
영호-화제 표지(TM) has 관계사절 표지(RCM) 저 사과-화제 표지(TM) 노랗다.
※ TM: Topic Marker(화제 표지), RCM: Relative Clause Marker(관계사절 표지)

한국어는 영어의 Who(누가), Whom(목적격: 누구를), Which(무엇이)에 상당한 관계를 나타내는 어휘를 갖지 않고, 대신에 관계명사와 불변화사는 삭제된다. 영어에서는 관계사절은 관계대명사에 의하여 시작된다(Yom, ib.: 169-70).

4) 영어전치사와 한국어동사의 대응

영어의 동사(動詞)는 국어에서처럼 문장의 전체적인 의미는 물론 시제(tense), 상(aspect), 태(voice), 법(mood)과 같은 문법정보를 동시에 결정짓는 중요한 문장 요소이다. 그러나, 한국어에서 동사는 주어의 인칭과 수와 무관하다. 예, "나는 너를 <u>사랑해</u> 그리고, 철수도 너를 <u>사랑해</u>, 또 그들도 너를 <u>사랑해</u>." 그러나 영어의 경우는 반드시 주어의 인칭과 수가 일치해야 한다.

e.g., *He <u>loves</u> you and they <u>love</u> you*(박의재 외, 2005: 29-35).

(1) 전치사(前置詞)를 동반한 명사(구): 한국어에서는 동사로 표현될 상황이나 사건이 영어에서는 전치사를 동반한 명사(구)의 형태로 표현된다(이영옥, 2002 봄: 62).

They advised her <u>against marrying</u> quickly.
그들은 그녀에게 급하게 <u>결혼하지 말라고</u> 충고하였다.

(2) 보조동사(補助動詞) 또는 추가적인 동사의 사용: 아래 (가)와 (나)의 경우 bounce, dart, dash와 같은 영어의 동사들은 그 동사 자체로서는 방향이나 장소를 함축하지 않은 채 움직임의 양태(樣態)를 보이고 있다. 이때 방향이나 장소는 동사에 이어 나오는 전치사구나 부사어로 따로 표현된다. 이렇게 영어에서는 전치사구를 통하여 방향(方向)이나 장소를 나타내는 것이 동사만큼 의미전달에 중요하다고 할 수 있다.

(가) He bounced **off** the plane and darted into his limousine.
　　 그는 비행기에서 뛰어**내려서** 리무진 안으로 달려 들어갔다.
(나) When he dashed **down** a hill [to spread the news of····.],
　　 [······뉴스를 전하기 위하여]그가 언덕을 달려 **내려** 왔을 때,

한국어에서는 동사나 형용사 등의 술어(述語)로 표현해야 할 사건이나 상황을 영어에서는 전치사구를 통하여 표현하는 경우가 많다. 아래에서 그 예들을 보기로 한다.

(다) He shook his head **in disbelief**.
　　 믿지 못하겠다는 듯/믿지 못하여
(라) The children watched **in wide-eyed amazement**.
　　 놀라 눈을 휘둥그렇게 뜨고

한국어의 대응(對應) 표현들에서는 모두 **동사**나 **형용사**들이 추가되어야 한다는 점에서 한국어와 영어 간의 문장구성의 차이를 보여 주고 있다.

5) 부정표현 방법

한국어에서 명사를 수식할 수 있는 방법이 제한적인 점은 부정표현(否定表現)

방법에서 잘 드러난다. 영어에는 부정 한정어 no, few, little 등을 명사 앞에 첨부함
으로써 간단하게 문장 전체를 부정할 수 있는 데 반하여 한국어에는 대응되는 관
형어(冠形語)가 없으므로 '-지 않다'를 서술어의 어간에 첨부하거나 '안' 또는 '아
니'를 서술어 앞에 첨부하는 등의 구문상의 변형을 거치거나 '없다'와 같은 동사로
표현하여야 한다.

> (마) No one listens to me.
>
> 　　아무도 내 말을 듣지 않는다/안 듣는다.
>
> (바) No honest man would lie.
>
> 　　정직한 사람은 거짓말을 하지 않는다/안 한다/아니 한다.

　이와 같이 영어에서는 명사를 수식하는 구조로 표현할 것을 한국어에서는 서술어
를 변형시킴으로써 표현하여야 하는데 이는 영어의 명사중심적 성격과 한국어의 동
사중심적 성격에 기인하는 것으로 설명할 수 있다(이영옥, 2004 봄: 158).

6) 추가 특징의 열거(列擧)

> (1) 한국어는 연령과 신분(身分)에 따라 경어체계(speech levels)가 있지만, 영어는
> 　　어투/문체(style)가 있다.
>
> 　(가) 한국어 경어체(敬語體)의 단계
> 　　　ⓐ '먹었다' ⓑ '먹었어' ⓒ '먹었네' ⓓ '먹었소' ⓔ '먹었어요' ⓕ '먹었습니다'
> 　(나) 영어의 어투/문체의 단계(Rivers & Temperly, 1978: 14-15; 박의제 외, ib.: 34)
> 　　　ⓐ 친밀한 어투: Out! (밖으로 나가!)
> 　　　ⓑ 캐주얼 어투: Run along now (이제 저리 가라)
> 　　　ⓒ 상의(相議) 어투: Would you leave the room? (방을 비워 주시겠어요?)
> 　　　ⓓ 격식(格式) 어투: The audience is requested to kindly leave the room.
> 　　　　　　　　　　　　　(관중들은 그 방을 떠나도록 진심으로 요청 받았다.)
> 　　　ⓔ 형식상 혹은 완고(頑固)한 어투:
> 　　　　The management respectfully requests the conference to vacate the auditorium.
> 　　　　(관리자들은 회의 참석자들이 회의실을 떠나줄 것을 정중하게 요청한다.)
>
> (2) 한국어는 수동형(受動形)을 잘 쓰지 않으나 영어는 문어체에서 수동형을 잘 쓴다.

1.3.3 한국어와 영어의 수동구문

영어에서는 자연스럽게 수동구문의 형태로 표현되는 것이 한국어의 경우 동일한 수동구문으로 표현하려 할 때 구문(構文) 구성자체가 불가능하거나 가능하다 하더라도 한국어의 경우와 매우 어색한 번역문체가 되는 경우가 많다. 이는 같은 수동구문 이라 하더라도 한국어의 경우와 영어의 경우는 실제 사용분야가 상당히 다른 데에서 기인하며 근본적으로 한국어의 수동구문과 영어의 수동구문은 서로 구문적 의미적 성격이나 사용범위에 있어서 많은 차이점을 가지고 있기 때문이다. 영어에서는 주어자리가 무엇으로든 채워져야 한다는 원칙의 일환으로 능동구문에서 주어를 밝히기 어려울 때 대표적으로 수동형(受動形)구문이 사용되며, 무생물주어보다는 생물주어 특히 인간이 주어로 자연스럽게 사용된다.

1) 한국어에서만 가능한 수동구문과 번역

영어에서만 가능하거나 자연스러운 수동구문의 수(數)보다는 훨씬 적지만 한국어에서만 가능하거나 자연스러운 수동구문들이 있다. 대략적인 의미상황별로 구분하면 아래의 실례 (1)과 (2)에서 보는 바와 같이, 소재(location) 및 연속(continuation)을 지칭하는 경우와 지각(perception)에 관련된 경우로 나누어 볼 수 있다[아래의 실례 (1), (2) 참조]. 외부의 행위자가 없이 저절로 일어나는 행동을 지칭하는 자동사구문과 달리 수동구문에서는 기본적으로 동사의 행위주최가 설정되기 때문에 행위자를 상정(上程)할 수 있다. 다음 (3)의 예는 한국어에서는 수동구문의 형태이지만 영어에서는 보어를 수반한 자동사구문으로 표현된 경우이다(이, 2001.4: 8).

   (1) 소재(location) 및 연속(continuation)
       선생님은 어느 당에 소속되셨습니까?
       What party do you belong to?
       그의 연설은 한 시간 동안 계속되었다/이어졌다.
       His speech continued an hour.

   (2) 지각(perception)
       네 목소리가 잘 들리지 않는다.
       I can't hear you very well.

여기서는 아무것도 안보여.

I see nothing here.

(3) 그 이름은 '펜튼'이 아니라 '벤슨'이라고 읽혀야 합니다.

The name should read "Benson", not "Fenton".

여기 병에 네 시간마다 한 숟가락씩 먹으라고 쓰여 있다.

It says on the bottle to take a spoonful every four hours.

2) 영어에서만 가능한 수동구문과 번역

한국어의 경우에는 희열(喜悅), 분노, 슬픔, 고통, 기쁨, 공포 등의 감정이나 이해, 인지 등의 지각상태를 표현하는 경우 그 동사의 기본 형태는 거의가 자동사의 형태를 취한다. **영어에서는** 감정표현 동사의 기본 의미구조가 어떤 행위자(agent)를 설정하고 그것을 주어로 삼아 행위자가 행위 대상(patient)에 모종의 감정 및 이해, 인지의 결과를 가져오는 행위를 한다는 것을 기본 의미 틀로 가진 동사들이 사용되는데 반하여 **한국어의 경우에는** 같은 상황에서 기본구조는 행위자를 설정할 필요가 없는 형식(形式)이 사용되고 있다. 따라서 영어의 'please', 'surprise', 'frighten', 'annoy' 등과 같이 '누가/무엇이 누구/무엇-에게/를 기쁘게/놀랍게/무섭게/화나게…하다'와 같은 의미를 나타내는 단일 타동사를 행위자까지 나타내는 대응구조(對應構造)로 표현하려 할 때, 한국어의 경우 표현방법은 그와 같은 타동사 구조의 형태이기보다는 '누구/무엇 때문에(누가) 기쁘다/놀랐다/무섭다/화난다'와 같은 자동사 중심으로 표현한다. 다음의 예들은 한국어 대응표현이 없는 전형적인 영어의 수동구문의 예들이다.

(1) Her contributions are well appreciated.

(그녀가) 기부금을 내 주신 것에 대하여 감사한다.

(2) She came out of the house, accompanied by Miss Jones.

그녀는 존스 양을 대동하고 그 집에서 나왔다.

이러한 차이점 역시 무생물이나 추상화 된 사건이나 사실 등 다양한 의미를 가진 명사(名詞)를 주어로 취하며 '누가/무엇이 누구/무엇-에게/를 어찌 어찌하다'와 같은 의미구조의 문장을 표현할 수 있는 다양한 타동사가 발달되어 있는 영어와는 달리, 흔히 문장의 주어가 생략될 수 있고, 영어처럼 다양한 타동사가 발달하지 못한 한국어의 근본적인 차이에 기인한다고 할 수 있다(이영옥, 2000 가을: 69-70/2001.9: 15-17).

1.3.4 상이한 어휘와 음운

1) 상이한 어휘(Lexicon)

영어와 국어 어휘에서 정확한 일대일 대응(對應)을 찾는 것은 간단치 않다. 국어의 간섭(干涉) 현상으로 인하여 한국인들이 자주 틀리게 연상하여 사용하는 짝을 이루는 표현들로서는, '남북' — *north and south*, '좌우' — *right and left*, '신사 숙녀' — *lady and gentleman*, '수륙' — *land and sea*, '노소' — *young and old*, '빈부' — *rich and poor*. 이것들을 보아도 한 언어에 나타나는 어휘 배열(排列) 상의 순서는 다르게 나타날 수 있음을 알 수 있다. 직역(直譯)은 오히려 오해의 요인이 되는 경우가 많다. *Uncle*을 '아저씨'로 번역해서는 안되며, '큰아버지', '셋째(큰)아버지'는 *first father*, *third father*가 아니라 그냥 *uncle*이다. 이 경우는 이모(姨母)와 고모를 부를 때도 마찬가지이다. 우리 식의 '바늘 귀'는 the *ear*(of a needle)이 아니고 the *eye of a needle*이라고 해야 맞다. 영어 어휘의 함축적 의미(connotation)를 문화차이로 인하여 한국인들이 잘못 인식하는 경우도 있다. *Going to the bathroom*은 '목욕하러 가는 것'이 아니라 '화장실 가는 것'을 말한다. 또한, *Rest area*는 고속도로의 휴게소를 말한다.

한 언어의 어휘가 가지고 있는 포괄적인 의미가 사회문화적 차이에서 비롯되어 다르게 나타나는 경우가 많다. 예를 들어, 에스키모인 들의 언어에서 눈과 추위에 관련된 표현은 다른 지역보다도 더욱 다양하고 생생하다고 할 수 있다. 한국의 경우, 쌀과 김치에 관련된 어휘는 영미인 들이 이해할 수 없을 정도로 다양하고 영미인 들의 빵, 치즈, 버터 등과 관련된 어휘는 분명 한국인들에게는 아주 복잡할 정도로 많다고 할 수 있다. 이와 관련해서, 문화의 내용이 배제(排除)된 단순 어휘 학습으로는 의미파악이 어렵다고 할 수 있는 표현들도 많이 존재한다. 영어에서 한국어와의 일대일 대응이 가장 어려운 것은 속어(slang)와 은유적 표현, 그리고 관용어구(idioms)라고 할 수 있다. 영어의 **속어**(俗語)는 그 사용자들의 사회적, 지역적, 경제적, 종교적, 직업적 또는 집단적 연계성이나 관심을 드러내고 있기 때문에 가장 영어적이고 인간미가 풍기는 어휘들이라고 할 수 있다. **관용어구**(慣用語

句)는 그 어구를 구성하는 개별 어휘의 본래 의미와 거의 혹은 전혀 관련이 없이 해석되는 언어표현을 말하는 것으로 어휘습득에서 가장 힘들고 어려운 것들이다. 관용어구와 마찬가지로 영어의 속담과 격언은 사회문화와 관습전반을 이해함으로써 이해할 수 있는 표현들도 있다.

2) 상이한 음운(Phonology)

자음의 대조▮ 영어 자음의 유성(有聲)과 무성 구분은 음소(phonemes) 구별에서 중요한 역할을 하지만, 한국어 자음의 유성 유무는 음소구별에서 중요하지 않다. 한국어는 측음(lateral) /ㄹ/과 비음(nasal) /ㅁ/, /ㄴ/, /ㅇ/만 유성자음이라 할 수 있고, 나머지 자음(子音)은 유성과 무성의 구별을 하지 않는다. 그러나 영어에서 이음(異音 allopones)에 지나지 않는 대기음(帶氣音 aspirates)은 한국어에서는 음소가 된다. 예를 들어, 한국어 음소 /ㅂ/는 '비'(rain)에서처럼 음절의 초성에 올 때 무성음이 되고, '담배'(a cigarette)에서처럼 두개의 유성음 사이에 올 때 유성음이 된다. 그리고 이 소리들은 별개의 음소가 아니고 이음이다. 그러나 조음점과 조음방법은 같지만 대기음의 강약이 다른 /ㅃ, ㅂ, ㅍ/는 각각 '뿔(a horn), 불(fire), 풀(grass)'과 같이 실현되어 각각 다른 음소(音素)가 된다. 한국어의 /ㅃ, ㄸ, ㄲ, ㅆ/는 영어에서는 없는 음소(音素)들이다. /b, d, g, s/ 같은 음소로 시작하는 영어단어를 발화할 때 '빠다'(butter)나 '꼴프(golf) 같은 식으로 발음하지 않도록 해야 한다. 또한 유성음 /dʒ/을 발음할 때 잘못하여, *jam*을 '쨈' 식으로 발음하지 않도록 해야 한다. 한국어의 마찰음은 /ㅅ/, /ㅆ/, /ㅎ/ 뿐이지만, 영어의 마찰음(摩擦音)에는 /f/, /v/, /θ/, /ð/ /s/, /z/, /ʃ/, /ʒ/, /h/의 9개가 있다. 한국어에는 없고 영어에만 있는 마찰음 음소는 /f, v, z, θ, ð, ʒ/ 6개다. 이 새로운 마찰음은 감지하기도 어렵고 발화하기도 쉽지 않다. 특히 한국어에는 없는 순치음(labiodental) /f, v/를 한국어의 /ㅍ/나 /ㅂ/로 대치하여 발음하거나, 치간음(inter-dental) /ð, θ/를 /ㄷ/나 /ㅆ/로 대치해 발음하지 않도록 주의해야 한다. 영어의 유음(liquids) /l/과 /r/은 별개의 음소이지만, 한국어에서는 두 소리가 /ㄹ/의 이음이 된다.

모음의 대조▮ 영어의 모음 중 /I, ʊ, ə, ər/는 한국어에 없는 소리이다. 영어의 /I/는 한국어의 /ㅣ/보다 혀의 위치가 조금 낮고 이완(弛緩)된 음이다. 긴장음 /i/의 *seat*과 이완음 /I/의 *sit*을 비교하여 알 수 있다. 영어의 /ʊ/는 한국어 /ㅜ/보다 혀의 위치가 낮고, 중설의 위치에서 발음된다. /u/와 /ʊ/가 나타나는 영어 단어들을 발음해 보면, 긴장음 /u/의 *pool*과 이완음 /ʊ/의 *pull*을 비교하여 알 수 있다. 한국어 모음 /ㅓ/는 /ə/보다 혀의 위치가 낮으나, 비교적 비슷하게 발음된다. /ə/음에 있어서 정작 어려운 것은 조음법이 아니라 언제 /ə/를 발음하는지를 아는 것이다. /ə/는 특정한 절차를 갖고 있지 않고 어떤 모음이던지 강세를 받지 않으면 /ə/가 된다. 이것이 한국어의 모음(母音)과 크게 다른 점이다. 예를 들어, *famous* [féiməs] vs *infamous* [nfəməs]. 한국어의 단모음 /외/와/으/, 중모음(重母音) /의/는 영어에 나타나지 않는다. 자음(子音)으로 끝나는 영어단어에 한국어 식으로 '으' 모음을 넣어 *cart*를 '카트' 그리고 *milk*를 '밀크'라고 발음하지 않도록 주의해야 한다. 이중모음 (diphthongs)에서도 한국어와 영어의 차이(差異)가 있다. 한국어의 이중모음의 핵은 뒤에 있고, 영어 이중모음의 핵(核)은 앞에 있다. 그러므로 한국인이 영어 이중모음을 발음하기가 상당히 어려우므로 유의해야 한다.

　　음운(音韻)의 대조 ▌ 한국어는 음절박자 언어(a syllable-timed language)이고, 영어는 강세박자 언어(a stress-timed language)이다. 그래서 음절박자 언어인 한국어의 단어는 각각의 음절(音節)을 발음할 때 거의 동일한 시간을 유지한다. 강세박자 언어인 영어의 단어는 강세를 받는 음절에 강박(强拍)을 두기 때문에 각 음절의 지속시간이 서로 다르다. 그런데 두 개의 연속적인 강세 음절 사이에는 대개 일정한 시간이 지속된다고 할 수 있다. 영어의 강세(stress)와 억양(intonation)은 변별적 자질로 뜻의 차이를 가져오지만, 한국어는 그렇지 않다. *Digest*의 경우, 강세가 앞에 있으면 명사로 '요약'의 뜻이고 뒷음절에 강세가 있으면 동사로 '소화하다'의 뜻으로 사용한다. 영어 문장의 마지막이 억양이 올라가면 의문을, 내려가면 진술의 의미를 전한다. 양국어의 음의 동화(同和 assimilation)현상은 제각기 다르다. 그럼에도 불구하고 한국인은 영어를 한국어의 동화식으로 발음하는 경향(傾向)이 있다.

　　　　e.g., 백년 → 뱅년　　　back number [bǽk nəmbə] → [bǽŋ nəmbə]
　　　　　　　앞면 → 암면　　　keep me [kí:pmi] → [kímmi]

　　영어의 장음(長音)은 음성 환경에 따라 결정된다. 그래서 *bat*[bǽt]와 *bad*[bǽd]의 단어쌍에서 볼 수 있듯이 종성(終聲)이 유성음이면 모음을 길게 발음한다. 그러나 한국어의 장음은 뜻의 차이를 가져오는 변별적 자질이다(박의재 외, 2005: 35-50).

e.g., 일 - il (day) i:l (work)   밤 - pam (night) pa:m (chestnut)

※ 부록: 2. 영어와 한국어의 구조 차이 비교 참조.

2. 영·한 간의 번역기법

2.1 인용문의 번역기법

2.1.1 인용문의 구성

한국어는 종결어미(終結語尾)로써 발화현장의 청자-화자간의 상호 사회언어학적 관계를 드러내 준다는 점에서 직접인용문에서 종결어미를 그대로 옮기는 것은 영어의 경우와 달리 문장자체의 의미정보를 추가하는 결과가 된다. 따라서 한국어에서는 영어와 달리 대부분의 기사체(記事體)나 논문의 경우 인용문은 직접인용문의 종결어미가 가지는 화용론적 정보는 논지의 전달에 방해가 되기 때문에 이러한 정보가 배제된 간략한 종결어미로 표현되는 간접인용문의 형식을 취한다. 인용문의 구성방법에서도 한국어와 영어 간 동사성-명사성의 차이가 반영(反映)되고 있다. 일반적으로 다른 사람의 말을 그대로 인용한 것으로 인정할 수 있는 직접인용문과 인용부에 대한 화자의 해석 및 편집이 가미되어 형태가 바뀌어 표현되는 간접인용문으로 구분하고 있으며, 한국어와 영어 모두 이러한 두 가지 형태의 인용문을 사용하고 있다. 직접인용문은 인용도입부와는 유기적인 문법적 관계를 갖지 않는 반면에 간접인용문은 인용도입부에서 사용되는 동사의 보어(補語)로서 유기적인 변화를 수반한다.

(1) He asked, "Where are you going?"
   그는 물었다. "어디 가십니까?"라고.

(2) He asked where I was going.
   그는 내가 어디를 가고 있느냐고 물었다.

직접인용문이라는 문장구조는 인용도입부의 동사를 통하여 발화자의 실제 음성적 특징과 발화태도 등을 묘사하여 생동감(生動感)을 더해 준다고 할 수 있다. 이에 반하여 **간접인용문**은 핵심적인 내용을 화자의 관점에서 재해석하여 전달하는 형식이다. 직접인용문의 **동사**들은 음성의 크기, 강도, 음색(音色) 등 음성의 특징을 묘사하는 동사 call(부르다), chorus(합창하다), crackle(탁탁 소리 나게 하다), cry(소리치다), groan(신음하다) 외에 frown(눈살을 찌푸리다), smile(미소 짓다), grin(방긋 웃다) 등 발화시의 표정이나 태도를 나타내는 동사들도 포함된다. 이러한 직접인용문의 동사와 달리 **간접인용문**에서 주로 사용되는 동사들은 발화(發話)의 내용과 관련된 보다 추상적인 의미의 동사들로, tell(말하다), believe(믿다), expect(예상하다), feel(느끼다), accept(받아들이다), agree(동의하다) 등이다.

2.1.2 한국어의 직접인용문 구분

영어와 달리 구어체와 문어체의 구분이 확연하고 실제 발화상황의 청자와 화자가 갖는 사회적 신분이나 친소(親疏) 관계에 따라 다양한 종결어미가 수반되는 동사가 문장의 말미(末尾)에 출현하는 한국어는 직접인용문이라 할지라도 실제 발화된 문장형태를 그대로 옮기기가 어렵다. 아래 예문 (1)에서 직접인용문도 발화행위(發話行爲)를 비교적 실제와 동일하게 기술하는 (1가)와 같은 '중계식 직접인용문'과 직접 인용을 하면서도 화자의 해석과 편집(編輯)이 추가되는 (1나)와 같은 '편집된 직접인용문'으로 구분할 수 있다. 중계식 직접인용문의 경우는 인용부호를 첨가하고 독자적인 단락(段落)을 부여하는 형식을 통하여 인용부 자체가 독립된 문장으로의 격(格)을 지닌다. 이에 반하여 편집된 직접인용문에서는 인용부를 독립된 문장이 아니라 인용도입부 속에서 동사의 보어라는 한 구성요소로서의 위치만을 갖는다.

(1) 중계식 직접인용문과 편집된 직접인용문
   가. "혼자 사시는 거 힘들지 않으세요?" 내가 이영길 신부님께 물었다. 신부님은 웃으시더니 "그냥 그것도 가난하기로 마음먹었다고 생각하면 돼요…" 라며 웃으셨다. (공지영, 『수도원 기행)

나. 또 같이 내한한 조미는 "미녀 역할을 하는 것은 너무 힘들고 지친다"며 "새로운 이미지로 바꿔서……여자로 연기하게 됐다"고 밝히고 "하지만…. 정말 힘들었다"고 했다. (『한국관광신문』 2002년 4월 29일)

직접 발화를 한 생생한 현장을 전달한다는 의미에서 종결어미를 원래 사용된 형태로 살려 주는 직접인용문과 달리, 종결어미부분을 단순화시킨 '편집된 직접인용문'은 결국 인용부호를 중간에 첨가했다는 것 외에는 간접인용문과 차이가 없다. 인용문을 바탕으로 작성되는 신문기사의 경우, 영어에서는 거의 매 기사 당 직접 인용(引用)된 예가 두 문장 이상인 것에 비하여 한국어의 경우에는 순수(純粹)한 의미의 직접인용문을 사용한 예를 거의 찾아볼 수 없었다는 지적이다. 영어 원문에서 직접인용문의 형태라 할지라도 소설이나 수필과 같이 생생한 발화현장(發話現場)을 그대로 전달하는 것이 목적이 아닌 한 한국어의 번역본은 **간접의문문의 형태로 바꾸어 주어야** 하며, 역(逆)으로 한국어에서 종결어미를 간략하게 바꾼 간접인용문을 영어로 표현하여야 할 때는 직접의문문의 형태로 구사하는 것이 영어의 특성을 반영한 번역이 될 수 있다(이영옥, 2002 봄: 77).

2.2 대명사 '그' 사용의 한계

2.2.1 '그(the)'의 사용과 분류

국어에서 '그'가 인칭성(人稱性)을 획득하여 3인칭 대명사의 용법으로 본격 사용된 것은 1910년대 후반의 일이었다. '그'는 중세국어에 대명사로서 인칭성과 지시성(指示性)을 가졌으나 그 용법이 극히 제한되어 있었다(김형철, 1981: 8; 김정우, 2003 가을: 9-11). 현대국어에서 '그'의 인칭성이 우위를 점하게 된 것은 '그'가 가지고 있던 지시성을 '그것'이 담당하게 된데다가 '뎌'가 가지고 있던 인칭성까지 '그'가 담당하게 되었기 때문이다. 3인칭 대명사 '그'는 국어에 일반화된 직후인 적어도 1920년대부터 번역문에서 활발하게 사용된 것으로 추정한다. 한국어는 몇 가지 측면에서 인도-유럽의 언어, 특히 영어와 구별되는 문법적(文法的)인 특징을 갖는다. 이러한 상이 함들은 문장의 기본 구조로부터 통어론상의 절차에 이르기까지 광범위하게 발견된다. 부정관사 'a(n)'와 정관사 'the'는 한국어와 영어 간의 상이(相異)함을 보여주는 문법적 요소들의 좋은 실례이다. 영어의 부정관사 'a(n)'와 정관사 'the'는 각각 분류와 식별의 표지들로써 사용되며 또 정관사 'the'는 부정관사 'a(n)'보다도 더 많은 정보를 가지고 있다는 것을 의미한다(Yule George, 1999, 김순영, 2003 가을: 155-58).

"부정관사는 실재를 처음으로 지시할 때, 즉 전형적(典型的)으로 그것을 분류할 때 종종 사용되고, 정관사는 그것을 식별하는 방법으로써 동일한 실재에 대한 2차 적으로 혹은 추후(追後)의 지시와 함께 사용된다(Yule, 1998: 38)." 정보구조의 시 점에서, 부정관사 'a(n)'는 그 정보가 새로운 것인 반면에, 정관사 'the'는 그 정보가 낡은 것임을 나타낸다. 영어 정관사 'the'에 대한 문법적 대응장치가 없는 한국어 에서는 텍스트의 결속성(結束性)을 유지하기 위한 방안으로 'the'의 맥락적 지시의 미에 대한 등가의 구현을 통해 의미보충이 일어난다. 'the'의 의미가 보충되어 나 타나는 현상에는 크게 네 가지 유형이 있다. ①독자의 기억을 환기시키기 위한 의미보충, ②선행 문장의 내용을 명시적으로 표현하기 위한 의미보충, ③도착언어 의 언어사용 관습(慣習)을 준수하기 위한 의미보충, ④독자의 이해를 돕기 위하여 배경지식을 추가하기 위한 의미보충으로 분류된다(김, ib.: 158, 173).

영어에서는 동일 어휘의 반복사용을 절제(節制)하기 위해 대명사, 대동사를 즐 겨 쓰지만, 한국어는 분명히 주어나 목적어를 밝히거나 필요 없는 경우엔 **생략**한 다. 특히 손위 어른을 부를 때는 문화적으로 절대 대명사를 사용할 수 없다. 특히 대화체(對話體)에서는 더욱 그러하다. 최초의 서구어 한역서인 『성경』의 개역과 정에 나타나는 '그' 사용의 확대현상은 경전번역의 원칙상 가능한 원천언어에 충 실한 번역인 축자역(逐字譯)을 선택한데서 비롯한다고 볼 수 있다(Pound, Ezra, 2000: 26-33; 원영희, 2002 봄: 114-19).

2.2.2 번역 사례

한국어에서 영어의 관사 'the'는 대부분의 경우에 있어서 '그'로 번역된다. 그러 나, 번역은 단어(單語), 구(句), 또는 영어의 문장을 한국어의 대응되는 단어, 구, 또는 문장으로 대치하는 것만 관련되는 단순한 처리과정이 아니다. 번역은 원문 텍스트 내의 메시지 또는 정보를 가장 자연스럽고 이해할 수 있는 목표 텍스트로 재구성(再構成)하는 것이다. 목표 텍스트를 생성(生成)할 때에, 번역자는 단어의 의미와 문장의 의미 (전치사적인 의미) 뿐만 아니라 의사(意思) 소통적 (실용적인) 의미도 고려해야 한다.

예문 1

· 원문(ST)

After a time she heard a little pattering of feet in the distance, and she hastily dried her eyes to see what was coming. It was the White Rabbit returning, splendidly dressed, with a pair of white kid gloves in one hand and a large fan in the other.

<어휘의 해설>
patter: 가볍게 두드리는 소리를 내다, (비 따위가) 후두두 내리다,
hastily: 서둘러서; 허둥지둥(hurriedly); 성급하게.
splendidly: 호화롭게, 화려하게.

· 번역문(TT)

······멋진 옷을 입고 조그만 장갑 한 켤레와 커다란 부채를 양손에 나눠 든 아까의 그 하얀 토끼가 돌아오고 있었다(Extracted from *Alice's Adventures in Wonderland*).

예문 2

· 원문(ST)

GM farmers in the U.S. say they are losing hundreds of millions of dollars in lost sales to Europe. Anti-GM campaigners say all polls show Europeans won't eat the stuff anyway. If the two sides continue to battle, it could be years before this trade war is settled.

<어휘의 해설>
GM: genetically modified (food), 유전자 조작(변형)의 (으로 만들어낸). ~ food 유전자 조작 식품.
poll: 여론 조사 (결과); (선거 때 신문·방송에 의한) 인기투표.
stuff: 《구어》 음식; 음료
the two sides: 앞의 GM farmers와 Anti-GM campaigners를 지칭함.

• 번역문(TT)

……이들 GM 찬반 양측의 대립이 계속되는 한, GM을 둘러싼 미국과 유럽 간 무역 분쟁 해결 또한 여러 해가 걸릴 것 같다(Extracted from *Aug. 2003 issue of CNNEZ*).

출발언어 텍스트의 독자와 도착언어 텍스트의 독자들에게 '동일한 효과'를 준다는 번역의 궁극적인 목적을 달성하기 위해서는 텍스트 수준의 등가(等價) 뿐만 아니라 화용적 등가(implicative equivalence)가 이루어져야 하며, 이를 위하여 번역의 과정에서 의미보충이 일어난다(김, ib.).

2.3 강조 표현과 번역 기법

영어 문어에서 강조(强調) 표현으로 흔히 사용되는 방식은 대체로 아래와 같이 통사론적 요소에 의한 강조, 형태론적 요소에 의한 강조, 활자와 문장부호 및 기타에 의한 강조로 분류된다.

2.3.1 통사, 형태, 어순의 변화에 의한 강조

1) 통사론적 요소에 의한 강조의 경우

강조하고자 하는 부분을 위치전환 시켜서 두드러지게 표현하는 방식으로 흔히 *It - that* 강조 구문이라는 이름으로 불려진다. 예를 들어, 아래와 같은 구문을 생각할 수 있다.

It's you (that) I want to talk with. (2인칭 대명사 you 강조)

2) 형태론적 요소에 의한 강조

(1) 단어 또는 일정한 단어의 반복(反復) 사용: She is very/so beautiful.
(2) 형용사구나 부사구를 사용한 문장: To most people, Mary is a beautiful girl.
(3) 동일한 단어의 반복, 또는 주요 성분(成分)의 반복
We shall fight in France, we shall fight on the seas, we shall fight in the air, and we shall win.

3) 어순(語順)의 변화에 의한 강조

(1) 정상 어순을 벗어난 어순 배열의 강조 - 도치법(inversion) 표현
They elected him as their president.
<u>Him</u> they elected as their president. (him을 강조)

(2) 부사(副詞)의 놓이는 위치에 따른 강조 표현
He slowly opened the door. (강조 역할 없음)
<u>Slowly</u>, he opened the door. (<u>Slowly</u>를 강조)

2.3.2 활자와 문장부호 및 기타에 의한 강조

(1) 특정 단어의 **머리글자를 대문자로 써서** 주의를 끄는 방법.
'Ever since Mary left without a <u>Word of Warning</u>, everything has gone wrong' said Mrs. Banks. ('매리가 <u>아무 말 없이</u> 떠난 이래로, 모든 것이 잘 못되어 갔다'고 뱅크 여사는 말을 했다.)

(2) **일정한 표현 이상**으로 길이를 늘인 표현에 의한 강조.
I kept talking to Mary <u>just</u> to attract her attention. (<u>단지</u>, 그녀의 주의를 끌기 위하여 매리에게 말을 계속했다.)

(3) 기타 형식의 차이가 강조하는 내용의 차이 유발하는 용례(用例)
가. I saw him <u>run</u>. (그가 달리는 것을 보았다.)
　　'달린다'는 동작에 초점
나. I saw him <u>running</u>. (달리고 있는 그를 보았다)
　　'그'라는 인물에 초점

　강조 표현의 번역은 크게 문장(文章) 차원과 텍스트 차원으로 나누어서 생각할 수 있다. 문장 차원에서는 구체적인 자료에 따라 처리한다. 텍스트 차원에서는 두 가지 중요한 문제, 즉 단락 안의 문장 배열(排列) 순서 변화 문제와 발상의 전환에 따른 자유로운 표현의 문제 등을 고려한다(김정우, 2002 가을: 30-44).

2.4 은유법의 영한번역

2.4.1 정의와 기능

은유(隱喩)는 하나의 대상을 다른 것을 통해 이해하고 표현하는 것을 말한다. 따라서, 본질적으로 비문자적(non-literal)이고 함축적인 의미를 가진다. 사람들은 자신의 감정(感情)을 더욱 강조하거나 발화의 표현력을 향상시키기 위해서 혹은 다른 사람들을 효과적으로 설득하기 위해서 은유를 사용한다. 은유는 대체적으로 설득력과 표현력 향상, 감정 표현 등의 기능(機能)을 가진다. 또, 표현하고자 하는 대상(object)과 비교가 되는 이미지(image) 은유를 통해 말하고자 하는 센스(sense)가 복합적으로 작용하면서 은유적 의미를 만들어 내므로 해당 사회와 문화의 특성(特性)이 강하게 반영되어 있다. 따라서, 은유의 번역은 원천언어 텍스트(ST)의 함축적인 의미를 어떻게 이해하고 재표현 할 것인가, ST의 기능과 효과를 어떻게 도착어 텍스트(TT)에 반영할 것인가, 사회-문화적 특성을 어떻게 고려할 것인가 등의 문제를 야기한다.

은유는 단순히 비유적 언어를 위해 고안된 것이 아니라 우리가 생각하고 행동하는 방법을 구체화(具體化)하는 기능을 한다. 덜 구체적이고 내재적으로 애매모호한 개념들은 은유를 통해서 우리의 경험에서 좀 더 특이하고 구체적인 개념으로 받아들여진다(Lakeoff & Johnson, 1980; 이혜승, 2004 봄: 22-25). 은유는 감정적 메시지 전달이나 특정 경험의 부각, 그리고 상대방의 감탄(感歎) 유발이나 정보의 구조 및 조직 등의 다양한 기능에 있어서 다른 어떤 언어 표현보다 특별하고 효과적이다. 말속에 적절한 은유를 사용하는 것은 논쟁을 위한 좋은 기억을 유발하여 화자와 말에 대한 긍정적인 견해를 유도하고, 말에 대한 사람들의 추론(推論) 형성에 중대한 영향을 미친다. 은유의 특징으로 일탈(逸脫)의 개념이 이해되고 있다. 일탈을 명시하기 위하여 더 이상의 동의어들(synonyms)이 남지 않게 될 때, 은유는 은유로써 기술되게 된다. 라틴어의 수사(修辭)는 일련의 "비약(leaps)" 혹은 "도약(jumps)"으로 그 전이를 찾았으며, 현대의 사상가들(M. Beardsley)은 "비틀기(twists)"와 회전(turns)을 선호한다(Liselotte Gumpel, 1998: 47-48).

은유적 표현(metaphor)은 각종 텍스트에 자주 등장하며 글을 읽는 재미를 더해 준다. 그러나 영어로 된 원문을 읽을 때는 아주 흥미진진하게 읽었는데 번역텍스

트를 읽으면 훨씬 그 재미가 떨어지게 되는 것을 느낄 때가 있다. 이런 현상이
나타나는 중요한 이유 중의 하나가 번역을 통해서 은유적 표현이 제대로 전달되지
않기 때문이다. 번역문에서는 많은 경우 문화적, 언어적 차이로 인해 은유적 표현
을 그대로 전(傳)하는 데에 어려움이 있고, 이 경우 의미전달에 중심을 두기 때문
에 강도가 약하며 단조(單調)로운 표현으로 바뀔 때가 있다. 이로 인해 단지 흥미
를 떨어뜨리는 수준이 아니라 심지어 글의 내용(內容)까지도 달라지는 것을 보게
된다. 근래 들어, 은유적 표현은 문학이외에도 언론이나 정보전달을 목표로 하는
텍스트 등 모든 분야에 등장하는 중요한 표현 수단으로, 그리고 사고(思考)의 도구
로 여기게 되었다. 은유적 표현이란 광범위한 의미에서는 환유(換喩 metonymy),
더 나아가서는 직유(直喩 simile)까지도 포함하는 개념을 말하는 것이다.

　은유의 첫째 기능은 하나의 사실, 사람, 사물, 개념, 상태, 사건 등을 다른 것과의
유사성(類似性)을 통해서 지시해 줌으로써 이해를 하게 해주는 '정보전달의 기능'
이다. 독자들은 텍스트에 나오는 은유적 표현을 읽어가면서 두 가지의 비교되는
것 사이에서 이미지를 떠올리게 된다. 이 때 은유적 표현은 축어적(逐語的)인 언어
보다 훨씬 함축적이고 생생하며 풍부한 이미지를 쉽게 표현해 준다는 장점이 있으
나, 이렇게 사실의 특정 측면을 부각시키는 과정에서 숨겨지는 측면이 있다는 것
도 주목해야 한다. 은유의 두 번째 기능은 화자와 청자간의 친밀감을 더욱 높여주
는 '사회적 기능'이다. 한 은유적 표현을 이해하고 공감할 수 있는 사람들 사이에
는 유대감이 생기는데 이는 자신들의 감정이 같은 경험, 정보, 감수성(感受性)을
나누고 있다는 공통분모에서 나오기 때문이다(Gibbs Raymond, 1994: 124, 134; 김
순미, 2002 가을: 81-109). 은유(隱喩)의 과정은 '상위수준(上位水準)'에서 이루어지
는 것이며, 실제 은유적 표현은 인간들이 가장 인지하고 표현하며 이해하기 쉬운
'기본수준(basic level)'에서 이루어지기 때문이다.

2.4.2 표현의 구분과 번역 기법

　"언어(language)"라는 용어는 많은 모습으로 다가오지만, 그러나 그 의미는 구성
원들이 단어의 형태(形態)를 공유하는 담화(speech) 공동사회를 구체화 하는 것
이다. 그런 점에서, 이런 종류의 언어는 "예술의 언어"와는 상이(相異)하며, 또
구두의 상징(icons)이라기보다는 시각적(視覺的)인 것이다(Nelson Goodman, 1968:
3-44; Lisellote Gumpel, 1998: 49). 오늘날 인간의 소비에 적당한 세계는 하나의 거

대한 은유로 나타난다. 독일어는 여성의 태양과 남성의 달을 채택하였던 반면, 프랑스 어는 그 성별을 반대로 한다. 어떤 언어적 실체를 직접 인식한다는 점에서, 프랑스어의 번역은 확실히 더 풍부한 감각능력을 갖는다. 태양은 그 행성(行星)인, 온화한 달에 비교되었을 때에 더 강력한 별로 보인다. 그러나 **논리**는 쟁점이 아니며, 단지 언어일 뿐이며, 언어는 논리에 대한 지배력을 장악했기 때문에 아주 옛날 습득한 이래로 오늘 날까지 태양은 **여성**이며, 달은 남성으로 생각되어 왔고, 이 해석으로부터의 어떠한 일탈(逸脫)은 거의 탈선인 것처럼 보인다. 의미야 어떻든 간에, 그것은 상당한 정보제공을 하는 데, 문학적인 맥락 안에서 부활(復活)되었을 때에 특히 그러하다(ib.: 49-53). 은유적 표현의 번역방법에 대한 연구 중에 구체적 번역 방법을 제시한 것으로 뉴마크(Newmark, 1988; 김순미, 2002 가을: 81-109)의 연구가 있으며. 죽은 은유(dead metaphor), 상투적(常套的) 은유(cliché metaphor), 정형화 된 은유(stock metaphor), 변형된 은유(adapted metaphor), 신조(新造) 은유(recent metaphor), 창의적 은유(original metaphor) 등 표현이 얼마나 정형화되었는가를 기준으로 나누어 각각의 특성에 맞는 번역 방법을 제시한 것이 있다.

1) 정형화(定型化) 된 표현

한 표현의 원래 의미와 다르게 쓰이는 은유적 의미가 완전히 고착되어 이미 사전에 올라 있는 경우이다. 광범위하게 보았을 때 속어, 비어(slang), 관용어구(idiom), 속담 등에 많이 쓰여 진부(陳腐)한 느낌을 주는 표현들을 포함한다. 첫째 죽은 은유를 번역할 때 도착언어권에서도 같은 단어가 죽은 은유의 역할을 하는 경우가 있는데, 이는 서로 다른 문화간에도 많은 부분에서 인지체계가 유사하기 때문이다. 두 번째는 관용적(慣用的) 표현들로 거의 사전에 의미가 올라 있는 대로 번역이 된 경우들이다. 관용적인 표현이 다른 표현들과 관련이 없어 독자적으로 등장하였을 때 번역시 거의 사전적 의미로 전달하게 된다. 셋째로, 경영(經營)관련 텍스트에서 주의해야 할 중요한 정형화된 은유적 표현 중의 하나가 경제 용어들이다. 영어의 많은 경제 용어가 표와 그래프 등을 이용한 은유적 표현들이 있는데, 한국어 텍스트에 어울리는 용어(用語)로 바꾸어 주어야 형식이 맞는다. 이 경우에 한국어 표현 역시 은유적인 것이 많다.

2) 정형화(定型化) 되지 않은 표현

작가가 새로 만들어 냈거나 한 작품(作品)에 특별히 인용되고 있는 표현 등으로 이런 표현을 쓰겠다는 저자의 의도가 강하게 들어갔다고 볼 수 있고 주제(主題)와 관련이 있을 가능성이 많으므로 번역 시 주의를 요한다. 자신이 만들어낸 표현은 아니지만 문화적으로 팽배(澎湃)한 어떤 의식, 그리고 이것을 나타내는 표현을 다른 텍스트와 빈도가 다르게 많이 사용하여 글을 썼다면 이것도 작가의 의도가 강하게 들어가 있는 표현이라고 할 수 있다.

3) 번역기법

은유의 번역 기법(技法)으로는 ①은유적 표현과 함축된 의미를 같이 살려서 번역, ②함축된 의미만 살려서 번역, ③도착언어권에서의 대응(對應)되는 은유적 표현으로 번역, ④은유적 표현을 직유로 전환하거나, 또는 ⑤생략 등을 생각할 수 있다.

은유적 표현과 함축(含蓄)된 의미를 같이 살려 번역 한 경우▌ 문화적으로 이질적인 두 개의 사회 간이라도 공유하는 인지체계가 있으며 이런 경우 출발언어에서 창의적으로 쓰인 은유적 표현을 도착언어권에서도 이해하고 타당성(妥當性) 있게 받아들일 것이므로 표현을 그대로 옮겨줄 수 있는 가능성이 높아진다. 또, 은유는 종종 함축적인 의미를 전달하기 위하여 그 원래의 형태로 또는 수정된 형태 중의 어느 한 가지로 사용하거나 또는 실명(實名)을 다양하게 사용하는 것으로 정의한다. 따라서, 아래와 같이, 주요 구(句) 은유와 실명의 은유(proper-name allusions) 등 두 가지의 범주의 은유로도 설명된다.

(1) key-phrase allusion (주요 구 은유)
Apparently taxis *all turn into pumpkin at midnight*.
(번역: 분명히 택시는 *모두 한 밤중에 호박이 된다*.)

(2) proper-name allusion (실명 은유)
I felt like *Benedict Arnold*.
(번역: 나는 *베네딕트 아놀드와* 같이 느꼈다.)

은유번역의 전략은 대체로, 목표 독자의 특정한 은유와의 친밀도(親密度)에 조화시켜 사용한다고 지적하고 있으나, 문제는 독자들에 관한 번역자의 판단으로 불리는 것이 항상 정확하고 믿을 수 있는 것인지에 관한 질문이 남게 된다 (Lippihalme, 1997; 김영신, 2003 봄: 156-57).

함축된 의미만 살려 번역한 경우▌ "출발언어의 독자와 저자(著者)는 도착언어권 독자들이 공유하지 못하는 정보를 공유(共有)하고 있기 때문에 함축적인 정보를 때로는 설명해 주는 식으로 바꾸어야 할 필요가 있다"라고 라슨(Larson)은 그의 『언어 간 등가(等價) 안내』(*A Guide to Cross-Language Equivalence*)에서 쓰고 있다. 이는 도착언어권의 독자들에게 의미 있는 표현을 전달하는 것과 도착언어권 텍스트와의 형식성의 수준을 맞춰주는 것이 중요하기 때문이다. 특히 영어와 한국어 같이 문화적 차이가 큰 언어의 번역에서는 이 방법이 가장 많이 쓰이고 있다. 그 이유는, 첫째, 은유적 표현은 일반적인 표현보다 감정의 강도가 강한 경우가 많기 때문에 번역했을 때 도착언어권의 독자들에게 거부감(拒否感)을 줄 수도 있고 또, 원 작가가 의도했던 이미지보다 오히려 더 강한 느낌으로 변화(變化)될 수가 있기 때문에, 일반적인 표현으로 바꿔준다. 둘째, 지나치게 형식성이 떨어지는 경우로 국내의 독자들에게는 적절치 않다고 할 수 있다. 셋째, 문화적인 배경(背景)이 강해서. 한국의 독자들에게 낯설고 이해하는데 필요이상의 노력을 해야 하며 다른 의미로 받아들일 가능성이 있다면 설명 해 주는 식으로 바꾸게 된다.

도착언어권에서 쓰이는 대응(對應)되는 은유적 표현으로 번역을 한 경우▌ 기능적(技能的)인 번역의 방법으로 가장 생생하게 이미지를 전달할 수 있다는 장점이 있으나 단점으로는 도착언어권의 문화적 색채(色彩)가 진한 표현을 쓴다면 원본의 배경에 맞지 않을 수도 있다는 점이 지적되기도 한다.

> 예문 1   지나치게 격식이 떨어지는 표현은 순화(純化) 된 또는 일반적인 표현을 사용한다.

• 원문

I was **practically wetting my pants** telling him what had happened. "Damn," he responded. "Of all the graduate students I've had here, you are the first guy to do something like that. I'll take care of this, but you better **keep your pants on** from now on!" Whatever Drickamer did **saved my butt**. (잭, p.16)

　　<어휘의 설명>
　　practically: 사실상(은), 실제로는, 실질적으로(는).
　　damn: 비난하다, 악평[책망, 비방]하다, …을 못쓰게 하다, 결단내다.
　　butt: (총의) 개머리판, 《美구어》 궁둥이, 엉덩이(buttocks).

• 번역문
　　…… 나는 **긴장하여 손에 땀이 났다**.…… 이번 일은 내가 처리하겠지만 앞으로
　　는 **정신차리는 게** 좋을 거야! 어쨌든 드라카머 교수는 **나를 구해주었다**. (잭
　　p.46; 김순미, ib.: 102-103)

　은유적 표현을 직유(直喻)로 바꾼 것 ▌ 은유적 표현을 직유적 표현[3]으로 바꾸게
되면 원래의 표현을 살려주면서도 강한 감정의 뉘앙스를 한 단계 약화시켜서 충격
을 감소시키는 효과가 있다.

　　예문 2　　강한 감정의 뉘앙스를 한 단계 약화시켜서 충격을 감소시키는 효과

• 원문
　　One of the real advantages of a big company is the ability to take on big projects
　　with huge potential. The quickest way to neutralize that advantage is **to go after**
　　the scalps of those who dare to dream and reach-but fail. (잭, p.31)

　　<어휘의 설명>
　　take on: 〔일 따위〕를 떠맡다. …을 고용하다.
　　go after: 《구어》 …을 구하다, 얻으려 하다, 〔범인 따위〕를 추적하다.
　　scalp(s): (사람의) 머리 가죽, 머리털이 붙은 머리 가죽(아메리칸 인디언이 전리
　　　　　　품으로 채집했다).

• 번역문
　　……이러한 이점(利點)을 무용지물로 만드는 가장 좋은 방법은 원대한 꿈을 가지
　　고 어떤 일을 시도했으나 실패한 사람들을 **곧바로 처벌하는 것이다**. (잭, p.64)
　　※잭: 잭웰치, 끝없는 도전과 용기

---

3) 직유법(直喻法)[명사 수사법상 비유법의 한 가지. 원관념과 보조 관념을 직접 드러내어
　빗대는 표현 방법. 보조 관념에 '처럼'·'같이'·'듯이'·'양' 등의 말을 붙여서 나타냄.
　['내 누님같이 생긴 꽃이여' 하는 따위.], 줄 직유(直喻). (인터넷 『Daum 사전』)

생략한다. 문맥상으로 빼도 지장이 없는 표현들은 생략한다▌ 은유적(隱喻的) 표현은 이미지를 통해 한 사회의 인지, 문화체계를 나타내는 것인데 한국과 영어권과 같이 아주 이질적인 두 문화 사이의 번역을 할 경우 은유적 표현들은 많은 문제가 될 수 있다. 단지 언어뿐만 아니라 그 밑에 깔린 개념을 이해 못하는 독자들에게 이것을 어떻게 전달하느냐가 어려운 일이기 때문이다(김, ib.). 은유(隱喻)는 때로는 도착언어에서 정확히 등가를 갖는다. 박경리의 <김약국의 딸들>에서 나룻배가 부두(埠頭)에 도착할 때, 그 부두는 "벌집 쑤셔놓은 듯"하다: "buzzes like a poked hive of bees". 다른 은유는 더욱 도전적인 것이 있는데, 가슴이 금 모래로 가득 채워진 것 같은 느낌을 갖는다와 같은 은유가 있다. 송우혜의 <하얀새>에서 이 인용문은 "그 여자의 마음속으로, 여름 햇살에 반짝이는 금빛 모래들 같은 기쁨이 일었다"로 나타나는데 이는 영어로 "In her heart, joy arose like golden sand sparkling in the summer sunlight"로 번역 된다. 잠시 후에 나는 이 은유가 영어로도 가능하다고 생각했다. 저자가 전달하기를 바라는 동일한 의미를 갖는 비교할 만한 은유를 찾아야 한다. 시대에 맞지 않는 것이거나 또는 의미를 표현하지만, 원천(源泉) 문화와 잘 어울리지 않는 은유는 피해야 한다. 은유는 또한 의미를 가지고 있지만, 그러나 문화에 따라서 매우 상이한 의미를 갖는다(Childs, 2001 봄: 182-83).

2.5 한국어와 영어의 번역 단어 수

2.5.1 정의와 단어수 비교

단어란 '최소 자립단위(自立單位)'라고 정의한다. 즉 문장 안에서 다른 것의 도움을 받지 않고 자립하여 쓰일 수 있는 '문법 단위'라고 하고 있으며, 영어와 한국어의 단어를 정의(定義)함에 있어, 영어의 단위는 정자법(正字法)(orthographic word) 단위(Sinclair, 1991: 176; 이관규, 2002: 116: 최정아, 2003 가을: 89-90), 한국어 단위는 '최소 자립 단위'라는 정의에 가장 부합되는 견해로 종합식 체계, 즉 조사와 어미를 모두 단어로 보지 않는 견해를 단어로 채택하고 있다. 이 견해는 이론적 차원의 논의에 있어서 최근에 가장 많이 받아들여지고 있으며, 영어 계열(系列)의 문법 이론을 주로 받아들이는 현재, 조사와 어미(語尾)가 존재하지 않는 영어의 이론과도 부합된다고 본다. 한글 맞춤법에 의하면 체언(體言)과 조사는 띄어 쓰지 않기 때문에 한국어번역문의 단어수가 줄어드는 요인 중의 하나로 작용한다. 또한 한글 맞춤법에 의하면 성명 이외의 고유명사 · 전문용어 · 보조용언 등은 단어별로 띄어 씀을 원칙으로 하되, 붙여 쓰는 것도 허용하기 때문에 '만성 골수성 백혈병'은 글쓴이의 띄어쓰기 방법에 따라 세 단어가 될 수도 있고 한 단어가 될 수도 있다. 이런 경우 편의상(便宜上) 글쓴이의 띄어쓰기 방법을 존중하여 단어 수를 계산한다(곽성희, 2002년 봄: 134-38).

국어의 주어, 목적어 자리 생략은 초점 · 환경 정보라는 구조적인 요건으로 설명된다. 초점 정보는 화자(話者)가 청자에게 중요하게 말하려는 그 무엇이 되는 정보로서, 주어나 목적어가 대조(對照), 첨가, 처음 도입되는 지시 대상의 뜻을 띨 때, 초점 정보가 되어 생략되지 않는다. 환경정보는 화자와 청자의 머리 속에 이미 당연한 지시대상으로 자리 잡은 것으로서, 특별한 뜻이 없으며, 이러한 경우 생략되는 것이 자연스럽다(김미형, 1995: 211; ib.). 한국어번역문에서 영어원문의 단어문법(單語文法) 결속이 초점 정보이면 일부 동일어휘반복으로 대치되고, 환경정보이면 일부 생략된다. 지시결속구조 관계의 대표적인 예로 영어에는 인칭대명사 'he,' 'she,' 등과 지시대명사 'this,' 'that' 등이 있고 한국어에는 '그,' '그녀,' '나,' 등이 있으나 한국어 사용빈도가 영어보다 훨씬 떨어진다. 한국어와 영어의 3인칭 대명사는 1인칭과 2인칭에 비해 사용 빈도가 상당히 높다. 그러나 영어의 3인칭 대명사가 문법 범주인데 반해 한국어의 3인칭 대명사는 선택범주로 전통적으로 친족(親族) 관계 호칭이나 직함을 사용하는 게 상례였기 때문에 크게 발달되어 있는 범주는 아니며, 서양 문물과의 접촉과정에서 생겨난 단어로 본다. 이로 인하여 다른 인칭 대명사보다도 한국어-영어의 3인칭 대명사는 번역자의 번역방법에 따라 번역 단어수의 차이가 상당히 달라진다(최정아, ib.).

2.5.2 번역단어수의 차이 발생요인

길어진 번역이 반드시 좋은 번역이라고는 할 수 없지만, 출발어 독자들에게는 암묵(暗默的)으로 이해되는 내용이 문화적 차이, 배경지식의 차이 등으로 인해 도착어 독자에게는 명시적(明示的)으로 설명되어야 하는 경우가 많기 때문에 도착어가 길어진다(Nida; 장민호, 2004 가을: 30).

1) 형태 및 통사 구조적 차이

한국어와 영어 텍스트의 단어수의 차이는 두 가지 요인에 의해서 발생한다. 첫째 요인은 한국어와 영어의 형태 및 통사 구조적 차이인데, 이는 한국어는 첨가어(또는 교착어)에 속하며 영어는 굴절어(屈折語)에 속하기 때문에 발생한다. 한국어는 조사나 어미와 같은 첨가어적인 요소로 인하여 어순 배열(排列)이 비교적 자유로우며, 후치사적인 특성과 화자와 청자 및 상황에 따라 그에 합당한 호칭과 존칭법(尊稱法)이 발달해 있다. 반면 영어는 굴절어로서 단어 자체의 어형변화나, 단수, 복수에 의한 표현 및 단어 하나로도 의미를 지닐 수 있는 특성을 지니고 있다.

한국어와 영어간의 언어적 성격 때문에 번역시 단어수의 차이를 드러내는 것은 영어의 문법 범주인 기능어에서 대부분 발생하며 특히, 텍스트에서 사용 빈도가 높은 전치사, 정관사, 접속사, 인칭대명사, 부정관사, 관계사는 사용된 빈도수만큼 한국어의 문장의 단어수가 차이 나게 된다. 영어를 한국어로 번역할 경우 정관사(定冠詞)의 범주는 한국어에는 없으므로 번역시 대부분 생략된다. 또한 영어의 전치사도 한국어로 번역시 단어 하나로 문법적 범주를 표시하지만, 한국어로 옮기게 되면 체언(體言)에 조사를 붙여 하나의 단어로 되거나 생략된다. 따라서 번역자가 원천언어를 중시하여 원문에 최대한 가깝게 목표언어를 번역한다고 하여도 영어와 한국어 텍스트 간에는 상당한 단어수의 차이가 발생한다.

예문 1

• 원문(ST)

> i) nor, because the game is the object, does he reject deductions [1]from things external [2]to the game. He examines the countenance [3]of his partner, comparing it carefully [4]with that [5]of each [6]of his opponents.

> <어휘의 해설>
> deduction(s): 빼기, 공제. 공제액, 추론, <논리> 연역법.
> countenance: 용모, 얼굴; 표정, 안색. =face
> opponent(s): (논쟁·경쟁·경기 따위의) 대항자, 상대, 적수; 반대자.

• 번역문(TT)

> i) 게임이 목적이라고 해서 게임 [2]이외의 [1]일에서의 연역을 거부하는 일도 하

지 않는다. 그는 ③자기편(φ) 얼굴 표정을 음미하여 그것을 ⑥상대편(φ) 두 ⑤사람의 ④표정과 상세히 비교 검토한다.

위의 <예문 1> 원문에서 'from, to, of, with' 이렇게 네 가지 유형의 전치사(前置詞)가 여섯 번에 걸쳐 사용되었으며 모두 개별적인 단어로서 존재하고 있다. 이를 한국어 번역 사례(事例)와 비교하여 보면, 영어 원문에 쓰인 '①from, ②to, ④with'와 '⑤of'는 '①일에서의, ②이외의, ④표정과, ⑤사람의'에서 '의'와 '과'는 조사로 옮겨져 체언에 첨가되었고, '③of 와 ⑥of'는 생략되었다. 이처럼 별도의 단어로 존재하는 영어의 전치사는 한국어 번역시 체언 뒤에 첨가되어 하나의 단어로 나타나거나 생략되었다.

2) 서로 다른 범주의 인칭 대명사

그 둘째 요인으로는 한국어와 영어의 인칭(人稱)대명사가 서로 다른 범주에 속한다는 점을 들 수 있다. 한국어와 영어 인칭대명사는 같은 문법 범주에 속한다고 볼 수 있지만, 실제로는 그 문화적 특성으로 인해 인칭대명사가 선택(어휘)범주로 간주되는 경향이 강하기 때문이다. 그러므로 양 언어의 범주의 차이는 번역자가 번역하고자 하는 번역 접근법(接近法), 즉 원천언어에 '충실한 번역' 방법과 목표언어의 '자연스러움을 살린 번역' 방법에 따라 한국어와 영어의 텍스트는 단어수의 증감현상이 다르게 나타난다. 영어의 인칭대명사는 한국어와 달리 대우법(待遇法)이 존재하지 않으므로 단순한 인칭 구분을 볼 수 있지만, 한국어의 인칭대명사는 한국어의 특징인 대우법과 깊게 관련되어 다양한 단어로 표현된다.4) 아래의 예문 2에서 보면 한국어 원문에는 모두 2개의 인칭 대명사(代名詞)가 사용된 반면에 영어 번역문에는 3개의 단어가 증가되어 모두 5개의 3인칭 대명사가 사용되었다.

<예문 2>

• 원문(ST)

(1) ①그는 피로했으나 상냥하게 ②(φ)웃으면서 그러나 문을 두드리는 것을 계속하면서 ③(φ)말을 했다.

---

4) '충실한 번역 방법(faithful translatio)'과 번역문의 '자연스러움을 살린 번역 방법(natural translation)'은 번역현상의 결과물을 비교하기 위하여 사용되었음.

(2) ^④<u>그들은</u> 교단 위에 서 있는 교사에게서 ^⑤(φ)<u>눈</u>을 떼지 않았다.

- 번역문(TT)
  (1) Although ^①<u>he</u> was tired ^②<u>he</u> laughed amicably as ^③<u>he</u> spoke, all the time continuing to pound on the door.
  (2) ^④<u>They</u> could not take ^⑤<u>their</u> eyes off the teacher on the platform.

한국어 원문의 3인칭 대명사는 상황에 따라 이해되면 빈번히 생략되는 경향이 있고 격에 따른 쓰임이 활발하지 않다. 그러나 영어 번역문에서 3인칭 대명사는 문법 범주이므로 화자나 청자를 지칭하는 경우에는 이에 해당하는 대명사는 생략할 수 없기 때문에 그에 합당한 3인칭 대명사를 사용해야 하며, 소유격이나 목적격의 사용도 활발하다(최, ib.: 90-102).

3) 번역텍스트 확장율(擴張率)

'번역텍스트 확장율(translated text expansion rate)'이란 원문 텍스트 길이에 비해 번역 결과물로서의 텍스트 길이가 변화하는 정도를 측정한 비율(比率)을 일컫는다. 이 값이 1이면 두 텍스트 간에 길이 변화가 없음을 나타내고, 1보다 크면 번역 텍스트 확장을, 1보다 작으면 번역텍스트 축소를 나타낸다. 이 현상에는 텍스트의 성격, 번역대상 언어–문화간의 차이, 번역대상 독자의 배경지식 차이, 번역의 질 및 번역가별 차이 등의 다양한 "확장요인"(expansion factors)이 작용한다(Deslie Jean, 1999; 정호정, 2003b 가을: 56). 그 동인(動因)으로는 원문 텍스트와 번역 텍스트 해당 부분이 대상 독자에게 각각 전달하는 정보의 양(informativity), 또는 해당 정보를 이해할 수 있는 정도(accessibility) 면에서 등가를 이루게 하려는 번역가의 중개(仲介) 노력을 들 수 있다.

정보의 등가(等價), 이해용이성의 등가를 이루기 위해 원문에 없는 적절한 설명 정보를 추가로 제공하거나 혹은 이미 원문에 주어진 정보 가운데 문맥(文脈)이나 상황에서 추론해 낼 수 있는 정보는 생략하려는 이유에서 번역 텍스트 확장/축소 현상이 일어나게 된다. 이때 번역가가 어디까지 추가설명정보를 제공할 지는 번역 목적, 대상독자에 대한 정의, 중개대상 표현이 제목인지 본문인지 여부 등 다양한 변수(變數)에 따라 달라진다. 구체적으로 영한 번역의 경우 번역 텍스트 축소가, 한영번역의 경우 번역 텍스트 확장(擴張) 현상이 일어난다.⁵⁾ 번역 텍스트 확장율

은 번역가가 갖고 있는 번역방법론에 대한 지식, 그리고 도착어에 대한 언어능력
과 밀접한 연관을 갖는다.

2.6 외래어와 한국어의 영어 표기

2.6.1 개요

종래에 한글을 외국어(영어)로 표기하는 방법에는 3가지 방법이 사용되어 왔
다. 즉, 매큔-라이샤워(McCune-Reischauer) 로마자화 체계, 국어의 로마자 표기법
(表記法)과 예일(Yale) 로마자화 체계 등의 3가지 방법들이 사용되어 왔다. 매큔-라
이샤워(McCune-Reischauer) 로마자화 체계는 미국의 조지 M. 매큔(George M.
McCune)과 에드윈 O. 라이샤워(Edwin O. Reischauer)에 의하여 1937년에 만들어
진 한국어의 로마자화 체계 이다. 한글을 번역하고자 시도(試圖)한 것은 아니고,
음성표기의 발음을 나타내고자 한 것이다. 서구(西歐)의 많은 국가들과 북한에서
는 이 체계를 사용하고 있지만 한국은 문화관광부에 의하여 개정된 한국어의 새
로운 로마자화 체계로 대치하였다. 제3체계인 예일(Yale) 로마자화 체계는 1대1
의 음역(音譯)체계이지만, 학술적인 문헌, 특히 언어학에서만 사용된다.6) "국어
의 로마자 표기법(表記法)"이란 대상 언어(Source Language)는 한국어이며 목표
언어(Object Language)는 영어라는 점이며 사용되는 도구는 영어알파벳 A-Z 26자
라는 점을 의미하는 "한글을 영어 알파벳을 이용(利用)하여 표기하는 법"으로써,
주목할 것은 국어의 모음(母音) '아, 에, 이, 우, 오'를 'a, e, i, u, o'로 표기하고
있으며, 21세기 글로벌 시대의 무한 경쟁과 국제화, 인터넷 시대의 의사소통 수
단으로 사용되어야 하고, 남북한 정부와 일반인, 회사, 단체뿐만 아니라, 외국인,
외국 정부 간행물(刊行物) 및 신문, 그리고 국제표준화기구(ISO)에서도 인정받는
명실상부한 통일안(統一案)으로 자리 잡기 위해서는 "새 로마자 표기법(문화관
광부 고시, 2000년 8호: 2000.7.7)"을 따라야 할 것이다.

새 로마자 표기법의 시행 이전의 국어의 로마자 표기법은 1984년 당시 1986년

---

5) 단어수 비율(WCR: Word Count Rate) 기준.
6) Yahoo 웹검색: 매큔-라이샤워(McCune-Reischauer).

아시안 게임과 1988년 서울 올림픽 게임에 대비(對備)하여 외국인에게 널리 사용되고 있던 McCune and Reichauer 안(1939)을 채택하여 문교부(현행 교육부)에 의해 정부안으로 고시(告示), 공포된 후 관공서, 각급 학교의 교과서, 정부간행물, 지명, 도로 명, 역 명 등에서 사용(使用)되어 오다가 반달표(ŏ, ŭ)와 어깻점(k', t', p', ch')이라는 특수 부호(符號)를 사용함으로써 컴퓨터에서의 표기가 복잡하고 정보화시대에 맞지 않고 자음(子音)이 한국인 정서에 맞지 않는 다는 지적과 특수부호를 생략할 경우 '정주'와 '청주', '대전'과 '대천'을 구별하지 못하여 인터넷과 정보화시대에 커다란 혼란을 가중시킨다는 비판을 끊임없이 받아온 끝에 1997년 문화관광부의 로마자 표기법 개정결정과 산하 단체인 국립국어연구원의 주관 하에 개정시안을 발표(1999년 11월 19일)하고 최종적으로 국어 심의회(審議會)를 거쳐 2000년에 개정 고시된 것이다(양병선, 2000 봄: 145-46),

외래어(外來語)는 번역학의 입장에서 보면 외국어의 음성번역(Phonetic Translation)이다. 이러한 음성번역은 마땅한 의미번역이 없는 상황에서 외국어를 받아들이는 가장 손쉬운 방법이다. 학문의 교류(交流), 통상, 관광 등으로 인해서 번역이 이루어지는 과정을 살펴보면 대개 다음의 3단계로 요약할 수 있다. ①원어차용(Zero Translation) ②음성번역(Phonetic Translation) ③의미번역(Semantic Translation) 등이 있다. 여기에 한자로의 번역을 감안하면 4단계가 된다. 가령 영어의 Sports[원어·Source Text]가 우리말에서 번역되어 쓰이는 용례(用例)는 다음 4가지이다.

(1) [Sports]=원어차용(Zero Translation) 원어를 그대로 쓰는 경우이다.
(2) [스포츠]=음성번역(Phonetic Translation) 외래어(外來語)라고 칭한다.
(3) [운동·체육]=의미번역(Semantic Translation)으로 이것을 번역으로 알고 있다.
(4) [運動·體育]=漢文譯(Chinese Character Translation) 과거에는 대부분 이 방식을 사용하였다.

대부분의 경우, 1번과 2번의 용례를 외래어(外來語)로 이해한다. 외래어를 선호하는 것은 우선 쓰기에 편리하고 어감(語感)에 신선미가 있으며 번역의 고통을 덜고 번역 후에 나타나는 상당한 기간 동안의 혼란을 피할 수 있기 때문이다 (유명우, 2000 봄: 237-38). 전문용어 번역의 경우, 우리말에서 상응되는 표현을 찾을 수 없는 경우가 발생하면, 부득이 차용어나 외래어로 쓸 수 밖에 없고 또 그렇게 정착(定着)된다. 우리말에서 영어로 옮기기에 마땅치 않은 고유의 표현과 고유명사는 음역(音譯)할 수밖에 없다. 예를 들어, 김치 태권도 태극기 등은 의미로 영역해도 되겠지만 한국어 발음대로 Kimchi, Taekwondo 등으로 영어에서 음역 되어 사용되고 있다. 또 이와는 반대로 외국인 관광객을 위한 관광 표지판(標識板)이나 공용문서에서 사용하기 위하여 혹은 전래의 문화를 수출하려 하는 경우에 있어, 한글을 영어로 음역하는 체제를 일정하게 고정시켜 국내외에 보급해야 할 필요성이 대두(擡頭)되었고 이를 해결하기 위한 방안으로 국가에서는 다음의 항목에서 제시된 바와 같이, 국어의 로마자 표기법을 제정하여 사용하여 오다가, 일부의 개정을 거쳐 오늘에 이르게 되었다.

2.6.2 국어의 로마자표기법

2000년 7월 문화관광부에서 고시 8호 〈새 로마자표기법〉으로 개정하여 시행을 본 새 로마자 표기법(부록 3 참조)은 1995년 개정 논의가 본격적으로 시작된 지 5년 만에 결실을 맺은 것이고 정부 수립 후 네 번째 공식 표기법이 된다. **새 로마자 표기법**은 반달표와 어깻점 등 특수부호가 없으므로 누구나 표기법대로 쉽게 쓸 수가 있다. 지명은 물론이고 인명, 회사명 등까지 로마자 표기법대로 표기하면 표기에 대한 예측이 가능하기 때문에 정보 검색이 간편(簡便)해진다. 이제 새 로마자 표기법 고시로 모든 고유명사를 체계적이고 예측 가능하게 표기할 수 있게 되었고, 그 결과 로마자 표기가 통일될 수 있는 발판이 마련되었다. 시행(施行) 당시 종전의 표기법에 의해 만든 표지판과 출판물 등에 대한 경과조치를 두었는데, 기존 표지판(도로, 광고물, 문화재 등의 안내 판)은 2005년 12월 31일까지, 교과서 등의 기존 출판물은 2002년 2월 28일까지 새 표기법을 따르도록 했다.

부록 3(1) 새 로마자 표기법 1부.
부록 3(2) 국어의 로마자 표기법 해설 1부.

1. 번역 비평

1.1 개요

각개의 언어(言語)는 세계를 보는 방법이며, 또 다른 방법으로 그 세계를 해석하는 방법이다. 언어는 또한 텍스트와 개념에 대한 비판적인 접근법의 체계화에도 적용된다. 다수(多數)의 번역물에 있어서 관습을 통하여 알 수 있는 것은 동일한 언어 내에서도 텍스트 내의 상황들을 해석하는 방법들이 여러 가지로 존재한다는 것이며, 흔히 전연 일치하지 않는 해석 방법들도 존재한다는 것이다. 타 언어의 학자들이 개발한 비평(批評)의 방법을 고려함으로써 다른 언어의 눈을 통하여 텍스트를 볼 때, 새롭고 흔히 기대하지 않은 해석적 시각(視角)들이 나타나기도 한다. 번역은 창조적인 것과 비평적인 것의 통합, 실습과 이론의 통합을 촉진하며, 해석(解釋)과 연구를 의미 있는 방법으로 재 연결한다(Rainer Schulte, 1998: 40-41). 번역비평은 문학비평이 문학에 대해서 하는 것처럼 번역의 이론을 마련하고 비평을 통해서 좋은 번역을 권장하며 번역의 정체성을 더욱 확실히 규명(糾明)해 나가는 데 기여하게 될 것이다(유명우, 2000 봄: 240-42). 번역비평의 독자적 정체성을 확립하도록 실제 번역 비평만이 아니라 이론 번역 비평의 연구도 활성화되어야 한다.

1.2 번역과 번역 비평과의 관계

번역비평의 주요 테마는 원본과 번역본의 비교를 통해 오류(誤謬)가 있는지 찾아내고 오류의 원인을 정확히 진단하는 일이다. 번역비평은 ①번역 수준을 향상시키고, ②번역가에게 객관적 기준을 마련해 주는 한편, 특별한 시대와 특별한 주제(主題)에 관련된 번역방법을 조명하고 탁월한 작가와 번역가의 작품해석을 돕고, ③원문과 번역문 사이의 의미론적, 문법적 차이에 관한 비평적 평가를 위해서도 필요하다(Newmark P., 1980: 181). 번역비평은 언제나 번역가 자신의 번역 등가 규범(規範)과 번역경험에 따라 결정된다. 번역가의 표현은 창조적이고 주관적이기 때문에 객관적 평가의 기준은 없다. 등가문을 식별할 수 있는 능력은 두 나라 국어를 구사하는 사람의 언어수행 능력의 일부인 반면, 번역능력은 번역 수행능력의 일부이다(Krzeszowski, 1979: 21; 김효중, 2002 가을: 9-10). 번역비평의 과업은 첫째 원전(原典)을 번역물과 비교하는 것이며, 둘째로 번역의 심리언어학적인 과정을 재검토하는 것이고, 세 번째로 번역의 적절성을 측정(測定)하기 위한 방법을 만들어 내는 것이다. 이들 과업을 성공적으로 성취하기 위하여, 번역가의 번역능력은 언어능력보다 훨씬 더 중요하다. 번역비평의 표준은 구문론(構文論), 의미론, 어용론(語用論)과 문화적인 요소의 측면에서 번역의 품질 측정에 초점이 맞추어져야 한다. 그러나, 객관적인 표준은 존재하지 않는다(ib.: 24).

문학비평과 예술비평은 과거 수년 동안에 텍스트의 해석(解釋)에 대한 규범 지향적인 방법론이 지배적으로 적용되어 왔다. 비평(批評)은 더 이상 문학작품에 진입하는 통로 입구의 기능을 하고 있지 않다. 혹자는 비평이 작품의 창작(創作) 이후에 오는 것이며, 또 일반적으로 비평가는 새로운 착상(着想)을 창안하는 사람들이 아니라는 것을 기억해야 한다. 번역물을 다루는 비평은 원문과 그 번역물을 비교연구하면서 용의주도하게 다뤄야 한다. 출발어에 익숙하고 또 도착어의 경향에도 훈련된 사람들이 준비한 그러한 비교연구를 통하여, 소정의 텍스트와의 대화(對話)를 더 한층 강화할 것이다. 독자들은 다시 한 번 텍스트로, 또 외국어와 문화 그리고 자신의 언어 간에 존재하는 상이함에 더 깊이 빠져들게 될 것이며, 비평가와 학자는 독자로 하여금 그 언어와 특정한 작품이 존재하게 된 문화적인 맥락(脈絡)을 더 잘 이해할 수 있도록 도와 줄 수 있을 것이다. 번역비평은 소정의 문학 텍스트 또는 텍스트들에 부과된 어떤 추상적인 이론적인 구조 내에서 보다는 오히려 텍스트의 직접성(直接性)에 머물러야 할 것이다. 번역 비평은 또한 명문집(anthologies)을 통로로 하여 문학과 문화의 이전(移轉)의 문제를 다뤄야 할 것이다. 주요한 판단은 번역물의 품질 뿐만 아니라 명문집에 포함시키기 위하여 선택된 텍스트의 품질도 역시 포함시켜야 한다는 것이다(Schulte R., ib.: 39-40).

어느 의미에서 번역의 문제는 비평의 문제 또는 통역의 문제와 거의 비교된다. 현대 비평가들은 비평이 다루는 제1차 텍스트에 대하여 비평의 일반적인 인식을 2차적인 것으로 불평해 왔다. 결과적으로 비평의 명성을 증진시키고자 한 노력은 오늘날 비평이 옛날같이 그 중요성과 명성에 있어 더 이상 예술작품보다 못하지 않다고 인식하는 정도로까지 이미지의 향상에 기여해 왔다. 다른 한편으로, 번역은 비평(批評)의 것과 유사한 본질과 기능에도 불구하고, 아직까지도 이차적인 지위의 경멸(輕蔑)과 눈에 띄지 않는 존재로 피해를 입어왔다(Choi B.H., 2000 가을: 167-68). 이 특별한 문제는 세계가 재빨리 세계화 되어 감에 따라 번역문의 중요성이 날로 커가기 때문에 우리의 계속적인 관심을 필요로 한다.

1.3 번역 비평의 기준과 기본과정

1.3.1 번역 비평의 기준

번역비평의 핵심(核心)은 번역이 과연 올바르게 이루어졌는가를 검토하는 작업이다. 번역비평에서 중시되어야 할 것은 텍스트이며, 특히 그 구성, 기능, 수용 사이의 의존관계가 분명히 파악되어야 한다. 따라서 번역비평은 텍스트 유형론과도 유관(有關)하며 번역가의 언어수행 능력과 문화능력이 문제시된다. 그리고 같은 텍스트에 대하여 번역가들이 저마다 다른 반응을 보이는 이유는 첫째, 모든 번역가는 저마다 자신의 고유한 언어수행 능력과 문화능력, 개인적으로 특별히 선호하는 문체(文體)를 가지고 있고, 둘째, 커뮤니케이션 과정에서는 기본적 의미범주(Schweisthal, K.G. 1971: 191-201)의 번역에 많은 차이가 나타나며 비록 번역가들의 번역능력이 비슷하더라도 그들 사이에 많은 차이가 있고, 셋째, 문학작품 번역에서는 단순한 지시(指示)나 전달상황과는 달리 몇 가지 다른 자연어의 등가적 표현 방법, 즉 변형이 가능하다는 데 있다.

번역비평가는 원문과 번역문 사이의 상관적 관계를 고려하되 텍스트의 기능,

구성, 수용 등을 토대로 하여 번역문을 구체화(具體化)해야 한다. 이 때 번역비평가의 과제는 ①원문과 번역문의 비교, ②번역과정에서 언어심리적 절차의 재구성, ③상호 텍스트의 적합성을 측정하기 위한 방법의 설정이다(Krzeszowski, 1979: 21). 과학적, 상업적 텍스트, 신문기사, 관광 정보용 책자 등의 번역은 비교적 객관적(客觀的)인 번역비평이 가능하나, 문학번역을 비평하는 경우 작품의 모든 독자 나아가서 문학비평의 독자는 문학적 표현이 유효(有效)한 개념으로 보아 올바르고 완벽하게 이해되고 인식되기는 어렵다는 사실을 인정한다. 따라서 모든 문학작품은 그것이 번역되어 번역비평을 통하여 분석될 때 그 분석 자체가 유효하지 않을 수도 있다.

번역의 질을 평가하는 **객관적인 기준**은 없으며, 번역가를 배제(排除)하고 언어적 차원에서만 연구될 수 없는 복합적이고 다원적인 정신적 행위가 곧 번역이므로 번역작업을 수행하기 위해서는 해석학적(解釋學的) 접근방법이 또한 필요하다. 그렇지만 언어학적 접근은 텍스트유형에 관련된 번역비평을 위한 기본적 과정인 동시에 번역과정에서 나타나는 언어적, 상황적 요인을 체계화할 수 있는 과정이다(Raymond van den Broeck, 1984: 56; 김효중, ib.). 비평가들은 대개 두 가지 제한적인 관점 중 하나를 택해 번역 작을 평가하게 된다. 그 하나는 번역문이 원문에 얼마나 충실한가 하는 편협한 관점(비평가가 두 언어에 능통할 때 이루어질 수 있는 평가)이고, 다른 하나는 번역 작을 마치 자신의 언어로 쓰인 작품처럼 대하는 관점이다. 여기에서 무엇보다도 중요한 것은 연극(演劇)은 공연할 수 있어야 하고 시(詩)는 낭송할 수 있어야 하기에 후자의 입장이 분명히 타당(妥當)하다고는 하지만, 비평가가 번역작업을 단순히 단일 언어를 구사하는 입장에서 보아 좋다거나 나쁘다고 규정하는 오만(傲慢)한 태도는 문학 비평 자체와 비교하여 번역이 처한 특이한 입장을 잘 보여준다. 진정 최상의 시나 소설이 있을 수 없는 것과 마찬가지로 최상의 번역작도 있을 수 없다. **번역에 대한 평가**는 그 번역작이 만들어진 과정과 주어진 상황 속에 그것이 갖는 기능을 모두 고려해야만 이루어질 수 있다(Bassnett S., 2004: 37).

1.3.2 번역 비평의 기본과정

1) 번역비평의 객관성(客觀性)

번역비평은 커뮤니케이션의 규범 안에서 논의되어야 한다. 의미상으로는 올바르지만, 상황으로 볼 때는 제대로 번역되었다고 볼 수 없는 경우가 많다. 이것은 하우스(J. House)의 용어대로 "의미의 실용적인 면"(1977: 26)을 도외시(度外視)했기 때문에 생기는 일이다. 번역비평은 요인 분석과정을 거쳐야만 성공할 수 있는데, 이 요인 분석과정은 언어행위의 연구에 속하며 번역가가 번역과정을 하나의 커뮤니케이션 기능으로 간주(看做)하고 원문과 번역문을 사회-문화적 상황차원에서 비교, 분석했을 때 가능하다. 그러므로 이 과정에서 중요한 것은 "가장 근사한 자연적 등가(The closest natural equivalent"(Nida E.A., 1969)를 설정하는 과정이다.

2) 문학작품 번역비평

문학작품 번역비평은 아래의 네 가지 기본과정을 고려할 수 있다.

> (1) 적절한 번역방법을 설정하기 위해서 원문의 의도, 주요 언어기능, 어조(語調), 주제, 색인(索引), 문체(문장론적, 어휘론적) 그리고 원문의 문학적 가치, 역문(譯文)의 예상독자 등의 요인을 정확히 분석한다.
> (2) 원문과 번역문을 구체적으로 비교하기 위해서 번역문 전체 혹은 임의의 구절(句節)에서 의미론적, 문체론적, 실용적, 이데올로기적 차이를 비교, 분석해야 한다.
> (3) 특히 주제에 관한 해석을 포함하여 원문과 번역문의 전체적 인상차이를 평가한다.
> (4) 번역을 전체적으로 평가(評價)한다.

번역비평은 가치 평가의 측면에서 다분히 주관적(主觀的)인 요소가 강하면서도 체계적 기술면에서 최소한 객관성을 지녀야 한다. 여기에서 중요한 것은 원문과 번역문의 비교 분석인데, 텍스트 구성은 물론 텍스트 체계가 비교에 포함되며 이 부분에서도 비평(批評)의 가치 평가가 적용된다. 번역비평가는 예상되는 독자에 대한 관점에서 번역가가 적용한 번역방법도 고려해야 하고 번역가 자신의 의도(意圖)를 실현하기 위해 선택한 사항이나 번역방법을 고려해야 한다(김, ib.: 10-11).

1.3.3 문학번역의 평가 기준

어떤 문학번역의 타당성, 그 존재가능성을 좀 더 객관적으로 평가(評價)하기 위한 방법의 구축이 가능한지를 모색할 필요성이 대두된다. 그러나 논의 대상의 지위와 그 대상이 갖는 개별적 그리고 총체적 특성에 준한 기준(基準)들을 결정하기에 앞서 일반적인 평가 규정(規定)부터 정해야 할 것이다. 평가대상은 전문문학 번역이다. 여기서 논의할1) 평가란 결과물 중심으로 이루어지므로 규정적, 판단적인 성격을 갖는다. 또한 텍스트 유형(類型)은 시, 소설, 극본 등 모든 장르의 '뛰어난 문학 작품' 이라 부를 수 있는 것들이 대상이 된다. 번역 언어로는 A언어, 즉 모국어로의 문학번역만을 대상으로 한다(B언어 즉, 외국어로의 번역은 여기에서 해당되지 않는다). **평가자의 목적**은 번역 결과물의 품질을 결정하는 것이다.

모든 평가(評價)는 원칙적으로 번역이라는 작업에 대한 생각과 번역물에 대해 기대하는 바에 있어서 명시적(明示的)인 것과 묵시적인 것에 근거한다. 본질적으로 언어적, 직역적, 비교언어학적 관점에서 보느냐, 아니면 기능적, 다의적 혹은 또 다른 어떤 관점에서 보느냐에 따라 문제를 보는 시각도 다르고 그 기준들도 달라진다. 따라서 적합한 방법을 선택할 필요가 있다.2) 평가기준은 이러한 변수(變數)들에 따라 결정되며, 원문과 번역의 관계를 이루는 기본적 속성(屬性), 즉 합치성과 조화, 적합성을 포괄하는 일치라는 기본개념에서 나온다. **평가기준의 수**는 ①개념적 일치, ②시적 일치, ③문화적 일치, ④의사소통 면에서의 일치 등 4개로 제한한다. 평가란 결코 양적, 통계적이 아닌 질적(質的) 분석이며 평가자는 결코 주관성이 완전히 배제된 판단을 할 수 없다는 사실이다. 텍스트들의 관계를 나타내는 이러한 기준들마다 이를 충족(充足)시키기 위해서 번역가가 반드시 갖춰야 할 자질들이 있다.

첫째로, 개념적 일치는 문학적 혹은 비문학적 번역을 포함하는 모든 번역에 있어서 사람들이 기대하는 것은 정확한 메시지의 재현이다. 따라서 번역가가 원문의 의미를 파악할 수 있는 기본적 지식을 갖고 있느냐, 즉 출발 관용어(慣用語)에 대한 완벽한 이해 및 작품이 속해 있는 문학적 전통이나 문화에 대해 충분히 알고 있느냐를 점검해 보는 것이 평가의 한 요소가 된다. 원문과 번역문을 비교하거나, 간 텍스트적 관계를 살펴보면 이 개념적 차원에서 결함(缺陷)이 있는지를 확인할 수 있다.

---

1) 본 항목의 내용은 이화여자대학교 통역번역대학원 제1회 국제학술대회(2005년 6월 24일)에서 포르투나토 이스라엘이 발표한 내용 중의 일부를 발췌한 내용임.
2) 여기서 제안하는 평가모델은 1970년대 다니카 셀레스코비치와 마리안 레더러가 국제회의 통역에서의 경험을 바탕으로 정립한 해석이론에서 연유(緣由)한 것으로 해석이론은 ESIT(파리 통번역대학원) 연구원들에 의해 문학번역을 포함한 모든 번역에서도 그 유효성(有效性)이 검증된 바 있다(Fortunato Israel, 2005).

두 번째로, 시적(詩的) 일치이다. 문학은 언어예술이며 따라서 무엇보다도 미적 측면이 우선시 된다. 미학적 차원은 대부분 형식에 대한 작가의 작업, 즉 운율적, 양적, 음감적인 요소들의 절묘한 구성과 수식의 창조, 특히 생생한 비유의 창조에서 비롯된다. 문학번역에서는 형식(形式)을 어떻게 다루느냐가 번역작업의 관건을 이루며, 번역이 성공하느냐 실패하느냐를 좌우한다. 따라서 중요한 것은 한 언어의 형식을 다른 언어의 형식으로 대치하는 것보다는 한 언어의 형식이 갖는 가치, 즉 작품전체에서 갖는 의미를 추출해내고 이와 동일한 효과를 낼 수 있는 등가적 표현방식을 다른 언어에서 찾는 일이다. 여기에서 평가자의 임무는 도착어의 숙달정도와 형식의 재창조 등의 요건이 충족되었는지를 판단하는 것이 된다.

세 번째로는, 문화적 일치이다. 문학작품은 한 언어공동체의 훌륭한 문화 산물이며 그 사회의 역사, 기호, 신념, 사고 및 느낌의 방식들이 예리하게 표현된 가공물(加工物)이다. 표현의 내용뿐 아니라 표현 구조와 방식에서 문화적 이질성을 발견한다. 실제로 작품들은 보편적인 담화형식을 기본으로 하지만, 그 구체적인 표현(表現) 결과는 시간과 공간에 따라 다르다. 이러한 문화적 표지(標識)에 대해 문학번역가는 민족중심주의를 택해 텍스트의 이질성을 희석(稀釋) 시킬 것인지 아니면 오해나 이해불가능의 상황이 생기더라도 문화적 거리를 유지할 것인지를 선택해야 하는 것이다. 따라서 평가자는 이런 원칙에 입각해 번역에서 이루어진 선택이 적합한지를 판단해야 한다.

네 번째로는, 의사소통 면에서의 일치이다. 번역은 일반적 의사소통 모델을 따르는 교류의 장이며, 문학텍스트의 경우 몇 가지 특성을 갖는다. 그 첫 번째의 조건은 번역본의 가독성(可讀性)으로, 매끄러운 흐름과 일관성이 있어야 한다. 그 두 번째의 조건은 텍스트의 즐거움 혹은 기쁨이라고 부르는 것으로, 모든 예술 작품이 표현하는 것, 그리고 그 표현하는 바와 그것을 표현해주고 있는 도구사이의 완벽한 조화(調和)로 인해 느끼는 지적이고도 정서적인 느낌을 유지해야 한다. 세 번째로 문학적 의사소통의 성패를 갖고 있는 이른바 번역된 텍스트의 자율성으로, 번역된 것을 이해하고 감상하기 위해 원문을 참고해야 할 필요 없이 번역문 그 자체로서 존재할 수 있어야 한다. 따라서 원문을 대체(代替)하기에 충분한 수준의 재창조물인지를 판단해야 한다.

끝으로, 평가기준의 적용 및 평가 방식은 원문을 참고(參考)하느냐 하지 않느냐에 따라 달라진다. 원문을 참고하는 경우 번역가의 선택이 적합한지 좀 더 확실히 검증(檢證)해 볼 수 있지만, 원문을 참고하지 않는 경우 평가는 보다 총체적으로 이루어진다. 이 경우, 번역문의 내적 일관성(一貫性)과 자율성을 검토해보기에는 훨씬 적절한 방식이다. 결국 이 두 가지 평가방식을 함께 적용하는 것이 바람직할 뿐 아니라 반드시 필요하다고 할 수 있다. 문학번역가의 작업이 힘든 것은 출발텍스트를 완전히 재창조해야 하기 때문이다. 분명 조금 더 훌륭한 혹은 부족한 번역안들이 만들어질 수는 있다. 어떤 것을 완성된 번역으로 결정(決定)하느냐가 평가의 목적이라면, 번역물이라는 대체물이 제대로 작동하던지 아니면 작동하지 못하던지 만이 있을 뿐이다. 만약 어떤 평가 기준 하나에서만 작동한다면 이는 완전함의 개념에 반(反)하는 것이다(Fortunato Israel, 2005: 11-20).

1.4 오역(誤譯)

잘못된 번역은 흡사 의사가 치명적인 질병의 유무를 가리는 X레이 사진을 잘못 판독(判讀)하는 것과 비교될 수 있다. 있는 질병을 없다고 해독하여 환자로 하여금 치명적인 치료의 시기를 놓치게 한다든가, 없는 질병을 있다고 해독하여 멀쩡한 생사람을 죽을 병자로 만든다면 이보다 더 위험하고 해악적(害惡的)인 일은 없을 것이다. 오역의 중요성과 심각성에 대해 우리는 너무 무감각하고 둔감하다. 오역의 위험성, 그리고 올바른 번역의 중요성은 아무리 강조해도 지나침이 없다(박경일, 2001 가을: 11-12). 오역의 검증(檢證)은 원문을 **잘못 해석**한 경우와 번역문의 **표현**이 적절치 않은 경우로 구분할 수 있는 데, 번역의 비평에서 이러한 과정과 오류를 판단하는 근거로서 원문(ST)과 번역문(TT)간에 등가성(equivalence)이 있어야 한다는 전제(前提) 하에서 오역여부를 판단해야 한다는 논의가 있어왔다(유명우, 2000: 240-42). 실제 번역에서 오역의 사례는 너무나 많으나 이를 지적하기는 매우 어려운 일이다. 그러나 오역의 문제는 오역(誤譯)인줄도 모르고 번역문을 읽고 그대로 이해하는 많은 독자들을 생각하는 관점에서 다루어야 한다.

1.4.1 오역의 유형분류 사례

호사카 유우지는 「일본 현대소설의 오역사례」를 통하여 오역(誤譯)의 유형을 아래 <표 1>의 좌측(제1 의견)에 제시된 바와 같이 분류하고 있으며(2001 가을: 145-166), 반면에 오영은(2003 가을: 72-73)은 같은 도표의 우측(제2 의견)에 제시된 바와 같이 보다 세밀하게 분류하고 있다. 여기에 양안에 대한 검토자의 의견을 제시하고자 한다.

〈표 1〉

한·일어 간 번역 오류(오역)의 구분 비교		
제1 의견	제2 의견	평가
1. 단순 오역 - 원본과의 대조작업을 소홀히 하는데 서 생기는 오역	① 편집 과정에서 생긴 것으로 추측되는 단순한 오류	일치
2. 어학적 오역 - 단어의 뜻이라든가 문장 구조를 잘못 해석하는데서 생기는 오역	② 사전상의 번역 어휘의 선택 과정에서 생긴 오류	일치
3. 독해상의 오역 - 단어가 상징하는 의미를 깊이 파악하지 못하는데 서 생기는 오역	③ 지나친 직역이나 의역으로 인한 원문의 왜곡	일치
4. 문화적인 의미 파악 부족에 의한 오역 - 상대방의 문화, 사회에 대한 이해부족, 지식부족으로 생기는 오역	④ 양 언어간에서의 한자어의 의미의 차이, 또는 그 사용법이나 어감의 차이에서 생긴 오류	제1의견의 3.4번과 일치
5. 역사적 사실에 관한 오역 - 상대방을 포함하여 명시된 국가의 역사에 관한 이해부족, 지식 부족으로 생기는 오역	⑤ 문법적인 오류에서 생긴 오역	2번과 일치
6. 기타 - 상기 다섯 가지 유형 속에 들어가지 않는다고 생각되는 오역의 사례로 그 대표적인 예로서 '번역의 누락'을 포함한다.	⑥ 원문의 번역 누락	일치
	⑦ 일본 문화에 대한 이해 부족으로 생긴 오류	4번과 일치
	⑧ 습관적으로 직역되는 낱말에 대한 문제	2번과 일치
	⑨ 문학 작품의 비유적인 표현 뒤에 암시된 뜻을 잘못 파악한 데에서 온 오류	3번과 일치
	⑩ 일본어 고유어에 대한 표기와 번역 문제	4번과 일치
근거: 호사카 유우지 2001 가을: 145-166	근거: 오영은 2003 가을: 72-73	

단순 오역의 경우, 작가가 전하고자 했던 의도와는 달리, 또 번역자의 주의부족과 기사내용에 대한 몰이해(沒理解)가 낳는 오역들이다. 어학적인 오역이란 단어해석이라든가 문장해석에 관한 오역으로서, ①단어의 뜻을 잘못 해석하는데 서 오는 오역과 문장해석상의 오역 ②주어, 목적어를 잘못 해석하는데 서 오는 오역, ③방언(方言)을 잘못 번역한 사례 등이다. 독해상의 오역은 ①단어가 상징하는 의미를 파악하지 못한데서 온 오역(誤譯)의 경우와, ②문맥에 맞지 않는 번역의 경우로서, 문맥을 잘못 이해하고 있어 오역이 되는 사례이다. 이는 원서에 대한 독해(讀解) 부족으로 인해 번역에 일관성이 결여된 번역의 경우이다. 문화적인 의미 파악 부족에 의한 오역의 경우, 원문의 문화에 대한 이해부족과 그 문화에 대한 정확한 번역을 하지 않았기 때문에 생기는 오역이다. 다음으로 역사적 사실에 관한 오역으로 번역자가 원문에 등장하는 역사적 사실을 이해하지 못함으로써 발생하는 오역의 경우이며, 기타 오역의 유형으로는 번역의 누락으로 인하여 초래(招來)되는 경우인데, 이는 번역자의 부주의로 일어나는 경우도 있으나 옮길 때 필요하다고 느끼지 못한 단어라든가 문장을 의도적으로 누락 또는 생략 시키는 경우도 있다.

1.4.2 오역의 원인과 감소방안

쇼펜하우어(A. Schopenhauer)는 불완전한 번역을 "대용커피(Zichorienkaffee)"(Wilss W., 1982: 216; 김효중, 2002 가을: 9)라고 하였는데, 좋지 않은 번역은 원문과 거리가 있는 경우로서 번역가가 성급히 번역에 임했거나 번역 자체를 너무 경시한 까닭에 그러한 결과가 빚어질 수 있다. 번역가 개인의 한계성을 극복(克服)하지 못했거나, 적절한 표현을 찾을 만큼 언어수행 능력이 부족했거나, 번역가가 텍스트를 잘못 이해했거나, 문체(文體)를 옮길 때 잘못 옮길 수도 있는데, 그것은 번역가가 택한 작품의 원문과 번역가 자신의 감수성이 서로 일치하지 않은 탓이다. 이 경우 자칫 번역가는 생략하거나 의역(意譯)하기 마련인데, 이처럼 원문에 손상을 입혔을 때 겉으로 드러난 글 맵시는 우아할지 몰라도 원문의 의미나 가치가 제대로 전달될지는 의문이다.

오역은 대체로 두 가지 원인에서 빚어진다. 하나는 글의 구문(構文)에 대한 파악 부족, 또 하나는 글의 내용에 대한 이해 부족이다. 즉, 용어 및 개념의 이해 부족이 전체적인 내용 이해를 어렵게 만드는 경우도 있고, 반대로 전반적인 내용의 이해 부족이 구체적인 용어 및 개념(概念)의 이해를 어렵게 만들기도 한다 (박경일,

2002: 49). 아마도 가장 빈번하게 발생하는 오류 가운데 하나는 축자역(逐字譯) 또
는 직역에 의한 오류일 것이다. 번역가가 낱낱이 번역에 치중하여 한글 어휘에
대한 영어 대응어를 특정한 글자 하나로 고정시키고자 하기 때문에 원문 전체의
흐름을 놓치게 되어 원문의 의미가 곡해(曲解)되기도 하고, 원래의 뜻이 제대로
살아나는 번역을 하지 못하게 된다.

특히 한국 문화에는 있으나 영어 문화권에는 없는 개념이나 표현 등을 번역할
때 문자적인 의미보다는 그 개념에 가장 가까운 상응어구를 영어 문화권에서 찾아
내어야 함에도 불구하고 문자적인 의미로 바꾸어 버리는 경우가 허다하다. 한편,
의역(意譯) 또한 직역 못지않게 문제가 될 수 있다. 지나친 의역으로 인해서 원문
의 의미가 굴절(屈折)되거나 왜곡된다면, 설사 원작보다 더 훌륭하게 번역했다고
하더라도 그와 같은 번역은 이미 바람직한 번역이 아니기 때문이다. 원작에 대한
이해가 전혀 또는 거의 없는 외국인은 번역 작품을 통해서 한국 문학을 접(接)할
수 밖에 없다. 이 사실을 생각할 때, 원작의 내용을 훼손(毀損)시키거나, 원작보다
"더 훌륭하게" 둔갑시키지 않고, 원작에 가장 가깝게 번역을 해야 하는 것이 얼마
나 중요한지는 아무리 강조해도 지나침이 없을 것이다(김승희, 2003: 92-93).

번역가가 만약 다국어 사용자가 아니라면, 확실히 2개 국어를 구사(驅使)하는
사람이어야 한다. 대부분의 2개 국어 사용자들은 그들이 아직도 더 용이하게 표현
할 수 있는 하나의 지배적(支配的)인 혹은 우선적인 언어를 가지고 있으며, 이것은
다른 무엇보다도 그 언어가 습득된 상황(order)에 의존한다. 가능하다면, 번역가는
의미를 이해하는 것보다는 의미의 색조(shade)를 표현하는 것이 언어와의 보다 가
까운 친밀성(親密性)을 유지할 수 있기 때문에 그가 우선하는 언어로 번역할 수
있도록 해야 한다. 번역에 있어서의 비등가(非等價)에 대한 교정법으로는 제2의
2개 국어를 하는 사람에 의한 역번역(back-translation)을 실시하고, 원전과 역번역
된 텍스트를 비교하고 또, 토의를 통한 차이를 해결하는 방식을 생각할 수 있다.
이러한 조치들은 분명 번역 오류(誤謬)에 대처한 현명한 보호수단이지만, 그러나
그것들은 대부분 시간 낭비이며 또 번역의 질(質)은 아직도 번역가의 통찰과 기교
(技巧)에 의존하고 있다는 사실 자체를 부정하는 것은 아니다. 둘 이상의 2개 국어
사용자를 사용하는 역번역 연습보다는 그 문서의 내용에 친숙(親熟)한 천부적인
번역가에 의한 한차례의 번역을 오히려 더 선호한다. 오류는 번역가를 조심스럽게
선택함으로써, 또 역번역 절차를 사용함으로써 감소시킬 수 있으나, 그러나 후자

는 완벽한 번역을 보장하는 것은 아니다. 외국의 문화를 보다 깊이 이해하고 또 자기민족중심주의의 큰 실수를 범하지 않기 위해서는, 어느 정도 언어와 친숙함은 불가피하다(Geert Hofsted: 21-22).

통번역을 하면서 생겨나는 불일치 중에는 불가피하다고 인정하는 것도 있다. 영어의 관사의 경우, 정관사(定冠詞)를 틀리게 쓰면 도착어로 어떤 뜻, 어떤 표현이 되는가? 다시 말해, 문법 혹은 문체(文體)에 있어 무엇을 틀린 것인가? 예를 들어, 독어나 프랑스어의 관사를 제대로 쓰지 못할 경우, 도착어의 성 및 격의 문법적 일치(一致)가 어긋난 꼴이 된다. 어떤 언어든지 동일한 내용을 비슷한 수준에서 표현해낼 수 있다고는 하지만, 관사와 같이 지역 색이 강한 언어 수단을 그것이 아예 존재하지 않는 언어로 완벽하게 재현할 수는 없을 것이다. 또 '여러분, 너희들, 당신', '너'를 뜻하는 영어의 'you'도 유사한 문제를 일으킨다. 이런 경우 어떻게 구별해야 하는가 하는 문제가 발생할 수도 있으나, 일반적으로 상황을 참고하여 호칭을 결정한다. 대상이 어린아이인지 친구 혹은 동료인지를 살펴서 결정하게 된다. 이처럼, 통번역사가 정관사와 대명사 'you'에 대한 대상 및 언어 시소러스가 충분하지 못함으로 하여 원문의 내용을 정확히 전하지 못하거나 오역(誤譯)을 하게 되는 경우가 발생하게 된다(Miram, 2004: 88-89).

번역으로 인해 별로 의미가 없어진 문장이라든가 작가의 수준자체를 의심케 만드는 문장이 번역문 중에 많아지게 되면 그것을 오역(誤譯)이라고 판단할 수 없는 독자들은 작가와 저서에 대한 부정적인 평가를 내릴 수 밖에 없고, 그 결과는 판매 권수의 감소로 나타날 수 밖에 없다. 여러 유형으로 나뉘어지는 오역이 원서가 전달하려는 뉘앙스라든가 메시지를 왜곡(歪曲)하고 번역문의 비일관성을 초래하는 예가 적지 않다. 그러한 오역의 사례는 원서와 번역서의 가치를 크게 저하(低下)시키는 결과를 초래하고 있다(호사카, ib.).

1.5 좋은 번역이란 무엇인가?

1.5.1 좋은 번역의 정의

전문 텍스트 번역의 경우, 예를 들어 수신인은 어느 기사가 게재(揭載)될 프랑스

잡지의 일반 독자가 될 수도 있다. 그런데 독자는 번역문을 원문과 비교(比較)하며 읽지는 않는다. 흔히 독자는 번역문이라는 사실조차 깨닫지 못하고 있는 경우가 많다. 더욱이 대부분의 경우 독자는 모국어권 필자가 모국어로 쓴 기사라고 여긴다. 훌륭한 번역문은 번역이라는 느낌을 주지 않으며 의심(疑心)의 여지조차 남기지 않는 번역이라고 말할 수 있다(크리스틴 듀리에/최정화, 1997: 37-38). 번역은 그 목적에 부합(符合)하고 전체적으로 원문텍스트(ST)의 의미와 내용에 등가(等價)를 갖는 목표텍스트(TT)로 옮겨놓아야 하는 일련의 노력을 요하는 행위임으로 그 최적성은 커뮤니케이션 관련자, 커뮤니케이션 상황, 텍스트 종류, 역사적 시기와 번역의 목적에 의해서 결정되어져야 한다. 사보이(Savoy, 1980)는 전제조건이 무엇이냐에 따라 무엇이 좋은 번역인지 달라진다는 입장(立場)을 보였고 나이다(Nida 1976 in Brislin)도 "누구에게 최선인 번역인가?"를 전제조건으로 놓고 좋은 번역의 여부를 판단(判斷)해야 한다고 했다(유영란, 1991; 박향선, 2002 가을: 64).

성서 번역을 통해 번역 이론을 정립(定立)한 나이다(Nida) 이후에 나온 현대 번역이론들도 각기 정도의 차이는 있지만 대체적으로 출발어의 어휘나 문법 등 언어적인 요소보다는, 도착어의 문화와 독자의 입장을 고려한 번역이 좋은 번역이라는 데 궤(軌)를 같이 하고 있다(장민호, 2004 가을: 38). 좋은 번역은 좋은 번역 대상 텍스트의 선정이 기초가 된다. 월드럽(Waldrop)은 "번역은 몸에서 혼(魂)을 짜내서 다른 몸으로 꼬여내는 것과 같다…. 그것은 죽음을 뜻한다"라고 표현한 바 있다. 번역이란 전적으로 새로운 창조물이라는 뜻이다(유영난, 1995; 박진임, 2004 봄: 99-100). 번역은 원전의 죽음을 넘어 새로운 탄생으로 가는 것이기 때문에 하나의 원전을 두고도 번역은 여러 종류가 있을 수 있다(ib.: 105). 번역의 질은 번역가의 능력에 따르지 반드시 앞 시대의 번역이 뒷시대의 번역보다 못하다고 단정할 수는 없다. 결과적으로 이상적인 번역은 첫째, 동적(dynamic) 번역인데, 이것은 정보를 제대로 옮길 뿐 아니라 원문이 주는 것과 똑 같은 감흥(感興)을 번역어로 옮겨놓은 번역이며, 둘째, 정확성, 명확성, 자연스러움을 지닌 번역이다(Barnwell K., 1980: 64; 김효중, 2002 가을: 12).

1.5.2 좋은 번역의 기대조건

이와 더불어 의미, 형태, 기분, 문체 등 네 가지는 좋은 번역의 기본 조건이라

할 수 있다(ib.). 번역은 원전을 토대로 하기 때문에 부실한 원전의 토양에서 훌륭한 번역의 탄생을 보기는 실로 힘들다 고 하겠다. 일차 텍스트가 그 구성이 산만하다거나 문체가 난삽(難澁)하다거나 불분명한 언어 사용을 함유하고 있다면 그 텍스트는 모국어를 사용하는 독자들에게조차 감동을 주기가 어려울 것이다. 좋은 일차 텍스트를 골라내는 것은 감식안(鑑識眼)이 없이는 불가능하고 감식안은 훈련 없이 그저 생기는 것이 아니기 때문이다. 번역되었을 때 좋은 텍스트가 되기 위해서는 첫째, 그 원본 텍스트가 인류 공통의 문제(universality)를 다루고 있거나 또는 한국적 특수성(specificity)을 지니고 있거나 해야 한다. 둘 다 아우를 수 있다면, 즉 인류에게 보편적(普遍的)인 주제인 동시에 한국적 특수성까지 곁들인 것이라면 더욱 좋을 것이다.

둘째는 번역가가 일, 이차 텍스트의 언어를 모두 정확하게 구사할 수 있을 때 좋은 번역을 기대할 수 있다. 풍부한 어휘력과 정확한 통사구조의 이해는 좋은 번역의 두 번째 기초가 된다. 마지막으로 위에 든 두 요소가 구비(具備)되었을 때, 좋은 번역을 위해서는 일, 이차 텍스트가 뿌리 내리고 있는 문화에 대한 충분한 이해가 필요하다(박진임, ib.). 통번역사는 언어 및 통번역상의 다의성(多義性)과 관련하여, 맥락이나 상황 같은 강력한 다의성 제거수단을 기억해야 한다. 또 그는 번역을 커뮤니케이션 행위로 간주(看做)하는 것이 편리하며 유용하다. 커뮤니케이션 과정에서 통번역사는 중개자가 되며, 모든 참여자가 가지고 있는 시소러스(thesaurus)의 일치 여부에 따라 통번역의 완성도가 결정된다. 시소러스는 대상과 언어의 두 가지로 구성되며, 언어 시소러스에서는 연상이 적잖은 역할을 한다. 문학번역에서 연상이 차지하는 비중은 기술번역 등에 비해 당연히 큰데, 이는 언어, 대상 시소러스의 역할에도 차이가 있기 때문이다(MIRAM 2004: 94-95).

2. 번역물 품질관리 고찰

최근에 많은 양의 번역물이 발간(發刊)되어 온 것으로 보고되고 있으나, 그들 중 일부의 품질(品質)은 원문 텍스트(ST)의 테마(design)가 목표 텍스트(TT)로 적절히 전환되지 않았고 또한 목표 텍스트를 자연스럽게 읽을 수 있도록 번역이 되지 아니하였다는 점에서 품질이 미흡하다는 지적을 받기도 했다(박향선, 2002 가을: 64, 77). 따라서, 원문 텍스트의 원래의 구상(構想)을 충실하게 전환하고 목표 텍스트의 가독성(readability)을 향상시켜 번역물의 품질향상을 도모하는데 기여하고자, 본 항목에서는 번역사의 자격관리와 번역물 품질관리체계를 중심으로 논의하고자 한다.

2.1 통번역사의 자격관리

몇 년 전에 실시되었던 일단의 연구진이 교강사(教講師)들을 대상으로 한 설문조사에서 학생들이 졸업 후 전문 번역사가 되는 과정에서 부닥치게 되는 장애(障碍)요인으로 외국어 숙달 수준의 문제(14명), 전문지식 부족(13명), 번역에 대한 관심 부족(10명), 번역사에 대한 사회적 인식 부족(6명), 번역 경험 부족(5명) 등을 지적한 바 있다(성초림 외, 2001 가을: 46-48). 외국어 숙달 수준의 문제를 가장 많이 지적했다는 것은 도착어(TL)의 표현력과 출발어(SL)의 이해력 문제와 일맥상통한다. 또한 외국어 숙달 수준 못지않게 전문지식의 부족이 커다란 장애 요인으로 지적되기도 하였다는 점 또한, 전문번역사의 자격(資格)문제와 그 관리대책을 검토할 필요성을 제기하는 것이다.

또 다른 일단의 연구진이 국내 공공(公共)기관의 번역 현황을 조사하는 과정에서 확인되었던 사항으로, 기관 내부에 전담 번역사 혹은 번역 전담(專擔) 부서가 없다고 응답한 반면, 번역물은 해당기관 내에서 해결하고 있다고 한 응답자가 전체의 70%를 상회(上廻)하였었는데, 그 이유로 유능한 외국어 구사자가 내부에 있기 때문이라고 응답하기도 하였다(이승재 외, 2001 가을: 60-107). 이점은 외국어 구사 능력＝번역 능력이라고 생각하는 시각에서 나온 견해를 반영한다. 또한 번역을 전문성이 요구되는 직업으로 인식하지 않을 뿐만 아니라, 전문 번역사가 갖추어야 할 자질(資質)과 마땅히 소유하고 있어야 할 교육적 배경 등을 전혀 고려하지 않고 있었거나 또는 그러한 인식의 부재를 확인해 주는 것이었다.

2.2 통번역사의 자격관리 제도

호주와 캐나다 등의 경우 국가차원의 자격검정제도가 있으나, 우리나라를 비롯한 일부의 국가들은 공식적으로 담당하고 있는 정부기관보다는 통번역사 양성기관(養成機關)에서 졸업시험 또는 수료과정을 통하여 배출되는 통번역사의 평가를 담당하고 있다(Kim Koeun, 2005: 100-106).

2.2.1 통역사 인증제도

국가차원 또는 정부차원에서 담당하는 통번역 평가/인증제도의 가장 대표적인 외국의 사례는 호주, 중국과 대만 등을 예로 들을 수 있다. 먼저 **호주**의 경우는, 정부 산하 기관인 NAATI(국립통번역인증기관[3])에서 실시하는 제도를 들을 수 있다. 이는 호주 통번역 수요자에게 제공되는 품질보증의 제도로서 국내 및 해외주재 통번역사들을 대상으로 하는 4급의 인증(accreditation) 테스트를 총 67개 언어에 대해 신청에 따라 실시하고 있으며, 또한 국내 통번역 교육기관에 대한 평가(評價)와 승인도 아울러 실시하고 있다.

중국의 경우는, 자격증 부여제도는 모두 중-영 언어배합에 대해서만 제공되는데, 그 중 중국 상하이시(上海市) 인사국(人事局)이 주관하는 동시통역사 자격시험이 실시되고 있다(2003년 9월 이후). 이는 중국 내 유일한 국가차원의 자격시험으로 UN의 동시통역사 채용 기준을 참고하여 실시되는 것이다. 그 외에는 베이징외국어대학이 주관하는 중국 내 유일한 통번역 자격시험인 베이징외국어대학교 영어통번역자격시험(北外英語翻譯資格證書考試)이 있다. 이는 호주, 미국, EU, 캐나다 등의 통번역 자격 인증기준을 참고한 국제수준의 인증시험이다.

대만의 경우, 1985년 대만 최초의 통번역대학원으로 국립타이완사범대학교 통번역대학원(國立臺灣師範大學翻譯研究所)이 설립되었고 1987년 11월에는 푸런대학교 통번역대학원 보인대학번역연구소(輔仁大學翻譯研究所)가 설립되었다. 입학시험이나 교과과정에 있어서 약간의 차이가 있으나 두 대학원 모두 졸업시 실기시험 및 논문을 통해 평가하여 통과자들에게 석사학위를 수여하고 있다.

일본의 경우에는 통역시장의 특성상 통역 대행회사(agency) 별로 자체 시행하는

---

3) National Accreditation Authority for Translation and Interpretation의 약자임.

시험이 주된 평가로 활용된다. 통역사로 활동하기 위해서는 유수 대행회사에 등록해야 하고 등록 시에 시험을 거쳐 A, B, C급으로 판정을 받는다. 출제와 채점은 각 대행회사별로 진행한다.

2.2.2 국내 대학의 통번역 종합/인증 시험제도

서울 소재 E대학의 경우, 해당 통역번역 대학원 설립 이후 지속적으로 통역 2년 과정 수료 후 종합시험과 통역능력 인증시험을 실시해 오고 있는데, 4학기 수료 후 종합시험을 실시해서 통과된 자에게는 졸업과 함께 석사학위가 수여되고 통과하지 못할 경우 영구 수료로 처리된다. 통역 종합시험 통과자에게는 통역 인증시험(認證試驗) 응시자격이 부여된다. 초기에는 국제회의 통역 자격시험이란 이름으로 실시되다가, 2001년부터 국제회의통역능력인증시험으로 개정되었다. 통역학과 과정을 수료(修了)하고 종합시험을 합격한 자들을 대상으로 **통역인증시험**이 실시된다. 인증시험 합격자들은 즉시 자유계약자(freelance) 통역시장에 투입될 실력이 있고 또 그런 기준으로 평가가 이루어지고 있다.4)

번역의 경우 종합시험 합격자에 한해 인증시험을 실시하고 있다(2004년 2학기 이후). 번역학과의 종합시험은 일반번역 AB/BA, 전문번역 AB/BA, 총 4과목으로 나눠서 실시하고 있다. 일반번역 시험의 주안점(主眼點)은 **문학번역능력**에 맞춰지고 전문번역 시험에서는 **기술번역능력**을 시험 치르게 한다. 대학원은 설립 당시부터 입학 시에 통역학과와 번역학과를 구분하여 모집하고 있으며, 번역학과 인증시험은 통역학과 인증시험과 유사(類似)한 배경을 가지고 도입되었다고 한다. 이러한 **번역인증시험제도**는 신뢰할 수 있는 번역능력 보유자를 확인하고 객관적 검증을 받은 번역사들을 배출하겠다는 노력의 일부로 평가된다.

---

4) 2001년부터 실시되었다고 함으로 최근의 교육과정(2016년 포함)을 확인 요하는 사항임. (저자 주)

2.3 번역물 품질관리 소고

2.3.1 실태

번역물을 다량으로 생산해내는 국제기구나 기관들은 각 기관 내에서 생산되는 번역물의 품질 제고(提高)를 위한 시스템을 갖추고 있으며, 품질향상을 위해 부단히 노력을 기울이고 있으나, 우리나라 공공기관의 경우에는 그렇지 않은 것으로 확인됨으로써 품질관리체계의 부재(不在)라는 지적을 받기도 한다(이승재 외, ib.). 전문번역회사에 번역을 의뢰한다고 응답한 기관들의 대다수가 번역사의 선정이나 내용에 있어서, 또한 언어측면과 관련하여 전혀 관리를 하고 있지 않다고 응답하였는데, 이러한 사실은 번역의 품질에 대한 관심도가 떨어진다는 것을 의미한다. 번역물의 품질 개선을 위해 가장 초보적인 단계라고 할 수 있는 감수(監修)마저 철저히 행해지고 있지 않은 실정이며, 심지어 감수를 전혀 하고 있지 않다고 응답한 기관도 상당수(조사 대상의 14%)에 달하는 것으로 나타난 바 있다. 이러한 상황은 번역물의 품질관리에 대한 지속적인 관심을 촉구하는 바라고 이야기할 수 있다.

2.3.2 번역물 품질관리 방안

1) 통역번역 교육 프로그램의 품질 및 품질 보장

고등교육의 시장성 여부가 한층 부각되고 있는 상황 하에서 교육의 품질과 품질보장은 더욱 중요해졌다고 말할 수 있다. 이는 통역번역 교육에 있어서도 마찬가지이다. 품질보장 및 품질 분석에 있어서 중요한 것은 평가와 인증이라고 하겠으나, 평가와 인증(認證)은 구분되어야 한다(Forstner, 2004: 41ff). 먼저 **평가**(evaluation)란 소급적 개념으로 현존하는 교과과정에 대한 사후인증을 의미한다. 평가의 목적은 기존의 교과과정을 분석한 뒤 개선할 바를 찾아 품질을 향상시키는 것이다. 반면 **인증**(accreditation)은 전향적 개념으로 계획 중이거나 검토 중인 프로그램을 사전에 분석하여 보증(保證)하는 것이다.

품질 관련 논의에서 가장 핵심적인 사안은 통계적인 또는 정량적인 데이터의 활용인데 이들 데이터는 계량화와 표준화(標準化)가 용이하기 때문에 널리 사용된다. 그러나 고르게 균형 잡힌 분석을 하기 위해선 지나치게 계량적(計量的)인 측면만 가지고 있는 지표들은 고려대상에서 제외해야 한다.5) 단순히 정량적인 데이터는 그 데이터의 정성적(定性的)인 측면과 복합적으로 고려가 되었을 때에만 믿을 수 있는 성과지표로 활용될 수 있다. 이를 1차 품질(*first-order qualities*)이라고 하는데 1차 품질은 쉽게 설명하고 계량화 할 수 있다는 점이 가장 큰 장점이다. 그러나 1차 품질 외에도 또 다른 품질이 있는데, 이를 2차 품질(*second-order qualities*)이라고 하며, 그 특징은 표준화가 불가능하다는 것인데 이는 고등교육시스템의 창조력(創造力)이라는 요소가 첨가되기 때문이다. 2차 품질을 결정하는 요소는 자율성(自律性)과 독립성, 변화와 도전 그리고 새로운 아이디어이다. 그렇기 때문에 이러한 요소들로 결정되는 품질은 표준화가 불가능하고 나아가 예측 불가능한 결과로 이어질 수도 있다. 대부분의 경우, 통역 번역 프로그램은 2차 품질의 기준보다는 1차 품질의 기준으로 분석된다. 1차 품질과 2차 품질은 모두 시장의 특수한 요구에 부응할 수 있도록 계속적인 조정을 거쳐야 한다.

이것이 뜻하는 바는 고등교육개혁과 관련하여서도 시장성이 매우 중요한 요소로 부각되고 있음으로 하여 사업성이 높은 프로그램이 개발되고 대학은 점점 사업가적인 마인드를 갖추게 되었다는 것을 의미하기도 한다(Etzkowitz/Webster, 1998: 36ff and 45ff.; Forstner, 2004: 18ff.). 결국 통역 번역을 교육하는 기관도 궁극적으로는 시장성(市場性)을 강화하여 시장의 요구에 부응하기 위한 2차 품질을 개발 적용해야 한다는 의미로 해석될 수 있으며 품질 향상을 위한 전략이 필요하다. 즉, 시장동향과 고객이 필요한 것들을 파악하여 적극 반영하고, 응용 통역/번역학의 큰 틀 안에서 교육에 대한 시장관점의 정의(定義)를 명확히 하고, 고객과의 집중적이고 효율적인 커뮤니케이션을 유지하며, 시장 변화를 적시에 포착(捕捉)하여 신속하게 대처하는 능력을 키워야 할 것이다(마르틴 포스트너, 2005.6: 75-81).

2) 감수

번역물을 감수하는 작업은 전문 번역가에게도 상당한 집중(集中)을 요하는 일이다. 감수(監修)는 번역 텍스트뿐만 아니라 단일어로 쓰여진 텍스트를 대상으로

---

5) 예를 들어 과정을 통과한 학생과 통과하지 못한 학생들 간의 비율이라든지, 자퇴자의 수, 학생대비 교수 비율 또는 교수들의 논문 발표 횟수 등의 지표는 지나치게 정량적인 것으로 이를 토대로 평가를 내리는 것은 문제의 여지가 있다.

할 수도 있으며, 또 텍스트에 담겨 있을지도 모르는 제반 오류들을 제거하는 안전 작업일 뿐만 아니라, 원 저자에의 충실성을 확보하는 작업이다. 물론 감수자는 왜 어떤 부분을 감수하였는지에 대한 설득력 있는 설명을 제시할 수 있어야 한다. 번역실무 경험을 요하는 감수는 전문번역과 마찬가지로 독자적(獨自的)인 하나의 직업이 될 수도 있다. 감수는 품질 검증(quality control)의 일부로서, 구두 형식의 통역을 평가하는 작업과는 달리 활자화(活字化)된 문서를 토대로 하기 때문에 필요할 때 효율적으로 대상을 평가할 수 있다는 장점이 있다. 감수 작업은 또한 품질 상의 문제가 있는 번역물들을 검토(檢討)하는 기회를 제공한다. 감수자는 자신이 맡은 자료를 정확히 평가할 능력이 있어야 하며, 이를 위해 번역에서와 같이 분석 능력과 종합능력을 갖추어야 한다.

　　감수의 유형▮　감수는 최소 감수, 최대 감수, 표적(Target) 감수로 나눌 수 있고, 최소 감수의 경우, 수정할 것이 거의 없는 번역문의 경우에 해당되며, 최대(最大) 감수는 더 많은 예산과 시간을 투자하여 꼼꼼히 감수하는 것을 말한다. 또 표적 (Target) 감수는 번역문을 특정 대상독자 혹은 대상 국가에 맞게 수정하는 것을 말 한다.

　　감수 보고서의 작성▮　번역의 품질을 검증(檢證)하기 위한 최고의 방법인 감수보 고서는 감수자의 오류(誤謬)도 예방하는 기능을 할 수 있다. 감수자가 제시한 대안 이 적절치 못한 경우, 이를 보다 쉽게 식별할 수 있게 해 준다. 감수보고서는 매우 유연하게 활용될 수 있는데, 전문성의 정도에 따라, 기업의 요구에 따라, 유연하게 적용 가능하다. 감수는 번역작업 자체를 위한 것이지만 전반적인 품질 보증이나, 단일 언어 텍스트의 검토 등에도 활용될 수 있다. 감수보고서는 예를 들어, 아래와 같이 네 칸으로 분류하여 작성하게 되며 분량이 많은 서류를 감수하는 경우에는 페이지를 표시하는 칸을 추가한다.

감수 전	감수 후	수정 이유	등급
감수할 대목을 쓴다.	수정된 내용을 쓴다.	해당 대목의 형식 혹은 내용상의 수정이유를 쓴다.	네 가지 등급분류에 의거 수정의 등급 표시

- 1등급: 수정 필수　　: 반드시 수정해야 한다.
- 2등급: 수정 요　　　: 수정할 것이 강력히 요구된다.
- 3등급: 수정 희망　　: 고치는 것이 바람직하다.
- 4등급: 수정 제안　　: 수정할 수도 있고 안 할 수도 있다.

　감수 보고서의 활용 ▌ 보고서는 실무적 응용이나 또는 커뮤니케이션 교육에 활용 등의 다양한 방식으로 응용될 수 있다. 첫째 데이터베이스를 구성한다. 감수과정 에서 수정된 내용을 체계적으로 정리하여 용어집(用語集)을 작성하거나 내부용 전문용어 파일이나 기술자들을 위한 매뉴얼, 기업 내의 언어사용에 적합한 자료 (용어집, 문서작성 규정)를 작성할 수 있도록 해 준다. 둘째 오류의 검색 가능성으 로, 감수보고서가 작성되면, 수정을 가한 이유를 명확히 설명해야 하므로 불필요 한 수정을 가할 위험이 크게 줄어든다. 이는 번역의 치명적(致命的)인 결과를 초래 하는 항공, 전산, 의학, 법학, 무역 분야의 경우 더욱 중요하다(Elisabeth AMMOUR, 2004: 59-80).

3) 문학번역과 평가자의 관점

　일반적인 번역의 평가는 텍스트의 목적성 혹은 의도성을 중심축으로, 텍스트 내적 구성의 등가성(等價性), 도착언어권에서의 수용성을 하위 기준 단위로 하여 이루어진다. 여기서 텍스트의 목적성이란 애당초 텍스트가 무엇을 누구에게 어떠 한 방식으로 전달하고자 생성되었는가를 말한다. 텍스트 내적(內的) 구성의 등가 성이란 출발텍스트와 도착텍스트의 텍스트 간 등가성, 즉 사용된 어휘나 구문, 문 체, 의미 구성 따위를 지칭한다. 또 도착언어권에서의 수용성(受容性)이란 번역된 텍스트가, 출발텍스트가 출발언어권에서 수용되는 것과 등가적으로 도착언어권 에서 자연스럽게 수용될 수 있도록 번역되었는가 하는 점이다. 즉, 도착텍스트가 출발텍스트의 형태적, 의미적 등가성을 획득하고 있는가, 그리고 그 등가성 획득 을 통하여 출발텍스트의 목적 혹은 저자의 의도를 손실 없이 전달하고 있는가를 전체적으로 점검하는 것이라 할 수 있다.

　그러나 이러한 평가의 기준이 문학텍스트의 평가에 그대로 적용될 수는 없다. 왜냐하면 텍스트의 목적성 혹은 의도성(意圖性)이라는 개념이 문학텍스트에도 적 용될 수 있는지가 명확하지 않으며, 텍스트 내적 구성의 등가성과 도착언어권에서 의 수용성이 실제에 있어 상치(相馳)될 가능성이 크기 때문이다. 문학작품의 의미

는 비정형적(非定型的)이어서 독자에 따라 시대나 장소 등 환경에 따라 변할 수
있다. 어렸을 적에 읽은 작품의 의미가 어른이 된 후 읽었을 때와 달라지거나, 프
랑스 독자가 읽을 때와 한국 독자가 읽을 때 매우 다른 방식으로 작품을 이해하는
경우가 있는 것처럼 변할 수 있다는 이야기가 된다. 이 말은 작품에 고정적이고
영구불변한 의미를 부여하기 힘들다는 뜻이다.

　이와는 반대로 문학이란 미적 의미 형상의 구축(構築)임과 동시에 궁극적으로
독자와의 소통(疏通)을 목적으로 하고 있다고 보는 견해가 있다. 소통에 초점을
맞추는 시각은 문학텍스트의 의미를 어느 하나로 국한할 수는 없지만, 그럼에도
불구하고 한 시대의 독자들이 공통적으로 이해할 수 있는 의미를 추출(抽出)할
수 있다고 생각한다. 그 때의 의미란 각각의 어휘와 문장의 층위(層位)를 뛰어넘어
전체적으로 어우러져 이루어지는 그 무엇, 즉 메시지, 미적, 정서적 효과, 분위기
등이 종합된 것이 바로 의미라는 것이다. 이러한 입장에서는 출발텍스트가 출발
어 독자에게 이해되는 것과 등가적인 이해가 도착텍스트 독자에게도 이루어져야
하는 것이다. 그런 까닭에 번역가는 출발텍스트의 이해를 통해 의미를 찾아내고,
그것을 탈언어화(脫言語化)시킴으로써 출발어와 도착어 사이의 상이성에서 빚어
진 언어적 제약을 벗고 도착어로의 재현(再現)을 이루고자 한다.
　출발텍스트의 문학적 특성들은 도착언어권의 문학적 규범(規範)에 의해 자유로
이 변용(變容) 될 수 있으며, 번역본은 시간이 지남에 따라 새로이 만들어질 수
있다. 이와 같은 관점에서는 번역본이 하나만 존재할 수는 없다. 해석이 동일하더
라도 재현의 방식은 무수히 많기 때문이다. 문학번역의 평가는 평가자들이 문학과
문학번역의 방법론 그리고 문학번역의 역할과 기능에 대해 어떤 관점을 적용하는
가에 따라 커다란 차이를 보인다. 텍스트의 내적 구성의 등가성과 수용성이 반드
시 상충(相衝)되는 것만은 아니지만, 전자에 치중할 경우에는 독자들이 이해하기
힘든 직역으로 흐르기 쉽고, 후자에 치중할 경우에는 번안(飜案)으로 흐를 위험도
있다. 이 두 가지 중에서 오늘의 일반적인 추세는 문학번역에서 소통이론적 관점
에 따른 수용성을 기준으로 평가를 하는 편이 더 우위에 있다고 보는 것이다(김윤
진, 2005.6: 24-28).

4) 전담 번역가와 번역작품의 선정

번역에서의 주요 문제점으로 대두(擡頭)될 수 있는 것으로 **번역가 문제와 작품 선정문제**를 들 수 있다. 첫째 **번역가 문제**에 있어서는 번역의 전문성 제고를 위하여 시나 소설 번역에 있어 장르별 전문 번역가를 활용하고, 또 시인이나 한 작가만을 전담(專擔)으로 하는 '전담 번역가'를 활용하는 것이 바람직하다. 다음으로 번역가는 누가 되어야 할 것인가라는 문제에 있어서는 자국인, 원어민, 자국인과 원어민 공동번역의 3가지 방식 중에서 공동번역이 가장 바람직한 방식으로 거론되고 있다. 자국인에게 모두를 맡기다 보면 문장 구사력의 한계가 있어 번역 완성도가 떨어질 수도 있으며, 반대로 원어민에게 맡기다 보면 서양에는 없는 한국 고유의 물건이나 개념 같은 것에 대한 이해도가 낮기 때문에 오역(誤譯)이 나기 쉽다.

이런 서로의 장단점을 상호 보완 할 수 있는 방식이 공동 번역이다. 두 번째로 **작품 선정문제**에 있어 해외 진출용의 자국문학은 지방성과 국제성을 동시에 띠고 있어야 한다. 지방성과 국제성이 서로 용해(溶解)되어 있을 때 비로소 세계에서 읽혀질 수 있는 세계성이 가능하다. **지방성**이란 물론 한 나라 문학의 고유성(固有性)을 말한다. 자연과 풍토, 한 민족의 생활 감정과 풍속 그리고 역사와 전통 속에서 형성된 것이 지방성이라면, 여기에다 국제적 보편성(普遍性)이 있어야만 비로소 세계성을 띨 수 있다. 따라서 번역작품의 선정문제와 관련하여 '한국적' 고유성과 '국제적' 보편성이란 두 기준에 부합되는 작품을 골라내는 것이 중요한 과제라 하겠다(이유식, 2000 봄: 192-94).

5) 번역의 평가 기준과 번역2인조

번역의 평가 기준으로 고려(考慮)할 사항으로는 도착어 표현의 정확성, 출발텍스트 이해도, 도착어 텍스트의 논리성, 전문용어 사용 여부, 정확한 도착어 문법, 정보 누락(漏落) 여부, 의역 혹은 직역 여부, 번역 속도, 정확한 의미 전달, 맞춤법과 띄어쓰기, 도착어 텍스트의 스타일, 연구(research)의 깊이, 기타 등을 생각할 수 있으며, 이외에도 번역2인조를 활용하는 방안인데, 한국어를 영어로 옮기는 한국인 번역가와 원문 텍스트에 대한 진정한 지식이 없이도 "문법을 마무리하는" 원어민 화자(話者)의 2인조가 오늘날 폭 넓은 지지를 받고 있다고 전해진다. 원어민 화자 문법 교정자의 역할은 단지 모든 문법적인 오류를 교정하는 것이다. 문법적인 교정은 학구적인 논문에서는 충분하지만 문학작품을 위대하게 만드는 것은 아니다. 이 체계는 원문의 스타일이나 풍미(風味)를 전연 갖지 않는, 또 미학적이고 정서적인 영향을 거의 상실하였으며 문법 교정자의 원문 텍스트에 대한 생소(生疎)함 때문에 오랜 기간 동안 주요 줄거리 변경과 오류가 포함된 다수의 발간 작품들을 내놓는 결과를 가져왔다. 그럼에도 불구하고, 대중(大衆)의 일치된 의견은 작업을 마무리하고 모든 주어와 동사를 확실히 대응시키며 스타일과 리듬은 불고하고 누군가, 문법-편집자를 고용하는 것을 선호하고 있는 것 같다(Childs C., 2001 봄: 189-90).

3. 통번역사 재교육

번역을 외부(外部)에 의뢰하여 해결한다고 설문에 응답한 기관들조차 번역물에 대해 만족하지 못하는 이유로 번역사들의 전문지식부족을 들고 있고, 또 다른 한편으로 번역 관련 전문교육을 이수한 번역사라 하더라도 실제 각 전문분야에서는 주제(主題) 지식이 부족하다는 점이 지적되고 있다는 점에서, 번역사들의 주제별 지식 함양(涵養)의 필요성을 실감하게 된다. 실제로 번역물을 주로 외부에 의뢰하는 기관의 경우도, 전문번역사의 전문지식 부족을 거론한 응답자 수가 ⅔가 넘는 (69.2%) 수준에 달했다고 보고된 바 있다(이승재 외, ib.). 이러한 문제점을 보완(補完)하기 위해 시급히 필요한 것은 현재 활동 중인 전문 번역사들에 대한 전문분야 재교육이다.

3.1 재교육을 위한 교육 소요

번역이란 본질적으로 원천언어(SL)와 도착언어(TL)를 전제(前提)로 하는 작업인 만큼, 번역 교육은 외국 어문 전공과 모국어 전공 사이의 상호 협력이 필수적이다. 먼저 원문을 완전하게 소화하여 그 내용을 온전(穩全)하게 이해할 수 있는 독해 능력이 필요하고, 다음으로 자신이 이해한 내용을 한국어로 재현할 수 있는 한국어 문장력이 필요하다. 이 두 가지는 원문과 번역문 사이의 등가성 확보를 위한 최소한의 기본 능력이다. 이 밖에도 원문에 담겨 있는 내용을 뒷받침하고 있는 문화적 배경(背景)이나 전문 지식도 필요하고, 한국어의 어문 규범에 대한 지식도 필요하다. 또한 번역에 능숙해지려면 양쪽 언어에 대한 감각과 지식을 쌓고 이를 바탕으로 실제적인 번역 작업을 해나가면서 필요한 경험을 쌓는 데 주안점(主眼點)을 두어야 할 것이다(김정우, 2002: 167). 결국 번역 교육은 기본 능력의 연마와 실전 훈련이 동시에 상호보완적으로 이루어져야만 좋은 결과를 기대할 수 있을 것이다.

3.1.1 통번역사를 위한 교육 소요

표현을 익히는 외국어 학습은 회화책 암기(暗記)와 비슷해서, 문법적 의미와 단어간의 체계적인 관계를 배울 수가 없으며, 어떤 식으로든 아주 조금이라도 표준에서 벗어나면 당황하게 된다. 또한 자주 쓰는 표현이라는 것이 언어의 일부일 뿐이며 공부를 하는 데 한계(限界)가 있게 마련이다. 날씨, 건강, 혹은 서로 알고 있는 누군가에 대한 사교적인 대화를 지속하기에는 적당하지만, 그러나 주제 분야가 회화책에서 나온 내용으로 제한되어 있기 때문에 이렇게 공부한 외국어 수준으로는 진지(眞摯)한 대화를 나눌 수 없다. 이 방법은 특히 통번역사 교육에는 적합하지 않다. 통번역사는 자주 쓰는 생활 표현만을 익혀서는 안 된다. 그 이유는

(1) 그는 모든 주제(主題)에 대해 외국어로 말할 수 있어야 한다.
(2) 통번역사는 단순히 원하는 표현을 골라 자신의 생각을 외국어로 말하는 것만이 아니라, 언어를 이용해서 다른 사람의 생각과 표현을 전달한다.

그렇기 때문에 그는 단어의 문법적 의미와 단어간의 결합규칙을 알고 있어야 하며, 또한 상당한 어휘력을 갖추는 것도 필수적이다. 외국어 학습 시 어휘력 증진에 추가하여 어휘의 올바른 구사를 조화(調和)롭게 추구해나가야 한다(Miram, 2004: 52-53).

문화어의 교육 ▌ 만약 일상적이고 시사적인 어휘를 의도적으로 익힌 것이라면 원어민과의 일상적(日常的) 대화에서도 의사소통에 장애를 겪게 될 것이다. 이를 예방할 수 있는 요소가 바로 문화어(文化語) 교육이다. 통번역사의 경우는 A문화

어에 대해 적절한 B언어 표현을 대응시킬 수 있어야 한다는 점이 단순히 외국어를 잘하는 사람과 다른 점이다. 그러나 문화가 녹아있는 말일수록 적절한 대응어(對應語)가 없는 경우가 많기 때문에 통번역 학습자들은 문화어 학습을 통해 스스로 적절한 대응어를 찾고 표현하는 연습을 반복함으로써 극복할 수 있을 것이다 (손지봉, 2003 가을: 105).

모국어 교육▎통번역 교육과정에서 외국어가 필수적이기는 하지만 결코 그것이 통번역에 필요한 지식의 전부는 아니다. 말하자면, 모국어 능력도 외국어 못지않게 중요하다. 통번역사는 어휘력이 풍부해야 할 뿐 아니라 언어를 올바르게 구사하며 통번역 대상의 문체를 정확히 구현해 내야 한다. 모국어를 올바로 구사하는 능력은 저절로 얻어지는 것이 아니기 때문에, 통번역사 교육프로그램에서도 외국어 못지않게 모국어를 중요하게 다루어야 한다(Miram, ib.: 20). 번역 교육은 올바른 모국어 표현 능력의 신장(伸張)에 기여함으로써 바람직한 국어 생활의 방향타(方向舵) 역할을 할 수 있다. 원천언어와 목표언어 양쪽 언어의 특성에 모두 정통한 번역가를 양성하기 위한 번역 교육은 수직적 번역에 의한 모국어 훼손을 막기 위한 적극적인 방어 기제(機制)라는 점에서 중요한 의미를 갖는다. 이와 관련하여, 국어의 어문 규범(規範) 이해나 문장 작법 실습 또한, 번역 교육의 중요한 일부라 말할 수 있다. 번역이란 바로 번역가의 능동적인 글쓰기 작업으로 말할 수 있는데, 이것이 의미하는 것은 번역가는 단순한 언어의 중재자(仲裁者)가 아니라, 모국어를 사용해서 적극적으로 원문의 내용을 다시 쓰는 작가라는 인식이 중요하다(김정우, 2003 가을: 13-14).

언어구사능력이 뛰어나다는 것은 의식하든 하지 않든 언어구조에 대한 인식과 언어 구사가 정확하다는 것을 말한다. 그리고 여기에 풍부한 어휘력이 더해진다면 뛰어난 언어능력자로 평가될 수 있을 것이다. 이때 모국어의 경우에는 오랫동안의 학교교육 및 독서를 통해 역사, 문학, 사회 전반에 대해 기본을 갖추게 된다(손지봉, ib.). 외국어 교육과 관련하여, 기억해야 할 사항은 "자국어(自國語) 없는 외국어 교육은 문화 종속으로 가는 지름길이며 자주성 없는 문화는 정체성(正體性)을 잃고 사라질 것이다"라는 점이다(유명우, 2000 봄: 244-46).

전문 지식의 교육▎번역능력은 일정한 정도까지는 외국어의 습득과 함께 진행되는 이차언어 습득의 특수한 형태이다. 그러나 초보적인 수준을 넘어서 직업 번역

가의 경지에 오르려면 체계적인 수련을 받아야 하는 동시에 체계적으로 다듬고
꾸준히 일상 및 전문지식을 보완하지 않으면 퇴화하는 이율배반 적인 능력이기도
하다(박여성, 2002.5.23: 137). 전문 지식은 과업이 반복하여 수행될 때 어느 정도
자연스럽게 발달한다. 그러나, 만약 지도(指導)의 결핍이 문제가 된다면 자연적인
발달로는 충분하지 않으며, 잘못된 방향으로 발달할 수도 있다.6) 번역자의 훈련은
번역자의 깊어 가는 전문지식을 올바른 방향으로 지도해야 한다. 이는 특히 시행
착오적인 절차에 의한 시간 낭비(浪費)를 줄임으로써, 또 그들이 잘못된 접근 혹은
전략에 의하여 특정한 능력수준에서 '멈춰버리게 되는 것'을 피할 수 있도록 도와
줌으로써 진도를 촉진하게 한다(Gile D.,: 2002: 27). 기본적인 지적 수준, 박식함,
넓은 시야(視野)를 갖추지 않고는 훌륭한 통번역사가 되기 어렵다. 이는, 스스로의
노력과 훈련을 통해 키워야 하겠지만 그런 개인적인 노력 이외에도, 통번역사 양
성 프로그램에서, 필요한 서적의 활용 방법과 들은 것을 간추려 요약하고 자료를
빠른 시간 내에 읽어 내려가는 방법 등을 포함시켜 공부하도록 해야 할 것이다
(Miram, ib.).

여전히 문학이 대표적이지만 정보기술(IT) 등 전문분야로 통번역이 확대되면서
해당분야 전공자가 통번역의 적임자로 여겨지기 시작했으며, 해당 분야를 정확히
이해하기 위한 지속적(持續的)인 학습이 통번역자들에게 요구되고 있다. 전문분야
의 경우 용어와 개념을 파악하지 못하면 해당 국어를 안다고 해도 통번역이 불가능
하기 때문이다(손지봉, ib). 전문 지식의 부족은 텍스트 읽기를 근원적으로 왜곡(歪
曲)시킬 수 있다. 전문번역가는 모든 경우에 대비하여 다방면의 전문지식을 구비할
필요가 있다. 광범한 분야의 텍스트들을 전천우적으로 다루어야 하는 전문 번역가
는 모든 경우에 항시 미리 대비되어 있어야 하며, 그 같은 대비가 미비할 경우
오역과 졸역(拙譯)은 불가피하고 자국의 학문/문화/국력은 그 만큼 퇴보(退步)한다.
오늘의 지구촌 시대, 다문화 시대의 번역전문가는 특히 전방위적인 텍스트 읽기의
훈련을 쌓아야 한다. 그러한 훈련은 인문학과 자연과학, 동양철학과 현대물리학,
생태적 사유(思惟)와 문학적 상상력들 간의 보다 심원한 대화를 위한 부단한 비교

---

6) 예를 들어, 지도를 받지 않은 번역자는 단어-대-단어의 번역이 정확하지 않을 수도 있다는
   것을 인식하지 못하거나, 또는 2개 국어로 된 사전들이 용어의 정보 제공에 가장 좋은
   출처가 아닐 수도 있다는 것을 인식하지 못하거나, 단어-대-단어의 접근으로 신속하게
   번역하는 방법 혹은 2개 국어로 된 사전들이 기술적 용어들을 번역하기 위한 가장 좋은
   출처가 아닐지도 모른다는 것을 이해하지 못한 채, 그 사전에서 기술용어를 찾는 방법을
   오랜 시간에 걸쳐서 습득할 수도 있다.

학적인 의식과 노력들을 필요로 한다(박경일, 2003 봄: 16, 22).

번역학 이론 교육▮ 일반적인 교육 프로그램에서 통번역의 이론 및 방법론을 체계적으로 설명해 주는 시간도 포함시켜, 이론서(理論書)를 이해하도록 돕고, 또 그것이 왜 필요하며 실습 현장에서 어떻게 적용해야 하는지를 제대로 습득하도록 하는 것도 필요하다(Miram, ib.). 21세기 번역의 이론과 교육을 위해 고려할 요소로 정확한 번역관 수립, 번역의 국제화와 정보화, 번역이론과 실제의 결합, 번역의 기초지식 교육과 기본 기능 훈련, 번역자의 창조적인 사유방식(思惟方式)과 표현 능력 훈련, 번역자의 평생교육 등을 제기하기도 한다(盧思源·吳啓金, 22; 손지봉, ib.). 번역이란 자신이 습득한 각종 능력을 실제 현장에서 적용하면서 지속적인 보완 과정을 거쳐야만 비로소 일정한 경지에 이르게 되는 과정이기 때문에 이론과 실제의 상호 피드백이 필요하다(김정우, 2002: 168-171).

3.1.2 통번역의 실무와 이론교육과의 관계

통번역은 특히 훌륭한 통번역가의 경우 개인적 특성이 많이 발휘되는 편이다. 따라서 학습자들은 훌륭한 번역 작품이나 통역 상황을 경험하고 이를 모방하면서 자신의 독자적인 패턴을 찾아야 한다. 이때 올바른 방법과 패턴 찾는 방법 등을 제시 받지 못하면 그만큼 더 오랜 시간을 들여 자신의 스타일을 찾아야 하므로, 그 시간을 줄여주는 것이 번역이론 교육의 몫인 셈이다(손, ib.: 107). 번역은 언어기호의 단순한 전환(轉換)이 아니라 문자라는 형식(표현 수단) 속에 그 언어를 사용하는 민족의 정신과 문화 즉 복잡한 언어과정을 거쳐 형성되고 다양한 이질적 요소가 내포되어 있는 세계관을 다른 형식으로 바꾸어 표현하는 작업이다. 따라서 번역자들은 위에서 아래로 즉 거시적(巨視的) 차원에서 미시적 차원으로[7) 작품을 분석(分析)하는 방법을 배워야 한다. 이전에 소홀히 다뤘던 요인들 즉, 번역의 독자, 계약, 편집, 출판, 위임자, 그리고 번역자의 위상 등 번역행위에 관련되는 모든 사항들이 번역의 연구대상에 포함되었다는 것도 주목할 점이다(김효중, 2002.5.23: 108).

---

7) 문→텍스트→텍스트의 구조→문장→구절→단어의 순서를 말함.

3.2 통번역사 재교육의 방법론

3.2.1 코퍼스를 이용한 LB언어 구사능력의 제고

코포라(corpora)는 전통적으로 번역연구에서 비교적 소규모의 텍스트 수집물(蒐集物)을 지칭하기 위하여 사용되어 온 용어이며, 관심 있는 특징의 실례들을 파악하기 위하여 인위적으로 탐색 된다. 기술(記述) 번역연구에 있어서, 이 용어는 오늘날 흔히 기계가 판독할 수 있는 양식으로 되어 여러 가지 방법으로 자동 혹은 반 자동으로 분석될 수 있도록 만들어진 텍스트의 수집물을 의미한다(Baker, 1995; Shuttleworth & Cowie, 1997). 코포라는 번역을 공부하는 학생들의 능력을 증진시키고, 특히 "학생들이 영어의 형태-구문론은 잘 알지만, 서면(書面) 장르(genre)의 폭을 잘 알지 못할 때"의 번역교육환경에서 아주 필요하다(Campbell, 1998: 26-27). 학생들은 "적절한 어휘와 표현의 선택에서 향상을 보이고 있으며, 또 컴퓨터를 통해서 코퍼스를 접속할 수 있기 때문에, 코퍼스는 값진 자원으로 사전, 인쇄된 텍스트, 제목분야의 숙련자와 직관의 다른 형태에 대한 유용한 보조물이 된다(Bowker & Pearson, 2002; Nam W.J., 2005 봄: 18)."

영어를 B언어로 하고 한국어를 A언어로 하는 전문 번역사들을 대상(對象)으로 한 교육 중에서, 특히 B언어로의 번역을 함에 있어 나타나는 제반 문제점들을[8] 극복하기 위한 방안으로 교육현장에서 코퍼스(corpus)를 이용한 접근법이 제기되고 있다. 이 방법의 일환으로 사용된 번역 텍스트를 일정한 기준(基準)에 따라 수집하여 컴퓨터를 통해 필요한 텍스트 혹은 표현들을 불러들여 참조(參照)할 수 있도록 해주는 텍스트 모음, 곧 코퍼스를 LB 번역교육현장에 사용함으로써 이러한 문제점을 해결할 수 있도록 도움을 줄 수 있다. LB 번역에 있어서 가장 중요한 문제는 번역사가 도착어에 대해 직관적 판단이나 다양한 구사력이 부족하다는 점으로 귀결된다(Stewart, 2000). 코퍼스를 LB 번역교육에 도입하면 마우스를 클릭하기만 하면 도착어 용례(用例)에 걸 맞는 예들을 무제한으로 제공해줌으로써 실제 데이터를 통해 도착어의 관용적 용례를 익히게 된다. 이러한 일반적 코퍼스 이외에 또 원문 텍스트와 그 텍스트에 대한 번역 텍스트를 동일한 컴퓨터 화면에서 비교할 수 있도록 해 주는 '병렬(竝列) 코퍼스(parallel corpus)'를 이용하면 LB에

---

8) 번역조 문제, 해당 언어별로 굳어져 있는 '공기제약'을 위반하는 표현들의 사용, 상대적으로 단조로운 텍스트, 불필요한 텍스트의 양적 확산 등이다.

대한 언어구사능력을 제고(提高)하는데 더 큰 도움을 받을 수 있다(정호정, 2003b 가을: 56-64).

3.2.2 제2 언어의 번역 교육 모델 제시 활용

많은 경우, 번역사가 모국어 또는 A언어(LA) 이외의 언어를 도착어로 하는 번역을 수행할 경우, 번역수준 면에서 모국어를 도착어로 하는 번역의 경우보다 떨어지는 경향이 있다는 이유를 들어 이를 장려(獎勵)하지 않거나 심지어 하지 말아야 한다는 주장이 나오기도 한다. 모국어로의 번역과 제2언어로의 번역은 상당한 차이가 있으며, 이에 따라 번역사로서의 번역 능력에 있어서 뿐만 아니라 번역 교육 모델에서도 다른 모델이 제시되어야 한다. 또 제2언어로의 번역을 학습하는 것은 스타일에 있어 확실한 방식으로서의 글쓰기 방법을 배우는 것이다. 외국어에서 한국어로의 번역에서의 주요 난점은 원본 텍스트를 이해하는 것이며 자신의 모국어로 된 글을 보다 자연스러운 도착어로 정리(整理)해 내는 것은 비교적 쉬운 일이다.

반면 제2외국어로의 번역에 있어서는 원문텍스트의 해독은 비교적 쉬운 작업인 반면 도착어 표현력에 문제가 있을 수 있다. 이에 따라 외국어→한국어로의 번역의 경우에는 B언어의 이해력이나 B언어권에 대한 문화적 이해의 부족을 첨가하는 한편, 한국어→외국어로의 번역에 있어서는 도착어 구사력(驅使力)이나 도착어의 전문 용어, 도착어의 문법적 정확성, 자연스러운 도착어 표현 등을 첨가하는 방안을 생각할 수 있다(Campbell S., 1998: 12; 성초림 외, 2001 가을: 38-55). Minns(2002; 정호정, ib.: 63)가 제시한 바의 LB 통역을 위한 제안사항들은 LB 번역에 있어서도 역시 적용할 수 있는 것들로써, 그 내용은 아래와 같다.

(1) 수준 높은 언어 훈련을 지속적으로 계속하겠다는 확고한 의지(意志)
(2) 번역 결과물에 대해 부단히 주의를 기울이고 수준향상을 위한 관심
(3) 담화 유형별로 굳어진 표현과 관용적 표현(stock phrases and set expressions)의 레퍼토리를 확대하려는 관심과 노력을 경주할 것을 제안하고 있다.

3.2.3 e-학습(e-learning)과 번역자 교육

인터넷 매체의 특성은 문자, 소리, 사진, 그림, 동영상(動映像), 애니메이션 등이

통합적으로 구현(具現)될 수 있으며, 따라서, 매체를 사용하면 시간과 공간의 제약을 넘어서서 컴퓨터를 통한 개인 간의 의사소통이 가능할 뿐만 아니라, 다양한 형태의 정보를 저장·검색·선택하며 필요한 정보를 재생산할 수 있다. 인터넷을 활용하는 원격(遠隔) 강의 기법의 도입은 교과 과정의 구성과 운영이라는 측면에서, 학과 사이의 장벽에서 어느 정도 자유로울 수 있기 때문에 학제간 협동 강의를 통해서 번역 교육을 구현하는 방향으로 모색되어야 하며, 또한 번역 과정에 담긴 종합적인 기본 능력의 함양(涵養)에도 대단히 효율적일 것으로 생각된다. 그 뿐만 아니라, 번역 기법의 연마에 필수적인 첨삭 지도에서도, 강의실 수업보다 훨씬 효과적이다. 플랫폼에 마련되어 있는 각종 형태의 게시판(揭示板)을 통해서 전체 학생들을 상대로 강평 자료를 올려놓을 수도 있고, 전자 우편을 통해서 학생들 개개인을 상대로 개별적인 첨삭지도를 할 수도 있기 때문이다(김정우, 2002: 168-78).

1) e-학습의 활용

e-학습의 개념은 '공개적인 원거리(遠距離) 학습'(ODL: Open and Distance Learning)으로 또는 간략하게 말해서 원거리 학습에 가까운 것이다. 그러나, 전자 도구가 모든 수준에서의 훈련에 사용되고, 심지어 대면(對面) 학급의 경우까지도, 교육자는 e-mail을 통해서 학생과 의사 소통할 수 있으며, 또 과정의 교재(敎材)는 웹사이트를 통하여 점차 더 많이 이용 가능해 지고 있다는 인식을 가지게 한다. 한편 전통적인 원거리-학습은 인쇄물의 배포에 기준을 두고 있기 때문에 그만큼 e-학습으로 고려되지 않는다. e-학습 프로그램은 원거리 방식과는 동의어(同義語)가 아니면서, 대면과 원거리 방식의 두 가지 방식을 포함한다. 여기에서 **번역자 교육**(*Translator Training*)은 번역자들의 노동시장에서 필요한 능력을 창조하는 것으로 해석한다. 언어 학습의 일부는 불가피하게 번역자 교육과 동시에 발생하기도 하지만, 그러나 언어학습과 번역자 교육과는 혼돈 하지 말아야 하며, 또한 번역에 지식을 부여하는 것과도 혼돈되어서는 안 된다 즉, 학문분야로써 연구방법론의 프로그램 혹은 번역연구는 아주 상이한 노동시장을 지향(指向)하기 때문이다.

2) e-학습 사유

e-학습의 번역자 교육으로의 통합은 미래의 방법으로 간주될 수도 있으며, 이를 달성하기 위한 요인(要因)들은 아래와 같이 요약할 수 있다.

필요한 의사소통능력 ▌ 가장 큰 사유로는 전문번역은 점차로 e-학습에 사용되는 전자 도구들(e-메일, 부속문서, 웹 사이트, 파일전송 프로토콜FTP)을 사용한다는 점을 들 수 있다. 학생들은 직업 생애(生涯)를 통하여 이러한 도구들을 사용하여야 하기 때문에 교육을 통하여 익숙해 질 수도 있다. 또한 e-학습은 대체적으로 습득해야 할 능력의 일부라고도 볼 수 있다. 따라서 번역과 교육 양측의 미래는 어느 정도 전자도구의 사용기술에 의존한다고 할 수 있다.

연계 학습 ▌ e-학습을 지원하는 또 다른 중요한 요인은 '연계(連繫)' 학습 협정을 위한 가능성을 열어 놓는 것이다. 예를 들어, 영국에 있는 영국학생과 함께 번역을 공부하는 스페인 내의 스페인 학생에 관련된다. 한 학생은 영어보다는 스페인 어를 더 잘 할 것이며, 다른 학생은 영어를 더 잘 할 것이다. 이 두 사람들이 협력하면, 번역에 관한 것이 아니라면, 언어에 있어서 상호간에 효과적으로 많은 것을 가르칠 수 있는 방법으로 협조하여 보완적인 능력을 보여줄 수도 있을 것이다.

학생 수요 ▌ e-학습의 제 3 사유는 이러한 원거리 과정(課程)에 대한 학생들의 수요가 적지 않다는 이야기다. 이 수요(需要)는 주로 성인 학생들로부터 오는 것이며, 그들의 대부분은 직업을 가지고 있고 이러한 능력을 습득하기를 원하거나 또는 인정된 자격을 획득하고자 관심을 갖는 사람들이다. 이것은 전통적으로 대학원(석사) 수준의 과정에서 다루어진 시장이지만, 제2 주기 수준에서도 실시될 수 있다는 것을 의미한다(Anthony Pym, 2002.5.: 3-16).

3.2.4 의사결정 교육

의사결정은 번역 초보자들이 전문지식을 습득함에 따라서 발전한다. 초기에는 관련 규범에 관한 지식, 관련 주제(主題)의 내용에 대한 지식과 번역에 대한 노하우가 제한적인데, 이것은 마치 의사결정의 중요성에 대한 그들의 인식과 의사결정을 함으로써 위험을 감수하겠다는 의향이 제한적인 것과도 같다. 만약 그들이 경험 많은 번역가 혹은 고객들로부터 교정(校訂)을 받거나, 또는 번역에 관한 일부 문헌을 읽었다면, 근원적인 규범과 전문적인 사항, 그리고 의사 소통상의 이해관계뿐만 아니라 문장 구조와 심지어 정보 내용에 관하여서까지 의사결정을 하지 않으면 안 된다는 것을 알게 될 것이다. 서면 번역 시에 있어서는, 이것은 더 양호한 정보근원에 대한 지식과 다른 도구, 관련 장르에 있어서의 언어적인 규범(規範)에 대한 폭 넓은 지식, 고객의 기대와 반응에 대한 추가적인 지식과 관련될 수도 있다. 동시통역에 있어서는 초보자들이 종종 통역의 부담에 압도됨으로써 정보손실이 야기될 때 피해를 입게 되는 것들 외에는 거의 어떠한 결정도 해야 할 여유가 없다(Gile D., 2002.5.23: 26-7)

통역의 이론

통역의 이론과 통역과정

1. 통번역의 전제와 통역 이론

언어는 우리가 주변 세계를 어떻게 이해하는지 기록하고 그에 대한 정보를 서로에게 전달하기 위해 이용하는 코드이며, 그림이나 도표 같은 것은 세계에 대한 우리의 이해를 표현하는 비언어적 코드이다.[1] 언어는 주변 세계의 코드화 된 대상과 아무 연관성도 없으며 코드화 되는 과정에서 엄청난 규모의 다의성(多義性)을 띠게 된다. 다시 말해서 구현하고자 하는 현실 모습에 대한 사고의 형상(개념)이 설정되고 이를 통해 결과가 만들어진다. 그리고 사고의 형상(形象)이 사람마다 다르기 때문에 구현된 모습도 다양할 수 밖에 없다. 우리가 표현하고 인식하는 것이 주변 세계 대상(對象) 자체가 아니라 그에 대한 생각이며 개인적인 이해를 나타낸다. 그럼에도 불구하고, 실제 세계의 모습을 묘사한 것과 원대상 사이엔 어느 정도 비슷한 점이 있어서 다른 사람들도 알아차릴 수 있다(Miram G.E., 2004: 31).

언어는 일반적으로 그 구조적 특성을 근거로 분류된다. 주어중심 언어인 영어의 구조적 특성은 화제중심 언어인 한국어의 구조적 특성과는 상이하다. 그러므로 한국어 구조를 언어학적으로 분석(分析)해보면 영어의 구조와 일치하지 않는 유형적인 차이로 말미암아 동시통역의 경우 양 언어간의 의사소통(意思疏通) 과정에 지대한 영향을 줄 수도 있다(염행일, 2004 봄: 5-6). 통역과 번

---

1) 언어에 대한 이러한 정의는 잠정적 가설로서 사이버네틱스 등에서 이용된다. 참조 멜리코프, "시스템론 및 사이버네틱스의 언어적 관점"(모스크바, 1978).

역의 과정은 관련된 2개 언어 간의 언어적 비유사성에 의하여 영향을 받는다. 통번역은 언어를 도구(道具)로 한 커뮤니케이션의 한 형태라고 할 수 있으며, 통역은 일반적으로 순차통역과 동시통역으로 분류한다. 통역 중에서도 특히 동시통역은 메시지 이해 및 전달이 동시에 진행되어야 하는 다양한 과정이 요구되는 전문분야이므로 동시통역사들이 이러한 작업을 하는데 고도의 훈련된 기능이 요구된다.

1.1 양질의 통번역을 위한 전제

통번역을 훌륭하게 하려면, 어휘적, 문법적으로 결합하는 규칙보다는 해당 언어권에서 실제로 통용되는 언어의 하부체계(下部體系)를 알고 있어야 하며, 양질의 통번역을 생산하기 위해서 몇 가지 사항을 기억하는 것이 바람직하다(ib.: 57-62).

1.1.1 작은 약속과 생활 표현

어휘적, 문법적 의미의 결합에 관한 포괄적인 약속(約束)에 기초하여, 언어 사회는 '자연스러운 혹은 어색한 말하기에 대한 작은 약속'을 맺는다. 그리고 이 작은 약속의 범위 내에서 자주 쓰는 생활 표현을 만들어 이용한다. 여기서 통번역사에게 생기는 문제는, 각 언어의 사용자들이 생각하는 자연스러운 표현이라는 것이 대개 서로 일치하지 않는다는 점이다. 한국에서는 '길 조심해! 넘어질라'라고 하지만, 영어에서는 '걸음 조심해 mind your step'라고 한다. '서두르지 마'가 영어로는 'take your time'으로 표현된다. 영어로 'be careful, do not stumble', 'do not hurry'로 할 수도 있다. 영어의 어휘, 문법적 결합규칙(結合規則) 차원에서는 문제될 것이 없다.

1.1.2 언어 사용의 차이

각각의 언어에서 사용되는 구조가 미묘하게 차이를 보이는 경우가 많기 때문에 그 언어를 배우는 외국인들은 특히 주의해야 한다. 예를 들어, 한국어와 영어의 표현 중에서, 가장 간단한 인사말 중에서도 그 차이를 쉽게 발견할 수 있다. 한국에서 나이 많은 어른에게 아침 인사를 드릴 때, "편히 주무셨습니까?(Did you sleep well?)'라고 말하는데 비하여, 영어권에서는 "Good Morning(좋은 아침)"이라는 표현을 쓴다. 또 저녁시간에 만나서 헤어질 때에는 우리의 경우는 "안녕히 주무세요(have a good sleep)"라고 하지마는, 서양에서는 "Good night(좋은 밤 되세요)."라고 한다. 이처럼 우리의 생활 표현을 글자 그대로 직역해서 이야기하는 것은 적절하지 않은 표현이 될 수 있다. 생활 표현이나 일상적으로 사용되는 관용적인 표현들은 언어 중에서 가장 자주 쓰이는 어휘층(語彙層)이기 때문에 통번역사는 이러한 어휘들을 숙지하도록 해야 한다.

1.1.3 관용어구

통번역과 관련된 두 가지 중요한 사항이 존재하는데, 첫째는 어떤 직업군(職業群)의 사람들이 언제부터인가 즐겨 사용하게 되는 단어나 표현을 들 수 있다. 만약에 누군가가 그 대신 평범한 동의어(同義語)를 사용하면 어색하게 들리는 경우가 된다. 예를 들어, 세계은행이나 국제통화기금 같은 국제기구에서 근무하는 사람들의 영어를 들어보면, '(무엇을 하는) 약정'의 의미로 'commitment'를 항상 쓰며, '감면'은 'incentive', '외국인'은 'expatriate'라고 한다. 그렇다고 다른 단어들, 즉 obligation, relief, foreigner를 사용해선 안 된다는 뜻이 아니다. 써도 되지만, 그럼 어쩐지 고상(高尙)하지 않아 보인다. 이것은 전문용어의 올바른 이용에 대한 문제라기보다는 유행을 따르냐 마느냐의 문제일 뿐이다. 중요한 것은 이렇게 유행하는 표현을 이해하는 것만으로도 통번역에 도움이 된다는 것이다. 둘째로, 자주 쓰는 표현으로 굳은 어결합(語結合)의 대부분은 이미 관용적인 의미를 지니기 때문에 이러한 어결합을 통번역 할 때에는 차후 오용(誤用)될 가능성을 주의해야 한다. 널리 알려진 관용구는 사전에 숙지해야만 하며 그렇지 못한 경우라도 직역만은 피해야 한다.

1.1.4 의미선정

일반적으로 어휘는 한 가지 이상의 의미를 지니고 있는 경우가 대부분이기 때문에 일대일 대응은 거의 불가능하며, 원천언어에 쓰인 한 어휘에 대해 다수의 상응어가 있을 수도 있고 또 없을 수도 있다. 따라서, 번역가는 특정분야의 언어적 규칙들과 함께 보조자료를 연구해서 어떤 방법을 이용해야 더 정확한 정보를 전달할 수 있는지에 대한 신중한 판단이 필요하다(김세정, 2003 가을: 64-5). 한편 G.E. Miram(2004: 62)이 말하는 언어 단위에 의미를 부여하는 방법으로는

(1) 언어에 대한 포괄적 약속 범위 내에서 넓은 의미를 정하고, 이 때 공통의 어휘, 문법적 결합규칙을 적용한다.

(2) 다음으로 작은 약속에 따라 개별적 의미를 더하고, 굳어진 어결합에는 특정 의미를 부여하는 방법으로 해결하는 것이다.

1.2 통역의 이론 소고

먼저 Seleskovitch(1975; Seleskovitch & Lederer, 1984)와 Lederer(1981)가 주창하는 '의미이론(theory of sense)'을 들 수 있다. 이 의미이론(意味理論)은 언어학에 뿌리를 둔 전통적 이론으로부터 도전을 받고 있다. 여기서 언어학적 이론이라 함은 어떤 언어 조합간의 통역이냐에 통역과정이 달라진다고 보는 시각이다. 해석이론가들은 기본적으로 의미의 '탈 언어화'라는 정신적 작업과 이를 도착어로 재표현 해 내는 작업은 언어조합과는 무관한 불변(不變)의 현상이라고 주장하는 반면, 언어학적 이론의 지지자들은 한 언어에서 다른 언어로 이동하는 작업은 두 언어의 특성을 반영하며, 따라서 두 언어가 얼마나 유사(類似)한지 정도에 따라 결정되는 작업이라고 주장한다. 여기에 또 하나의 이론이 추가되는데, 이는 현재 단계에서는 하나의 '이론적 틀'이라고 볼 수 있을 뿐 완전한 이론으로 인정하기는 어렵다. 주요 학자로는 Catherine Stenyl(1989; Karla DEJEAN, 2004: 159-60)을 들 수 있는데, 그는 1989년 '비록 불완전하나마 다양한 변수들을 포괄하고 이들 변수들 간의 상호작용을 설명할 만큼 충분히 역동적인[2] 틀이라고 스스로 규정하였다. 이 이론의 주창자중 한 사람인 Alberto Riccardi는 1994[3]는 투르크에서 개최되었던

[2] [...] 비록 [...] 완전하지 않다 할지라도, [...] 하나의 틀(framework)이 광범위한 변수를 수용하기에 충분할 만큼 폭이 넓다[...]. 그것은 상이한 변수들 간의 상호작용을 설명할 수 있는 역동적인 틀이다[...]", Karla DEJEAN, 2004, ib.

[3] "일반적으로 인정된 경험에 근거를 둔 포괄적인 이론을 공식화하기 위하여 충분히 알려지기 전에는 아직도 더 많은 시간이 필요하다는 것은 분명하다."(RICCARDI, 1997: 93); RICCARDI Alberto(1997), "연구와 훈련간의 상호작용", pp.92-4 *회의 통역: 연구의 현행 추세*, Yves GAMBIER, Daniel GILE et Christopher TAYLOR eds. (Amsterdam/ Philadelphia,

국제통역학회에서 '우리의 주장이 경험적(經驗的) 이론의 형태로 자리잡기 위해서는 아직도 먼 길을 가야 한다'고 덧붙였다. 완성된 이론을 제시하기 위한 준비과정에 있는 위의 학자들은 공히 '해석이론'과 그 핵심 개념인 '탈언어화'에 대해 비판을 제기하고 있다. 비판의 이유는 '탈언어화'라는 개념이 과학적으로 검증(檢證)되지 않았다는 것이다. 그러나 '해석이론'에 대한 수많은 논란에도 불구하고 통역교육기관의 다수가 해석이론을 교육의 기본원칙으로 삼고 있다는 사실은 기억해야 할 일이다.

1.2.1 탈언어화

연설을 통역할 때 통역사가 언어지식만 가지고 통역할 수는 없다. 단어를 듣긴 하되 단어에 해당되는 언어적 의미에 집착(執着)하지 않는다. 만약에 집착한다면 절대 같은 속도로 통역할 수 없다. 오히려 들은 바를 바탕으로 일관성(一貫性) 있는 전체 발화문이 생성되도록 개념을 파악하는 것이 옳다. 진정한 통역사라면 중앙 처리 시스템이라고 부를 수 있는 두뇌에서 받아들이지 않는 생각들을 말하지는 않을 것이다. 그러므로 언제나 재표현에 할당되는 처리능력보다는 이해에 할당되는 처리능력이 우선시된다. ESIT(파리 통번역대학원)에서는 통역 상황이든 일반적인 의사소통 상황이든 우리가 들은 정보는 대부분 의식의 상태, 혹은 개념적이든 정의적(定義的)이든 기호나 정신적인 표상의 상태를 거쳐 처리된다고 주장해 왔다. Seleskovitch와 Lederer는 이를 '탈언어화(脫言語化)'라고 불렀으며 이 표현은 많은 논란을 야기하기도 했다. 단순히 생각은 언어가 배제된 것이라는 것을 의미하지는 않는다. 사실 언어가 없다면 생각은 불가능하다. 이것은 담화(談話)를 이해할 때 들은 단어를 기억하는 것이 아니라 메시지와 정신적인 표상(表象)들을 기억한다는 것을 의미하는 것이다. 인간의 뇌는 지표적 기호나 상징적 기호(노트테이킹할 때 그리는 작은 그림들)를 중심으로 정신적 표상을 그린다. 또는 통역사에게 전체 생각을 떠올리게 하는 단어를 중심(中心)으로 혹은 감정(분노, 아이러니 등)을 중심으로 통역사가 마음 속으로 떠올리는 이미지(중앙 유럽 지도처럼)를 따라 기억하기도 한다. 이것이 '탈언어화', 담화 처리의 인지적(認知的) 과정이다 (Colette LAPLACE, 2004: 223-24).

John Benjamins); Karla DEJEAN, 2004, ib.

1.2.2 정신적인 표상

순전히 주관적인 것으로 과학적이지는 않은 것이다. 예를 들어 특정 학교에 유학중인 베트남 학생들은 베트남어로 어느 특정한 표현을 들을 때 특별히 생각하지 않고도 즉각적으로 '도서산간 오지 주민'이라고 말한다. 하노이 주민은 '도서산간 오지 주민'이란 말을 들으면 북쪽에 사는 소수민족인 흐몽 부족을 떠올릴 것이며, 반면에 사이공 주민은 에데 부족에 대한 지식 및 경험을 떠올리기 마련이다. '도서산간 오지 주민'에 대한 지극히 주관적인 경험에서 나오는 개인적이고 부분적인 정신적 표상(表象)은 추상적인 개념과 통역사가 들은 언어 간에 인터페이스 역할을 하게 된다. 중요한 것은, 이 정신적인 표상이 사실 언어(시니피앙-시니피에), 개념(논리적인 추상체)과 외부 지시체간에 가교(架橋) 역할을 하기 때문에 의사소통(意思疎通)이 가능하게 되고 또 어느 정도의 객관성을 유지하며 통역이 가능하게 된다는 것이다.

연사(演士)의 말을 듣는 사람은 소리를 들을 뿐만 아니라 그와 동시에 보고 느낀다. 처음에는 자신의 다른 감각이 전달해준 정보를 바탕으로 들은 소리를 해석한다. 연사의 성, 나이, 국적, 다른 사람과의 관계, 더 나아가서 공격성, 신경과민의 정도, 소심함의 정도 등을 파악하게 된다. 연사가 말을 하게 되면 연관성의 정도에 따라 지적(知的) 표상들이 우선 떠오르게 되고 이 순간 두뇌는 모든 변수(變數)를 총동원하여 다양한 표상 간에 설정할 수 있는 연결고리를 정하게 된다. 결속성(結束性)의 기초원리나 비모순 원리 혹은 '있을 법한' 원리에 따라 연결이 이루어지게 된다.

이해하는 주체(主體)가 갖는 지적 표상이 풍부하면 할수록, 또한 자주 떠올리고 다른 표상들과 자주 연결시킬수록 의미를 구축하는 작업은 쉬워진다. 반대로 지적 표상이 빈 껍데기와도 같다면 그 지적표상을 다른 표상들과 관련시키고자 하는 노력은 수포로 돌아가거나 잘못된 연결로 끝나게 된다. 회의통역사란 의미의 뱃사공이지 일종의 치환(置換) 반복기는 아니다. 물론 의미를 건네기 위해서는 여러 요인을 통제하고 이와 끊임없이 싸워야 한다. 종종 동시통역을 수행하는 통역사의 경우 한계에 도달하여 자신이 하는 말씀을 완벽하게 통제한다고 말할 수 없는 경우가 발생하기도 한다. 소용돌이도, 회오리도 일지만 의사소통의 현장에서 의미는 좌초하지 않고 떠 있다(LAPLACE, ib.).

1.3 문장 범주와 통역의 과정

시간적 제약이 따르는 동시통역은 적성(適性)과 특수한 고 난이도의 어려운 테크닉이 필요한 전문적인 분야이다. 언어 구조나 배경이 전혀 다른 언어간의 통역은 더 한층 어려운 일이지만, 그러나 언어 구조나 문화적 특성에서 나타나는 커다란 차이에도 불구하고 언어와 언어 사이에 의사소통이 가능한 것은 인간 경험의 공통성에서 오는 언어와 언어 사이의 의미적 유사성(類似性)과 기본적인 층위에서 언어의 통사적 구조가 근본적인 유사성을 갖고 있기 때문이다(Nida). 또한 카츠(Kartz)도 이와 비슷한 이야기를 하고 있다. "언어의 보편성이 존재한다고 볼 수 있는 것은 곧 사고(思考) 구조가 보편성을 지녔기 때문이다"라고 말하는 Sindairdezwart의 설을 받아들이고, 서로 다른 언어 간에 공통적인 의미론적 심층(深層) 구조가 존재한다고 보고 있는 것이다(박순함, 1973; 이광호, 2003 가을: 130-45). 즉, 문법적으로나 어휘적으로 구조가 각각 다른 출발어에서 도착어로 옮겨지는 것은 두 언어의 표면 구조에서 이루어지는 것이 아니고 언어의 심층 구조에서 보다 용이하게 이루어진다고 보는 것이다.

1.3.1 6개의 문장 범주

화제 중심인 한국어는 내포문(Embedded), 분열문(Cleft), 부사구(Adverbial), 논항이동(Moved Argument), 속격(Genitive 소유격), 단일화제(Single Topic) 등의 6개의 문형유형으로 구분되고 그 중 단일화제 및 속격 유형에서 통역사의 오류(誤謬)가 가장 적었고 그 다음으로 부사구 및 논항 이동 유형이었으며, 동시통역 사에게 가장 고난도(高難度)의 문형으로써 오류(disruption)의 빈도가 매우 높았던 유형은 분열문(分裂文) 및 내포문(內包文) 유형으로 나타났다. 한국어와 영어의 문장 형태를 비교분석하기 위하여 아래에서 6개 범주의 한국어 문장으로 나누어 알아보기로 한다(Yom H.I., 2001 봄: 147, 150; 2003 가을: 148-54).

1) 단일화제 범주(Single Topic Category)

단일화제 범주에는 한국어와 영어 간에 차이가 거의 없다. 화제의 자질(資質)은 종종 주어(subject)의 자질과 일치한다.

김선생은 차를 샀습니다.
'Mr. Kim bought a car.'

2) 부사 범주(Adverbial Category)

부사 범주에서는 화제는 나머지 문장으로부터 분리된다. 화제와 주어는 공히 발생하고, 다음의 예에서와 같이 쉽게 구별된다.

강은   한강이   길다
'As for rivers, the Han river is long.'

3) 속격(소유격) 범주(Genitive Category)

속격 범주에서는 제1, 제2의 명사구가 개념적(槪念的)인 관계를 공유한다. 명사구는 전체적인 명사구(예를 들어, 거시적인 명사구)와 하부(미시적인) 명사구로 구분된다.

그 사람은   동생이   부산에서   의사를   하고 있습니다.
NP1(화제) NP2(주어)
　※ 영어의 문장에서 위 두 명사구 간(NP1과 2)에는 속격관계이다.
　　'His brother is a doctor in Pusan.'
　※ Abbreviations: NP: noun phrase (명사구).

4) 논항 이동(Moved Argument)

논항 이동 범주에서는 보어(補語)가 주어화하고 문장의 처음의 위치로 이동한다. 이러한 범주의 한국어 문장은 능동태 혹은 수동태의 형태로 영어로 전환(轉換)될 수 있다.

(1) Waiters and waitresses serve customers.
　　웨이터와 웨이트리스는 손님들의 시중을 든다.
(2) Customers are served by waiters and waitress.
　　손님들은 웨이터와 웨이트리스들에 의하여 시중을 받는다.

양쪽의 발화에 있어서 격의 관계는 변하지 않지만, 그 강조는 변경된다(Fillmore, 1968; Yom, 2003 가을: 150-51). 한국어에서 어떤 것이 화제가 될 수 있는가에 관한 설명과 관련하여, 임의의 **명사적인 요소**는 문장 내에서 **주어**(主語)로 변경될 수 있다는 것을 위에서 보여준다(Sohn H., 1986; ib.).

5) 삽입 요소(Embedded Elements)

삽입문의 범주는 관계절과 기타 삽입요소(揷入要素)를 포함하는데, 예를 들어, 보조연결사가 첨부된 문장이나 혹은 문장에 준하는 것들이다. 다음은 명사구 1(NP1)과 한국어 내의 모체 동사간에 삽입된 절과 그에 해당되는 영어의 어순(語順)이다.

한국어: NP1 + NP2 + VP2 + VP1
영어: NP1 + VP1 + NP2 + VP2
그 사람은   자신이   머지않아   박사   학위를
미국에서   받을   것이라고   말했습니다
'He said that he would soon get a doctoral degree in the U.S.'

6) 분열 구조(Cleft Structure)

분열(分裂) 범주는 'It is John that she really loves[그녀가 진정으로 사랑하는 것(사람)은 존이다]'의 문장에서와 같이 도해의 형식[it be XP S']을 갖는다(Radford, 1988: 493; Yom, ib.). 이 경우에 있어서, 구성 요소 'John'은 강조의 위치에 있다. 'that she really loves[그녀가 진정으로 사랑하는 것(이)은]'의 절(節)은 화제(논제)이 동의 규칙에 의하여 화제로 본다(cf. Gundel, 1977; ib.: 148-54).

1.3.2 통역의 과정

1) 통역의 3단계

통역이 이루어지는 과정은 순차통역 이든 동시통역 이든 다음의 **세 가지 단계**를 거쳐 이루어진다고 할 수 있다.

첫째, 언어를 듣고 분석과 해석을 통해 그 의미(意味)를 이해하고,

둘째, 개별 단어들은 즉시 잊어버리고 메시지의 내용(內容)만 기억하며,

셋째, 이 내용을 목표언어로 전환(轉換)하여 새로운 발화를 이루어 내어 원문 연설의 메시지를 청중(聽衆)에게 적합한 언어로 전달하는 단계.

동시통역사는 출발어의 연설을 들으면서 거의 같은 순간에 문법적인 분석을 통하여 도착어의 메시지를 문장 구조상으로 좀 더 명확하고 알기 쉬운 형태로 고친다. 이와 같이 역 변형을 거쳐 출발어의 기저(基底) 층위에서 명확하게 된 구조를 같은 층위에서 도착어로 변형(變形)시켜 재구성 하여 동시통역이 이루어진다고 할 수 있다. 그리고 이러한 과정은 동시통역사의 머리 속에서 거의 동시적으로 순식간에 일어나는 것이다(박명석, 1973; 이광호, ib.).

2) 언어와 약속

그림과 달리 언어는 주변 세계를 구현(具現)하려 하지 않을 뿐만 아니라 언어사용자들의 합의(약속)에 의해서만 세계와 관계를 맺는다. 그래서 언어를 약속에 의한 것이라고 한다. 예를 들어, 나무라는 주변 세계를 놓고 일정한 기호(記號)와 소리를 결합하여 표현키로 한 것이다. 글자가 탄생한 인류 문명의 태동기, 사람들은 주변 세계 형상을 흉내 내어 글자를 창조하려 하였다. 정보 코드인 글자는 당시 그림에 가까웠다. 이집트 상형문자(象形文字)를 보면 이 사실을 확인할 수 있다. 그리고 말은 아마도 자연에서 따왔을 것인데, 시간이 흐르면서 언어와 주변 세계와의 유사성이 사라지고 약속이 힘을 얻는다. 즉 언어사용자간에 일종의 조건부 합의(合意)가 맺어진다.

그러나 그 약속은 깨어지고 다의성(多義性)이 등장한다. 사람들은 지역, 직업, 사회적 위치, 종교에 따라 그룹을 짓고 단어에 또 다른 의미를 덧붙이기 시작한다. 은어(隱語), 방언, 전문용어가 새로 등장하고, 그것이 모든 사람들의 인정을 받는 수준이 되면 새로운 약속이 성립된다. 이 때 원래의 의미도 그대로 유지되면서 다의(둘 이상의 의미)성이 생겨나는 것이다. 영어에서 다의성의 예를 찾기는 어렵지 않다. 'board'의 의미를 예로 들어보면, 판자, 탁자, 식사, 선반, 마분지, 뱃전, 이사회, 위원회, 국, 부 등이 있다. 사전에서 같은 쪽에 있는 'blue'의 경우도 여러 의미를 갖는다. 하늘색의, 남색의, 푸른, 창백한, 우울한, 암담한, 불경한, 음란한, 보수당의 등 그 뜻이 무척 많다.

3) 다의성의 제거 요인

이처럼 언어는 다의적임에도 불구하고 서로 간에 말을 알아들을 수 있는데, 그 이유는 맥락(context), 상황(situation) 그리고 배경지식(background knowledge)을 통해서 이해가 가능해 지는 것이다. 그 중에서도 **맥락**(脈絡)은 다의성을 없앨 수 있는 가장 손쉬운 수단이다. 즉, 맥락이란 하나의 단어블럭을 둘러싸고 있는 다른 단어 블럭이다. 우리가 만들고자 하는 대상이 무엇인지, 즉 주위에 어떤 블록이 놓이는가에 따라 단어가 지닐 의미가 결정된다. 대상이 집이라면 벽, 계단, 지붕 등이 될 것이고, 기린을 만든다면 다리나 머리, 그리고 꼬리까지도 될 수 있을 것이다. 또 다른 방법으로는 **상황**, 그리고 **배경지식**을 들 수 있다. 상황을 파악하려면 배경지식 즉 이미 알고 있는 정보가 필요하다. 맥락에 근거하여 단어의 의미를 분명히 하고자 할 때 의미 관계에 대한 배경지식은 필수적이다. 'Cranes are flying', 'Heavy powerful cranes'의 두 문장을 'crane'을 제대로 이해해서 '두루미가 날아간다', '무겁고 힘 좋은 기중기(起重機)'로 옮기려면 맥락과 배경지식을 충분히 이용해야 한다.

누군가 'conductor'라는 영어 단어를 언급하며 전기도면을 보여준다면 '도관(導管)'의 의미임을 쉽게 알아챌 수 있을 것이지만, 콘서트 중이거나 그것이 끝난 자리였다면 '지휘자'를 떠올릴 것이며, 버스에서 표 파는 사람을 그렇게 불렀다면 '차장'이라고 생각할 것이다. 이런 식으로 상황을 참고하여 'conductor'의 의미를 파악할 수 있다. 그러나, 여기에는 다른 요인도 작용하였음을 알 수 있다. 그 동안 습득한 배경지식 즉, 버스에서 표 파는 사람이 '차장'이고 오케스트라를 지휘하는 사람이 '지휘자'라는 지시에 근거하여 선택을 한 것이다. 따라서, 첫째 **상황**과 **배경지식**에 근거하되, 의미의 결정은 상대적으로 이루어진다는 것이다. 즉, 자신의 경험을 바탕으로 어느 의미가 더 가능성이 높을지를 판단하여 결정을 내리게 된다. 둘째, 상황, 배경지식도 맥락(脈絡)의 일종이다. **비언어적 맥락**(cf. 1부 2장 2.4항 상황문맥) 또는 이제까지 받아들인 언어적 맥락의 투영(投影)이라 하겠다. 처음으로 갔던 연주회 때 지휘자라는 말을 부모님에게서 들었거나, TV를 통해 혹은 동화책에서 읽었을 수도 있다. 이것이 바로 사전에 습득한 언어적 맥락의 투영이다. 날고 있는 두루미, 건설 현장이나 부둣가에서 움직이는 기중기를 보고 나서부터 기중기는 무겁고 힘이 세며 두루미는 날 수 있다는 사실 즉, 비언어적 맥락인 '실제 현실의 맥락'을 그렇게 여기게 되었을 것이다.

4) 대상과 결합법칙

우리 주변의 모든 대상은 결합 맥락(context of compatibility) 속에 놓여 있으며 특정 맥락 안에서만 제대로 작동한다. 정해진 곳에만 맞도록 제한되어 있으며 그 외 맥락에 쓰면 이상하고 어색하게 보인다. 언어는 현실의 맥락을 발화(發話)의 맥락에 반영한다. 이 과정에서 언어는 이러한 결합(結合)의 법칙을 자체적인 문법과 성음규칙에 맞춰나간다. **맥락, 상황, 배경지식**이 단일한 '결합법칙'에 근거하여 통합되기는 하지만, 편의상 언어의 **다의성(多義性)을 제거할 수 있는 요소로 고려한다.** 이들 세 가지를 완전하게 구별하기는 어렵지만 통역과 번역을 하는 데에 있어서 각기 매우 중요한 역할을 한다. 이들이 지닌 의미선정 기능(機能)을 밝혀줄 방법으로 거론할 수 있는 것으로, 전혀 생소한 외국어로 전하는 국제정치 뉴스 시청을 들 수 있다. 언어를 잘 모르더라도 꽤 많은 내용을 이해할 수 있다. 익숙한 사건과 관련하여(배경지식) 등장하는 이름, 지명이 무엇인지 알 수 있고 (맥락), 무슨 일이 일어나는지 화면을 통해 볼 수 있기(상황) 때문이다(Miram, 2004: 33-42).

2. 통번역 방법의 선택

2.1 변환법과 구상법의 활용

통번역 방법의 선택과 관련하여 보통 변환법과 구상법(具象法)의 두 가지 접근법이 혼합되어 사용된다. 그러나 어느 쪽 위주로 하느냐는 통번역 상황 및 종류, 장르를 고려하여 결정한다. 물론 통번역사 자신의 수준과도 긴밀한 상관관계가 있다. 변환(變換) 메커니즘에 따라 번역을 하면 정신적 노동이 덜 필요하다. 그래서 번역사들은 보통 이 방법을 선호한다. 문제가 되는 단어나 문법 구조에 맞닥뜨려 어순을 변경하거나 다른 말로 바꾸거나 아예 변환법을 포기하고 원문 내용을 해석하는 구상법을 적용하지 않는 한, 한 단어씩 차례대로 번역한다. 문학작품 번역은 고민하고 해석할 시간이 충분한 편이다. 그렇지만 텍스트를 변환하는 것이 더 간단하고, 변환법(變換法)을 통해 꽤 괜찮은 결과가 나오는 경우가 많기 때문에 이쪽을 선택한다. 그러나 **동시통역**을 할 때는 해석할 시간이 절대적으로 부족한 탓에 하는 수 없이 문장의 매끄러움을 포기해야 하는 경우가 많으며, 보통 변환 메커니즘을 따른다. **순차통역**을 하면서는 내용을 기억해야 하고 몇 개의 문장을 한 번에 통역해야 하기 때문에 구상법 즉 해석 위주가 된다. 원문 구조를 그대로 옮기는 경우는 거의 없고, 원문의 장르도 방법 선택에 영향을 미친다. 일반적으로 문학작품 특히 시(詩)의 경우 구상법이 주로 쓰인다. 내용 전달도 중요하지만 그보다는 적합한 형상(形狀)을 창조하고 독자들에게 적당한 감정, 연상(聯想)을 불러 일으키는 것이 이들 번역의 목적이기 때문이다. 하지만 주제가 과학기술 일 경우 상황은 달라진다. 정확한 내용 전달이 중요해지므로 자연히 변환법이 우선시 된다 (ib.: 69-80).

2.2 전달 정보의 선택과 활용

정보를 보존 혹은 형태를 변화시키거나 아예 제외하는 기준을 이해하는 데는 이른바 '정보적 분절(分節)'에 대한 지식이 필요하다. 정보적 분절은 논리 커뮤니케이션 상의 텍스트 구조(構造)이며, **텍스트**는 테마(주제), 연결 요소, 레마(테마에 대한 설명)로 구성된다. 일반적으로 전(前) 문장의 레마가 다음 문장의 테마가 된다. 즉 텍스트가 전개(展開)됨에 따라 주제 전개가 일어난다. 예를 들어(테마는 밑에 줄이 그어 진 것이고, 레마는 진한 고딕체로 되어 있다). <u>그가</u> **어제 도착했다**. <u>모두들 그의 도착에</u> **기뻐했다**. 그러나 <u>기쁨은</u> **금세 사라졌다**. <u>기쁨이</u> **사라진 것은 뜻밖의 소식 때문이었다**(Miram, 2004: 148).[4] 문법구조는 언어마다 상이하지만 논리-주제 구조는 통역을 거쳐도 거의 변하지 않는다. 그래서 순차통역시 통역사는 첫째, 논리-주제 구조에 의지하고 이를 활용한다. 동시통역이 원문의 구조를 모방하며 주로 줄(line) 단위로 전개된다면, 순차통역은 논리-주제 전개(展開)가 이루어지는 핵심 단계와 이의 보충 및 연결이 이루어지는 단계(삽입어, 평가어, 양상어, 한정어 등)로 구성된다.

둘째로, 순차통역에서 생략과 변형을 발견할 수도 있다. 그렇지만 동시통역에

---

4) Вестник МПУ "언어학" 시리즈(1999, 2호) 중 이프신(Ившин В.Д.), "텍스트, 그 기능 및 의미론, 그리고 커뮤니케이션 문장 성분".

존재하는 '논리적 허점(虛點)'은 없다. 동시통역사는 정확히 듣지 못했거나 놓치는 등 여러 가지 이유에서 텍스트의 논리―주제 전개를 깨뜨리곤 한다. 하지만 순차 통역사가 그러는 일은 거의 없다. 셋째, 순차통역을 준비하거나 통역 자리에서 노트테이킹할 때도 논리―주제 구조를 염두에 두어야 한다. 원문을 들으며, 통역사는 테마와 레마를 메모해야 하며, 그 다음에 보충적인 한정표현을 덧붙인다. 원문의 윤곽을 종이에 그려가며 순차통역 기술을 연마(研磨)할 때는 도착어를 사용해야 한다(ib.: 148-53).

순차통역사는 노트를 정리할 시간을 갖기 때문에 연사가 갖는 시간의 약 75%만을 필요로 하게 된다. 이 통역방식은 동시통역을 위하여 장비가 구비된 회의실을 임대(賃貸)할 필요가 없기 때문에 상대적으로 저렴한 대안이다. 소요되는 유일한 비용은 회의 주최자가 어차피 지불하게 되는 통역사의 보수(報酬) 뿐이다. 그러나, 순차통역은 연사가 통역사로 하여금 통역을 하도록 하기 위해서 시간 낭비적인 휴식(休息)을 하지 않으면 안되기 때문에 오늘날에는 많이 사용되고 있지 않다 (Degueldre & Lichtenberg, 1985; Yom, 2001 가을: 174-76; 2002 봄: 171).

3. 통역 방식

3.1 시간차의 정도에 따라 분류

시간차(時間差)의 정도에 따라, 순차 통역과 동시통역으로 구분하게 되는데, 순차통역에서는 통역사의 노트테이킹 기술이 통역수행에 중요한 역할을 하게 되고, 동시통역에서는 한국어의 화제와 기타 구조적인 표지의 기능적인 가치를 파악하기 위하여 통역사는 통역하기 전에 연사의 뒤에서 적절한 거리를 유지(維持)하는 것이 매우 중요하다. 특히 한국어로부터 영어로의 통역의 경우에 있어서 그러하다 (Yom H.l., 2003 가을: 147-48).

3.1.1 동시통역과 순차통역의 차이

통역 종류(동시, 순차)에 따라 커뮤니케이션 과제, 접근법, 수단(手段)이 각기 달라지는데, 그 차이점으로는 동시통역에는 변환법이 이용되고, 순차통역에는 구상법(具象法)이 주로 이용된다. 동시통역사에게는 고민할 시간적 여유가 없으며, 순차통역 시와 같이 출발어 텍스트의 형식 구조를 기억해 모방(模倣)하기도 쉽지 않다. 통역을 우리 실생활에 비유하면 동시, 순차통역 모두 빠르게 달리는 기차 안에서 어린이 나 다른 누군가에게 창(窓) 밖 모습을 이야기 해 주는 상황과 같다고 하겠다. 이 때 철길 근처에 무엇이 있는지, 또는 재빨리 나타났다 사라지는 것이 무엇인지 설명하는 것이 **동시통역**이라면, 멀리 서 천천히 펼쳐지는 풍경에 대한 묘사(描寫)는 순차통역의 좋은 모델이다. 풍경을 이루는 일부분이 눈앞을 빠른 속도로 스쳐 지나가는 경우, 각각의 단편을 가지고 전체를 **재구성**해야 한다.5) 이와 마찬가지로 동시통역을 할 때면, 문장의 일부를 듣고 이를 이용하여 문장을 재구성한다. 그러나 바로 말로 옮기기는 쉽지 않다. 그러므로 뒤쳐지지 않기 위해서는 가능한 대안(代案)들을 미리 준비해두는 것이 좋다.

멀리 서 보면, 각각의 대상(對象)이 무엇인지 구분하기 힘들다. 게다가 전부 기억하기에는 너무도 많은 것들이 동시에 눈앞에 펼쳐진다. 그렇다면 전체를 토대로 부분을 재구성하여 이야기를 해나가야 한다. 바로 이것이 **순차통역(順次通譯)** 이다. 한 번에 긴 텍스트를 듣고 이를 파악하여, 중요한 핵심 문장을 정확히 재현(再現)하면서 통역해야 한다. 개별적 대상간의 관계는 텍스트에 얽매이지 않고 보통 자신이 생각해 낸 적당한 표현을 이용하여 풀어간다([그림 1] 참조). 즉, 순차통역을 할 때는 상당히 넓은 범위의 맥락을 접하는 반면에 동시통역의 맥락은 단편적(斷片的)이며 제한되어 있다. 순차통역 시에는 통역사 앞에 맥락의 연속체가 일관성(一貫性) 있게 펼쳐진다. 그러므로 사전에 나타나는 단어들 중에서 적당한 것을 배경지식, 상황에 근거하여 선택하여 다른 언어로 전달하게 된다. 반면에, **동시통역**을 하게 되면 문맥이 잠시 나타났다 사라지는데, 그것을 상황과 배경지식의 시각(視角)에서 한데 연결하여야 한다. 문제는 연사의 말을 듣고 바로 그 순간 옮겨

---

5) 만약 금속 구조물을 보았고 그것이 다리 건설에 쓰인다는 사실을 알고 있었다면 다리를 지나고 있다고 말할 것이다. 조금 후 다리의 다른 구조물이 나타난다면 추측은 옳았던 것이다. 도로나 전차의 일부를 보았다면 어떤 도시라고 말할 것이다. 실제로 높은 건물, 쇼 윈도우가 뒤를 이어 등장한다면 그 추측도 맞았음이 판명될 것이다.

야 하므로 설사 실수하였음을 나중에 알게 되어도 바로잡을 방법이 없다는 것이다. 이것이 순차통역과 동시통역의 가장 **큰 차이점**이라고 할 수 있다. 이런 이유로 동시통역에선 상황과 배경지식이 절대적인 역할을 한다.

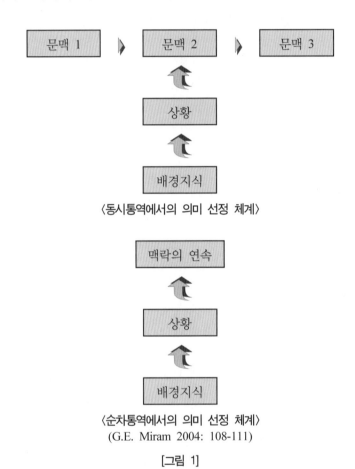

〈동시통역에서의 의미 선정 체계〉

〈순차통역에서의 의미 선정 체계〉
(G.E. Miram 2004: 108-111)

[그림 1]

3.1.2 순차통역(Consecutive Interpretation)

1) 순차통역이란?

출발어 순차통역이란 타인의 부탁에 응하여 약품 설명서를 해석해주는 일부터 일정시간 동안 강연을 통역하거나 정상회담에서 대통령의 대화를 통역하는 일까지 모두 순차통역에 속한다. 순차통역은 전문 통역사가 일상적으로 하는 일이다.

동시통역과 달리 출발어 텍스트를 듣고 나서 통역을 하기 때문에 순차통역이라 칭한다. 순차통역에 있어서는 통역사는 일반적으로 출발어의 연사가 말을 하는 중간휴지(Pause)를 한 후에 통역을 실시한다. 순차통역은 **연속적인 방식과 불연속적인 방식**의 2가지 유형이 사용된다. 연속적인 방식에서는 통역사는 연사가 그의 연설을 모두 끝낼 때까지 기다렸다가 통역하는 방식이다. 불연속적인 방식에 있어서는, 통역사는 출발어(SL)의 연사가 말을 계속하는 중간에 휴지(休止)가 있은 후에 통역한다(Longley, 1977; Yom, 2001 가을: 174; 2002 봄: 170).

문장구역(또는 시역 sight translation) ▌ 통번역학에서 사용하는 용어로 주어진 텍스트를 눈으로 읽으며 이와 동시에 즉각적으로 통역하는 것을 말한다. 동시통역은 귀로 듣는 동시에 들은 내용을 다른 언어로 통역하는 것에 반해 시역(視譯)은 눈으로 읽으며 읽은 내용을 동시에 다른 언어로 통역하는 것이다.[6] 주로 글 아닌 말을 통역하지만 글을 가지고 통역하는 경우도 있는데, 이 경우 우선 글을 마음속으로 읽고 다음에 통역을 한다. 이것은 순차통역의 일종이다.

위스퍼링 통역(속삭임식 통역) ▌ 또 순차통역 중에는 '위스퍼링(whispering) 통역'이라는 것이 있다.[7] 통역을 듣는 사람의 뒤에 앉거나 서서 주위 사람들에게 방해되지 않도록 조용히 거의 속삭이듯이 통역한다. 위스퍼링 통역은 동시통역에 비견(比肩)될 정도로 매우 힘든 통역이다. 자신의 음성을 내내 살펴야 하므로 신경이 쓰여 통역에 완전히 집중할 수 없다는 점을 고려해야 한다. 또 기업체 내에서 무역 서한의 내용을 관계자에게 전달하는 형식의 통역, 무역 상담 중에 있을 참가자를 위한 통역, 무역거래의 내용을 확인해 주는 간단한 형식의 통역, 또는 정부 대표단에 의한 국제기구 방문단에게 주요 내용을 요약하여 전달하는 통역 등도 여기에 속한다.

2) 순차통역의 특성

순차통역은 번역이나 장식(裝飾) 통역과는 달리 언제나 통역을 듣는 구체적 대상과의 긴밀한 상호관계 속에서 이루어지며 대상이 원하는 바에 따라 그 내용을

---

6) 출처: Korean-English-Korean Dictionary @http://dic.impact.pe.kr
7) 3.2.2 대화 통역 중 속삭임 식 통역을 참조.

선택한다. 물론 강연이나 보고와 같이 구체적 대상의 이해관계와 상관없는 순차통역도 가끔 있다. 그러나 이 때 역시 통역은 구체적 그룹과 연관을 맺고 있으며이들과 상호작용이 꾸준히 이루어진다. 내용을 누락하거나 다르게 통역하면 청중으로부터 곧바로 반응(反應)이 나타난다. 순차통역은 또한 원문의 모든 것을 그대로 전달하지 않는다. 그 이유는 첫째, 긴 연설문을 전부 상세하게 외우지 못하기때문이며, 둘째, 통역은 주로 구상법(具象法)에 의해 이루어진다. 단어 대 단어로출발어 텍스트를 변환하는 것이 아니라 어느 정도 자유롭게 해석을 한다. 이러한순차통역의 특성으로 하여 원문과의 차이가 발생한다. 순차통역의 특징을 설명하기 위해서 커뮤니케이션 체계를 이용하기도 하는데, 이 체계 내에서는 통역과정에서 발신자, 통번역사, 수신자(독자, 청중)의 지식 체계인 시소러스(thesaurus)가 서로 연결된다(시간차의 정도에 따라 분류, 위 3.1.1의 [그림 1] 참조). 통번역 종류에상관없이, 이 세 가지 체계의 조화(調和)는 필수적이다. 특히 순차통역의 경우, 연사가 말한 모든 것을 그대로 옮기지 않아도, 시소러스가 일치(一致)하면 의사전달이 완벽하게 이루어진다(Miram, ib.: 143-60).

3) 순차통역의 이행

노트테이킹 ▌ 통역사의 노트테이킹 기술은 그의 통역수행에 중추적인 역할을한다. 순차통역의 자질측면에서 노트테이킹은 이해와 같은 기타 요인들보다도 통역의 수행에 더 관련이 있는 것으로 지적된다. 통역사의 노트는 출발어, 도착어와제3언어의 기호(記號)와 어휘로 구성된다(Longley, 1977; Yom, 2001 가을: 175/2002 봄: 170-71). 통역사는 최초의 메시지에 관한 그의 짧은 기억을 되살리거나유발할 수 있는 어떠한 것도 노트에 기록하여 사용할 수 있다. 그는 한 눈에 들은바의 생각을 떠올리기 위하여 수평적인 방법보다는 오히려 수직적인 방법으로 노트하는 것도 바람직하다. 통역사가 노트하는 것은 속기(速記)하는 것과는 대체적으로 다르다. 통역사에게는 의미가 개별 단어보다 더 중요하기 때문에 연사가 이야기하는 모든 단어를 필기 해둘 필요는 없다. 그러나, 전치사, 관계사, 접속사와같은 기능적(技能的)인 단어가 통역 수행과정에서 중요한 부분을 수행하기 때문에 명사, 형용사, 동사와 같은 내용단어 만을 노트에 기록하는 것은 바람직하지않다. 순차통역에서는 단어를 선택 시에 보다 큰 정확성을 요구 받는다(Degueldre & Lichtenberg, 1985; Miram, ib.).

통역사는 통역하기 전에 연사의 말을 들으면서 노트해 둔 것을 기억의 실마리로 이용하면서 연설의 내용을 충실히 청중의 언어에 맞게 통역해 주면 되는 것이다. 노트를 할 때 바로 완전한 도착어(到着語)로 옮겨야 하는 것이 아니고 자신만 알 수 있도록 간략히 내용의 요점(要點)만 노트하면 된다. 그리고 연설을 듣고 통역을 시작할 때까지 전체적인 연설 내용을 보다 명확히 이해하고 통역할 말을 정리하며 재구성할 수 있는 시간적인 여유를 가질 수 있다(이광호, 2003 가을: 132). 순차통역에 있어서, 통역의 오류(誤謬)는 통역사가 메시지의 개념보다도 개별 단어에 집중할 때 오히려 두드러지게 나타난다. 이러한 이유로 하여, 통역사는 효율적으로 노트테이킹을 하면서 동시에 정보를 이해할 수 있어야 한다(Yom, 2003 가을: 160).

다음은 영어로 통역하는 상황을 가정(假定)하여 노트테이킹 연습을 하기로 한다(Miram, 2004: 153-4).

"크림 공화국에서는 국가의 가사 공모를 계획하고 있다. 월요일 크림 국회 실무회의에서 의장은 가사 공모 공고안 국회통과를 위한 서류를 준비하도록 지시했다."

가능한 메모의 내용:

- 주 내용 : competition — verse — national anthem
    speaker — instructions to prepare documents
    presidium — decision on above
- 보충 :   Monday, working meeting

위의 메모 정도로 원문의 주된 내용의 전달이 가능할 것이다. 분명하거나 기억하기 쉬운 사실은 노트테이킹할 필요가 없다. 장소가 크림이라는 것은 금방 외울 수 있는 사안이며 국회의장이 분명하므로 국회라고 덧붙일 이유가 없다. 또한 메모에 근거하여 통역을 할 때 원문 구조를 그대로 따라가는 대신 도착어의 문법 및 문체 규칙에 맞추어 새로이 문장을 만들 수도 있다. 문장별로 통역하지 말고 **화자가 자신의 논리를 끝마치도록 기다리면서 통역을 염두에 두고 노트테이킹 한다.** 그 결과로 통역사는 연사를 모방하지 않고 자연스러운 도착어로 핵심(核心)을 정확하게 전달하게 될 것이다.

　　대응어 선택❚ 동일한 생각이라도 말하는 방식은 언어마다 상당히 다르다. 영어, 러시아어, 한국어의 경우 그 정도가 심하다. 문체(文體), 구조적 차이점도 있지만 가장 크게 작용하는 것은 문화적 배경(背景)의 차이다. 순차통역을 할 때에는 순차통역의 특성을 고려해야 할 뿐 아니라 동시통역에서와 같이 아래의 사항들도 고려해야 한다.

> (1) 가능한 광범위하고 보편적인 대응어(對應語)
> (2) 맥락(脈絡)
> (3) 최대한 완벽한 일반 배경지식 및 주제지식(主題知識) 또한, 상황을 제대로 파악하여 효과적으로 이용해야 한다.

　　맥락의 활용❚ 순차통역은 동시통역과는 달리, 통역의 중심에는 문맥(文脈)이 있다. 문맥이 광범위하던 좁던 간에 바로 거기에 원문과 통역을 일치(一致)시킬 열쇠가 놓여있으며, 그 열쇠는 통역사 자신이 찾아야 한다. 다음의 예문을 보면 문맥의 중요성이 분명해진다.

> "The carrying of a very heavy weight such as a large suitcase or trunk, immediately before **sending practice**, renders the muscles of the forearm, wrist and fingers too sensitive to produce good **morse**." (Carre J. le; ib.: 156)
>
> "교신 직전에 커다란 트렁크나 여행용 가방같이 무거운 것을 옮기면 팔꿈치, 손목, 손가락 근육의 감각이 없어져서 **모스 부호**를 제대로 전달할 수 없다.

　　'Morse'라는 열쇠가 없었다면 어결합 'sending practice'의 뜻을 제대로 파악하지 못했을 것이고 당연히 텍스트의 의미도 잘 이해하지 못했을 것이다.

　　배경 및 주제지식의 활용❚ 실제 통역을 하면서 축적된 맥락적 지식이 없는 상황에서 순차통역을 준비한다면 우선 통역 주제(主題)에 대해 알아본 후 사전, 전문서적을 뒤져 관련 용어와 대응어를 파악해야 한다. 기본적으로 주제 분야 전문서적을 참고하도록 한다. 사전에는 필요한 정보가 많지 않으며, 더 큰 문제는 사전의 용어 자체가 맥락과 별개라는 것이다. 용어를 직역한 대응어의 경우, 그럴 듯해 보이지만 실은 틀린 경우가 많다. 예를 들어, 지적 재산권(財産權)에 관한 통역에서 'trade mark'는 '거래 마크'로 직역할 수도 있지만 정답은 '상표(商標)'이고, '실용신안'은 'useful model'이 아니라 'utility model'이며 '산업 디자인'은 'industrial sample'이 아니라 'industrial design'이다. 비단 용어뿐만 이 아니라, 이해가 쉬운 보통 단어가 전문 분야에서는 전혀 다른 뜻으로 쓰이기도 한다. 그러므로 통역을 준비할 때에는 해당 전문분야의 텍스트를 읽어야 하며, 텍스트를 읽으면서 이해가 되지 않는 부분은 반드시 번역해서 메모해 두어야 한다(ib.: 157-8).

3.1.3 동시통역(Simultaneous Interpretation)

통역사는 연설 직후 또는 특정의 합의(合意)된 시간이 지난 후에 통역을 시작한다(Gerver, 1976). 통역사는 부스 안에 있는 동안, 이야기가 동시에 진행되고 헤드폰을 통하여 메시지를 듣게 되는데. 통상 2명의 통역사들이 한 팀이 되어 각각 20분 정도의 통역을 수행한다(Degueldre & Lichtenberg, 1985; Yom, 2002.5: 70). 동시통역은 단순히 기계적(機械的)인 처리과정이 아니며, 서면으로 하는 번역과는 아주 다르다. 통역사는 다른 언어로 연사의 생각을 표현하고 또 도착어로 통역하기 전에 연사의 발화(發話)를 주의 깊게 듣는 것과 같은 상이한 일을 동시에 수행한다. 즉시성(卽時性)이란 동시통역의 주요 이점이다. 그러나, 연사가 연설을 하기 전에 통역을 시작할 수 없기 때문에 글자 그대로의 즉시성은 있을 수 없다. 사실상, 연사는 그가 연설을 시작하고 난 후 몇 초 후에 통역사가 다른 말로 연사의 메시지의 생각을 전달한다. 원래의 연설과 통역사의 번역간에는 시간이 지연되게 마련이다. 동시통역은 커뮤니케이션이 발생하는데 필요한 시간을 절감한다. 회의 주최자의 입장에서 동시통역은 정확성을 희생시켜서 시간을 절약한다. 그러나, 동시통역 장비를 구비한 회의실을 임대(賃貸)하기 위한 필요성 때문에 상대적으로 비용이 드는 방법이라는 불리점이 있다(Yom, 2002 봄: 171-83). 한편, Mason(2000: 216)은 발화자의 숫자를 기준으로 하여 동시통역의 유형을 **연설통역**과 **대화통역**으로 나누고 있는 반면에(고영민, 2004 봄), G.E. Miram(2004)은 장식적(decorative) 통역과 대화형(dialogical) 통역으로 구분하여 설명하고 있다[본 장의 3.2.2의 2)세항 참고].

1) 불가능에 대한 도전

'국제회의 통역 중 청중으로부터 격리된 부스(booth)에서 출발어 텍스트를 단한 번 듣고 동시에 도착어로 옮기는 일이 전문동시통역이다. 이렇게 어려운 상황 속에서 통역사는 필요한 정보를 철저히 선별(選別)하여 도착어로 재가공한다', '동시통역의 극한 조건 때문에 통역사가 스트레스를 겪게 되는 경우가 종종 있다(체르노프, 1987; Miram, 2004: 119)'. 정상적인 사람이라면 들으면서 동시에 말을 하지는 못한다. 동시통역이라는 것 자체가 신체·정신적으로 비정상적인 환경에서 이루어진다. 동시통역사는 대개 스트레스로 이어지는 엄청난 심리적 부담을 항상 안고 있다.

2) 동시통역의 특성

동시통역이란 연사(演士)가 마이크에 대고 모국어로 연설을 하면 통역사가 헤드폰을 통해 연설을 들으면서 동시에 도착어로 통역을 하는 것이다. 통역사가 부스에 있지만, 헤드폰을 통해 통역을 듣는 청중(聽衆)은 마치 연사가 그들의 언어로 연설을 하는듯한 느낌을 받는다. 훌륭한 동시통역사는 연사가 말을 멈출 때 동시에 멈추며, 연사가 자신의 말을 강조하기 위해 사용하는 제스처에 통역을 일치(一致)시킨다. 전문가들이 말하는 동시통역의 고충은 다음과 같다.

> (1) 청취와 발화를 동시에 해야 하는 신체·정신적 피로(疲勞)
> (2) 헤드폰을 통해 들리는 연사의 말을 되돌릴 수 없다는 심리적 긴장감
> (3) 통역을 정정 할 수 없으며 많은 청중이 듣고 있다는 심리적 긴장감
> (4) 빠른 연설로 인한 신체·정신적 긴장감
> (5) 제한된 문맥과 시간 속에서 상이한 언어 구조의 발화(發話)를 동시에 진행해야 하는 어려움
> (6) 도착어의 단어 길이가 길고 수식어(修飾語)가 많을 경우, 벌어진 시간을 보충하기 위해 압축된 표현을 찾아야 하는 어려움 등이다.

순차통역과 달리 동시통역에서는 연사나 청중과의 접촉이 전무하다. 또, 동시통역사는 부스에서 연사(演士)를 볼 수 없는 경우가 생각보다 빈번하게 발생한다.

3) 통역사의 자질과 능력

동시통역사는 언어적 지식, 일반적인 문화(文化)에 대한 이해, 지적(知的) 능력으로서의 이해력과 재빠른 기지, 훌륭한 연설 능력, 신체적, 정신적 적성, 기억력등

과 같은 통역사로서의 일반적인 자질(資質)을 갖추고 있어야 할 뿐만 아니라 적절한 시차를 유지하며 의미 단락(段落) 분할(segmentation)을 잘 할 수 있는 능력과 듣기와 말하기의 두 가지 일을 분리하여 동시에 수행해 낼 수 있는 능력을 갖추고 있지 않으면 안 된다. 그는 최소한의 문법적 의미 단위의 말을 다 들은 후에 통역을 시작해야 하며, 적절한 시차를 두고 분절(分節)을 잘하여 통역을 해야 한다. 시차와 의미 단락의 분절은 서로 밀접하게 관련되어 있고, 통역사가 적절한 시차를 두고, 들려오는 메시지를 잘 분절할 수 있는 능력은 동시통역의 성공적 수행에 매우 중요한 요소 중의 하나이다. 출발어와 도착어간의 언어적 구조의 차이 중 어순의 차이는 동시통역의 특성상 생기는 시차(時差)를 크게 만드는 요인이 될 수 있고 시차가 커지게 될 때 통역사는 시간적인 압박을 더욱 많이 받게 되어 그만큼 통역은 더 어려워지게 된다. 대개의 경우 한 문장의 술어(述語)가 의미 단위로서 기본적인 언어 단위가 된다. 술어가 의미를 결정해 주는 중요한 단위가 되므로 술어부를 듣지 않고 통역을 시작하기 어렵다. 때문에 대개 술어부를 들을 때까지 기다려야 하는 경우가 많다(Degueldre, Christian and Lichtenberg Anne. 1985; 이광호, ib.: 133-34).

기본적 재능(才能) ▌ 천부적으로 자질을 갖추지 않는 한 동시통역사가 되기 힘들다. 이와 함께 일정한 능력을 후천적(後天的)으로 습득해야 하는데, 이러한 자질과 능력이란 아래와 같이 구분하여 설명할 수 있다.

(1) 선천적으로 타고나야 하는 신체·정신적 자질(資質)
　　가. 집중력, 최대한 주의를 모으는 능력, 방해 요소로부터 벗어날 수 있는 능력
　　나. 동시에 여러 개의 일을 할 수 있는 능력
　　다. 빠른 반응(反應)
　　라. 빠른 말
　　마. 신체·정신적 인내력(忍耐力)

(2) 후천적으로 습득해야 하는 능력
　　가. 넓은 시야(視野), 백과사전적 지식
　　나. 유창한 모국어, 풍부한 어휘
　　다. 실무 외국어를 듣고 자연스레 이해(理解)할 수 있는 능력
　　라. 구어와 관용어구를 포함한 유창한 실무 외국어 구사(驅使) 능력
　　마. 뛰어난 지식, 사고(思考)의 유연함

동시통역사가 되기를 바란다면, 우선 외국어대학이나 대학교의 외국어 학부 등에서 전문적인 언어 교육을 받았는지, 몇 년 동안 꾸준히 순차통역을 해왔는지의 여부부터 따져 봐야 한다. 훌륭한 통역사를 위한 필수 조건으로는, 가능한 한 광범위하고 보편적인 대응어(對應語)를 알아두어야 하고, 일반적인 지식 및 주제 지식을 갖추고, 상황을 제대로 파악하여 올바르게 이용할 수 있어야 한다.

상황 대비능력 ▌ 통역사는 다음과 같은 상황에 대비(對備)해야 한다.

(1) 연사가 매우 빠른 속도로 말을 하거나 준비해온 연설문을 그대로 낭독(朗讀)할 수도 있다. 그냥 읽어 내려가는 경우 속도는 훨씬 빨라진다.

(2) 연사의 발음이 불분명하거나 방언(方言)을 사용할 수도 있다. 특히 아프리카, 인도, 일본, 프랑스인의 영어 발음은 이해하기 힘들다.

(3) 연사가 비표준어나 자신만의 약어(略語) 또는 전문분야에서만 통용되는 표현을 사용할 수도 있다.

4) 동시통역 부스(booth)

동시통역사는 방음(防音) 설비가 된 특별한 장소에서 통역을 한다. 원래부터 회의장으로 만들어진 곳이라면, 제어판(制御板)이 달린 책상과 두 개의 의자가 놓인 작은 방이 동시통역사를 위한 공간이다. 작은 회의장의 통역 부스는 통역사가 연사와 홀의 모습을 볼 수 있도록 바닥보다 높게 설계되어 있고 커다란 유리로 둘러싸여 있다. 회의장이 클 경우엔 TV 모니터를 설치하여 연사를 볼 수 있도록 한다. 연사를 눈으로 보는 것은 특히 심리적인 측면에서 매우 중요하다. 동시통역시에는 부스에 반드시 두 명 이상의 통역사가 있어야 한다. 한 명은 연사를 통역하고 다른 한 명은 통역을 들으며 보조자 역할을 한다. 예를 들어 수치, 명칭, 인명 등을 적어준다. 문제가 생기지 않도록 모든 방법을 동원하여 파트너를 돕는다. 이 때 세 번째 통역사는 휴식(休息)을 취한다. 그러므로 동시통역을 위해서는 적어도 세 명의 통역사가 필요하다. 통역사는 10~15분마다 교대해야 한다.

5) 의미의 선택

동시통역사가 영어의 문장 "At the first stage the chips are put on the conveyer"를

들었을 때, 통역사는 곧바로 여러 의미들 중에서 하나를 선택해서 'chips'를 통역해야 한다. '부스러기', '조각', '생통감자', '칩' 중에서 '칩'을 골랐다고 한다면, 통역된 문장상으로는 큰 모순점(矛盾點)이 없다. 그런데 이어서 나오는 다음 문장 "Then they are transferred to the frying oven"이 통역사가 심각한 실수(失手)를 범하였음을 일깨워 준다. 그러나, 사과할 시간이 없다. 동시통역사는 보통 이러한 실수를 하지 않는다. 상황과 배경지식의 도움을 받아 미리 단어를 선택하기 때문이다. 그렇지만 잠재적인 위험 자체를 배제하기는 힘들다. 특히 통역사가 서로 교대하면서 통역사의 시소러스(thesaurus) 즉 그가 생각하는 것과 맥락이 바뀔 때 그 가능성이 배가(倍加)된다. 예를 들어, 어떤 세미나에서 연사가 줄곧 말을 이어나가는 반면, 복수의 통역사들이 서로 교대로 통역한다면, 출발어의 특정 단어를 모두가 정확하게 동일한 도착어로 통역하기를 기대하기는 어려운 경우를 생각할 수 있다. 동시통역과는 달리 순차통역 시에는 설명이 이루어지는 맥락을 기다리기 때문에 이러한 실수를 범하지 않는다.

6) 대응어의 선택

동시통역은 보통 몇 개의 단어를 듣고 난 후 시작한다. 길게 들을 경우 따라가기 힘들 정도로 뒤쳐질 위험이 있다. 동시통역사는 대개 통사 구조나 논리적 의미가 끊어지기를 기다려 통역을 한다.[8] 따라서 문맥에 의존하기 보다는 **상황과 배경 및 주제지식**을 참고한다. 그리고 합의를 거쳐 만들어진 사전상의 단어 중 적당한 대응어(對應語)를 선택한다.

관용적 표현, 상이한 언어 구조 ▌ 동시통역에 있어 가장 큰 애로점은 전문용어 및 표현이 아니라 관용적 표현과 일반적으로 통용되는 몇 가지 언어 구조이다. 왜냐하면 이 단계에서 모국어와 외국어(영어)의 발화(發話)가 가장 상이하게 나타나기 때문이다. 또 오역(誤譯)을 방지하기 위해 통역사는 어휘의 뜻을 미리 알아두어야 한다.

속어 표현 ▌ 유엔의 규정에 따르면 동시통역사는 그의 모국어(母國語)로 통역을

---

8) 엄밀히 말해서 동시통역은 동시에 이루어지지 않는다. 두세 단어 뒤에서 따라가게 된다. 다만 통역이 시작될 때는 예외다. 이 때 통역사는 초반 몇 단어를 듣기만 한다.

해야 한다. 하지만 규정이란 것이 잘 지켜지지 않는다. 영어로 통역을 하려면, 서로 어울리지 않는 두 가지 요소, 즉 모국어 연사의 관료적 모국어와 우리가 잘 알지 못하는 영어의 수사적(修辭的) 표현을 조화롭게 연결해야 한다. 그런데 연사가 은어(隱語)나 속어를 사용하면 도착어가 모국어일지라도 통역하기 힘들다. 은어를 은어로 속어를 속어로 옮기려고 혹은 표준 어휘가 아닌 것을 일반 어휘로 대체(代替)하려 애쓸수록 통역은 더욱 어려워진다. 전자의 경우 대응 어휘를 찾기가 매우 힘들다. 예를 들어, 'cool'이 '쌈박한', '제법인'이 아니라 '죽이다'의 뜻이라고 단정지을 수도 'piece'는 '권총'이지, '총신'이 아니라고 확신할 수도 없다. 게다가 모든 사람이 은어를 아는 것도 아니고 설사 안다 하더라도 서로 다른 의미로 받아들이곤 한다. 그러므로 대중 앞에서는 이를 사용하지 않는 편이 좋다. 동시통역을 할 때, 주의할 사항은 단순하게 들리는 속어 표현 등을 그대로 통역을 해서는 안 된다. 연사가 염두에 둔 바를 추측할 정도의 시간이 동시통역에서는 절대 부족(不足)하지만, 출발어의 알아듣기 힘든 속어 등의 표현은 일반적인 어휘로 바꾸어 주는 것 이외에는 특별한 대안이 없다. 동시통역사가 '가능한 폭 넓고 보편적인 대용어'를 익히는 것이 매우 중요하다. 통역사는 사전을 뒤져 찾아낸 혹은 외국인의 말에서 끌어낸 적절한 표현을, 입에 붙어 자동적으로 나올 때 까지 연습해야 한다. 요약하면, 동시통역사는 일반적 언어지식, 세부 맥락, 배경지식과 주제지식에 근거하여 대응어를 선택하는데, 기본적으로 설명하기 힘든 직관(直觀)에 의존하여 대응어를 선택하는 것이다(Miram, 2004: 111-42).

7) 생방송 동시통역

방송동시통역은 청중의 광범위성, 급박(急迫)한 상황, 그림 텍스트의 보강 등으로 일반 동시통역(국제회의 통역)과는 다른 양상(樣相)을 띠고 있고, 그에 따라 적용되는 통역의 메커니즘도 상이하다. 통번역을 출발어(ST)나 도착어(TT)의 언어적 형태가 아닌 수용자의 입장에서 본다면, 통번역의 "이해 가능성(intelligibility)"이라는 새로운 기준이 대두된다. 이러한 이해 가능성은 어휘단위나 통사론적인 문법 차원(次元)이 아닌 전체 메시지의 전달 여부에 관한 것이다(Nida, E., 1969: 22; 장민호, 2005.5: 6-8). 나이다의 성서 번역에 적용한 이 "역동적(力動的) 등가"의 원칙은 가장 새로운 형태의 통번역 행위 중 하나인 생방송동시통역에도 적용된다. 언어의 경제의 제1 전제(前提)는 '탈언어화(deverbalization)"이며 이는 곧 시각화(visualization)를 통한 메시지의 전달과정이기 때문이다. 방송 동시통역의 특징으로

는 정보전달의 광범위성, 보도내용의 긴급성, 엄격한 국어순화를 위한 표현이나
어휘의 사용과 통역사가 발화맥락을 찾는데 있어서의 심리적인 부담감, 또한 통역
환경의 미비 등을 들 수 있다.

8) 동시통역의 사례

다음은 G.E. Miram(2004: 138-40)이 제시한 동시통역의 실례로 'Patents and
other industrial property titles and their licensing'이라는 보고서의 일부를 러시아어
로 행해진 동시통역 상황(狀況)에서, 러시아 표현을 고려하여 영어에서 한국어로
번역한 것이다. 기본적으로 통역사는 말로는 설명하기 힘든 직관(直觀)에 의존하
여 대응어를 선택한다.

> "When technology is to be used in cooperation with a third party, whether in the form
> of a license, as it is the main aspect of this paper, or by merger or by taking capital
> investment of a third party into the company owning the technology, it is of tremendous
> importance to determine the value of patents and other intangible assets, in the following
> designated as intellectual property rights (IPR), belonging to the respective entity."

> "Когда технология применяется совместно с третьей стороной, дибо
> в форме лицензии, как в этом докладе, либо путем слияния или же влож
> ения капитала третьей стороны в фирму, влалеюшую технологией, чрез
> вычай но важно определить стоимость патентов и прочих нематериальн
> ых активов, что в дальней шем мы будем называть правами на интелле
> ктуальную собственность, принадлежащими данному субьекту."

> "제3자와 공동으로 기술을 이용할 때면, 본 보고서에서와 같이 라이센스 형태이든
> 합병이나 제3자로부터의 자본투자에 의해서든 다음 사항을 중요하게 고려해야 한다.
> 특허나 무형자산의 가치를 정하는 것이 중요한데 지금부터는 이를 지적재산권이라
> 부르겠다. 이 권리는 개별 주체가 소유하고 있다."

통역사가 기본 용어 대신 사전에 선택하여 암기한 표현을 사용하였다. 'merger'
를 '합병'으로 'intangible assets'를 '무형자산', 'entity'를 '(법률)주체'로 옮긴 것이
그 예이다. 이와 함께 틀에 박힌 대응어를 구조나 문체에 더 맞는 표현으로 바꾸었
다. 'capital investment'는 일반적으로 '투자'로 통역하지만 위에서는 '자본투자'로

대체(代替)하였다. 동시통역에서 보통 '협력하여'로 옮기는 'in cooperation'도 '공동으로'라는 표현으로 고쳤다.

3.2 발화자의 숫자를 기준

동시통역은 발화자의 숫자를 기준해서 연설통역과 대화통역으로 구분한다. 또한, 속삭임(whispering) 통역과 전화식 동시통역의 표현이 사용되고 있으나, 속삭임통역은 대화통역에 해당하고, 전화식 동시통역은 연설통역에 가깝다(Yom, 2002.5: 70).

3.2.1 연설통역

국제회의에서 연사의 연설을 통역할 때 통역사의 주된 역할은 일방적인 정보제공자로서의 연사가 발언(發言)하는 의미를 객관적인 입장에서 가능한 한 그대로 전달하는 것이며, 따라서 통역과정에서 자신의 의견을 개입시킬 여지가 거의 없다. 이 때 통역사는 커뮤니케이션을 위한 일종의 수도관 역할을 하며, 신속한 의미의 전달을 위하여 머리 속에서 일어나는 인지적(認知的) 과정과 그 특징에 초점을 맞춘다. 아래의 설명 중에서 연설통역과 장식적 통역은 표현만 다르고, 그 내용은 동일하다.

1) 연설통역

독백(獨白)을 다루며, 원천 메시지 자료가 사전에 계획되고 종종 원고(原稿)가 가용하며, 발언시간이 길고, 한 방향으로의 통역이라는 점이다(Mason, 2000: 216; 고영민, 2004 봄: 5-22). 연설통역은 연사, 통역사, 그리고 청중(聽衆)이라는 삼자가 있기는 하지만 적극적인 참여자는 사실상 연설을 하는 연사 한 사람이다. 통역사는 연사의 메시지만 청중들에게 전달하며, 청중은 연설에 대한 수동적인 반응(反應)만 보일 뿐이므로 연사나 통역사에 대한 영향력은 미미하다. 회의통역에서는 대화의 순서가 연사-통역사-연사-통역사 순으로 일정하게 정해져 있다.

2) 장식적 통역

과학 기술, 정치 등을 주제(主題)로 하는 대다수 회의의 통역이 여기에 속한다. 이런 회의의 경우, 청중(聽衆)이 통역을 거의 듣지 않는다는 점을 들 수 있다. 또한 발표문이나 요약문(要約文)을 인쇄하여 배포하기 마련이므로 참석자 입장에서는 통역에 의존할 필요가 없다. 논문을 발표하지 않는 학자들은 대개 휴식 시간에 사교활동을 하기 위해 회의에 참석하는 경우가 많지만, 이러한 점도 동시통역의 특성 중의 하나이다. 이것은 독백(獨白) 스타일로 진행되는 동시통역이다. 첫 번째 연사가 나와 발표를 한다. 그러면 통역사가 통역을 한다. 이어서 두 번째, 세 번째 발표가 계속 이어지는 데 연사가 질문을 받게 되는 경우는 거의 없다. 발표 시간은 보통 30~40분 정도이며, 가끔은 통역사에게 원고가 주어진다. 연설은 상당히 빠른 편이며 시작부분의 속도가 끝까지 일정(一定)하게 유지된다. 그리고 통역사도 그 속도에 적응(適應)해 간다. 이런 회의의 동시통역은 80%정도 옮기면 훌륭한 수준으로 본다. 장식적 동시통역은 청중과 거의 관계없이 이루어지므로 통역의 평가는 오로지 통역사 자신만이 내릴 수 있다. 바로 이 점이 장식적 통역의 특징 중의 하나이다.

3.2.2 대화통역

대화통역은 국가 정상(頂上) 간의 대화나 법정통역, 의료통역, 그리고 비즈니스 상담, 관광 등 생활 주변에서 흔히 발생하는 통역의 형태이면서도 최근에 와서야 미국 법정에서의 통역에 관한 연구와 이민국(移民局)과 의료 통역, 그리고 전화통역에서의 상호작용에 관한 연구와 함께 구미(歐美) 통번역 학자들 사이에서 주목을 받게 되었다. 대화통역이 진행되는 상황은 대개 한 개인의 문제, 즉 법원이나 병원에서의 개인적 문제 때문에 통역이 이루어지는 경우가 많다. 또한 일반적인 메시지 전달이 아니라 대면상황에서 이루어지는 양방향 통역이다. 따라서 메시지의 의미전달을 위한 번역 뿐 아니라 주 대화자 간의 커뮤니케이션을 위한 중재자(仲裁者) 역할도 한다. 또 다른 대화통역의 하나로 **속삭임(whispering)식 통역**이 있다[3.1.2 순차통역의 1)의 세항 참조]. 이 형식의 통역은 통역사와 청중을 위해서는 바람직하지 않다. 통역사는 주변의 소음(騷音)에도 불구하고 연사의 이야기를 완전하게 잘 들어야 한다(Yom, 2002.5.: 70).

1) 대화형 통역의 설명 (Ⅰ)

대개 "원천언어 화자의 얘기에 대해 한 장면 한 장면, 순차(順次)통역으로 진행된다(Wadensjö, 49: 고영민, 2004 봄: 17). 예외적인 경우를 제외하면 원칙적으로 항상 '대화자(A)-통역사-대화자(B)-통역사-대화자(A)'의 순서로 대화가 진행되며, 주로 통역사의 신호(信號)에 의해 주 대화자의 발언이 개시되고 통역사가 통역을 하는 중간 중간에 주 대화자가 끼어드는 경우가 많다. 대화통역사는 두 사람 이상의 대화자 사이에서 통역을 수행하기 때문에, 화자들의 발언순서를 조정하는 능력이 필수적이다. 긴 발언 사이에 언제 끼어들어야 할지를 결정하는 것은 통역사 스스로의 기억용량, 화자의 발언 스타일, 그리고 통역사의 개입이 화자의 신뢰도(信賴度)에 미칠 영향 등을 고려하여 내려야 할 중요한 판단이다.

2) 대화형 통역의 설명 (Ⅱ)

세미나, 실무 협상, 소위 원탁회의의 동시통역은 위에서 설명한 회의통역과는 차이를 보인다. 기자 회견 통역도 바로 여기에 속한다. 20~30명의 참석자 사이에 끊임없이 대화(對話)가 오가고, 통역에 대한 평가도 즉각적이다. 통역이 부정확하면 대화가 끊기고 청중은 서로의 말을 이해하지 못한다. 이런 자리에서 통역사는 보다 많은 정보를 정확하고 이해할 수 있게 전달해야 한다. 좋은 통역이란 통역이 없는 듯이 행해지는 통역이다. 즉, 사람들이 통역사의 존재를 잠시 잊고 대화에 빠져들게 하는 것이다. 자유 토론, 과제 검증(檢證)을 위한 강연, 감독기관에 대한 보고, 이를 테면 정부가 IMF에 차관이용 상황을 보고하는 자리에서 요구하는 것이 바로 '없는듯한 통역'이다. 동시통역의 모습은 다양하다. 그러나 어떤 유형의 통역이든 사전에 주제지식을 숙지하면 훨씬 수월해진다. 대화형(dialogical) 동시통역이 요구하는 주제지식은 장식적(decorative) 통역을 무사히 마치는 데 필요한 지식과 용어와는 비교할 수 없을 만큼 수준이 높다. 자유토론을 통역하려면 주제(主題)를 철저히 연구해야만 한다(Miram, 2004: 135-37).

3) 법정(法庭) 통역

통상적인 법률활동과 재판(裁判) 업무에 있어서의 현장 통역을 말하며, 법률 통역의 서식 작업(written works)을 말하지 않는다. 일반적으로, 법정 통역은 소송(訴

訟)의 일방 혹은 당사자의 양방이 외국인 일 때, 특정한 문제에 관하여 변호사, 판사와 검사들이 협상(協商)의 법률적 활동에 참여하고 있을 때의 경우에 실시하는 통역을 말한다.

(1) 대리인으로 활동하는 변호사와 외국(外國) 문제에 관련된 협상,
(2) 변호사와 외국 당사자간의 의사소통 또는 법률적 조사,
(3) 판사, 검사와 외국인간의 의사소통과 법률적 협상,
(4) 내국인과 외국인(外國人)과의 의사소통 및 법률적 협상,
(5) 법정에서 일어나는 통역,
(6) 외국인이 관련된 모든 소송(訴訟) 사건의 과정.

위에서 기술된 사항들은 소송 절차의 통역을 위한 공통적인 경우이지만, 법정 통역은 실제 상황에서는 더욱 더 복잡하다. 통상적인 통역과 비교하여, 법률 통역은 특히 법정에서 시간 제한(制限)을 갖는다. 따라서 통역사는 유창한 외국어 실력, 법률에 관련된 지식과 경험을 갖도록 요구된다. 또한, 통역하기 전에 문서와 파일을 조심스럽게 읽는 것도 필수적이다. 당사자들간에 있어서의 공통(共通) 이해와 견해의 차이를 알고, 협상, 논쟁 또는 토론문제와 관련된 권리와 의무 간의 관계를 자신이 숙지하는 것도 중요하며 용어를 이해 습득하는 것이 요구된다. 또한, 당사자들의 성명과 약식 호칭과 같은 세부적인 사항도 알아야 한다. 법률 텍스트와 문서의 번역이 다소 정적(靜的)인 것이라면, 법률문제의 통역은 역동적이다. 전자는 서식 번역의 일종으로 그 시간 동안에 번역자는 참고서를 참고하거나, 단어를 선택하거나 또, 충실함, 표현성과 우아함의 표준을 이행할 시간을 갖는다. 그러나, 후자는 그대로의 통역이며, 그 시간동안에 통역사는 화자의 의도(意圖)를 정확하게 그리고 적절하게 참고서의 도움 없이 짧은 시간에 통역을 하지 않으면 안 된다. 신중함과 엄격함은 법률번역과 통역에 있어서 중요한 요구사항이며, 법의 권위와 엄격함에 직접적으로 연관된다. 한 단어 또는 한 문장은 관련 당사자의 특정한 이권(利權)을 위하여 중요한 것이다. 형사 소송에서 용의자의 유죄(有罪) 혹은 결백함을 입증하기 위하여 아주 중요한 사항들이다. 따라서, 엄격함은 법률의 해석과 통역의 가장 중요한 규칙이다. 통역의 진정한 의도는 상호간의 이해를 증진하는 것으로, 법률의 통역도 예외가 될 수는 없다(Wang Shufeng, 2002.5.: 57-60).

4) 공공기관에서의 대화 통역

경찰이나 병원, 학교 또는 기타 공공기관(公共機關)에서 당사자가 어려운 상황에 처하게 되는 경우를 당할 수 있다는 것을 뻔히 예측하면서 피의자(被疑者)나 환자의 발언을 있는 그대로만, 부연 설명도 없이 통역할 수는 없다. 대화통역사는 종종 발언을 하는 양쪽의 상호 이해와 협력을 돋구기 위해 자신의 주관적(主觀的) 입장을 개입시켜야 할 상황에 처하게도 된다(고영민, 2004: 22). 비즈니스 상담에서는 서로의 거래를 무산시키는 것보다 성사시키는 것을 돕는 것이 통역사의 임무이며, 억울한 피의자는 구제(救濟)되도록 해야 하고, 정치적 망명자나 난민들은 입국이 허용되도록 도와야 하며, 위험한 수술을 앞둔 환자에게는 의사가 하는 말 뿐 아니라 관련된 의료지식을 통역사가 아는 범위 내에서 자세히 부연 설명하여 환자의 의사 결정을 돕고, 외국에서 온 관광객들에게는 방문국가에 대해 이용 가능한 많은 정보를 제공하여 국가홍보에 일조(一助)해야 한다. 그러므로 통역사의 의미전달 기능과 함께 통역 현장의 특수성에 따른 중재자로서의 역할 수행에 대해서 충분한 이해가 필요하다. 통역사는 대화의 원활한 진행을 위해 빈번히 상대방이 묻지도 않은 발언을 주체적으로 개입하거나, 의사나 법조인들에게 자기의 개인적인 의견이나 조언을 함으로써 참여자의 역할로 전환한다.

그가 자신의 참여 입장을 바꾸게 될 경우에는 대화자들에게 이 사실을 충분히 설명해서 혼동이 없게 해야 한다. 이 경우, 통역사는 비인격체가 아니라 분명한 참여의 지위를 가지고 있으며 참여자의 책임도 지고 있고, 중립적이거나 대화와 무관한 존재가 아니다. 통역사는 자신의 말이 끝나면 억양(抑揚)을 올린다든지, 주 대화자 중 한 사람에게 질문을 던진다든지 하는 행위를 통해 자연스럽게 다음 발언자를 지정(指定)하는 요령을 발휘한다. 그리고 통역할 분량이 너무 많아져서 기억력이 따라갈 수 없다고 판단될 때, 주 대화자의 발언의 흐름을 중지시킨 다음 통역할 수도 있다. 한 발언자의 발언이 너무 오랫동안 계속되어 다른 대화자가 궁금해 할 정도가 된다면 그는 발언을 적당한 시점에서 끊고 통역을 하여 궁금증을 해소해 주는 동시에, 대화자들이 조금이라도 더 생생하게 대화를 할 수 있도록 배려해야 한다. **체면유지 작업**은 무례한 행동으로 다른 사람의 감정을 상하게 하거나 결과적으로 자존심을 상하게 하는 위험성에 대처하기 위해 수행된다. 체면(體面)에는 대화자의 체면이 있고, 통역사 또는 통역사의 사회적 신분에 대한 체면이 있다. 예를 들어, 통역사는 판사의 발언을 통역할 때와 피고의 말을 통역할 때, 그리고 증인(證人)의 말을 통역할 때 등 여러 상황에 처하여 나름대로의 각기 다른 불편한 느낌을 가질 수 있다. 그러나 통역사는 계속 1인칭을 쓰면서 배우가 연기를 하듯이 여러 가지 배역을 자연스럽게 소화하면서 '직업적'인 자세를 견지해야 한다.

통역과 번역의 차이와 교육방법 ‖ 02

1. 통역과 번역의 차이

번역은 통역과 두 가지 공통점(共通點)이 있다. 우선 충분한 언어 지식이 필요하며, 두 작업에서 모두 공통적으로 언어는 하나의 도구일 뿐, 그 자체가 목적이될 수 없다. 번역사와 마찬가지로 통역사도 연사가 말하고자 하는 바를 완전히이해한 후, 재표현(再表現)하여 연사가 청중에게 직접 말한 것과 같은 효과(效果)를 일으킬 수 있어야 한다. 만약 번역을 의사소통의 한 방법으로 생각한다면, 그것은 독자와 서면 자료간의 관계를 포함한다. 독서에서 모든 시각의 표지는 주의깊게 선택되고 또 서로 간에 명확한 관계를 가지며, 따라서 시각적 구별뿐만 아니라 서로 간에 연합(association)과 통역을 요구한다. 시각적 구별은 한 문자를 다른 문자로부터 구별하는 능력이다. 연합(聯合)은 문자와 서식 단어들과 같은 시각적 표지들 간의 정신적 결속이다. 통역은 여러 개의 연합을 합계함으로써 의미의 자물쇠를 푸는 문제를 해결할 능력이다.

한 문장을 이해하기 위해서는, 시각적인 구별이 되는 단어를 알아야 하겠으며 또 그이상으로, 영어 낱말의 배열(排列)에 관한 지식을 가져야 하는데, 이는 연합과 통역을포함한다. 이 외에도, 문장을 그 전체의 문맥(文脈)에 관련시켜야 한다. 따라서, 읽기는연합과 이미지 통역의 복잡한 정신적 처리과정 이다. 만약 읽기가 시각적 구별과 배경지식의 연합과 이미지 통역의 상호작용의 과정이라면, 번역은 통역을 목표언어로전환(轉換)하는 마지막 단계를 포함한다(Weber, 1984: 113; 이승재 2004: proc. 30).[1] 통

---

1) Weber(1984)에 의하면, 더욱 더 포괄적이고, 엄격하며 또 일관성을 유지하기 위한 시도의
   쌍방향 모형은 텍스트 내의 도식적 전시와 다양한 수준의 언어 지식과 과정들 그리고

역은 번역보다 어려움이 덜한 편이다. 통역은 발화의 주체(主體)와 청자가 통역현
장에 함께 있어 언어외적 공감력이 크기 때문에 텍스트의 내용이 문자로만 노출
될 경우에 비해 고려해야 하는 문화적 격차(gap)가 적다. 다만 통역의 한 영역(領
域)을 이루는 문장 구역(Sight Translation)은 번역에 비해 텍스트를 이해하는데 주
어지는 시간이 매우 촉급하여 의사소통이 더 어려운 경우가 빈번하다. 그러나 여
러 가지 차이점에도 불구하고 통역과 번역은 공히 "발화(發話) 혹은 기술된 A언
어를 문화적 격차를 최소화하여 B언어로의 전달 혹은 표현하는 행위"에 속하기
때문에 문화의 이질성(異質性)으로 인한 오해의 여지를 최대한 해소시킬 수 있도
록 통번역사의 창조적 능력이 요구된다(손지봉, 2003 가을: 101).

번역과 통역의 차이는 첫째 번역은 직접 전환(직역 혹은 변환법의 사용)이나
해석(의역 혹은 구상법의 사용)의 모델 중 어느 한쪽으로 편중(偏重)되어 일어나지
않는다. 순차통역이 구상법에 치중하고, 동시통역이 변환법 위주인 것과는 크게
다르다. 번역사는 언어 간 직접 변환을 꾀하는 동시에 원문 의미를 자유롭게 해석
한다. 둘째, 원문 텍스트의 장르(genre)와 문체에 따라 어느 모델을 주로 이용할
지가 결정된다. 다시 말해서, **동일한 의미의 표현**이 출발어와 도착어에서 어느 정
도 직접적으로 **일치하는 지**에 달려 있다. 시(詩)의 경우 출발어와 도착어가 직접적
으로 일치할 가능성이 극히 적다. 반면 과학기술번역을 할 때는 직접적 대응을
충분히 활용할 수 있다.

그리고 문학 중 산문(散文)은 그 중간에 위치한다. 직접 변환이 가능하지만 여의
치 않을 경우엔 해석을 가미(加味)할 수 있다는 것이다. 번역을 할 때에는 문학,
과학기술 서적에 있어서 사회적으로 통용되는 용어 및 기타 기준에 부합되도록
해야 한다. 이러한 이유로 하여 번역이 통역보다 **더 높은 수준**을 요구한다. 번역물
은 출처(出處)의 역할을 하게 된다. 그렇기 때문에 도착어의 문법, 문체, 철자법
어느 하나도 절대로 소홀히 해서는 안 된다. 통역을 할 때는 무엇인가를 빠뜨리거
나 그다지 적당하지 않은 표현을 쓰기도 한다. 그렇지만 청중은 내용을 이해하며
별로 중요하지 않은 부분은 그냥 흘려듣는다. 보통 청중은 내용 전달 이외의 것을
요구하지 않는다. 그러나 번역을 둘러싼 상황은 전혀 다르다. 한 사람이 아닌 다수
의 대중이 그 글을 읽게 될 것이며, 번역물은 도착어권 문학의 완벽한 일부가 되어
야 한다. 문학작품 번역물은 인용(引用)하고 암기하는 데 그치지 않는다. 번역의

다양한 인지적 활동 간의 상호관계를 강조한다(p.113).

방식은 통역과는 다르며 번역에는 까다로운 요구와 막중(莫重)한 책임이 뒤 따른다(Miram, ib.: 165-69).

1.1 통역과 번역을 구분하는 이유

통역과 번역을 구분하는 데는 크게 세 가지 이유가 있다. 첫째, 표현 수단이 다르다. 사고(思考)의 산물인 말과 말의 산물인 글은 구조가 전혀 다르다. 말하는 능력은 선천적으로 타고나지만, 글은 학습을 통해서만 습득되는 것이다. 또한 글로 쓸 때는 같은 말의 중복(重複)을 피할 수 있으며, 문장의 구분도 문맥에 따라 이루어지는 반면에, 말을 할 때는 전달하는 정보량의 과다에 따라 휴지(休止)를 두게 된다. 둘째, 시간과의 관계가 다르다. 통역사는 항상 의사소통이 이루어지는 실제상황에서 일을 하며, 전달한 메시지의 효과를 즉석에서 확인해 볼 수 있는 반면, 번역사는 대개 혼자서 일을 한다. 셋째, 통역사와 번역사 직업(職業)은 명백히 구분되어 있으며, 이에 대한 교육 방법도 다르다(듀리에, 1997: 19-20). 번역활동은 가능하면 원천언어/텍스트의 복잡한 어느 요인을 해치지 않도록 가장 엄격(嚴格)하고 정확한 방법으로 수행되어야 한다. 즉, **번역의 가장 중요한 원칙**은 원천언어/텍스트를 새로운 목표언어/텍스트로 정확하고 엄밀하게 재생산(再生産)하는 것이다. 그리고 번역자가 명심(銘心)해야 할 가장 기본적인 사항은 번역자의 개인적인 해석적 시각(視角)이 조금이라도 번역으로 섞여 들어서는 안 된다는 것이다. 번역은 통역과 완전히 구별되어야 한다. 왜냐하면, 어느 통역이든 그것은 최초의 텍스트에 대한 왜곡(歪曲)을 초래할 수도 있기 때문이다. 통역은 주관적이고 이념적인 욕망과 또 그 밖의 유사한 것들로 이미 항상 오염(汚染)되어 있다(Song Y., 1975: 17; Yom, 2002 봄: 165).

1.2 동시통역과 번역의 차이

1.2.1 정보처리 과정의 차이

통역과 번역을 비교할 때 언어간의 변환이 심층(深層)구조에서 이루어져야 한다는 공통점에도 불구하고 동시통역의 정보처리 과정은 번역보다 취약(脆弱)한 점이 존재하며 이는 곧 동시통역상의 여러 형태의 오류로 연결될 가능성이 있다. 번역이 일반적으로 충분한 시간을 가지고 언어간 변환을 거친 후 다시 퇴고(退稿)의 과정을 밟아 최종 번역물을 내놓는 데 비해 동시통역은 이러한 변환의 과정을 극도의 시간적 제약(制約) 하에서 진행한다. 이러한 정보처리의 시간적 특성은 통역사가 입력(入力)되는 모든 원문에 충분한 정보처리를 할 시간적 여유가 없음을 뜻한다. 이러한 시간적 제약 외에도 번역은 한 번에 한 문장씩 이해와 변환의 과정을 거치는데 비해 동시통역은 한 문장의 처리와 그 다음 문장의 처리가 한꺼번에 이루어지기도 하는 극도의 다중(多重)처리 과정을 거친다.

1.2.2 입력모드에서의 차이

동시통역의 취약점은 원문의 입력모드에서도 차이가 나는 바, 번역은 독해의 과정을 거쳐 언어변환의 과정으로 이어지지만 동시통역은 원문이 청각적으로 입력된다. 즉 번역가는 원문의 이해가 어려울 경우 독해를 중지(中止)하고 되돌아가서 충분한 시간을 가지고 이해에 집중할 수 있다(Gile D., 1991; 이태형, 2001 봄: 7-8). 그러나 동시통역의 경우에는 이와 같은 원문(原文)의 입력을 중지시키는 것이 원천적으로 불가능하여 통역사의 정보처리 과정에 대한 연사의 점검(點檢) 없이 연사가 정한 일방적인 속도로 원문이 통역사에게 입력된다. 이와 같은 동시통역의 정보처리 과정상 취약점(脆弱點)을 살펴볼 때 동시통역에는 항상 불가피하게 생략을 포함한 오류(誤謬)가 따르기 마련이다.

1.2.3 즉시성과 어휘의 선택

통역과 번역의 차이는 일반적으로 커뮤니케이션의 구술(口述)과 문학적 유형간의 공통적인 특성에 해당한다. 동시통역은 종종 즉시성(卽時性)의 특징을 가지는 반면에 번역은 인지적인 노력을 위한 시간을 더 많이 그리고 종국적으로는 더 많은 자원을 제공한다. 동시통역사와 번역사는 관련이 있는 어휘(語彙)와 구의 선택에 있어 상이한 과정을 거친다. 번역시에도 좋은 어휘선택을 하기 위해서 다소의 인지적인 노력이 소요되기도 하지만 어휘의 선택에 있어서 복수(複數)의 선택 안을 갖는 번역사와는 달리, 통역사는 좁은 범위의 대안(代案)을 가지고 일하게 된다

(Chafe and Danielewics, 1987; Yom, 2001 가을: 176-77). 따라서, 동시통역사는 종종 그의 마음에 떠오르는 최초의 대안을 선택하지 않으면 안 되는 경우가 많다. 동시통역사가 사용하는 어휘는 다양성(多樣性)이 제한되는 반면에, 번역에 있어서는 시간과 관련한 제약은 고유(固有)한 것이 아니며, 실용적인 시각에서 번역은 "일정한 수의 대안으로부터 번역사가 선택을 요구 받는 의사결정과정"이기도 하다 (Song, 1975: 18; ib.). 어휘의 선택은 원문의 뉘앙스와 번역자의 선호에 따르게 된다.

1.2.4 형태적 완성도의 추구

통역의 경우 '생경(生硬)하고 초보적이고 다듬어지지 않은' 표현을 사용하더라도 통역상황에 맞는 커뮤니케이션 효과(效果)를 이끌어낼 수 있으면 잘된 통역이라고 할 수 있는 반면, 번역의 경우 더 나아가 '형태적 완성도(完成度)'까지 추구하여야 하는 점이 큰 차이로 본다(Selescovitch, 1986: 372; 정호정, 2003b: 55). 이때 말하는 완성도의 요소로는 메시지의 언어적 의미 파악은 물론, 텍스트가 담고 있는 스타일, 표현의 정확도 및 완성도, 관용적 표현의 구사, 메시지의 수사적 특징 및 의도된 어역(語域 register)의 존중 등이 모두 포함되어야 한다는 것이다.

1.2.5 의사 결정의 차이

번역자들은 결정을 위한 시간(분, 시간 또는 일)을 갖는다는 사실에 비하여, 통역사들은 법정(法廷)에서 그리고 지역사회 통역에서 종종 결정적인 환경과 고객의 이해관계 때문에 강한 심리적 압박 하에서 목표 연설을 수 초(初) 이내에 생산하지 않으면 안 되는 강한 인지적인 압력 하에서 결정을 해야 한다. 따라서, 대부분의 의사 결정은 처리 능력의 제어(制御)와 관계를 갖는다. 이것은 순차통역에 있어서, 무엇을 노트테이킹할 것인가 또 무엇을 기억에 둘 것인가에 관한 결정이며, 동시통역에 있어서는 언제 통역을 시작할 것인가[연사로부터 지나치게 뒤쳐짐은 단기간의 기억 과적(過積)을 야기할 수 있고 또 연사에 너무 밀착(密着)해서 통역하는 것은 목표-언어의 문장을 완성하는 데 곤란을 겪을 수 있다]의 결정과 어떤 정보를 간직하고 또 과적 시에 어떤 정보를 처분할 것인가에 관한 결정을 포함한다(Gile D., 2002: 30-31).

1.2.6 단축형의 사용과 분할의 단위

동시통역과 번역간에는 단축형(短縮形)의 사용에 차이가 있다. 동시통역에 있어서, won't와 don't와 같은 단축형이 종종 사용되는 반면에, 번역에서는 그러한 단축형의 사용빈도가 줄어들었다. 통역사는 후속되는 분열문(分裂文)과 내포문(內包文)과 같은 기다란 절이나 혹은 설명을 다루기 위한 충분한 시간을 갖기 위하여 단축형을 사용할 수도 있다. 통역사는 가급적 빨리 구두(口頭)요소를 처리하기 위하여 단축형을 사용하고 다음에 오는 더욱 복잡한 보어(補語)를 처리 진행하기 위하여 단축형을 사용한다. 한편 번역에 있어서, 번역자는 어휘의 선택을 하는데 있어 상대적 여유를 갖는다. 따라서, 번역자는 문장의 길이에 얽매여야 할 필요가 없다. 단축형은 시간 제약이 없는 것이 특징으로 되어 있는 번역에서보다도 동시통역에 있어서 더욱 빈번하게 사용되고 있다. 번역자는 문장의 지방색(地方色)보다는 세계적인 의미를 다루기 위하여 단축형을 사용하며, 번역에 있어서의 단축형의 회피는 서면의 텍스트에 부여되고 있는 보다 큰 형식에 구애되고 있음을 반영한다. 문장의 구성에 있어서, 동시통역에서 복문(複文)의 절을 피하고자 하는 경향을 보이는 반면에, 번역에서는 문장이 절과 절간의 관계로 더욱 정교하게 된다. 복문의 통어법은 동시통역에 있어서 통역사가 할 수 있는 것보다 더 많은 처리시간을 필요로 한다. 번역은 동시통역에서보다 더 큰 한정성(限定性)을 보인다. 따라서, 동시통역에서의 의미의 단위는 자연스러운 분할(分割)의 단위라고 결론짓는 반면에, 번역에서 한 문장은 일반적으로 주요 분할의 단위(單位)라고 결론을 내린다.

1.3 통번역의 종류와 특성

G.E. Miram(2004: 181)은 통번역의 종류와 특성을 아래의 <표 1>에서와 같이 요약하고 있다.

〈표 1〉 통번역의 종류와 주요 특성 분류

종 류	주요 특성
순차 통역	**구상법**에 기초. 출발어 텍스트의 해석과 맥락이 핵심적인 역할을 수행하며, 청중과 직접적인 관계를 유지한다.
	연사의 말을 전부 그대로 전달하지는 않는다.
동시 통역	**변환법**에 기초. 출발어 텍스트의 구조 모방. 문맥의 힘이 크지 않고 상황 및 배경지식에 의지한다. 청중과 직접적인 관계를 맺지 않으며, 연사의 말을 전부 전달하기에는 신체·정신적 어려움이 크다.
번역	두 가지 방법 중 어느 한 쪽으로 치우치지 않음. 출발어 텍스트의 장르가 무엇인지, 또 동일한 의미의 출발어, 도착어 표현이 일치하는 정도에 따라 의미를 직접 변환할지 해석할지를 정한다. 구체적인 대상을 겨냥하지 않고, 대응어를 결정짓는 7가지 변수(요소)를 모두 고려한다.

2. 동시통역의 교육방법

훌륭한 동시통역사는 타고난 재능의 바탕 위에 훈련과 경험(經驗)을 더해 만들어진다. 그렇다 하더라도 '조각 칼 바로 쥐는 방법' 정도는 가르칠 수 있고 또 가르쳐야 한다고 생각한다(ib.: 129-40). 그 방법의 하나로 설명할 수 있는 것은 국내 외국어 채널 방송 등을 꾸준히 들으면서 중요한 정보를 기억에 담는 것이다. 종이에 적어도 좋다. 예를 들면 테러와의 전쟁, 이라크 평화유지군, 또는 남아시아 해일 피해라고 메모한다. 이 때 내용을 순서대로 기록하되 도착어를 쓰도록 한다. 약어와 화살표 등으로 자신만의 상징적인 기호(記號)를 만들어 활용한다. 이러한 노트테이킹 기술은 동시통역뿐 아니라 긴 텍스트의 순차통역에서도 유용하게 쓰인다.

2.1 동시통역의 기초연습

동시통역사의 훈련은 완만하고 점진적인 과정을 통하여 실시하는 것이 필요하다. 학생들이 동시에 듣고, 이해하고 이야기하는 정신적인 어려움을 극복하는데 도움을 주기 위하여 상이(相異)한 유형의 기초훈련을 필요로 한다. 기초훈련은 따라 하기(shadowing), 요약하기(epitomizing), 단어 또는 문장 따라하기, 단문통역 등을 들 수 있다(Yom, 2003 봄: 176-78; 2004 봄: 13-14).

따라 하기(shadowing) ▌ 단어나 복합어를 처음에는 모국어(A language)로 따라서 하는 연습을 한다. 그 후에 목표어(B language)로 따라서 하면서 점점 시차(time lag)를 한 단어에서 두 단어, 세 단어로 증가(增加)시킨다. 이 교육방식에서는 학습자가 나열된 여러 단어를 따라 한다. 예를 들어 사과, 포도, 딸기, 수박 등의 낱말이 나올 때 학습자(學習者)는 두 번째의 포도라는 낱말을 듣고 나서 첫 번째인 사과부터 따라서 말해야 한다. 이러한 연습은 기억력 훈련에 커다란 도움을 준다.

요약하기(empitomizing) ▌ 학생들은 A언어와 B언어로 정보를 청취한 다음에 짧은 길이의 정보를 요약하도록 한다. 후에, 그 정보가 B언어로 주어졌으면 A언어로 정보를 요약하도록 하며, 또 역(逆)으로 수행하도록 한다.

단어와 숙어의 통역 ▌ 학생들은 단어와 관용어(慣用語) 표현을 통역하도록 하며, 또 축어적인 번역을 피하고 점차 시차를 늘려가며 연습하는 교육 방법이다. 통역의 과정은 기계적이 아니라 이해력을 갖도록 해야 한다.

숫자세기(number count) ▌ 숫자 세기는 통역학습자가 부스와 마이크에 익숙해지고 또 동시통역에 관한 무대 공포(恐怖)를 극복할 수 있도록 하기 위하여 실시된다. 연사가 연설을 하는 동안, 학생은 일정한 속도로 뒤로 숫자를 센다. 연설이 완료된 후 학습자에게 연설의 주요내용을 발표하게 한다. 이 교육방법은 학습자에게 연설의 청취(聽取)와 발화를 동시에 할 수 있는 능력을 부여하는 방법이다.

단문 텍스트 통역 ▌ 단문으로 이루어진 연설텍스트를 통역해보는 연습이다. 사전에 적절하게 구성한 텍스트를 동시통역하면서 맥락에 따라 어느 정도의 예측이나 추론이 가능하다. 이 경우 텍스트는 학습자가 익숙하며 흥미 있는 내용이어야 한다. 기본적으로 주절(main clause) 위주이며 종속절을 피하는 것이 바람직하다.

2.2 단계적인 학습

동시통역은 실시간에 행해지는 메시지의 해독(解讀)과 암호화와 같은 여러 가지 작업들이 관련되기 때문에, 통역사의 입장에서는 고도로 개발된 능력이 요구된다(Yom, 2000 가을: 136, 165). 통역의 품질(品質)은 교육과 경험의 수준에 직접적인 관계가 있다. 교육과 경험이 더 많으면 많을수록 한층 더 잘 해내는 것으로 나타난다. 한-영 동시통역에 있어서, 양 언어간에는 한국어의 화제중심과 영어의 주어 중심적인 유형적인 차이에서 파생되는 특성이 존재한다. 일반적으로 영어의 문장은 주술(主述)관계가 성립하고 한국어의 문장에는 중(重) 주어구조가 빈번하게 나타난다. 한국어와 영어간의 동시통역은 이와 같은 양 언어간의 크게 대조(對照)되는 구조적 특성을 고려하여 통역교육이 실시되어야 한다. 초기단계에는 위 2.1항에서 설명한 바와 같이, 어휘반복, 간단한 문장의 요약, 어휘나 관용적 표현에 대한 동시통역을 학습하여 학습자들이 메시지에 대한 청취(聽取), 이해, 통역기능을 동시에 할 수 있는 기본능력을 배양한다(Yom, 2001 봄: 147-150). 통역교육의 효율성을 제고하기 위해 비교적 용이한 문장형태부터 연습 시켜 **단계적으로** 보다 고난도의 문장형태로 발전시키는 것이 바람직한 학습방법 일 것이다.

2.3 정보처리 훈련

통역사의 정보처리 능력이 제한적이라는 점에 비추어 볼 때 동시통역 시 통역사가 각 정보처리 부분에 적절하게 능력을 배분하여 통역상의 생략을 최소화하는 것이 중요하다. 특히 이러한 노력은 의식적인 것이 아니라 자동화(自動化)되어 추가적인 정보처리 능력의 소비 없이 이루어져야 하겠다. 한국어와 영어간의 유형적 차이점을 고려한 통역교육의 실시가 주장되고 있는 바와 같이, SVO 언어인 영어 원문이 끝날 때까지 통역사가 한국어 발화(發話)를 멈추고 기다리기 어려우므로 원문의 이해가 어느 정도 이루어지고 나면, 즉시 그 순간까지의 내용을 변환하여 발화하는 훈련이 필요하다. 이는 통역사의 단기기간의 부담을 덜어 정보처리 능력의 과부하를 막아주며 후속 문장에 대한 부정적인 영향도 감소시켜 결과적으로 통역상 발생하는 생략을 줄여줄 것이기 때문이다(Yom, 2000 가을: 135-65; 이태형, 2001 봄: 22-23).

이런 맥락에서 영어의 어순에 따라 심층(深層)구조에서 변환을 하면서 같은 개념을 나타내는 영어의 표현을 같은 한국어로 반복 표현하는 것도 제한적인 통역사의 정보처리 능력 운용의 효율성을 높이는 좋은 방안이 될 것이다. 이와 함께 통역사의 정보처리의 능력자체를 늘려 가는 훈련도 필요하다. 이에는 숫자를 세면서 영어 원문을 청취(聽取)하는 다중처리 훈련이나 속도가 빠른 원문을 사용하여 통역 훈련하기, 그리고 잡음이 섞여있는 원문으로 훈련 과정을 거침으로써 실제 통역 시 원활(圓滑)하게 정보처리를 하도록 하는 훈련 등이 포함된다. 또한 변환의 과정에서 한국어 댓구어를 검색하는데 너무 많은 시간을 투입하여 완벽한 통역을 하려다가 후속문장을 놓쳐 오히려 정확도를 낮추는 일을 방지하는 훈련도 중요하다(성백환, 2000 봄: 119-44; 이, ib.).

2.4 예측과 포괄하기(Chunking) 훈련

번역자의 목표는 원문 텍스트(ST)와 목표 텍스트(TT) 간에 완벽한 일치를 만드는 것이 아니고, 오히려 원문 텍스트 저자의 '의사소통의 의도'(Schiffrin, 1994: 192), 또는 '화자의 의미'(Grice, 1957/1975)와 동일한 의사소통의 효과를 도출(導出)하기 위한 방법으로 목표 텍스트의 독자들에게 전달하려고 노력하는 것이다. 따라서, 번역자는 즉시 가용 한 해당 어휘로 짝 채워지지 않고 남아 있는 어휘(語彙)의 두 번째 잘 어울리는 어휘 쌍을 찾는 전술을 택해야 한다. 즉, 문제의 어휘 간극을 효과적으로 메울 수 있다고 생각하는 다른 표현을 찾아서 사용하는 전술을 택해야 한다(cheong H.J., 2001 가을: 198-99). 통역에 있어서도 번역시에 번역자가 직면(直面)하는 바와 같은 어려움에 처하게 되는 경우가 있게 될 것이며, 이 때 포괄하기(chunking) 능력의 활용이 요구된다. 통역사는 화제(話題)가 무엇을 지칭하는 지를 즉시 알 수 없기 때문에 한국어 원문의 구조적 배치에 따라 기다리는 시간도 여러 가지로 다양하다. 따라서 그는 화제와 기타 구조적인 표지에 할당된 기능적 값을 결정하기 위하여 화자의 뒤에서 적절한 거리를 유지하도록 제의(提議) 받는다. 통역사는 내포문 범주와 같이 처리하기 어려운 한국어의 구문론적 문장구조 같은 과정을 처리할 수 있는 예측과 포괄하기 능력을 개발하도록 제의 받는다[2부, 1장. 3항. 3.3세항 범주화 체계 차이 참조].

2.5 최소주의 문법에 의한 통역전략

통역을 잘 하기 위한 전략으로 크게 통역 기술과, 언어적 지식, 문화와 역사 등 실사회적(實社會的) 지식 및 문맥에 따른 상황적 지식 등을 제시하고 있다. 통역 전략 중 훌륭한 통역사가 되기 위한 가장 중요한 조건의 하나는 목표어 (TL)에 대한 언어 지식이므로, 이중 언어 구사자는 제2 외국어 학습자보다 유리한 위치에 있을 수 있다. 어휘 지식은 의미 뿐 아니라 통사론적 지식이 필요하므로, 통역사는 문장형성의 규칙을 잘 알아야 한다. 촘스키(Chomsky, 1993/1995)는 최소주의(最小主義) 문법에서 모든 어휘 항목은 각기 음성자질, 의미자질, 형식자질로 구성되어 있으며, 형식자질에 의해 문장의 구성이 결정된다고 하였고, 최소주의 문법(文法)의 **목적**은 원어민이 가진 문법 능력의 실체를 정의하는데 있고, 각 언어가 가진 고유의 형식자질이 언어차이를 초래한다고 가정한다. **통역전략의 목표**는 출발어를 잘 이해하여 가장 적합한 목표어로 재생(再生)하는 것이다. 그러므로 통역사에게 어휘 지식, 특히 목표어의 형식자질에 대한 지식이 언어 습득에 중요한 역할을 하는 것으로 판단한다(Chomsky N., 1993/1995; 박유경, 2002 봄: 83-84).

최소주의 문법은 기존의 범주 중심의 문법이 아닌 자질(資質) 중심의 문법으로서, 언어 습득의 부담을 줄여주고 자연언어 문법 학습능력을 최대한 늘리기 위해 만들어졌다. 촘스키(1993)는 모든 인간은 타고난 언어 능력을 가지고 있으며 언어 능력 또는 인지체계는 몇 차례의 변화(중간 단계)를 거쳐 특정 언어의 문법(文法)으로 고정된다고 가정하였다. 특정 언어의 문법은 언어자료의 노출(露出)을 통해 설정된 변수에 의해 결정된다. 각 개인은 특정 언어의 언어적 경험에 기초해 변수 값을 설정하게 되는데 중간 단계에서 여러 차례의 실수를 거쳐 최종적으로 **안정된 언어** 능력을 갖추게 된다. 통역 수업에서의 **최소주의 문법 교육**은 먼저 한영 통역 실기(實技)를 통해 문법을 구사해야 하는 실제상황을 마련하여 학생들이 해당 문법에 대한 정확한 지식을 절실히 필요로 하는 동기를 부여하는 장점이 있다. 학생들이 오류(誤謬)를 무릅쓰고 통역을 하게 한 후, 각 단어가 가진 문법적 성격[2]을 가르침으로써 문법 지식을 오래 기억하게 하고, 다른 단어들을 외울 때에도 발음

---

2) 예를 들어, 동사의 성격이 타동사인지 자동사인지 구별하는 능력, 또는 한국어에서 모두 "에"나 "에서"로 해석되는 전치사 "at, on, in" 등이 정확하게 쓰여져야 하는 여러 가지 상황 등.

(發音)과 뜻뿐만이 아니라, 그 단어 자체가 가진 문법적 성격인 **형식자질**에 관심을 갖게 함으로써 원어민이 가진 것과 같은 어휘지식을 갖게 하는 효과가 있다(박, 2003 가을: 113-18).

1. 통역오류와 대응방안

1.1 동시통역 시 난역성의 극복 방안

계속적인 시간적 압박(壓迫) 때문에 생기는 동시통역의 어려움은 동시통역의 메커니즘과 그 특성 가운데 하나인 **시차(Time Lag)**라는 문제 때문에 생기고, 이러한 어려움은 출발어와 도착어의 구조적(構造的) 차이로 인해 더욱 가중되게 된다. 영어와 한국어 같이 통사 구조가 매우 다른 두 언어를 동시통역할 경우 한 문장을 끝까지 다 듣고 통역을 하려면 시차(時差)가 너무 커져서 어려움에 처하게 되는 경우가 있는데, 이런 경우에 통역을 성공적으로 수행하기 위해서는 시차를 줄일 수 있는 구체적인 방법으로 "어순의 재구성", "전향식(前向式) 문장구역", "생략", "휴지(pause)의 활용"과 "듣기·말하기 동시 분리 수행"을 그 극복방안으로 활용할 수 있다. 연사와 통역사 사이의 시차는 평균 2-3초 정도(Barik, 1969)라고 하며, 이것은 서로 다른 절차에 기초를 두고 있는 올레론과 난폰(Oleron & Nanpon, 1965), 그리고 트라이스만(Treisman, 1965)의 측정과도 일치를 보이고 있다. 통역사가 연설 텍스트를 듣고 도착어로 통역하기 시작하는 순간까지의 시차(ear-voice- span<EVS>)는 대개의 경우, 적어도 하나의 술어(述語) 표현을 포함하는 것으로 알려져 있다 (Goldman-Eisler, 1972). 최소의 EVS 단위는 단어가 아니라 명사구+동사구이며 동사구(動詞句)가 필요한 정보 가운데 가장 중요한 부분이고, 출발어의 **의미 단락 분할**은 명제원리(propositional principles)에서 비롯된다고 본다. Goldman-Eisler에 따르면, 동시통역사들이 출발어 표현을 청취하고 그 의미 단락을 분할하는 방식을 다음의 3가지로 설명한다(이광호, 2003 가을: 129-36).

- 원천언어에서 말의 뭉치(chunk of speech)가 발화됨에 따라 휴지와 휴지간에 그 말의 뭉치를 부호화(符號化)하기.
- 입력되는 말뭉치가 정지하기 전에 부호화를 시작하기.
- 2개 이상의 입력 말뭉치를 저장하고 다음에 부호화하기(융합).

1.1.1 어순의 재구성과 전향식 문장구역

1) 어순의 재구성

시간적인 제약(制約)이 따르는 동시통역에서는 제1 발언자의 문장을 다 듣고 나서 뒤에서부터 해석해 나갈 여유가 없다. 그러므로 한국어로 통역할 때 문장의 재구성을 통해 제1 발언자인 연사의 말하는 순서와 제2 발언자인 통역사에 의한 이해의 순서(順序)를 동일하게 하여 통역하는 것이 좋을 것이다. 아래의 예문 (1다)에서와 같이 원문의 품사(品詞) 전환과 재구성을 통해 영어와 한국어의 어순 차이를 줄여서 동시통역을 보다 용이(容易)하게 할 수가 있다(박순함, 1973: 11-12).

> (1) 어순의 재구성
> 가. "He reports that the Oriental practice of acupuncture is gaining a gradual recognition in the west."
> 나. "그는 동양의 침술이 서구에서 점차적인 인식을 얻고 있다고 보고한다."
> 다. "그의 보고에 의하면 동양의 침술이 점차적으로 서구에서 인식되고 있다 한다."

2) 전향식 문장구역

어순(語順)의 재구성을 통하여 직독직해식으로 영어문장을 앞에서부터 구두 번역해가는 전향식 문장구역법(文章口譯法)으로 통역을 하면 시간적으로 긴박한 동시통역에서 시차를 줄이면서 중요한 메시지를 신속히 전달하는데 도움이 될 수 있을 것이다. 다음의 예를 보자.

(2) 전향식 문장구역

　　가. We recognize that managing a democratic alliance requires mutual counsel as well as mutual obligations. It is for this reason that we have taken ANZUS country views seriously into account in formulating our arms control provisions. (슐츠 미 국무장관 연설문 중에서)

　　나. 우리가 알고 있듯 민주 동맹 관계 운영에는 상호 협의와 의무 이행이 요구됩니다. 이런 이유로 "앤저스" 동맹국의 견해를 진지하게 받아들여 무기 통제 규정 수립에 반영한 것입니다. (전향식 문장구역)

　　다. 우리는 민주주의적인 동맹 관계를 운영하는 데는 (조약국) 상호간에 의무를 다해야 함과 아울러 서로 협의를 다해야 한다는 것을 잘 알고 있습니다. 우리가 "앤저스" 동맹 국가의 견해를 우리의 무기 통제 규정을 수립하는데 진지하게 반영한 것은 바로 이런 이유에서입니다. (비전향식 번역) (조재영, 1985: 9)

　(2. 나)에서의 전향식(前向式) 문장구역이 (2. 다)에서의 비전향식 번역보다 촉박한 시간 내에 구두 번역을 해나가는데 보다 유리하고 효과적이라는 사실을 알 수 있다. 또한 문장 전환(轉換)을 위해서는 명사, 동사, 형용사, 부사 등의 품사 전환도 중요하다(이광호, ib.: 137-39).

1.1.2 오류, 휴지의 발생과 생략

　번역의 혼란(distruptions)은 일반적으로 오류(誤謬)와 생략으로 나타난다. 수행자질의 지표(指標)로써, 이들 두 통역이탈의 유형은 하나의 포괄적인 일탈(deviations)의 측정으로 통합된다. 오류 제원(諸元)에 관한 의미 있는 연구결과가 부재한 이유는 오류가 생략의 정도에 연계되기 때문에 오류의 발생률은 완전히 독립적인 사건이 아니라는 사실에서 찾을 수 있다(Yom Haeng-Il, 2003 가을: 158). 동시통역에서 원문의 입력(入力)에서 이해, 변환, 발화의 과정이 하나의 순환(循環)이라고 볼 때 동시통역사는 이와 같은 사이클을 하나만 거치는 것이 아니라 여러 개를 동시에 작동시킨다고 보아야 한다. 즉 원문 A를 발화(發話)하면서 원문 B를 청취한다든가 원문 B를 이해하면서 이미 변환시킨 원문 A의 한국어를 발화하는 상황을 상정할 수 있다. 이처럼 통역사가 청취나 이해 혹은 변환 등의 정보처리를 한 번에 하나씩만 할 수 없는 이유는 원문의 입력 속도가 통역사에 의해 정해지는 것이 아니라 연사에 의해 정해진 후 통역사의 상황에 관계없이 일방적으로 입력되기 때문이다. 이러한 원문의 입력 속도에 대한 통제 불능은 동시통역의 가장 취약점(脆弱點) 중의 하나인데, 이것은 정보처리상의 약간의 실수가 있어도 바로 통역상 왜곡이나 생략으로 이어질 수 있다는 점이다(이태형, 2001 봄: 10-11).

1) 동시통역 오류

Barik(1975)는 동시통역에서 발견되는 오류(誤謬)를 크게 생략(omission), 추가(addition), 대체(substitution) 등 세 가지로 분류한다. 생략은 다시 수식어나 짧은 구가 생략되는 생략과 이보다는 큰 단위가 통역사의 능력 부족(不足)으로 생략되는 경우, 그리고 시간적 제약으로 인한 생략, 원문의 의미는 전달하지만 문장 구조의 재조합이 통역상 어색한 경우 등으로 세분할 수 있다. 추가의 경우에는 원문에 없는 접속사의 추가 외에 새로운 내용을 통역상 추가하는 것을 오류로 규정하고 있다. 대체(代替)는 구나 절에서 한 문장 전체를 다른 내용으로 대체하는 것을 뜻한다. Barik와 유사하게 동시통역의 오류를 분석한 Lambert, S. & V. Daro & F. Fabbro(1995: 39-46; ib.: 8)도 정보의 생략을 가장 큰 오류로 꼽으며, 그 종류를 변환(變換)의 오류, 생략, 불완전한 통역, 차용(借用) 등으로 분류하고 있다.

통역에 있어서 수행(遂行)의 자질과 관련하여, 오류(error)는 탈락(omission)과 더불어 분석된다. 오류(誤謬)는 일반적으로 단어 혹은 문장의 전체 의미단위와 같은 연설부분에 대한 통역사의 대체(代替)로 정의한다. Barik(1975)가 제시한 4가지 유형의 오류를 보면, 첫째는 일부 어휘항목의 오역과 같은 **온건한 의미상의 오류**로, 이는 원래 의미에 가벼운 변경을 초래한다. 두 번째로 원본의 **의미를 크게 개조**하는 일부 어휘항목의 통역 이탈(離脫)과 같은 전체 의미의 오류, 세 번째는 연설 **텍스트의 대부분에 관련**되는 오류로 온건한 표현의 변경을 초래하지마는 그 요점에 영향을 미치지 않는 것이며, 네 번째로 **통역의 혼란**과 같은 전체적인 표현의 변경을 가져오고, 원래 메시지 의미에 중대한 변경을 나타냄으로써 받아들일 수 없는 오류 등이 있다(Barik, 1973: 272-96; Yom, 2003 가을: 156-57).

또 다른 오류로 **모사**(calque; loan translation 차용 번역)를 들 수 있다. 의미의 이해속도가 떨어지는 경우 완전히 직역식의 단어 치환(置換)을 하려는 유혹은 특히 두 언어가 상당히 유사하여 이러한 방식으로 통역해도 될 것 같은 느낌이 들 때 더 크다. 그러나 모사(模寫)는 유사한 언어들 사이에서 뿐 아니라 서로 전혀 다른 언어들 사이에서도 발생할 수 있다. 모사를 하는 원인 중 하나는 통역사가 서두르기 때문인데, 통역사들이 마음이 급해지는 이유는 분석의 속도가 느려짐에 따라 정보를 놓칠까 봐 두려워하거나, 혹은 청각적 인지내용의 지속시간이 짧아서 혹은 위의 두 가지 모두 때문이다.

동시통역에서 발견되는 많은 문제점 들 중 상당부분은 통역과정 자체의 특수성에 기인한 문제들이라 기 보다는 **언어학습과정**에서 필연적으로 나타나는 문제점들일 수 있다. 즉, 일반적 상황에서는 듣기나 읽기에 전혀 무리가 없는 수준(水準)이라 할지라도 동시통역을 하기에 충분한 수준에 이르지 못했기 때문에 발생하는 문제일 수 있다. 이러한 가정이 옳다면, 통역훈련은 단지 청취력(聽取力)을 통역에 적합한 수준으로 끌어올리는 역할을 할 뿐이다. 달리 말하자면, 통역훈련은 이러한 능력을 제고하는데 적합한 여건(與件)이 갖추어지는 경우, 특히 해당 언어에 장기간 노출(露出)될 경우 자연스럽게 향상될 능력을 보다 단기간에 향상시키는 역할을 할 뿐이다(Karla DEJEAN, 2004: 165-66).

2) 휴지(休止)의 발생

동시통역의 정보처리 과정(過程)에 필요한 능력의 총 합계가 통역사의 능력을 초과하면 이는 바로 동시통역의 정확도의 하락으로 이어지는데, 이 같은 정보처리 능력을 다음과 같은 공식으로 설명할 수 있다(Gile, 1995: 170; 이태형, ib.: 13).

동시통역 능력 = 청해 능력 + 발화 능력 + 단기기억 능력 + 조정 능력

이 공식에서 어느 한 부분이라도 원활하게 작동하지 않거나 많은 정보처리 능력을 소비하여 전체 동시통역의 능력을 초과하는 경우를 통역사의 정보처리 능력의 과부하(過負荷)로 본다. 다음으로 영한 동시통역의 또 다른 어려움은 양 언어간 통사적 차이에서 오는데, 이는 통역사가 정보처리를 함에 있어 그의 기억력에 큰 부담을 지워 어려움을 가중(加重)시킨다(Barik, 1975). 따라서 SVO인 영어를 SOV인 한국어로 동시통역 하는 데는 영어와 불어 등의 언어 배합(配合)과는 다른 정보처리 상의 독특한 어려움이 존재하는 것으로 보아야 한다. 영한 동시통역을 행하는 통역사가 청해(聽解)와 변환을 거쳐 발화의 단계에 이르러도 영한 동시통역의 독특한 어려움이 계속되는데, 이는 원문의 격(格)에 맞는 한국어 댓구어를 검색(檢

索)하여 발화하는 문제이다. 일상생활에서 사용하는 단어들이 아니라 고급스러운
단어들의 경우 자주 쓰이지 않고 장기기억 속에서 더 큰 어휘사전에 저장(貯藏)되
어있는 관계로 이를 검색하는 데는 많은 시간이 걸리게 된다. 특히 이러한 상황
하에서 통역사가 일단 검색된 한국어 댓구어에 만족하지 못하고 더욱 고급스러운
한국어를 검색하고자 시도한다면 통역상 **휴지(休止)**가 발생할 가능성이 높고 이
는 전체적인 동시통역의 정확도에 영향을 미치게 된다.

원문의 난이도의 중요한 척도 중 하나인 발화율(發話率)을 낮추는 휴지의 길이가
커질수록 그 문장의 통역은 용이하며 이 휴지의 총량이 줄어들수록 그 문장의 동시
통역은 어려워진다(이, ib.). Goldman-Eisler(1968)에 따르면 영어 연설의 경우 대부
분의 휴지가 1초 미만으로 이야기하고 있으나, Barik(1965)는 여러 연설의 평균(平
均) 휴지는 0.92-1.98이라고 한다. 이들 두 사람들이 주장하는 휴지 시간의 차이는
휴지에 대한 기준과 데이터 측정 방법상의 차이로 인한 것이다(Kim Young-Jo, 1982;
이광호, ib.: 142). 비록 연사들의 연설 가운데 나타나는 휴지의 길이가 짧기는 하지
만 통역사가 휴지를 잘 활용(活用)하면 동시통역에 도움이 될 수 있다. 일반적으로
휴지는 의미 단락(段落) 사이에서 생길 가능성이 많고, 통역사는 단어를 직역하는
것이 아니라 메시지를 의역하기 때문에 통역하기 전에 의미 단위를 생각하고, 연사
의 연설이 행해지는 중간 보다는 **휴지(休止)가 생길 때** 말을 시작하는 것이 동시통
역의 수행에 유리할 것이다. TV통역에서의 경우, 통역사는 명확하고 이해하기 쉽
게 통역해야 하며 연사가 말을 끝내는 것과 동시에 통역을 마쳐야 한다. 또한 통역
사는 평소보다 더 짧은 시간 내에 머리 속에서 모든 결정을 내려야 하는 상황임에도
원고가 가용하지 않은 상황 하에서 연사의 부자연스러운 표현으로 인해 통역사는
종종 연사가 말하고자 하는 바를 재구성하는 데 어려움을 겪기도 한다(Colette
LAPLACE, 2004: 206).

3) 생략의 가능성

하나의 문장을 완벽하게 동시통역 하려고 시도(試圖)하다가는 후속 문장을 놓
치는 결과가 발생할 수 있다. 후속 문장의 입력(入力) 외에도 통역사가 보다 정
확한 원문의 이해를 위해 오래 기다릴 수 없는 이유는 인간의 단기기억(短期記
憶)이 적정량 이상의 정보를 한꺼번에 저장하고 유지하기가 어렵기 때문이다

(MacWhinney B., 1997; 이태형, ib.: 12). 따라서 통역사가 어느 정도 이상의 시간을 기다릴 경우 단기기억 속의 정보는 변환과 발화를 거치지 못하고 동시통역에서 생략되어버릴 가능성이 높은 것이다. 원문의 청취는 동시통역 과정의 첫 단계로 가장 어려운 부분이므로 만약 이 부분에서 적절한 정보처리가 이루어지지 않으면 변환이나 발화(發話) 등의 후속 단계는 모두 불가능해지고 그 부분은 통역상 생략될 가능성이 높아질 것이다(Weller, 1991; ib.).

짧은 문장은 긴 문장들보다 생략될 가능성이 높다. 빠른 속도로 입력되는 짧은 문장들은 통역사가 다중처리(多重處理) 상황 하에서 쉽게 놓치고 지나갈 개연성(蓋然性)이 높다. 보통 영한 동시통역의 시차가 3초인 점을 볼 때 생략된 문장들의 평균 길이는 이 시차에도 못 미치는 짧은 문장들이어서 생략이 쉽게 발생되었다고 볼 수 있다. 원문의 속도가 높다는 것은 단위시간 내에 입력되는 정보의 양(量)이 많다는 것을 의미하며 이러한 빠른 속도의 문장이 문장간의 휴지도 짧은 상태로 통역사에게 입력되므로 생략은 불가피하게 될 것이다. 원문의 속도가 빠른 경우 통역사가 정보처리 능력을 청해(聽解)에 집중하게 되어 통역상 오류가 발생하기 쉽다(Gile, 1991). 문장간의 휴지가 긴 경우에는 한 문장의 발화와 그 다음 문장의 청해가 겹쳐지는 부분이 줄어들어 통역사는 해당 문장을 보다 충실하게 통역할 수 있을 것이다.

그러나 반대로 문장간의 휴지가 짧은 경우에는 한 문장에 대한 통역 된 내용의 발화가 이루어지는 동안에 후속 문장이 입력(入力)되어 발화와 청해가 겹쳐지는 부분이 늘어나므로 해당 문장이 동시통역 상에서 생략되었다고 보아야 한다. 발화율이 높고 휴지가 짧은 원문은 통역사의 다중(多重) 정보 처리과정에 큰 부담을 주며 하향식 정보처리(top-down processing)를 할 여유가 없이 지나간다고 볼 수 있다. 이러한 결과는 정해진 시간 내에 연사가 많이 발화할 경우 통역사에 의한 생략의 양이 많아진다는 주장과도 일치한다(Barik, 1975; 이, ib.). 생략의 오류(誤謬)는 청취와 변환, 그리고 발화의 과정 중에서 청취단계의 문제에서 기인(起因)했을 가능성이 높다. 통역사들의 입력되는 원문이 통역사의 정보처리 능력을 넘어서는 경우가 발생하면 통역사들은 이를 요약하여 동시통역 하는 책략을 사용한다(Weber, 1990; ib.). 불필요한 부분이나 중복(重複)되는 부분을 의도적으로 생략함으로써, 시차를 줄이고 메시지의 요점을 놓치지 않으면서 동시통역을 하기 위해서는 언어 습관으로서의 과잉 서술(wordiness), 즉 과도한 주장을 줄이도록 의도적으로 노력할 필요가 있다. 이러한 과잉 서술(敍述)을 최대한 줄이기 위해 다음과 같은 방법을 활용하면 동시통역 수행에 도움이 될 것이다(이상희, 1985; 이창수, 2002; 이광호, ib.).

- 불필요한 반복의 회피
- 과잉 형용사의 제거
- 장황한 부사의 제거.
- 부사절을 분사구문으로 압축
- 전치사구의 삭제 또는 소유격 명사로 축소
- 관계사절을 분사로 변경

사전 준비 없는 연설이나 정보 밀도가 높은 연설의 경우, 통역사는 요지(要旨)를 놓치지 않기 위해 연설 원문의 의미 손실을 크게 초래하지 않는 범위 내에서, 불필요한 수식어나 중복되는 말 그리고 그 외 중요하지 않은 부분을 적절히 생략하거나 짧은 말로 바꾸어 표현하는 것이 보다 효과적이다.

1.1.3 듣기 · 말하기의 동시 분리 수행

어순의 재구성, 생략, 휴지 활용 등을 통해 출발어와 도착어의 어순 차이와 시차를 줄인다고 하더라고 시차(時差)는 동시통역에서 없앨 수 없는 본질적 특징이므로 시차로 인해 초래(招來)되는 문제는 결국 통역사가 서로 다른 두 언어를 분리하여 동시에 듣고 말하는 일을 할 수 있는 능력을 가지게 될 때, 비로소 완전히 극복될 수 있을 것이다. 동시통역을 할 때 통역사에게는 헤드폰을 통해 들리는 연사(演士)의 말소리와 통역사 자신의 말소리가 다 같이 들린다. 이러한 상황하에서 그는 연설(演說)의 한 부분을 듣고 통역을 하면서 동시에 다음 부분을 듣고 기억(記憶)하고 있다가 앞부분의 통역이 끝나자마자 그 뒷부분을 통역하고 그와 동시에 계속 진행되는 연설의 앞부분을 듣고 기억하는 식(式)으로 서로 다른 두 가지 일을 분리해서 동시에 계속 수행해 나갈 수 있어야 한다. 통역사가 서로 다른 두 언어의 듣기와 말하기를 분리하여 동시에 수행할 수 있기 위해서는, 출발어와 도착어에 대한 완벽한 듣기 · 말하기 능력과 아울러 양 개 언어간의 언어적, 문화적 차이 및 통역할 연설 내용에 대한 완벽한 지식과 출발어를 재빨리 분석하여 그 의미를 도착어의 적합한 표현으로 바꾸어 전달할 수 있는 뛰어난 언어 전환 능력 같은 기본적인 자질(資質)을 갖추고, 모국어와 외국어로 말을 하면서 동시에 다른 사람의 말을 듣는 것과 같은 훈련을 많이 쌓아야 할 것이다. 그렇게 함으로서 동시통역의 어려움을 근본적으로 극복할 수 있게 될 것이다.

1.2 모국어 영향에 의한 통역 오류와 대응방안

오류와 실수는 언어능력(competence)과 언어수행(performance) 면에서 설명이 가능하다. 언어능력은 내적 문법을 구성하는 언어규칙의 정신적 표현으로서 체계적(體系的)인 오류로 나타나고, 언어수행은 언어의 이해와 생산으로서의 비체계적인 실수(失手)로 나타난다고 하였다(Chomsky). **통역 오류의 종류(種類)**는 크게 문화적 차이로 인한 오류, 직역(直譯)에 의한 오류, 문법 지식의 부족으로 인한 오류로 나눌 수 있다.

1.2.1 문화적 차이로 인한 오류

언어란 한 사회의 가치와 문화를 그대로 표현하는 수단이 된다. 그러므로 브라운은 "제2 언어의 습득은 제2 문화의 습득이다"라고 하였다(Brown D., 1980; 박유경, 2002 봄: 119). 한국인은 나보다 집단을 우선(于先)하는 문화를 가지고 있고, 영어권 사람들은 개인주의를 존중하기 때문에 두 문화 사이에는 상당한 차이(差異)가 있다. 예를 들어 한국어에서는 "새가 운다"고 하는 표현이 영어에서는 "Birds are singing."이라고 하고, 극장에서 "이 자리 비었어요?"하고 묻는 표현을 영어에서는 반대로 "Is this seat taken?"이라고 하는 등 두 언어 사이에는 표현 방식의 차이가 있다.

1.2.2 직역에 의한 오류

문화적 차이에 의한 오류뿐만 아니라 직역으로 인한 오류도 생각할 수 있다. 외국에 사는 사람이 교통경찰에게 적발(摘發)되자 잘 보아 달라는 의미로 *"Please see me well."*이라고 한다거나, "수고하세요"라는 의미로 *"Take pains."*라고 했다는 말을 종종 들을 수 있다. 이것은 *"Give me a break."*와 *"Have a nice day!"* 등으로 바꾸어 말해야 할 것이다. 손님을 초대하고는 음식이 맛있느냐는 의미를 그대로 "*Is it delicious?*"하면 감히 맛이 없다고 할 사람이 없을 것이다. 이런 표현은 "*How do you like the food?*"라고 표현해야 옳을 것이다.

1.2.3 문법 지식의 부족으로 인한 오류

문법적인 오류로 가장 기본적인 오류는 시제(時制) 사용의 오류나, 어순 사용의 오류를 들 수 있다. 언어습득은 항상 일관적이고 예측할 수 있는 방법으로 이루어지지 않으며, 학습자와 관련된 많은 요인과, 학습 환경에 의해 크게 좌우된다. 그러므로 이 두 요인에 의한 다양하고 복잡한 결과를 먼저 인식해야 한다. 서로 다른 상황에서 L2에 대한 지식을 다르게 사용할 수 있다. 예를 들어 즉시 대화를 해야 하는 압박을 받을 때는 기존의 지식을 최대한 활용할 시간적 여유가 없기 때문에 발화(發話)를 하기 전에 신중히 생각할 시간이 있었다면 실수하지 않았을 오류가 생길 수 있다. 학생들이 많이 생각할 시간을 주지 않고 즉시 말하게 할 기회를 많이 주어서 자기의 약점을 파악하게 하고, 연습을 꾸준히 하면 시제 일치나 어순의 오류가 줄어들게 될 것이다(박유경, ib.: 118-125).

2. 통역평가

2.1 통역평가란?

통역평가는 커뮤니케이션이 성공적으로 이행되기를 바라는 당사자, 즉 연사, 통역사, 통역을 듣는 청중 모두에게 중요한 요소가 된다. 한편 통역을 평가(評價)한다는 것은 통역사, 더불어 예비통역사를 평가하는 것을 의미한다(Marianne Lederer, 2005.6.24: 84-96). 무엇을 평가대상으로 삼는가, 누가 평가를 실시하는가는 상관없이 평가자는 의식적으로든 무의식적으로든 항상 이론을 바탕으로 한다. 사실 통역에 관한 연구에 있어서 명시적으로 이론(理論)이라고 할 만한 것은 **해석이론**(Théorie Interprétative de la Traduction)과 F. Pöchhacker(1992)가 통역에 적용한

스코포스 이론(théorie du skopos)뿐이다. 더구나 이 두 이론은 전혀 대립(對立) 관계에 있지 않다. 더 나아가 '스코포스 이론'이 사실상 해석이론의 원리 중 한 가지를 발전시킨 것이라고 생각한다. 즉, 통역이라는 것을 그 목적, 다시 말해서 '스코포스' 없이 논할 수 없다.

해석이론에서의 **통역의 개념**에 대해 간단히 이야기하면, 통역의 목적이란, 연사가 말하고자 하는 바(vouloir-dire)를 언어적, 수사적, 심리적 측면에서 연사의 언어를 이해하지 못하는 청중에게 모두 전달하는 것이라 할 때, 통역의 과정은 전달 언어를 통해 연사(演士)가 말하고자 하는 바를 이해(comprendre)한 후, 전달 언어는 그대로 두고, 즉 이해한 것을 탈언어화(脫言語化 déverbaliser)하여 개념상의, 그리고 정감상의 뉘앙스를 모두 살리면서 연사의 언어를 모르는 청중의 언어로 가장 자연스럽게 재표현(再表現 réexprimer)하는 것이다. 이는 통역의 언어구사 수준이 상당해야 할뿐만 아니라 다른 이에 대한 개방적 사고방식과 진행 중인 회의 및 회의 목적, 회의 주제와 관련된 적절한 지식을 모두 동원할 수 있는 능력도 갖추고 있어야 함을 뜻한다. 실제 상황에서 이루어지는 통역을 평가할 때는 이상적인 통역 모델을 기준으로 삼아야 한다. 아무런 기준 없이 통역을 평가할 수는 없을 것이며, 따라서 하나의 기준을 만들어야 하는데 통역이 정확했는지, 혹은 오류(誤謬)가 있었는지, 오류가 있었다면 어떤 오류였는지, 또 얼마나 심각한 오류였는지를 판단할 수 있도록 해주는 이상적인 모델을 마련해야 한다는 뜻이 되겠다.

2.2 통역등가 기준

통역사는 본인이 실제로 통역을 한다는 이유 때문이라도 통역이 무엇인지 정확히 파악하고 있다. K. Déjean le Féal(1990: 155)은 다음과 같이 설명하고 있다.

"각 통역사가 나름대로 세운 기준에는 개인적 편차가 조금씩 존재할지라도 바람직한 전문통역에 대한 공통적 기준은 존재한다. 그 기준은 다음과 같이 요약될 수 있다. 청중이 이어폰을 통해 듣는 통역이 연사의 연설을 원어로 듣는 청중에게 일으키는 효과(效果)와 같은 효과를 내야 한다. 통역은 원어로 듣는 것과 같은 인지적 내용을 동일한 수준의 언어로, 동일한 명료함과 정확함을 유지하며 전달해야 한다.

통역사가 구사하는 언어와 통역의 질은 연사의 연설과 적어도 같은 수준을 유지해야 한다."

이는 통역사들이 말없이 동의하는 기준이라 할 수 있으며 이를 근거로 통역의 질은 여러 구성요소로 나뉘었다. H. Bühler(1986)는 15개의 '기준'을 마련하여 무작위로 나열했다. 이는 설문조사를 받은 통역사들이 직접 순위(順位)를 매기도록 하기 위해서였다. 이중 통역의 존재 이유라고 할 수 있는 통역의 가장 중요한 기준 두 가지를 원래 의미와 일치되게(sense consistency with original meaning) 완전한 해석(completeness of interpretation)이라고 주장하였다. 통역사라면 누구나 통역이란 **원문과 같은 의미를 전달**한다고 말을 할 텐데, 여기서 의미(sense)란 무엇을 말하는 것인가? 메시지의 의미(연설의 상황을 고려한 의미와 청중이기도 한 통역사가 갖고 있는 적절한 지식의 조합)를 말하는 것인가, 아니면 연설에 들어있는 각 단어의 의미의 합(合)을 뜻하는 것인가. 또한 통역의 완전성(完全性)이란 이 용어를 쓰는 사람이 받아들인 이론에 따라 뜻이 달라질 수 있다.

예를 들어, 원문의 단어가 모두 통역되어야 한다는 입장이 있을 수 있고, 혹은 연사가 말하고자 하는 바의 모든 뉘앙스가 통역에 반영(反映)되어야 한다는 입장이 있을 수 있다. 두 번째의 경우 표현 자체는 원문과 한 단어 한 단어 일치(一致)하지 않을 수도 있는데, 그 때문에 원어와 비교하여 통역사가 생략이나 첨가를 했다는 주장이 나오기도 한다. 언어는 의미를 전달하는 매개체(媒介體)이며, 메시지를 이해하는 것과 이를 다른 언어로 재표현 한다는 것은 연사가 사용한 단어나 관용어 자체가 아니라 이를 통해 연사가 말하고자 한 개념적이며 동시에 정감적인 의미를 재현(再現)하고 이를 위해서 언어적 지식보다 훨씬 더 폭 넓은 지식에 의존(依存)함을 말한다는 주장이 다수를 이룬다(Seleskovitch, 1968, 1975; Lederer, 1981; Seleskovitch/Lederer, 1984; Dejean, 1995 등). 그런가 하면 연사(演士)의 언어 자체에 훨씬 더 중요성을 두는 경우도 있다. 이상 두 가지 이론 중 어느 이론을 택하느냐가 평가에도 영향을 미칠 것임은 두말할 나위 없다. 그러나 통역에 있어 세부사항을 논하면서도 이론적 준거(準據)를 명시하지 않는 경우가 대다수이다.

2.3 해석이론의 다섯 가지 등가 기준

등가의 통역이 잘 된 통역이라고 단정할 수 있는 이유는, 등가(等價)라는 객관적 기준에서 출발하기 때문이다. 해석이론가 들은 통역평가에 있어 이상적인 통역에 대한 개념을 정의했기 때문에 등가의 기준을 마련할 수 있었고, 이를 통해 이상적 통역과 불완전한 통역을 비교평가하고, 불완전한 통역을 피해갈 수 있는 방법을 제시(提示)할 수 있었다. 등가의 기준은 아래와 같이 다섯 가지로 제시된다.

- 통역은 원문이 제시하는 언어 외적(外的) 현실에 관한 정보를 전달해야 한다.
- 통역은 원문의 문체(文體)를 존중해야 한다. 언어 구사 수준, 사회어 등.
- 통역은 연설의 규범(規範)을 준수해야 한다. 과학, 법률, 연회 연설 등.
- 청중의 지식 수준(水準)에 맞추어 이해가 가능하도록 통역해야 한다.
- 통역은 원문과 동일한 미적(美的) 효과를 내야 한다. (예) 환영사의 미사여구.

이 기준을 바탕으로 통역 결과물을 평가할 수 있다. 해석이론을 적용하면 통역 결과물 자체에 대한 평가 외에 통역결과물을 얻기 위해 진행된 통역과정(通譯過程)에 대한 판단도 가능한데, 만약 통역 이론이 다르면 통역평가가 달라진다는 것을 알 수 있다.

2.4 사용자에 의한 통역평가

동시통역의 평가에서는 우선 통역사가 의사소통 임무를 어느 정도 수행했는지를 점검한다. 즉 청중이 연사를 제대로 이해했는지 살핀다. 내용상의 부정확성이나 일관적이지 못한 문체(文體), 통사적인 실수가 원문의 큰 줄기를 왜곡하지 않는다면 만족스러운 통역이라고 볼 수 있다(Miram, 2004: 129-40). I. Kurz (2001)가 통역은 서비스이며 서비스로서의 통역은 이를 사용하는 자를 만족시켜야 한다고 지적한 바 있는데, 이는 적절한 지적이라고 할 수 있다. 따라서 사용자들의 기대를 고려하는 것과 사용자의 기대는 현실적인 만큼 이를 충족시키기 위해 노력하는 것은 당연하고 또 필수적(必須的)인 일이다. 사용자가 결과물을 평가할 때는 서비스를 부탁한 이유, 즉 연사가 말하고자 하는 바를 직접 원어로 청취하는 것처럼 따라갈 수 있는지를 기준으로 삼게 된다.

　Kurz(2001년) 가 연구한 바에 따르면 기술, 외교, 혹은 좀 더 일반적인 회의에 이르기까지 회의의 종류(種類)에 상관없이(Kopczinski, 1994) 사용자들이 원(願)하는 것은 연사가 하는 말과 연사의 말하는 방식을 가장 근접(近接)하게 따라가는 것이다. 그러나 사용자들이 통역에 거는 기대와 국제회의 통역에 대해 평가하는 것은 엄연히 구분해야 한다. "의미란 원문의 메시지인가" 혹은 "통역이 완전했는 가"와 같이 회의 참가자들이 대답할 수 없는 문제들이 있기 때문이다. 전적으로 양적인 평가기준은 주관성을 완전히 배제한다. 그러나 통역이라는 정신활동에 이를 적용하기란 불가능하다고 생각된다. 여러 사람이 동일한 기준을 적용하는 이론에 동조(同調)할지라도 개인마다 선호하는 바가 다를 수 있기 때문에 여러 가지 측면에서 평가는 조금씩 달라진다. 이 주관성(主觀性), 즉 편중성이 언젠가는 배제될 수 있을 것인가 하는 질문에 대하여, 아마도 완전히 배제한다는 것은 불가능한 일일 것이다. 그러나 평가의 대상을 파악한다는 것 자체가 객관성을 향한 진일보일 것이다(마리안 레더러, 2005: 85-96).

현황분석과 제안사항

1. 한국 통번역의 현황

전국(全國)에 소재 한 223개 공공기관을 대상으로 실시하였든 연구조사 보고서 (이승재 외, 2001 가을: 60-107)에 의하면,[1] 번역물의 전반적인 수준(水準)에 대한 조사 대상 기관의 만족도는 응답자의 과반수가 넘는 사람들(약 57.3%)이 불만족을 표시하였고, 만족한다는 의견은 42.7%에 불과하였는데, 이는 담당자들이 번역물 의 품질에 관해 개선의 여지가 많다고 느끼고 있음을 보여준다. 또 번역을 의뢰(依 賴)하는 경우 해당 기관이 번역사 선정문제에서만 관여하고 있다는 응답이 절반을 넘었고, 내용이나 언어에 대한 자문(諮問)은 거의 이루어지지 않고 있었으며, 감수 차원의 문제에도 관심을 보이지 않았다는 점에서 번역에 관한 **체계적인 관리 시스 템**의 부재(不在) 현상을 지적하지 않을 수 없다.

현재 한국의 공공부문에서 번역과 관련하여 나타나고 있는 문제점들로서 첫째 번역에 관련된 전반적인 인식의 부재현상이 지적되고 있다. 전문번역사가 되기 위해서는 광범위하고 일반적인 지식뿐만 아니라 번역물 내용에 관한 전문지식을 필요로 하고 있음에도 불구하고, 언어와 문화에 대한 지식을 갖추고 있으면 번역 은 누구나 할 수 있다는 그릇된 생각이 지배(조사대상의 70% 이상)하고 있었으며, 해당기관에서는 번역업무를 부수적(附隨的)인 것으로 생각하고 기존의 업무에 부

---

1) 한국외국어대학교(통번역대학원)에서는 2000년 1월 17일부터 3월 28일에 걸쳐 2개월 여 동안 총 50여명의 연구원들이 대상 기관을 방문, 대인 면접 형식으로 설문 조사를 실시하 였다.

가하여 번역물을 처리하도록 하는 비효율적인 업무수행 방식에 따라 번역업무가 처리되고 있음이 지적되기도 하였다. 또한 호소력이 중시되는 홍보성 문건이나, 전문 지식을 요하는 분야의 번역물의 만족도(滿足度)가 상대적으로 낮았든 것은 번역사 재교육과도 관련이 있는 것으로, 차후 번역사들이 전문지식과 정확한 언어 표현능력의 향상을 위해 노력해야 할 부분으로 지적되기도 하였다. 추가하여, 적합한 제3언어 번역사의 수급(需給)에 애로가 있다는 점도 지적되기도 하였다.

한국의 번역문학은 1970년대에 제3세계 문학의 문호(門戶)가 차츰 개방되기 시작하여 80년대에는 소련의 현대문학을 쉽사리 접하게 되었다. 하지만 이러한 해빙 (解氷)무드가 번역으로 이어지기에는 다소 시기상조였다고 할 수 있다. 1985년을 정점(4703편)으로 이후 하강곡선을 그리기 시작하였고, 지나치게 많은 전집류와 문고류(文庫類)의 역간(譯刊)으로 공급이 수요를 훨씬 상회했기 때문이다. 80년대 후반에 가서야 비로소 번역문학의 기형성(畸形性)이 불식될 수 있었다(전현주, 2004 봄: 176-79). 과거, 한국의 번역 문학사에서 작용하였던 네 가지의 시스템 즉, 첫째, 반공(反共)이라는 국가의 정치적 이념으로 인하여 주로 백색문학에 편중하였던 점, 둘째, 거장이나 노벨상 수상자의 작품 중심으로 소개하였고, 셋째, 출판사의 마케팅 전략으로 인한 전집류와 문고판의 범람(汎濫) 등을 들 수 있으며, 마지막으로 독자의 선호도 등으로 1945년부터 1985년에 이르기까지 장르, 학파, 사조 (思潮)를 초월하여 상호간 항시 투쟁하는 시스템으로 번역물 선정에 영향을 미치는 요소로 작용했다. 그 결과, 한국의 번역문학사는 지난 세기에 있어서, 일부 '복지부동식'의 번역 전략과 결과물이 양산되는 등 폐단도 적지 않았으나 그 기형성을 말끔히 씻어 없애고 독자의 선택과 선호도에 따라 바람직한 방향으로 변화하고 있는 현실로 진단된다.

그 동안 한국문학이 해외의 여러 언어권(言語圈) 중에서 영어권에 가장 많이 소개되었지만 몇몇 작품을 제외하고는 그 반응이 미미한 편이다(이유식, 2000 봄: 198-99). 앞으로 한국문학의 번역사업은 여러 측면에서 많은 반성(反省)과 함께 과감한 전략이 요청되고 있다. 번역가 문제, 작품 선정문제, 출판사 선정과 홍보 문제 등은 개인이건 단체이건 간에 많은 심사숙고(深思熟考)와 보다 체계적인 추진이 필요하다고 하겠다. 한국의 통역과 번역의 장래를 위해서 위의 제반 문제점들이 조속히 해결되어야 하겠으며, 또 번역상의 주요 과제도 만족할 정도로 추진·이행(履行)되어야 하겠다. 더 나아가 노벨상을 겨냥한 전략적 번역 사업도 동시적으로 마땅히 수행되어야 할 것이다. 21세기의 전략적 번역사업의 일환으로 대상의 예비 후보가 될 만한 차세대(次世代) 작가나 시인들의 작품도 선별적으로 집중소개가 이루어져야 하겠다.

2. 기타 문제점 분석

2.1 통번역에서의 주요 문제점 검토

2.1.1 번역가와 작품 선정

번역에서의 주요 문제점으로 대두(擡頭)될 수 있는 것으로 번역가 문제와 작품 선정문제를 들 수 있는데, 첫째 번역가 문제에 있어서는 번역의 전문성 제고를 위하여 시(詩)나 소설 번역에 있어 장르별 전문 번역가를 활용하고, 또 시인이나 한 작가만을 전담으로 하는 '전담 번역가'를 활용하는 것이 바람직할 것이다. 다음으로 번역가는 누가 되어야 할 것인가라는 문제에 있어서는 자국인, 원어민, 자국인과 원어민 공동번역의 3가지 방식 중에서 공동번역이 가장 바람직한 방식으로 거론(擧論)되고 있다(이우식, ib.: 192-94). 자국인에게 모두를 맡기다 보면 문장 구사력의 한계가 있어 번역 완성도가 떨어질 수도 있으며 반대로 원어민에게 맡기다 보면 한국 고유(固有)의 물건이나 개념 같은 것에 대한 이해도가 낮기 때문에 오역(誤譯)이 나기 쉽다. 이런 서로의 장단점을 상호 보완 할 수 있는 방식이 공동 번역이다. 두 번째로 작품 선정문제에 있어 해외 진출용의 문학작품은 지방성과 국제성(국제적으로 얽힐 수 있는 가능성)을 동시에 띠고 있어야 한다. 지방성과 국제성이 서로 용해되어 있을 때 비로소 세계에서 읽혀질 수 있는 세계성을 가지게 될 것이다. **지방성**이란 물론 한 나라 문학의 고유성을 말한다. 자연과 풍토, 한 민족의 생활 감정과 풍속 그리고 역사와 전통 속에서 형성된 것이 지방성이라면, 여기에다 국제적 보편성이 있어야만 비로소 세계성을 띨 수 있다. 따라서 번역작품의 선정문제와 관련하여 '한국적' 고유성과 '국제적' 보편성이란 두 기준(基準)에 부합되는 작품을 골라내는 것이 중요한 과제라 하겠다.

2.1.2 번역의 평가 기준과 품질향상

번역의 평가 기준으로 고려할 사항으로는 도착어 표현의 정확성, 출발 텍스트 이해도, 도착어 텍스트의 논리성(論理性), 전문용어 사용 여부, 정확한 도착어 문법, 정보 누락 여부, 의역(意譯) 혹은 직역 여부, 번역 속도, 정확한 의미 전달, 맞춤법과 띄어쓰기, 도착어 텍스트의 스타일, 리서치 깊이, 기타 등을 생각할 수 있으며, 이외에도 번역2인조를 활용하는 방안인데, 한국어를 영어로 옮기는 한국인 번역가와 원문 텍스트에 대한 진정한 지식이 없이도 "문법을 마무리하는" 원어민 화자의 2인조가 오늘날 폭 넓은 지지를 받고 있다고 한다. 원어민 화자 문법 교정자의 역할은 단지 모든 문법적인 오류(誤謬)를 교정하는 것이다. 문법적인 교정은 학구적인 논문에서는 충분하지만 문학작품을 위대하게 만드는 것은 아니다. 이 체계는 원문의 스타일이나 풍미(風味)를 전연 갖지 않는, 또 미학적이고 정서적인 영향을 거의 상실하였으며 문법 교정자의 원문 텍스트에 대한 생소(生疎)함 때문에 오랜 기간동안 주요 줄거리 변경과 오류가 포함된 다수의 발간 작품들을 내놓는 결과를 가져오기도 했다. 그럼에도 불구하고, 일반 대중(大衆)의 일치된 의견은 작업을 마무리하고 모든 주어와 동사를 확실히 대응시키며 스타일과 리듬은 불고(不顧)하고 누군가, 문법-편집자를 고용하는 것을 선호하고 있다는 의견들이 존재한다(Childs C., 2001 봄: 189-90).

2.2 교육 관련사항

번역 실무자나 번역 이론의 연구자 모두는 **번역 연구**를 함에 있어, 실제적인 번역 프로세스(process) 및 번역가들이 겪는 여러 '관계(relationship)'에 관심을 가져야 하며, 이를 위해 실제로 번역을 하는 과정에서 사용된 자료를 축적(蓄積)해 나가야 할 것이다. 이렇게 구축된 자료를 바탕으로 **실제적인 연구**가 진행된다면, 번역에 대한 논의도 피상적이기보다는 구체적일 수 있을 것이다. 이 경우 번역 교육에 있어서도 큰 변화(變化)가 있을 것이고, 번역 이론과 번역 실무의 괴리(乖

離)가 좁혀지고 더 발전적인 방향으로의 전환이 가능할 것이다(Peter Bush, 2004; Fortuna ISRAËL, ed.: 326-28).

2.2.1 학교 교육

1) 교육체계 및 방식

오늘날 다중(多重) 언어현상은 더욱 확대되는 추세라서, 대부분의 국가에서 외국어 교육에 보다 많은 투자(投資)를 하고 있으며, 시대적인 요구에 따라 오늘의 외국어 교육은 외국에 대한 이해보다는 외국어의 사용에 중점을 두고 있다. 이제 영어교육이 영어의 사용능력에 초점이 맞추어진 이상 그 동안 국내 고등학교와 대학교 등 각급 학교에서 실시해 온 축어적(逐語的)으로 옮기는 문법해석식의 교양영어교육은 번역교육의 초기과정으로 전환하고, 번역교육도 교과과정을 개편하여 번역이론과 실습에 접근해서 번역 전공과정과 함께 운영하는 것이 바람직하다(유명우, 2000 봄: 240-41).[2] 장래 번역 전문가를 위한 번역 교육 구조의 문제는 매우 중요한 교육과정의 화두(話頭)가 될 것이며, 이 중에서 특히 중간언어의 전이(轉移) 능력 개발은 모든 교과과정의 교과가 목표언어를 배우는 것을 능가하는데 역점을 두어야 한다. 예를 들면 모국어 훈련, 통제된 제2·제3 언어 학습, 기술·문학 번역 수업, 비교영역 연구, 응용 번역 연구 프로그램[3] 등이 이에 해당한다(김귀순, 2003 가을: 25-32).

최근까지 대학의 외국어 교육은 회화보다 독해(讀解) 위주로 이루어져 왔다. 즉 말보다는 글이 교육의 우선순위에 있었으며, 글 또한 고전이나 고문 등을 대상으로 하여 시사적인 것과는 거리가 멀었다. 이로 인해 외국어 관련 교육은 오직 대학에서만 제공할 수 있는 독자적인 영역에 속했다. 그러나 이제는 글보다는 말, 고전이나 고문보다는 시사적(時事的)이고 일상적인 내용이 점차 일반화되고 있다(손지봉, 2003 가을: 93-107). 번역교육에 있어, 의역과 직역, 내용과 형식 등에서 무엇

---

2) 영국 출판사 Routledge의 *Dictionary of Linguistics*(1996)에는 외국어 능력을 Hearing, Speaking, Reading, Writing의 4 skills에 Translating을 추가해서 5 skills로 하자는 주장을 하고 있다고 기술하고 있다. 중국대학의 영어 과정에는 번역교육이 3-4학년 과정에서 실시되고 있다. 이러한 관점에서 우리의 대학 영어교육과정도 개편해야 한다는 주장이다

3) 번역 난제, 에러 분석, 번역 비평, 텍스트 유형 특이 전이(轉移) 테크닉, 번역 등가성 기준 확립, 원천어 텍스트 분석과 번역 등이다.

을 우선시해야 하는가, 이들을 어떻게 조화(調和)시켜야 하는가 등의 문제는 이론
적인 해결도 중요하지만 실제 수행에 적용시킬 수 있는 능력을 키우는 것도 그에
못지않게 중요한 문제라고 하겠다.

통역과 번역 **교육의 특성**은 이들이 실용성이 매우 강한 학문이라는 점이다. 그
러므로 그에 관한 연구와 교육의 목표(目標)는 가시적인 효과를 제시하는 데 두어
져야 한다. 번역이 의사소통 행위이므로 번역사 양성(養成)과정에는 그가 앞으로
전문번역을 하게 될 커뮤니케이션의 실제상황에 놓여 보아야 한다. 그러므로, 실
제상황과 거의 동일한 상황에서 작업하는 과정이 포함되어야 한다. 이를 위해서
는, 학생들에게 글쓴이가 누구이며, 언제 쓰여진 것이며, 그 출처(出處) 등이 정확
히 알려진 텍스트만을 제시하며, 학생들이 자신이 번역할 텍스트가 어떠한 맥락
(脈絡)에서 쓰여진 것인가를 충분히 인지한 상태에서 번역을 하게 해야 한다. 비록
번역물이 실제 사용될 것이 아닌 연습용이라 해도 번역의 사용 목적을 설정해야
한다. 그렇지 않을 경우, 이러한 메시지를 어떠한 형태의 표현방식으로 선택해야
할지 알 수 없어 곤란하기 때문이다(듀리에, 1997: 45).

번역은 전통적인 외국어 습득의 4가지 측면(側面)인 듣기, 말하기, 읽기, 쓰기와
는 분명히 나른 특별힌 기술이지만 아지까지 외국어 교육에서 중요한 위치를 차지
하지 못하고 있다. 가장 오래된 외국어 학습의 한 형태이지만 번역의 이러한 위상
은 보통 언어 학습자가 지적인 면이나 문체적인 면에서 어렵고 복잡한 형태로 표
현해야 하는 언어 수행적 학습 측면을 가지고 있다는데 그 주된 원인이 있다. 그러
나 외국어 학습 수단으로서 이러한 번역의 어려움에도 불구하고 실제적인 외국어
학습으로서의 번역수업은 여전히 그 중요성이 꾸준히 증가(增加)하고 있어 이에
대한 교과과정 개발 및 연구가 시급(時急)하다고 볼 수 있다(김귀순, ib.). 통번역을
교육함에 있어 현실적이고 효율적인 교육방법은 우선 화제-평언(評言)의 한국어
문장구조와 주어-동사의 영어 문장구조의 분석을 통하여 비교적 용이(容易)한 문
장형태부터 번역실기를 학습하고 단계적으로 내포문(內包文)이나 분열문 같은
보다 고난도의 문장형태의 번역으로 진전시키는 것이 바람직한 학습방법이라고
생각한다. 그렇게 함으로써, 학생들은 한국어의 문장을 보다 신속히 그리고 보다
정확한 방법으로 다룰 수 있게 될 것이다(Yom H.I., 2002 가을: 201).

표현을 익히는 외국어 학습은 회화 책 암기(暗記)와 비슷해서, 문법적 의미와
단어간의 체계적인 관계를 배울 수가 없으며, 어떤 식으로든 아주 조금이라도 표

준(標準)에서 벗어나면 당황하게 된다. 또한 자주 쓰는 표현이라는 것이 언어의 일부일 뿐이며 공부를 하는 데 한계가 있게 마련이다. 뿐만 아니라, 주제 분야가 회화 책에서 나온 내용으로 제한되어 있기 때문에 이렇게 공부한 외국어 수준으로는 진지(眞摯)한 대화를 나눌 수 없다. 이 방법은 특히 통번역사 교육에는 적합하지 않다. 외국어 학습 시 어휘력 증진에 추가하여 어휘의 올바른 구사를 조화롭게 추구해나가야 한다(Miram, 2004: 52-53).

2) 과목별 교육

외국어 교육 ▌ 외국어에 관한 지식이 정확하지 않을 경우에는 원천텍스트의 의미를 왜곡하고 독자에게 잘못된 정보를 전달하는 과오(過誤)를 범하게 된다. 외국어와 관련해서 번역자가 특히 주의를 기울여야 할 부분은 문화와 밀접한 관련이 있는 어휘나 맥락의 번역이다. 모국어의 경우에는 언어를 둘러싼 문화에 대한 전반적인 이해가 특별한 노력을 기울이지 않아도 가능하지만, 외국어의 경우에는 문화에 대한 정확한 이해가 쉽지 않기 때문이다(이근희, 2005: i-vii). 따라서 외국어를 둘러싼 언어 내적이고 외적인 정확한 지식의 결여로 발생할 수 있는 오역(誤譯)에 대하여서도 주의를 필요로 한다. 외국어 해독 능력은 대체로 번역 전문가가 되기 위한 준비, 전공(專攻) 학습을 위한 원서 독해능력, 외국어(특히 영어) 학습의 방편, 우리말 글쓰기 연습을 포함한 기회 제공 등을 학생들의 목표수준으로 하고, 첫째 좋은 번역을 가려 낼 수 있는 판단력의 함양, 둘째 좋은 번역에 필요한 기본 능력의 습득(習得), 셋째 좋은 번역을 실제로 생산할 수 있는 능력의 연마(研磨) 등 다단계로 구성하는 것이 바람직하다는 방법론이 제안되고 있다(김정우, 2002.5: 173-75).

외국어 수업 교과과정에서 텍스트의 번역은 언어 학습자가 외국어는 물론 언어 외적(外的)인 지식 및 실제 세상사에 대한 일반지식을 모두 충분히 습득한 단계에 와서만 가능하다. 따라서 외국어 교사는 모국어(母國語) 교사와 협력하여 언어학습자가 정신적으로나 동기면(動機面)에서 텍스트에 기반을 둔 대조언어학의 프레임워크 내에서 더블 트랙 학습활동을 할 준비가 되어 있는지를 개별적으로 결정해야 할 것이다(김귀순, ib.). 학생들의 외국어 이해력을 높이려면, 학생을 해당 언어를 사용하는 나라로 보내는 것이 좋은 방법이다. 다만, 온실과 같은 환경을 제공하는 기관이 아니라 실제 언어를 쓰는 환경(環境)이어야 한다. 그 나라 사람들과 부딪히며 생활하는 것이 좋다. 추천할 만한 방법이 하나 더 있다면, 그것은 해당 언어로 된 영화를 가능한 많이 보는 것이다(Miram, 2004: 22-24).

　　모국어 교육▌ 번역에 관여하는 두 언어 가운데 하나의 언어가 모국어일 때 우리는 흔히 자신이 모국어에 관한 한 충분한 지식이 있다고 생각한다. 그러나 실상은 그렇지 못하다. 어쩌면 모국어인 한국어보다 외국어에 관한 지식이 더 풍부한 것은 아닌지 재고할 필요가 있다. 이는 품질(品質)이 좋지 못한 번역문이 대부분 모국어인 한국어에 관한 지식이 부족해서 비롯된다는 점에서 유추되는 결론이다. 번역 관계자는 모국어에 관한 정확한 지식의 습득부터 시작해야 하고, 특히 모국어가 목표언어일 경우 이에 관한 정확한 지식만 갖추어도 번역 텍스트의 품질이 상당히 향상될 수 있다는 사실을 유념할 필요가 있다(이근희, ib.). 번역이란 본질적으로 원천언어와 도착언어를 전제(前提)로 하는 작업인 만큼, 번역 교육은 외국어문(語文) 전공과 모국어 전공 사이의 상호 협력이 필수적이다. 예를 들어 만족스러운 영-한 번역 작업의 결과를 기대하려면, 번역자는 원문을 완전하게 소화하여 그 내용을 온전하게 이해할 수 있는 독해 능력이 필요하고, 다음으로 자신이 이해한 내용을 한국어로 재현할 수 있는 한국어 문장력이 필요하다.

　　이 밖에도 원문과 관련한 문화적 배경(背景)이나 전문 지식도 필요하고, 한국어의 어문 규범에 대한 지식도 필요하다. 또한 번역에 능숙해지려면 양쪽 언어에 대한 감각과 지식을 쌓고 이를 바탕으로 실제적인 번역 작업을 해나가면서 필요한 경험을 쌓는 데 힘써야 할 것이다. 번역자의 국어 구사 능력 제고(提高)도 넓은 의미에서 국어 교육의 일부이고, 나아가서 번역 교육의 일부이다. 그런데 모국어를 통한 원문 텍스트의 재현작업은 모국어에 대한 상식적인 수준의 감각만으로 이루어질 수 있는 손쉬운 일이 아니다. 주변에 넘쳐 나는 수많은 오역(誤譯)의 사례는 이를 반증하고도 남음이 있다(김정우, 2002.5: 167; 2003 가을: 13-14).

　　전문 지식의 교육▌ 다음으로 **전문지식**의 숙지를 들 수 있다. 번역을 외부(外部)에 의뢰하여 해결한다는 기관들조차 번역물에 대해 만족하지 못하는 이유(理由)로 번역사들의 전문지식부족을 들고 있는데, 이는 현재 활동하고 있는 번역사들 중 다수가 전문적인 번역교육을 받은 바 없는 상태에서 거의 모든 분야의 번역을 소화해 내고 있다는 점을 원인으로 들고 있다. 또 한편으로는 번역 관련 전문교육을 이수한 번역사들이라 하더라도 실제 각 전문분야에서는 주제(主題) 지식이 부족하다는 지적을 받고 있다. 이것이 의미하는 것은 전반적으로 번역사들의 주제별 지식 함양(涵養)의 필요성을 일깨우는 것이라고 말할 수 있다. 실제로 통계자료에서 보면 번역물을 주로 외부에 의뢰(依賴)하는 기관의 경우에서도, 전문번역사의 전문지식 부족을 지적한 응답자가 과반수를 훨씬 넘는 수준(약 69.2%)에 달했다는 점을 들 수 있다(이승재 외, 2001 가을: 57-107). 이러한 문제점을 보완(補完)하기 위해 시급히 필요한 것은 현재 활동 중인 전문 번역사들에 대한 전문분야의 재교육이라고 할 수 있다.

번역학 이론 교육 ▌ 교사가 다량의 실례(實例)를 통해 번역의 기본원칙과 방법(方法)을 제시하고 학생들이 많은 실천을 통해 이런 원칙과 방법을 파악하게 함으로써 번역의 성질과 목적을 인식, 자신의 정확한 번역관을 수립할 수 있도록 해야 한다(郭建中, 2001; 손지봉, ib.). 또 실천과정에서 엉뚱한 길로 가지 않도록 이론을 통해 실천 방향(方向)을 제시해 주는 것이 번역 교육이라고 하겠다.

2.2.2 통번역사 재교육

통번역을 제대로 하려면 그 대상(對象)을 이해해야 하고, 그러기 위해서는 해당 분야에 대한 지식과 필수적인 사항만큼은 반드시 숙지해야 한다. 기본적인 지적 수준, 박식함, 넓은 시야(視野)를 갖추지 않고는 훌륭한 통번역사가 되기 어렵다. 스스로의 노력과 훈련을 통해 키워야 하겠지만 그런 개인적인 노력 이외에도, 통번역사 양성프로그램에서, 필요한 서적의 활용 방법과 들은 것을 간추려 요약하고 자료를 빠른 시간 내에 읽어 내려가는 방법 등을 포함시켜 공부하도록 해야 할 것이다(Miram, 2004: 20).
※ 제2부 3장 3)항 통번역사 재교육 항목 참조.

통번역 문화의 제고방안

1. 현실 인식의 중요성

우리의 번역사 연구에서 가장 중심이 되는 쟁점은 한반도(韓半島)의 역사적인 언어 상황이다. 한반도는 일찍부터 통일이 이루어져 단일민족(單一民族)에 한국어라는 단일 언어의 전통을 유지해온 지역이다. 그러나 구어체의 한국어를 표기할 수단으로 '한자차자법(漢字借字法)'을 개발하여 신라 고구려 백제의 삼국시대로부터 사용하여 왔으며, 한글이 창제되어 보급되면서 오래된 이문(吏文)의 사용이 점차 사라졌다. 그러나, 한자는 1894년 고종이 칙령(勅令)으로 "모든 공문서는 국문을 본(本)으로 한다"고 한글을 공인하기까지 수 천 년의 전통을 지닌 나라의 주(主) 문자였고, 1948년 정부가 법률 제6호로 한글 전용정책을 채택했을 때도 한자는 국한(國漢)혼용의 위치를 지켜왔고, 오늘까지도 신문과 잡지를 비롯하여 우리의 생활주변에서 한자 사용의 필요성이 여전히 제기되고 있는 실정이다. 우리나라 번역의 시작은 한자의 차용(借用)과 더불어 오랫동안 계속되어 왔지만, 19세기 이후 서구 문명국들과의 문화교류가 시작되면서 통·번역의 정의를 새로이 정립하고자 하는 노력이 있어왔던 점을 간과할 수 없다.

역사적으로 보면, 한국의 번역가들은 오랫동안 중국, 일본, 미국과 같은 초강대국들에 의하여 막강한 영향을 받아왔다. 그들은 중국어, 일본어와 영어의 텍스트를 한국어 텍스트로 번역하는데 많은 시간을 소비하였다. 현재 우리의 번역 문화는 일본어 중역(重譯)으로 이루어진 이른바 '세계문학전집' 세대를 지나서 외국어를 직접 체험한 젊은 번역가들의 손으로 이루어지고 있는 '원전 한글' 번역 세대로 접어든 지도 상당한 시간이 흘렀다. 그리하여 번역 이론이나 각종 번역 기법을 다룬 입문서와 지침서 등이 적지 않게 발간되고 있으며, 또한 학계 차원에서도 번역학을 인문학의 한 분야로 정립하여 본격적인 연구 작업을 활발하게 진행시키고 있는 실정이다. 이제 우리는 우리의 텍스트를 주변 3개국들의 언어로 뿐만 아니라 불어, 독일어, 스페인어 등을 포함한 다양한 언어로 번역하는 데에 더 많은 시간을 할애하여 우리 문화의 세계화에 기여해야 할 것이다.

오늘날 우리나라가 뛰어난 작가를 배출(輩出)하고도 노벨문학상에 오른 작가가 없는 것은 원문보다 영어, 불어, 스페인어, 중국어, 일본어 등 세계 주요 언어로의 번역이 부족했기 때문이며, 이러한 상황에서 한글로 된 우수한 작품(作品)이 아무리 많다 한들 큰 자랑거리가 될 수는 없다. 매일처럼 쏟아져 나오는 수많은 번역물들은 그 품질을 보장할 수 없다는 불만의 소리가 적지 않다는 이야기이다. 앞으로의 번역 수요는 더욱더 폭발적으로 증가할 것이고, 전문번역가의 양성은 그만큼 더 시급하고 중대한 과제(課題)가 되고 있다. 국가적인 통–번역 역량(力量)이 제대로 갖추어지지 않을 경우 국가의 이해관계가 걸린 정치, 외교, 경제, 통상 등에 있어서의 손실(損失)은 불가피할 것이라는 지적들을 우리는 심각하게 경청할 필요가 있다.

2. 기타 제안 사항

2.1 한국 고전의 번역

모든 번역, 특히 고전(古典)의 번역은 매 30년 마다 다시 번역되든가 또는 수정을 거쳐야 한다. 언어는 가변성이 있는 것이며 또 번역가는 그러한 변형을 고려할 수 있을 정도로 융통성을 가져야 한다(Peter Newmark; 원영희, 2000 가을: 109). 우리의 한문 고전의 경우, 개인문집과 기록물이 한자로 되어 있기 때문에 내국인들도 읽지 못하고 있는 경우가 많으며, 하물며 다른 나라 사람들에게는 읽혀질 수가 없을 정도로 거의 방치되어 왔고 대부분의 한문 고전은 그대로 남아있는 현실이다. 이들 고전은 현대어로 번역되고 다시 영어나 불어로 번역되어 해외로 나가야 한다. 선조(先祖)들이 남긴 지적 정서적 저작물을 외국어로 번역해서 한국의 역사와 혼(魂)을 알리는 일은 매우 중요한 일이다. 그 동안 외국어로 번역된 한국의 작품은 대단히 한정된 것이고 번역된 것도 오역(誤譯)과 저질 번역으로 인하여 외면당하는 경우가 많았다. 우리 문학의 올바른 번역 없이는 문화의 정체성(正體性)을 세계인에게 알릴 수 있는 길은 요원하다고 할 수 있다.

2.2 번역학의 정립

우리는 세계화 시대를 맞이하여 각종 생산물과 공산품의 수출입 내지는 과학기술의 해외교류와 교육을 위한 인력자원의 파견(派遣) 등 세계 주요 국가와의 활발한 국제관계를 추진하고 있으며, 이러한 상황 속에서 지난날들을 살아오면서 번역문화가 전무하였다고는 말 할 수 없다. 다만, 그 동안 수 없이 많은 번역을 하면서도 번역의 중요성(重要性)을 인식하지 못한 채 살아왔고, 또 이 나라에 번역학의 연구가 뿌리를 내리기 전까지[1] 번역학의 충분한 이론적 뒷받침 없는 번역을 수행하여 왔다. 남역(濫譯)과 오역(誤譯)이 넘쳐 나면 국어는 저절로 시들고 병들기 마련이다. 만약에 하나라도 나라 전체를 통하여 번역을 등한시하는 풍조가 만연(蔓延)한다면 우리의 한글은 주 언어가 아니라 종속어로 전락하게 될 것이며 문화의 정체성을 지켜나가기는 어렵게 될 것이다(유명우, 2000 봄: 244-46). 21세기 지구촌 시대에 살아가면서 우리 모두는 번역 현장에 더 이상의 오역과 무질서가 난무하지 않도록 하고, 번역의 위상제고와 번역학의 정립을 통하여 범국가적인 문화발전에 이바지하도록 힘써야 할 것이다.

2.2.1 학문으로써의 번역학의 체계화

번역은 언어의 역사만큼이나 오래된 인간의 의사소통 방식이지만, 그럼에도 불구하고 그 동안 우리나라에서 번역에 대한 관심은 아주 간과할 정도로 미미한 편

---

1) 1999년 10월 30일에 "번역을 학문으로서 체계화 시키고 올바른 번역을 실천하고 장려하여 부실한 국가 어문 정책을 바로잡고 수없이 쏟아져 들어오는 외래어를 체계적으로 정리하여 우리말과 글을 국제화 시킨다"는 취지로 "한국번역학회의 창립"을 보게 되었다. 참고, 「한국번역학회 창립 취지문」, 『번역학 연구 제1권 창간호』, 한국번역학회, 2000년 봄, p.249.

이었다. 이것은 무엇보다도 번역이 언어간에 일어나는 하나의 엄연한 인문현상임에도 불구하고 이를 단순한 기술이나 실무적인 일로 지나쳐 버린 결과였을 것이다.2) 우리는 21세기 지구촌 시대를 살아가면서 번역을 학문으로서 체계화(體系化)시키고 과학적인 연구를 수행해 나가야 할 것인 바, 번역에 대한 체계적인 연구는 실제적인 경험을 이론적 토론의 장으로 연결시키거나 이론적 바탕을 실제 현장에 적용하는 것이다(김지원, 2000 봄: 11). 물론 이러한 방식의 번역 연구가 궁극적으로는 번역학이 지향(指向)해야 할 기본 방침이 될 것이다. 다음으로, 번역학의 정확한 자리 매김을 위해 가장 시급히 추진해야 할 과제는 번역이 다루어야 할 영역(領域)과 대상을 바르게 설정하고 번역 행위의 과정을 심도 있고 다양하게 분석(分析)하는 것이 될 것이다.

2.2.2 술어 번역의 체계화

외래(外來) 이론에 대한 관심과 의존도는 날이 갈수록 높아져 가는데도 술어의 번역 작업에 대한 관심은 만족스러운 수준이 아니다. 술어(述語)란 이론이 추구하는 개념의 핵심적인 알맹이가 갈무리된 장소라고 할 수 있다. 이론과 술어는 서로 불가분의 관계를 맺고 있다. 외래 이론이 수입(輸入)되어 그 핵심이 제대로 소화되었을 때, 비로소 그 이론은 '토착화(土着化)'되었다고 할 수 있으며, 이 '토착화' 작업의 한가운데 바로 번역 술어가 자리 잡고 있다. 술어 번역의 경우에 고려 할 사항으로는 횡적(橫的)인 통합관계와 종적(縱的)인 연합관계, 이론적 배경, 음역의 경우, 국어의 조어 방식, 일상어와 학술 용어를 우선적으로 고려해야 한다. 이 외에도 생각할 수 있는 것은, 아무리 좋은 내용을 담고 있더라도 그 내용이 원활하게 읽히지 않는다면 잘 된 번역이라고 할 수 없으므로, 음상(音相)을 고려하여 '읽기에도 좋은 번역'이 좋은 번역이라는 점을 살려 나가는 것이다. 다음 형태 길이를 고려해야 하는데, 학술 용어는 대부분 일정한 개념이 응축되어 있는 경우가 많으므로 가능한 한 붙여 쓰는 편이 가독성을 높이기에 유리하다(김정우, 2000 가을: 6-22). 끝으로 표기 수단으로 흔히 말하는 '한글 전용'과 '국한문 혼용', '한자 병기(倂記)'의 문제 등을 생각할 수 있다.

---

2) 「한국번역학회 창립 취지문」, ib.

2.2.3 공동연구의 필요성

그 동안 통역과 번역에 대한 연구가 일천(日淺)하였던 것은 학계의 인식 및 번역
이론의 부재에서 찾을 수 있다. 따라서 그에 대한 대안(代案)으로 저명한 번역가들
의 역문을 연구하여 이들의 번역관을 파악하고 이를 통해 번역의 본질(本質)과
이론, 나아가 실제 번역 과정을 정리한다면 충분히 교육에 활용할 수 있을 것이다
(손지봉, 2003: 108-9). 번역의 행위에 중점을 두는 번역가들과 좀 더 추상적(抽象
的)이고 학술적인 분야로 번역을 연구하는 학자들 사이에 보다 더 밀접하고 깊은
통합(統合) 연구가 필요하다. 아직 번역학에 관한 역사도 미천(微賤)하고 저변확대
도 이루어지지 않고 있는 우리의 현실에서 통합적인 연구는 더욱 어려운 실정이다
(허명수, 2003: 136). 실무 경험이 많은 번역가와 이론가들이 서로의 문제점과 이슈
들을 토론하고 해결하려는 공동 연구도 한국의 번역이 발전을 거듭하는데 절대적
으로 필요하다고 하겠다.

2.3 번역비평의 제도화

번역비평은 ①번역 수준을 증진시키고, ②번역가에게 객관적 기준을 제공하며,
③특별한 주제와 특별한 시대에 관련된 번역을 재조명(再照明)해주며, ④탁월한
작가와 번역가의 작품을 해석하는 데 도움이 되기 때문에 필요하다(김효중, 2002
가을: 21-22). 우리의 번역문화는 광범한 분야에 걸쳐 오역(誤譯)들로 얼룩져 있다.
오역은 경우에 따라서는 학문적인 바탕을 뒤흔드는 치명적인 상처가 될 수도 있
다. 이 같은 사태를 방지하는 길은 기초적인 어학(영어)교육을 강화하고, 어떤 형
태이건 간에 올바른 읽기와 번역을 서로 도와주고 감시하는 기구, 그리고 건전한
번역문화 정착(定着)을 위한 번역비평의 제도화가 절실하다(박경일, 2001 가을:
32). 번역에 있어서 평가의 문제는 번역의 낮은 지위와도 밀접한 관련이 있으며,
이로 인해 비평가들은 근거 없는 우월감(優越感)을 갖고 번역 텍스트를 비평할
수 있게 되었다. 그러나 학문으로서 번역학의 발전은 번역에 대한 논의의 수준
역시 향상시키는 방향으로 나아가야 한다(수잔 바스넷, 2004: 39). 또한 번역의 평
가에 대해 어떤 기준을 확립해야 한다면 그것은 외부에서 가 아니라 번역학 내부
에서 수립되어야 할 것이다.

번역이 잘 되었거나 못되었거나 그 이익과 피해(被害)는 결과적으로 그 번역을 이용하는 독자에게 돌아간다. 그러나 그렇다고 원문을 접할 수 없는 독자가 이를 확인할 길이 전혀 없는 것이다. 번역 출판된 서적이나 잡지 뉴스나 칼럼 등을 정기적으로 검토하는 기구나 단체가 있어야 하겠다는 생각이 든다(유명우, 2000 봄: 241). 그 방안의 하나로 학회나 협회와 같은 민간단체 등에서 번역비평(飜譯批評) 장르를 확립하고 실제 비평의 올바른 방향을 제시하는 방안도 생각할 수 있는 대안이 될 것이다

2.4 외국어 교육의 급진적 개혁

세계 많은 지역에서 다중(多重)언어를 사용하는 인구는 증가하고 있으며, 영어의 사용자는 1990년대 세계인구의 9%에서 2050년에는 5%로 줄어들 것이라는 예측이 나온 바 있다. 그러나 영어의 세계 인구는 제2국어 사용자를 계산한다면 훨씬 더 많아질 것이고, 영어의 원어민 비율이 줄어든다 하더라도 그 사용자 수는 계속 늘어날 것이라는 보도가 있었다.[3] 이처럼 국제적으로 영어가 세계어(世界語)로 자리를 잡아가는 시점에서 통번역을 등한시하면 우리 문화의 정체성(正體性)을 지켜나가기는 어렵게 될 것이다. 또한 문화의 정체성을 지키지 못하면 세계화의 물결에서 문화적 미아(迷兒)가 되는 것은 거의 확실한 일이 될 것이다. 현대는 정보화시대라고 불리는 만큼 정보가 넘쳐 나고 짧은 시간에 얼마나 많은 정보를 받아들이느냐가 무엇보다 중요하다. 특히 인터넷이 생활화되고 있는 오늘날 정보해독 속도는 기업이나 개인의 성공과 직결된다고 말할 수 있다. 인터넷 정보의 대부분이 영어로 되어 있어서 영어 해독속도의 향상은 정보를 받아들이는 속도의 향상을 의미하고 크게 보아서는 국가 경쟁력(競爭力)에 커다란 영향을 끼칠 수 있다 (Crystal D., 1997: 4-5; 양병선, 2000 봄: 154-55).[4] 한 나라의 번역문화는 그 나라의 총체적(總體的) 문화의 척도이자 국력의 가늠자이기도 하다. 올바른 번역문화 없

---

3) 출처: 미국의 CBSNEWS.COM 2004년 2월 26일자.
4) 최소한 78개 국가에서 영어를 모국어나 제2 공용어로 사용하고 있으며 전세계 인구의 ¼ (12억 내지 15억)이 영어를 유창하게 구사하고 있고, 세계 약 100여 국가에서 외국어로서의 영어를 배우고 있다(Crystal 조사 1995년 기준). 컴퓨터 웹사이트 중 75%와 상업적인 목적의 인터넷 서버의 95%(1990년 후반 기준)가 영어를 기본언어로 사용하고 있다(2000년 1월 23일자 *LA Times*;).

이 올바른 학문과 문화, 탁월한 국제경쟁력이 가능하지는 않을 것이다(박경일, 2001 가을: 10; 2002 봄: 54-56). 또한 오늘의 가장 중요한 정보화 조치(措置)는 무엇보다도 읽기/쓰기를 위주로 하는 영어교육의 급진적인 개혁(改革) 강화이며, 여기에 추가하여 번역 소프트웨어의 개발이 강조되고 있다

2.5 인터넷 기반 번역 교육의 활용

오늘날 초고속 통신에 의한 인터넷의 급속한 발달은 정보통신의 대중화를 가져왔으며, 많은 인구가 직장에서 혹은 가정에서 인터넷을 생활화하고 있다는 점을 간과할 수 없다. 이러한 점에 비추어 인터넷을 번역교육에 활용하는 방안을 생각할 수 있다.[5] 번역 교육이 가지고 있는 '틈새 영역' 내지 '통합 교과' 성격을 고려해볼 때, 개별 전공 사이의 경계가 비교적 뚜렷하게 그어져 있는 대학의 교과목(敎科目) 편제는 번역 교육에 그다지 효율적인 여건을 조성해주고 있지 못하다. 이러한 장벽을 넘을 수 있는 방안은 학제간 협동 강의를 통해서 번역 교육을 구현하는 방향으로 모색(摸索)되어야 할 것이며, 그 구체적인 해결 방안의 하나로 **인터넷을 활용하는** 원격(遠隔) 강의 기법의 도입을 생각할 수 있다(김정우, 2002: 168-78). 여기에는 인터넷 상의 번역 과정을 통한 종합적인 기본 능력의 함양(涵養)에도 효율성이 클 것으로 생각된다. 이러한 방식에 의한 교육의 활성화를 위해서는 영어와 일본어 이외의 다양한 언어권 자료를 바탕으로 한 콘텐츠가 개발되어야 한다. 또한, 번역 교육을 다루는 홈페이지나 웹사이트가 모두 한 자리에 모인 '번역 포털 사이트(portal site)'의 구축도 정보의 신속한 접근과 활용을 위해서 필요한 중장기 과제 중의 하나로 고려할 수 있다

2.6 국가적 차원에서의 적극적인 번역지원

오늘날 우리의 통번역 교육제도가 폭발적으로 급증(急增)하는 정보의 시대에 광범한 분야에 걸쳐 요구되고 있는 전문적인 인력(人力)을 적절히 교육 공급하지

---

5) 제2부 3.2.3항의 e-학습과 번역자 교육 참고(p.292-94).

못하고 있으며, 오히려 것 잡을 수 없이 쏟아져 들어오는 정보의 범람(汎濫)이 번역문화를 비전문가들의 아마추어리즘 내지는 일반대중의 부업수준으로 전락(轉落)시키고 있고 이로 인하여, 우리의 번역문화는 매우 혼란스러운 총체적 퇴행(退行)의 위협에 직면하고 있다(박경일, 2003 봄: 11-13). 위험한 수준으로 오염되고 있는 우리의 번역문화 현실을 점검하고 이를 개혁하기위한 대책이 마련돼야 하며, 이제부터라도 외국어에 능통한 한국학/동양학 학자, 동양학 전문번역가를 양성(養成)해야 한다. 시중의 일부 대학 내에 개설되어 있는 한국학/동양학 관련 학과들의 외국어/영어 및 번역 전문가 양성을 위해서는 국가적인 지원이 주어져야 한다. 그것은 비단 해당 대학의 해당 학문/학과만의 일이 아니고 우리의 학문과 문화의 근간(根幹)을 지키고 국제경쟁력을 강화시키는 국가적인 사업이다(김효중, 2000 봄: 33). 독일, 영국, 프랑스 등지에서는 대학 내 번역학과 혹은 번역연구소의 설치 등 괄목할 만한 발전을 보이고 있으며, 번역이론에 관한 연구는 물론, 유능한 번역가 양성에 총력을 기울이고 있는 오늘의 세계적인 동향에 비추어 볼 때, 국가적 차원에서의 적극적인 번역지원이 요망되는 사안이다.

2.6.1 전문 교육 및 감독기관의 설립

가장 회의적인 견해를 가진 사람이라도 만약 통역가와 번역가가 없으면 자유로운 의사소통과 각종 문물교류는 정체(停滯)상태를 벗어나기 힘들 것이며, 우리 모두는 훨씬 비우호적이고 덜 흥미로운 환경에서 살게 될 것이라는 점을 인정해야 할 것이다. 따라서, 통번역가들은 스스로 하는 일에 자부심(自負心)을 가지고, 통번역이 하나의 완벽한 전문직으로 인정받고 마땅히 존경을 받아야 한다고 주장할 만한 타당한 이유가 있다. 이렇게 인정받는 일은 지금까지 오랫동안 지연되어왔으며 우리는 이를 앞당기기 위해 필요한 일은 어떤 것이든 해야 할 것이다. 우선 사회가 '전문직'으로 인정하기 위해서는 관련학문에 대한 폭 넓은 소양(素養)과 전문지식의 구비를 생각하지 않을 수 없다(Baker M., 2005: 11). 단어 하나, 구절 하나, 문장 하나의 오역은 간단히 그 것으로 끝나지 않는다. 경우에 따라서는 학문 체계를 와해(瓦解) 시킬 수도 있고, 생사를 결정짓는 중대한 실마리가 될 수도 있다. X-레이의 사진을 잘못 읽어 치명적인 질병의 치료시기를 놓쳤을 경우도 상상이 가능한 것이다. 올바른 글 읽기와 번역은 매우 중차대(重且大)한 문제이기 때문에 번역가와 번역학자 모두는 합심하여 건실한 번역문화가 정착(定着)될 수 있는 환경을 조성해야 하겠으며, 무엇보다도 번역문화의 보편적인 무질서화를 바로잡기 위해서 전문번역가 양성기관과 번역문화의 감독/장려 기관의 설립(設立)이 요구된다.

2.6.2 번역물의 종합 관리시스템 수립

세계화의 가속화와 더불어 번역에 대한 국내외 수요(需要)는 꾸준히 증가하여 왔다. 번역이 한 국가의 경제적 이익, 나아가 문화적 위상(位相)에 미치는 엄청난 영향력을 고려해 볼 때 효율적이고도 전문적인 번역물의 생산 체제(體制)를 구축할 필요성이 날로 커지고 있다. 번역 작업은 지금까지 단순히 언어 변환 작업의 일환으로서만 인식되는 경향이 있었으나, 해당 언어를 이해하지 못하는 사람들에게 해당국가의 정보와 문화를 전하는 1차적인 수단(手段)이 된다는 점에서, 그리고 또한 정보와 기술 교류(交流)에서 빼놓을 수 없는 매개체(媒介體) 역할을 한다는 점에서, 한 국가의 문화적 위상의 제고는 물론이고, 나아가서 한 국가의 경쟁력(競爭力)에 간과할 수 없는 영향을 미치는 중대한 경제 사회적 역할을 가진 업무로 인식되어야만 할 것이다(이승재 외, 2001 가을: 58, 57). 이에 따라 국내에서도 다양한 분야에서 발생하는 번역물을 보다 체계적으로 관리할 시스템을 마련할 필요가 제기되는 것이다.

2.7 기타 지원

2.7.1 외국어 사전의 제작 지원

정상적인 영어/외국어 학습, 건전(健全)한 번역문화, 그리고 건강한 학문/문화 발전을 위해서는 제대로 된 사전(辭典)이 필수적이다. 대부분의 오역들 중 많은 경우는 사전 찾기를 게을리 하였을 경우, 또는 여러 사전적인 뜻풀이들 중에서 적절한 것을 발견해내지 못했을 경우, 그리고 문제된 글귀와 관련된 이해 또는 그 지식이 부족할 경우에 발생할 수 있는 사례들이다. 여기에서 사전의 중요성을 논하지 않을 수 없다. 우리말 사전을 포함하여 각종 외국어 사전(영한, 독한, 불한 사전 등)이 잘못되어 있을 경우 이를 가지고 공부하는 학생들이나 학자와 각종 문화 분야 종사자(從事者)들의 글 읽기를 낭패보게 할 수 있기 때문에 좋은 국어 및 외국어 사전을 만드는 일은 국가적인 지원을 요구하는 사업이라고 할 수 있다.

2.7.2 풍부한 도서의 공급

우리의 학문은 아직 국제경쟁력을 제고해줄 환경(環境)이 갖추어져 있지 않다. 도서관에 책이 없는 나라에서 국제경쟁력이 있는 학문이 육성되기를 바라는 것은 무의미한 생각(nonsense)에 가까운 일이다. 대학들은 교내 도서관(圖書館)에 읽을 책을 풍부하게 공급해야 하고, 각급 교육기관들은 모든 국민들에게 풍부한 도서를 공급해 줄 책무를 갖고 있다는 것을 잊어서는 안될 것이다. 학습자나 연구자 모두가 책이 없이는 충분한 연구를 해낼 수 없기 때문이다.

결론

통역과 번역(통번역)은 자국의 협소(狹小)한 문화를 벗어나 선구적인 세계문화를 받아들이고, 또 우리의 발달된 문화를 외국에 전달함으로써 인류가 함께 세계문화 및 기술을 발전시키는데 중요한 역할(役割)을 담당한다. 또한 통번역을 통하여 서로 다른 문화와 언어적 배경을 지닌 사람들과 가까워지기도 하고, 그들이 세계에 대해 보다 조화(調和)로운 관점을 공유할 수 있게 해 주며, 서로 다른 사회들 간에 충분한 이해의 교량(橋梁)을 구축해 나가기도 한다. 그러한 의미에서 번역연구를 하는 번역학(통역 포함)은 외국의 문화적 충격이나 가치까지도 자국의 실정에 맞게 응용하고 변용(變容)시키기도 하는 실용적인 학문이다. 그러나, 번역학은 번역의 학문적 위상(位相)이 문제되어 그 가치가 저평가되어 오기도 하였는데, 이러한 인식은 현재까지도 크게 개선(改善)되었다고는 말할 수 없지만, 그러나 번역의 성격과 실제에 관한 이론적 논의가 활발하게 계속되고 있고, 그 관심영역이 출발어의 의미를 찾는 메커니즘의 규명(糾明), 통번역 교육, 그리고 실무로 확대되면서 학제적 접근방법과 함께 학문으로서의 장래는 밝고 무궁하며, 그 위치 또한 확고히 굳혀가고 있다.

번역학을 연구하는 번역학자와 번역에 종사하는 번역가들은 이들 번역 이론과 방법론을 익히고 이를 실무에 활용토록 함으로써 번역학의 발전과 번역의 효율성 도모에도 기여할 수 있을 것이다. 물론 번역을 잘하기 위해서는 무엇보다도 먼저 원천언어와 목표언어 양쪽에 능숙(能熟)하여야 하겠으며, 전문지식의 확대에도 힘써야 하겠지만, 번역학의 이론과 방법론을 습득하여 실무에 적용하는 것 역시 번역을 잘 해내는데 중요하다고 할 수 있을 것이다. 따라서, 이 책의 주요 내용으로 다루고 있는 번역연구에 있어서의, 언어와 문화, 번역의 역사와 번역작업의 핵심(核心), 번역 과정과 방법, 번역전략과 기법, 그리고 한·영간의 번역의 문제, 통역과 번역의 차이 등에 관해서 이해하고 숙지하는 것이 번역학의 연구자와 번역가 모두에게 적지 않은 도움이 될 것으로 확신한다. 또한 논의를 마친 번역의 품질평가와 오늘의 통·번역 현실 인식, 그리고, 통·번역 문화의 제고 방안 등을 통하여 우리의 번역문화 발전에도 기여할 수 있을 것으로 믿는다.

〈부록 1〉 번역가 헌장(The Translator's Charter)

The Translator's Charter
The International Federation of Translators

번역가 헌장
국제번역가 연맹

noting

that translation has established itself as a permanent, universal and necessary activity in the world of today, that by making intellectual and material exchanges possible among nations it enriches their life and contributes to a better understanding amongst men; that in spite of the various circumstances under which it is practiced translation must now be recognized as a distinct and autonomous profession; and desiring to lay down, as a formal document, certain general principles inseparably connected with the profession of translating, particularly for the purpose of
- stressing the social function of translation,
- laying down the rights and duties of the translator,
- laying the basis of a translator's code of ethics,
- improving the economic conditions and

국제번역가 연맹은

번역이 오늘의 세계에 있어서 영구적이고, 보편적이며 또 필요한 활동으로 자리잡았다는 것과 국가들간에 지식과 물질적인 교류를 가능하게 함으로서 번역은 그들의 생활을 풍부하게 하며 또 인간들간에 이해를 증진하는데 기여한다는 것과 또, 번역이 실행되는 다양한 환경에도 불구하고 번역은 오늘날 분명하고 자율적인 직업으로써 인정되지 않으면 안 된다는 것에 주목하고, 또한 특히, 하기 사항들의 목적달성을 위하여 번역의 직업과 불가분 하게 연관되어 있는 특정의 일반 원칙들을 공식문서로 규정하기를 희망하고,
- 번역의 사회적 기능을 강조하고,
- 번역가의 권리와 의무를 규정하며,

- 번역가의 윤리규약의 기초를 설정하고,

- 번역가가 활동하고 있는 경제적 사정과

social climate in which the translator carries out his activity, and

—recommending certain lines of conduct for translators and their professional organizations, and to contribute in this way to the recognition of translation as a distinct and autonomous profession, announces the text of a charter proposed to serve as guiding principles for the exercise of the profession of translator.

사회적 풍토를 개선하며,

—번역가들과 그들의 직업적인 기구들에게 특정의 행동노선을 건의한다는 목적을 위하여, 또 이러한 방법으로 번역을 분명하고 자율적인 직업으로써 인정하는데 공헌하기를 희망하면서, 번역가의 직업 수행을 위한 안내 원칙으로 삼기 위하여 제안된 헌장의 텍스트를 공고한다.

Section I

General obligations of translator

제1절

번역가의 일반적인 의무

1. Translation, being an intellectual activity, the object of which is the transfer of literary, scientific and technical texts from one language into antother, imposes on those who practise it specific obligations inherent in its very nature.
2. A translation shall always be made on the sole responsibility of the translator, whatever the character of the relationship or contract which binds him to the user.
3. The translator shall refuse to give to a text an interpretation of which he does not approve, or which would be contrary to the obligations of his profession.
4. Every translation shall be faithful and render exactly the idea and form of the original — this fidelity constituting both a moral and legal obligation for the translator.

1. 번역은 지적인 활동으로써 그 목적은 한 언어로부터 다른 언어로 문학적, 과학적 그리고 기술적 텍스트의 전환이며, 번역을 행하고 있는 사람들에게 본질적으로 고유의 특수한 의무를 강요한다.
2. 번역가를 사용자에게 속박하는 관계나 또는 계약의 특성이 어떠하든 간에 번역은 항상 번역가의 유일한 책임으로 이루어진다.
3. 번역가는 그가 승인하지 않거나 또는 그의 직업상 의무에 반대되는 통역을 텍스트에 부여하기를 거부한다.
4. 모든 번역은 충실하고 또 원문의 개념과 형식을 정확하게 전달해야 하며, 이 충실성은 번역가의 도덕적 법률적 의무의 양면을 구성한다.

5. A faithful translation, however, should not be confused with a literal translation, the fidelity of a translation not excluding an adaptation to make the forum, the atmosphere and deeper meaning of the work felt in another language and country.

6. The translator shall possess a sound knowledge of the language from which he translates and should, in particular, be a master of that into which he translates;

7. He must likewise have a broad general knowledge and know sufficiently well the subject matter of the translation and refrain from undertaking a translation in a field beyond his competence.

8. the translator shall refrain from any unfair competition in carrying out his profession; in particular, he shall not accept any fee below that which is fixed by law, regulations, custom, or by his professional organization.

9. In general, he shall neither seek nor accept work under conditions humiliating to himself or his profession.

10. The translator shall respect the legitimate interests of the user by treating as a professional secret any information which may come into his possession as a result of the translation entrusted to him.

11. Being a "secondary" author, the original work or from the user authorization to translate a work, and must furthermore respect all other rights vested in the author. translator is required to accept special obligations with respect to the author of the original work.

5. 그러나, 충실한 번역은 축어적인 번역과 혼동해서는 안되며, 다른 언어와 국가에서 느껴지는 작품의 형식, 분위기와 보다 깊은 의미를 만들어 내기 위하여 번안을 배제하지 않는다.

6. 번역가는 번역하고 있는 언어에 대한 건전한 지식을 소유해야 하며, 또 특히 그가 옮길 언어에 대한 지식에 정통한 사람이어야 한다.

7. 마찬가지로 그는 번역의 주제 사항에 대하여 폭 넓은 일반적인 지식을 가져야 하고 또 충분히 잘 알아야 하며 그의 능력을 초과하는 분야의 번역을 맡는 것은 삼가 하여야 한다.

8. 번역가는 그의 직업을 수행함에 있어서 어떠한 불공평한 경쟁을 삼가 하여야 하며, 특히 법률, 규정 괸습, 또는 그의 직업적 조직체에 의하여 정해진 가격이하의 어떠한 수수료도 받아들이지 않는다.

9. 대체로, 번역가는 그 자신에게 또는 그의 직업에 자존심을 상하게 하는 조건이하로 작업을 추구하지도 수락하지도 않을 것이다.

10. 번역가는 그에게 맡겨지는 번역의 결과로 그가 소유하게 되는 임의의 정보를 직업적인 비밀로 취급함으로써 사용자의 합법적인 관심을 존중한다.

11. 번역가는 원 작품 또는 작품을 번역하기 위한 사용자 승인으로부터 오는 "이차적인" 저자로써, 그 저자에게 부여된 일체의 다른 권리를 존중하지 않으면 안 된다. 번역가는 원래 작품의 저자와 관련되는 특수한 의무를 받아들일 것이 요구된다.

12. He must obtain from the author of the original work or from the user authorization to translate a work, and must furthermore respect all other rights vested in the author.

Section II

Rights of the translator

13. Every translator shall enjoy all the right with respect to the translation he has made, which the country where he exercises his activities grants to other intellectual workers.
14. A translation, being a creation of the intellect, shall enjoy the legal protection accorded to such works.
15. The translator is therefore the holder of copyright in his translation and consequently has the same privileges as the author of the original work.
16. The translator shall thus enjoy, with respect to his translation, all the moral rights of succession conferred by his authorship.
17. He shall consequently enjoy during his lifetime the right to recognition of his authorship of the translation, from which it follows, inter alia, that
a) his name shall be mentioned clearly and unambiguously whenever his translation is used publicly;
b) he shall entitled to oppose any distortion,

12. 그는 작품을 번역할 승인을 원문의 저자 또는 사용자로부터 획득해야 하며, 또 더욱이 저자에게 부여된 기타의 모든 권리를 존중해야 한다.

제2절

번역가의 권리

13. 모든 번역가는 그가 행한 번역과 관련하여 그가 활동하고 있는 국가가 다른 지적 근로자들에게 수여하는 일체의 권리를 갖는다.
14. 지성의 창조물인 번역은 그러한 근로에게 주어지는 적법한 보호를 받는다.
15. 번역가는 따라서 그의 번역에 대한 저작권의 소유자이며 또 결과적으로 원래 작품의 저자와 동일한 특혜를 갖는다.
16. 그리하여 번역가는 그의 번역과 관련하여, 그의 저술에 의하여 주어지는 상속의 일체의 도덕적 권리를 갖는다.
17. 그는 결과적으로 그의 평생 동안 그의 번역의 저술의 인정에 대한 권리를 가지며, 특히, 그로부터 하기 사항이 후속한다.
가) 그의 번역이 공개적으로 사용될 때마다 그의 이름이 분명하게 그리고 애매하지 않게 언급된다.
나) 그는 그의 번역에 대한 임의의 왜곡,

mutilation or other modification of his translation;

c) publishers and other users of his translation shall not make changes therein without the translator's prior consent;

d) he shall be entitled to prohibit any improper use of his translation and, in general, to resist any attack upon it that is prejudicial to his honour or reputation.

18. Furthermore, the exclusive right to authorize the publication, presentation, broadcasting, retranslation, adaptation modification or other rendering of his translation, and, in general, the right to use his translation in any form shall remain with the translator.

19. For every public use of his translation the translator shall be entitled to remuneration at a rate fixed by contract or law.

Section Ⅲ

Economic and social position of the translator

20. The translator must be assured of living conditions enabling him to carry out with efficiency and dignity the social task conferred on him.

21. The translator shall have a share in the success of his work, and shall, in particular, be entitled to a remuneration proportional to the commercial proceeds from the work he has translated.

훼손 또는 기타 수정에 반대할 권리를 갖는다.

다) 그의 번역의 출판업자와 기타 사용자들은 번역가의 사전 동의 없이 그 것에 수정을 가할 수 없다.

라) 그는 그의 번역에 대한 임의의 부적절한 사용을 금지할 자격을 가지며, 또 일반적으로 그의 명예 또는 명성에 대하여 편견을 갖게 하는 번역에 대한 임의의 공격에 저항할 권리를 갖는다.

18. 더구나, 그의 번역의 출판, 발표, 방송, 재번역, 개작 수정 또는 다른 번역문을 승인할 독점적인 권리와 또 임의의 형태로 그의 번역을 사용할 권리는 번역가와 함께 남는다.

19. 그의 번역을 대중들이 사용하는 모든 경우에 있어서 번역가는 계약 혹은 법률에 의하여 정해진 요금으로 보수를 받을 권리를 갖는다.

제3절

번역가의 경제적 사회적 지위

20. 번역가는 그로 하여금 능률과 권위 있게 그에게 주어진 사회적 직무를 수행 가능하도록 하는 생활조건이 보장되어야 한다.

21. 번역가는 그의 작업의 성공에 한 몫을 가져야 하며, 또 특히 그가 번역한 작품으로부터의 상업적 수입에 비례한 보수를 받을 권리가 있다.

22. It must be recognized that translation can also arise in the form of commissioned work and acquire as such rights to a remuneration independent of commercial profits accruing from the work translated.

23. The translating profession, like other professions, shall enjoy in every country a protection equal to that afforded to other professions in that country, by the control of rates, collective agreements, standard contracts, etc.

24. Translators in every country shall enjoy all the advantages guaranteed to intellectual workers, and particularly of all social insurance schemes, such as old-age pensions, health insurance, unemployment benefits and family allowances.

Section IV

Translator's societies and unions

25. In common with members of other professions, translators shall enjoy the right to form professional societies or unions.

26. In addition to defending the moral and material interests of translators, these organizations shall have the task of ensuring improvement in standards of translation and or dealing with all other matters concerning translation.

27. They shall exert their influence on public authorities in the preparation and introduction of legal measures and

22. 번역은 또한 위탁의 작업 형태로 일어날 수 있으며, 또 번역한 작업으로부터 발생하는 상업적인 수입과는 독립적인 보수에 대한 권리 등을 취득할 수 있다는 것이 인정된다.

23. 다른 직업과 같이, 번역의 직업도 요금의 통제, 집단 협약, 표준 계약 등에 의하여, 그 국가 내의 다른 직업에 대하여 주어지는 것과 동일한 보호를 모든 국가 내에서 향유한다.

24. 모든 국가의 번역가들은 지적 근로자들에게 보장된 일체의 편의를 누리며, 또 특히 노령 연금, 건강 보험, 실업 보조금과 가족 수당과 같은 일체의 사회적 보험 시책의 이점을 갖는다.

제4절

번역가의 협회와 노동조합

25. 다른 직업의 회원들과 마찬가지로, 번역가들은 직업적인 협회 혹은 노동조합을 형성할 권리를 갖는다.

26. 번역가들의 도덕적 및 물질적 관심사항을 지키고 이에 추가하여, 이들 기구들은 번역의 표준 향상을 보장하거나 혹은 번역에 관련된 일체의 기타 사항을 다루는 과업을 갖는다.

27. 그들은 이 직업에 관한 법률적인 조치와 규정을 준비하고 도입함에 있어서 공공 기관에 그들의 영향력을 행사한다.

regulations concerning the profession.

28. They shall strive to maintain permanent relations with organizations which are users of translations (publishers' associations, industrial and commercial enterprises, public and private authorities, the Press, etc.) for the purpose of studying and finding solutions to their common problems.

29. In watching over the quality of all works translated in their countries, they shall keep in touch with cultural organizations, societies of authors, national sections of the Pen Club, literary critics, learned societies, universities, and technical and scientific research institutes.

30. They shall be competent to act as arbiters and experts in all disputes arising between translators.

31. They shall have the right to give advice on the training and recruitment to translators, and to cooperate with specialized organizations and universities in the pursuit of these aims.

32. They shall endeavour to collect information of interest to the profession from all sources and to place it at the disposal of translators in the form of libraries, files, journals and bulletins, for which purpose they shall establish theoretical and practical information services, and organize seminars and meetings.

28. 그들은 번역가들의 공통적인 문제들에 대한 해결책을 연구하고 발견할 목적으로 번역의 사용자들(출판업자 협회, 산업과 상업 기업체, 공공 및 사설 기관, 언론계 등)인 단체들과의 영속적인 관계를 유지하고자 노력한다.

29. 그들 국내에서 번역된 일체의 작품의 품질을 감독함에 있어서, 번역가들은 문화 단체, 작가 협회, 펜클럽 국내 지부, 문학 비평가, 지식인 사회, 대학교와 기술 및 과학 연구소들과 접촉을 유지한다.

30. 그들은 번역가들간에 발생하는 일체의 분쟁에 있어서 중재지와 전문가로써 행동할 능력을 갖는다.

31. 그들은 이들 목적을 추구함에 있어서 번역가들에게 훈련과 신회원의 모집에 관한 조언을 제공하고 또 전문 기관 및 대학교들과 협력할 권리를 갖는다.

32. 그들은 모든 출처로부터 직업에 대한 관심정보를 수집하고 이것을 도서관, 파일, 신문과 정기 간행물의 형식으로 번역가들에게 배포하며, 이를 위하여 이론적 및 실질적인 정보 서비스를 확립하고 세미나와 회의들을 조직한다.

Section V

National organizations and the International Federation of Translators

33. Where several groups of translators exist in a country, organized either on a regional basis or into different categories, it will be desirable for these groups to coordinate their activities in a central national organization, at the same time preserving their identity.

34. In countries where societies or unions of translators are not yet in existence, it is suggested that translators should join forces to bring about the necessary establishment of such an organization, in accordance with the relevant legal requirements of their country.

35. To ensure the attainment of their aims at world level by common effort, national translators' organizations are called upon to unite in the Federation Internationale des Traducteurs (International Federation of Translators(FIT).

36. Translators shall join their national organizations of their own free will and the same must apply to the societies with respect to their association with the International Federation of Translators.

37. The International Federation of Translators shall defend the material and moral rights of translators at international level, keep in touch with progress in theoretical and practical matters relating to translation, and endeavour to contribute to the spread

제5절

국가 기구와 국제 번역가 연맹

33. 일 개 국가 내에서 지역 기준으로 혹은 상이한 범주로 나뉘어져 있든 간에, 몇 개의 번역가 단체가 존재하는 곳에서는 이들 단체들이 그들의 고유성을 보존하는 동시에 하나의 중추적인 국가 기구 내에서 그들의 활동을 조정하는 것이 바람직하다.

34. 번역가 협회 혹은 노동조합이 아직 존재하지 않는 국가에서는 번역가들은 그들 국가의 관련 법률 요구사항에 따라, 그러한 기구의 필요한 설립을 실현하기 위하여 집단에 참가할 것을 제안한다.

35. 공통의 노력으로 세계적인 수준에서 그들 목적을 성취하기 위하여, 국가 번역가 기구들은 국제번역가연맹(FIT)에 가입할 것이 요청된다.

36. 번역가들은 그들의 자유의사로 그들의 국가기구에 가입하며 또 이들은 국제번역가연맹과의 제휴를 갖는 협회에 지원해야 한다.

37. 국제번역가연맹은 국제적 수준에서 번역가들의 물질적 도덕적 권리를 옹호할 것이며, 번역에 관련된 이론적이고 실제적인 사항에 있어서의 진전에 대한 연락을 유지하고, 또 전세계에 걸쳐서 문명화의 보급에 공헌하도록 노력할 것

of civilisation throughout the world.

38. The International Federation of Translators shall attain these objectives by representing translators at the international level, particularly through relations with governmental, non-governmental and supranational organizations, by taking part in meetings likely to be of interest to translators and translation at the international level, by publishing works, and by organizing or arranging for the organization of congresses at which questions concerning translation or translators may be examined.

39. In general, the International Federation of Translators shall extend the activities of the societies of every country to the international level, co-ordinate their efforts and define its common policy.

40. The national societies and the International Federation of Translators, their central organization, derive the strength necessary for the pursuit of their professional objectives from the feeling of solidarity existing among translators and from the dignity of translation which contributes to better understanding among nations and to the spread of culture throughout the world.

이다.

38. 국제번역가연맹은 국제 수준에서의 번역가들을 대표함으로써 이들 목표들을 달성할 것이며, 특히 정부, 비정부와 초국가적인 기구들과 관계를 통하여, 국제 수준에서의 번역가와 번역에 관심이 될 수 있는 회의에 참가함으로써, 또 작품의 발간과 번역 혹은 번역가들에 관한 질문들이 검토될 대회 기구를 편성하거나 준비함으로써 이들 목적들을 달성할 것이다.

39. 일반적으로, 국제번역가연맹은 각 국가의 협회 활동을 국제 수준으로 연장하고, 그들의 노력을 조정하며 또 공통적인 정책을 정의한다.

40. 국가 협회들과 그 중추 기관인 국제번역가연맹은 번역가들 간에 존재하는 결속 감과 국가들 간의 이해 증진 및 전세계에 걸친 문화의 보급에 기여하는 번역의 존엄성으로부터 그들의 직업적인 목표 추구에 필요한 힘을 얻는다.

※ 번역자: 남성우

〈부록 2〉 영어와 한국어의 구조 차이 비교

영어	한국어
〈기본 어순〉	
우변 분기형	좌변 분기형
수사구절이 우측(피 수사 명사의 앞)에 나타남.	수사구절이 좌측(피 수사명사의 뒤)에 나옴
a house *across the street*	*길 건너편에 있는* 집
John loves Mary *who keeps a dog*.	존은 *개를 기르는* 매리를 사랑한다.
S-V-O	S-O-V
동사가 목적어 보다 앞선다	목적어가 동사보다 앞선다
	조사가 명사의 뒤에 온다
I drank coffee	나는 커피-를 마셨다.
	나-화제표지, 커피-대격, 서술문 과거
Cheolsu drank coffee in the morning.	철수-는 커피-를 아침-에 마-셨-다
전치사가 목적어에 선행한다	
I send a parcel <u>to</u> a person.	남<u>에게</u> 소포를 보낸다.
격 표지(case marking)가 풍부하지 않은 어순으로 훨씬 더 제한적임.	풍부한 격 표지(격조사) 체계와 함께 상대적으로 자유스러운 어순을 허용.
뒤섞임(scrambling)이 적게 사용됨.	뒤섞임(scrambling)이 더 많이 사용됨.
명사중심언어 혹은 객체지배언어.	**동사중심언어** 혹은 행동지배언어.
①명사형이 발달.	①동사 및 동사를 수식하는 부사어 표현이 발달.
②문장의 주어가 반드시 표출되어야 함. (주격명사의 선호).	②주어 및 기타 지칭어의 생략이 빈번함.
③목적어를 동반하는 타동사가 발달.	③영어보다 더 많은 제약이 따르는 동사의 생략현상.
④목적어를 동반하는 전치사가 다양하게 발달.	④술어(동사 혹은 서술형용사)가 문장의 마지막에 출현하고, 문장의 연결어미나 종결어미가 반드시 추가되어야 함.
⑤명사 또는 명사구가 한국어의 경우보다 훨씬 빈번히 사용됨.	⑤문장의 끝에 나오는 명사 또는 명사구를 관계절이나 동사의 분사형태로, 또는 동격 명사구나 명사절의 형태로 덧붙여 설명함이 불가함.

영어	한국어
⑥주명사를 중심으로 수식을 가하여 의미를 다양하게 표현하는 구조가 발달.	⑥주명사 다음에는 주격이나 보격, 목적격 등을 표시하는 격조사격 조사가 첨부되어야 하므로, 주명사의 뒤에 추가적 인 수식어를 첨부할 수 없는 구조.
⑦명사를 확장하는 방법: 주명사의 앞뒤에 추가적인 수식어를 첨부하는 방법과 주명사의 뒤에 시제를 갖춘 동사를 포함한 절로 수식하여 의미확장 하는 방법.	⑦주명사의 앞부분에 여러 가지 형태의 수식어를 첨부하거나 이중 주어, 이중목적어 등으로 동격의 주어나 목적어를 사용해야 한다.
<div align="center">**형용사형 수식어 발달**</div>	
단수, **복수** 등의 수, **정관사**나 **부정관사** 등의 지정성 또는 소유관계 등을 규정하는 지정사가 의무적으로 첨가되어야 함.	
같은 문장이나 이어지는 대화에서 동일한 보어나 목적어와 함께 주동사는 생략되고 시제나 상을 나타내는 **조동사만으로 표현**될 수 있다.	
예 "Did you go to school yesterday?"	"당신은 어제 학교에 갔습니까?"
"Yes, I did."	"예, 학교에 갔습니다."
"I'm happy if you are."	"네가 좋으면, 나도 좋아."
Paul denied the charge, but his friend didn't.	폴은 그 혐의를 부인했지만 그의 친구는 부인하지 않았다.
<div align="center">**표제-첫머리**(head-first)</div>	<div align="center">**표제-끝**(head-last)</div>
'Close the door'	[문을] 닫아라.
'desire for change'	[변화에 대한] 갈망을
<div align="center" colspan="2">〈문장 구조〉</div>	
<div align="center">**주어와 술부의 문장구조**</div>	<div align="center">**화제중심의 기본 구조**</div>
용어법 요소(비인칭의 it, 허사 there)의 표출(주어가 의미의 역할을 하든 하지 않든 간에 요구된다.)	화제가 요구되지 않는다면, 간단히 처리(생략)될 수 있다.
It snowed last night.(비인칭)	간 밤에 눈이 왔다.
He found it easy to learn English.(허사)	그는 영어 배우-가-가 쉬운-것-을 알았-다.
There are many books on the table.	책상-에 책-이 많이-있다.
그가 이겼다. (He won.)	이겼다.
무의미 주어(null-subject)의 존재와 관련 영어는 하나의 단락 안에서 대명사화가 필수적이다.	대명사의 출현이 활발하지 못하며 화제 중심일수록 대명사는 쉽게 탈락한다.

영어	한국어
재귀 대명사의 용법 상이	
"커피 한 잔은 일반적으로 100-150mg의 카페인을 함유하며, 차는 그 것의 1/3 정도다."	좌측 난의 밑줄 친 대명사는 지시 대상이 명확하게 다가오지 않기 때문에, 그대로 앞에 나온 명사를 반복해서 '커피의'로 표현하는 것이 쉽게 이해된다.
관계사절 구문상의 차이	
굴절어(屈折語: inflectional language).	첨가어(또는 교착어 agglutinative language).
단어 자체의 어형변화나, 단수, 복수에 의한 표현 및 단어 하나로도 의미를 지닐 수 있는 특성.	조사나 어미와 같은 첨가어적인 요소로 인하여 어순 배열이 비교적 자유로움.
명사형 목적어를 수반하는 전치사구 및 다양한 타동사의 발달.	후치사적인 특성과 화자와 청자 및 상황에 따라 그에 합당한 호칭과 존칭법이 발달.
시제를 갖춘 모든 문장 (명령문과 몇 관용구문 제외)에서 주어가 반드시 표현되어야 함.	다양한 종결어미를 동반한 서술어로 문장이 종결.
	주어나 목적어 등이 문맥에 따라 자유로이 생략될 수도 있다.
명사를 수식하는 관계절이 상대적으로 빈번하게 사용된다.	시제를 갖춘 주동사들이 연이어 나열된 형태를 취한다.
영어에서 주절이 하나인 문장의 경우	
"We traveled as far as Paris, at which place we parted."	"우리는 파리까지 여행을 하였고, 그곳에서 서로 헤어졌다."
영어에서 관계사절이 선행사의 뒤에 온다	관계사절이 머리 명사 앞에 두어진다
The apple [which Yongho has] is yellow.	[영호가 가지고 있는] 저 사과는 노랗다.
관계사절은 관계대명사에 의하여 시작된다.	영어의 Who, Whom, Which에 상당한 관계를 나타내는 어휘를 갖지 않으며, 관계명사와 불변화사는 삭제된다.
영어전치사와 한국어 동사의 대응	**대응 표현**에서 동사나 형용사가 추가됨
①전치사를 동반한 명사(구)의 형태로 표현	동사(動詞)로 표현
"They advised her *against marrying* quickly."	"그들은 그녀에게 급하게 *결혼하지 말라*고 충고하였다."
②동사에 이어 나오는 전치사구나 부사어로 방향이나 장소를 표현	보조동사 또는 추가적인 동사의 사용
He bounced **off** the plane and darted into his limousine.	비행기에서 뛰어**내려서** 리무진 안으로 달려 들어 갔다.
③사건이나 상황을 전치사구를 통하여 표현하는 경우가 많다.	동사나 형용사 등의 술어로 표현.

영어	한국어
He shook his head **in disbelief.**	"믿지 못하겠다는 듯/믿지 못하여…"
The children watched *in wide-eyed amazement.*	"놀라 눈을 휘둥그렇게 뜨고…"
부정표현 방법	
영어에는 부정 한정어 no, few, little 등을 명사 앞에 첨부함으로써 간단하게 문장 전체를 부정할 수 있다.	대응되는 **관형어가 없으므로** '-지 않다'를 서술어의 어간에 첨부하거나 '안' 또는'아니'를 서술어 앞에 첨부하는 등의 구문상의 변형을 거치거나 '없다'와 같은 동사로 표현하여야 한다.
"No one listens to me."	"아무도 내 말을 듣지 않는다/안 듣는다."
"No honest man would lie."	"정직한 사람은 거짓말을 하지 않는다."
〈존칭 현상〉	
영어 대화에는 존칭현상이 거의 일어나지 않는다.	존칭현상의 발생은 대화에 관련된 상황 정보, 즉 대화에 관련된 사람들의 사회적 지위에 있어서의 상대적 순서, 화자와 청자사이의 대화에 있어서의 격식 등에 의해서 제약을 받는다.
존칭적 또는 의례적 호칭을 추가함으로써 표현한다.	대화체에서는 문상의 어미형태가 두 대화자간의 위상에 의하여 결정되는 존대어법(대우법)이 적용된다. 대화참가자의 대체적인 친소, 성별, 연령의 고하관계에 관한 고려가 필수적으로 이루어져야 한다.
Good morning, sir(ma'am).	안녕하십니까?
May I help you, sir?	뭘 도와드릴까요?
외부적 사건이 다른 대상에게 영향을 미치는 **상황을 표현**하는 구문들의 경우, 주어가 생물이거나 무생물이거나 동일한 타동사로 표현.	
The bad weather discouraged people from attending the parade.	"날씨가 나빠서 사람들이 퍼레이드에 참여하지 못하였다."
〈수동 구문〉	
한국어의 수동구문과 영어의 수동구문은 서로 구문적 의미적 성격이나 사용범위에 있어서 많은 차이점을 가지고 있다. 능동구문에서 주어를 밝히기 어려울 때 수동형구문이 사용되며, 무생물 주어보다는 생물주어 특히 인간이 주어로 자연스럽게 사용된다.	

영어	한국어
	한국어에서만 가능하거나 자연스러운 수동구문: 소재, 연속 혹은 지각에 관련된 경우이다
"What party do you belong to?"	"선생님은 어느 당에 소속되셨습니까?"
"His speech continued an hour."	"그의 연설은 한 시간 동안 계속되었다/ 이어졌다."
"I can't hear you very well."	"네 목소리가 잘 들리지 않는다."
영어에서의 **능동표현**	**수동구문**의 형태로 표현된 경우
The name should read "Benson", not "Fenton".	그 이름은 '펜튼'이 아니라 '벤슨'이라고 읽혀야 합니다.
It says on the bottle to take a spoonful every four hours.	여기 병에 네 시간마다 한 숟가락씩 먹으라고 쓰여 있다.
영어에서만 가능한 **수동구문과 번역**	
행위자가 행위 대상에 모종의 감정 및 이해, 인지의 결과를 가져 오는 행위를 한다는 것을 기본 의미의 틀로 가진 동사를 사용.	같은 상황에서 기본구조는 행위자를 설정할 필요가 없는 형식이 사용되고 있다.
"Her contributions are well appreciated."	"(그녀가) 기부금을 내 주신 것에 대하여 감사합니다."
"She came out of the house, accompanied by Miss Jones."	"그녀는 존스 양을 대동하고 그 집에서 나왔다."
다양한 의미를 가진 명사를 주어로 취하며 '누가/무엇이 누구/무엇-에게/를 어찌 어찌 하다'와 같은 의미구조의 문장을 표현할 수 있는 다양한 타동사가 발달되었음.	문장의 주어가 생략될 수 있고, 영어처럼 다양한 타동사가 발달하지 못하였다.

〈부록 3(1)〉 새 로마자 표기법

새 로마자 표기법(문화관광부 고시 2000년-8호), 2000.7.7

제1장 표기의 기본 원칙

제1항 국어의 로마자 표기는 국어의 표준 발음법에 따라 적는 것을 원칙으로 한다.
제2항 로마자 이외의 부호는 되도록 사용하지 않는다.

제2장 표기 일람

제1항 모음은 다음 각호와 같이 적는다.

1. 단모음

ㅏ	ㅓ	ㅗ	ㅜ	ㅡ	ㅣ	ㅐ	ㅔ	ㅚ	ㅟ
a	eo	o	u	eu	i	ae	e	oe	wi

2. 이중 모음

ㅑ	ㅕ	ㅛ	ㅠ	ㅒ	ㅖ	ㅘ	ㅙ	ㅝ	ㅞ	ㅢ
ya	yeo	yo	yu	yae	ye	wa	wae	wo	we	ui

[붙임 1] 'ㅢ'는 'ㅣ'로 소리 나더라도 ui로 적는다.
　　(보기)
　　　　　광희문 Gwanghuimun

[붙임 2] 장모음의 표기는 따로 하지 않는다.

제2항 자음은 다음 각호와 같이 적는다.

1. 파열음

ㄱ	ㄲ	ㅋ	ㄷ	ㄸ	ㅌ	ㅂ	ㅃ	ㅍ
g, k	kk	k	d, t	tt	t	b, p	pp	p

2. 파찰음

ㅈ	ㅉ	ㅊ
j	jj	ch

3. 마찰음

ㅅ	ㅆ	ㅎ
s	ss	h

4. 비음

ㄴ	ㅁ	ㅇ
n	m	ng

5. 유음

ㄹ
r, l

[붙임 1] 'ㄱ, ㄷ, ㅂ'은 모음 앞에서는 'g, d, b'로, 자음 앞이나 어말에서는 'k, t, p'로 적는다.([ ] 안의 발음에 따라 표기함.)

[붙임 2] 'ㄹ'은 모음 앞에서는 'r'로, 자음 앞이나 어말에서는 'l'로 적는다. 단, 'ㄹㄹ'은 'll'로 적는다.

　(보기)

구리	Guri	설악	Seorak	칠곡	Chilgok
임실	Imsil	울릉	Ulleung		

대관령[대괄령] Daegwallyeong

제3장 표기상의 유의점

제1항 음운 변화가 일어날 때에는 변화의 결과에 따라 다음 각호와 같이 적는다.

1. 자음 사이에서 동화 작용이 일어나는 경우

   (보기)

백마[뱅마]	Baengma	신문로[신문노]	Sinmunno
종로[종노]	Jongno	왕십리[왕심니]	Wangsimni
별내[별래]	Byeollae	신라[실라]	Silla

2. 'ㄴ, ㄹ'이 덧나는 경우

   (보기)

학여울[항녀울]	Hangnyeoul	알약[알략]	allyak

3. 구개음화가 되는 경우

   (보기)

해돋이[해도지]	haedoji	같이[가치]	gachi
맞히다[마치다]	machida		

4. 'ㄱ, ㄷ, ㅂ, ㅈ'이 'ㅎ'과 합하여 거센소리로 소리나는 경우

   (보기)

좋고[조코]	joko	놓다[노타]	nota
잡혀[자펴]	japyeo	낳지[나치]	nachi

다만, 체언에서 'ㄱ, ㄷ, ㅂ' 뒤에 'ㅎ'이 따를 때에는 'ㅎ'을 밝혀 적는다.

   (보기)

묵호	Mukho	집현전	Jiphyeonjeon

[붙임] 된소리되기는 표기에 반영하지 않는다.

   (보기)

압구정	Apgujeong	낙동강	Nakdonggang

죽변	Jukbyeon	낙성대	Nakseongdae
합정	Hapjeong	팔당	Paldang
샛별	saetbyeol	울산	Ulsan

제2항 발음상 혼동의 우려가 있을 때에는 음절 사이에 붙임표(-)를 쓸 수 있다.

(보기)

중앙	Jung-ang	반구대	Ban-gudae
세운	Se-un	해운대	Hae-undae

제3항 고유 명사는 첫 글자를 대문자로 적는다.

(보기)

부산	Busan	세종	Sejong

제4항 인명은 성과 이름의 순서로 띄어 쓴다. 이름은 붙여 쓰는 것을 원칙으로 하되 음절 사이에 붙임표(-)를 쓰는 것을 허용한다.(( ) 안의 표기를 허용함.)

(보기)	민용하	Min Yongha (Min Yong-ha)
	송나리	Song Nari (Song Na-ri)

1. 이름에서 일어나는 음운 변화는 표기에 반영하지 않는다.

(보기)	한복남	Han Boknam (Han Bok-nam)
	홍빛나	Hong Bitna (Hong Bit-na)

2. 성의 표기는 따로 정한다.

제5항 '도, 시, 군, 구, 읍, 면, 리, 동'의 행정 구역 단위와 '가'는 각각 'do, si, gun, gu, eup, myeon, ri, dong, ga'로 적고, 그 앞에는 붙임표(-)를 넣는다. 붙임표(-) 앞뒤에서 일어나는 음운 변화는 표기에 반영하지 않는다.

(보기)

충청북도	Chungcheongbuk-do	제주도	Jeju-do
의정부시	Uijeongbu-si	양주군	Yangju-gun
도봉구	Dobong-gu	신창읍	Sinchang-eup
삼죽면	Samjuk-myeon	인왕리	Inwang-ri
당산동	Dangsan-dong	봉천1동	Bongcheon 1(il)-dong
종로 2가	Jongno 2(i)-ga	퇴계로 3가	Toegyero 3(sam)-ga

[붙임] '시, 군, 읍'의 행정 구역 단위는 생략할 수 있다.

(보기)

청주시	Cheongju	함평군	Hampyeong
순창읍	Sunchang		

제6항 자연 지물명, 문화재명, 인공 축조물명은 붙임표(-) 없이 붙여 쓴다.

(보기)

남산	Namsan	속리산	Songnisan
금강	Geumgang	독도	Dokdo
경복궁	Gyeongbokgung	무량수전	Muryangsujeon
연화교	Yeonhwagyo	극락전	Geungnakjeon
안압지	Anapji	남한산성	Namhansanseong
화랑대	Hwarangdae	불국사	Bulguksa
현충사	Hyeonchungsa	독립문	Dongnimmun
오죽헌	Ojukheon	촉석루	Chokseongnu
종묘	Jongmyo	다보탑	Dabotap

제7항 인명, 회사명, 단체명 등은 그 동안 써 온 표기를 쓸 수 있다.

제8항 학술 연구 논문 등 특수 분야에서 한글 복원을 전제로 표기할 경우에는 한글 표기를 대상으로 적는다. 이 때 글자 대응은 제2장을 따르되 'ㄱ, ㄷ, ㅂ, ㄹ'은 g, d, b, l'로만 적는다. 음가 없는 'ㅇ'은 붙임표(-)로 표기하되 어두에서는 생략

하는 것을 원칙으로 한다. 기타 분절의 필요가 있을 때에도 붙임표(-)를 쓴다.

(보기)

집	jib	짚	jip
밖	bakk	값	gabs
붓꽃	buskkoch	먹는	meogneun
독립	doglib	문리	munli
물엿	mul-yeos	굳이	gud-i
좋다	johda	가곡	gagog
조랑말	jolangmal	없었습니다	eobs-eoss-seubnida

부 칙

① (시행일) 이 규정은 고시한 날부터 시행한다.

② (표지판 등에 대한 경과조치) 이 표기법 시행당시 종전의 표기법에 의하여 설치된 표지판(도로, 광고물, 문화재 등의 안내판)은 2005. 12. 31.까지 이 표기법을 따라야 한다.

③ (출판물 등에 대한 경과조치) 이 표기법 시행당시 종전의 표기법에 의하여 발간된 교과서 등 출판물은 2002. 2. 28.까지 이 표기법을 따라야 한다.

※ Reference*

---

* http://myhome.naver.com/fastnet/roma/ro2000.htm

〈부록 3(2)〉

국어의 로마자 표기법 해설

제1장 표기의 기본 원칙

제1항 국어의 로마자 표기는 국어의 표준 발음법에 따라 적는 것을 원칙으로
한다.

국어의 로마자 표기에는 국어의 발음 정보를 보여 주는 방법과 문자 정보를
주는 방법 두 가지가 있다. '오산', '울산', '태안' 등처럼 문자가 곧 발음인 경우에
는 양자의 차이가 없지만 '한라', '덕문', '종로' 등은 발음은 [할라], [덩문], [종노]
여서 문자와 발음이 다르다. 국어 단어에는 이렇게 글자와 발음이 차이나는 경우
가 적지 않다. '한라', '덕문', '종로'를 로마자 표기할 때에 문자 정보를 로마자로
옮기는 것을 전자법이라 하고, 발음인 [할라], [덩문], [종노]를 옮기는 것을 표음법
이라 한다. '국어의 표준 발음법'에 따라 적는 것을 원칙으로 한다고 하여 표음법
을 원칙으로 함을 밝혔다. 로마자 표기란 외국인이 읽을 것을 전제하는 만큼 한국
어의 발음을 나타내야만 외국인으로 하여금 한국어의 발음을 비슷하게 내도록 유
도할 수 있기 때문이다.

표음법으로 하는 만큼 '신림'과 '실림'처럼 발음이 같은 단어는 로마자 표기가
같아지는 것은 피할 수가 없다. '신림'과 '실림'을 어떻게 똑같이 적느냐는 불만도
있을 수 있지만 다른 각도에서 보면 '신림'이나 '실림'이나 발음이 같은 만큼 로마
자 표기가 같아지는 것은 당연하다고 할 수 있다.

표준 발음법에 따라 로마자 표기를 하기 때문에 외국인에게 편리한 것은 분명하
지만 내국인에게는 어느 정도 불편한 것이 사실이다. 왜냐하면 내국인은 워낙 맞
춤법에 익숙해져 있고 발음형은 잘 의식하지 못하기 때문이다. 예컨대 '청량리'를
한국 사람이라면 누구나 [청냥니]로 늘 발음하면서도 '청량리'라는 글자에 익숙해
져서 [청냥니]라는 발음형을 연상하지 못한다. 그러므로 로마자 표기법을 제대로
지키기 위해서는 표준 발음법에 대한 지식이 있어야 한다. 표준 발음법은 표준어

규정(1988. 1. 고시)의 제2부에 명시되어 있으므로 이를 익혀야 한다.

제2항 로마자 이외의 부호는 되도록 사용하지 않는다.

로마자는 a부터 z까지의 26 글자를 가리킨다. 한국어는 단모음 10개, 이중 모음 11개로 모음이 모두 21개 그리고 자음이 19개이다. 이렇게 한국어의 글자 수와 로마자의 글자 수는 다르기 때문에 로마자는 한국어를 적기에 적합하지 않다. 그런 로마자로 한국어를 적기 위해서는 특별한 수단이 필요하다. 모음의 경우에 로마자에는 a, e, i, o, u의 다섯 글자밖에 없지만 한국어에는 'ㅏ, ㅓ, ㅗ, ㅜ, ㅡ, ㅣ, ㅐ, ㅔ, ㅚ, ㅟ'의 10모음이 있다. 이런 어려움을 타개하기 위해 종전의 로마자 표기법에서는 '어', '으'를 각각 , 로 썼다. , 는 로마자인 o, u에 부호를 얹어 쓴 것이다.

그러나 , 는 세계적으로 널리 쓰이는 문자가 아니기 때문에 보편성이 없다. 로마자를 쓰는 언어 중에서 독일어, 프랑스어, 스페인어 등은 각기 나름대로의 특별한 부호를 쓰고 있기 때문에 한국어의 로마자 표기에서도 로마자 이외의 부호를 쓸 수도 있다는 주장이 있지만 그들의 경우와 우리는 사정이 다르다. 독일어, 프랑스어, 스페인어에서 로마자는 그들 고유의 문자요 수백 년의 전통이 있기 때문에 쉽사리 부호를 버릴 수가 없다. 한국어는 고유의 문자가 한글이요 로마자는 제한적으로만 쓰이기 때문에 굳이 한국어에만 특유한 부호를 고집할 필요가 없다. 낯선 부호는 무슨 의미인지 이해할 수 없어 시각적으로 거부감을 줄 뿐 아니라 컴퓨터 등에서 사용하는 데 당장 문제를 낳기 때문에 없는 것이 좋다.

제2장 표기 일람

단모음의 '아', '오', '우', '이', '에'는 각각 a, o, u, i, e로 표기한다. 로마자를 쓰는 언어들에서 a, o, u, i, e는 [아], [오], [우], [이], [에] 음가를 지니는 게 가장 일반적이기 때문이다.

'어'와 '으'는 한국어의 특유한 모음으로서 표기할 마땅한 로마자가 없다. 이렇게 로마자 한 글자로써 적을 수 없는 소리는 별도로 특별히 약정할 수 밖에 없다. 종전에 반달표(˘)를 사용하여 ŏ 로 적던 '어'를 eo로, ŭ로 적던 '으'를 eu로 표기하기로 한 이상 한국어 표기에서 eo, eu는 각각 '어', '으' 소리를 나타낸다는 점을 이해하고 따라 달라고 하지 않을 수 없다. 전혀 배우지 않아도 되는 로마자 표기법이란 없을 것이다. 어떤 언어이고 나름대로의 독자성이 있는 만큼 부분적인 특이 사항에 대해 배워야 한다.

모음의 경우 글자 'ㅢ'는 그 앞에 자음이 왔을 때에 [ㅣ]로만 발음하도록 표준 발음법에 규정되어 있다. '희'는 [히]로만 발음하도록 한 것이다. 그러나 로마자 표기를 할 때에는 '의' 자체가 ui이므로 '희'를 hi가 아닌 hui로 적도록 하였다. 표준 발음법을 따르는 것을 원칙으로 하였지만 어원 의식을 무시할 수 없기 때문에 예외를 인정한 것이다.

자음의 경우 각별한 주의를 요한다. 국어에서 받침 'ㄷ, ㅅ, ㅆ, ㅈ, ㅊ, ㅌ'은 어말에서 대표음 [ㄷ]으로 중화된다. 예를 들어 '곧', '옷', '젖', '빛', '밭'의 발음은 [곧], [온], [젇], [빋], [받]이다.

표기 일람표의 자음이란 발음형이란 사실을 잊지 말아야 한다. 한국어에 겹받침이 11개 있지만 겹받침은 어말에서 둘 중의 어느 하나로만 발음된다. 예를 들어 '삯', '여덟', '삶', '값' 등을 표기할 경우 이들의 발음은 [삭], [여덜], [삼], [갑]이므로 sak, yeodeol, sam, gap으로 적어야 한다. 한글 표기에 이끌리지 않도록 주의해야 한다.

'ㄱ, ㄷ, ㅂ'을 모음 앞에서는 g, d, b로 적고 자음 앞과 어말에서는 k, t, p로 적는 것에 대해 불만이 있을 수 있다. 국어의 'ㄱ, ㄷ, ㅂ'은 어말에서는 파열이 일어나지 않고 그저 폐쇄만 이루어진다. 이런 소리를 적는 데는 g, d, b보다는 k, t, p가 적합하다는 것을 거의 암묵적으로 언중은 알고 있다. 이름의 받침에 'ㄱ, ㅂ'이 들어가는 사람들이 대체로 k, p로 적고 있다는 사실에서 이를 알 수 있다. 굳이 받침의 'ㄱ, ㄷ, ㅂ'을 g, d, b로 적기로 하면 표기법에 대한 거부감을 불러일으킬 가능성이 크다. 언중의 경향을 거슬러 표기법을 정할 이유가 없다고 보아 k, t, p로 하였다.

'ㄹ'의 경우 모음 앞에서는 r, 자음 앞이나 어말에서는 l이다. 따라서 '리을'은 rieul이다. 다만 'ㄹㄹ'이 올 경우에는 ll로 적는다. 즉 '대관령[대괄령]'과 같은 경우는 Daegwalryeong이 아니라 Daegwallyeong이 된다.

제3장 표기상의 유의점
제1항 음운 변화가 일어날 때에는 변화의 결과에 따라 다음 각호와 같이 적는다.

제1장 제1항에서 밝힌 것처럼 국어의 로마자 표기는 표준 발음을 적는 것을 원칙으로 한다. 물론 글자가 곧 발음인 경우는 문제가 없다. 글자와 발음이 상이한 경우가 문제인데 그런 경우에 글자를 기준으로 적지 않고 발음을 기준으로 표기한다. 글자와 발음이 상이한 경우는 크게 다섯 가지로 나눌 수 있다.

첫째, 자음 사이에서 동화 작용이 일어나는 경우이다. 이 경우도 몇 가지로 나누어 볼 수 있다.

(가) 'ㄱ, ㅂ'이 비음인 'ㄴ, ㅁ' 앞에서 비음인 'ㅇ, ㅁ'으로 바뀌는 비음화 현상이다. '백마[뱅마]', '갑문[감문]'이 그런 예이다.

(나) 'ㄹ'은 비음인 'ㅁ, ㅇ' 다음에서 반드시 비음인 'ㄴ'으로 바뀐다. '탐라[탐나]', '종로[종노]'가 그렇다. 'ㄹ'은 비음인 'ㄴ' 다음에서 'ㄴ'으로 바뀔 수 있다. '신문로[신문노]'가 그런 예이다.

(다) 'ㄹ'은 'ㄱ, ㅂ' 다음에서 'ㄴ'으로 바뀌는데 이 때는 'ㄱ, ㅂ'도 'ㅇ. ㅁ'으로 바뀐다. '십리[심니]', '독립[동닙]'이 그런 예이다.

(라) 'ㄹ' 다음에 'ㄴ'이 올 때에는 'ㄴ'이 'ㄹ'로 바뀐다. '별내[별래]'가 그런 경우이다.

(마) 'ㄴ' 다음에 'ㄹ'이 올 때에 앞의 'ㄴ'이 'ㄹ'로 바뀌기도 한다. '신라[실라]'가 그런 예이다.

둘째, 'ㄴ, ㄹ'이 덧나는 경우이다. 합성어에서 둘째 요소가 '야, 여, 요, 유, 애, 예' 등으로 시작되는 말이면 'ㄴ, ㄹ'이 덧난다. '학여울[항녀울]', '물약[물략]'이 그런 경우이다.

셋째, 구개음화가 되는 경우이다. 'ㄷ, ㅌ' 다음에 '이'가 오면 'ㄷ, ㅌ'이 'ㅈ, ㅊ'으로 바뀐다. '굳이[구지]', '같이[가치]'가 그런 예이다.

넷째, 'ㄱ, ㄷ, ㅂ, ㅈ'이 'ㅎ'과 합하면 거센소리가 된다. '좋고[조코]', '놓다[노타], 낳지[나치]'의 경우 소리대로 적는다. 다만 체언에서는 'ㅎ'을 살려서 적기로 하였다. '묵호[무코]'를 소리대로 적을 경우 Muko가 되는데 '호'의 'ㅎ'이 사라져 버려 거부감을 유발한다. 'ㄱ, ㅂ' 다음에 'ㅎ'이 오는 체언의 경우는 어원 의식을 존중하여 'ㅎ'을 살려서 적기로 하였다.

다섯째, 된소리되기의 경우이다. 된소리되기는 빈번히 일어나는 현상이다. '울산'이라 적지만 누구나 발음은 [울싼]이다. 발음에 따라 적는 원칙을 고수하면 Ulsan이 아니라 Ulssan이 되어야 한다. 그러나 '울산'을 Ulssan으로 적어 온 전통이 없고 Ulsan으로 적어서 문제를 낳은 적도 없다. '팔당'의 경우도 [팔땅]으로 발음되는데 발음에 따라 적는 원칙을 고수한다면 Palttang이 되어야 한다. 그런데 '팔당'의 경우는 비교적 발음이 명확하지만 발음이 명확하지 않은 경우가 더 많다. 예컨대 '당고개'의 경우 발음이 [당꼬개]인지 [당고개]인지 한국인들 사이에서도 의견이 분분하여 가리기가 쉽지 않다. 외국인들의 경우는 더 말할 나위가 없다. 표기의 안정을 위하여는 발음이 희생되는 한이 있더라도 된소리되기는 표기에 반영하지 않기로 하였다.

> **제2항** 발음상 혼동의 우려가 있을 때에는 음절 사이에 붙임표(-)를 쓸 수 있다.

모음의 '애', '어', '으', '외'는 불가피하게 두 글자인 ae, eo, eu, oe로 쓴다. 그 결과 모음이 겹칠 경우에는 발음하기가 애매한 경우가 생긴다. '해운대'를 Haeundae로 쓰면 '하은대'로 읽을 수도 있다. 이런 경우에 '하은대'로 읽는 것을 막기 위하여 '해'와 '운' 사이에 붙임표를 넣어 Hae-undae로 쓸 수 있도록 하였다. 그러나 이는 의무 사항이 아니다. 처음 읽는 사람은 어떻게 읽어야 할지 혼선을 겪을 수 있겠지만 '해운대'임을 아는 사람에게는 붙임표를 넣은 Hae-undae라는 표기가 눈에 거슬린다. 굳이 음절 구분을 하고자 할 경우에만 붙임표를 넣고 일반적으로는 넣지 않는다.

자음의 경우에도 'ㅇ'은 ng로 쓰기 때문에 다음에 모음이 이어 나오면 발음에 혼선이 생길 수 있다. '홍익'을 Hongik으로 적으면 '혼긱'으로 읽을 가능성이 있으므로 Hong-ik으로 쓸 수 있도록 한 것이다. 그러나 일반적으로는 발음상 혼동의 여지가 있더라도 붙임표를 넣지 않는다.

> **제3항** 고유 명사는 첫 글자를 대문자로 적는다.

일반적으로 로마자를 문자로 쓰는 언어권에서 고유 명사는 첫 글자를 대문자로 적는데 이를 따른 것이다.

> **제4항** 인명은 성과 이름의 순서로 띄어 쓴다. 이름은 붙여 쓰는 것을 원칙으로 하되 이름 사이에 붙임표(-)를 쓰는 것을 허용한다.

한국어를 비롯하여 동양3국에서는 인명을 성과 이름의 순서로 쓰지만 세계적으로 이름과 성의 순서로 쓰는 민족이 훨씬 더 많다. 그렇기 때문에 로마자 표기에서 이름과 성의 순서로 쓰자는 주장도 많다. 실제로 명함이나 글에서 그렇게 쓰고 있는 이들도 적지 않다. 그런데 동양3국에서는 성을 먼저 쓴다는 지식을 갖고 있는 외국인들도 많다. 서양의 기준에 맞추어 이름을 먼저 쓰고 성을 나중에 썼어도, 동양3국에서는 성을 먼저 쓴다는 지식에 따라 먼저 쓴 이름을 성으로 간주하는 외국인이 있을 수 있다. 중국에서는 로마자 표기에서도 성을 먼저 쓰는 확고한 원칙을 가지고 있고 일본은 그 반대이지만 최근에 성을 먼저 쓰려는 움직임도 있다. 중요한 것은 일관된 원칙인데 한국어에서의 순서대로 하는 것을 원칙으로 삼았다.

이름은 대개 두 글자인데 글자 한 자 한 자마다 의미가 있다. 특히 아직은 항렬을 따르는 경우가 많아서 두 글자를 구별해 주고 싶은 동기를 강하게 느끼는 사람들이 많다. 그래서 붙임표를 음절 사이에 넣기도 하고 완전히 두 음절을 따로 띄어 쓰는 사람마저 있다. 이러한 혼란을 막기 위하여 이름은 음절 사이의 표시를 없애는 것을 원칙으로 하고, 굳이 표기하고자 하는 경우에 붙임표를 쓰도록 허용하였다.

(1) 이름에서 일어나는 음운 변화는 표기에 반영하지 않는다.

인명의 이름만은 음운 변화를 반영하지 않기로 하였다. 예컨대 '복남[봉남]'이와 '봉남[봉남]'이를 발음이 같다고 해서 똑같이 Bongnam이라 적기는 어렵다. 특히 항렬이 존재하는 이상 인명은 지명과 달리 글자 하나 하나를 따로 표기해 주기로 한 것이다.

(2) 성의 표기는 따로 정한다.

성(姓)은 표기법대로 따르라고 하기 어려운 경우가 많다. '이'는 I, '오'는 O, '우'는 U가 되는데 그렇게 쓰는 사람이 사실상 없는 형편이다. '김', '박'의 경우에도 Gim, Bak으로 쓰는 사람은 극소수에 불과하고, Kim, Park으로 쓰는 사람이 대부분이다. 물론 표기법에 따르도록 하는 것이 제일 좋으나 오래도록 여권, 신용카드, 명함, 논문 등에서 Kim, Park으로 써 온 사람으로 하여금 Gim, Bak으로 바꾸게 하는 것은 거의 불가능에 가깝다. 새로 태어나는 사람부터 Gim, Bak을 쓰도록 하는 것도 쉽지 않다. 아버지, 형, 언니, 오빠, 누나와 다르게 쓰도록 하는 셈이 되기 때문이다. 아무리 표기법에 따른 표기가 아니라 하더라도 이미 대부분의 사람이 그렇게 쓰고 있다면 그것을 인정하는 것이 현실적인 방도가 아닌가 한다. 그렇다면 성의 표기는 관습적 표기를 인정할 필요가 있다는 결론에 이른다. 표기법에 따른 표기가 아니라 관습적 표기를 성 표기의 표준안으로 만들 경우에는 단지 어학자들만이 모여서 결정할 일이 아니고 해당 성씨에 속하는 이들을 포함한 폭 넓은 의견 수렴이 필요하기 때문에 앞으로 따로 정하기로 한 것이다.

> **제5항** '도, 시, 군, 구, 읍, 면, 리, 동'의 행정 구역 단위와 '가'는 각각 'do, si, gun, gu, eup, myeon, ri, dong, ga'로 적고, 그 앞에는 붙임표(-)를 넣는다. 붙임표(-) 앞뒤에서 일어나는 음운 변화는 표기에 반영하지 않는다.

행정 구역 단위 앞에는 붙임표를 넣음으로써 행정 구역 단위임을 보여 주기로 하였다. '리(里)'의 경우는 주목을 요한다. '상리'는 발음이 [상니]이고 '현리'는 [혈리], '하리'는 [하리]여서 별도의 규정이 없다면 각각 Sang-ni, Hyeol-li, Ha-ri가 된다. 이렇게 되면 '리'가 하나의 행정 구역 단위임을 이해하기 어렵기 때문에 발음상 괴리가 있더라도 모음 다음에 오는 'ㄹ'을 대표로 삼아 -ri로 고정한 것이다. '면(面)'의 경우에도 붙임표 앞뒤에서 음운 변화가 일어날 수 있는데 음운 변화가 일어나더라도 표기에 반영하지 않는다. '삼죽면'의 경우 발음은 [삼중면]이지만 '삼죽'과 '면'을 따로 적어 Samjuk-myeon으로 표기한다.

> **제6항** 자연 지물명, 문화재명, 인공 축조물명은 붙임표(-) 없이 붙여 쓴다.

남산, 한강 등의 자연 지물명이나 다보탑, 석굴암과 같은 문화재명의 경우 산, 강, 탑, 암과 같은 요소 앞에는 붙임표(-)를 붙이지 않는다. 남산, 한강, 다보탑, 석굴암 그 자체가 하나의 고유 명사이기 때문이다. 또, 행정 구역 단위는 그 목록이 확실히 정해져 있지만 자연 지물명이나 문화재명에서는 후행 요소가 어떤 것들인지 분명하지 않기 때문에 일률적으로 붙임표를 쓰지 않기로 한 것이다.

> **제7항** 인명, 회사명, 단체명 등은 그동안 써 온 표기를 쓸 수 있다.

인명, 회사명, 단체명은 그동안 써 온 표기를 바꾸기가 대단히 어려운 경우가 많다. 특히 세계적으로 알려진 기업의 경우 기업명을 바꾸는 것은 사실상 불가능에 가깝다. 따라서 인명, 회사명, 단체명 중에서 그동안 써 온 표기를 그대로 쓰고 자 할 경우에는 이를 허용하였다. 다만 이제 처음 표기를 시작하는 사람이나 회사, 단체는 표기법에 따를 것을 강력히 권장한다. 표기법에 따르지 않고 체계와 상관 없이 표기할 경우에는 로마자 표기가 무엇인지 예측이 되지 않아 일일이 그 표기 를 따로 기억해야 하므로 정보 검색 등에 매우 불리하다.

> **제8항** 학술 연구 논문 등 특수 분야에서 한글 복원을 전제로 표기할 경우에는 한글 표기를 대상으로 적는다. 이 때 글자 대응은 제2장을 따르되 'ㄱ, ㄷ, ㅂ, ㄹ'은 g, d, b, l로만 적는다. 음가 없는 'ㅇ'은 붙임표(-)로 표기하되 어두에 서는 생략하는 것을 원칙으로 한다. 기타 분절의 필요가 있을 때에도 붙임표 (-)를 쓴다.

철저하게 한글 복원을 염두에 두고 로마자 표기를 해야 하는 경우가 종종 있다. 주로 언어학 학술 논문을 작성할 때나 전산 분야에서 그런 일이 있는데 대개 한국 어 문장을 통째로 로마자로 적을 경우이다. 이런 경우에는 한글 맞춤법에 따라 적힌 대로 로마자 표기를 할 수 밖에 없다. 그 경우에도 글자 배당은 표음법에 따른 표기를 그대로 사용한다. 다만 'ㄱ, ㄷ, ㅂ, ㄹ' 네 글자만은 표음법에서 이미 각각 두 글자를 배당하고 있기 때문에 그 중에서 g, d, b, l을 전자법에서 사용하도 록 하였다. 엄밀한 의미의 전자법에서는 음가 없는 'ㅇ'도 기호를 배당해야 하는데 붙임표(-)를 쓰도록 하였다. 다만 단어 처음에서는 붙임표를 쓰지 않는 것을 원칙 으로 한다. 또 '있습니다'의 경우 issseubnida가 되어 '잇씁니다'로 복원될 여지가 있으므로 '있'과 '습니다' 사이에 붙임표(-)를 쓸 수 있도록 하였다.

※ Reference*

---

* http://myhome.naver.com/fastnet/roma/hea.htm

참고문헌 Bibliography

강수언(1989), 『한국어와 영어의 비교연구』, 서울: 한신문화사.

강원대학교(2003), 인문과학연구소 엮음, 『번역의 이론과 실제』 머리글.

고영민(2004), 「대화통역사의 역할에 관한 연구」, 『번역학 연구 제5권 1호』, 한국번역
학회, 서울: 5-7, 17, 22.

곽성희(2000), 「텍스트성과 번역전환」, 『번역학 연구 제1권 창간호』, 한국번역학회:
91-107, 112-13.

_____(2001), 「정보성과 번역전환」, 『번역학 연구 제2권 1호』, 한국번역학회: 78-94.

_____(2002), 「영한번역에 나타난 결속구조 전환양상」, 『번역학 연구 제3권 1호』:
127-29, 134-38.

권영민(1995), "한국문학의 해외소개, 그 실상과 문제점", 『현대문학 50년』, 서울: 민음
사: 459-460.

권택영(2000), 「전이로서의 번역」, 『번역학연구 제1권 2호』, 한국번역학회: 112-18.

김고은(2005), (Kim Koeun), "Assessment in Translation and Interpretation: Status and
Future Direction," Proceedings for 1st International Symposium, Ewha Womans
University, June 24, 2005: 100-106.

김귀순(2003), 「외국어교육에 있어서의 번역의 문화 매개 기능」, 『통번역교육연구』,
한국통번역교육학회, 창간호: 25-32.

김기찬(2000), 「영어와 한국어의 기본 색채어의 비교 분석」, 『언어과학연구』 18, 21-48.

김미형(1995), 『한국어 대명사』, 서울: 한신문화사.

김세정(2003), 「텍스트의 정보성-문학작품 속 어휘번역」, 『번역학 연구 제4권 1호』,
한국번역학회: 49-69.

김순미(2002), 「영한번역에서의 은유법 연구」, 『번역학 연구 제3권 2호』, 한국번역학
회: 81-109.

김숭희(2003), 「김소월 시의 영어 번역에 드러난 문제점」, 『번역의 이론과 실제』, 강원
대학교 인문과학연구소: 91-93, 102-03.

김윤진(2005), 「문학번역 평가에서의 관점의 문제」, 『번역과 통역에서의 평가』, 이화

여자대학교 통번역대학원 제1회 국제학술대회 Proc., 2005. 6. 24: 24-28.

김이섭(2000), 「다양한 번역이론과 새로운 번역 가능성」, 『번연연구』 제7집.

김정우(2000), 「언어학 술어 번역의 체계와 문제」, 『번역학 연구 제1권 2호』, 한국번역학회: 6-22.

_____(2001). 「영・한 번역과 비언어적 문맥의 처리」, 『번역학 연구 제2권 2호』, 한국번역학회: 109-128.

_____(2002), 「영어의 강조 표현과 그 번역 기법」, 『번역학 연구 제3권 2호』, 한국번역학회: 30-44.

_____(2002), 「인터넷 기반의 번역 교육 방법론」, 『숙명 번역학 국제학술대회 프로시딩스』, 한국 서울, 2002년 5월 23일: 167-178.

_____(2003), 「자연 과학 텍스트의 번역 방법론 시론」, 『번역학연구 제4권 1호』, 한국번역학회, 봄: 27-29. 31-41.

_____(2003), 「영・한 번역과 국어의 몇 과제」, 『통번역교육연구』, 한국통번역교육학회, 서울, 가을 창간호: 6-21.

김지원(2000), 「번역 연구의 발전과 번역학의 현황」, 『번역학 연구 제1권 창간호』, 한국번역학회: 9-28.

_____(2004), 「번역학의 어제와 오늘」, 『번역학 연구 제5권 1호』, 한국번역학회, 서울: 56-80.

김종길(1997), "한국문학 세계화의 현실", 『한국문학의 외국어 번역』, 서울: 민음사, p.17.

김형철(1981), 「3인칭 대명사에 대하여」, 문학과 언어 2(문학과 언어 연구회).

김효중(2000), 「번역의 역사와 이론」, 『번역학 연구 창간호』, 한국번역학회: 33-51.

_____(2000), 「번역등가의 개념과 유형 설정」, 『번역학 연구 제1권 2호』 한국번역학회: 27-43.

_____(2002), 「번역이론 패러다임의 발전 양상」, *Current Status of Translation Education*, Proceedings for International Conference on Translation Studies, 숙명 번역학 국제학술대회, 2002년 5월 23일 프로시딩스: 108-133.

_____(2002), 「정지용 시의 영역에 관한 고찰」, 『번역학연구 제3권 2호』, 한국번역학회: 7-24.

_____(2004), 「해석학적 번역이론과 텍스트 기능」, 『번역학 연구 제5권 1호』: 77-88.

나이다(NIDA, EUGENE A.)(2004), 「언어와 문화: 밀접한 두 가지 기호 체계」, 『통번역과 등가』, Fortunato ISRAËL편집, 최정화 감수, 이향, 편혜원, 김도훈 번역, 한국문화사: 3-11.

데쟌 칼라(DEJEAN, Karla)(2004), 「시험대에 오른 해석이론」, 『통번역과 등가』, Fortunato ISRAËL, 편집, 번역판.: 159-166.

동아일보(1996년 5월 27일자), 「문화와 지성: 성서 영(英)선장이 국내 첫 전래」, 19면.

듀리에, 크리스틴(1997), 「번역, 의사소통 행위」, 최정화 저 『통역과 번역을 제대로 하려면』, 서울 신론사: 8-57.

라플레이스 코레타(LAPLACE, Colette)(2004), 「통역사: 현대의 뱃사공」, 『통번역과 등가』, Fortunato ISRAËL 편집, 번역판: 206-24.

레더러 마리안(Lederer, Marianne)(2004), 「'대응'과 '등가': 언어차원의 번역과 담화 차원의 번역」, 『통번역과 등가』, Fortunato ISRAËL, 편집: 15-26.

_____(2005), 「통번역 프로그램의 품질 및 품질 보장 과연 가능한가?」, 『번역과 통역에서의 평가』, 이화여자대학교 통번역대학원 제1회 국제학술대회(2005. 6. 24) 프로시딩스: 85-96.

레츠케르(Рецкер Я.И.), "통번역 이론 및 실습" (모스크바, 1974), "외국 언어학의 통번역 이론에 대하여" (모스크바, 1978); G.E. Miram, 2004: 67-83.

레페비어 로저(Lefevere, Roger)(1997), "문학작품 특히 시의 번역 및 보급사업." 김종길 외 28인. 『한국문학의 외국어 번역』. 민음사.

Roux-Faucard, Geneviève 「초텍스트성(transtextuality)과 번역: 서사의 세계를 번역하기」, Fortuna ISRAËL 편집, 번역판, 2004.: 305-17.

멜리코프, "시스템론 및 사이버네틱스의 언어적 관점"(모스크바, 1978); G.E. Miram, 2004: 31.

미람(G.E. Miram)(2004), 번역판, 『통역과 번역 그리고 통역사와 번역사』, 전지윤 · 김정희 옮김, 한국문화사: 49-95. 111-42, 169-80, 185-200.

바스넷, 수잔(Bassnet, Susan)(2004), 번역판, 『번역학: 이론과 실제』, 김지원 · 이근희 옮김, 한신문화사.

박경일(2001), 「번역문화 바로 세우기와 영어교육의 근원적 개혁(1)」, 『번역학 연구 제2권 2호』, 한국번역학 연구: 10-12, 32.

_____(2002), 「번역, 학문/문화/국력, 그리고 영어교육」, 『번역학 연구 제3권 1호』, 한국번역학회, 서울: 41-56.

_____(2003), 「영어/번역 어떻게 가르칠까/공부할까? - 영어/번역 전문가 양성을 위한 탈이론적 방법론 서설」, 『번역학연구 제4권 1호』, 한국번역학회: 6-22.

박근우(1991), 『영어 담화문법』, 서울, 한신문화사.

박명석(1973), 「한 · 영/영 · 한 동시통역에 있어서의 문제점」, 『언어와 언어학 제1집』,

서울: 한국외국어대학교 언어연구소.

박순함(1973), 「통사론적 이론에 비추어 본 동시통역」, 『언어와 언어학 제1집』, 서울, 한국외국어대학교 언어연구소.

박여성(2000), 「번역학의 인식론적·언어학적 정초」, 『번역학 연구 제1권 창간호』, 한국번역학회, 서울: 61-81.

_____(2002), 「번역교육을 위한 번역 파라다임의 효용성」, 숙명 번역학 국제학술회의 Proceedings, *Current Status of Translation Education*, 서울, 2002년 5월 23일: 138-39.

박유경(2002), 「최소주의가 통역전략에 미치는 영향」, 『번역학연구, 제3권 1호』, 한국번역학회, 서울: 83-84, 119.

박의재·황인태·박소영(2005), 『영미 언어와 문화』, 한신문화사: 17-35.

박진임(2004), 「문학 번역과 문화 번역」, 『번역학 연구 제5권 1호』, 한국번역학회, 서울: 98-109.

박향선(2002), 「한국 영역시 오류 원인 분석」, 『번역학 연구 제3권 2호』, 한국번역학회: 64-77.

배영경(1984), 「영어의 언어사용역」, 『釜山大學校 人文論叢』[Vol. 26. No. 1], 釜山大學校 人文學硏究所.

베이커(Baker, Mona)(2005), 『말 바꾸기』, 곽은주 외 옮김, 한국문화사: 10, 14, 40.

Вестник МПУ "언어학" 시리즈(1999, 2호) 중 이프신(Ившин В.Д.), "텍스트, 그 기능 및 의미론, 그리고 커뮤니케이션 문장 성분"; G.E. Miram, 2004: 148.

벨(Bell, Roger T)(1991), 『번역과 번역하기: 이론과 실제』, 박경자·장영준 옮김, 2000년 12월, 고려대학교 출판부: 47-95, 219-278, 301-304.

부시(Peter Bush)(2004), 「번역사번역가의 임무: 타성과 자아의 조율」, 『통번역과 등가』, Fortuna ISRAËL 편집, 번역판: 326-28.

성백환(2000), 「번역속도 제고와 순차번역」, 『번역학 연구 제1권 창간호』, 한국번역학회: 119-144.

_____(2002), "Word Order and Word Use: Two Biggest Problems Facing Korean Translators of English," *Current Status of Translation Education*, Proceedings for International Conference on Translation Studies, Sookmyung Women's University, May 23, 2002: 82-90.

_____(2003), 「심층적 순차번역의 방법과 의의」, 『번역학 연구 제4권 2호』, 한국번역학회: 118-36.

성초림·이상원·이향·장현주(2001), 「번역 교육 현장에서의 번역물 품질 평가 -한
국외대 통역번역대학원 교강사 설문을 중심으로-」, 『번역학연구 제2권 2호』,
한국번역학회: 38-55.

소만섭(2003), 「번역의 문화적 층위 -『심청전』 번역의 예」, 『번역의 이론과 실제』,
강원대학교 출판부: 108.

손지봉(2003), 「학부에서의 통역번역교육」, 『통번역교육연구』, 창간호: 93-107.

심재기(1993), 「최근 문학번역이론의 흐름과 번역비평의 문제점」, 『번역연구』 제1집:
68-72.

쓰지 유미(2001), 『번역가 산책』(이희재 옮김), 궁리: 15.

아무르(AMMOUR, Elisabeth)(2004), 「감수: 번역성찰의 수단」, 『통번역과 등가』, Fortuna
ISRAËL 편집: 59-81.

안임수(2002), 「학부제 하에서의 전공과 번역지도」, 『번역학연구 제3권 2호』, 한국번
역학회: 51.

양병선(2000), 「국어의 영문표기 및 로마자 표기에 관한 제언」, 『번역학 연구 제1권
창간호』, 한국번역학회: 145-55.

염행일(2004), 「동시통역교육에서 의미의 중요성: 한영동시통역을 중심으로」, 『통번
역교육연구 제2권 1호』, 한국통번역교육학회, 서울: 5-14.

오영은(2003), 「日本文學 誤譯의 諸問題」, 『통번역교육연구』, 창간호: 72-73.

_____(2005), 「문학작품번역에 나타난 일본어 한자어의 오역사례」, 『KAITEDU 2005
년 봄 학술대회 프로시당스』, 한국통번역학회, 2005. 5: 36.39.

우형숙(2004), 「韓英詩 번역을 위한 연어(連語)의 의미체계 고찰」, 『번역학연구 제5권
2호』, 한국번역학회: 55-57.

원영희(2000), 「한글성경 번역상의 변화연구」, 『번역학 연구 제1권 2호』, 한국번역학
회: 90-109.

_____(2002), 「번역의 식민주의적 기능과 탈(脫)식민주의적 기능」, 『번역학 연구 제3
권 1호』, 한국번역학회, 서울: 99-119.

_____(2004), 「의미의 선명화를 위한 번역담화상 잉여성의 문제」, 『번역학 연구 제5
권 1호』, 한국번역학회: 114-28.

유명우(2000), 「한국의 번역과 번역학」, 『번역학 연구 제1권 창간호』, 한국번역학회:
231-248.

_____(2002), 「한국 번역사 정리를 위한 시론(試論)」, 『번역학 연구 제3권 1권』, 한국
번역학회, 서울: 12-31.

유영란(1991), 『번역이란 무엇인가?』 서울: 태학사.

윤희주(2004), 「번역의 검증기제로서의 성분분석 연구」, 『번역학연구 제5권 2호』, 한
국번역학회: 94, 98.

이관규(2002), 『개정판 학교 문법론』. 서울: 월인출판사.

이광호(2003), 「Time Lag과 통사 구조 차이로 인한 영·한 동시통역상의 문제와 극복
방안」, 『통번역교육연구』, 한국통번역교육학회, 창간호, 129-145.

이근희(2003), 「문화와 밀접한 상관어의 번역 전략」, 『번역학연구 제4권 2호』, 한국역
학회: 5-9.

_____(2004), 「번역의 변환현상에 관한 소고」, 『번역학연구 제5권 2호』, 한국번역학
회, 114-40.

_____(2005), 『이근희의 번역산책』, 한국문화사: i-vii.

이상섭(1996), 「외국어문학 교육에 있어서 번역 훈련의 필요성」, 『번역연구』 제4집: 7,
9.

이상희(1985), 「동시통역과 언어의 잉여성: 한·영 동시통역을 중심으로」, 『통역대학
원 논문집 제1집』. 한국외국어대학교 통역대학원, 서울.

이선관(2003), 「번역과 해석」, 『번역의 이론과 실제』, 강원대학교 인문과학연구소 엮
음: 17-38.

이승재 외(2001), 「국내 공공기관의 번역 현황」, 『번역학 연구 제2권 2호』, 한국번역학
회: 57-107.

이스라엘, 포르투나토(ISRAËL Fortunato)(2005), 「문학번역 평가의 목표와 기준」, 『번
역과 통역에서의 평가』, 이화여자대학교 통번역대학원 제1회 국제학술대회 및
제4회 한국문학 번역출판 국제워크숍 프로시딩스, 2005. 6. 24: 11-20.

_____(2004), 「원문과 번역문의 연결고리」, Fortuna ISRAËL 편집, 번역판: 89-97.

이영옥(2000), 「한국어와 영어간 구조의 차이에 따른 번역의 문제」, 『번역학 연구 제1
권 2호』, 한국번역학회: 51. 69-70.

_____(2001.4), 『번역가 (TRANSLATORS), 14호』: 7-8.

_____(2001.9), 「한국어와 영어간 구조의 차이에 따른 번역의 문제(2)-수동구문을
중심으로」, 『번역가 15호』, 한국번역가협회: 15-17.

_____(2002), 「한국어와 영어간 언어구조의 차이에 따른 번역의 문제-인용문의 번
역을 중심으로」, 『번역학 연구 제3권 1호』, 한국번역학회, 서울: 62.

_____(2003), 「한영간 장소이동구문 번역의 문제」, 『번역학 연구 제4권 1호』, 한국번
역학회: 52-56, 67.

_____(2004), 「한영 수식구문의 번역」, 『KATRANS 학술대회 발표 논문집』, 한국통번역학회, 서울: 146, 158.

이유식(2000), 「한국문학 영어권 번역 소개연구 —현황과 문제점을 중심으로」, 『번역학 연구 제1권 창간호』, 한국번역학회: 169-99.

이일범(2003), 「영상물 번역」, 『번역의 이론과 실제—그 실제와 문제점』, 강원대학교 인문과학연구소: 149-55.

이태형(2001), 「영한 동시통역의 생략 오류 연구」, 『번역학 연구 제2권 1호』, 한국번역학회: 7-23.

이혜승(2004), 「기능적 등가(functional equivalence)의 관점에서 본 은유 번역의 문제 고찰」, 『통번역교육연구 제2권 1호』, 한국통번역교육학회: 22-25.

장민호(2004), 「영화번역전략과 언어의 경제」, 『통번역교육연구 제2권 2호』, 한국통번역교육학회: 21-46.

_____(2005), 「생방송 동시통역의 특징적 요소들」, 『KAITEDU 2005년 봄 학술대회 프로시딩스』, 한국통번역교육학회, 서울: 6-8.

전현주(2004), 「다중체계 이론과 한국 현대 번역 문학사」, 『번역학 연구 제5권 1호』, 한국번역학회, 서울: 176-79.

정일영(2002), 「일본어역 관광자원해설 리플릿에 나타나는 오류에 관한 연구」, 『번역학 연구 제3권 2호』, 한국번역학회: 115.

정호정(2003a), 「코퍼스 중심의 번역학 연구」, 『번역학 연구 제4권 2호』, 한국번역학회: 71, 80.

_____(2003b), 「B언어로의 번역과 코퍼스를 이용한 교육방법」, 『통번역 교육연구』, 한국통번역교육학회, 창간호: 53-63.

_____(2004), 「번역사의 텍스트 읽기 —전문번역사의 사례 연구—」, 『통번역교육연구 제2권 1호』, 한국통번역교육학회: 121-36.

조동일(1999), 『하나이면서 여럿인 동아시아문학』, 지식산업사.

조병태(1973.3), 「한영양어 문법비교의 새로운 가능성」, 『신영어교육』: 15-37.

조재영(1985), 「전향식 문장구역에 관하여」, 『통역대학원 논문집 제1집』, 서울: 한국외국어대학교 통역대학원.

조흥섭(2000), 「영역의 사례연구」, 『번역학 연구 제1권 창간호』, 한국번역학회: 203-25.

지정숙(1997), 『번역의 기초이론』, 도서출판 한국번역연구원, 서울: 24-25, 133-58.

진실로(2003), 「색채어 번역—'green'과 'blue' 범주를 중심으로」, 『번역학 연구 제4권 2호』, 한국번역학회: 30.37.

체르노프(Чернов Ґ. В.), "통시통역의 기초"(모스크바, 1987); G.E. Miram, 2004: 119.

체스터만(CHESTERMAN, Andrew)(2004), 「번역적 관계(Translational relation) 이론」, 『통번역과 등가』, Fortuna ISRAËL 편집, 번역판: 35-36.

최경옥(2005), 「메이지 일본의 서양 문명 수용과 번역」, 『번역학 연구 제6권 2호』, 한국 번역학회: 189-203.

최미경(2004), 「통번역에서의 환유와 제유」, 『통번역교육연구 제2권 1호』, 한국통번역 교육학회: 36-44.

최정아(2003), 「병렬 말뭉치를 통한 한국어-영어의 번역 단어수 연구」, 『번역학 연구 제4권 2호』, 한국번역학회: 89-102.

최정화(1997), 『통역과 번역을 제대로 하려면』, 서울 신론사, 8-62.

최현무(1995), 「문학작품 번역의 몇 가지 문제점」, 『오늘의 문예비평』: 35-45.

카미사로프 V. N.(Комиссаров В. Н.)(1973), "통번역에 대해" (모스크바).

_____(1981), "통번역 언어학"(모스크바), G.E. Miram, 2004: 67-83.

카우프만(Kaufmann, Francine)(2004), 「원문과 번역문의 공존」, 『통번역과 등가』, Fortunato ISRAËL 편집, 번역판: 353-364.

콜러(Koller, W.)(1978), 『번역학이란 무엇인가』, 박용삼 역, 숭실대학교 출판부.

포스트너 마르틴(Fostner, Martin)(2005), 「통역번역 프로그램의 품질 및 품질 보장 과 연 가능한가?」, 『번역과 통역에서의 평가』, 이화여자대학교 통역번역대학원 제1회 국제학술대회 프로시딩스, 2005. 6. 24: 75-81.

피오트로프스키(ПНОТРОВСКИЙ Р.Г.) 외, "수리언어학"(모스크바, 1977); G.E. Miram, 2004: 148.

한동완(1996), 『국어의 시제 연구』, 국어학회, 서울.

허명수(2003), 「세계화와 번역」, 『번역학 연구 제4권 2호』, 한국번역학회, 서울: 134-149.

호사카 유우지(2001), 「일본 현대소설의 오역사례」, 『번역학 연구 제2권 2호』, 한국번 역학회: 145-166.

_____(2002), 「『KYOKO』번역판으로 본 번역의 누락과 생략 소고」, 『번역학 연구 제3 권 1호』, 한국번역학회, 서울: 146-61.

_____(2003), 「일본 대중소설에 대한 직역과 의역 및 개작에 관한 소고」, 『번역학 연구 제4권 1호』, 한국번역학회: 100-116.

홍문표(2002), 「번역가를 위한 언어처리 기술의 개발 현황」, 『번역가 17호』, 한국번역 가협회, 서울, 2002. 12: 8-12.

황경자(2000), 「日本文學作品의 한국어 번역에 따른 諸問題」, 『번역학 연구 제1권 2호』, 한국번역학회: 77-87.

황세정(2004), 「번역 텍스트의 언어 사용역(Register) 연구」, 『번역학 연구 제5권 1호』, 한국번역학회, 서울: 181-99.

황소연(2003), 「문화의 프로그램으로서의 번역」, 『번역의 이론과 실제』, 강원대학교 인문과학연구소 엮음: 51.

Archer. C. M.(1986), "Culture bump and beyond." In J.M. Valdes(ed), *Culture Bound Bridging the cultural gap in language teaching.* Cambridge: Cambridge University Press.

Baker, Mona(1992), *In Other Words.* London & New York: Routledge.

_____(1993), "Corpus Linguistics and Translation Studies," in Mona Baker, Gill Grancis and Elena Tognini-Bonelli (eds.) *Text and Technology: In Honour of John Sinclair.* Amsterdam and Philadelphia: John Benjamins, 233-150.

_____(1996), "Corpus-based translation studies: The challenges that lie ahead." In H. Sommers (ed.), *Terminology, LSP and Translation: Studies in Language Engineering in Honour of Juan C. Sager, 175-186,* Amsterdam and Philadelphia: John Benjamins.

_____(1998), *Encyclopedia of translation studies,* London: Routledge.

_____(2001), "Issues in Translation Research & Their Relevance to Professional Practice," *The Journal of Translation Studies, Vol.2. 1ssue 1*, The Korean Association of Translation Studies(KATRANS), 2001, Spring: 99-103.

Bang, Gonie(1998), "Problems on Translation and the Role of FIT" the *Proceedings for the 2nd Asian Translator's Forum.* (Seoul: Korean Society of Translators): 9.

Barik H.(1973), "Simultaneous Interpretation: Temporal and Quantitative Data." *Language and Speech. 16*: 272-296.

_____(1975), "Simultaneous interpretation: Qualitative and Linguistic data." *Language and Speech, 18(3)*: 272-297.

Barkhudarvo, L. S.(1975), *Language and Translation,* Moscow: Mezhdunarodnye otnosheniya.

Barnwell, K.(1980), *Introduction to Semantics and Translation,* Horsleys Green, England Summer Institute of Linguistics.

Bassnett, Susan(1991), *Translation Studies.* London and New York: Routledge.

_____(2002), *Translation Studies.* New York: Routledge.

Beaugrande, Robert de and Wolfgang Dressler(1981), *Introduction to Text Linguistics.* London & New York: Longman.

Beaugrande, Robert de(1997), *New Foundation for a Science of Text and Discourse: Cognition, Communication, and the Freedom of Access to Knowledge and Society.* Norwood: Ablex Publishing Corporation.

Bell, A.(1991), *The Language of News Media.* Oxford & Cambridge, Ma.: Blackwell.

Bell, Roger T.(1991), *Translation and Translating: Theory and Practice.* London and New York, Longman.

_____(1993), *Translation and Translating: Theory and Practice.* New York: Longman: 7.

_____(1995), *Translation and Translating,* London and New York: Longman.

Benjamin, Walter(1968), *Illumination.* Ed. Hannah Arendt. Trans. Harry Zohn. New York: Schocken.

_____(1969), "The Task of the Translator," *Illumination.* Ed. Hannah Arendt. Trans. Harry Zohn. New York: Schocken: 69-82.

_____ in 'La Tâche du Traducteur'(1923), Martine Broda trans., *Poésie* [Berlin], n°55, 1991: 156, Alexis Nouss & Laurent Lamy trans., ≪L'abandon du traducteur≫, *TTR* *X,* 2, 1997, p.25.

Berlin, B. & P. Kay(1969), *Basic Color Terms: Their Universality and Evolution.* Berkeley and Los Angeles: University of California Press.

Biber, Douglas(1988), *Variation across Speech and Writing,* Cambridge: Cambridge UP.

Blacker, C.(1975), *The Catalpa Bow: a Study of Shamanistic Practices in Japan,* London: George Allen & Unwin (Japanese translation by Satoko Akiyama).

Blum-Kulka, S.(1986), "Shifts of Cohesion and Coherence in Translation." In J. House & S. Blum-Kulka (eds.). *Interlingual and Intercultural Communication,* 17-35, Tubingen: Gunter Narr Verlag.

Bochner, S.(1981), *The Mediating Person: Bridges between Cultures,* Cambridge: Schenkman.

Bolinger, D. and Sears, D.(1968), *Aspects of Language,* New York: Harcourt Brace Jovanovich.

Broeck, Raymond van den(1984), *Second thought on Translation, The Manipulation of Literature* (edt. by Theo Hermans). St. Martins Press. New York: 56.

Brown D.(1980), *Principles of Language Learning and Teaching.* University of Michigan

Press: 182.

Bruderer H. E.(1977), "The Present State of Machine-Assisted Translation"// 3-d European Congress on Information Systems and Networks. *Overcoming Language Barriers.* −Luxemburg.

Bühler(1965); Hoermann, H.(1971), *Psycholinguistics.* Springer, Berlin.

Bussmamann, Hadumod.(1996), *Routledge Dictionary of Language and Linguistics.* Translated and edited by Gregory Trauth and Kerstin Kazzazi. London: Routledge.

Campbell, Stuart(1998), 'Translation into the Second Language': 12.

Catford, J. C.(1965), A Linguistic Theory of Translation. London: Oxford University Press.

Chafe, W. & Danielewicz, J.(1987), "Properties of Spoken and Written Language," Eds. Horowitz, R. & Samuels S. *Comprehending Oral and Written Language*, San Diego: Academic Press.

Cheong, Ho-Jeong(2001), "How to Bridge Lexical Gaps As Reflective of Different Categorization Systems," *The Journal of Translation Studies*, Vol.2(2), KATRANS, Seoul: 187-211.

Childs, Cynthia(2001), "TRANSLATION AS ALCHEMY," *The Journal of Translation Studies, Vol.2(1),* The Korean Association of Translation Studies (KATRANS),: 179-93.

Choi, Byong-hyon(2000), "Translation as 'Transcreation' or 'Transcendentalation'", *The Journal of Translation Studies,* Volume Ⅰ(2), KATRANS: 11-78.

Choi, J.(1992), *Licensing in Korean: Multiple Case, Predication, Control, and Anaphora.* Ph.D. Dissertation, New York University.

Chomsky, N.(1993), "A Minimalist Program for Linguistic Theory." in *the View from Building 20: Essays in Linguistics in Honor of Sylvain Bromberger.* In K. Hale and J. Keyser (eds.). Cambridge, Mass.: MIT Press.

_____(1995), *The Minimalist Program.* Cambridge, Mass.: MIT Press.

Coady's(1979), Model of the ESL Reader.

Comrie, Bernard(1976), *Aspect.* Cambridge: Cambridge University Press.

Coulson, S.(1997). *Semantic Leaps: The Role of Frame Shifting and Conceptual Blending in Meaning Construction.* Ph.D Dissertation. University of California at San Diego.

Crystal, David(1985), "How many millions? The statistics of English today." *English Today* 1: 1-8.

_____(1997), *English as a Global Language*. Cambridge: Cambridge University Press: 4-5.

Dagut, M.(1978), *Hebrew-English Translation: A Linguistic Analysis of Some Semantic Problems*. Haifa: University of Haifa.

Darwish, Ali(2004), Abstract of Research Paper titled "Psychodynamics of Translation: Situationality and Affinities in Globally Distributed Knowledge Transfer Networks", Encarta Encyclopaedia.

Degueldre, Christian and Lichtenberg Anne(1985), "The teaching of interpretation principles and methodology." *Journal of Graduate School of Interpretation and Translation,* Seoul: Hankook University of Foreign Studies(HUFS).

Déjean Le Féal, K.(1998), A look into the Black Box. *Fremdsparachen 4.* 237-240.

Dennett, Daniel C. and John Haugeland(1987), in R. L. Gregory, ed., *The Oxford Companion to the Mind,* Oxford University Press; reprinted in *Actes du 3ème Colloque International Cognition et Connaissance: Où va la science cognitive?* Toulouse: CNRS/Université Paul Sabatier 1988; reprinted in K. Lehrer and E. Sosa, eds., *The Opened Curtain: A U.S.-Soviet Philosophy Summit,* Westview Press, 1991, Chapter 3.

Deslie, Jean(1999), *Terminologie de la traduction= Translation Terminology.* Philadelphia: John Benjamins.

Dryden, John(1992), "Preface to Ovid's Epistles." *Translation/History/Culture: A Source Book.* Ed. André Lefevere. London and New York: Routledge,: 102-105.

Enkvist, N. E.(1978), "Contrastive Text Linguistics and Translation," in L. Grähs/G. Korlén/B. Malmberg, *Theory and Practice of Translation,* Lang, Bern.

Feilke, H. & S. J. Schmidt(1995), "Denken und Sprechen." In: *Sprache denken* (J. Trabant), Fischer.

Fillmore, C.(1968), The Case for Case. *Universals in Linguistic Theory.* In Bach, E. and Harms, R. (eds.). New York: Holt, Rinehart and Winston, 1-90.

_____(1975), "An Alternative to Checklist Theories of Meaning." *Berkeley Linguistic Society* 1, 123-131.

_____(1982), "Frame Semantics." The Linguistic Society of Korea (ed.), *Linguistics in the Morning Calm* I, III-137, Seoul: Hanshin.

_____(1985), "Frames and the Semantics of Understanding." *Quarderni di Semantics* 6: 2, 222-54.

Fitzgerald, E.(1957), "Letter to Cowell," 20 March, 1957.

Fong, Gilbert C. F.(2003), *Subtitling and translation education.* In the 3rd International Conference on Translation and Interpretation Studies, 151-167.

Gadamer, Hans-Georg(1986), *Wahrheit und Methode.* Ergänzungen/Register. GW Bd.2. Tübingen: 342, 392.

Gentzler, E.(1993), *Contemporary Translation Theories.* Routeledge, London and New York.

Geertz, C.(1973), *The Interpretation of Cultures.* New York: Basic Books.

Gérard Genette(1982), *Palimpsestes* (Paris, Seuil,), p. 11 & Footnotes.

Gibbs, Raymond(1994), *The Poetics of Mind,* Cambridge: Cambridge University Press.

Gile, Daniel(1991), "The processing capacity issue in conference interpretation." *Babel,* *37(I)*: 15-27.

_____(1995), *Basic Concept and models for Interpreter and Translator Training.* Amsterdam: John Benjamins Publishing Co.

_____(1999), "Testing the Effort Models' Tightrope Hypothesis in Simultaneous Interpreting −A Contribution." *Hermes* 23. 153-172.

_____(2002), "Decision-making in Professional Translation and Interpreting," Proceedings for International Conference on Translation Studies, titled *Current Status of Translation Education,* Sookmyung Women's University, Seoul, May 23, 2002: 17-29.

Goodman, K. S.(1971), "Psycholinguistic universals in the reading process." In the psychology of second language learning, PI Pimsleur and T. Quinn (Eds), 135-142. Cambridge: Cambridge University Press.

Grondin, Jean(1991), *Einführung in die philosophische Hermeneutik.* Wissenschaftliche Buchgesellschaft Darmstadt.

Gumpel, Liselotte(1998), "Meaning and Metaphor: The World in Verbal Translation," *Translating Literatures: New Vistas and Approaches in Literary Studies,* Kurt Mueller-Vollmer and Michael Irmscher eds., Stanford University Press, Stanford, California: 47-49.

Gundel, J. K.(1977), *The Role of Topic and Comment in Linguistic Theory.* Indiana University Linguistics Club.

Gutt, E. A.(1991), *Translation and Relevance:* Cognition and Context. Oxford; Fasil

Blackwell.

Halliday, M.A.K. and Ruqaiya Hasan(1976), *Cohesion in English.* London & New York: Longman.

Halliday, M.A.K., Angus Mcintosh and Peter Strevens(1964), *The Linguistic Sciences and Language Teaching,* London: Longman.

Harris, Brian(1988), "Bi-Text, a New Concept in Translation Theory", *Language Monthly,* 54: 8.

Hasan, Ruqaiya.(1984), "Coherence and Cohesive Harmony", in James Flood (ed.) *Understanding Reading Comprehension: Cognition, Language, and the Structure of Prose.* Newark: International Reading Association, 181-219.

_____(1989), *Linguistics, Language, and Verbal Art.* Oxford: Oxford UP.

Hatim, B.(1984), 'A text typological approach to syllabus design in translating' *Incorporated Linguist* 23, (3), 147.

_____ and Mason, Ian(1990), *Discourse and the Translator,* London and New York: Longman.

_____ & _____(1997), *The Translator as the Communicator.* London: Routledge.

Hervey, S & Higgins, I.(1992), *Thinking Translation.* London & New York: Routledge, 2001 (First edition appeared in 1992).

Hoff, Henri Van.(1986), *Petite historie de la traduction en occident:* 26.

Hofstede, Geert(2001), *CULTURE'S CONSQUENCES; Comparing Values, Behaviors, Institutions, and Organizations Across Nation,* Second Edition, Sage Publications: 10. 21.

Holmes, James S (ed)(1994), *Translated!: Papers on Literary Translation and Translation Studies,* second edition, Amsterdam & Atlanta: Rodopi.

Holz-Mänttäri(1984), Translatorisches Handeln Theorie und Methode. Helsinki.

Hönig, H.G./Kussmaul, P.(1982), Strategie der Übersetzung. Ein Lehr- und Arbeitsbuch Tübingen.

HONIC, Edwin(1985), *The Poet's Other Voice: Conversations on Literary Translation.* Amherst: University of Massachusetts Press.

House, Julian.(1977), *A Model for Translation Quality Assessment.* Tbingen: Narr.

Howland, Douglas R.(2002), *Translating the West: Language and Political Reason in Nineteenth-Century Japan,* University of Hawaii Press, Honolulu: 61-85.

Hymes, D.(1972), "On communicative competence" in Pride, J.B. and Holmes (eds.): 269-93.

Itule, Bruce D & Douglas A. Anderson(1994), *News Writing and reporting for Today's Media* (3rd Edition). New York: McGraw-hill, Inc.

Jones, Todd(2003), "Translation and Belief Ascription: Fundamental Barriers," *Translating Cultures: Perspectives on Translation and Anthropology,"* Edited by Paula G. Rubel and Abraham Rosman, BERG, Oxford and New York: 45-69.

Kade, O. Zufall und Gesetzmässigkeit(1968), in der Übersetzung, Beiheft zur Zeitschrift Fremdsprachen 1, Leipzig.

Kang, Ji-Hae(2002), "Signaling Interpersonal Involvement in Translation," *The Journal of Translation Studies,* Vol.3(2): 135, 156.

_____(2003), "Audience Design in Translation: A Frame ‐ Based Approach," *The Journal of Translation Studies,* Vol.4(1), The Korean Association of Translation Studies(KATRANS), Seoul: 119-56.

Katan, David.(1999), *Translating Cultures: An Introduction for Translators, Interpreters and Mediators.* Manchester: St. Jerome Publishing.

Katz, J. J.(1978), "Propositional Structure and Illocutionary Force: a Study of the Contribution of Sentence Meaning to Speech Acts." Harvard Press. New York: 228.

Kaufmann, F.(1994), "Interpreters in Early Judaism", *The Jerome Quarterly,* Vol. 9, n°3, 1994: 2.

_____(1998), 《Eléments pour une histoire de l'interprétation simultanée en Israël》, *Meta,* vol. 43, n°1, pp. 99-100.

Kiesiel, Th.(1983), "The Creativity of Translation and its Universality in the Hermeneutic Process", in Lester Embree(ed). *Essays in Memory of Aron Gurwitsch.* Washington. D.C.: 213-221.

Kim Soonyoung(2003), "Enrichment of 'the' in English-Korean Translation," *The Journal of Translation Studies,* Vol.4(2), The Korean Association of Translation Studies(KATRANS): 155-58, 170-71.

Kim Young-Jo(1982), *A study of simultaneous interpretation.* Seoul: Kyung Hee Univ., unpublished Ph.D. dissertation.

Kim, Young-Shin(2003), "Translation of English News Headlines into Korean," *The Journal of Translation Studies,* Vol. 4(1), KATRANS: 145-64.

_____(2004), "Strategies in Translation of English News Leads into Korean," *The Journal of Interpretation & Translation Education* Vol2(1), The Korean Association of Interpretation and Translation Education(KAITEDU): 107-118.

_____(2005.5), "Frame Applied to the Practice of Translation with Reference to News Translation," *KAITEDU Proceedings* for 2005 Spring Seminar: 1-3.

Kirk, Sung Hee(2001), *Translation and Textuality: A Case Study of English-Korean Translation.* Hankook Publishing Co. Seoul, Korea: 8-31, 98-99.

_____(2002), "Intertextual Mediation in English-Korean Translation," *The Journal of Translation Studies*, Vol.3(2), Seoul: 125-182.

_____(2004), "Contrastive Analysis of Cohesive Devices in English Source, Korean Target and Comparable Korean Texts," *The Journal of Translation Studies,* Vol. 5(2), The Korean Association of Translation Studies(KATRANS), Seoul: 161-66.

Kloepfer, Rolf(1967), Die Theorie der Literarischen Übersetzung, München-Allack: Wilhelm Fink, 23f, 34f.

_____(1982), "Übersetzung", in: Reallexikon der deutschen Literaturgeschichte. 4. Band. Berlin, New York. S.: 586-588.

Kreszowski, T.(1979), *Contrastive Generative Grammar*, Tübingen.

Kussmaul, P.(1995), *Training the Translator.* Amsterdam & Philadelphia: Benjamins.

Lacan, Jacques(1978), "Of the Gaze as Object Petit a," *The Four Fundamental Concepts of Pscho-Analysis.* ed. Jacques-Alain Miller. Trans. Alan Sheridan. New York: Norton: 67-119.

_____(1992), *Rethinking, Translation: Discourse, Subjectivity, Ideology.* ed. Lawrence Venuti. New York: Routledge.

Lakeoff, Robin.(1977), "Acceptability and gender-related language." In Greenbaum: 73-86.

Lakeoff, G. & Johnson, M.(1980), *Metaphors We Live By.* Chicago: University of Chicago Press.

Lakeoff G.(1987), *Women, Fire, and Dangerous Things: What Categories Reveal about the Mind.* Chicago: University of Chicago Press.

Lambert, S. & V. Daro & F. Fabbro(1995), "Focalized attention on input vs. output during simultaneous interpretation: Possibly a waste of effort!." *Meta, 40(1)*: 39-46.

le. Carre J. The looking Glass War. — New York: Ballantine Books.

Lee, Chang-soo(2002), "Strategies for translating Korean broadcast news reports into

English." In the *Proceedings of The 2nd International Conference on Translation and Interpretation Studies.* 93-111. Seoul.

LEDERER, Marianne(1981), *Les fondements théoriques de latraduction simultanée.* Paris, Lettres Modernes; Karla DEJEAN, Fortunato ISRAËL, ed. 2004 version.

Lee Dong-young(2001), "A Method of Computationally Translating Dialogue Using Its Situation," *The Journal of Translation Studies,* The Korean Association of Translation Studies (KATRANS), Vol. 2(1): 123.

Lee Seung Jae(2004), "A Study on Translation and Cultural Understanding," *In the Proceedings for KATRANS' Spring Conference in 2004*: 30-36.

Leppihalme, R.(1997), "Culture Bumps: An Empirical Approach to the Translation of Allusions." Multilingual Matters LTD.

Lefevere, André.(1978), "Translation Studies: The Goal of the Discipline," *Literature and Translation,* Eds. James S. Holmes et al. Louvain: ACCO,

_____(1992), "Translating Literature: Practice and Theory in a Comparative Literature Context," New York: Modern Language Association.

Longley, P.(1977), "An Integrated Programme for Training Interpreters." Eds. D. Gerver & H. Sinaiko. *Language Interpretation and Communication.* New York: Plenum.

MacWhinney, B.(1997), "Simultaneous interpretation and the competition model." In Danks, J. H., Shreve, G. M., Fountain, G.M, and McBeath, M. K. (Eds.) *Cognitive Processes in Translation and Interpreting.* London, Sage Publications; 215-232.

Marieke de Mooij(2003), "Internet and Culture," *Internet, Economic Growth and Globalization: Perspectives on the New Economy, in Europe, Japan and the U.S.* Claude E. Barfield, Gunter Heiduk, Paul J.J. Welfens, eds, Springer: 109.

Mason, Ian.(2000), "Models and Methods in Dialogue Interpreting", *in* Olohan, M. (ed.) *Intercultural Faultliness,* Manchester, U.K., St.Jerome.

Mackenzie Rosemary(1998), "The place of Language Teaching in a Quality Oriented Translators' Training Programme," *Translation and Language Teaching,* Kirsten Malinikjaer, ed., St. Jerome Publishing: 15.

Minns, P.(2002), *The Teaching of Interpreting into B-Some Conclusions Gathered from 25 Years' Training Experience, Conference Interpretation and Translation, 4(2):* 29-40.

Masao, Miyoshi(1998), "Globalization, Culture, and the University". Frederick Jamesson and Masao Miyoshi eds. *The Cultures of Globalization,* Durham and London: Duke

UP.

Munday, Jeremy.(2001), *Introducing Translation Studies: Theories and Applications*. New York: Routledge.

Montgomery, Scott L. *Science in Translation: Movement of Knowledge through Cultures and Time*, The University of Chicago Press, Chicago and London, 2000: 255, 278-93.

Nam, Wonjun(2005), "Corpus in Translator Education: A Pilot Study," *KAITEDU* (The Korean Association of Interpretation and Translation Education), *2005 Spring Conference Proceedings*: 18, 20.

Nelson Goodman(1968), *Language of Art: An Approach To a Theory of Symbols* (Indianapolis, New York: The Bobbs-Merrill Company, 1968); "Reality Remade" covers section I (pp. 3-44).

Neubert, Albrecht and Gregory M. Shreve(1992), *Translation as Text*, Kent & London: The Kent State UP.

Newmark, Peter(1980), *Approaches to Translation*, Pergamon Press, Oxford, London: Prentice Hall.

_____(1988), *A Textbook of Translation*, New York: Prentice Hall.

Nida, Eugene A.(1964), *Toward a science of translating: With special reference to principles and procedures involved in Bible*. Leiden: E.J. Brill.

_____(1993), *Language, culture and translation*.

_____(1996), The Sociolinguistics of Interlingual Communications. Editions du Hazard.

_____(1996), *Interlingual Communication*, Brussel.

_____ & Taber, Charles(1969), *The Theory and Practice of Translation*. Leiden: E. J. Brill; 12.

_____(1982), *The theory and practice of translation*. Netherlands: United Bible Society: 11-32.

Nord, Christiane(1988), *Textanalyse und Übersetzen. Theoretische Grundlagen. Methode und didaktische Anwendung einer übersetzungsrelevanten Textanalyse*. Heidelberg.

_____(1991), *Text Analysis in Translation: Theory, Methodology, and Didactic Application of a Model for Translation-Oriented Text Analysis*. Amsterdam & Atlanta: Rodopi:16.

_____(1997), *Translating as a Purposeful Activity*, Manchester: St. Jerome.

Oh Sung-hyun(2001), "Problems in Translation of Joyce's *Ulysses* into Korean," *The Journal of Translation Studies,* Vol.2(1), The Korean Association of Translation Studies(KATRANS),: 152-178.

Ortega y Gasset, José(1963), "Glanz und Elend der Übersetzung". in : Störig, Hans Joachim (Hrsg.). *Das Problem des Übersetzens.* Darmstadt. S.326.

Popovič, Anton(1970), "The Concept of 'Shift of Expression' in Translation Analysis". in James S. Holmes, Frans de Haan and Anton Popovič (eds.) *The Nature of Translation,* The Hague: Mouton.

Pound, Ezra(2000), "Guido's Relation," in *The Translation Studies Reader.* London and New York: Routledge.

Pym, Anthony(1998), *Method in Translation History.* Manchester: St. Jerome.

_____(2002), "E-learning and Translator Training," *Proceedings for International Conference on Translation Studies*, Seoul, Korea, May 23, 2002: 3-16.

Radford, Andrew(1988), *Transformational Grammar,* Cambridge Textbooks in Linguistics, New York: Cambridge University Press.

Reich, Robert(1991), *The Work of Nations.* New York: Vintage.

Reiss, K.(1971), *Möglichkeiten und Grenzen der Überxetzungskritik.* München: Max Huber Verlag: 39.

_____ & Vermeer, H.(1984), *Grundlegung einer allgemeinen Translationstheorie.* Tubingen.

Riccardi, Alberto(1997), "The Interaction between Research and Training", pp. 92-4 in *Conference Interpreting: Current Trends in Research*, Yves GAMBIER, Daniel GILE et Christopher TAYLOR eds. (Amsterdam / Philadelphia, John Benjamins).

Robinson, Douglas(1996), *Translation and Taboo*(Nothern Illinois University Press): 181.

_____1997, *Becoming a Translator.* Routledge: 34.

Rosenblatt, L.(1978), *The Reader, the text, the poem: The Transactional Theory of The Literary Work.* Carbondale: Southern Illinois Univ. Press.

_____(1988), "Writing and Reading: The Transactional Theory." Paper presented at the Conference on Reading and Writing Connections, Champaign: Univ. of Illionois at Urbana-Champaign Press.

_____(1996), *Literature as Exploration.* New York: The Modern Language Association of America.

Rossetti, Dante Gabriel(1968), "Preface to his translation of Early Italian Poets," *Poems and Translations, 1850-1870* (London: Oxford University Press): 175-79.

Rumelhart, D. E.(1977), "Understanding and summarizing brief stories." In *Basic processes in reading: perception and comprehension,* D. LaBerge and S.J. Samuels (Eds), 265-303. Hillsdale, N.J.: Erlbqum.

Ryou, Kyongjoo H.(2002), "How Smooth Is Too Smooth?: The Danger of Over-Contextualization in Translating Poetry," *Proceedings for International Conference on Translation Studies*: *Current Status of Translation Education,* Sookmyung Women's University, Seoul, May 23, 2002: 37-50.

Sager, Juan C.(1998), "What Distinguishes Majors Types of Translation," in Mona Baker ed. *The Translator.* Vo.4, No.1. Manchester: ST. Jerome Publishing.

Savory, T.(1957), *The Art of Translation.* Cape. London.

Sayers Peden, M.(1989), "Building a translation, the reconstruction business: poem 145 of Sor Juana Ines de la Cruz in Biguenet and Schulte (eds): 13-27."

Schulte, Rainer(1998), *Translating Literatures: New Vistas and Approaches in Literary Studies,* edited by Kurt Mueller-Vollmer and Michael Irmscher, Stanford University Press, Stanford California: 31-43.

Schiffrin, D.(1994), *Approaches to Discourse.* Oxford and Cambridge: Blackwell.

Schleiermacher, Friedrich(1963), "Methoden des Übersetzens", in: Störig, Hans Joachim (Hrsg.), *Das Problem des Übersetzens,* Darmstadt. S.60.

_____(1977), *Hermeneutik und Kritik,* hrsg. von M. Frank. Frankfurt a.M.:101, 116, 78.

Segal, Alan F.(2003), "Text Translation as a Prelude for Soul Translation," *Translating Cultures: Perspectives on Translation and anthropology,* Edited by Paula G. Rubel and Abraham Rosman, BERG, Oxford and New York: 213-241.

Seleskovitch, Danica(1975), *Langage, langue et mémoire.* Paris, Didier Erudition; Karla DEJEAN, 「시험대에 오른 해석이론」, 『통번역과 등가』, Fortunato ISRAËL, ed. 2004 version: 159-60.

_____(1978), *Interpreting for International Conference,* Washington: Pen and Booth.

_____(1980), "Translating: From Experience to Theory." Trans. W. K. Wincklerl & J. A. Valls. *Bulletin of the South African Institute of Translators and Interpreters,* 1-24.

_____(1986), "Interpreting vs. Translating". In *Proceedings of the 2nd Annual Conference of the ATA.* Kummer, K. (ed.). Learned Redford: Inpermahon Inc.

_____ & Lederer, M.(1989), *A Systematic Approach to Teaching Interpretation,*

Luxemburg: Didier Erudition.

Sharples, M. and O'Malley, C.(1988), "A framework for the design of a writer's assistant" in Self, J.(ed.): 276-90.

Séguinot, C.(1989), "The Translation Process: An Empirical Study." In C. Séguinot (Ed.) *The Translation Process.* Toronto: H.G. Publications: 21-53.

Shuttleworth, M. & Cowie, M.(1997), *Dictionary of Translation Studies.* Manchester: St. Jerome.

Shuttleworth, Mark.(1999), *Dictionary of Translation Studies.* Manchester, UK: St. Jerome Publishing: 153.

Simon, Sherry(1996), "Gender in Translation: Cultural Identity and the Politics of Transmission," London and New York.

Sinclair, John(1991), *Corpus, Concordance,* Collection. Oxford: Oxford University Press.

Slocum J. A. "Survey on Machine Translation: its History, Current Status and Future Prospects." *Computational Linguistics.* −1985− V.11, 1.

Snell-Hornby, Mary([1987]1995), *Translation studies: an integrated approach.* Amsterdam and Philadelphia, John Benjamins.

Sohn, H.(1986), *Linguistic Expeditions.* Seoul: Hanshin Publishing Co.

Song, Y.(1975), *Translation: Theory and Practice.* Seoul: Dongguk University Press.

Sperber, Dan and Deirdre Wilson(1986), *Relevance. Communication and Cognition.* Oxford: Blackwell.

Steiner, George(1975), *After Babel: Aspecst of Language and Translation,* Oxford: Oxford University Press.

Stenyl, Catherine(1989), "From theory to Practice and from Practice to theory", pp. 23-26 in *The Theoretical and Practical Aspects of Teaching Conference Interpretation,* Laura GRANN and John DODDS eds (Udine, Campanotto).

Stewart, D.(2000), "Conventionality, Creativity and Translated Text: The Implications of Electronic Corpora in Translation." In Olohan, M. (Ed.), *Intercultural Faultlines.* Manchester: St. Jerome Publishing: 73-92.

Stolze, R.(1994), *Übersetzungstheorien. Eine Einführung.* Tübingen.

Strevens, P.(1992), "English as an international language: Directions in the 1990s." In *The Other Tongue: English Across Cultures,* 2d ed., 27-47. Urbana: University of Illinois Press.

Sung, Baek-Hwan(2002), "Word Order and Word Use," Proceedings for International Conference on Translation Studies, titled *Current Status of Translation Education*, Sookmyung Women's University, Seoul, May 23, 2002: 85-91.

Tabb, William K. B.A., Ph.D.(2004), "Globalization," Microsoft® Encarta® Online Encyclopedia.

Taft, R.(1981), "The Role and Personality of the Mediator", in the *Mediating Person: Bridges between Cultures,* S. Bochneer (ed). Cambridge: Schenkman, 53-88.

Talmy, Leonard(2000), *Toward a Cognitive Semantics, Vol. I: Concept Structuring Systems,* MA: MIT Press.

Tatan, D.(1999), *Translating Cultures.* London: St. Jerome Publishing.

Taylor, J.(1989), *Linguistic Categorization: Prototypes in Linguistic Theory.* Oxford: Oxford University Press. 1995.

Toury, Gideon(1991), 'What are descriptive Studies into Translation Likely to Yield apart from isolated Description?' in Kitty M. van Leuven-Zwart and Ton Naaijkens (eds.) *Translation Studies: The State of the Art. Proceedings of the First James S. Holmes Symposium on Translation Studies.* Amsterdam and Atlanta: Rodopi, 179-92.

_____(1995), *Descriptive Translation Studies and Beyond.* Amsterdam & Philadelphia: John Benjammins, 257-77.

Ungerer, F. & Schmid, H. J.(1996), *An Introduction to Cognitive Linguistic* New York: Longman.

Van Dijk, T. A.(1988), *News as Discourse.* Lawrence Erlbaum Associates, Inc.

Venuti, Laurence(1995), *The Translator's Invisibility: A History of Translation.* London and New York: Routledge.

_____(1998), *The Scandals of Translation: Towards an ethics of difference.* London and New York: Routledge.

Vermeer, H.(1989), "Skopos and Commission in Translational Action." *Reading in Translation Theory.* Helsinki; Oy Fin Lectura Ab.

_____(1996), *A Skopos theory of Translation.* Heidelberg. Proceedings for International Conf. on Translation Studies, Sookmyung Women's University.

Vinay, J.-P. & Darbelnet, J.(1958), *Comparative Stylistics of French and English: A Methodology for Translation.* Translated by Juan Sager & M.-J. Hamel, Amsterdam & Philadelphia: John Benjamins. 1995.

Wang Shufeng(2002), "Thoughts on Chinese Legal Translation and Interpretation," Proceedings for International Conference on Translation Studies, *Current Status of Translation Education,* Sookmyung Women's University, Seoul, May 23, 2002: 53-60.

Weber, W. K.(1990), "The importance of sight translation in an interpreter training program." In Bowen, D. M. (Eds.), *Interpreting-Yesterday, Today and Tomorrow,* American Translators Association Scholarly Monograph Series Vol. IV. (pp. 44-52). New York: State University of New York at Binghamton.

Weller, G.(1991), "The Influence of Comprehension Input on Simultaneous Interpreter's Output." *Proceedings of the 12th World Congress of FIT:* 391-401.

Wilss, W.(1981), "Der Begriff der Kreativität in Ubersetzungsprozess," in H. Geckeler/B. Chieben Lange/J. Trabant/H. Weydt.

_____(1982), *The Science of Translation.* Narr. Tübingen.

_____(1990), "Cognitive aspects of the translation process: Language and Communication 10 (10)," 19-36.

Wolfgang Iser(1976), *L'Acte de lecture, théorie de l'effet esthétique,* trad. E. Sznycer (Bruxelles, Ed. Mardaga).

Yom Haeng-il(2000), "Methods of Training for Simultaneous Interpreters: Moving from Korean into English," *The Korean Journal of Translation Studies*, Vol. 1(2), The Korean Association of Translation Studies(KATRANS): 135-165.

_____(2001), "A Typological Analysis of Korean-into-English Simultaneous Interpretation," *The Korean Journal of Translation Studies*, Vol. 2(1), KATRANS: 147-150.

_____(2001), "Curriculum for Undergraduate Program in Interpretation and Translation," *The Korean Journal of Translation Studies*, Vol. 2(2), KATRANS: 169-77.

_____(2002), "Temporal Characteristics in Interpretation and Translation," *The Journal of Translation Studies*, Vol.3(1), KATRANS: 165-183.

_____(2002.5.23), "The Development of an Undergraduate Model in Interpretation and Translation," Proceedings for International Conference on Translation Studies, titled *Current Status of Translation Education,* Sookmyung Women's University, Seoul: 70.

_____(2002), 'Undergraduate Translation Major's Performance," *The Journal of Translation Studies*, Vol. 3(2), KATRANS, Seoul: 201.

_____(2003), "Emphasis on Meaning in the Training of Simultaneous Interpretation :

Special Reference to Interpretation between Korean and English," *The Journal of Translation Studies*, Vol. 4(1). KATRANS, Seoul: 176-78.

_____(2003), "A Contrastive Study of Consecutive and Simultaneous Interpretation between Korean and English," *The Journal of Interpretation & Translation Education, the 1ˢᵗ Issue,* Vol. 1(1). The Korean Association of Interpretation and Translation Education(KAITEDU): 147-60.

Yule, George(1999), *Explaining English Grammar*. Oxford: Oxford University Press.

기타

郭建中, 「飜譯: 理論·實踐與教學」, 『論飜譯教學』, 2001.

盧思源 吳啓金, 「展望21世紀的飜譯教學與硏究」, 『論飜譯教學』, 商務印書館, 2001, 22면.

馬祖毅, 『中國飜譯簡史』, 商務印書館, 1984.

蕭立明, 『新譯學論稿』, 中國對外飜譯出版公司, 2001, 19면.

陳福康, 『修訂本 中國譯學理論史稿』 序言, 上海外語敎育出版社, 2000, 4면.

『번역가 TRANSLATORS NO.19』, 한국번역가협회(The Korean Society of Translators) 발행, 2008년 12월, 80-88면.

『외래어 표기 용해』, 세창출판사, 1999.

참고 사이트

http://dic.impact.pe.kr/

http://kr.dic.yahoo.com/

http://alldic.daum.net/dic/view_top.do

http://www.m-w.com/

http://encarta.msn.com/encnet/features/dictionary/dictionaryhome.aspx

http://dic.naver.com/?frm=nt

http://www.CBSnews.COM

찾아보기